Microsoft Office

Der leichte Start in Word, Excel und PowerPoint

Inge Baumeister, Anja Schmid

Verlag:
BILDNER Verlag GmbH
Bahnhofstraße 8
94032 Passau

http://www.bildner-verlag.de
info@bildner-verlag.de

ISBN: 978-3-8328-0746-7
Bestellnummer: 100763

Autorinnen: Inge Baumeister, Anja Schmid
Herausgeber: Christian Bildner
Druck: CPI Clausen & Bosse GmbH, Birkstr. 10, 25917 Leck

Bildquellen:
Cover: ©deagreez - stock.adobe.com
Kapitelbild: ©pauchi - stock.adobe.com

Herzlich willkommen,

Sie möchten als Einsteiger die Möglichkeiten des Office-Pakets kennenlernen und im Alltag, privat oder beruflich, nutzen? Dieses Buch macht Ihnen mit vielen farbigen Abbildungen und praxisbezogenen Schritt für Schritt Anleitungen den Einstieg leicht, auch wenn Sie nur über geringe oder keine Vorkenntnisse verfügen.

Den Anfang machen die unverzichtbaren Grundlagen. Dazu gehören unter anderem Text eingeben, markieren und korrigieren sowie das Speichern, Öffnen und Drucken. In den nachfolgenden Kapiteln erfahren Sie, wie Sie mit Word Texte gestalten und Bilder und Tabellen einfügen. Praktische Beispiele wie z. B. einen Brief schreiben und den dazugehörigen Umschlag bedrucken, Ihr persönliches Briefpapier kreieren, Grußkarten gestalten oder längere Texte mit Seitenzahlen, Fußnoten und Inhaltsverzeichnis erstellen, runden dieses Kapitel ab.

Das Kapitel Excel macht Sie mit den Grundlagen der Tabellenkalkulation vertraut: Es zeigt Ihnen wie Sie Text und Zahlen eingeben und ansprechend gestalten. Auf Sie warten viele Tipps und Tricks zur effizienten Bedienung von Excel. Erfahren Sie, wie Sie eine Adress- oder Geburtstagsliste erstellen oder Ihre Ausgabenrechnung mit Formeln automatisieren.

Im letzten Abschnitt zeigen wir Ihnen, wie Sie mit PowerPoint im Handumdrehen effektvolle Diashows und Bildschirmpräsentationen erstellen, egal ob für Verein, Beruf oder den privaten Einsatz, z. B. in Form von animierten Geburtstagsgrüßen oder als Fotoalbum.

Hier gleich unser erster Tipp zum Einstieg

Word, Excel und PowerPoint sind professionelle und äußerst leistungsfähige Apps mit einer Fülle von Möglichkeiten, aber nicht alle davon werden im Alltag auch wirklich benötigt. Lassen Sie sich also nicht verwirren; zur Erledigung der meisten Aufgaben brauchen Sie nur etwa ein Viertel des angebotenen Funktionsumfangs. Andererseits lassen sich mit den richtigen Tipps häufige Probleme leicht vermeiden. Ein Satz, den wir als Trainerinnen immer wieder zu hören bekommen: „Hätte ich das früher gewusst!“

Unterschieden in den Office-Versionen

Das vorliegende Buch eignet sich für Microsoft Office 2024, 2021 sowie Microsoft 365. Hinsichtlich der, in diesem Buch beschriebenen und alltäglich genutzten Funktionen unterscheiden sich alle genannten Versionen nur wenig.

Schreibweise

Befehle, Bezeichnungen von Symbolen und Beschriftungen von Dialogfenstern sind zur besseren Unterscheidung farbig und kursiv hervorgehoben, zum Beispiel Register *Start*, Symbol *Kopieren*.

Viel Spaß und Erfolg mit dem Buch wünschen Ihnen
BILDNER Verlag und die Autorinnen Inge Baumeister und Anja Schmid

Inhalt

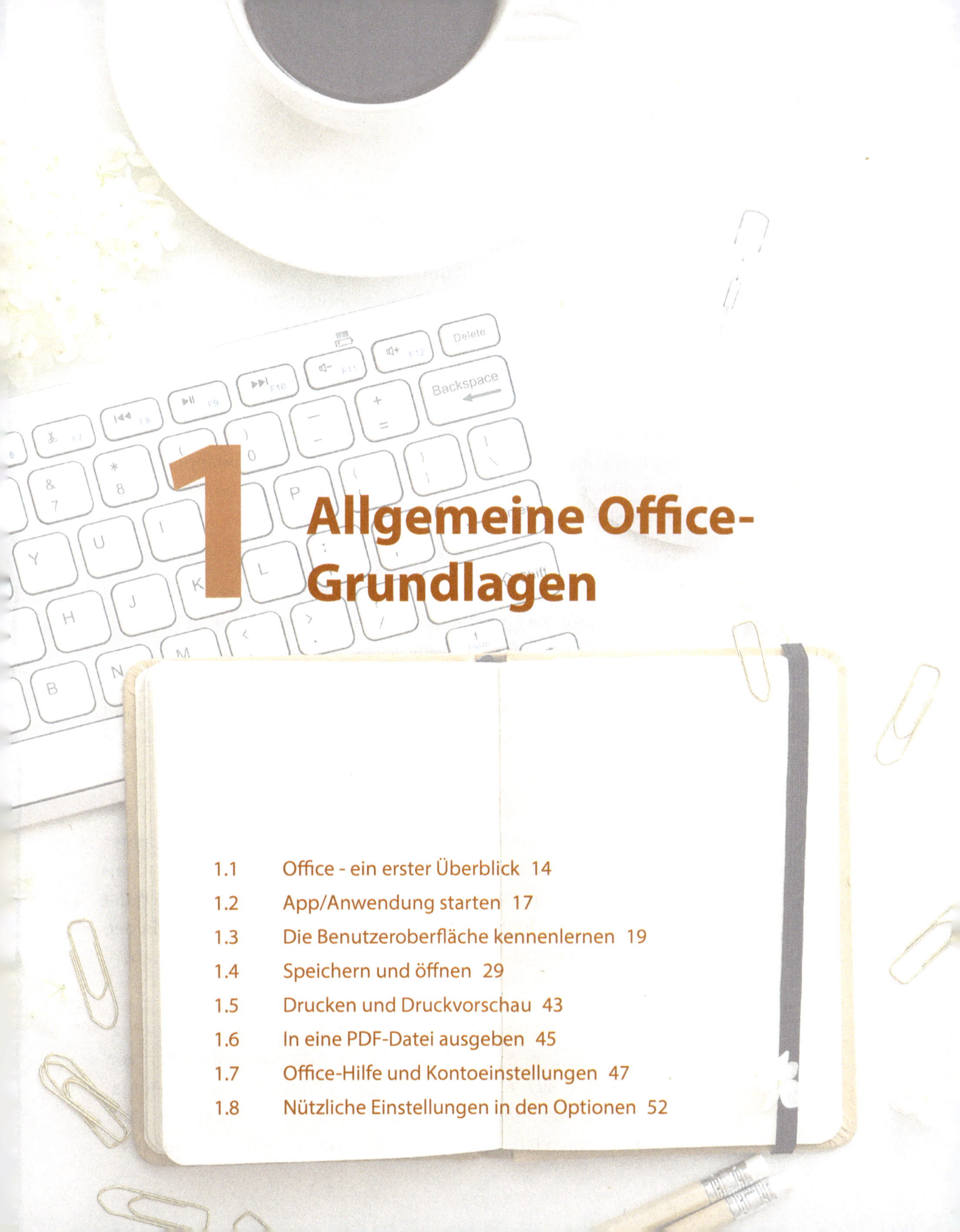

1 Allgemeine Office-Grundlagen

1.1 Office - ein erster Überblick

Welche App für welchen Zweck?

Info: App ist die Abkürzung für das englische Wort Application, auf deutsch Anwendung oder Programm.

Microsoft Office ist ein Paket mit Bürosoftware und umfasst gleich mehrere Programme bzw. Apps mit unterschiedlichen Schwerpunkten. Welche davon zu Ihrem Office-Paket gehören und auf Ihrem Computer installiert sind, hängt davon ab, welche Office-Edition Sie nutzen. Hier ein erster kleiner Überblick über die wichtigsten Office Apps.

- **Microsoft Word**
  Word setzen Sie zum Schreiben und Gestalten von Texten aller Art ein, angefangen vom einfachen Brief bis hin zu aufwändig gestalteten mehrseitigen Dokumenten mit Bildern und Tabellen, z. B. wissenschaftlichen Arbeiten.

- **Microsoft Excel**
  Excel wird auch als Tabellenkalkulationsprogramm bezeichnet und eignet sich für die Eingabe und Verwaltung von Daten in Tabellenform, z. B. Adresslisten oder Preislisten. Die größte Stärke von Excel aber liegt darin, dass Sie schnell und einfach Berechnungen durchführen und zu diesem Zweck auf eine umfangreiche Sammlung vorgefertigter Formeln zurückgreifen können.

- **Microsoft PowerPoint**
  Bei PowerPoint handelt es sich um eine App zum Erstellen und Vorführen von Bildschirmpräsentationen. Diese können zwar später auch gedruckt werden, zielen aber in erster Linie auf die Darstellung am Bildschirm und entsprechend umfangreich sind auch die gestalterischen Möglichkeiten. Neben Text können Sie auch Bilder, Musik und Videos einbinden und mit Animationseffekten versehen.

- **Microsoft Outlook**
  Outlook kann man auch zusammenfassend als App für Büroorganisation bezeichnen. Neben dem Versenden und Empfangen von E-Mails lassen sich auch Adressen und Termine verwalten, Aufgaben und Besprechungen planen und vieles mehr. Da Outlook nicht in der beliebten Office Basisversion Home enthalten ist und in ers-

ter Linie auf den betrieblichen Einsatz zielt, wird in diesem Buch auf eine Beschreibung verzichtet.

Die verschiedenen Office-Editionen und Versionen

Microsoft Office gibt es in verschiedenen Editionen und Sie können entscheiden, ob Sie das Paket gegen eine monatliche Gebühr abonnieren oder mit einem einmaligen Betrag kaufen möchten. Beides hat Vor- und Nachteile:

Abonnieren

Unter der Bezeichnung Microsoft 365 (früher Office 365) erwerben Sie gegen einen monatlichen oder jährlichen Betrag das Recht zur Nutzung. Zum Paketumfang gehören neben Word, Excel und PowerPoint auch noch Outlook und OneNote. Microsoft 365 gibt es in der Single-Version (derzeit 99 € pro Jahr), diese kann auf bis zu fünf Geräten, aber nur von einem einzigen Benutzer genutzt werden. Die Family-Version für 129 € pro Jahr kann dagegen von bis zu sechs Personen verwendet werden.

Microsoft 365 ist möglicherweise beim Kauf eines neuen PCs bereits auf dem Gerät installiert bzw. wird Ihnen bei der ersten Nutzung von Windows angeboten.

Beachten Sie aber, dass Sie in beiden Fällen die dazugehörigen Apps nur 30 Tage lang kostenlos nutzen können, danach benötigen Sie eine Lizenz gegen Gebühr.

Vorteil: Die Apps sind automatisch immer auf dem neuesten Stand, Sie nutzen also stets die neueste Version.

Nachteil: Das Aussehen einzelner Apps kann sich aufgrund der laufenden Aktualisierungen jederzeit, wenn auch geringfügig, ändern. Bedenken Sie außerdem, dass Sie nach Kündigung des Abos eventuell Ihre Dateien nicht mehr öffnen können, da dann die dazu erforderlichen Apps fehlen.

Kaufen

Wenn Sie Microsoft Office kaufen möchten, dann bezahlen Sie laut Microsoft für Office Home einmalig 149 € (Office 2024). Allerdings kann diese Version nur auf einem einzigen PC installiert werden und umfasst nur Word, Excel und PowerPoint.

Die Kaufversion umfasst aus diesem Grund auch nicht alle Funktionen der Abo-Version und Sie müssen z. B. auf den KI-Assistenten Copilot verzichten.

Vorteil: Sie können die erworbenen Apps zeitlich unbefristet nutzen.

Nachteil: Die Apps werden nicht auf die jeweils neueste Version aktualisiert. Falls Sie nach Erscheinen einer neueren Version diese nutzen möchten, müssen Sie sie erneut kaufen.

Für den privaten Gebrauch und wenn Sie nur Basisfunktionen nutzen, kann letzteres auch ein Vorteil sein, da Sie sicher sein können, dass sich die Benutzeroberfläche nicht ändert und Sie somit die gewohnten Befehle immer an derselben Stelle finden.

Info: Ein Microsoft-Konto ist kostenlos und besteht aus einer E-Mail Adresse und dem dazugehörigen Kennwort.

Es wird in der Regel zur Anmeldung am PC verwendet und berechtigt zur Nutzung verschiedener Dienste von Microsoft, z. B. Apps im Microsoft-Store erwerben. Dieses Konto kann auch beim Kauf von Microsoft 365 verwendet werden.

Egal, ob Abo oder Kauf: Zur Installation benötigen Sie die Installationsdateien und einen Lizenzschlüssel bzw. Product key. Die Kaufversion erhalten Sie meist auf einem Datenträger samt dem dazugehörigen Lizenzschlüssel. Microsoft 365 kann über das Internet unter der Adresse office.com heruntergeladen werden, zum Kauf melden Sie sich mit Ihrem Microsoft-Konto an.

Die Office-Versionen

Microsoft bringt in regelmäßigen Abständen eine neue Kaufversion von Office heraus, die Apps erhalten dann als Zusatz das Erscheinungsjahr, z. B. Office 2024 bzw. Word 2024. Ältere Versionen tragen die Bezeichnungen Office 2019 oder 2021. Hinsichtlich der grundlegenden Funktionen unterscheiden sich die Versionen 2021, 2024 bzw. Microsoft 365 kaum voneinander, lediglich die optische Gestaltung von Fensterelementen, Menüband und Symbolen weicht etwas ab, ihre Funktionsweise und die Bezeichnungen dagegen sind fast dieselben.

Hinweis: Auch die farbliche Gestaltung ist individuell wählbar und kann sich auf Ihrem Gerät von den Abbildungen unterscheiden.

1.2 App/Anwendung starten

1 Klicken Sie in der Leiste am unteren Rand des Bildschirms auf das Symbol *Start* ❶. Das Startmenü öffnet sich.

2 Wenn die gesuchte App, z. B. *Word* ❷ auf Anhieb sichtbar ist, so klicken Sie mit der linken Maustaste auf die App.

Die folgenden Schritte beziehen sich auf Windows 11. Falls Sie Windows 10 nutzen, befindet sich das Symbol Start ganz links am unteren Bildschirmrand.

App nicht im Startmenü sichtbar?

Falls sich die App nicht hier befindet, klicken Sie auf *Alle Apps* ❸.

Klicken Sie dann in der alphabetisch geordneten Liste auf einen beliebigen Buchstaben ❹ und dann auf den Anfangsbuchstaben der gesuchten App. Suchen Sie z. B. nach *Word*, dann klicken Sie auf *W* ❺. Damit springen Sie in der Liste zu diesem Buchstaben und sehen nun alle dazugehörigen Apps, klicken Sie auf *Word* ❻.

Das funktioniert natürlich auch mit Excel und PowerPoint.

App suchen

Stattdessen können Sie auch die App suchen: Klicken Sie am unteren Bildschirmrand auf *Suche* ❶.

Geben Sie im Suchfeld ❷ über die Tastatur die ersten Buchstaben der App ein, z. B. „wor“, wenn Sie nach Word suchen. Die App erscheint unterhalb im Bereich *Höchste Übereinstimmung* ❸, klicken Sie zum Starten mit der Maus darauf.

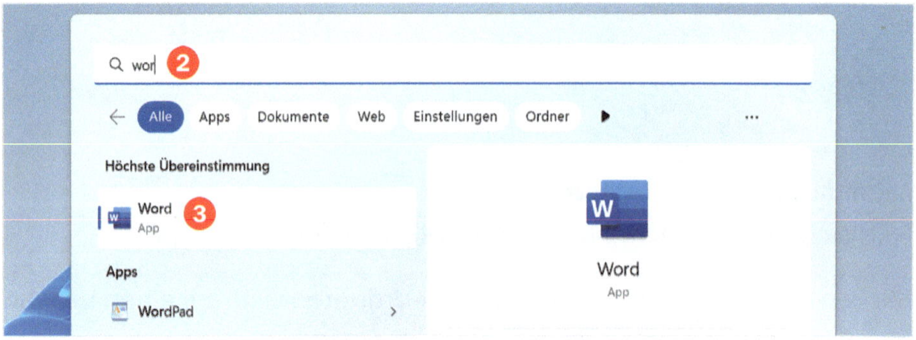

App über Symbol auf dem Desktop starten

Vielleicht findet sich auf Ihrem PC das Symbol der App auch auf dem Bildschirmhintergrund, dieser wird als Desktop bezeichnet. Im Bild unten als Beispiel das Symbol *Word*. Dann starten Sie die App mit Doppelklick auf das Symbol.

Achtung: Auf dem Desktop benötigen Sie zum Starten einen **Doppelklick** auf das Symbol.

1.3 Die Benutzeroberfläche kennenlernen

Die Startseite

Nach dem Start erscheint zunächst die Startseite der jeweiligen App mit verschiedenen Auswahlmöglichkeiten, als Beispiel im Bild unten *Word*.

☛ Klicken Sie auf *Leeres Dokument* ❶.

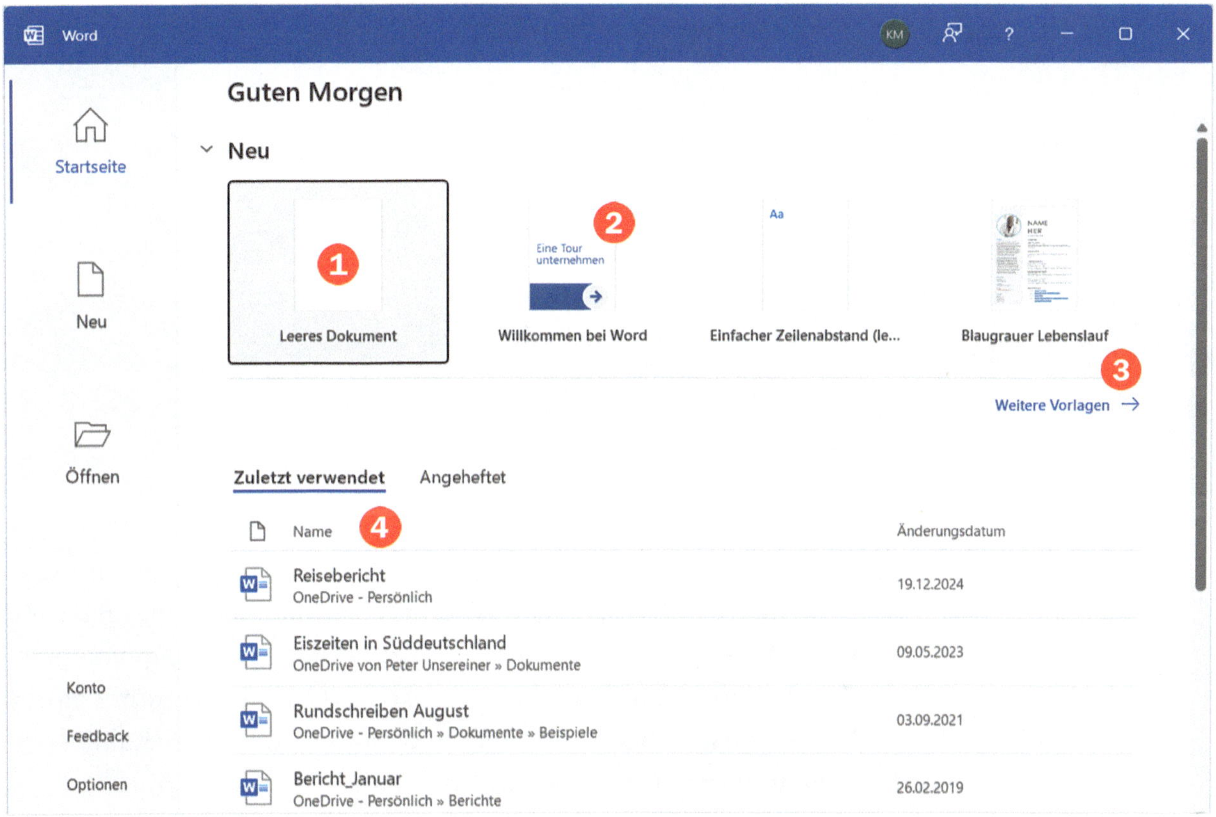

Die übrigen Möglichkeiten

- Mit Klick auf *Eine Tour unternehmen* ❷ erhalten Sie eine kleine Einführung in die jeweilige App, hier Word.
- Sie können eine der angebotenen Vorlagen verwenden ❸, z. B. für einen Brief oder eine Broschüre. Diese sind vergleichbar einem Vordruck, den Sie nur noch ausfüllen brauchen.
- Hier ❹ haben Sie schnellen Zugriff auf Ihre letzten Dokumente.

Wie Sie die passende Vorlage suchen und nutzen, erfahren Sie in den Kapiteln zu den jeweiligen Apps.

Bildschirm und Programmfenster

Anschließend erscheint ein leeres Dokument auf dem Bildschirm. Hier am Beispiel *Word* stellvertretend die wichtigsten Elemente:

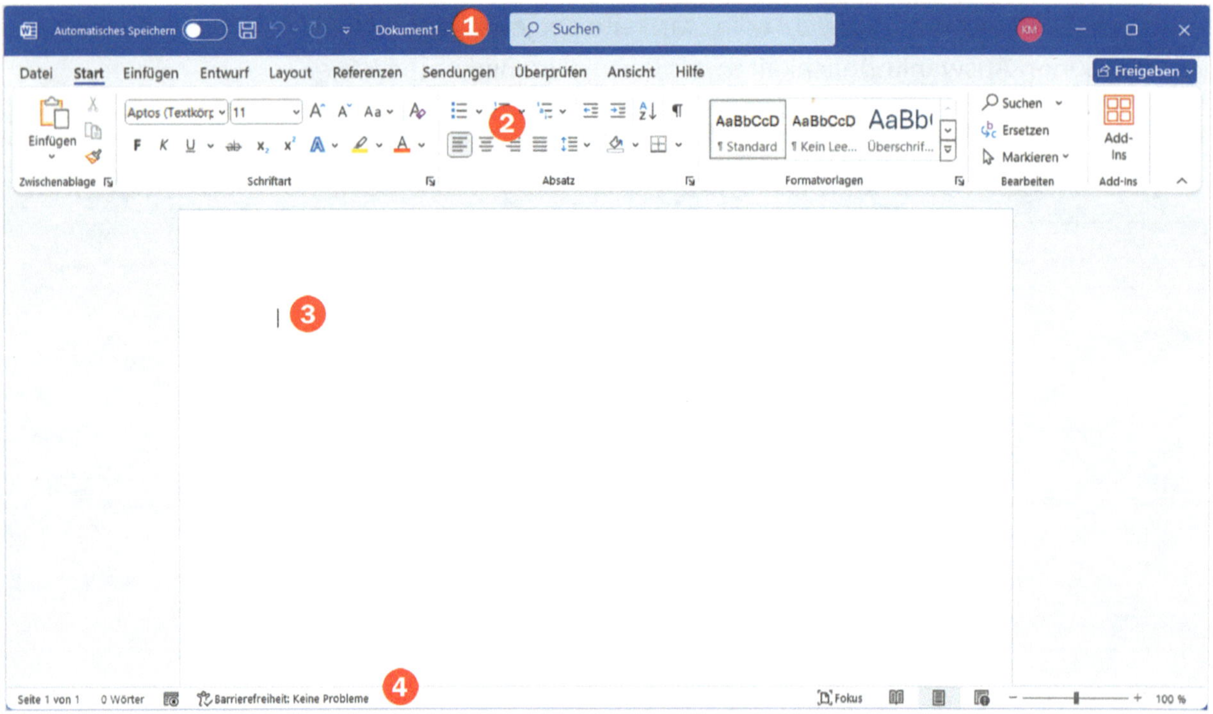

- Ganz oben in der Titelleiste ❶ sehen Sie Dateiname und Bezeichnung der App, hier *Dokument1 - Word*. *Dokument*, gefolgt von einer Zahl bedeutet, das Dokument wurde noch nicht bzw. unter einem Namen gespeichert. Ganz rechts befinden sich die Schaltflächen zum Ändern der Fenstergröße und zum Beenden der App.
- Unterhalb ❷ befindet sich das Menüband mit allen Befehlen, die Sie brauchen, eingeteilt in Registerkarten.
- Den größten Bereich ❸ nimmt das Dokument ein. Im Bild oben ist es bis auf die Einfügemarke (Cursor) am Textanfang noch leer.
- Die Statusleiste ❹ am unteren Rand des Fensters zeigt einige nützliche Informationen zum Dokument an und enthält eine Zoomfunktion zum schnellen Vergrößern/Verkleinern der Anzeige.

Fenstergröße steuern, App beenden

In der rechten oberen Ecke des Fensters finden Sie drei Schaltflächen, mit denen Sie die Fenstergröße ändern bzw. das Fenster schließen.

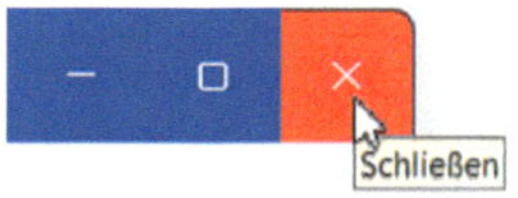

- Mit einem Mausklick auf das Symbol *Schließen* beenden Sie die App, hier Word.

- Mit einem Mausklick auf das mittlere der Symbole wechselt das gesamte Fenster zwischen beliebiger Fenstergröße (*Verkleinern*) und Vollbildmodus (*Maximieren*).

- Mit dem Symbol *Minimieren* verkleinern Sie das geöffnete Fenster auf die Größe eines Symbols in der Taskleiste am unteren Bildschirmrand. Die Anwendung wird nicht geschlossen und mit einem Mausklick auf das Symbol stellen Sie das ursprüngliche Fenster wieder her.

Hinweis: Beim Zeigen auf das mittlere der drei Symbole werden Ihnen verschiedene Layouts zum Anordnen mehrerer Fenster angeboten. Dies können Sie jedoch ignorieren.

Bildlaufleiste, scrollen

Sobald ein längerer Text nicht mehr vollständig ins Fenster passt, erscheint am rechten Rand eine vertikale Bildlaufleiste. Um den restlichen Text zu sehen, müssen Sie den Bildschirmausschnitt verschieben.

Zeigen Sie mit der Maus in das Dokument und drehen Sie das Mausrädchen.

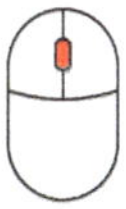

Alternativ können Sie auch die Bildlaufleiste ❶ mit gedrückter linker Maustaste nach oben oder unten verschieben. Oder klicken Sie mehrmals auf die Pfeile ❷, um zeilenweise zu verschieben.

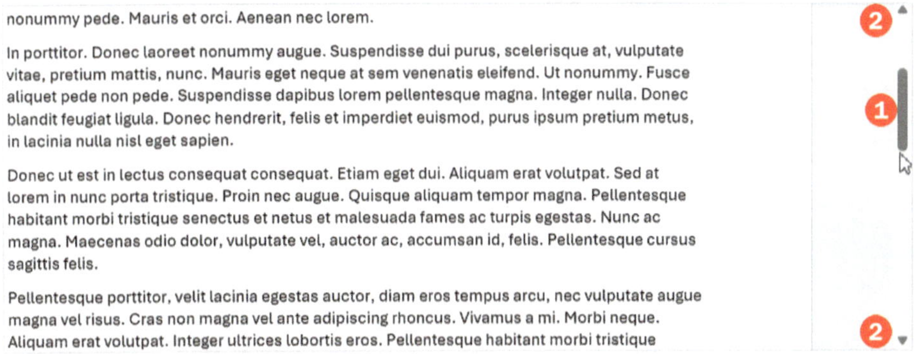
nonummy pede. Mauris et orci. Aenean nec lorem.

In porttitor. Donec laoreet nonummy augue. Suspendisse dui purus, scelerisque at, vulputate vitae, pretium mattis, nunc. Mauris eget neque at sem venenatis eleifend. Ut nonummy. Fusce aliquet pede non pede. Suspendisse dapibus lorem pellentesque magna. Integer nulla. Donec blandit feugiat ligula. Donec hendrerit, felis et imperdiet euismod, purus ipsum pretium metus, in lacinia nulla nisl eget sapien.

Donec ut est in lectus consequat consequat. Etiam eget dui. Aliquam erat volutpat. Sed at lorem in nunc porta tristique. Proin nec augue. Quisque aliquam tempor magna. Pellentesque habitant morbi tristique senectus et netus et malesuada fames ac turpis egestas. Nunc ac magna. Maecenas odio dolor, vulputate vel, auctor ac, accumsan id, felis. Pellentesque cursus sagittis felis.

Pellentesque porttitor, velit lacinia egestas auctor, diam eros tempus arcu, nec vulputate augue magna vel risus. Cras non magna vel ante adipiscing rhoncus. Vivamus a mi. Morbi neque. Aliquam erat volutpat. Integer ultrices lobortis eros. Pellentesque habitant morbi tristique

Das Menüband

Alle Befehle, die Sie brauchen (und noch einige mehr), finden Sie im Menüband im oberen Bereich des Fensters. Zwecks besserer Orientierung sind zusammengehörende Befehle in Registern zusammengefasst, die Sie mit Klick auf den Reiter mit dem Namen des jeweiligen Registers anzeigen, ähnlich einer Kartei.

Beispiel: Das Register Ansicht aufrufen und wieder zurück zum Register Start

1 Klicken Sie mit der linken Maustaste auf *Ansicht* ❶.

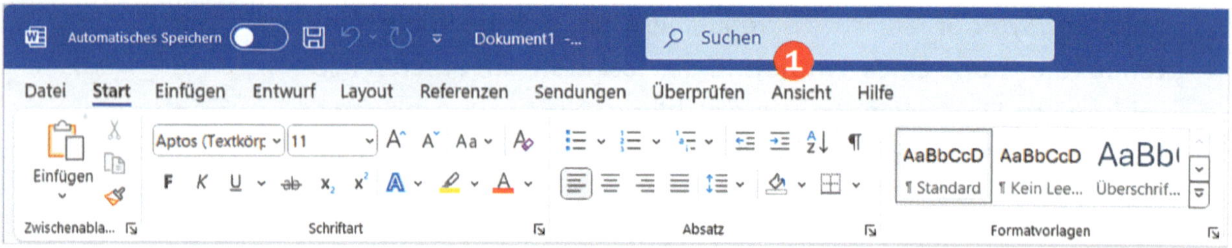

Hinweis: In älteren Versionen ist der Reiter des aktuellen Registers wesentlich deutlicher hervorgehoben.

Das Menüband zeigt nun verschiedene Symbole an ❷, mit denen Sie die Anzeige ändern können, und der Reiter des aktuellen Registers, hier *Ansicht*, ist hervorgehoben ❸.

2 Klicken Sie auf den Reiter bzw. das Register *Start* ❹.

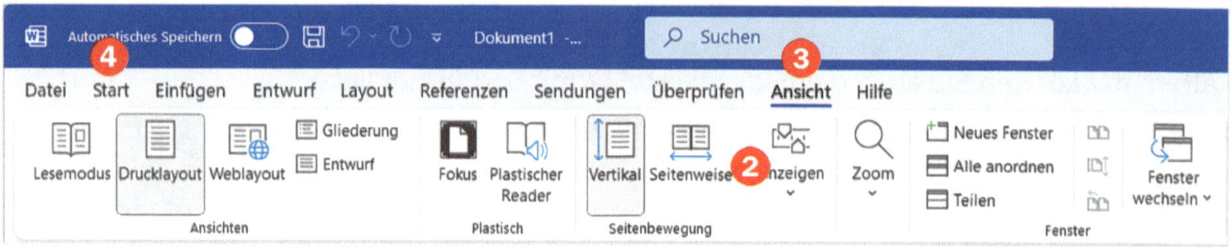

3 Nun sehen Sie wieder alle Symbole dieses Registers und der Reiter *Start* ist hervorgehoben ❺.

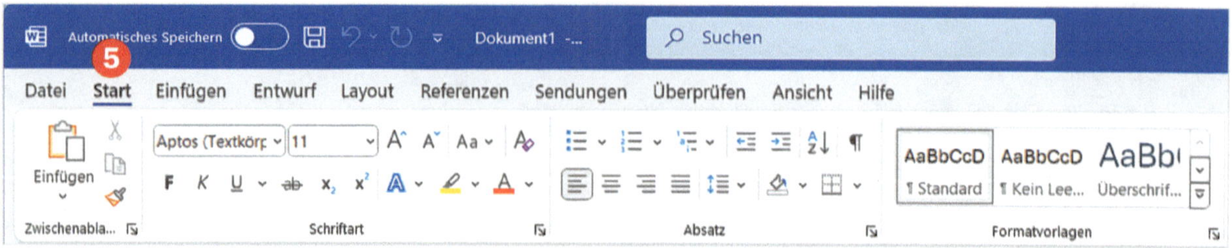

Das Register *Start* ist das wichtigste Register und wird nach dem Start (z. B. von Word) automatisch angezeigt. Mit den hier enthaltenen Symbolen lässt sich mehr als die Hälfte aller üblichen Aufgaben erledigen.

Befehlsgruppen

Auch innerhalb der Register sind zur besseren Orientierung die Symbole jeweils in Gruppen zusammengefasst. So können Sie beispielsweise im Register *Start* mit den Symbolen der Gruppe *Schriftart* ausgewählte Zeichen mit Schriftattributen wie z. B. Fett oder einer anderen Farbe versehen. Mit den Symbolen der Gruppe *Absatz* dagegen gestalten Sie ganze Absätze, die auch mehrere Zeilen umfassen können.

Die Größe der Symbole innerhalb einer Gruppe ist abhängig vom verfügbaren Platz. Auf einem kleinen Bildschirm kann außerdem bei einigen Gruppen nur der Name sichtbar sein. Der Rest erscheint beim Klicken auf den Gruppennamen.

Als Beispiel im Bild unten die Gruppen *Zwischenablage* ❶, *Schriftart* ❷ und *Absatz* ❸ im Register *Start*.

Umgang mit Symbolen und Schaltflächen

Manche Symbole des Menübands weisen neben oder unter dem Symbol zusätzlich einen kleinen, nach unten weisenden Pfeil auf.

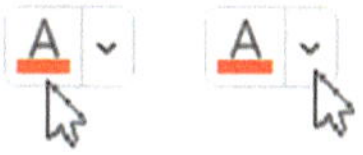

Beachten Sie in solchen Fällen: Wenn Sie mit der Maus direkt auf das Symbol klicken, dann wird die Standardbelegung ausgeführt. Klicken Sie dagegen auf den kleinen Pfeil (Dropdown-Pfeil), so öffnet sich ein Auswahlfeld mit mehreren Möglichkeiten.

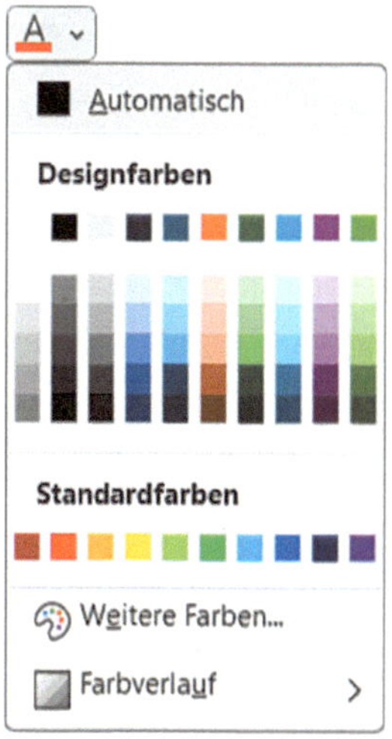

Beispiel Schriftfarbe

Im Register *Start*, Gruppe *Schriftart* finden Sie das Symbol *Schriftfarbe* (Bild links). Wenn Sie direkt auf das Symbol klicken, wird die auf dem Symbol angezeigte Farbe verwendet, meist Rot. Ein Klick auf den Pfeil öffnet dagegen eine Farbpalette, in der Sie die gewünschte Farbe durch Anklicken wählen können.

Das Register Datei

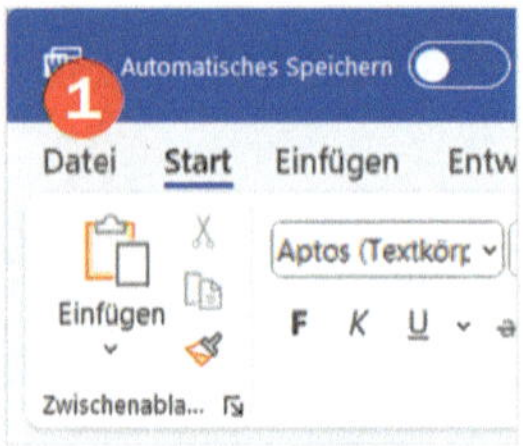

Eine besondere Rolle spielt das Register *Datei* ❶. Es füllt im Gegensatz zu den übrigen Registern das gesamte App-Fenster aus, im Bild unten als Beispiel das Word-Fenster, und stellt Befehle zum Speichern, Öffnen, Drucken ❷ und noch einige mehr zur Verfügung.

Wenn Sie wieder zum Text bzw. zur Dokumentansicht zurückkehren möchten, dann klicken Sie auf den Pfeil ❸ oder betätigen auf der Tastatur die **Esc**-Taste (Escape = Abbrechen).

Info: Das Register *Datei* wird manchmal auch mit dem englischen Begriff Backstage-Ansicht bezeichnet, was auf deutsch übersetzt bedeutet: „Hinter der Bühne".

Symbole des Menübands verschwunden?

Achtung: Klicken Sie immer nur einmal auf einen Reiter!

Zur Auswahl eines Registers genügt es, wenn Sie einmal mit der linken Maustaste auf den Namen bzw. den Reiter klicken. **Achtung**: Mit einem Doppelklick auf den Reiter des aktuellen Registers blenden Sie dagegen das Menüband bis auf die Reiter aus, wie im Bild unten.

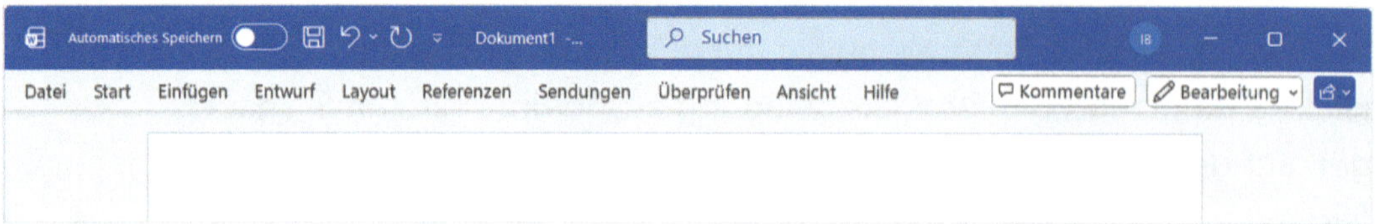

In diesem Fall erscheinen die Symbole erst, nachdem Sie auf einen Reiter geklickt haben, und verschwinden nach dem Anklicken eines Symbols wieder.

Wenn Sie das Menüband versehentlich ausgeblendet haben, dann doppelklicken Sie auf einen beliebigen Reiter, damit es wieder dauerhaft vollständig angezeigt wird.

Aktionen rückgängig machen

Einmal falsch geklickt oder eine Taste gedrückt und schon ist ein Teil Ihres Textes oder alles verschwunden? Oder der Text sieht plötzlich ganz anders aus? Kein Problem, die meisten Aktionen können anschließend wieder rückgängig gemacht werden.

- Klicken Sie dazu am besten sofort auf das Symbol *Rückgängig*, das Sie in der Leiste links oberhalb der Reiter finden ❶.

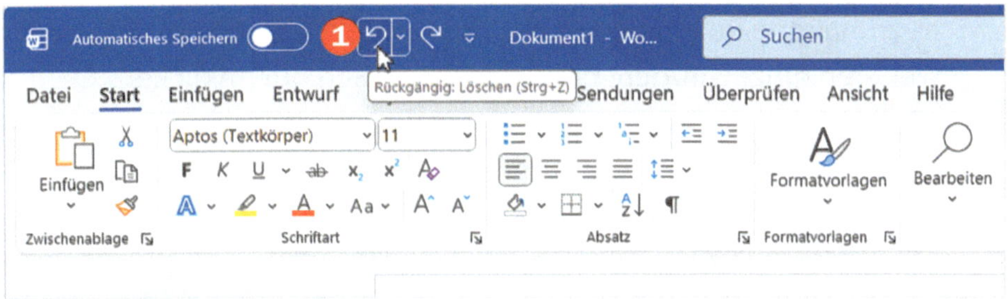

Rückgängig: nach links weisender Pfeil.

Wiederherstellen: nach rechts weisender Pfeil.

> Rechts vom Symbol *Rückgängig* finden Sie das Symbol *Wiederherstellen* ❷. Dieses Symbol stellt eine versehentlich rückgängig gemachte Aktion wieder her; Sie können sozusagen Rückgängig wieder rückgängig machen.

Statt *Wiederherstellen* sehen Sie eventuell auch das Symbol *Wiederholen*, einen kreisförmigen Pfeil. Dieses Symbol erscheint nur, wenn zuvor nichts rückgängig gemacht wurde, und wiederholt die letzte Aktion.

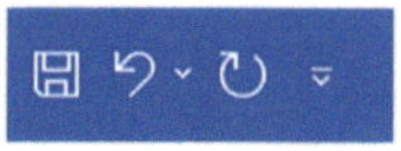

Versehentliches Löschen oder Überschreiben von Text lässt sich damit problemlos rückgängig machen. Nicht rückgängig gemacht werden können dagegen die Aktionen Speichern, Drucken, Ändern der Anzeige, App beenden bzw. Fenster schließen

Symbol oder Leiste nicht sichtbar?

Die Leiste links oben mit den Symbolen *Rückgängig*, *Wiederherstellen* bzw. *Wiederholen* und *Automatisches Speichern* wird als *Symbolleiste für den Schnellzugriff* bezeichnet und kann jederzeit von Ihnen angepasst werden, d. h. Sie können Symbole daraus entfernen oder weitere Symbole hinzufügen. Wie Sie dabei vorgehen, lesen Sie im nächsten Punkt. Sollte sie nicht sichtbar sein, so klicken Sie mit der **rechten** Maustaste an eine beliebige Stelle im Menüband und auf *Symbolleiste für den Schnellzugriff anzeigen*.

Symbolleiste für den Schnellzugriff anpassen

Die Leiste mit dem Symbol *Rückgängig* wird auch als *Symbolleiste für den Schnellzugriff* bezeichnet. Sollte hier *Rückgängig* nicht enthalten sein, können Sie dieses Symbol und noch weitere jederzeit hinzufügen.

1 Klicken Sie am rechten Ende der Leiste auf den kleinen, nach unten weisenden Pfeil ❶.

2 Es öffnet sich eine kleine Auswahl von Befehlen. Bereits in der Leiste enthaltene Befehle erkennen Sie am Häkchen ❷ und um einen weiteren hinzuzufügen, brauchen Sie diesen nur anklicken.

Achtung: Wenn Sie einen Befehl anklicken, der bereits mit einem Häkchen versehen ist, dann wird das Häkchen und damit das Symbol aus der Leiste entfernt!

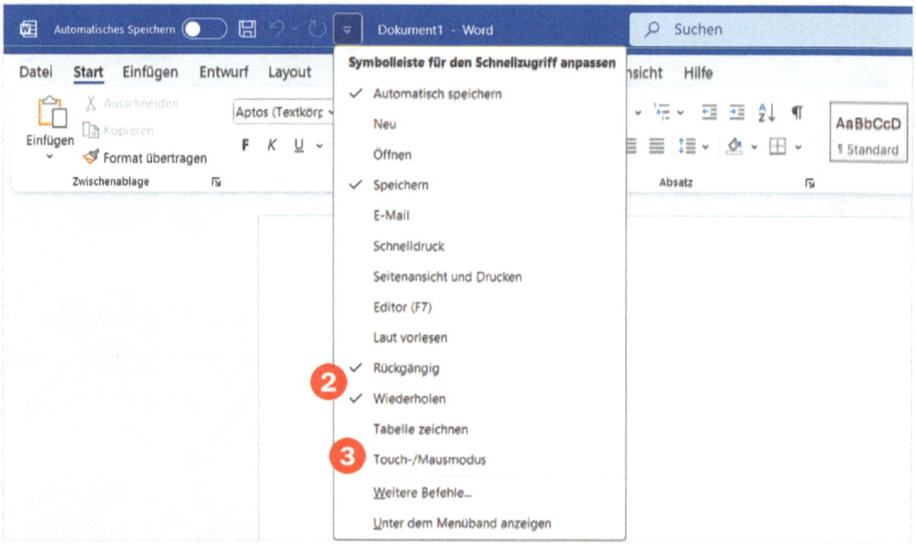

Tipp: Die Befehle bzw. Symbole *Speichern*, *Neu*, *Rückgängig* und *Wiederholen* sollten in der Symbolleiste auf jeden Fall vorhanden sein!

Wenn Sie Ihr Gerät per Finger über einen berührungsempfindlichen Bildschirm (Touchscreen) bedienen, sollte außerdem *Touch-/Mausmodus* ❸ hinzugefügt werden. Ein Klick auf dieses Symbol ❹ erlaubt den schnellen Wechsel zwischen dem normalen Modus mit Mausbedienung und dem Touchmodus, bei dem die Abstände zwischen den Symbolen vergrößert werden.

Rechte Maustaste und Kontextmenü

Eine schnelle Alternative zum Menüband ist das sogenannte Kontextmenü. Es erscheint, wenn Sie im Dokument bzw. in der Excel-Tabelle ein Element mit der **rechten** Maustaste anklicken, und enthält nur Befehle, die sich auf das angeklickte Element beziehen, daher auch die Bezeichnung. Den gewünschten Befehl im Kontextmenü klicken Sie dagegen wieder mit der linken Maustaste an.

Beispiel Wort unterstreichen

Nehmen wir als Beispiel an, Sie möchten mit Word im Bild unten das Wort „Beispielsatz" unterstreichen: Klicken Sie mit der **rechten** Maustaste in das Wort ❶ und danach mit der **linken** Maustaste auf das Symbol *Unterstrichen* ❷.

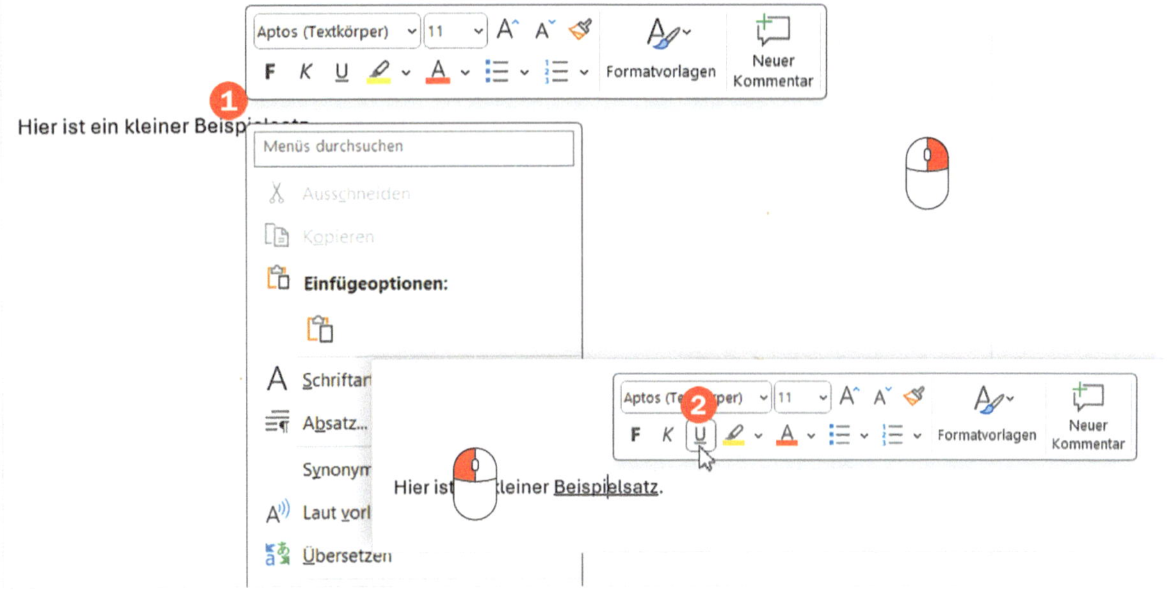

Hinweis: Das eigentliche Kontextmenü umfasst nur eine Liste von Befehlen. In vielen Fällen erscheint aber oberhalb des Kontextmenüs zusätzlich noch eine kleine Leiste mit Symbolen wie im Bild oben. Diese wird auch als Minisymbolleiste bezeichnet. Die genaue Bedeutung der Symbole wird zusammen mit der jeweiligen Anwendung, also in den Kapiteln Word, Excel und PowerPoint ausführlich erklärt.

Anzeige vergrößern und verkleinern (Zoomen)

Um den Inhalt eines Dokuments am Bildschirm besser lesen zu können, kann die Anzeige beliebig vergrößert und wieder verkleinert werden.

Dazu finden Sie in der rechten unteren Ecke des Fensters den sogenannten Zoombereich ❶ mit der Anzeige des aktuellen Vergrößerungsfaktors. 100 % entspricht dem gedruckten Ergebnis und ist auch die Standardeinstellung.

Im Bild sehen Sie als Beispiel einen beliebigen Text, der allerdings nicht wirklich lateinisch ist, sondern häufig zum Testen benutzt wird.

Vergrößern und Verkleinern funktioniert genauso in Excel und PowerPoint.

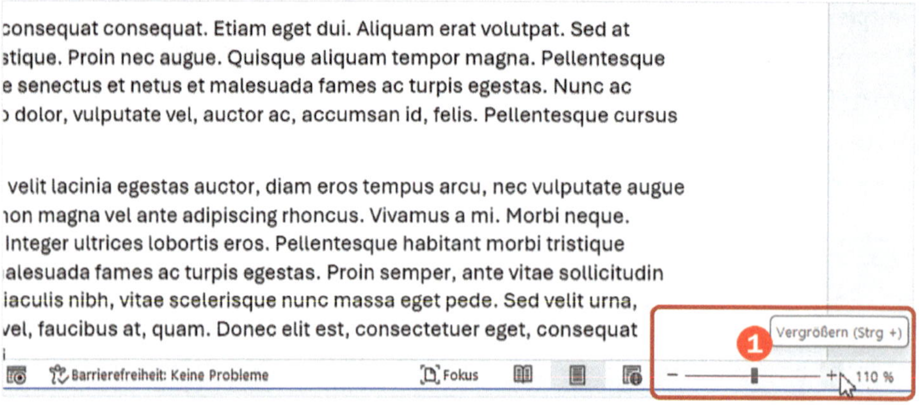

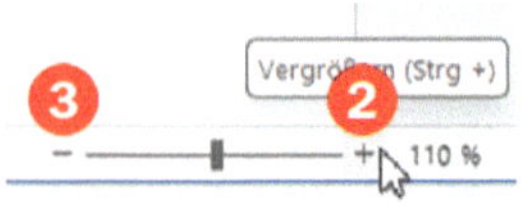

- Zum Vergrößern klicken Sie mit der Maus mehrmals auf das Pluszeichen + ❷. Wenn Sie die Anzeige wieder verkleinern möchten, klicken Sie auf das Minus - ❸. Vergrößern und Verkleinern erfolgt in 10er-Schritten.

Strg-Taste +

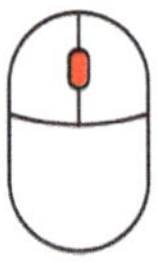

- Oder zeigen Sie mit der Maus in das Dokument. Drücken Sie dann die **Strg**-Taste der Tastatur, halten die Taste gedrückt und drehen gleichzeitig das Rädchen der Maus.

Achtung: Mit dieser Methode vergrößern und verkleinern Sie nur die Anzeige auf dem Bildschirm. Dies hat keinerlei Einfluss auf das gedruckte Ergebnis. Wenn Text größer gedruckt werden soll, dann müssen Sie die Schrift vergrößern, Näheres hierzu lesen Sie in den nachfolgenden Kapiteln.

1.4 Speichern und öffnen

Speicherorte

Zusammen mit Ihrem Microsoft-Konto, das Sie zur Anmeldung am PC benutzen, steht Ihnen unter der Bezeichnung *OneDrive* zusätzlich zur lokalen Festplatte weiterer kostenloser Speicherplatz zur Verfügung. Dieser befindet sich allerdings nicht auf Ihrem Gerät, sondern es handelt sich um einen Datenspeicher von Microsoft, mit dem Sie über das Internet verbunden sind. Sie können also bei jedem Speichern zwischen der lokalen Festplatte und *OneDrive* wählen.

OneDrive wird auch als Cloudspeicher bezeichnet. Cloud bedeutet zu deutsch Wolke, daher auch das Symbol für OneDrive.

Der Begriff Cloud stammt daher, dass für den Nutzer der genaue Speicherort nicht nachvollziehbar, also verhüllt ist.

Vor- und Nachteile von OneDrive

Der größte Nachteil von *OneDrive* ist sicherlich, dass die Daten nicht auf Ihrem Gerät, sondern irgendwo im Internet gespeichert sind. Dies kann aber auch ein Vorteil sein:

- So sorgen beispielsweise umfassende Sicherheitsmaßnahmen für Schutz vor unbefugten Zugriffen und Datenverlust, was auf dem eigenen Computer nicht immer der Fall ist.
- Regelmäßige Datensicherungen stellen sicher, dass Ihre Daten auch dann verfügbar sind, wenn Ihr PC oder dessen lokale Festplatte den Geist aufgegeben hat oder wenn Sie auf ein neues Gerät umsteigen.

Wie viel Speicherplatz umfasst OneDrive?

In der Standardeinstellung, also zusammen mit Ihrem Microsoft-Konto, umfasst *OneDrive* 5 GB. Wenn Sie dagegen Microsoft 365 abonniert haben (siehe Seite 15), dann stehen Ihnen 1 TB (Single) bzw. bis zu 6 TB (Family) zur Verfügung. Das dürfte auch für die Sicherung einer umfangreichen Fotosammlung ausreichen.

GB = Gigabyte

TB = Terabyte, die nächstgrößere Speichereinheit

Sind die Daten auch ohne Internet verfügbar?

Prinzipiell Ja, da in der Standardeinstellung bei einer bestehenden Internetverbindung die Daten beim Öffnen automatisch auch als Kopien auf der Festplatte abgelegt werden. Im Einzelnen hängt dies allerdings von Ihren Windows-Einstellungen ab.

Eine nähere Beschreibung der Einstellungen würde an dieser Stelle zu weit führen. Alles zu OneDrive finden Sie im Buch „Windows 11 für Senioren" vom BILDNER Verlag.

So gehen Sie beim Speichern vor

Die grundlegenden Dinge beim Speichern sind stets gleich, egal mit welcher App: Sie benötigen für die Datei bzw. das Dokument einen Namen und müssen einen Speicherort wählen.

1 Klicken Sie im Menüband auf das Register *Datei* ❶ und danach in der linken Leiste auf *Speichern unter* ❷.

2 Rechts werden die zuletzt verwendeten Speicherorte aufgelistet ❸, wenn sich darunter auch der gewünschte Ort befindet, so klicken Sie diesen an.

3 Falls nicht, so klicken Sie auf *Durchsuchen* ❹.

Hinweis: Alternativ können Sie zum Speichern auch auf das Symbol *Speichern* in der Symbolleiste für den Schnellzugriff klicken oder die Tastenkombination **Strg+S** betätigen. Allerdings verhält sich dann das Speichern etwas anders. Näheres hierzu auf Seite 33.

Es öffnet sich das Fenster *Speichern unter*. Hier geben Sie den Dateinamen ein und wählen einen Speicherort, sofern dies noch nicht erfolgt ist, siehe oben.

4 **Dateiname:** Im Eingabefeld *Dateiname* ❺ geben Sie den Namen ein, unter dem die Datei gespeichert werden soll. Hier steht als vorläufiger Dateiname entweder bereits die allgemeine Bezeichnung *Dok1* bzw. in Excel *Mappe1* oder die ersten Worte des Dokuments.

Der vorläufige Dateiname ist in der Regel blau unterlegt, d. h. markiert, und wird durch die Tastatureingabe überschrieben. Falls er nicht markiert sein sollte, klicken Sie zum Markieren in das Feld.

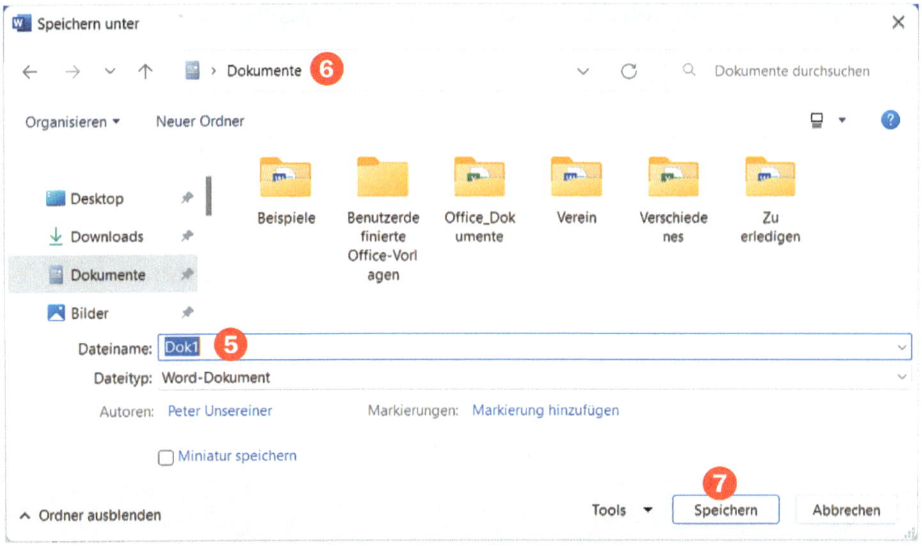

Beachten Sie, dass die Zeichen / \ : ? * < > | in Dateinamen nicht zulässig sind!

Der vorläufige Dateiname lässt nur selten Rückschlüsse auf den Dateiinhalt zu. Er sollte daher unbedingt durch einen aussagekräftigeren Namen ersetzt werden.

Im Feld *Dateityp* darunter ist automatisch der Standardtyp der jeweiligen App ausgewählt, dieser kann im Normalfall beibehalten werden.

5 **Speicherort:** Ganz oben im Fenster sehen Sie den aktuellen Ordner, in den meisten Fällen *Dokumente* ❻, wie im Bild oben. Das bedeutet, die Datei wird auf der Festplatte Ihres PCs im Ordner *Dokumente* gespeichert. Dies ist auch der Standardordner für Ihre persönlichen Dateien. Sollte dagegen links von *Dokumente* Ihr Name mit dem Zusatz *Persönlich* stehen, so befindet sich der Ordner auf *OneDrive*.

6 Wenn Sie den vorgeschlagenen Speicherort beibehalten wollen, dann klicken Sie abschließend auf *Speichern* ❼. Das Dokument wird nun gespeichert und das Fenster ohne weitere Meldung geschlossen.

Dass das Dokument gespeichert wurde, erkennen Sie beim Blick in die Titelleiste der jeweiligen App: Hier steht nun der Dateiname ❽ statt *Dokument1* (Word) oder *Mappe1* (Excel) und mit Klick auf den dazugehörigen Pfeil können Sie auch den Speicherort kontrollieren.

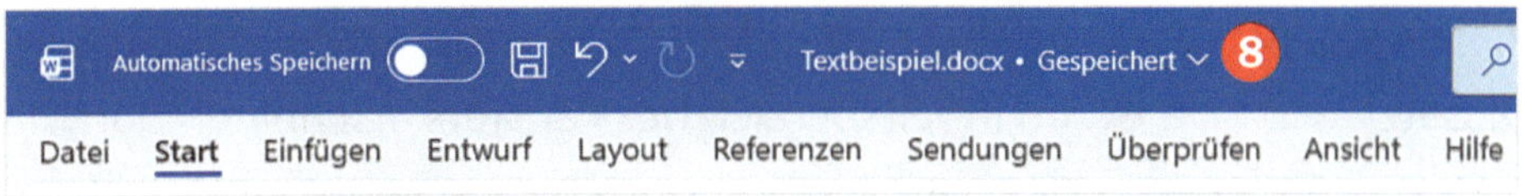

Der Zusatz *Gespeichert* wird von älteren Office-Versionen nicht angezeigt!

Anderen Speicherort wählen

Falls Sie statt im Ordner *Dokumente* in einem anderen Ordner speichern möchten, dann klicken Sie im Register *Datei* auf *Speichern unter* und auf *Durchsuchen* (siehe Seite 30) und gehen anschließend so vor:

1. Geben Sie den Dateinamen ein ❶.

2. Handelt es sich beim gesuchten Ordner um einen Unterordner des aktuellen Ordners, hier *Dokumente*, dann sehen Sie diesen Ordner im Inhaltsbereich des *Speichern*-Fensters. Doppelklicken Sie zum Öffnen auf das Symbol dieses Ordners ❷, im Bild unten *Beispiele*.

3. Oben im Adressfeld erscheint nun *> Dokumente > Beispiele* als Speicherort ❸ und im Inhaltsbereich sehen Sie alle hier vorhandenen Dateien und Ordner ❹. Klicken Sie abschließend auf *Speichern* ❺.

Mit der Schaltfläche *Neuer Ordner* ❻ können Sie außerdem einen neuen Ordner erstellen. Beachten Sie, dass Sie diesen vor dem Speichern erst öffnen müssen.

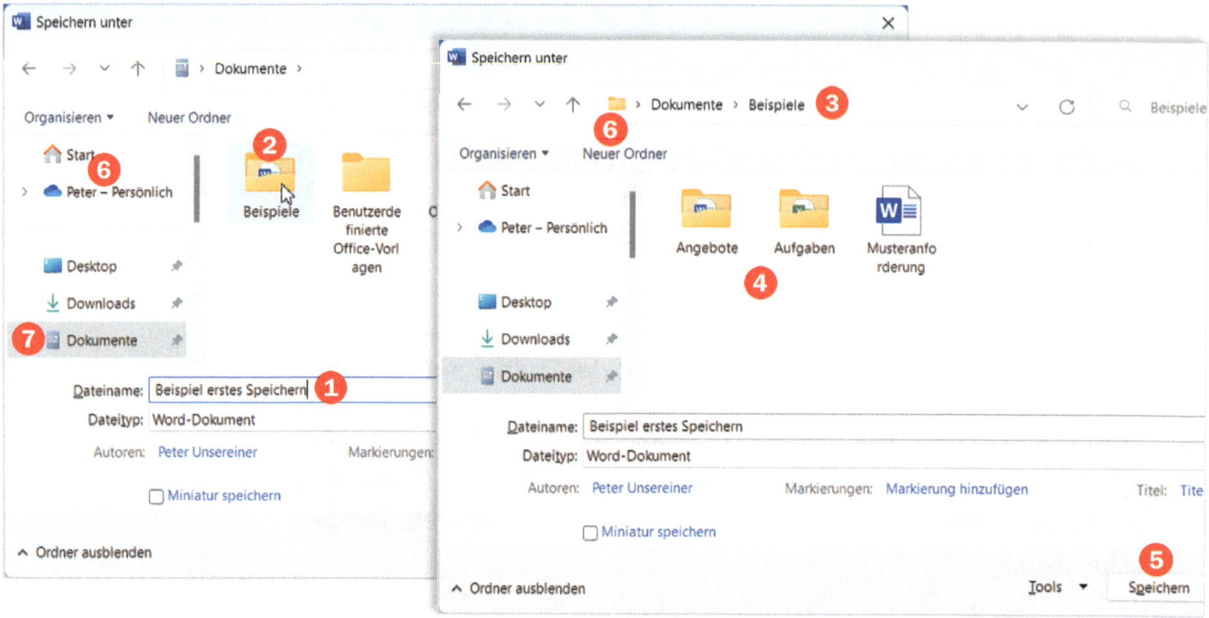

Auf OneDrive speichern

Wenn Sie stattdessen die Datei in einem Ordner auf *OneDrive* speichern möchten, dann klicken Sie im Fenster *Speichern unter* (siehe oben) in der linken Spalte auf das Symbol für *OneDrive* mit Ihrem Namen und dem Zusatz *Persönlich* ❻. Im Inhaltsbereich des Fensters erscheinen nun die hier vorhandenen Ordner und Sie brauchen nur den gewünschten Ordner, wie oben beschrieben, mit Doppelklick öffnen.

Möchten Sie dagegen wieder den Ordner *Dokumente* auf der Festplatte auswählen, so klicken Sie hier ❼.

Ordner nicht sichtbar?

Möglicherweise sind im Fenster *Speichern unter* die Ordner ausgeblendet und nur der aktuelle Ordner ist zusammen mit dem Eingabefeld *Dateiname* und dem Feld *Dateityp* sichtbar, wie im Bild unten.

Dann klicken Sie auf *Ordner durchsuchen*.

Schnelles Speichern

Alternativ zum Register *Datei* (s. Seite 30) können Sie auch das schnelle Speichern nutzen: Dazu klicken Sie entweder in der Symbolleiste für den Schnellzugriff auf das Symbol *Speichern* ❶ oder drücken die Tasten **Strg+S**. In beiden Fällen öffnet sich das unten abgebildete Fenster zum schnellen Speichern.

Geben Sie im Feld *Dateiname* ❷ den Dateinamen ein. Im Feld *Ort auswählen* ❸ sehen Sie den aktuellen Speicherort, im Bild unten *Dokumente* auf *OneDrive*. Wenn Sie diesen Ordner beibehalten möchten, dann klicken Sie auf *Speichern* ❺.

Tipp: Ordner auf der lokalen Festplatte erkennen Sie am vorangestellten am Laufwerksbuchstaben C:

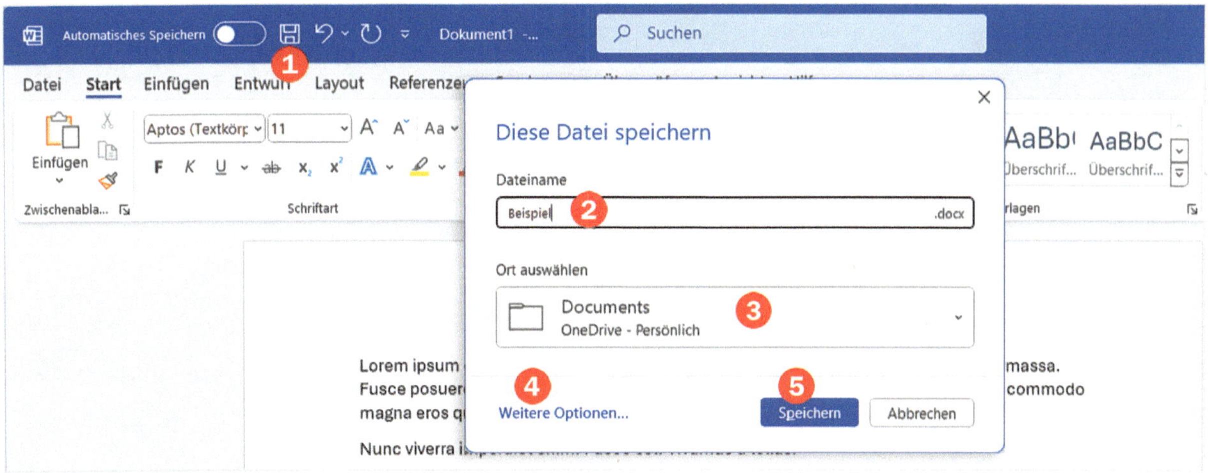

Tipp: In den Optionen können Sie bei Bedarf festlegen, dass beim Klick auf das *Speichern*-Symbol sofort das Fenster Speichern unter geöffnet wird. Näheres hierzu am Ende dieses Kapitels auf Seite 53.

Falls Sie einen anderen Ordner benötigen, klicken Sie entweder auf den aktuellen Ordner ❸. Es öffnet sich eine Liste weiterer Ordner, in der Sie den gewünschten Ordner nur anklicken brauchen. Oder klicken Sie auf *Weitere Optionen...* ❹. Damit gelangen Sie zum Register *Datei* und können anschließend, wie auf Seite 30 beschrieben, fortfahren.

Zuletzt verwendete Ordner als Speicherort auswählen

Wenn Sie sich im Register *Datei* befinden und *Speichern unter* ausgewählt haben, dann erscheint rechts eine Liste zuletzt verwendeter Ordner ❶. Wenn Sie in einem der hier aufgeführten Ordner speichern möchten, dann genügt ein Klick auf den Ordnernamen und das Fenster *Speichern unter* wird mit diesem Ordner als Speicherort geöffnet.

Die aktuelle Auswahl ist hervorgehoben, im Bild unten *Dieser PC*.

Im mittleren Bereich können Sie die Ordnerliste nach Speicherorten einschränken:

- Ein Klick auf *Zuletzt verwendet* ❷ listet alle Ordner unabhängig vom Speicherort auf.
- Klicken Sie auf *Dieser PC* ❸, so erhalten Sie nur Ordner, die sich auf der Festplatte befinden. Mit Klick auf *OneDrive* ❹ sehen Sie dagegen die Ordner, in denen zuletzt auf OneDrive gespeichert wurde.

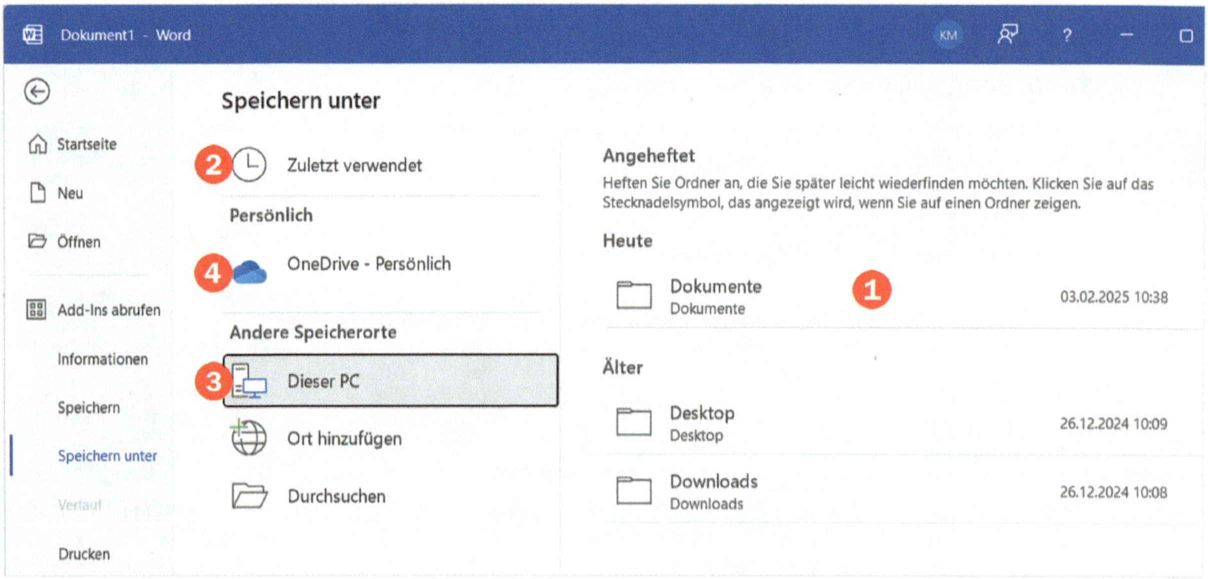

Tipp für Nutzer von Microsoft 365

Die Microsoft 365 Apps zeigen mit der Auswahl *Dieser PC* und *OneDrive* alle hier befindlichen Ordner an (siehe auch Seite 41), zusätzlich können Sie oberhalb der Liste den Dateinamen eingeben, das Fenster *Speichern unter* wird also nicht zwingend benötigt.

Ordner an Liste anheften

Falls Sie einen Ordner häufig zum Speichern benötigen, können Sie diesen in der Liste *Zuletzt verwendet* fest anheften. Angeheftete Ordner erscheinen unter der Bezeichnung *Favoriten* (Microsoft 365) oder *Angeheftet* am Beginn der Liste und verschwinden auch nicht, wenn sie längere Zeit nicht verwendet wurden.

1 Positionieren Sie den Mauszeiger über diesem Ordner, rechts erscheint nun ein Stern (Microsoft 365) ❶ oder ein Pin-Symbol ❺.

2 Klicken Sie auf den Stern bzw. das Pin-Symbol. Der Ordner wird nun ganz oben unter *Favoriten* ❷ bzw. *Angeheftet* ❹ angezeigt, gleichzeitig ist der Stern ❸ oder das Pin-Symbol ❺ nun dauerhaft sichtbar.

Hinweis: Microsoft 365 bezeichnet fest angeheftete Elemente als *Favoriten* mit einem Stern als Symbol, wie im Bild unten links.

Alle übrigen Office-Versionen verwenden ein Pin-Symbol wie im Bild unten rechts.

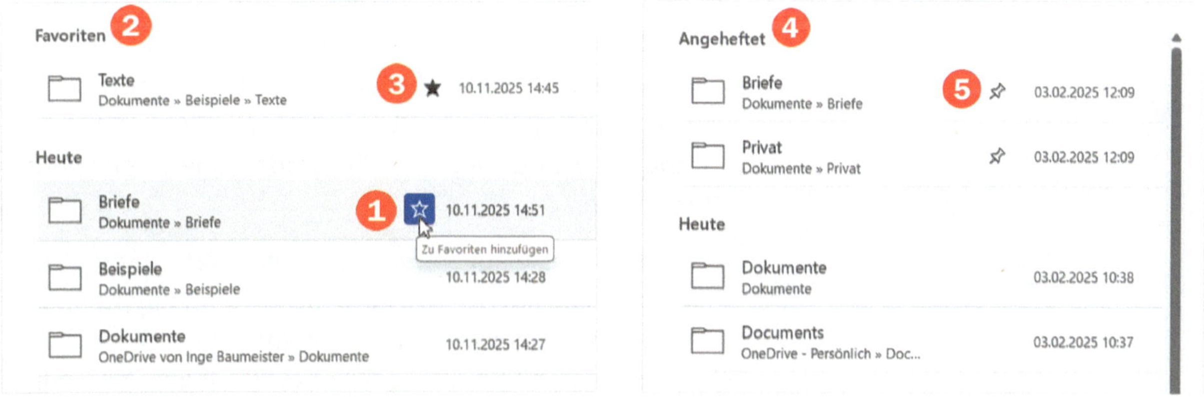

Angehefteten Ordner aus der Liste wieder entfernen

Falls Sie einen angehefteten Ordner wieder aus der Liste entfernen möchten, dann klicken Sie einfach auf den dazugehörigen Stern bzw. das Pin-Symbol. Der Ordner wird nur aus der Liste entfernt, nicht aber gelöscht!

Der Unterschied zwischen Speichern und Speichern unter

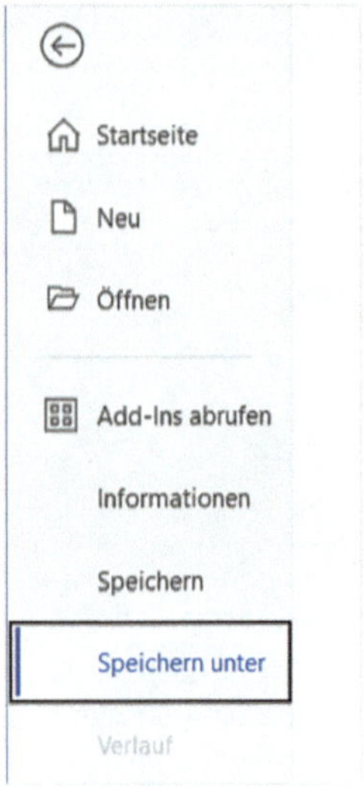

Im Register *Datei* finden Sie zwei Befehle zum Speichern: *Speichern* und *Speichern unter*. Wo liegt der Unterschied?

- Wenn Sie ein neues Dokument das erste Mal speichern, dann sind dazu Dateiname und Angabe des Speicherorts erforderlich. Daher wird in diesem Fall stets das Fenster *Speichern unter* geöffnet, egal auf welchen der Befehle Sie geklickt haben.
- Bei einem bereits gespeicherten Dokument stehen dagegen Dateiname und Speicherort fest. Wenn Sie auf *Speichern* oder auf das Symbol 🖫 links oben klicken (oder **Strg+S** verwenden), dann wird der aktuelle Stand im Hintergrund gespeichert, ohne dass das *Speichern*-Fenster erneut erscheint.
- Falls Sie ein bereits gespeichertes Dokument unter einem anderen Namen oder an einem anderen Ort speichern möchten, dann müssen Sie *Speichern unter* wählen. Damit öffnet sich das Fenster *Speichern unter*, in dem Sie einen anderen Dateinamen oder Speicherort angeben können.

Beim Beenden von Word, Excel oder PowerPoint

Falls Sie Ihre letzten Änderungen noch nicht gespeichert haben, erscheint beim Beenden der jeweiligen App eine Rückfrage, ob Sie Änderungen speichern möchten.

- Klicken Sie auf *Speichern*, um die letzten Änderungen im Hintergrund zu speichern; bei einem noch nicht gespeicherten Dokument geben Sie außerdem einen Dateinamen ein und wählen den Speicherort, siehe schnelles Speichern auf Seite 33.
- *Nicht speichern* heißt, es werden alle zuletzt vorgenommenen Änderungen verworfen und die App beendet.
- *Abbrechen* bedeutet dagegen, es passiert überhaupt nichts: Es wird nicht gespeichert und die App nicht beendet.

Automatisches Speichern

Vielleicht ist Ihnen in der Symbolleiste für den Schnellzugriff der Schalter *Automatisches Speichern* aufgefallen. Dieser wird automatisch aktiviert, sobald Sie das aktuelle Dokument auf *OneDrive* speichern, wie im Bild unten links und bewirkt, dass alle Ihre Änderungen regelmäßig im Hintergrund gespeichert werden.

Achtung: Automatisches Speichern ist in Office 2019 nicht verfügbar!

Für Dokumente, die auf der lokalen Festplatte gespeichert sind, kann dagegen automatisches Speichern nicht aktiviert werden!

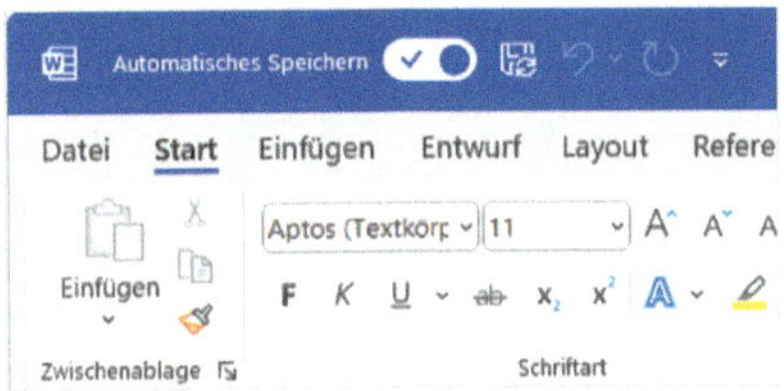

Sollte der Schalter nicht sichtbar sein, so klicken Sie am Ende der Leiste auf den Pfeil und danach auf *Automatisch Speichern*.

👉 Wenn Sie das automatische Speichern ausschalten möchten, brauchen Sie nur diesen Schalter anklicken. Ein weiterer Klick schaltet das Speichern wieder ein.

Datei/Dokument öffnen

Die Möglichkeit zum Öffnen einer Datei bzw. eines Dokuments finden Sie in allen Office-Anwendungen an zwei Stellen:

- auf der Startseite nach dem Starten der App, sofern das Dokument erst kürzlich bearbeitet wurde,
- im Register *Datei* und der Auswahl *Öffnen*.

Register Datei

Wenn die App, z. B. Word, bereits geöffnet ist, dann gehen Sie so vor:

1. Klicken Sie im Menüband auf das Register *Datei* ❶ und anschließend auf *Öffnen* ❷.

2. Sollte die gesuchte Datei rechts ❸ unter den zuletzt verwendeten aufgelistet werden, so brauchen Sie diese zum Öffnen nur anklicken. Andernfalls klicken Sie auf *Durchsuchen* ❹.

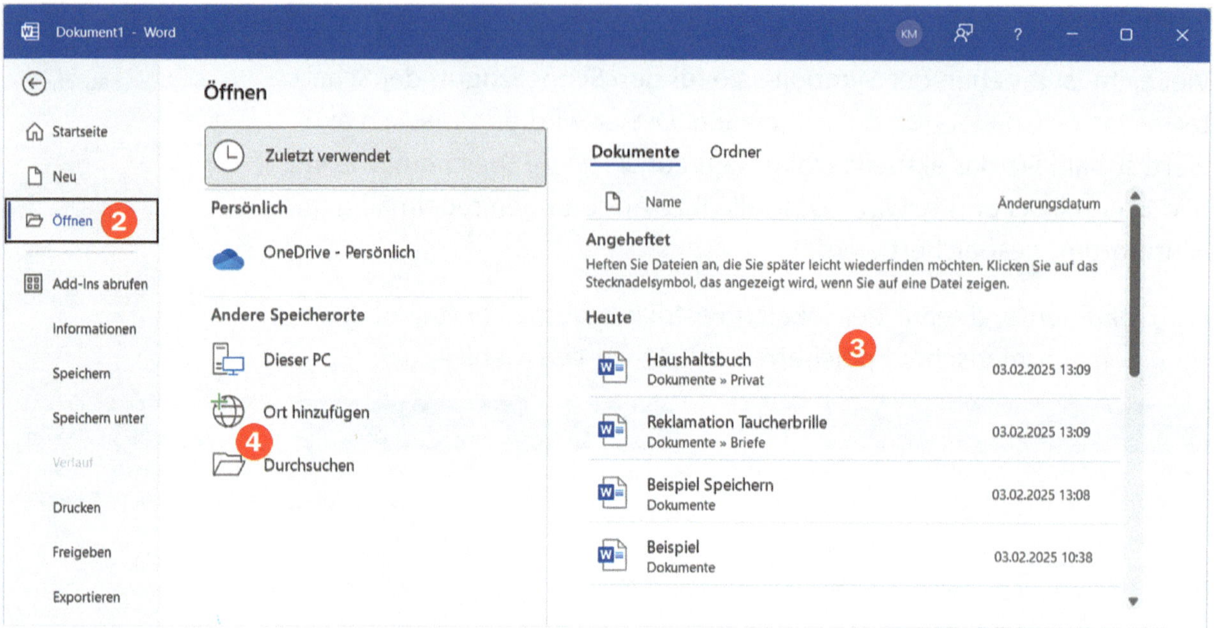

Hinweis: Die Liste ❸ kann auch zwischenzeitlich verschobene, umbenannte oder gelöschte Dateien enthalten. Dann erhalten Sie beim Öffnen eine Fehlermeldung.

3 Wie beim Speichern öffnet sich anschließend ein Fenster mit dem Inhalt des Ordners *Dokumente*. Es unterscheidet sich vom *Speichern*-Fenster nur durch den Titel *Öffnen* und die Beschriftung der Schaltfläche.

4 Befindet sich die gesuchte Datei im aktuellen Ordner *Dokumente* ❺, wie im Bild unten *Beispiel 1*, dann klicken Sie auf die Datei ❻ und anschließend auf die Schaltfläche *Öffnen* ❼.

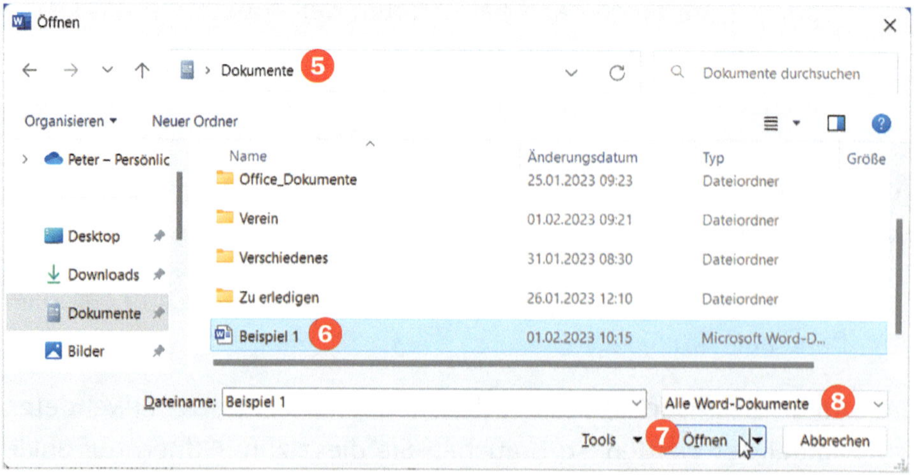

Hinweis: Dieses Feld ❽ dient als Filter. Er sorgt dafür, dass nur Dateien sichtbar sind, die mit der jeweiligen Anwendung, im Bild oben mit Word, geöffnet werden können. Dadurch werden beispielsweise Fotos, die sich im selben Ordner befinden, nicht angezeigt.

Anderen Ordner auswählen

Wenn sich die gesuchte Datei in einem Unterordner des aktuellen Ordners befindet, dann müssen Sie zuvor diesen öffnen:

- Klicken Sie auf den Ordnernamen ❶ und danach auf die Schaltfläche *Öffnen* ❷. Nun sehen Sie den Inhalt dieses Ordners ❸.

  Falschen Ordner geöffnet? Dann gelangen Sie wieder zurück, indem Sie im Adressfeld ❸ auf den Namen des übergeordneten Ordners, hier *Dokumente* klicken.

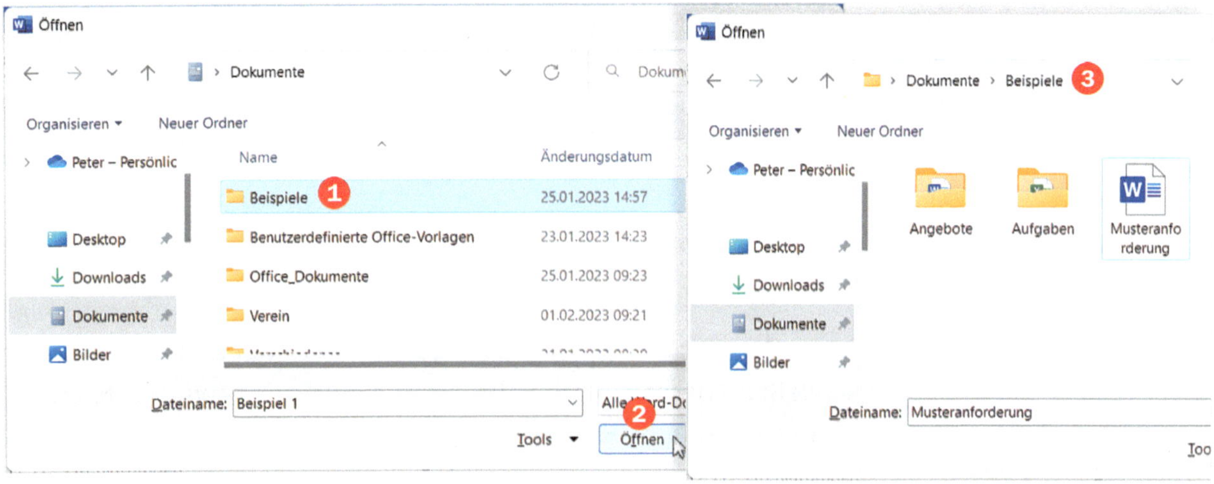

Tipp: Ordner und Dateien mit Doppelklick öffnen

Statt auf dem oben beschriebenen Weg (Anklicken bzw. Markieren und Schaltfläche *Öffnen*) können Sie wesentlich schneller eine Datei oder einen Ordner auch mit Doppelklick auf das Ordnersymbol öffnen.

Datei oder Ordner öffnen.

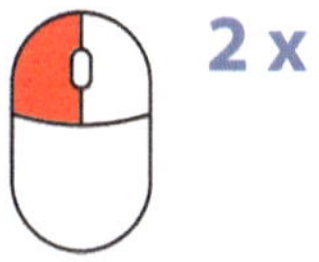

Datei auf OneDrive öffnen

Befindet sich die Datei auf *OneDrive*, dann klicken Sie links auf das Symbol *OneDrive* mit Ihrem Namen und dem Zusatz *Persönlich*. Anschließend können Sie hier, wie oben beschrieben, ebenfalls Ordner durchsuchen und Dateien öffnen.

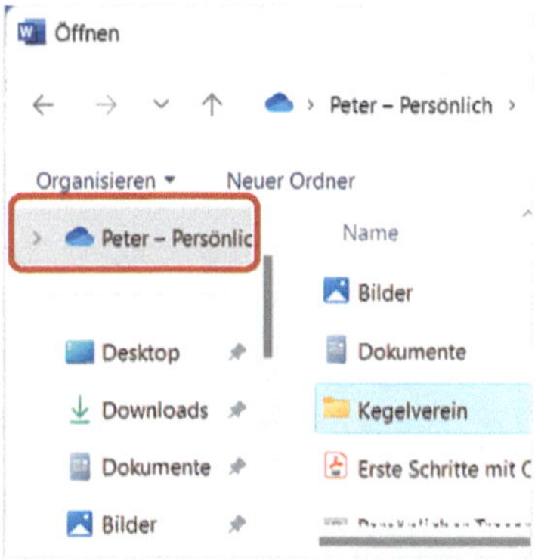

In der Spalte links genügt ein einfacher Mausklick auf einen Speicherort, um den Inhalt anzuzeigen.

Schneller Zugriff auf Dateien und Ordner

Zuletzt verwendete Elemente

Wie beim Speichern werden Ihnen auch beim Öffnen im Register *Datei* zunächst zuletzt verwendete Elemente ❶ angeboten. Im Gegensatz zum Speichern können Sie hier zwischen der Anzeige *Dokumente* ❷ und *Ordner* ❸ wählen.

- In der Ansicht *Dokumente* klicken Sie zum Öffnen auf das gewünschte Dokument.
- In der Ansicht *Ordner* wird dagegen mit Klick auf einen Ordner anschließend dessen Inhalt aufgelistet ❹ und das gewünschte Dokument kann durch Anklicken geöffnet werden.
  - Um im aktuellen Ordner eine bestimmte Datei zu suchen, geben Sie einen Teil des Dateinamens im Suchfeld ein ❺.
  - Oben sehen Sie den Namen des aktuellen Ordners, in diesem Beispiel *Briefe* ❻, und mit Klick auf den nach oben weisenden Pfeil ❼ gelangen Sie zum übergeordneten Ordner *Dokumente*.

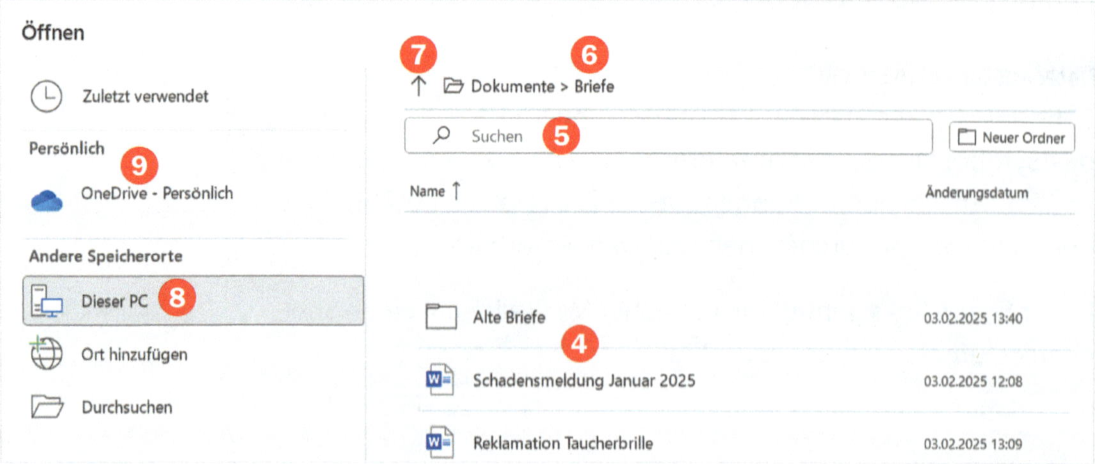

Alle Ordner durchsuchen

Wenn Sie alle Ordner durchsuchen möchten, dann wählen Sie unter *Andere Speicherorte* zunächst den übergeordneten Speicherort, also *Dieser PC* ❽ oder *OneDrive* ❾. Rechts erscheinen nun alle, im Ordner *Dokumente* befindlichen, Ordner und Dateien, anschließend verfahren Sie genauso wie oben beschrieben. Öffnen Sie Dateien und Ordner durch Anklicken oder benutzen Sie das Suchfeld, um eine bestimmte Datei oder einen Ordner zu suchen.

Häufig benötigte Dateien anheften

Ordner, die Sie fest angeheftet haben (*Favoriten*), siehe Speichern auf Seite 35, erscheinen auch beim Öffnen unter *Zuletzt verwendet*. Zusätzlich können Sie beim Öffnen auch häufig benötigte Dateien fest anheften, vorausgesetzt diese sind in der Liste aufgeführt.

Microsoft 365 bezeichnet fest angeheftete Elemente als *Favoriten* mit einem Stern als Symbol.

Alle übrigen Office-Versionen verwenden ein Pin-Symbol.

👉 Dazu positionieren Sie den Mauszeiger über der Datei und klicken dann auf das Pin- oder Stern-Symbol ❶, das rechts erscheint.

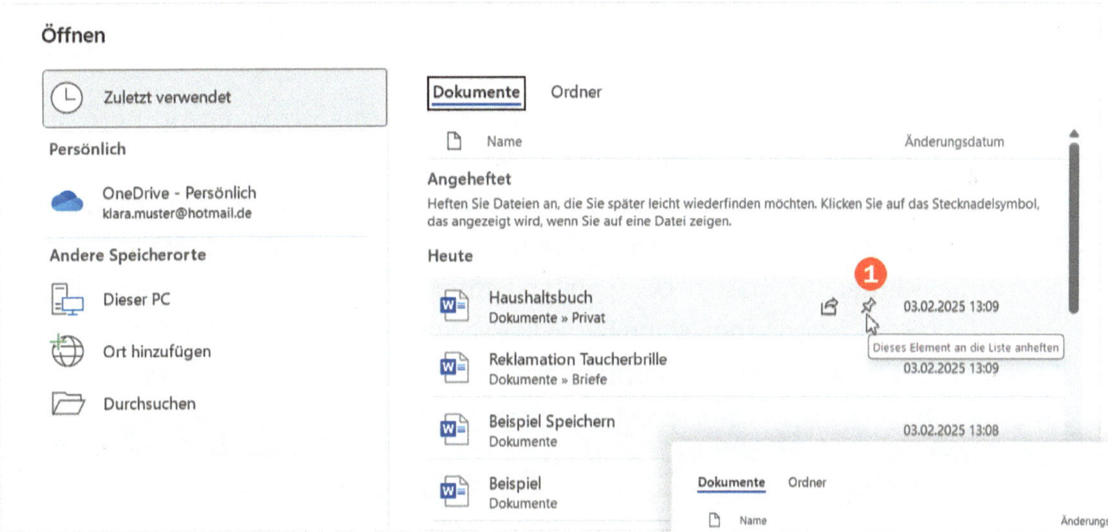

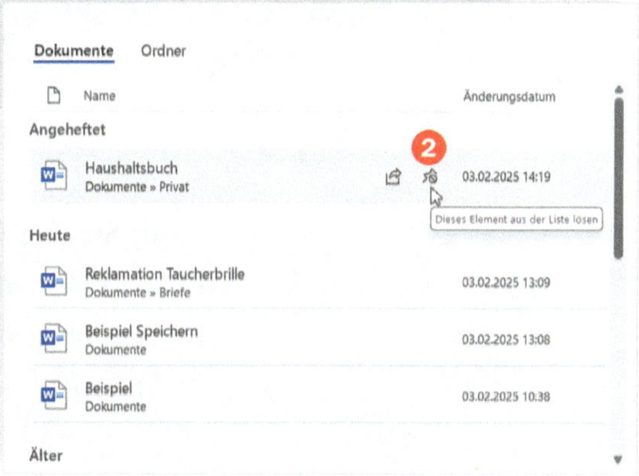

Die Datei erscheint nun ganz oben unter *Angeheftet* ❷ bzw. *Favoriten* und das dazugehörige Pin- oder Stern-Symbol bleibt dauerhaft sichtbar. Ein erneuter Klick auf das Symbol entfernt die Datei wieder aus der Liste der fest angehefteten Elemente, diese wird dadurch aber nicht gelöscht!

Angeheftete Dateien auf der Startseite anzeigen

Auch auf der Startseite der jeweiligen App können Sie neben den zuletzt verwendeten Dateien ❶ auch *Favoriten* bzw. *Angeheftet* ❷ anzeigen.

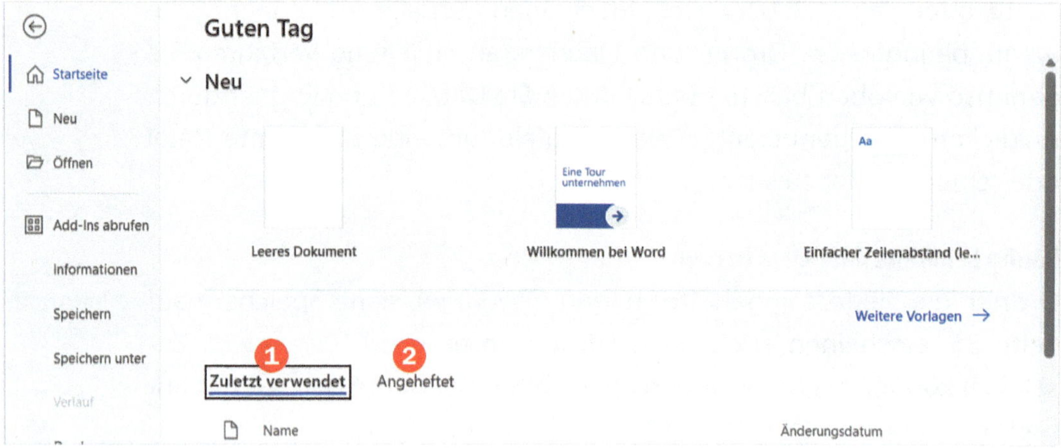

Sicherheitswarnungen beim Öffnen

Die geschützte Ansicht

Office-Dokumente, die von anderen Personen bzw. Computern stammen, können im Hintergrund Schadsoftware enthalten und somit ein Sicherheitsrisiko für Ihren PC darstellen. Aus diesem Grund werden Dokumente, die Sie z. B. per E-Mail erhalten oder aus dem Internet heruntergeladen haben, beim ersten Öffnen in der sogenannten geschützten Ansicht geöffnet, siehe Bild. Dies verhindert, dass eventuelle Schadsoftware aktiv wird, Sie können aber problemlos den Inhalt lesen.

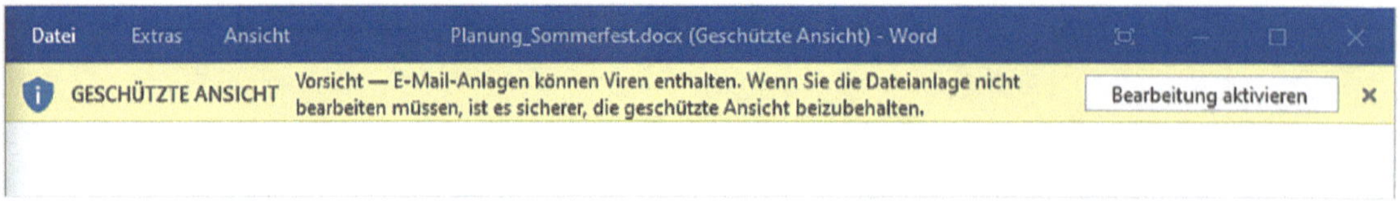

Wenn Sie das Dokument drucken oder bearbeiten möchten, dann müssen Sie auf *Bearbeitung aktivieren* klicken. Dies sollten Sie aber nur nach Rückfrage tun oder wenn das Dokument aus einer sicheren Quelle stammt und Sie dem Absender vertrauen.

Dokumente und Arbeitsmappen mit Makros

Word-Dokumente und Excel-Arbeitsmappen können auch Makros enthalten. Makros sind kleine Programme, die für manche Aufgaben eine sinnvolle Ergänzung sein können, andererseits aber auch Schaden anrichten können. Beim Öffnen von Office-Dateien mit Makros erscheint eine Sicherheitswarnung.

Achtung: Klicken Sie nur dann auf *Inhalt aktivieren*, wenn Sie dem Urheber vertrauen. Sie können den Inhalt auch lesen, drucken und bearbeiten, ohne dass enthaltene Makros aktiviert werden müssen.

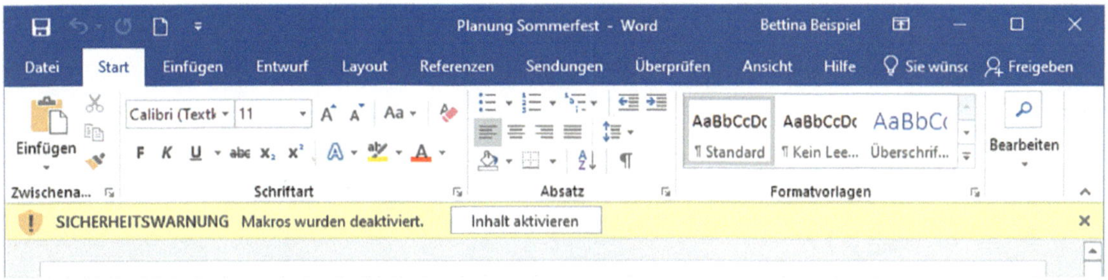

1.5 Drucken und Druckvorschau

Auch das Drucken erfolgt über das Register *Datei*.

1 Klicken Sie im Menüband auf *Datei* ❶ und anschließend auf *Drucken* ❷.

2 Zusammen mit dem Druckbefehl erhalten Sie eine Vorschau ❸ und verschiedene Möglichkeiten, den Druck zu steuern.

- Ganz unten ❹ sehen Sie, wie viele Seiten der Ausdruck umfasst.
- Im Vergrößerungsbereich (Zoom) ❺ können Sie mit Klick auf + und - die Vorschau beliebig vergrößern und verkleinern. Das Symbol ganz rechts passt die Vorschau automatisch so an, dass eine Seite vollständig auf den Bildschirm passt.
- Hier sehen Sie den verwendeten Drucker ❻ und können bei Bedarf mit Klick darauf einen anderen Drucker wählen.
- Klicken Sie auf *Drucken* ❼, um den Ausdruck zu starten.

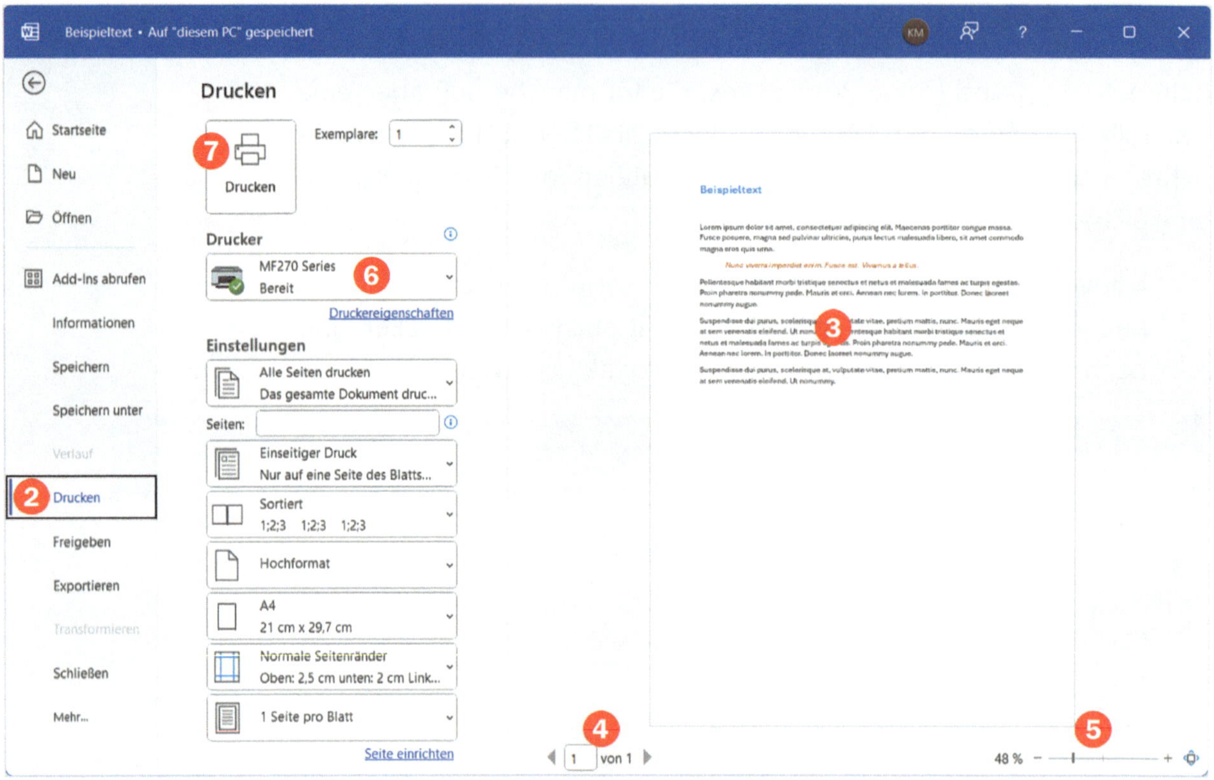

Die wichtigsten Druckeinstellungen

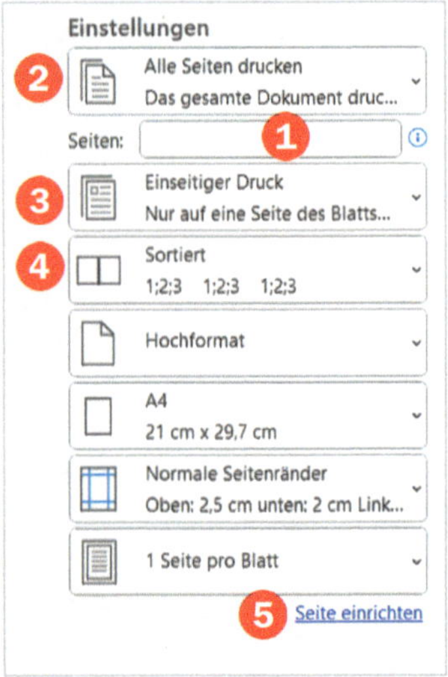

- Wenn Sie nur bestimmte Seiten drucken möchten, dann klicken Sie in dieses Feld ❶ und geben die Seitenzahlen ein, z. B. 1, wenn nur die erste Seite gedruckt werden soll, oder 2-5, um die Seiten zwei bis fünf zu drucken.
- Falls Sie nur die markierte Textstelle drucken möchten, so klicken Sie hier ❷ und wählen *Auswahl drucken*.
- In der Standardeinstellung wird jedes Blatt nur auf der Vorderseite bedruckt. Unterstützt Ihr Drucker den beidseitigen Druck (Duplexdruck), dann wählen Sie diesen hier ❸ aus.
- Die übrigen Einstellungen, Hochformat, Papiergröße/Papierformat und Seitenränder, können Sie auch mit Klick auf *Seite einrichten* ❺ oder im Register *Layout* (Excel: *Seitenlayout*) ändern. Zumindest in Word empfiehlt es sich, dies gleich zu Beginn der Texteingabe vorzunehmen.

1.6 In eine PDF-Datei ausgeben

Word, Excel und PowerPoint unterstützen auch das Speichern im PDF-Dateiformat. Dabei wird das Aussehen des jeweiligen Dokuments, also Layout, Schriften, Bilder und Tabellen beibehalten. Das PDF-Dateiformat eignet sich besonders zur Weitergabe an Dritte, da der Inhalt mit kostenlosen Apps, z. B. Microsoft Edge oder Adobe Reader, auf jedem Gerät gelesen werden kann, egal ob es sich beispielsweise um einen Windows-PC, ein Apple-Tablet oder ein Android-Smartphone handelt. Änderungen am Inhalt sind dagegen nur mit speziellen Apps möglich.

PDF ist die Abkürzung für Portable Document Format, was sich etwa mit „portables Dokumentenformat" übersetzen lässt.

Als PDF-Datei speichern

Wenn Sie das aktuelle Dokument, die aktuelle Excel-Arbeitsmappe oder eine PowerPoint-Präsentation als PDF-Dokument speichern möchten, dann gehen Sie so vor, hier am Beispiel eines Word-Dokuments:

1 Klicken Sie auf das Register *Datei* ❶ und hier auf *Exportieren* ❷.

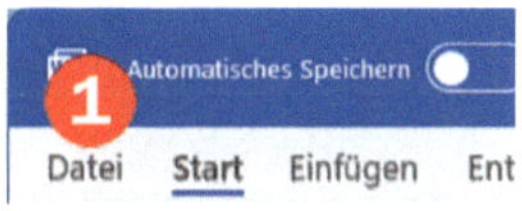

2 Wählen Sie *PDF/XPS-Dokument erstellen* ❸ und klicken Sie danach auf die Schaltfläche *PDF/XPS-Dokument erstellen* ❹.

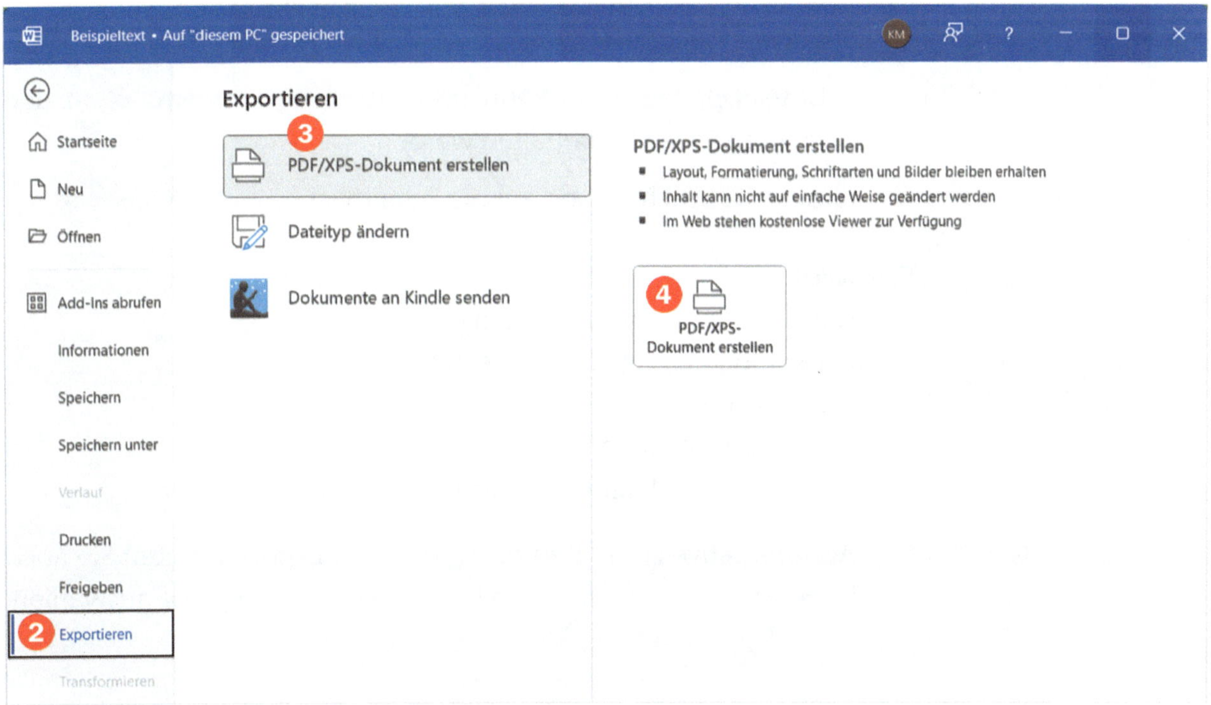

Info: XPS ist die Bezeichnung für ein Dateiformat, das ursprünglich von Microsoft als Konkurrenz zum PDF-Format entwickelt wurde. Es kann vernachlässigt werden, da es kaum verwendet wird.

3 Das Fenster *Als PDF oder XPS veröffentlichen* wird geöffnet. Wählen Sie den Speicherort aus und geben Sie einen Dateinamen ❺ ein, der Dateityp PDF ist unterhalb bereits fest vorgegeben.

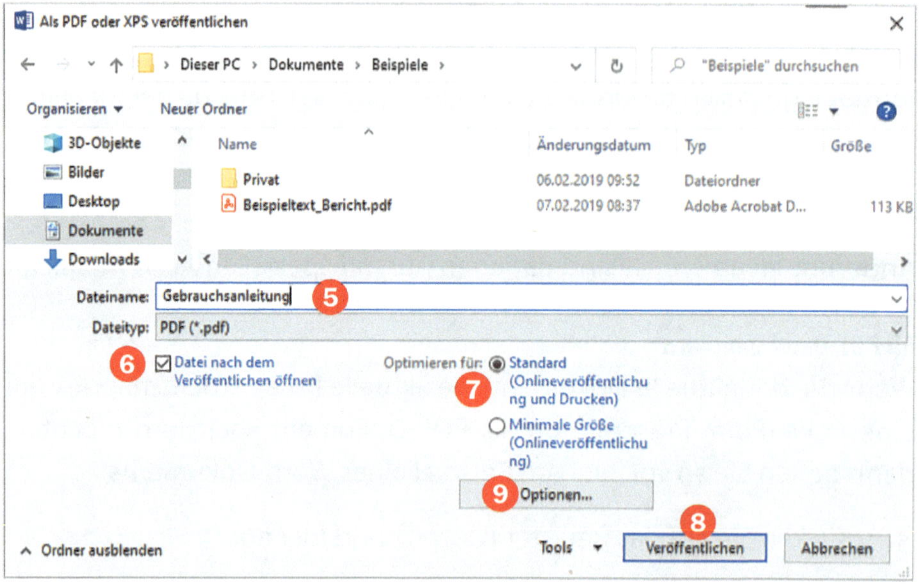

- Wenn Sie das Ergebnis nach dem Speichern kontrollieren möchten, dann aktivieren Sie das Kontrollkästchen *Datei nach dem Veröffentlichen öffnen* ❻.
- Unter *Optimieren für* kann die Einstellung *Standard* ❼ in den meisten Fällen beibehalten werden.

4 Klicken Sie abschließend auf die Schaltfläche *Veröffentlichen* ❽.

Tipps und Hinweise

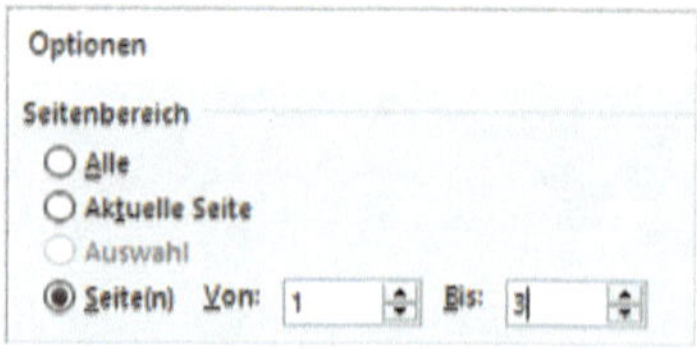

▶ Falls Sie nur bestimmte Seiten exportieren möchten, so klicken Sie auf die Schaltfläche *Optionen...* ❾. Wählen Sie im nachfolgenden Fenster die Option *Seite(n)* und geben Sie die erste und letzte Seite an.

▶ Als Alternative zum oben beschriebenen Export könnten Sie auch im Fenster *Speichern unter* im Feld *Dateityp* den Typ *PDF* auswählen.

1.7 Office-Hilfe und Kontoeinstellungen

Hilfe erhalten

Schnelle aufgabenbezogene Hilfe

Für die schnelle Suche nach einem bestimmten Befehl klicken Sie in das Feld *Suchen* (Microsoft 365, Office 2024)

Sollte das Suchfeld nicht sichtbar sein, so klicken Sie zum Anzeigen auf das Symbol *Lupe*.

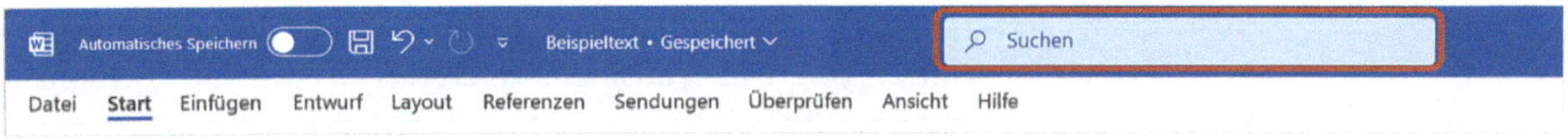

In älteren Versionen klicken Sie stattdessen auf „*Was möchten Sie tun?*".

- Geben Sie Ihren Suchbegriff oder ein kurzes Stichwort ein, z. B. „Schrift fett" oder „drucken ❶". Bereits während der Eingabe erscheinen unter *Aktionen* mehr oder weniger passende Befehle ❷, die beim Anklicken auch sofort ausgeführt werden.
  - Bei manchen Aktionen erhalten Sie beim Zeigen auf den Pfeil ❸ noch weitere Befehle zur Auswahl.

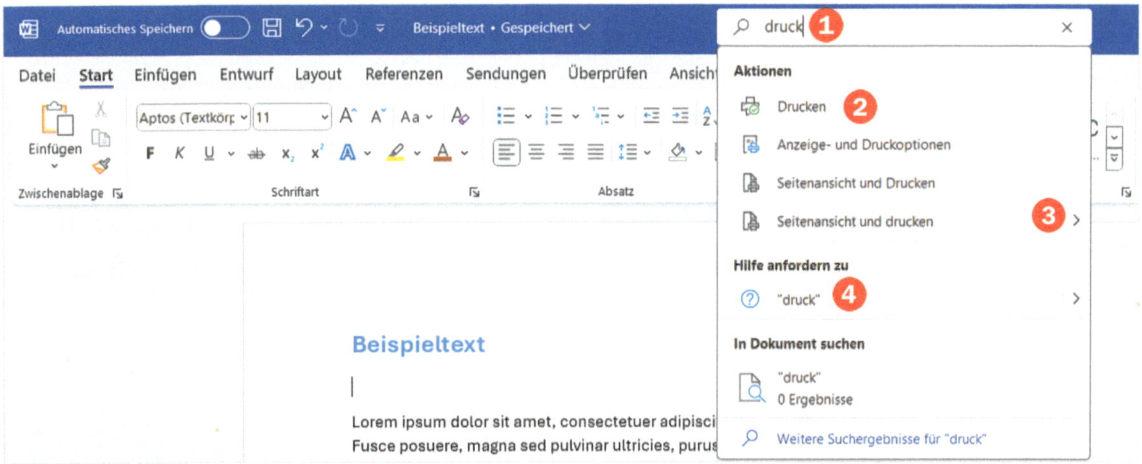

  - Wünschen Sie dagegen Informationen zum Thema, dann klicken Sie dieses unter *Hilfe anfordern zu* an ❹.

Das Register Hilfe

Wenn Sie die allgemeine Hilfe durchsuchen möchten, dann klicken Sie im Menüband auf das Register *Hilfe* ❶ und hier auf das Symbol *Hilfe* ❷. Rechts öffnet sich damit der eigentliche Hilfebereich ❸.

- Klicken Sie entweder auf eines der vorgeschlagenen Hilfethemen, z. B. *Bilder* ❹ oder klicken Sie in das Feld ❺ und tippen hier einen Suchbegriff ein.
- Um den Hilfebereich zu verbreitern, bewegen Sie die Maus auf die Trennlinie ❻ (Mauszeiger als Doppelpfeil) und ziehen diese dann mit gedrückter linker Maustaste nach links.

Hilfebereich schließen: Klicken Sie rechts oben auf das Symbol Schließen ❼.

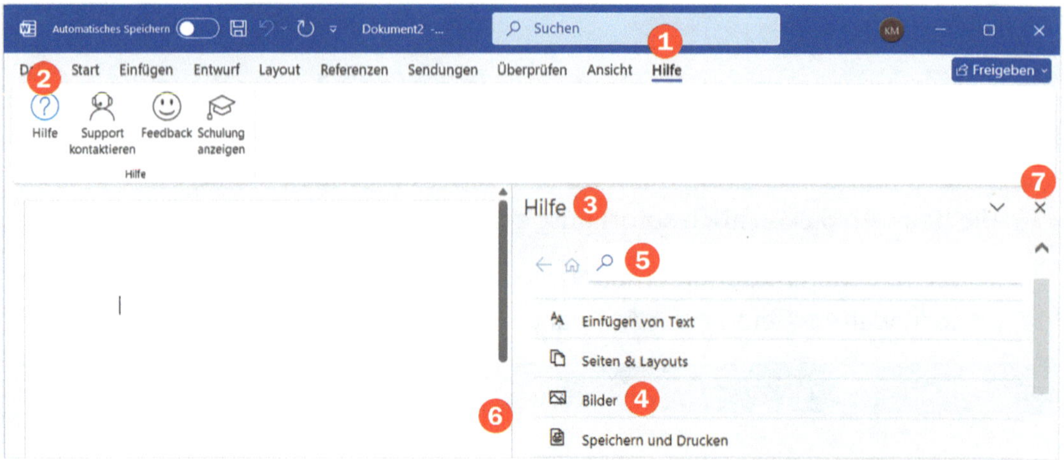

Beispiel: Suchbegriff Tabelle

1 Klicken Sie in das Suchfeld, geben Sie den Begriff „Tabelle" ❶ ein und wählen Sie einen Suchvorschlag ❷, z. B. *Tabelle einfügen*.

2 Klicken Sie auf ein Thema oder Video ❸.

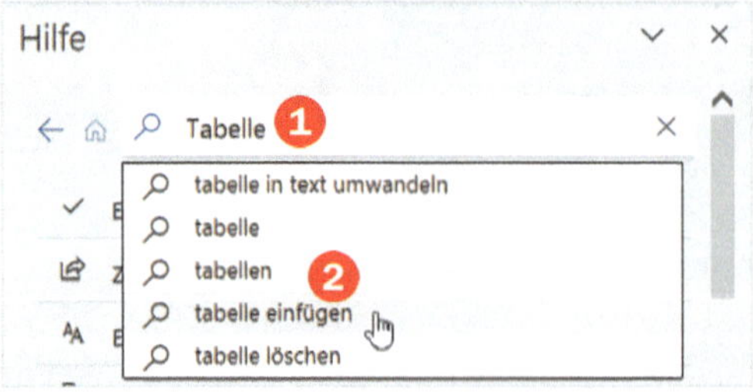

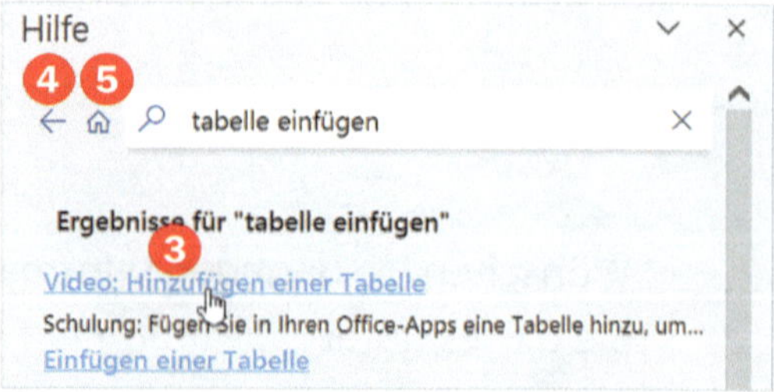

3 Um zurück zum vorherigen Hilfethema zu gelangen, klicken Sie auf den Pfeil ❹, mit diesem Symbol ❺ gelangen Sie dagegen wieder zur Startseite der Hilfe.

Hilfe zu Symbolen

Benötigen Sie Hilfe zu Symbolen, z. B. im Menüband oder in der Symbolleiste für den Schnellzugriff, so positionieren Sie einfach den Mauszeiger über dem betreffenden Symbol und verweilen hier kurz. In einem Infofeld erscheint eine kurze Beschreibung, wie im Bild unten, häufig auch zusammen mit der Tastenkombination, die statt des Symbols ebenfalls verwendet werden kann.

Ein Klick auf *Weitere Infos* (nicht immer verfügbar) öffnet ebenfalls den Hilfebereich mit weiterführenden Informationen.

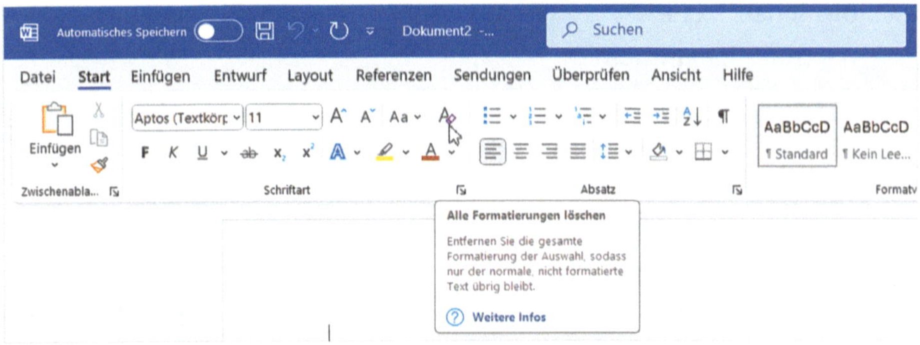

Hilfe in Dialogfenstern

Manche Symbole und Befehle öffnen ein gesondertes Fenster, ein sogenanntes Dialogfenster für weitergehende Einstellungen. Hier können Sie Hilfe zum Inhalt des Fensters über das Symbol *?* in der rechten oberen Ecke des Fensters aufrufen, als Beispiel im Bild unten das Fenster *Schriftart*.

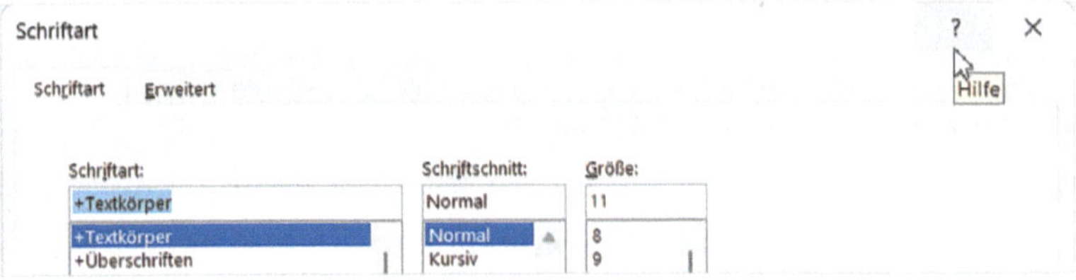

Kontoeinstellungen

Mit Microsoft-Konto anmelden?

Solche Speicher bezeichnet man auch als Cloudspeicher. Der Name Cloud, dt. Wolke stammt daher, dass der genaue Speicherort nicht auf Anhieb ersichtlich, also „verdeckt" ist.

Wie bereits erwähnt, stellt Ihnen Microsoft unter dem Namen OneDrive zusätzlichen Speicherplatz im Internet bzw. in der Cloud zur Verfügung. Zugriff auf diesen Speicher erhalten Sie durch die Anmeldung mit Ihrem Microsoft-Konto. Dabei handelt es sich um dasselbe Konto, das Sie auch zur Anmeldung am Gerät bzw. Windows verwenden.

- In den meisten Fällen sind Sie mit der Anmeldung am Gerät automatisch auch bei allen Office-Apps angemeldet. Ob und unter welchem Namen erkennen Sie an Ihren Initialen oder Ihrem Namen im rechten oberen Bereich des Fensters.
- Sind Sie hingegen nicht angemeldet, dann sehen Sie stattdessen die Schaltfläche *Anmelden* und können sich mit Klick auf diese auch nachträglich anmelden.

Unter einem Konto ist nicht nur ein Konto bei einer Bank zu verstehen, sondern als Konto bezeichnet man auch ganz allgemein die Berechtigung zur Nutzung eines Dienstes im Internet, z. B. E-Mail oder Speicherplatz.

Was ist ein Microsoft-Konto?

Ein Microsoft-Konto ist kostenlos und besteht aus einer E-Mail Adresse und dem dazugehörigen Kennwort. Durch die Anmeldung mit Ihrem Microsoft-Konto erhalten Sie Zugriff auf Ihren persönlichen Speicherplatz im Internet und können z. B. Apps aus dem Microsoft-Store herunterladen.

Eine Anmeldung mit Ihrem Microsoft-Konto ist nur bei Microsoft 365 zwingend erforderlich und mit Ausnahme der Nutzung von OneDrive entstehen Ihnen auch keine weiteren Nachteile, wenn Sie nicht angemeldet sind.

Kontoinformationen und Office-Einstellungen

Im Register *Datei* können Sie jederzeit Ihre Kontoinformationen einsehen und sich ebenfalls anmelden. **Achtung**: Anmeldung und die nachfolgend beschriebenen Einstellungen wirken sich auf alle Office-Apps, also auch Excel und PowerPoint, aus.

- Klicken Sie auf das Register *Datei* und hier auf *Konto* ❶. Sie sehen Ihren Namen ❷, mit dem Sie angemeldet sind, und können sich bei Bedarf auch abmelden ❸.
- Im Feld *Office-Hintergrund* ❹ stehen verschiedene Muster zum Verzieren der Titelleiste zur Auswahl.
- Manche Nutzer empfinden dunkleren Hintergrund als angenehmer. Im Feld *Office-Design* ❺ haben Sie die Wahl zwischen *Systemeinstellung verwenden* ❼, *Bunt*, *Dunkelgrau* ❻, *Schwarz* und *Weiß*. Diese sind auch verfügbar, wenn Sie nicht angemeldet sind.

  Bunt unterscheidet sich von *Systemeinstellung* nur durch die farbige Titelleiste und wird in diesem Buch verwendet.

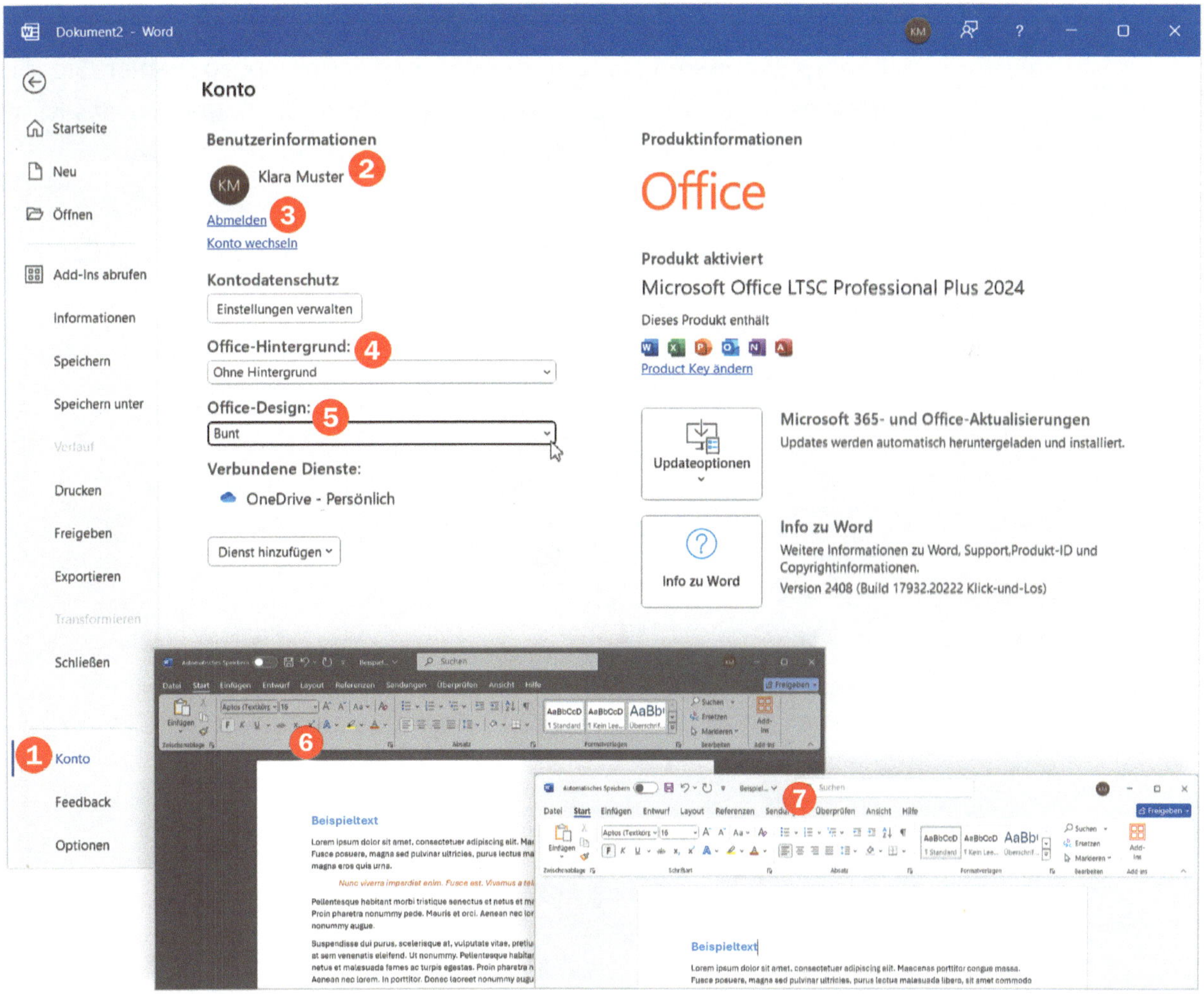

1.8 Nützliche Einstellungen in den Optionen

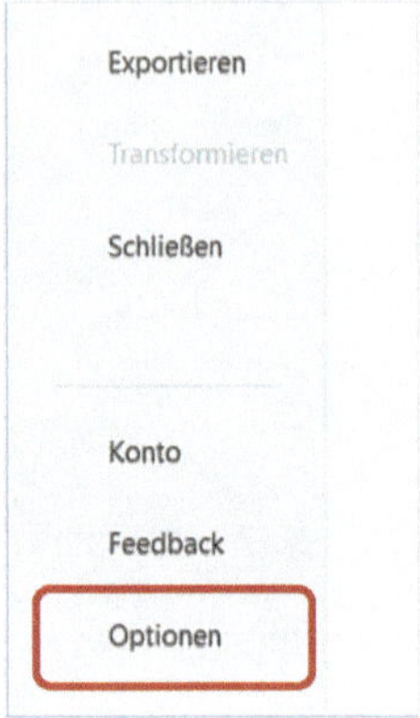

Einstellungen zum allgemeinen Verhalten der Office-Apps können Sie in den jeweiligen Optionen vornehmen. Hier einige nützliche Einstellungen, die das Speichern und Öffnen betreffen, eine Beschreibung weitergehender Optionen finden Sie im Buch in den jeweiligen Kapiteln.

- Zum Öffnen der Optionen klicken Sie im Menüband auf das Register *Datei* und anschließend ganz unten auf *Optionen*.
- **Achtung**: Damit Ihre Änderungen übernommen werden, klicken Sie abschließend auf die Schaltfläche OK.

Statt Startseite sofort mit leerem Dokument/leerer Mappe starten

Falls Sie nach dem Start der App die Startseite umgehen und sofort mit einem neuen leeren Dokument beginnen möchten, so wählen Sie die Kategorie *Allgemein* ❶ und deaktivieren unter *Startoptionen* das Kästchen *Startbildschirm beim Start dieser Anwendung anzeigen* ❷.

Hier können Sie bei Bedarf den angezeigten Benutzernamen und Ihre Initialen ändern ❸.

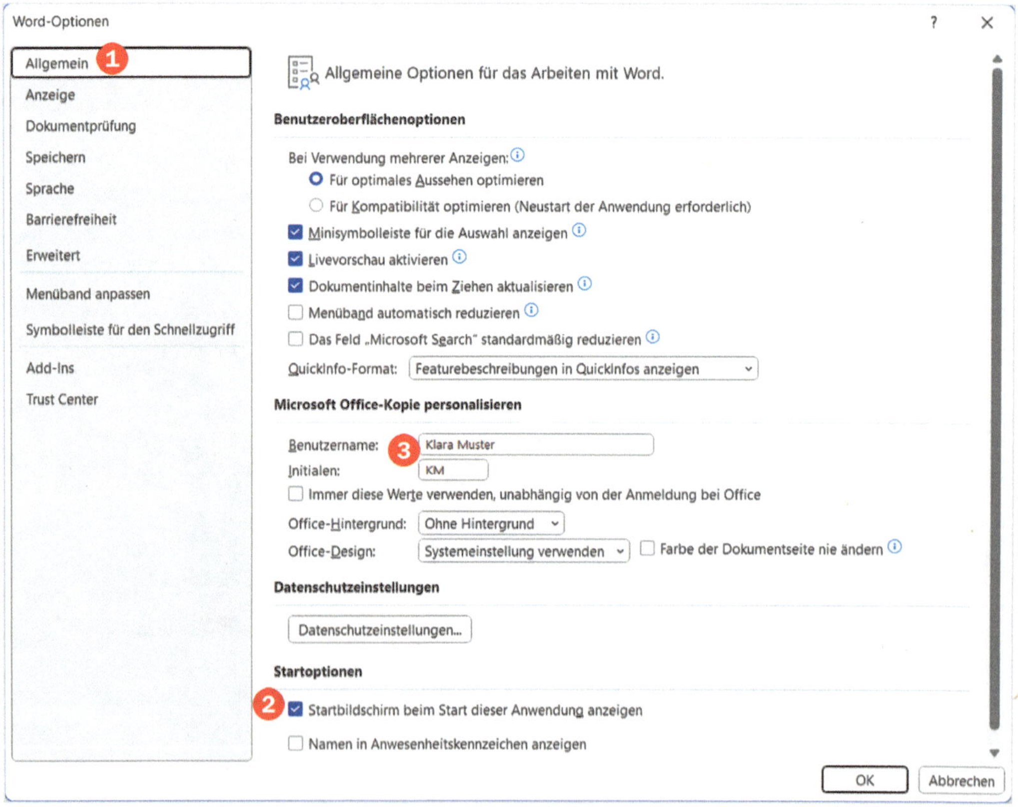

Das Fenster Speichern unter anzeigen

Wenn Sie mit dem Fenster *Speichern unter* vertraut sind und über das Symbol *Speichern* oder die Tastenkombination **Strg+S** sofort das Fenster *Speichern unter* aufrufen möchten, anstatt durch das Register *Datei* zu klicken, so finden Sie die Einstellung dazu ebenfalls in den Optionen und zwar in der Kategorie *Speichern* ❶.

- Soll beim Klick auf das Symbol *Speichern* sofort das Fenster *Speichern unter* geöffnet werden, so aktivieren Sie das Kästchen *Backstage beim Öffnen oder Speichern von Dateien mithilfe von Tastenkombinationen nicht anzeigen* ❷ (Häkchen).
- Wenn Sie OneDrive nicht nutzen möchten, sollten Sie das Kästchen *Standardmäßig auf Computer speichern* ❸ aktivieren. Dadurch wird beim Speichern automatisch der Ordner *Dokumente* auf der lokalen Festplatte vorgeschlagen.

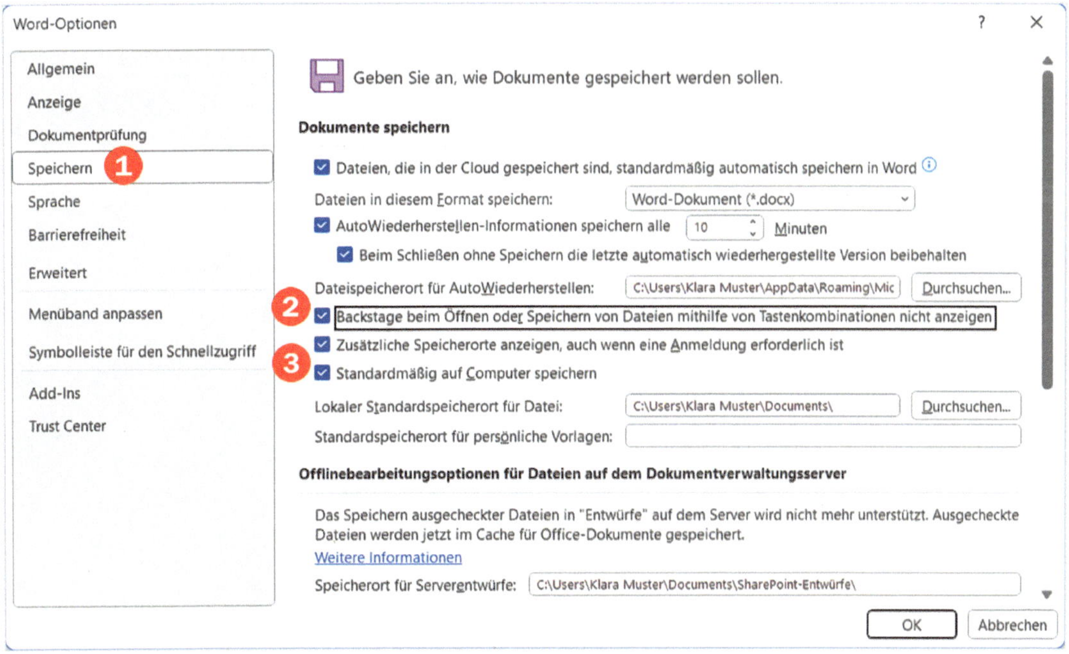

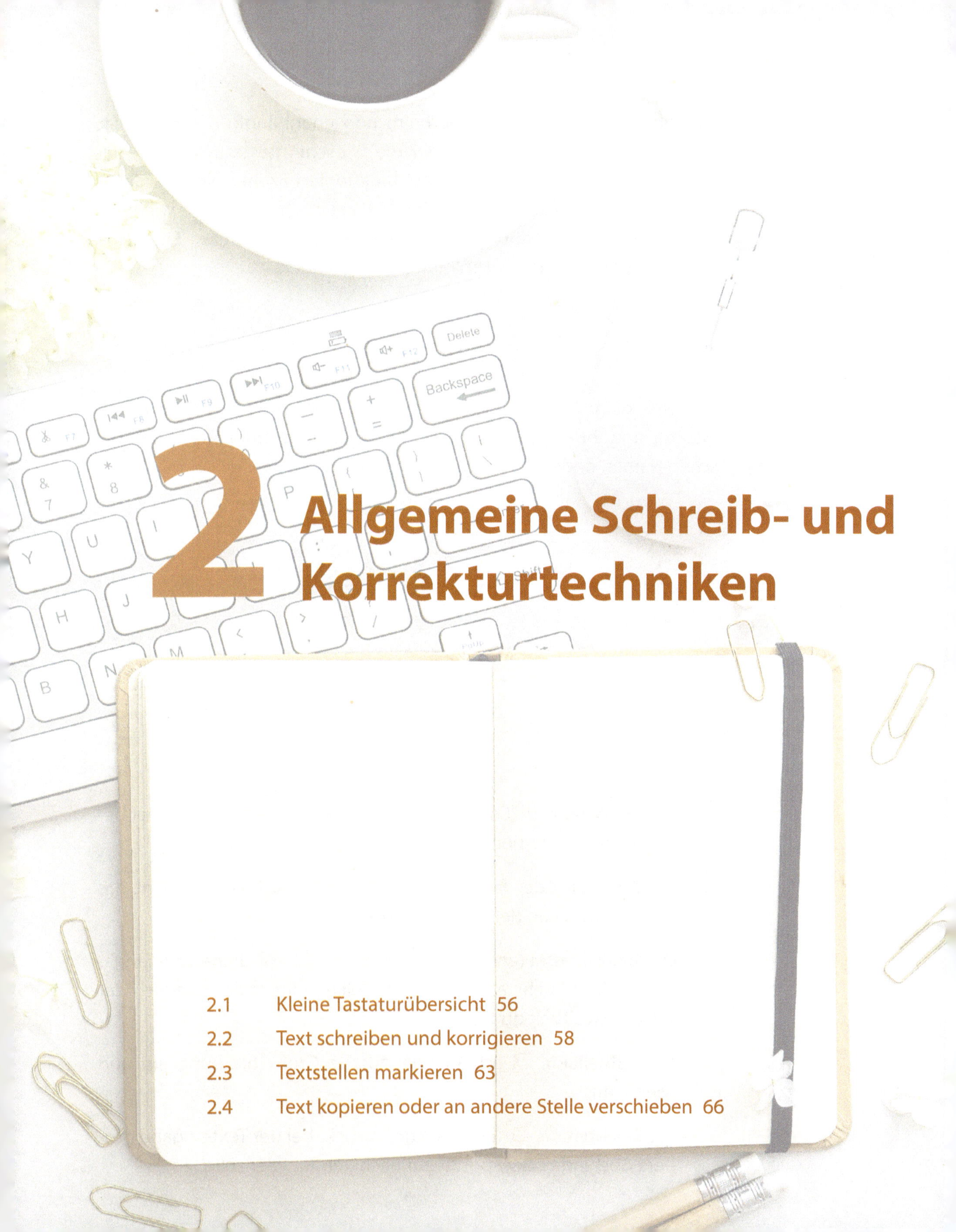

2 Allgemeine Schreib- und Korrekturtechniken

Egal ob Word, Excel oder PowerPoint und unabhängig davon, ob Sie eine angeschlossene Tastatur oder die Bildschirmtastatur nutzen, das Schreiben und Korrigieren von Text funktioniert immer gleich – daher für Einsteiger in diesem Kapitel eine kleine Einführung in die wichtigsten Techniken. Falls Sie damit bereits vertraut sind, können Sie dieses Kapitel oder Teile daraus problemlos überspringen.

2.1 Kleine Tastaturübersicht

Hier eine kleine Übersicht über die wichtigsten Tasten einer Computertastatur und ihre Bezeichnungen, die ebenfalls gebräuchlichen englischen Namen finden Sie in Klammern daneben.

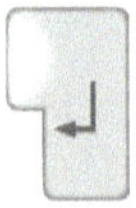

- Die **Eingabetaste** ❶ (Enter) führt den markierten Befehl aus oder beginnt beim Schreiben einen neuen Absatz.

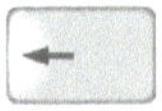

- Die **Korrektur**- oder **Rückschritttaste** ❷ (engl. Backspace) löscht das Zeichen links von der Einfügemarke.

- Die **Umschalttasten** (engl. Shift) links und rechts ❸ dienen zur Eingabe von Großbuchstaben bzw. der Zeichen im oberen Bereich der Tasten (Zweitbelegung).

- Die **Feststelltaste** ❹ schaltet dauerhafte Großschreibung ein und wieder aus.

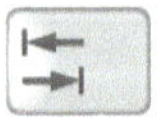

- Die **Tabulatortaste** ❺ (kurz **Tab**) überbrückt bei der Texteingabe größere Abstände oder springt zur nächsten Tabellenzelle.

- Die **Alt Gr**-Taste ❻ funktioniert wie die Umschalttaste, mit ihr wird die Drittbelegung mancher Tasten eingegeben, z. B. @ und €.

- Die **Strg**-Taste ❼ (Abk. für Steuerung bzw. engl. Ctrl = Control) kommt zusammen mit anderen Tasten als Tastenkombination zum Einsatz.

- Die **Alt**-Taste ❽ (Abk. für engl. Alternate) wird wie die Strg-Taste für Tastenkombinationen verwendet.

- Die **Esc**-Taste ❾ (Abk. Escape = Abbrechen) bricht einen Befehl ab.

Tastenkombination verwenden

Wenn Sie eine Tastenkombination verwenden und z. B. das €-Zeichen eingeben möchten, dann drücken Sie **zuerst** die **Alt Gr**-Taste und halten die Taste gedrückt. Drücken Sie dann kurz die Taste **E** und lassen Sie danach die Tasten wieder los.

Dies gilt auch für alle Tastenkombinationen in Verbindung mit der **Strg**-Taste oder der **Alt**-Taste.

Weitere Tasten

Weitere wichtige Tasten befinden sich entweder am rechten Rand der Tastatur (siehe Bild auf der linken Seite) oder sind gesondert zusammengefasst wie im Bild unten.

Ein zusätzlicher Ziffernblock, wie im Bild unten, ist kein Muss und ist auch nicht immer vorhanden, leistet aber gute Dienste bei der schnellen Eingabe von Zahlen.

- Die Cursor- oder Pfeiltasten ❶ bewegen die Einfügemarke.
- Die Taste **Einfg** (engl. Ins = Insert) ❷ wechselt zwischen Einfügen und Überschreiben von Text. Die Taste **Entf** (engl. Del = Delete) löscht markierte Elemente.

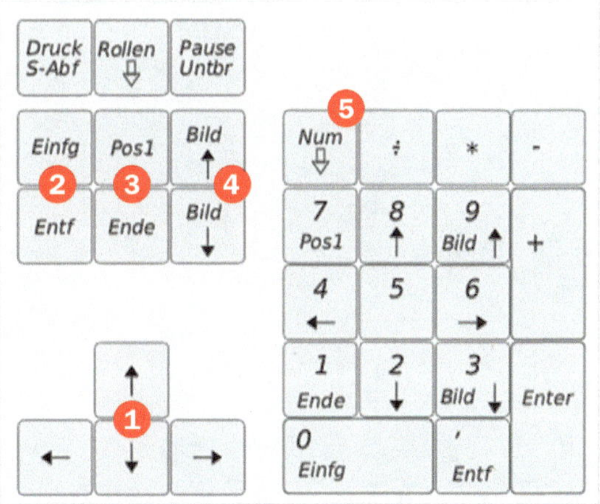

- Mit den Tasten **Pos1** und **Ende** ❸ setzen Sie die Einfügemarke an den Zeilenanfang und an das Zeilenende.
- Mit den Tasten **Bild nach oben** und **Bild nach unten** ❹ blättern Sie eine Bildschirmseite nach oben bzw. nach unten.
- Die **Num**-Taste ❺ schaltet den Ziffernblock ein und aus, falls vorhanden.

2.2 Text schreiben und korrigieren

Beginnen wir mit den grundlegenden Techniken der Texteingabe. Dazu eignet sich am besten das Schreibprogramm Word:

☛ Starten Sie daher Microsoft Word und klicken Sie auf der Startseite auf *Leeres Dokument*.

Die Eingabeposition

Die Einfügemarke wird auch als Cursor bezeichnet.

In der linken oberen Ecke eines neuen leeren Dokuments kennzeichnet ein blinkender senkrechter Strich, die Einfügemarke (engl. Cursor), die aktuelle Eingabeposition. Die Position des Mauszeigers spielt dagegen beim Schreiben keine Rolle. Platzieren Sie daher den Mauszeiger am besten so, dass er nicht stört.

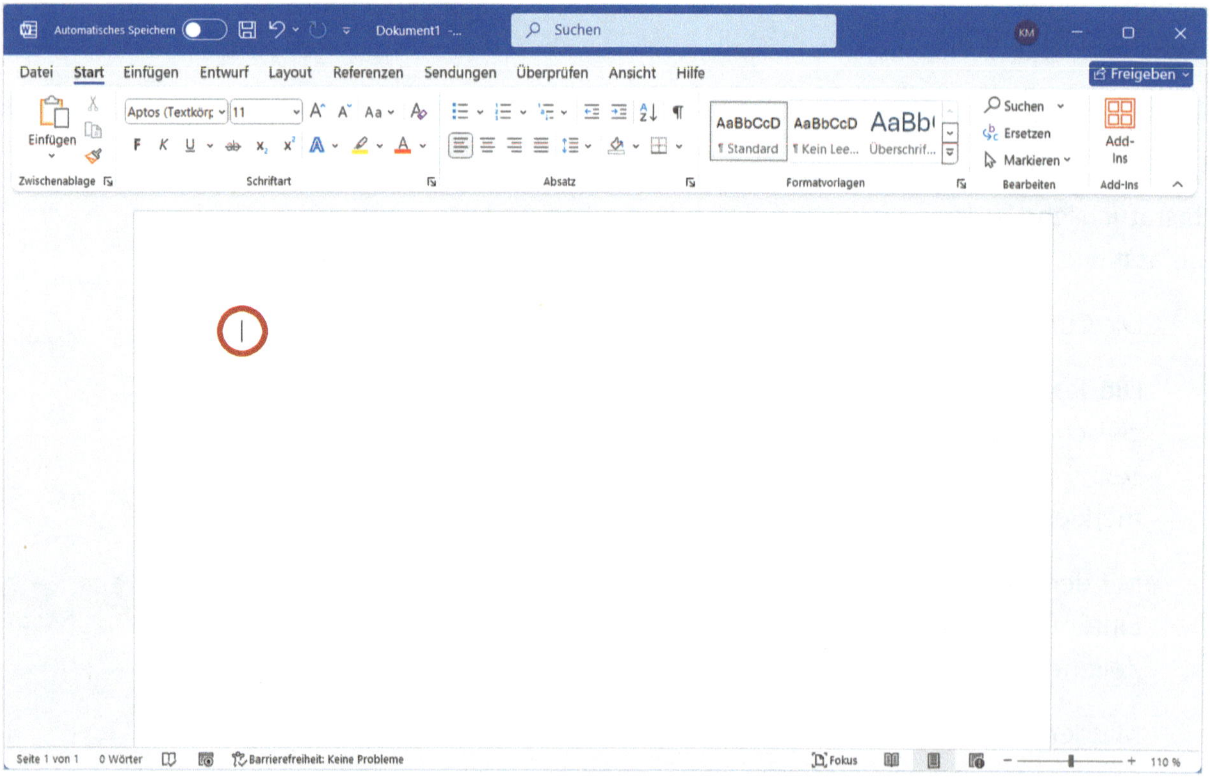

Schreiben Sie einfach einen kurzen Text, z. B. einen Liedtext, Ihr Lieblingsgedicht oder eine kleine Geschichte, und achten Sie beim Schreiben auf die folgenden Grundregeln:

- **Neue Zeile, Zeilenumbruch**
  Passt ein Wort nicht mehr in eine Zeile, dann erfolgt ein automatischer Zeilenumbruch, d. h. das gesamte Wort wandert automatisch an den Beginn der nächsten Zeile. Betätigen Sie daher die Eingabetaste nur, wenn Sie einen Absatz beenden möchten.

- **Wörter nicht trennen**
  Trennen Sie keine Wörter mit Bindestrich, das erledigt in Word später die automatische Silbentrennung! Grund: Falls sich wegen späterer Korrekturen oder Änderungen der Schrift der Zeilenumbruch ändert, wird der Bindestrich trotzdem gedruckt, die automatische Silbentrennung passt sich dagegen sofort jeder Änderung an.

Tipp: Falls Sie doch einmal ein Wort trennen möchten, dann geben Sie dazu den bedingten Trennstrich mit den Tasten **Strg**+**Bindestrich** ein (Achtung: Nicht das Minus des Ziffernblocks).

- **Einzelne Zeichen löschen**
  Wenn Sie sich während der Eingabe vertippt haben, dann benutzen Sie die **Korrektur**- oder **Rückschritttaste**, um die eingegebenen Zeichen entgegen der Schreibrichtung wieder zu löschen.

Die automatische Rechtschreibprüfung

Während der Texteingabe ist in Word die automatische Rechtschreibprüfung aktiv und kennzeichnet tatsächliche oder vermeintliche Fehler: Rechtschreibfehler werden rot unterringelt ❶ und Grammatikfehler doppelt und blau unterstrichen ❷, wie im Bild unten.

Mit der Rechtschreib- und Grammatikprüfung werden wir uns im Kapitel Word noch genauer befassen, ebenso mit der Silbentrennung.

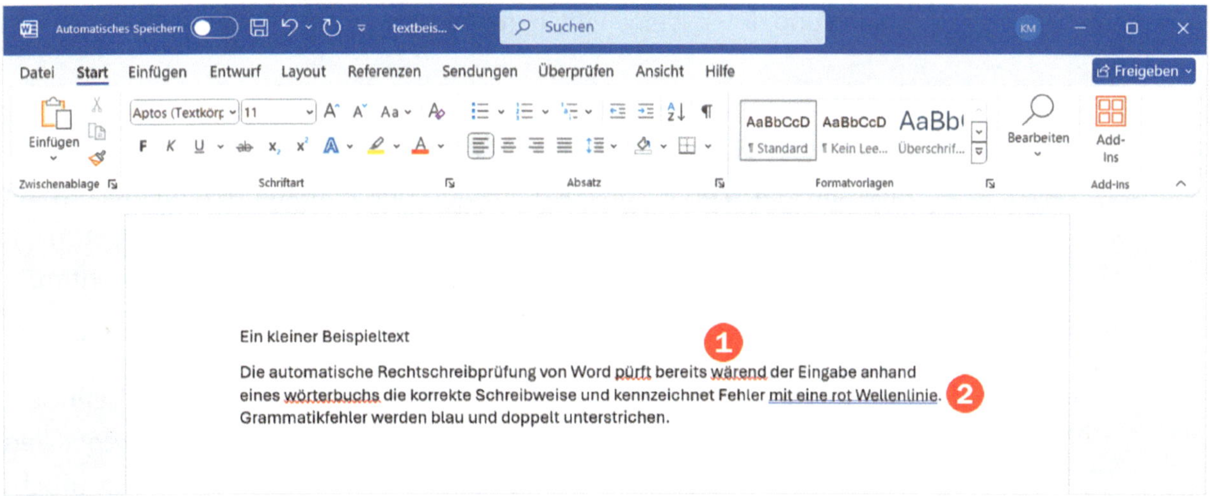

Im Text bewegen

Korrekturen sind nachträglich jederzeit und an jeder beliebigen Stelle im Text möglich. **Voraussetzung**: Die Einfügemarke muss sich an dieser Stelle befinden. Dazu können Sie die Maus oder die Tastatur benutzen.

Einfügemarke (Cursor) mit der Maus versetzen

Am einfachsten ist das Versetzen mit der Maus: Zeigen Sie an die betreffende Stelle und drücken Sie die linke Maustaste. Auf einem Touchscreen tippen Sie einfach auf die gewünschte Stelle. So geht's:

1 x

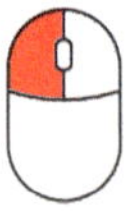

1 Im Bild unten befindet sich die Einfügemarke rechts am Ende des Satzes ❶. Zeigen Sie mit der Maus in den Satz, hier nach dem Wort „Mauszeiger" ❷ und drücken Sie nun einmal die linke Maustaste.

2 Anschließend befindet sich die Einfügemarke hier ❸ und der Mauszeiger kann wieder an eine andere Stelle bewegt werden ❹.

Verwechseln Sie nicht den Mauszeiger mit der Einfügemarke!
Die Einfügemarke ist ein senkrechter blinkender Strich. Im Gegensatz dazu hat der Mauszeiger, wenn er sich über Text befindet, zusätzlich oben und unten kleine Füßchen und blinkt nicht.

Einfügemarke mit den Pfeiltasten der Tastatur bewegen

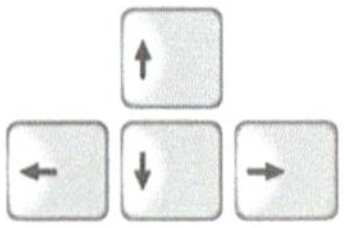

Alternativ dazu lässt sich auch die Einfügemarke mit den Pfeiltasten der Tastatur versetzen. Jeder Tastendruck bewegt die Einfügemarke um ein Zeichen nach links oder rechts bzw. eine Zeile nach oben oder unten.

Tipp: Wenn es schneller gehen soll, dann nehmen Sie zu den Pfeiltasten die **Strg**-Taste dazu:

Nächstes Wort:
Strg+Pfeil nach rechts

Vorheriges Wort:
Strg+Pfeil nach links

Am Textende weiterschreiben

Die Einfügemarke kann sich an einer beliebigen Stelle im Text befinden, so finden Sie beispielsweise nach dem Öffnen eines Dokuments den Cursor am Textanfang. Wenn Sie am Textende weiterschreiben möchten, dann müssen Sie erst die Einfügemarke dorthin versetzen: Am einfachsten durch Klicken mit der Maus, siehe oben.

Text nachträglich korrigieren

Für nachträgliche Korrekturen im Text müssen Sie zuerst die Einfügemarke an die betreffende Stelle setzen.

Text löschen

Zum Löschen einzelner Zeichen können Sie die **Korrekturtaste** oder die **Entf**-Taste verwenden, in beiden Fällen rückt der übrige Text automatisch nach. Als Beispiel soll im unten abgebildeten Satz das Wort „die" gelöscht werden. So verwenden Sie die Tasten:

Möglichkeit 1: Korrekturtaste

Die Rückschritt- oder **Korrekturtaste** löscht **nach links**, also Zeichen, die sich links vom Cursor befinden.

Die Korrekturtaste wird auf Englisch auch als Backspace-Taste (=Rückschritt) bezeichnet.

- Klicken Sie rechts vom Wort ❶ in den Text, der Cursor befindet sich nun hier. Drücken Sie mehrmals nacheinander die Korrekturtaste, bis das Wort und das dazugehörige Leerzeichen gelöscht sind.

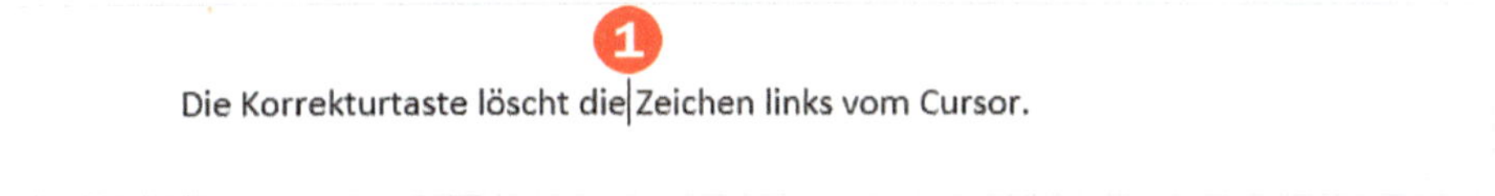

Möglichkeit 2: Entf-Taste

Die Taste **Entf** löscht **nach rechts**, also Zeichen rechts vom Cursor.

engl. Del = Delete

- Klicken Sie links vom Wort ❷, damit befindet sich der Cursor vor dem Wort. Drücken Sie mehrmals die **Entf**-Taste, bis alle zu löschenden Zeichen entfernt sind.

Hinweis: Wenn Sie längeren Text löschen möchten, dann geht dies wesentlich schneller, wenn Sie den Text zuvor markieren. Näheres hierzu lesen Sie weiter unten auf Seite 65.

Text einfügen

Das nachträgliche Einfügen weiterer Zeichen ist einfach: Klicken Sie an die betreffende Stelle und geben Sie den Text über die Tastatur ein, die Länge spielt keine Rolle. Der vorhandene Text rückt automatisch nach rechts bzw. in die nächste Zeile.

Beispiel: Sie möchten den unten abgebildeten Satz um „an der Cursorposition" ergänzen.

Setzen Sie die Einfügemarke links vor das Wort „auch" ❶ und geben Sie den gewünschten Text ❷ über die Tastatur ein.

Buchstaben korrigieren

Zur Korrektur falscher Buchstaben brauchen Sie also nur die Einfügemarke an die betreffende Stelle setzen, das oder die fehlerhaften Zeichen löschen und anschließend die korrekten Zeichen über die Tastatur eingeben.

Hinweis: Die Taste **Einfg** (engl. Ins = Insert) schaltet normalerweise zwischen Einfügemodus und Überschreibmodus um, bei dem vorhandener Text überschrieben wird. Diese Taste ist jedoch in Word deaktiviert und hat daher im Gegensatz zu Apps wie WordPad keine Wirkung.

Zeilenumbruch an der falschen Stelle?

Beim Löschen und nachträglichen Einfügen von Text passt sich der Zeilenumbruch automatisch an. Dies funktioniert allerdings nur, wenn Sie beim Schreiben die Eingabetaste ausschließlich zum Beenden eines Absatzes benutzt haben. Sollte sich ein Zeilenumbruch an unpassender Stelle befinden, dann ist die Ursache ein unsichtbares Absatzende wie im Bild unten. Zur Abhilfe blenden Sie in Word die Steuerzeichen ein, siehe Seite 81, und löschen dann das überflüssige Absatzendezeichen.

2.3 Textstellen markieren

Das Markieren von Text gehört zu den wichtigsten Arbeitstechniken nicht nur in Word. Markieren bedeutet, eine Textstelle für die weitere Bearbeitung vormerken und ist beispielsweise Voraussetzung, wenn Sie eine bestimmte Stelle im Text unterstreichen möchten. Auch beim Korrigieren kann vorheriges Markieren sehr nützlich sein.

Markierter Text ist grau hinterlegt, wie im Bild unten, und so leicht zu erkennen. **Achtung**: Die Markierung ist nicht von Dauer, sondern wird wieder aufgehoben, sobald Sie an eine andere Stelle klicken. Markieren kann auf verschiedenen Wegen erfolgen.

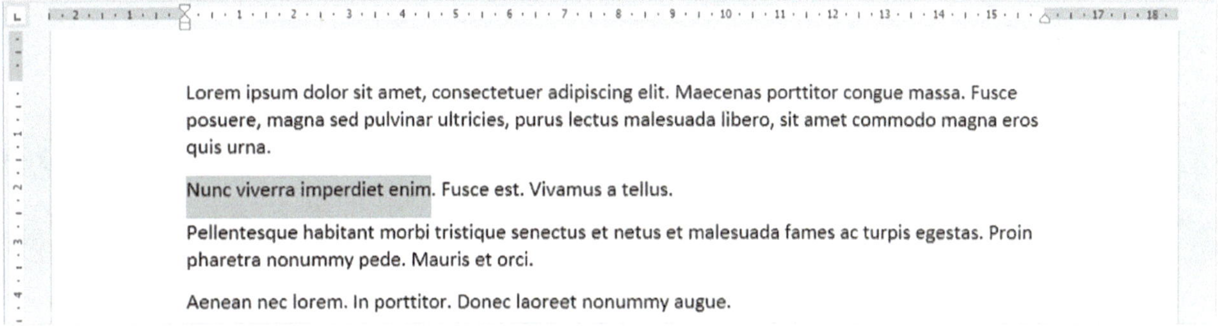

Mit der Maus markieren

Am einfachsten benutzen Sie die Maus zum Markieren und stellen sich dabei die Maus als Textmarker vor:

1. Zeigen Sie an den Beginn der Stelle, die Sie markieren möchten, drücken Sie die linke Maustaste und halten Sie die Taste gedrückt.
2. Bewegen Sie nun die Maus langsam mit gedrückter Maustaste in Schreibrichtung nach rechts über den Text.
3. Sobald die Textstelle markiert ist, lassen Sie die Maustaste los.

Hinweis: Sie können nicht nur von links nach rechts, sondern auch entgegen der Schreibrichtung von rechts nach links markieren.

Tipps zum schnellen Markieren mit der Maus

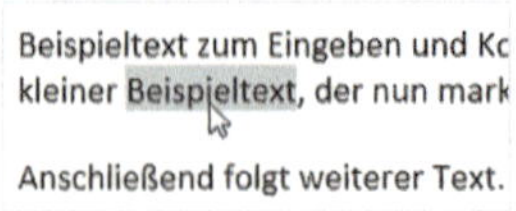

- **Ein Wort markieren**
  Zeigen Sie in das Wort und drücken Sie zweimal kurz hintereinander die linke Maustaste (Doppelklick).

- **Die gesamte Zeile markieren**
  Zeigen Sie mit der Maus mit etwas Abstand in den Seitenrand links von der Zeile. Sobald der Mauszeiger als Pfeil erscheint, drücken Sie einmal kurz die linke Maustaste.

1 x

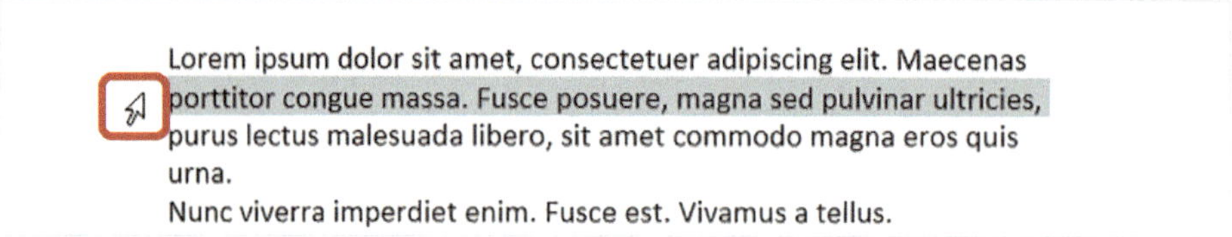

- **Einen Absatz markieren**
  Zeigen Sie mit der Maus links vom Absatz, siehe oben, und klicken Sie zweimal kurz hintereinander (Doppelklick).

2 x

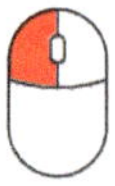

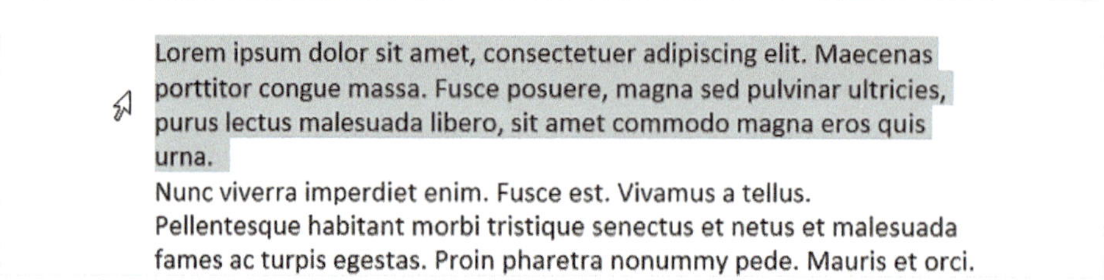

- **Nicht zusammenhängende Textstellen markieren**
  Um mehrere, nicht zusammenhängende Textstellen, z. B. einzelne Wörter, zu markieren (Mehrfachmarkierung), gehen Sie so vor:
  - Markieren Sie das erste Wort bzw. die erste Textstelle.
  - Drücken Sie die **Strg**-Taste der Tastatur und halten Sie die Taste gedrückt, während Sie nacheinander die übrigen Textstellen markieren. Lassen Sie zum Schluss die **Strg**-Taste wieder los.

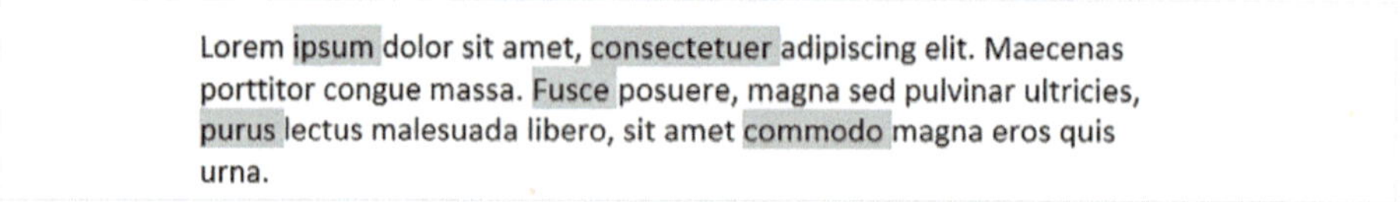

Markierungstechniken auf dem Touchscreen

- **Wort markieren**: Doppeltippen Sie in das Wort.
- **Absatz markieren**: Dreifachtippen Sie in den Absatz.
- **Längere Textstelle markieren**: Doppeltippen Sie in das erste Wort und ziehen Sie den Auswahlpunkt nach rechts oder nach unten bis zum letzten Wort.

Tastaturtasten zum Markieren

Markieren mit der Tastatur erfolgt über Tastenkombinationen in Verbindung mit der **Umschalttaste** (**Shift**). Hier die gebräuchlichsten Tasten.

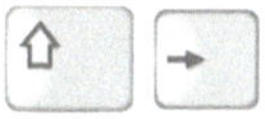

- **Zeichenweise ab Cursor nach rechts oder links markieren**: Drücken Sie die **Umschalttaste** und halten Sie diese gedrückt, während Sie mehrmals die Pfeiltaste nach rechts oder links drücken.

- **Wortweise nach links oder rechts markieren**: Drücken Sie die **Strg**-Taste zusammen mit der **Umschalttaste** und danach die Pfeiltaste nach rechts oder nach links.
- **Den gesamten Text markieren**: Drücken Sie die Tasten **Strg**+**A**.

Markierten Text löschen oder überschreiben

Für markierten Text gilt die Regel „Eingabe ersetzt Markierung". Das bedeutet, markierter Text wird durch Tastatureingabe einfach überschrieben, die Anzahl der Zeichen spielt dabei keine Rolle. Ein weiterer Vorteil: Ein Ausgleich der Leerzeichen erfolgt in den meisten Fällen automatisch. Um z. B. ein Wort durch ein anderes zu ersetzen, markieren Sie dieses Wort und geben das neue Wort über die Tastatur ein.

Tipp: Falls Sie markierten Text durch Drücken einer Taste versehentlich überschrieben haben, machen Sie dies unmittelbar danach mit Klick auf dieses Symbol wieder rückgängig!

Text löschen

Zum Löschen von markierten Text verwenden Sie entweder die **Entf**-Taste oder die **Korrekturtaste**. Auch beim Löschen erfolgt in den meisten Fällen ein automatischer Ausgleich der Leerzeichen.

2.4 Text kopieren oder an andere Stelle verschieben

Möchten Sie nachträglich einzelne Wörter, Sätze oder ganze Absätze an eine andere Stelle im Text verschieben oder mehrmals benötigten Text einfach kopieren? Dazu gibt es zwei Möglichkeiten: Mit Maus bzw. Finger direkt verschieben oder Sie schneiden den Text aus, legen ihn in einem Zwischenspeicher, der sogenannten Zwischenablage ab, und fügen ihn anschließend an der gewünschten Stelle wieder ein.

> Egal, welche Methode Sie verwenden: Voraussetzung ist immer, dass Sie den betreffenden Text zuvor markiert haben.

Text in die Zwischenablage ausschneiden und wieder einfügen

Achtung: Wenn einige der Symbole grau, also inaktiv sind, dann bedeutet dies, dass entweder kein Text markiert ist oder sich nichts in der Zwischenablage befindet!

Die Symbole, mit denen Sie Text ausschneiden oder kopieren und anschließend wieder einfügen, finden Sie im Menüband im Register *Start*, Gruppe *Zwischenablage*.

Beispiel: Einen Satz an das Textende verschieben, so gehen Sie vor

1. Markieren Sie den betreffenden Satz ❶.
2. Klicken Sie im Menüband auf das Register *Start* und hier auf *Ausschneiden* ❷ (Symbol *Schere*).

   Der markierte Satz verschwindet aus dem Text, ist aber nicht gelöscht, sondern befindet sich in der Zwischenablage.

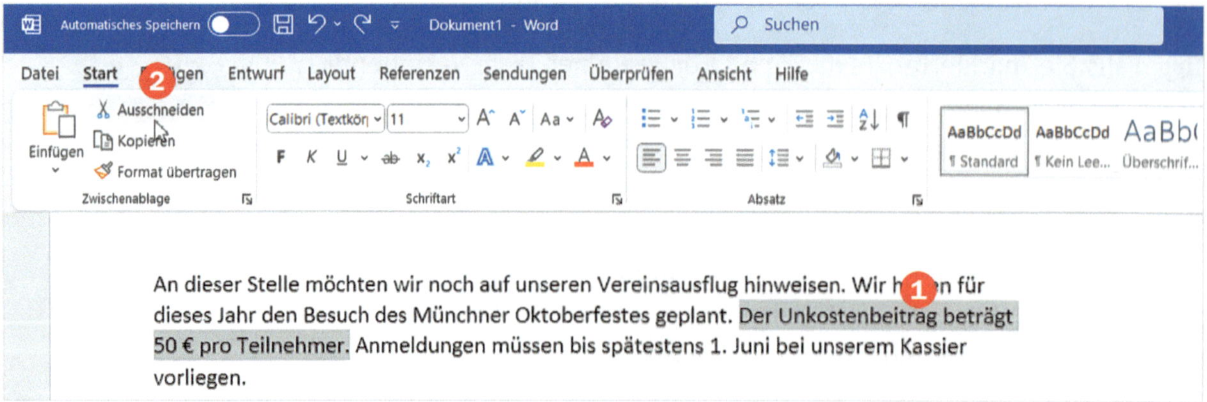

3 Setzen Sie die Einfügemarke an die Stelle, an der Sie den ausgeschnittenen Text einfügen möchten ❸, im Bild unten am Textende.

4 Klicken Sie im Menüband auf *Einfügen* ❹, um den Satz an der Cursorposition einzufügen ❺.

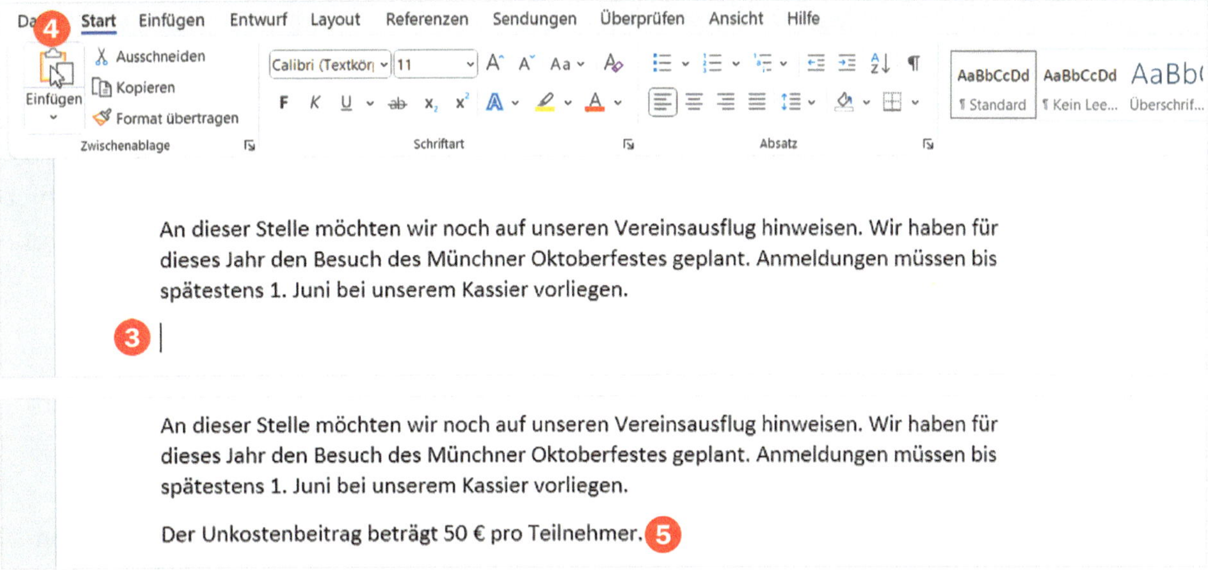

Text kopieren und einfügen

Genauso gehen Sie vor, wenn Sie markierten Text kopieren möchten. In diesem Fall klicken Sie im Menüband auf *Kopieren* ❶ statt auf Ausschneiden. Das Symbol zum Einfügen ❷ ist dagegen dasselbe.
Tipp: Mit mehrmaligem Klicken auf *Einfügen* kann der kopierte Text auch gleich mehrfach eingefügt werden ❸.

Der einzige Unterschied zum Ausschneiden: Der markierte Text verbleibt im Dokument.

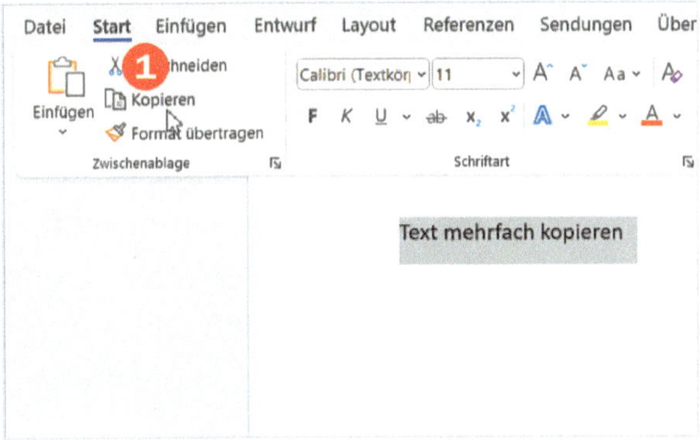

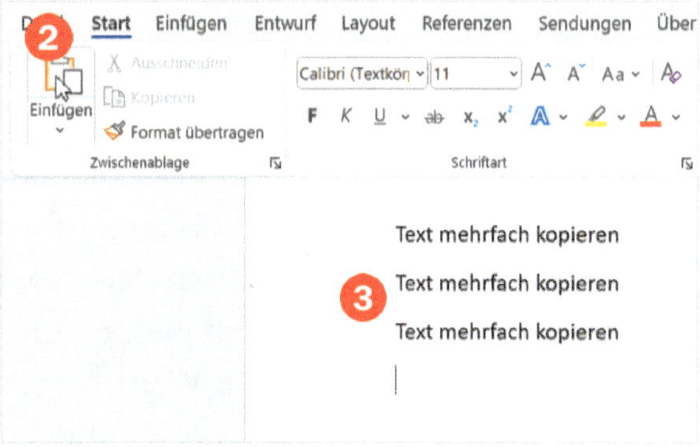

Kleine Eselsbrücke zum Merken der Tasten

X symbolisiert eine Schere zum Ausschneiden,

C steht für das englische Wort Copy, deutsch Kopieren,

V dient bei handschriftlichen Korrekturen zum Kennzeichnen von Einfügungen.

Nützliche Tasten zum Ausschneiden, Kopieren und Einfügen
Statt der Symbole im Menüband können Sie auch Tastenkombinationen verwenden, vielleicht sind Ihnen diese bereits bekannt.

- Markierten Text ausschneiden: **Strg+X**
- Markierten Text kopieren: **Strg+C**
- Aus der Zwischenablage einfügen: **Strg+V**

Tipp: In manchen Apps, z. B. beim Betrachten einer Webseite, sind die Befehle oder Symbole zum Ausschneiden oder Kopieren nicht auf Anhieb ersichtlich. Die genannten Tastenkombinationen funktionieren trotzdem fast immer.

Was Sie noch über die Zwischenablage wissen sollten
Sie können über den oben beschriebenen Weg nicht nur Text, sondern auch Tabellen oder Bilder ausschneiden oder kopieren und an anderer Stelle wieder einfügen.

Ausgeschnittene oder kopierte Elemente können auch mehrmals eingefügt werden. Ein Element verbleibt solange in der Zwischenablage, bis das nächste ausgeschnitten oder kopiert wird.

Die Zwischenablage wird von allen Apps unterstützt: Das bedeutet, Sie können auf diesem Weg auch Elemente zwischen verschiedenen Apps, z. B. Word und PowerPoint, austauschen. Oder beispielsweise im Browser eine Textstelle einer Webseite markieren, in die Zwischenablage kopieren und in Word wieder einfügen.

So nutzen Sie die Office-Zwischenablage

Wenn Sie mehr als 24 Elemente in die Office-Zwischenablage ausschneiden oder kopieren, dann wird das Element, das sich am längsten darin befindet, automatisch entfernt.

Mit dem oben beschriebenen Weg kann immer nur ein Element in der Zwischenablage abgelegt werden. Die Office-Zwischenablage kann dagegen bis zu 24 Elemente aufnehmen, die anschließend in beliebiger Reihenfolge eingefügt werden können. Sie muss vor der Verwendung geöffnet werden und steht ausschließlich in den Microsoft Office Apps, also z. B. Word, Excel und PowerPoint, zur Verfügung. Die Vorgehensweise und die Symbole und Tasten sind dieselben.

Office-Zwischenablage öffnen

- Klicken Sie im Menüband, Register *Start* auf den kleinen Pfeil der Gruppe *Zwischenablage*.

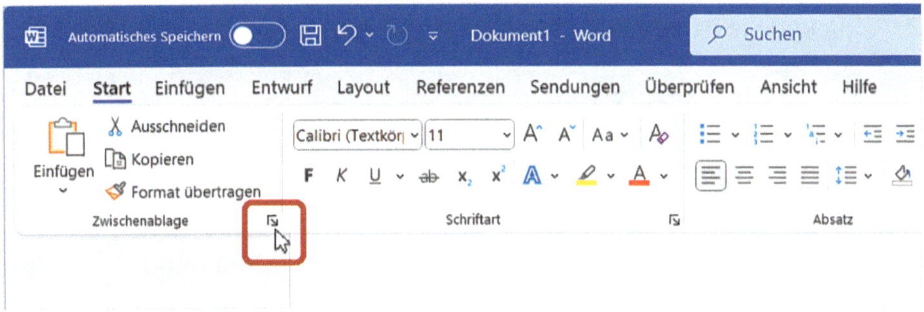

Die Office-Zwischenablage wird am linken Rand des Fensters ❶ geöffnet. Falls Sie die Office-Zwischenablage nicht mehr benötigen und den Bereich wieder schließen möchten, klicken Sie auf das x ❷.

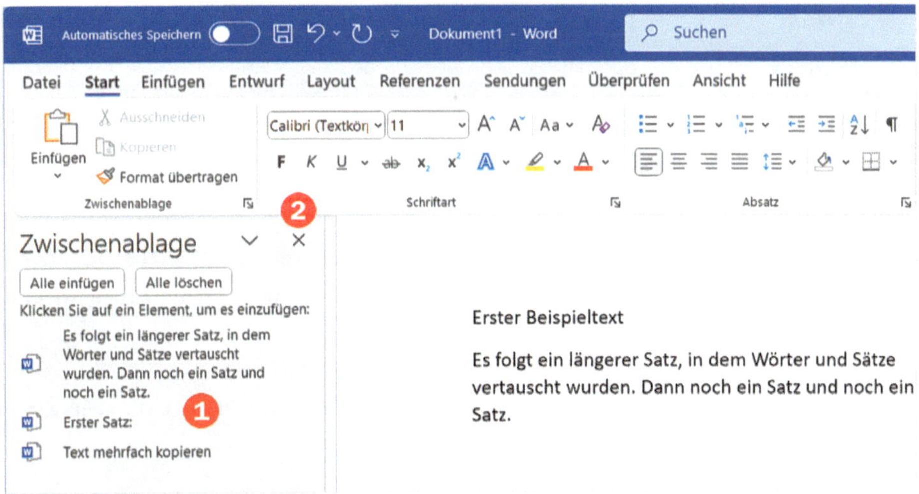

In die Office-Zwischenablage ausschneiden oder kopieren

Markieren Sie die betreffende Textstelle und klicken Sie im Menüband auf das Symbol *Ausschneiden* (oder drücken die Tastenkombination **Strg+X**). Zum Kopieren klicken Sie auf das Symbol *Kopieren* bzw. drücken die Tastenkombination **Strg+C**.

Auf diese Weise können Sie bis zu 24 Elemente in die Office-Zwischenablage ausschneiden oder kopieren.

Aus der Office-Zwischenablage einfügen

1 Klicken Sie im Text an die Stelle, an der Sie den Text einfügen möchten bzw. setzen Sie die Einfügemarke an diese Stelle ❶.

2 Klicken Sie in der Zwischenablage auf den einzufügenden Text ❷.

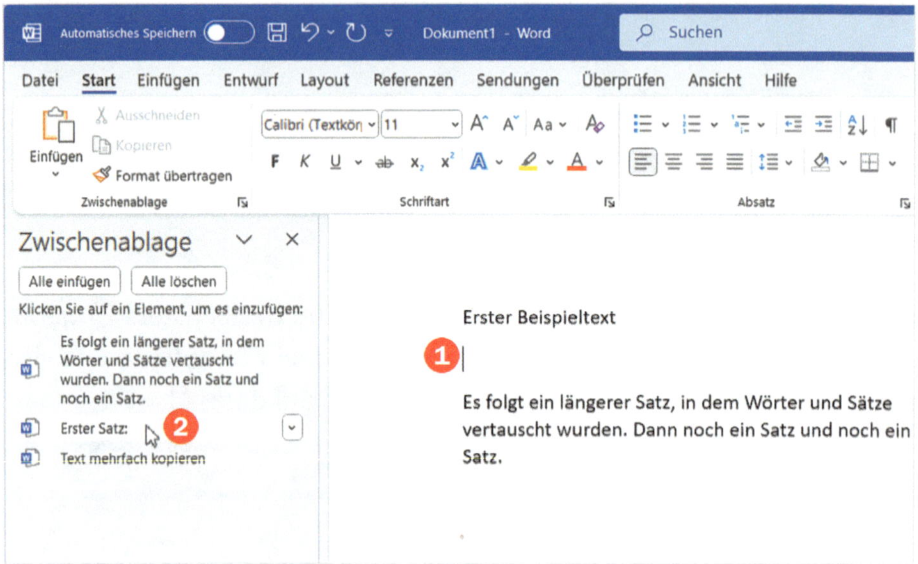

Tipps

- Mit der Schaltfläche *Alle einfügen* werden alle Elemente der Zwischenablage in der Reihenfolge, in der sie ausgeschnitten oder kopiert wurden, eingefügt.
- Die Schaltfläche *Alle löschen* entfernt alle Elemente aus der Zwischenablage.

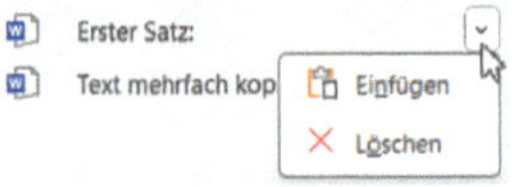

- Wenn Sie nur ein einzelnes Element aus der Zwischenablage entfernen möchten, dann zeigen Sie auf das betreffende Element. Rechts davon erscheint ein nach unten weisender Pfeil. Klicken Sie auf diesen Pfeil und danach auf *Löschen*.
- Der Inhalt der Zwischenablage ist auch in den übrigen Office-Anwendungen verfügbar. Wenn Sie z. B. einen Text aus Word nach PowerPoint kopieren möchten, dann kopieren Sie diesen in die Zwischenablage, starten PowerPoint, öffnen hier die Office-Zwischenablage und fügen daraus den Text ein.

Kurze Textstellen mit der Maus verschieben

Um ein Wort innerhalb eines Satzes oder Absatzes an eine andere Stelle zu verschieben, können Sie statt der Zwischenablage auch die Maus einsetzen. So gehen Sie vor:

Diese Methode wird auch als Drag & Drop (dt. ziehen und fallenlassen) bezeichnet.

1 Markieren Sie das betreffende Wort, am einfachsten mit Doppelklick in das Wort, und lassen Sie danach unbedingt die Maustaste erst einmal wieder los.

In Word erscheint automatisch eine kleine Symbolleiste, sobald Sie eine Textstelle markiert haben. Wenn Sie die Symbole nicht benötigen, dann ignorieren Sie die Leiste einfach.

2 Zeigen Sie mit der Maus auf die markierte Stelle ❶. Danach drücken Sie die linke Maustaste und halten sie gedrückt, während Sie nun die Maus bewegen.

3 Ein kleines Kästchen am Mauszeiger ❷ signalisiert das Verschieben, der markierte Text selbst verbleibt zunächst an der ursprünglichen Stelle. Gleichzeitig wandert auch die Einfügemarke ❸, als etwas dickerer Strich gut zu erkennen, im Text mit.

4 Lassen Sie die Maustaste erst los, wenn sich die Einfügemarke an der gewünschten Stelle befindet. Damit wird das Wort hier eingefügt ❹.

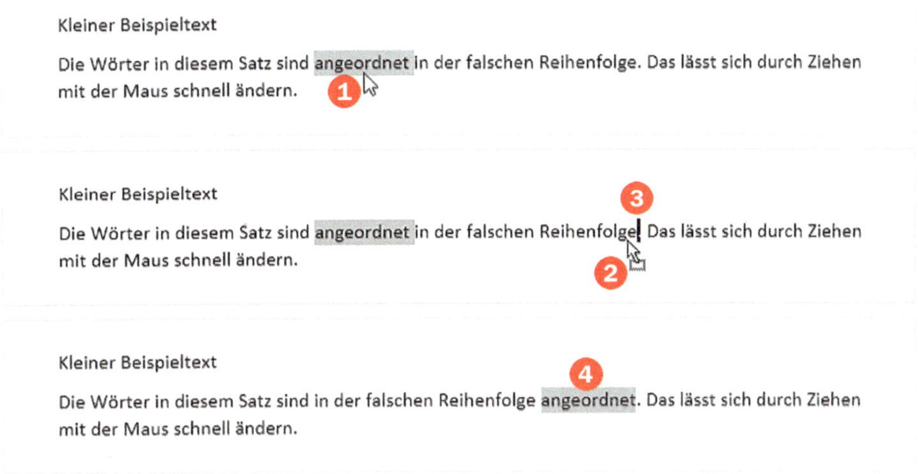

Tipp: Falls es beim ersten Mal nicht geklappt hat, machen Sie einfach die ganze Aktion wieder rückgängig, indem Sie auf das Symbol *Rückgängig* klicken, und probieren es erneut.

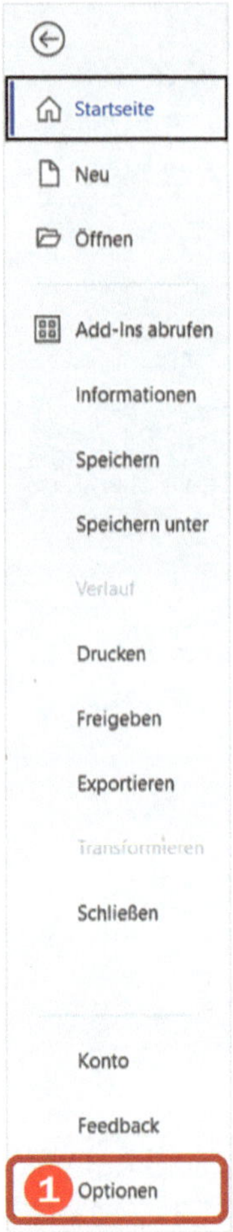

Hinweis: Verschieben aktivieren

Falls die oben beschriebene Vorgehensweise auf Ihrem Gerät nicht funktioniert, kann die Ursache darin liegen, dass diese Methode deaktiviert ist. So finden Sie es heraus bzw. aktivieren das Verschieben:

1 Klicken Sie auf das Register *Datei* und hier auf *Optionen* ❶.

2 Wählen Sie links *Erweitert* ❷: Unter *Bearbeitungsoptionen* muss das Kontrollkästchen *Drag & Drop für Text zulassen* ❸ aktiviert sein.

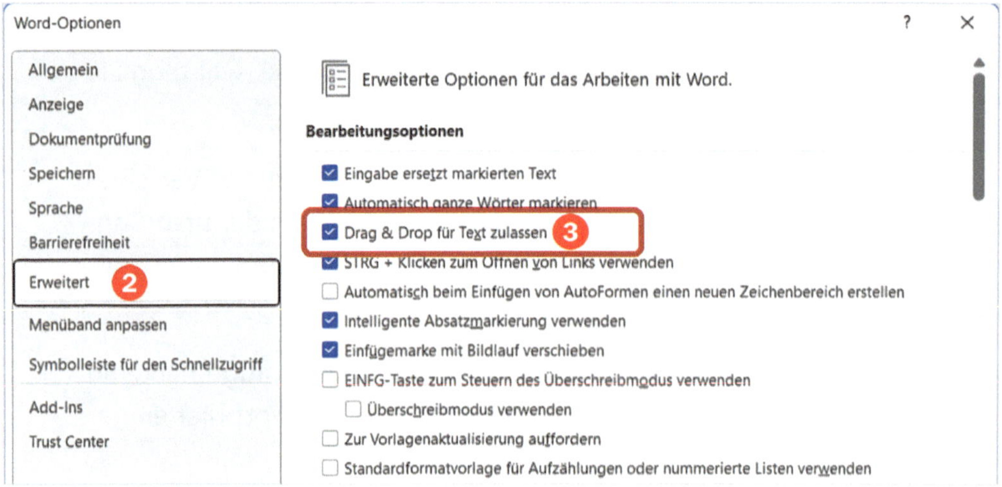

3 Schließen Sie die Word-Optionen mit Klick auf die Schaltfläche *OK*.

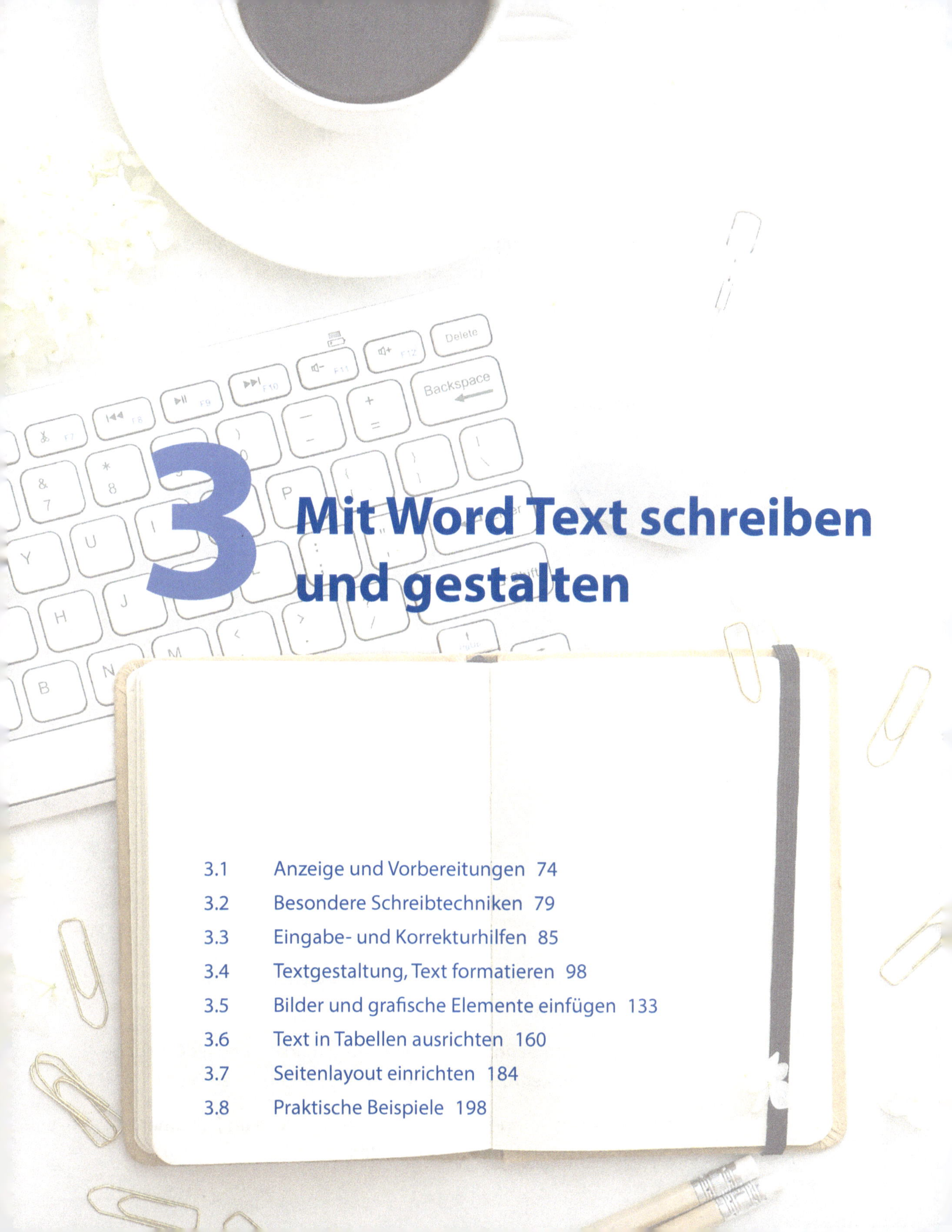

3 Mit Word Text schreiben und gestalten

3.1 Anzeige und Vorbereitungen

Der Word-Bildschirm auf einen Blick

Der Word-Bildschirm wird auch als Arbeitsoberfläche bezeichnet.

- Starten Sie Word, entweder im Startmenü mit Klick auf das Symbol oder über die Suche, und klicken Sie auf der Startseite auf *Leeres Dokument*.

Anschließend sieht der Bildschirm mit dem leeren Dokument ähnlich aus wie im Bild unten. Die wichtigsten Elemente wie Titelleiste, Menüband, Symbolleiste für den Schnellzugriff und Statusleiste sind in allen Office-Apps gleich und dürften aus Kapitel 1 bekannt sein.

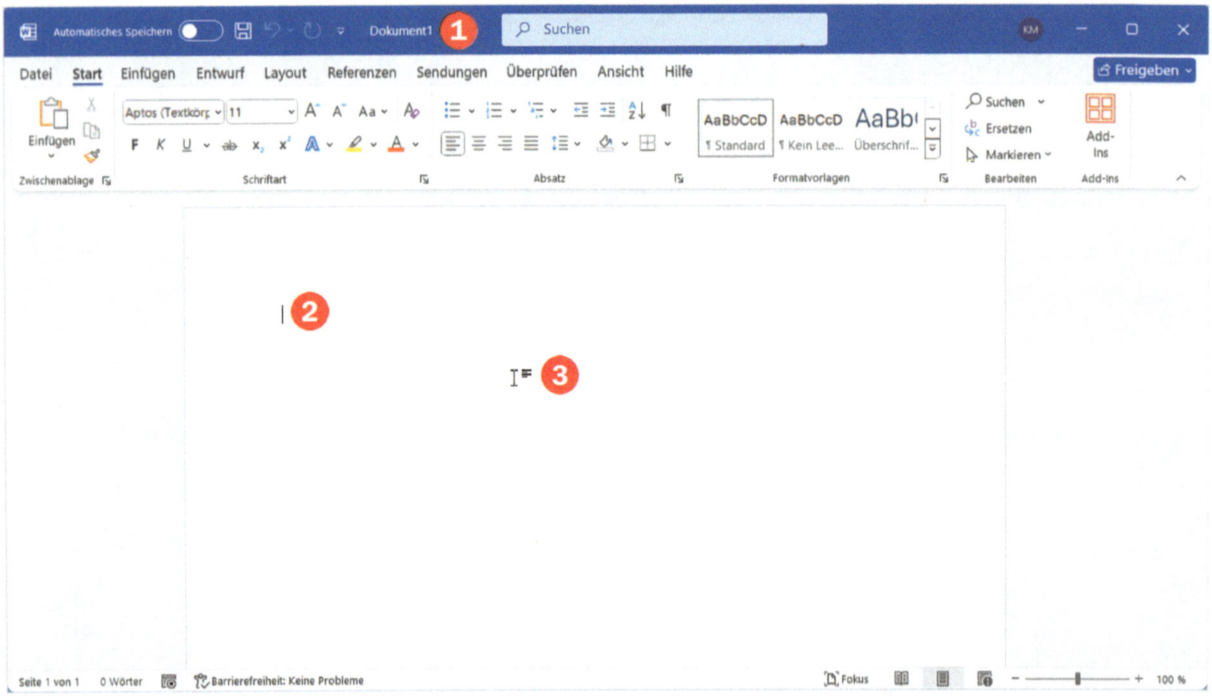

Word bezeichnet alle, von Ihnen erstellten Texte pauschal als Dokumente.

Neue Dokumente werden zunächst der Reihe nach automatisch durchnummeriert, also *Dokument1*, *Dokument2* usw.

- Das neue Dokument ist noch nicht gespeichert und hat daher den vorläufigen Namen *Dokument1* ❶.
- Am Textanfang befindet sich die Einfügemarke, auch als Cursor bezeichnet, und kennzeichnet die aktuelle Eingabeposition ❷.
- Der Mauszeiger ändert seine Form, wenn er sich im Dokument befindet, und sieht dann aus wie im Bild ❸.

Die Arbeitsumgebung einrichten

Bevor Sie beginnen, sollten Sie für die richtige Arbeitsumgebung sorgen, hier einige bewährte Empfehlungen aus der Praxis.

Die richtige Ansicht wählen und ggf. Lineal anzeigen

Word verfügt über mehrere Ansichten zu unterschiedlichen Zwecken. In der Ansicht *Drucklayout* geben Sie Text ein, bearbeiten das Dokument und sehen es gleichzeitig so, wie es später gedruckt wird, einschließlich der Seitenränder. Daher ist diese Ansicht auch die Standardansicht von Word. Die übrigen Ansichten werden nur in besonderen Fällen benötigt und sind hier nicht von Bedeutung.

1 **Ansicht Drucklayout wählen**: Klicken Sie im Menüband auf das Register *Ansicht* ❶ und werfen Sie einen Blick auf die Gruppe *Ansichten*. Wenn *Drucklayout* hervorgehoben ist, wie im Bild unten ❷, dann ist diese Ansicht bereits aktiviert. Andernfalls wählen Sie die Ansicht durch Anklicken aus.

Auch in der Statusleiste können Sie rechts über ein Symbol schnell zur Ansicht *Drucklayout* wechseln.

2 **Lineal**: Bei Bedarf können Sie im Register *Ansicht* ein Lineal oberhalb ❹ und links vom Text einblenden. Klicken Sie dazu in das Kontrollkästchen *Lineal* (Häkchen) ❸, ein weiterer Klick in das Kästchen entfernt das Häkchen und damit das Lineal wieder.

Praktisch: Sie Seitenränder sind im Lineal als grauer Bereich sichtbar.

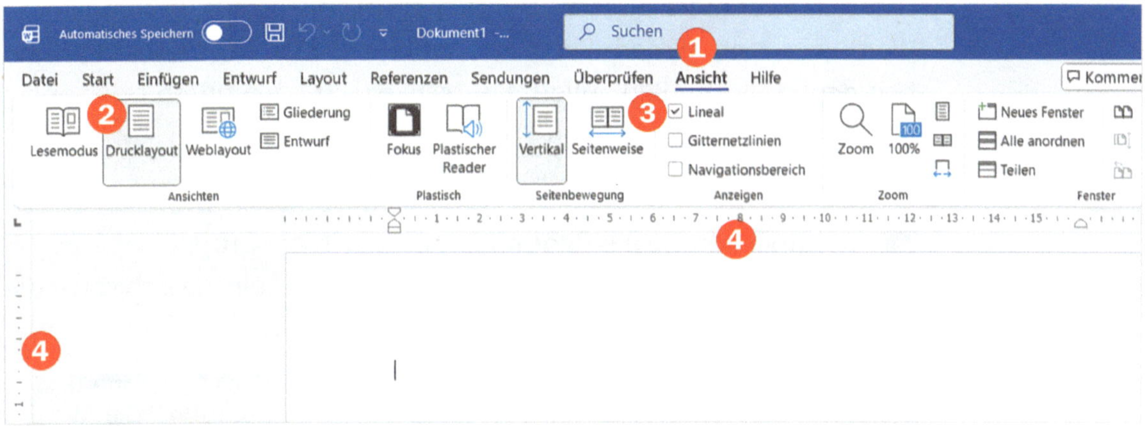

Word speichert diese Einstellungen, so dass Sie nach jedem Start von Word dieselbe Arbeitsoberfläche vorfinden und nicht jedes Mal erneut die Ansicht ändern müssen.

Anzeigegröße (Zoom)

Tipp: Um die Seitenbreite schnell an die Breite des Bildschirms anzupassen, klicken Sie im Register *Ansicht* auf das Symbol *Seitenbreite*. Das Symbol *Eine Seite* verkleinert die Anzeige so, dass die gesamte Seite auf den Bildschirm passt.

Größere Buchstaben auf dem Bildschirm schonen Ihre Augen.

1. Kontrollieren Sie in der rechten unteren Ecke die Anzeigegröße: Diese sollte je nach Bildschirmgröße auf 120 % oder mehr ❶ eingestellt sein.
2. Testen Sie die Anzeige und vergrößern oder verkleinern Sie auf die gewünschte Größe, indem Sie mehrmals auf das + ❷ (vergrößern) oder - ❸ (verkleinern) klicken oder bei gleichzeitig gedrückter **Strg**-Taste das Mausrad drehen.

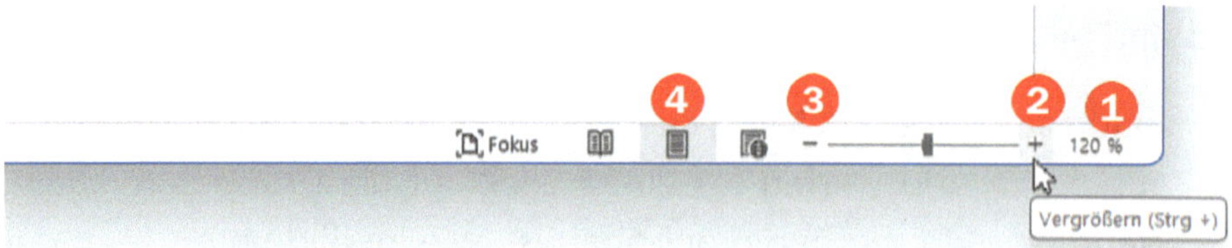

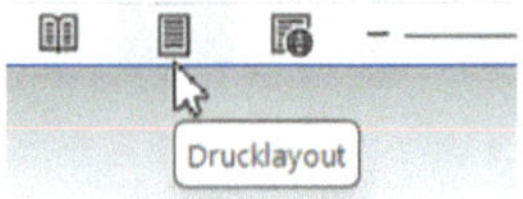

Tipp: Links daneben finden Sie die Symbole der drei wichtigsten Ansichten und können bei Bedarf mit diesem Symbol ❹ schnell ebenfalls die Ansicht *Drucklayout* aktivieren.

Seitenbewegung bzw. Blättern

Achtung: Gilt nur ab Word 2019!

Neu ab Word 2019 sind Einstellungen zur Seitenbewegung beim Blättern durch mehrere Seiten, bzw. Drehen des Mausrads. In den älteren Word-Versionen blättern Sie beim Drehen des Mausrads oder Verschieben der vertikalen Bildlaufleiste ausschließlich nach unten oder oben, also vertikal. Seit der Version 2019 können Sie im Register *Ansicht* zwischen *Vertikal* und *Seitenweise* wählen.

- Kontrollieren Sie das Register *Ansicht* ❶. In der Gruppe *Seitenbewegung* muss unbedingt *Vertikal* ❷ ausgewählt sein, da sich sonst die Anzeige nicht vergrößern lässt.

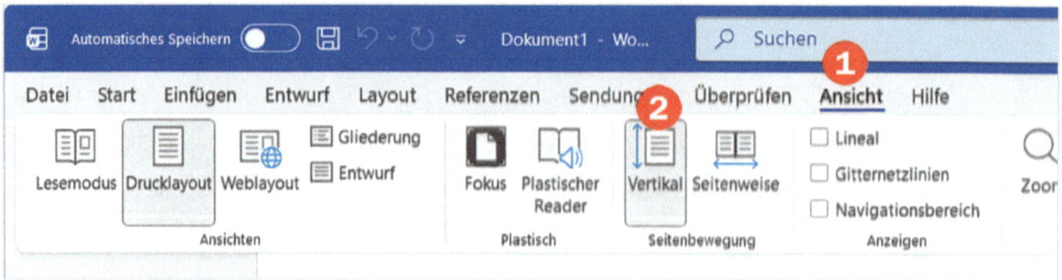

Papierformat und Seitenränder festlegen

Für neue leere Dokumente verwendet Word eine Standardpapiergröße mit voreingestellten Seitenrändern links, rechts, oben und unten. Die Seitenränder erkennen Sie an der Position der Einfügemarke und im Lineal, falls sichtbar, als graue Bereiche (s. Bild auf der nächsten Seite).

☛ Die Einstellungen für Papierformat und Seitenränder finden Sie im Menüband: Klicken Sie auf das Register *Layout* ❶.

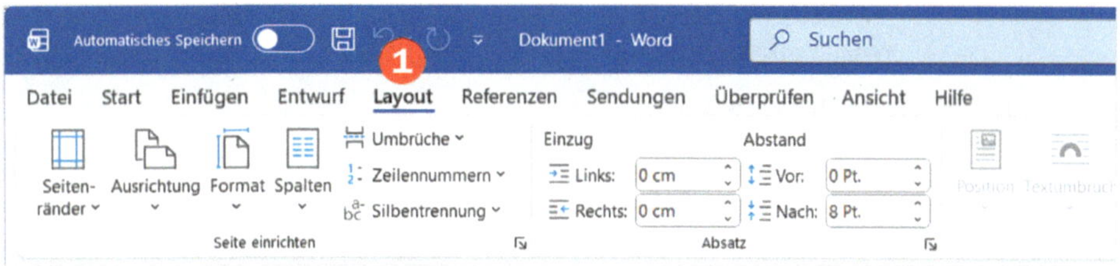

1 **Papiergröße**: Klicken Sie in der Gruppe *Seite einrichten* auf *Format* ❷. Es öffnet sich eine Liste verschiedener Papierformate, hier sollte *A4 (21 cm x 29,7 cm)* ❸ eigentlich bereits ausgewählt sein. Falls nicht, wählen Sie dieses Format durch Anklicken aus.

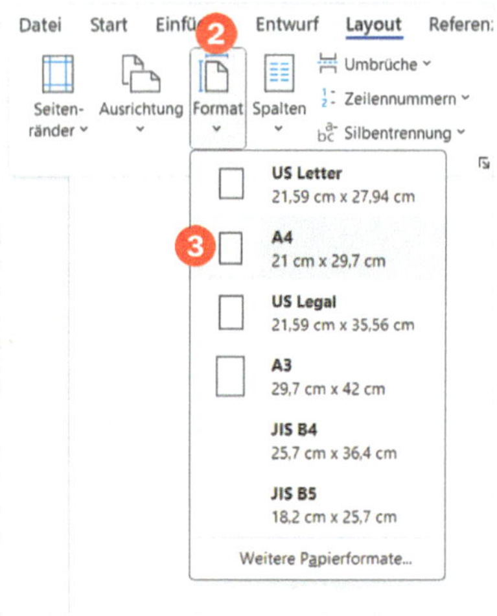

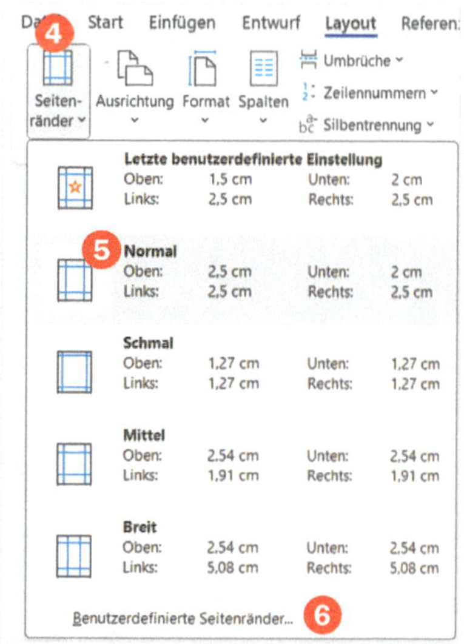

Die aktuelle Einstellung ist grau hinterlegt und leicht zu erkennen.

2 **Seitenränder**: Klicken Sie auf *Seitenränder* ❹. Es öffnet sich ebenfalls eine Auswahlliste, die Voreinstellung *Normal* ❺ ist grau hervorgehoben. Zum Ändern klicken Sie auf die gewünschten Ränder.

3 Damit Sie die Maße der Ränder selbst eingeben können, z. B. 2 cm links und rechts, klicken Sie auf *Benutzerdefinierte Seitenränder…* ❻.

4 Es öffnet sich das Fenster *Seite einrichten* mit dem Register *Seitenränder* ❼, Bild unten. Klicken Sie unter *Seitenränder* beim ersten Eingabefeld *Oben* mehrmals auf den kleinen Pfeil nach unten oder nach unten ❽, bis im Feld 2 cm erscheint. Genauso verfahren Sie mit den Feldern *Unten*, *Links* und *Rechts*.

5 Bei den übrigen Einstellungen im Fenster *Seite einrichten* können Sie die Voreinstellungen einfach beibehalten. Schließen Sie zuletzt das Fenster mit Klick auf *OK* ❾.

Info: Den Bundsteg ignorieren Sie am besten. Dieser dient nur als zusätzlicher Rand beim Binden und Heften und kann genauso gut mit dem linken Seitenrand berücksichtigt werden.

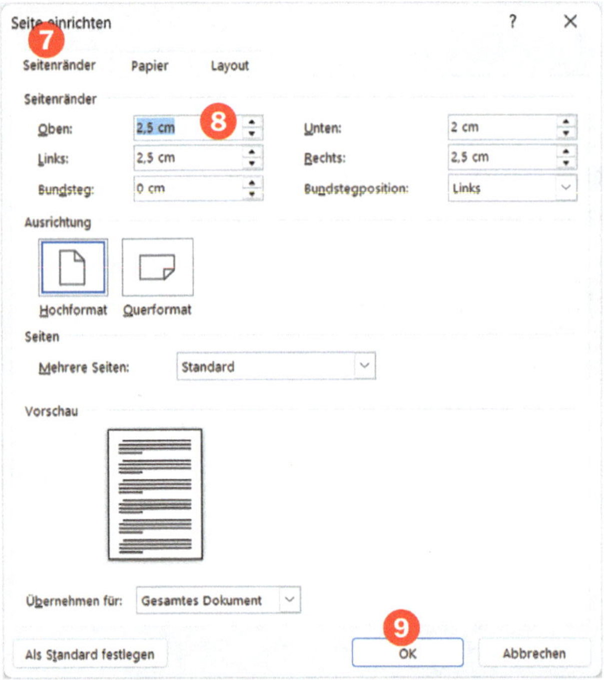

Im Lineal erscheinen die Seitenränder als grauer Bereich.

■ Sie können die Seitenränder jederzeit wieder verändern, also auch noch nachträglich, wenn Sie bereits Text eingegeben haben. Wenn Sie bei der Texteingabe alles richtig machen, dann passt sich der Text automatisch an die neuen Ränder an.

3.2 Besondere Schreibtechniken

Nachdem die Arbeitsumgebung eingerichtet und Papierformat und Seitenränder festgelegt wurden, können Sie loslegen mit dem Schreiben.

In der linken oberen Ecke des leeren Dokuments kennzeichnet ein blinkender senkrechter Strich, die Einfügemarke oder Cursor, die aktuelle Eingabeposition. **Achtung**: Wenn Sie ein Dokument geöffnet haben, das bereits Text enthält, dann befindet sich die Einfügemarke ebenfalls am Textanfang. In diesem Fall müssen Sie den Cursor erst ans Textende setzen, wenn Sie dort weiterschreiben möchten.

Tipp: Cursor schnell ans Textende setzen: **Strg**+**Ende**-Taste.

Die grundlegenden Techniken beim Schreiben und Korrigieren sind in Kapitel 1 ausführlich beschrieben. Allerdings kennt Word noch einige Besonderheiten.

Nicht druckbare Zeichen ausblenden

Möglicherweise sehen Sie im Dokument neben der Einfügemarke noch ein anderes Symbol ❶, wie im Bild unten. Das Symbol ¶ steht für ein Absatzende und gehört zusammen mit den Leerzeichen zu den nicht druckbaren Formatierungssymbolen bzw. Steuerzeichen. Diese Zeichen können im Register *Start* ❷ mit Klick auf dieses Symbol ❸ ein- und wieder ausgeblendet werden.

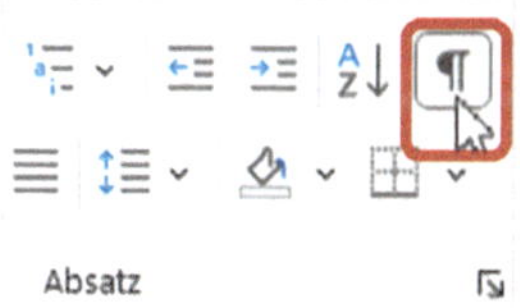

👉 Damit die Texteingabe ohne störende Zeichen erfolgen kann, sollten Sie diese ausblenden.

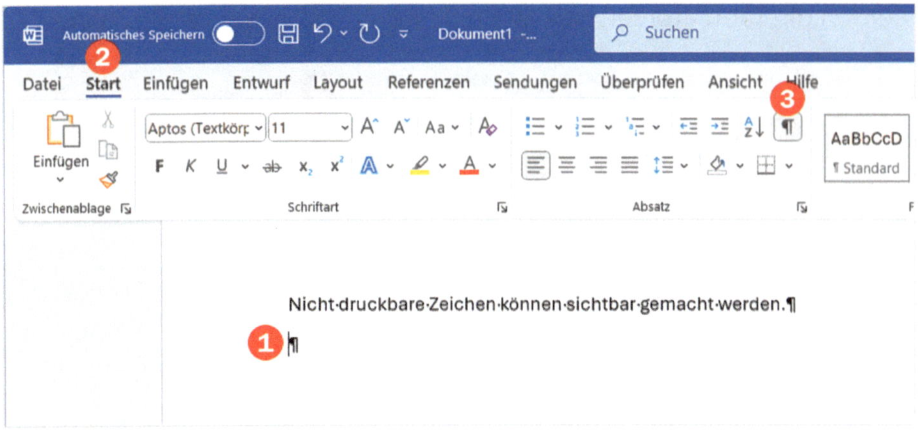

Einige Symbole im Menüband funktionieren wie ein Schalter und wechseln beim Anklicken zwischen *Ein* und *Aus*.

Tabulatoren nutzen

Wenn Sie innerhalb einer Zeile einen größeren Abstand erzeugen möchten, dann benutzen Sie die **Tabulatortaste** der Tastatur, kurz als **Tab**-Taste bezeichnet. Jedes Drücken dieser Taste bewegt die Eingabemarke zur nächsten Tabstoppposition. Diese Positionen sind unsichtbar und in Abständen von 1,25 cm vorhanden.

Hinweis: Falls Sie Text über mehrere Zeilen hinweg untereinander ausrichten möchten, dann verwenden Sie besser Tabellen, siehe Seite 160.

Beispiel: Sie möchten in einer Einladung Datum und Uhrzeit wie unten abgebildet schreiben. Dazu drücken Sie einfach die Tab-Taste, im Bild unten zweimal, bis sich der Cursor an der gewünschten Stelle befindet. Ein weiterer Vorteil: Auch in den Folgezeilen lässt sich der Text exakt darunter ausrichten.

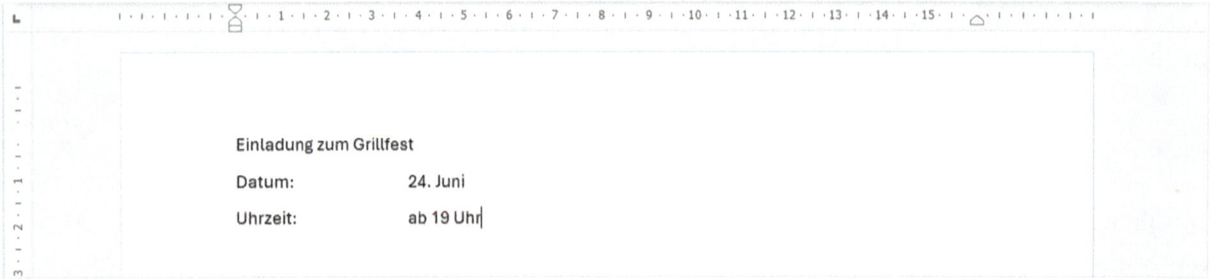

Tabulatorzeichen löschen

Haben Sie versehentlich zu oft die Tab-Taste betätigt und der Cursor befindet sich zu weit rechts, dann löschen Sie einfach die zuletzt eingegebenen Tabulatorzeichen mit der Korrekturtaste.

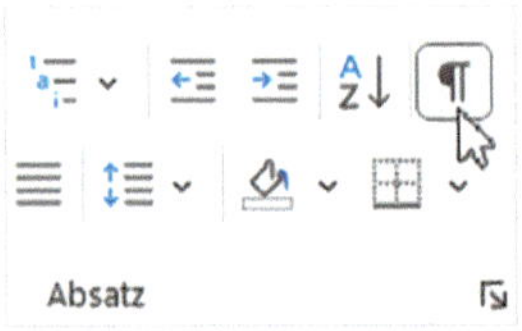

Tipp: Wenn Sie die nicht druckbaren Steuerzeichen einblenden ❶, dann werden die Tabulatorzeichen als Pfeile ❷ sichtbar, wie im Bild unten.

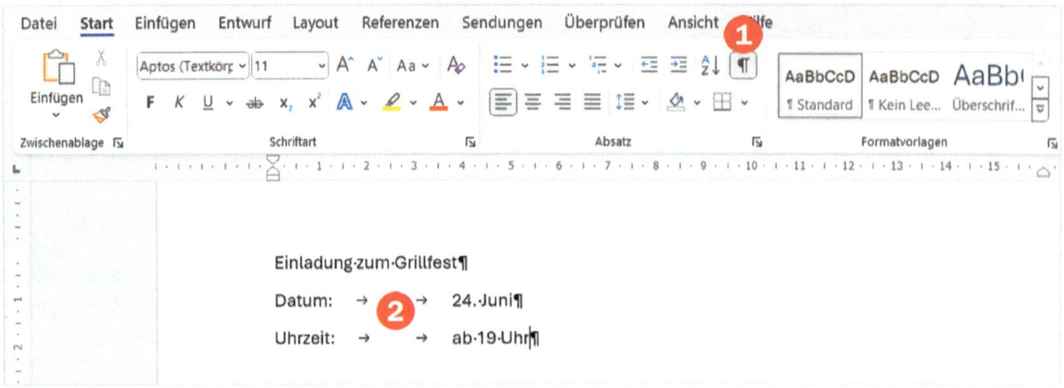

Sonderzeichen und Symbole eingeben

Wie Sie die Drittbelegung auf der Tastatur, z. B. die Zeichen @ und €, eingeben, wurde in Kapitel 1 beschrieben. Daneben gibt es aber auch noch Zeichen, die nicht auf der Tastatur zu finden sind, da es sich hierbei um Symbole einer speziellen Symbolschriftart handelt. Um ein solches Symbol, z. B. einen Pfeil, einzufügen, gehen Sie wie folgt vor:

1 Setzen Sie die Einfügemarke an die Stelle, an der Sie das Zeichen einfügen möchten ❶, klicken Sie im Menüband auf das Register *Einfügen* und hier auf *Symbol* ❷.

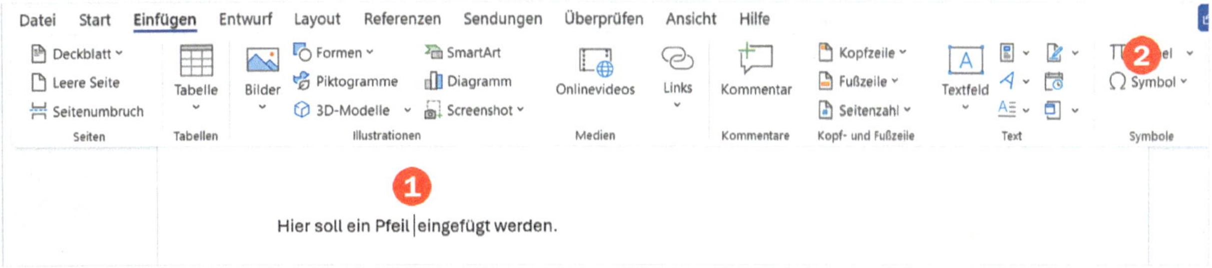

2 Es erscheint eine kleine Auswahl von Symbolen ❸, die Sie durch Anklicken einfügen können. Um noch mehr Symbole anzuzeigen, klicken Sie auf *Weitere Symbole...* ❹.

Bei diesen Symbolen handelt es sich um zuletzt verwendete Symbole.

3 Klicken Sie auf das gewünschte Symbol ❺ und auf *Einfügen* ❻.

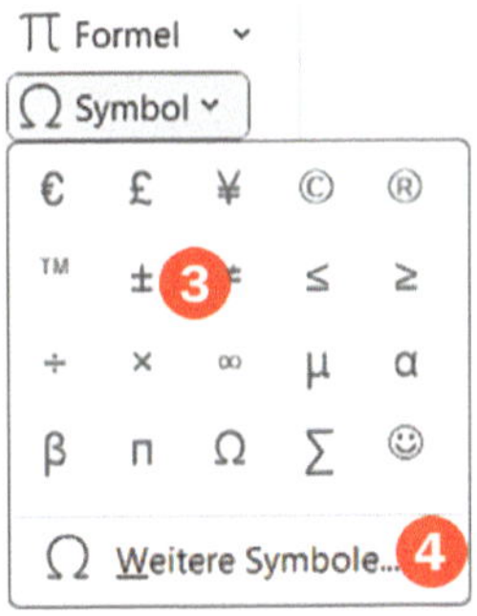

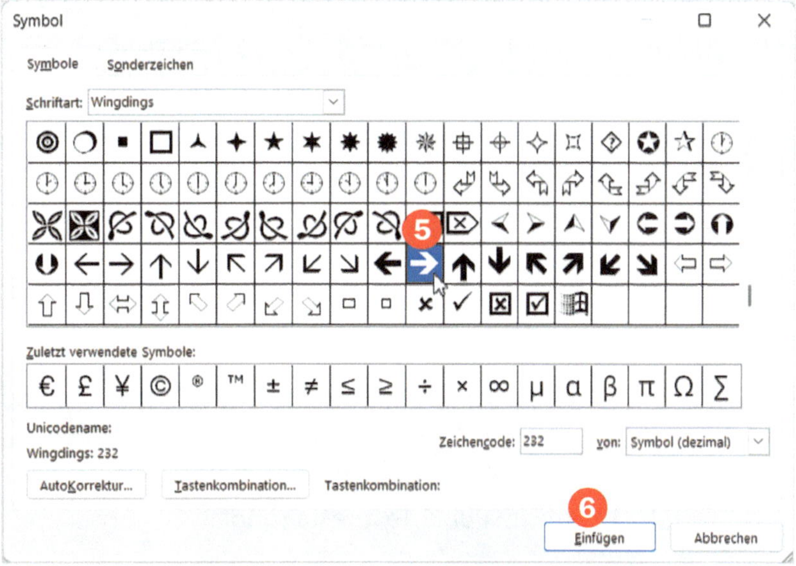

4 Das Fenster bleibt weiterhin geöffnet, falls Sie nacheinander noch weitere Symbole einfügen möchten. Klicken Sie zum Schließen des Fensters auf die Schaltfläche *Schließen*.

Tipps zur Auswahl und zum Einfügen von Symbolen

- Die zuletzt eingefügten Symbole lassen sich schnell ein zweites Mal einfügen: Sie erscheinen beim Klick auf *Einfügen* ▶ *Symbol* sowie im Dialogfenster unter *Zuletzt verwendete Symbole* ❶.
- Eine Symbolschriftart kann viele Symbole umfassen, verschieben Sie daher mit der Maus die Bildlaufleiste ❷, um alle anzuzeigen.
- Meist erscheinen zunächst die Symbole der aktuell verwendeten Schriftart *(Normaler Text)*. Eine größere Auswahl erhalten Sie mit den Symbolschriftarten *Wingdings*, *Wingdings 2* und *Wingdings 3*. Um diese auszuwählen, klicken Sie auf den kleinen Pfeil ❸ und dann auf die Schriftart.

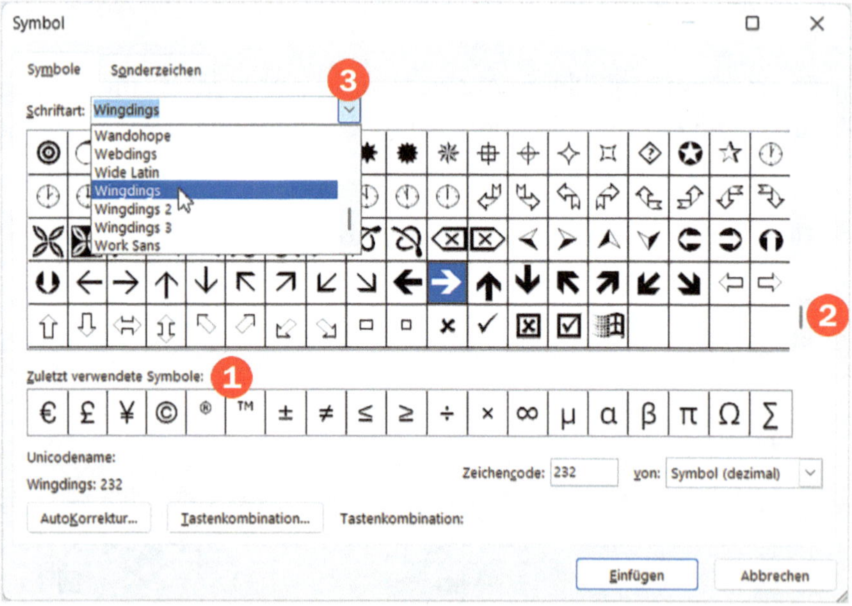

Achtung: Nicht alle der hier verfügbaren Schriftarten enthalten Symbole, beschränken Sie sich daher auf die drei oben genannten Symbolschriftarten. Wie Sie die übrigen Schriftarten verwenden, lesen Sie weiter unten im Punkt Textgestaltung.

Zeilen- und Seitenumbrüche

Innerhalb eines Absatzes erfolgt am Ende jeder Zeile ein automatischer Zeilenumbruch (siehe Kapitel 2) und in umfangreichen Texten erkennt Word auch das Ende einer Druckseite und beginnt automatisch eine neue Seite. Bei Bedarf können Sie die Umbrüche aber auch steuern.

Innerhalb eines Absatzes eine neue Zeile beginnen

- Wenn Sie eine neue Zeile beginnen möchten, **ohne** den Absatz zu beenden, dann drücken Sie die Tasten **Umschalt+Eingabetaste**. Ein solcher Zeilenumbruch wird auch als „weiche Zeilenschaltung“ bezeichnet.

Manuell eine neue Seite beginnen

Wenn Sie ab einer bestimmten Stelle eines Dokuments eine neue Seite beginnen möchten, dann gehen Sie so vor:

1 Setzen Sie die Einfügemarke an diese Stelle, bzw. an den Beginn des Absatzes ❶, der auf die neue Seite wandern soll.

2 Klicken Sie im Menüband auf das Register *Einfügen* ❷ und hier auf *Seitenumbruch* ❸.

Stattdessen können Sie auch die Tasten **Strg+Eingabetaste** verwenden.

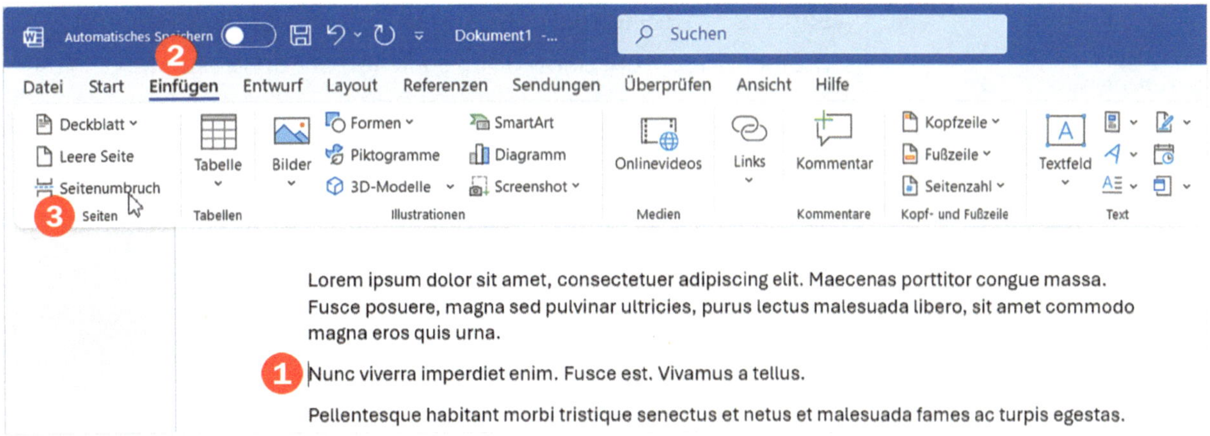

Tipp: Seitenumbruch anzeigen und wieder löschen

Ein manueller Seitenumbruch lässt sich jederzeit wieder löschen. Um die genaue Position festzustellen, sollten aber zuvor die nicht druckbaren Zeichen sichtbar gemacht werden.

1 Klicken Sie auf das Register *Start* ❶ und auf das Symbol *Alle anzeigen* ❷ (s. „Nicht druckbare Zeichen ausblenden“ auf Seite 79).

Anschließend können Sie die nicht druckbaren Zeichen wieder ausblenden.

2 Der Seitenumbruch wird als gepunktete Linie sichtbar. Klicken Sie auf diese Linie ❸ – die Einfügemarke befindet sich nun am Beginn der Linie – und betätigen Sie auf der Tastatur die Taste **Entf**.

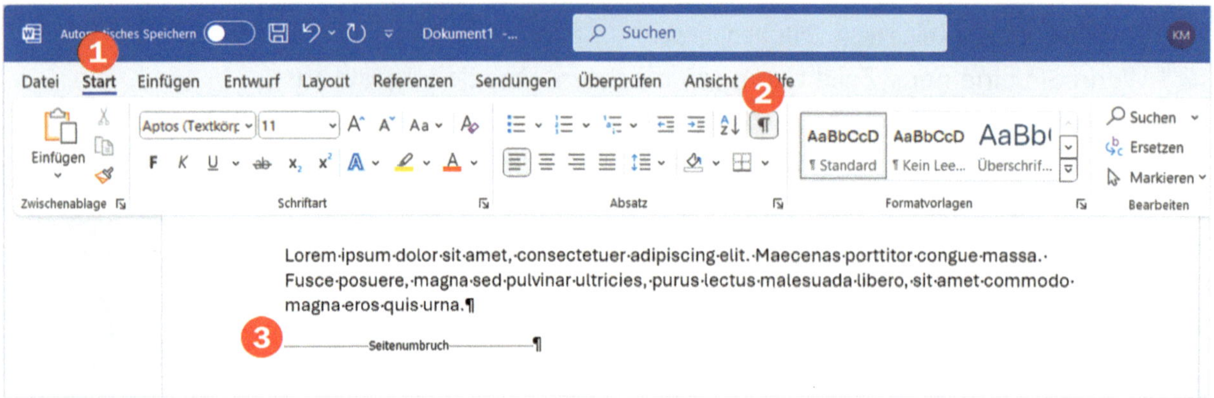

Hinweis: Sollte sich stattdessen die Einfügemarke rechts am Ende der Linie befinden, dann verwenden Sie zum Löschen die **Korrekturtaste**.

Leerzeilen am Textende schnell überbrücken

Wenn Sie am Textende mit einigen Zeilen Abstand weiteren Text schreiben möchten, dann doppelklicken Sie an diese Stelle ❶.

- Die Einfügemarke erscheint hier ❷ und Sie können sofort Text eingeben.
- Der Abstand bis hierhin wird automatisch mit Leerzeilen aufgefüllt.

Tipp: Wenn Sie in der Mitte der Seite doppelklicken, dann wird der Text zentriert ausgerichtet. Dies erkennen Sie auch am Symbol, das beim Zeigen am Mauszeiger erscheint.

3.3 Eingabe- und Korrekturhilfen

Rechtschreibung und Grammatik prüfen und korrigieren

Während der Texteingabe ist im Hintergrund die automatische Rechtschreibprüfung aktiv und kennzeichnet tatsächliche oder vermeintliche Fehler: Rechtschreibfehler werden rot unterringelt ❶ und Grammatikfehler doppelt blau unterstrichen ❷, wie im Bild unten.

Ob die Rechtschreib- und Grammatikprüfung aktiv ist, erkennen Sie an einem Symbol ❸ ganz unten in der Statusleiste.

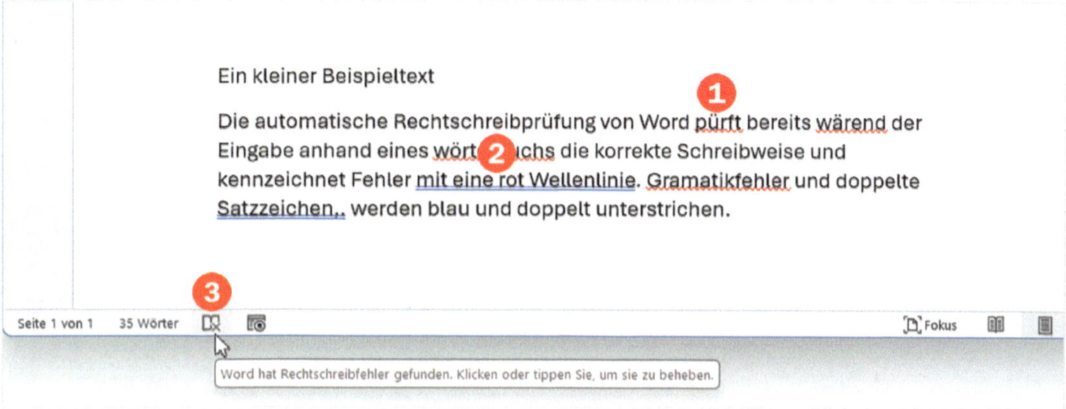

> **Verlassen Sie sich nicht ausschließlich auf Word**
> Nicht alle Rechtschreib- und Grammatikfehler werden von Word erkannt. Umgekehrt werden manchmal auch korrekt geschriebene Wörter wie z. B. Namen, Adressangaben oder Fachbegriffe als Fehler gekennzeichnet. Verlassen Sie sich also nicht ausschließlich auf Word.

Zur Korrektur der gekennzeichneten Rechtschreibfehler können Sie sich Korrekturvorschläge unterbreiten lassen und diese auch gleich in den Text übernehmen.

Alternativ können Sie die Rechtschreib- und Grammatikprüfung auch über das Symbol in der Statusleiste starten.

1 Klicken Sie im Menüband auf das Register *Überprüfen* ❶ und hier auf *Rechtschreibung und Grammatik* ❷.

2 Im Text wird der erste Rechtschreibfehler markiert ❸ und am rechten Rand des Word-Fensters öffnet sich der Aufgabenbereich *Do-*

kumentprüfung mit Korrekturvorschlägen. Klicken Sie hier auf das Wort in der richtigen Schreibweise ❹.

3 Der markierte Fehler im Text wird durch das angeklickte Wort ersetzt. Anschließend wird der nächste Fehler im Text markiert und Sie erhalten nun Korrekturvorschläge für diesen Fehler. Auch alle Grammatikfehler werden auf diese Weise korrigiert.

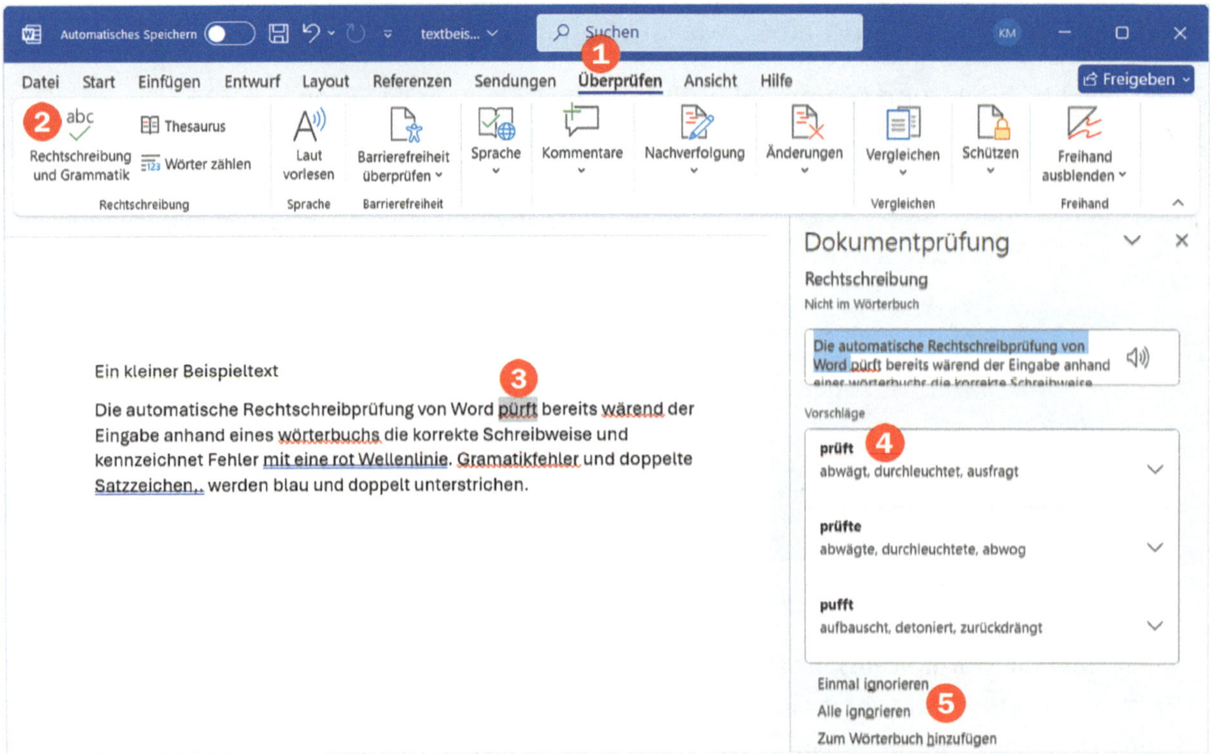

Tipp: Handelt es sich bei einem vermeintlichen Rechtschreibfehler um einen um korrekt geschrieben Fachbegriff, dann können Sie diesen auch dem Wörterbuch hinzufügen ❺.

Falls ein Wort nicht korrigiert werden soll, z. B. weil es sich um einen Namen oder eine Adresse handelt, dann klicken Sie auf *Einmal Ignorieren*, oder wenn das Wort mehrmals vorkommt, auf *Alle ignorieren* ❺.

Die richtige Schreibweise ist nicht in den Korrekturvorschlägen enthalten?

Wenn ein Fehler erkannt wird, Word aber keine oder nicht die richtigen Korrekturvorschläge anzeigt, dann tippen Sie einfach das Wort in der richtigen Schreibweise über die Tastatur ein ❶. Da das fehlerhafte Wort im Text bereits markiert ist, wird es durch die Eingabe überschrieben. Klicken Sie anschließend auf die Schaltfläche *Fortsetzen* ❷, um zum nächsten Fehler zu gelangen.

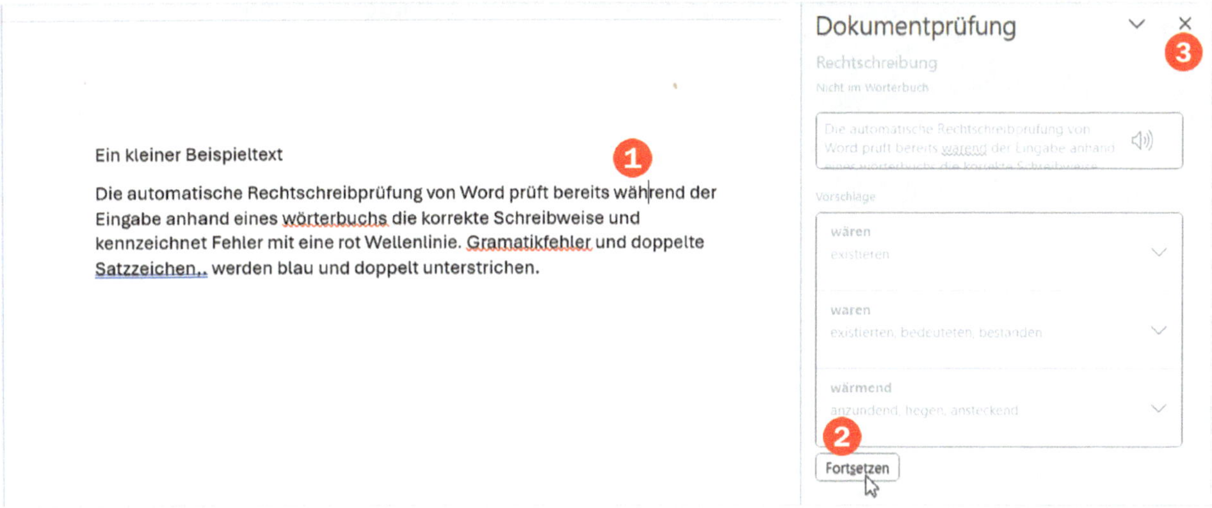

Nach der letzten vorgenommenen Korrektur erscheint eine Meldung über die abgeschlossene Rechtschreib- und Grammatikprüfung, bestätigen Sie diese mit Klick auf die Schaltfläche *OK*. Gleichzeitig wird der Aufgabenbereich *Dokumentprüfung* wieder geschlossen.

Sie können den Bereich *Dokumentprüfung* jederzeit auch mit Klick auf das Symbol x ❸ schließen.

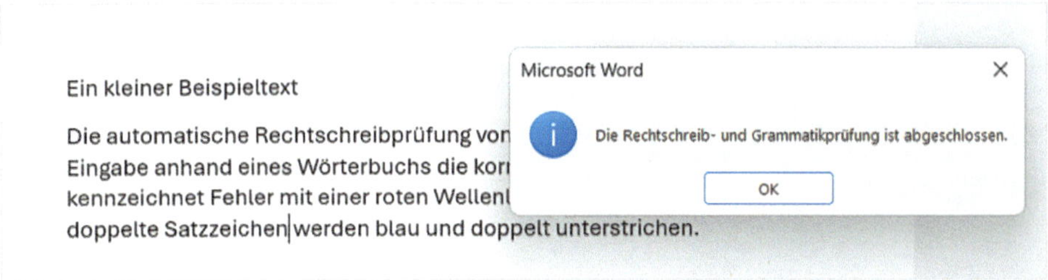

Tipp zur schnellen Korrektur

Schnelle Korrekturvorschläge für ein einzelnes Wort erhalten Sie, wenn Sie das betreffende Wort mit der **rechten** Maustaste anklicken. Die richtige Schreibweise wählen Sie dagegen wieder mit Klick der linken Maustaste aus wie im Bild unten.

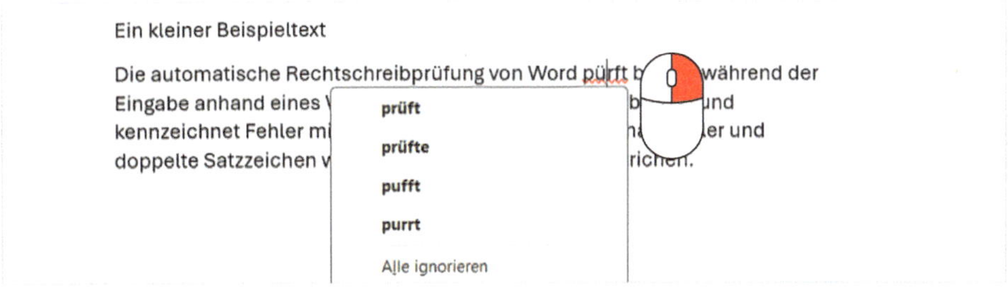

Nicht in Word 2024 und älteren Versionen!

Editor: Die intelligente Korrekturhilfe von Microsoft 365

Wenn Sie Microsoft 365 abonniert haben, dann finden Sie im Register *Überprüfen* (und im Register *Start*) das Symbol *Editor* ❶. Mit Klick darauf öffnet sich am rechten Rand des Word-Fensters der gleichnamige Bereich mit einer Zusammenfassung der gefundenen Fehler ❷, eventuellen Empfehlungen zur sprachlichen Verfeinerung ❸ und einer allgemeinen Bewertung ❹, sofern der Text mehr als 100 Wörter umfasst.

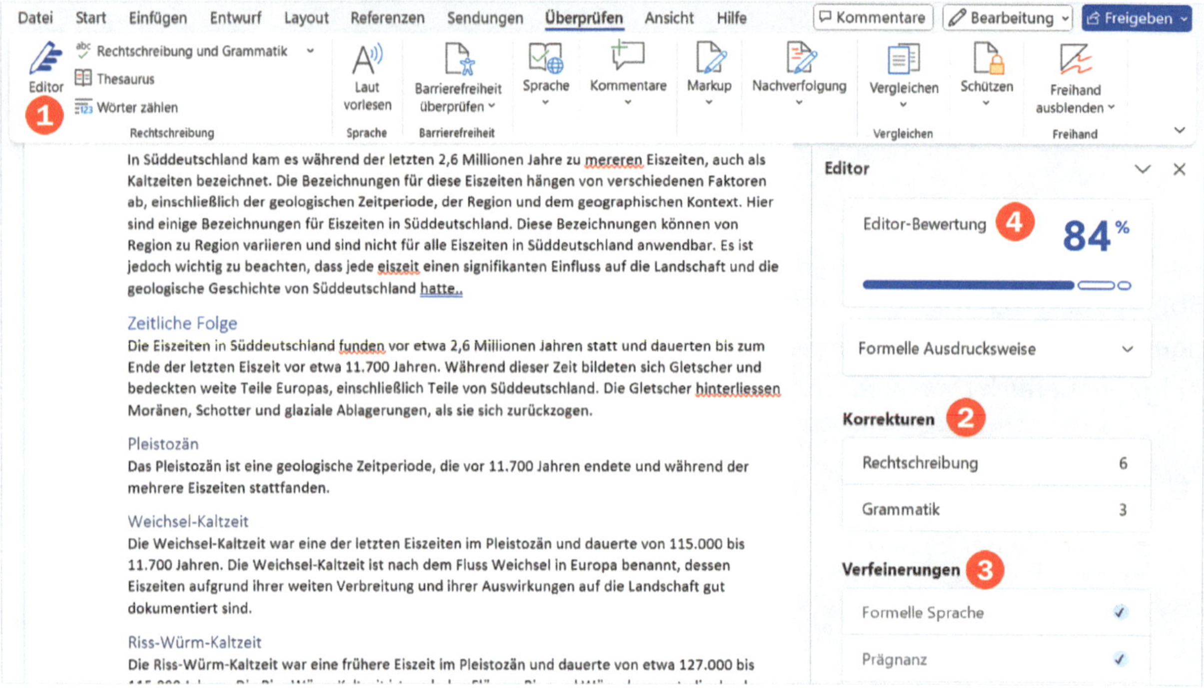

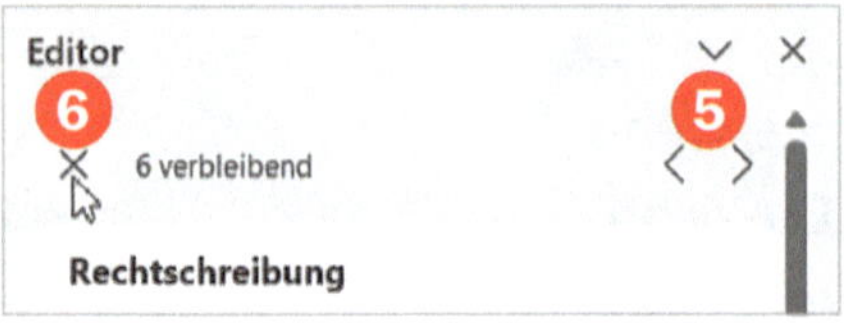

Für Vorschläge zur Korrektur klicken Sie auf *Rechtschreibung* bzw. *Grammatik*, anschließend können Sie mit den Pfeilen ❺ durch die Korrekturvorschläge blättern. Die weitere Vorgehensweise unterscheidet sich nicht von der zuvor beschriebenen.

Ein Klick auf dieses Symbol ❻ bringt Sie wieder zurück zur Startseite des Editors.

Hinweis: Der Editor öffnet sich bei Microsoft 365 auch, wenn Sie in der Statusleiste auf das Symbol *Rechtschreibung* klicken.

Sprache für die Rechtschreibung ändern

Die Rechtschreib- und Grammatikprüfung basiert in der Standardeinstellung auf der deutschen Sprache. Falls Sie einen längeren Text in einer anderen Sprache, z. B. Französisch oder Englisch, schreiben möchten, können Sie die Sprache für diesen Text ändern und damit Korrekturvorschläge in der gewählten Sprache erhalten.

1 Markieren Sie den Text, dessen Sprache Sie ändern möchten. Falls es sich um das gesamte Dokument handelt, geht das am schnellsten mit den Tasten **Strg+A**.

2 Klicken Sie im Menüband auf das Register *Überprüfen* und hier auf *Sprache*. Wählen Sie *Sprache für Korrekturhilfen festlegen...*

3 Klicken Sie anschließend im Fenster *Sprache* auf die gewünschte Sprache und danach auf *OK*.

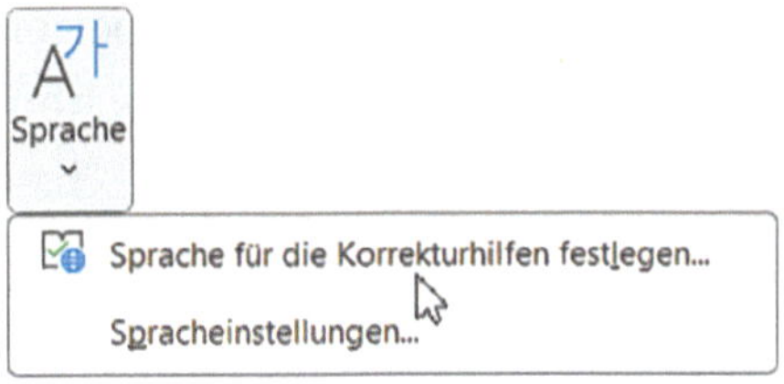

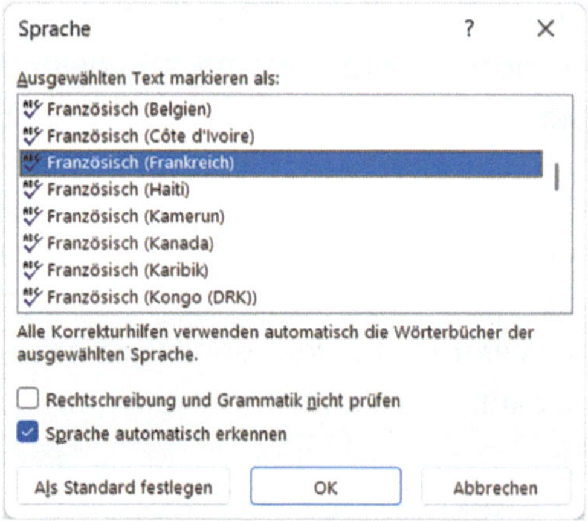

Hinweise

- Mit dem Kontrollkästchen *Rechtschreibung und Grammatik nicht prüfen* können Sie für den markierten Text die Rechtschreib- und Grammatikprüfung ausschalten.
- Das aktivierte Kontrollkästchen *Sprache automatisch erkennen* bedeutet, dass Word bei längeren Sätzen versucht, die Sprache automatisch zu erkennen. Dies funktioniert jedoch nicht immer.
- Die Schaltfläche *Als Standard festlegen* legt die ausgewählte Sprache in diesem und in allen künftigen Dokumenten als Standardsprache fest. Dies ist nur in Ausnahmefällen sinnvoll.

Automatische Korrekturen während der Eingabe

Neben der Rechtschreib- und Grammatikprüfung verfügt Word über eine Funktion, die häufige Fehler automatisch und ohne Rückfrage bereits während der Eingabe korrigiert. Diese wird als AutoKorrektur bezeichnet. Typische AutoKorrekturen sind beispielsweise:

- Klein geschriebene Buchstaben am Satzanfang oder Beginn eines neuen Absatzes automatisch in Großbuchstaben umwandeln.
- Häufige Buchstabendreher korrigieren, z. B. „udn" in „und".
- Bestimmte Zeichenfolgen in Sonderzeichen umwandeln, wie beispielsweise (c) in das Copyright-Zeichen © oder --> in einen Pfeil →.

AutoKorrekturen erkennen und bei Bedarf rückgängig machen

Nicht immer ist eine automatische Korrektur sinnvoll und erwünscht und es kann beispielsweise passieren, dass ein richtig eingegebener Name von Word eigenmächtig geändert wird. In solchen Fällen machen Sie am besten die AutoKorrektur unmittelbar danach mit Klick auf dieses Symbol wieder rückgängig.

Manchmal erkennen Sie die erfolgte automatische Korrektur aber auch erst später wie im Bild unten, wo aus Franz Adners plötzlich Franz Anders wurde, da Word den Namen fälschlicherweise als Buchstabendreher aufgefasst hat.

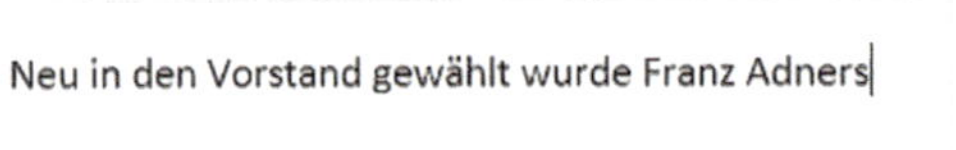

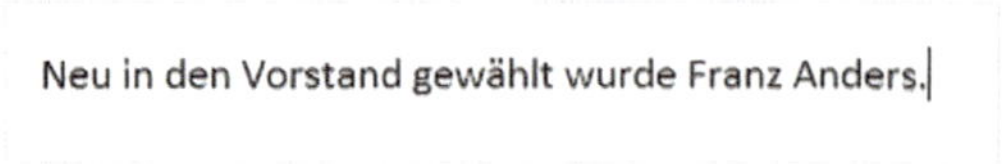

Diese Methode funktioniert auch noch später, wenn Sie zwischenzeitlich bereits andere Aktionen ausgeführt haben.

In diesem Fall gehen Sie so vor:

1. Zeigen Sie mit der Maus auf das geänderte Wort. Unterhalb des Wortanfangs wird eine kleine blaue Marke ❶ sichtbar.
2. Zeigen Sie auf diese Marke, so erscheint das Symbol *AutoKorrektur-Optionen* ❷. Klicken Sie auf dieses Symbol.
3. Nun erscheint ein kleines Menü, klicken Sie hier auf *Zurück nach ... ändern* ❸, um die ursprüngliche Schreibweise wiederherzustellen.

Die AutoKorrektur clever nutzen

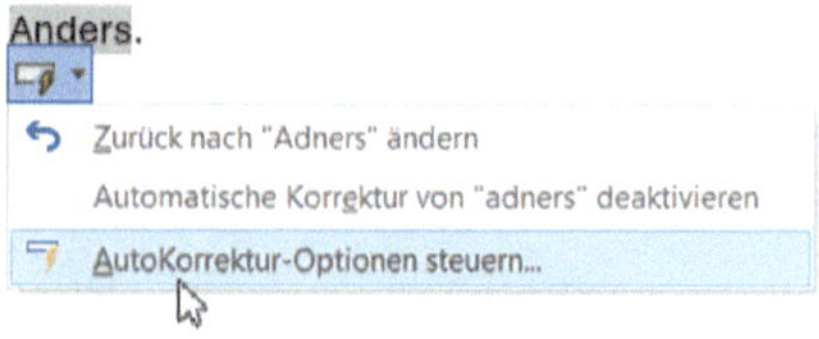

Das automatische Ersetzen von Rechtschreibfehlern und Buchstabendrehern basiert auf einer Liste, die Sie beliebig um weitere Einträge ergänzen können. Klicken Sie dazu nach einer erfolgten AutoKorrektur auf *AutoKorrektur-Optionen steuern...* Es öffnet sich ein Fenster mit verschiedenen Möglichkeiten:

Ein zweite Möglichkeit zum Öffnen und Bearbeiten der AutoKorrektur-Optionen finden Sie in den Word-Optionen, siehe Seite 94.

- Das automatische Ersetzen wird mit dem Kontrollkästchen *Während der Eingabe ersetzen* ❶ aktiviert bzw. deaktiviert.
- Unterhalb finden Sie die Liste aller Rechtschreibfehler oder Eingaben ❷, die automatisch durch die rechts davon befindlichen Zeichen oder Wörter ❸ ersetzt werden.

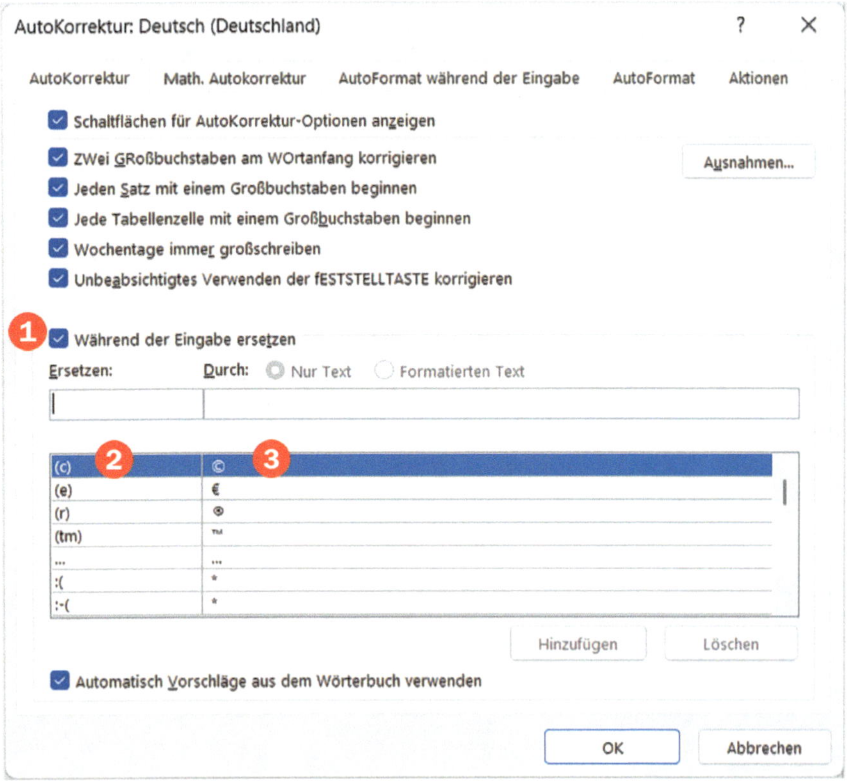

Die AutoKorrektur ergänzen oder Einträge löschen

Sie können die Liste ergänzen, und z. B. das Kürzel mfg durch „Mit freundlichen Grüßen“ ersetzen lassen. So gehen Sie vor:

1. Klicken Sie in das Feld *Ersetzen* und geben Sie hier die zu ersetzenden Zeichen ein ❶, hier: mfg.
2. Klicken Sie in das Feld *Durch* und geben Sie die vollständige Grußformel ein: Mit freundlichen Grüßen ❷.
3. Klicken Sie auf *Hinzufügen* ❸.

Um störende Ersetzungen aus der Liste zu entfernen, klicken Sie auf den betreffenden Eintrag und klicken auf die Schaltfläche *Löschen* ❹.

Tipp: Wenn Sie eine bestimmte Ersetzung suchen, dann tippen Sie die ersten Zeichen im Feld *Ersetzen* ein. Die Liste zeigt nun alle Einträge an, die mit diesen Zeichen beginnen.

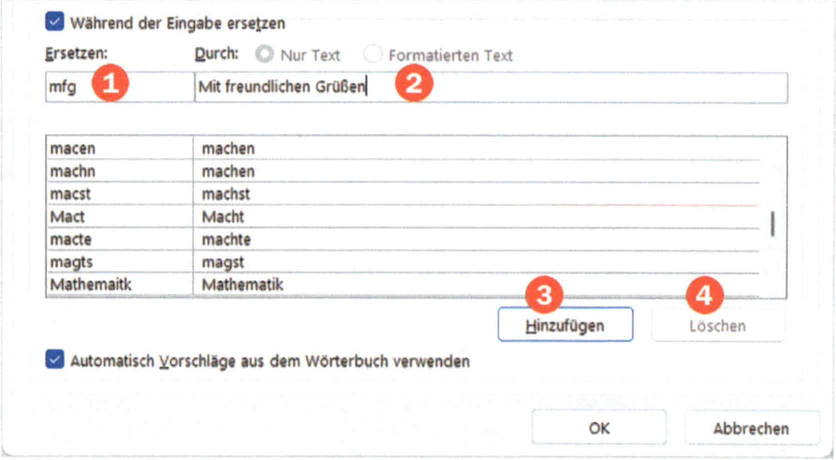

Weitere AutoKorrektur-Optionen

Über Kontrollkästchen steuern Sie das Verhalten der AutoKorrektur beispielsweise am Satzanfang oder beim unbeabsichtigten Betätigen der **Feststelltaste**.

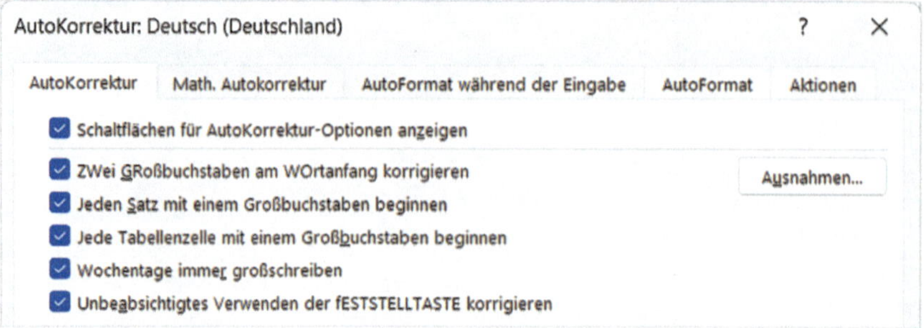

Tipp: Um bei aktiviertem Kontrollkästchen *Jeden Satz mit einem Großbuchstaben beginnen* zu verhindern, dass nach Abkürzungen der erste Buchstabe in einen Großbuchstaben umgewandelt wird, klicken Sie auf *Ausnahmen* und kontrollieren bzw. ergänzen die Abkürzungen.

Einstellungen zur automatischen Formatierung

Auch andere Zeichen werden während der Eingabe automatisch ersetzt bzw. umgewandelt, allerdings gehen diese auf das Konto der automatischen Formatierung während der Eingabe.

- Gerade Anführungszeichen " " werden automatisch in typografische „ " umgewandelt.
- Aus einem einfachen Bindestrich - wird der etwas breitere, so genannte Geviertstrich –.
- E-Mail- und Webadressen, z. B. www.bildnerverlag.com, werden in Hyperlinks umgewandelt, d. h. sie werden unterstrichen und erhalten blaue Schrift.

Info: Hyperlinks oder kurz Links sind Verknüpfungen zu Webseiten. Das bedeutet, wenn Sie in einem Word-Dokument bei gleichzeitig gedrückter **Strg**-Taste auf einen Link klicken, öffnet sich Ihr Standardbrowser, z. B. Microsoft Edge, und zeigt die Seite an.

Die dazugehörigen Einstellungen können Sie ebenfalls im Fenster *AutoKorrektur* ändern. Klicken Sie auf das Register *Autoformat während der Eingabe* ❶.

Hier können Sie bei Bedarf die Kontrollkästchen *Internet- und Netzwerkpfade durch Links* ❷ und *Bindestriche durch Geviertstrich* ❸ deaktivieren.

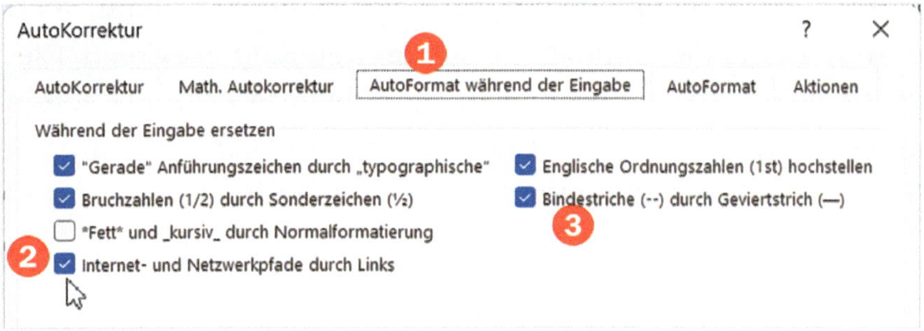

Tipp zum nachträglichen Umwandeln eines Hyperlinks: Klicken Sie im Dokument den Hyperlink mit der **rechten** Maustaste an und klicken Sie auf den Befehl *Link entfernen*.

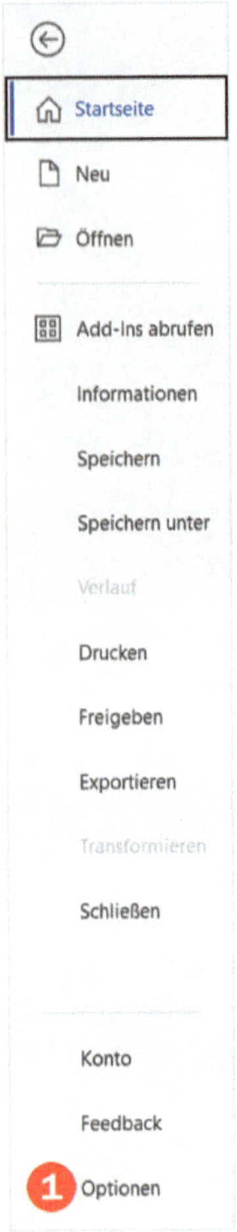

Die Einstellungen zur AutoKorrektur in den Word-Optionen öffnen

Alternativ können Sie die Einstellungen zur AutoKorrektur auch in den Word-Optionen einsehen und bearbeiten:

1 Klicken Sie auf das Register *Datei* und links unten auf *Optionen* ❶.

2 Klicken Sie auf *Dokumentprüfung* ❷ und auf die Schaltfläche *AutoKorrektur-Optionen...* ❸.

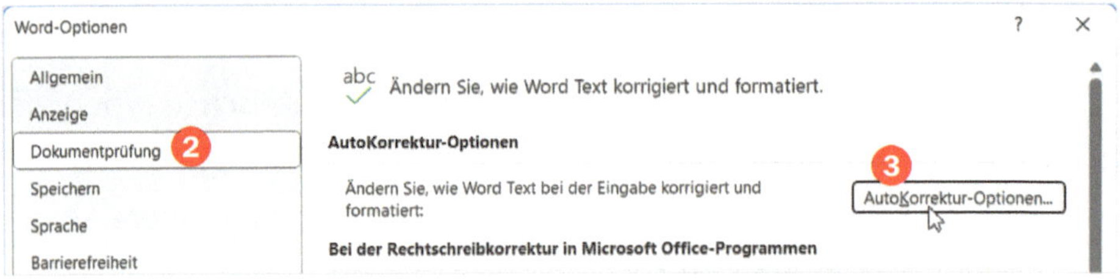

Damit Ihre Änderungen übernommen werden, müssen Sie das Fenster *AutoKorrektur* über die Schaltfläche *OK* schließen. Falls Sie die AutoKorrektur über die Optionen (siehe oben) geöffnet haben, gilt dies auch für das Fenster *Word-Optionen*.

Die automatische Silbentrennung

Automatische Silbentrennung einschalten

Wörter werden bei der Eingabe nicht automatisch getrennt, sondern dazu müssen Sie die automatische Silbentrennung aktivieren. Dies ist jederzeit, also auch nachträglich möglich, ebenso kann die automatische Trennung auch wieder ausgeschaltet werden. In der Standardeinstellung erstreckt sich die automatische Silbentrennung auf das gesamte Dokument.

Zum Einschalten der automatischen Silbentrennung klicken Sie im Menüband auf das Register *Layout* ❶ und hier auf *Silbentrennung* ❷. Es öffnet sich ein kleines Menü: Klicken Sie auf *Automatisch* ❸.

Eine bereits aktivierte Silbentrennung erkennen Sie am Häkchen vor *Automatisch*. Wenn Sie die Silbentrennung wieder ausschalten möchten, dann klicken Sie auf *Keine*.

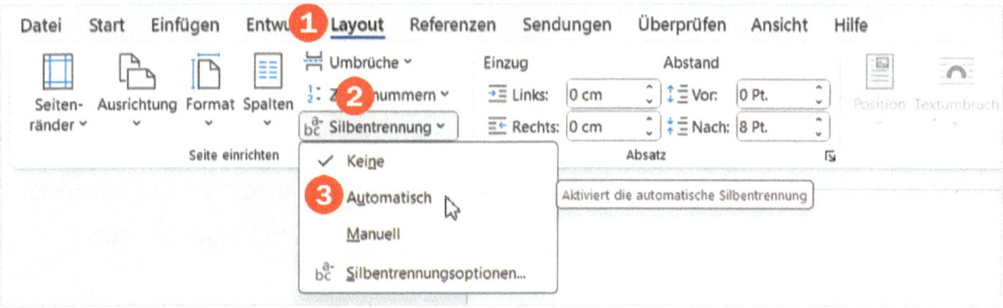

Trennungen manuell vornehmen

Sollte die Silbentrennung ein Wort an der falschen Stelle trennen, dann fügen Sie an der gewünschten Stelle per Hand eine Trennung mit den Tasten **Strg+Bindestrich** (-) ein.

Trennen Sie grundsätzlich nur mit Strg+Bindestrich!

Verwenden Sie zum Trennen grundsätzlich keinen einfachen Bindestrich, sondern fügen Sie mit den Tasten **Strg+Bindestrich** einen so genannten bedingten Trennstrich ein. Der Grund: Bedingte Trennstriche werden im Gegensatz zu normalen Bindestrichen nur dann gedruckt, wenn sie auch benötigt werden bzw. sich am Ende einer Zeile befinden. Sie vermeiden so, dass nach späteren Änderungen eventuell ein Trenn-strich mitten in der Zeile erscheint.

Der Bindestrich darf nicht verwechselt werden mit dem Minus-Zeichen im Ziffernblock der Tastatur!

Weitere Optionen

- Falls Sie bei der Silbentrennung auf *Manuell* statt *Automatisch* klicken (siehe Bild oben), dann können Sie anschließend jeden einzelnen Trennvorschlag bestätigen oder ablehnen. Auch in diesem Fall fügt Word bedingte Trennstriche ein.
- Mit Klick auf *Silbentrennungsoptionen* können Sie bei Bedarf die maximale Anzahl der untereinander befindlichen Trennstriche festlegen und angeben, ob auch Wörter in Großbuchstaben, z. B. Firmennamen oder Produktbezeichnungen, getrennt werden dürfen.

Das aktuelle Datum einfügen

Das aktuelle Datum automatisch vervollständigen

Wenn Sie das aktuelle Datum eingeben, erscheint bereits während der Eingabe ein kurzer Hinweistext, wie im Bild unten, und mit Drücken der **Eingabetaste** wird das Datum von Word automatisch vervollständigt.

Datumsschreibweise auswählen

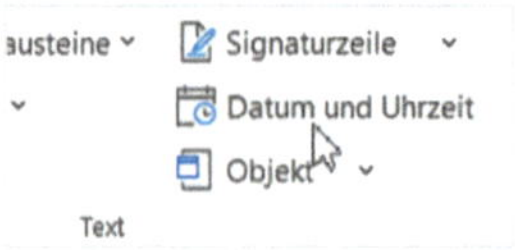

Wenn Sie das Datum in einer anderen Schreibweise einfügen möchten, dann setzen Sie den Cursor an die entsprechende Position im Dokument ❶, klicken im Menüband auf das Register *Einfügen* und hier in der Gruppe *Text* auf das Symbol *Datum und Uhrzeit* ❷.

Es öffnet sich das gleichnamige Fenster: Klicken Sie auf das gewünschte Datumsformat ❸ und dann auf die Schaltfläche *OK*.

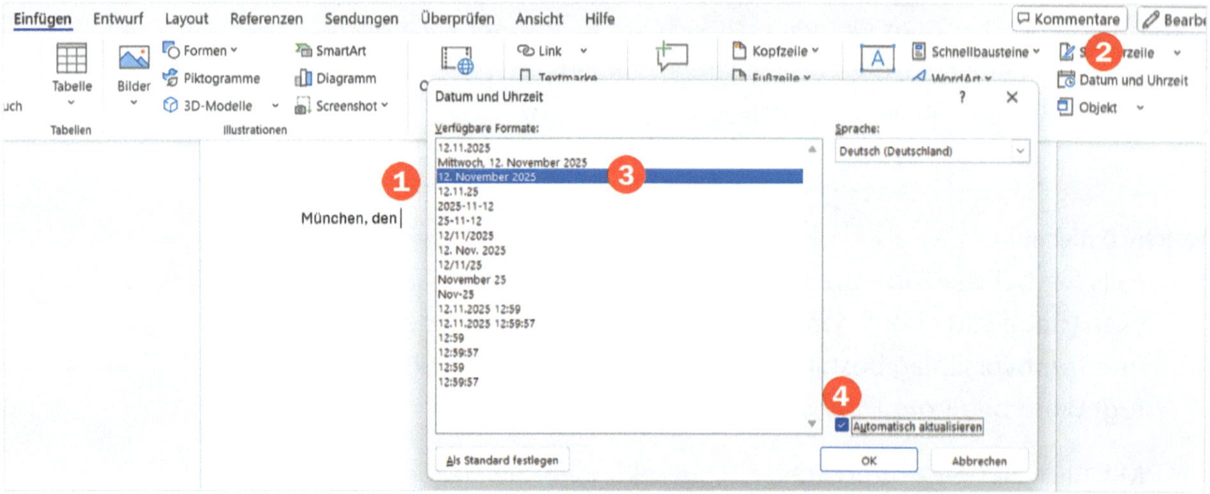

Tipp: Datum automatisch aktualisieren

Wenn Sie das Kontrollkästchen *Automatisch aktualisieren* ❹ aktivieren, dann erhalten Sie bei jedem Öffnen des Dokuments automatisch das jeweils aktuelle Datum. Nachteil: In Briefen ist das Briefdatum später nicht mehr ersichtlich.

Schnelles Suchen und Ersetzen

Wie alle Office-Apps kennt auch Word eine Funktion, mit der Sie im Text nach einer bestimmten Zeichenfolge suchen und diese automatisch durch eine andere beliebiger Länge ersetzen lassen können. Nehmen wir als Beispiel an, Sie möchten in einem längeren Text das mehrmals vorkommende Wort Computer jeweils durch PC ersetzen lassen:

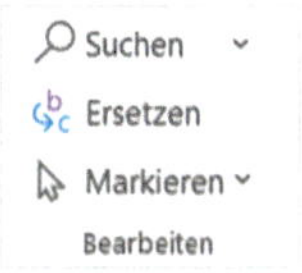

1 Klicken Sie im Menüband auf das Register *Start* und in der Gruppe *Bearbeiten* auf *Ersetzen* ❶.

2 Geben Sie im Feld *Suchen nach* ❷ Computer ein und im Feld *Ersetzen durch* PC ❸ und klicken Sie auf *Erweitern* ❹. Damit das gesamte Dokument durchsucht wird, sollte hier *Gesamt* ❺ eingestellt sein.

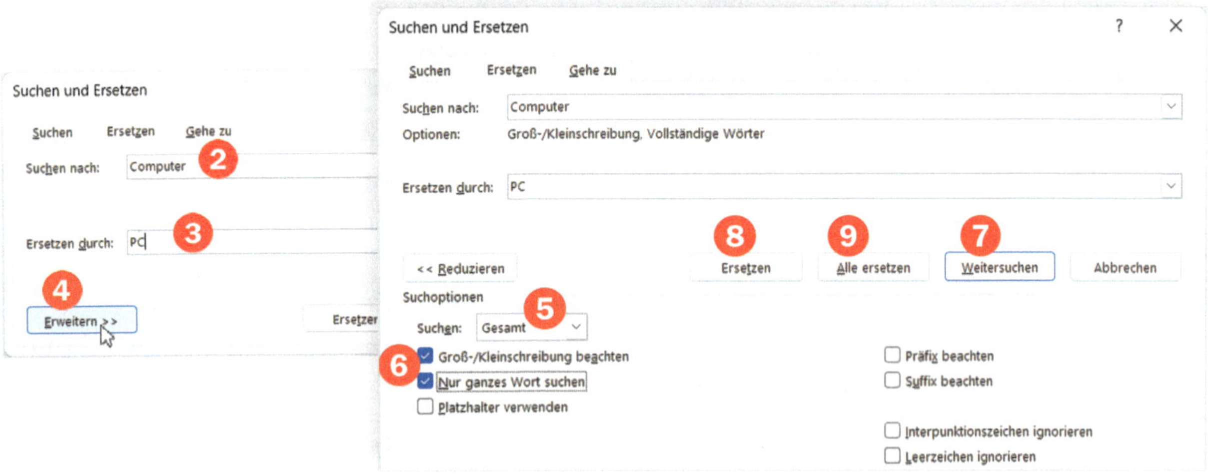

3 Klicken Sie zum Starten der Suche auf *Weitersuchen* ❼. Im Dokument wird nun die erste Fundstelle markiert. Klicken Sie auf *Ersetzen* ❽, um die Zeichenfolge an dieser Stelle zu ersetzen und zur nächsten zu gelangen.

Mit Klick auf *Alle ersetzen* ❾ werden dagegen alle Fundstellen automatisch und ohne Rückfrage ersetzt.

Tipp: Um zu verhindern, dass die Zeichenfolge auch innerhalb von Wörtern ersetzt wird, sollten Sie das Kontrollkästchen *Nur ganzes Wort suchen* ❻ aktivieren, sowie eventuell *Groß-/Kleinschreibung beachten*.

3.4 Textgestaltung, Text formatieren

Grundlegende Techniken

Den Text optisch in Form zu bringen, bezeichnet man als Formatieren. Word unterscheidet dabei zwischen den folgenden grundlegenden Typen:

- **Schrift- oder Zeichenformate**
  Zeichenformate legen das Aussehen einzelner Zeichen oder Zeichenfolgen fest, dazu gehören z. B. Unterstrichen oder Schriftfarbe.

- **Absatzformate**
  Absatzformate beziehen sich immer auf einen vollständigen Absatz, dieser kann auch mehrere Zeilen umfassen. Zu den typischen Absatzformaten gehören beispielsweise Einrückungen oder Ausrichten in der Mitte der Seite (Zentrieren).

Die verschiedenen Markierungstechniken werden in Kapitel 2.3 ausführlich beschrieben.

Vor dem Formatieren gilt:
Bei der Verwendung von Zeichenformaten muss der zu formatierende Text markiert sein. Ausnahme: Zum Formatieren eines einzelnen Wortes genügt es, wenn sich der Cursor im Wort befindet.

Um einen Absatz zu formatieren, kann dieser markiert werden, es genügt aber auch, wenn sich der Cursor im Absatz befindet.

Beispiel: Eine Überschrift in der Mitte ausrichten und fett hervorheben
Die Überschrift einer Einladung soll in die Mitte der Seite gerückt und fett hervorgehoben werden.

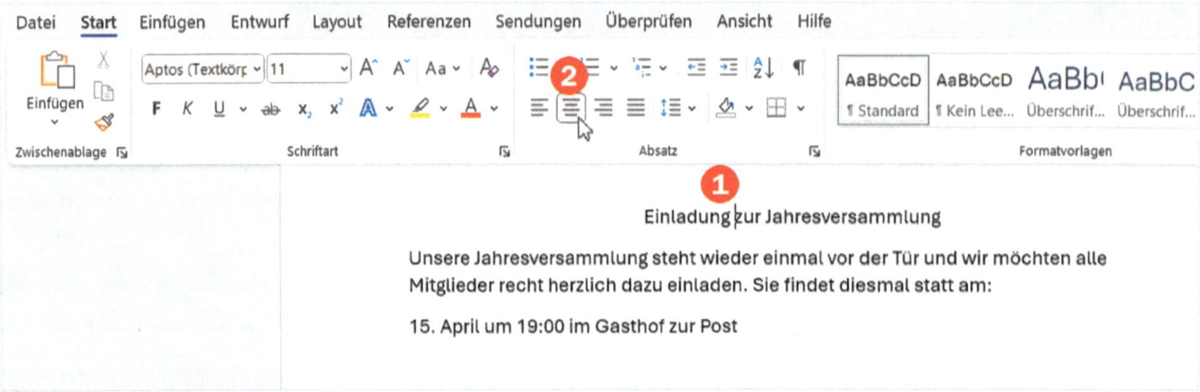

- **In der Mitte ausrichten:** Klicken Sie an eine beliebige Stelle innerhalb der Überschrift ❶ und danach im Menüband, Register *Start* auf das Symbol *Zentriert* ❷.

- **Fett hervorheben:** Markieren Sie die gesamte Überschrift ❸ und klicken Sie im Menüband ❹ auf das Symbol **F**. Falls an der Markierung die Minisymbolleiste erscheint, können Sie auch das Symbol in dieser verwenden ❺.

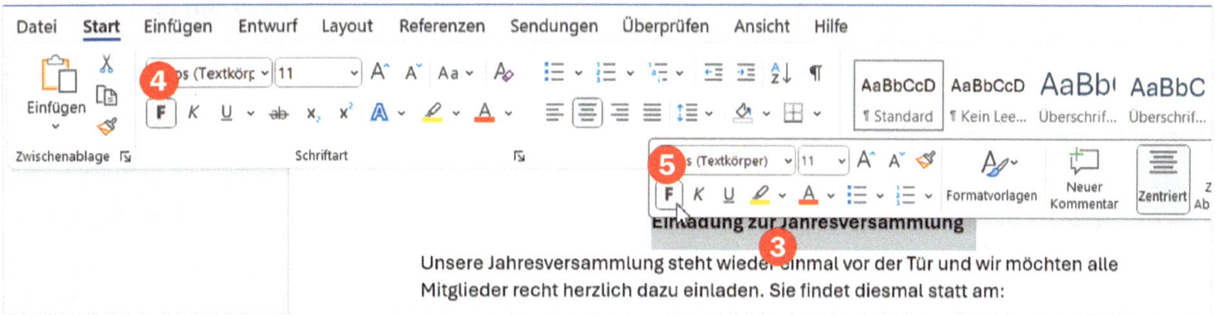

Dokumentfarben, -schriften und -abstände wählen

Mit den richtigen Voreinstellungen in puncto Schrift, Farben und Abstände reduzieren Sie den Formatierungsaufwand und verpassen gleichzeitig Ihren Texten ein einheitliches Aussehen. Am besten nehmen Sie diese Einstellungen gleich zu Beginn der Texteingabe vor.

Hinweis: Die Einstellungen, die Sie im Register *Entwurf* treffen, gelten automatisch für das gesamte Dokument. Markieren ist hier also nicht erforderlich.

In der Standardeinstellung verwendet Word die Schriftart *Calibri* (Microsoft 365: *Aptos*), dazu eine Zusammenstellung von acht aufeinander abgestimmten Farben und etwas größeren Abstand zwischen den Absätzen. Zum Ändern klicken Sie im Menüband auf das Register *Entwurf*.

❶ Schrift festlegen

❷ Dokumentfarben (Designfarben) wählen

❸ Zeilenabstände und Abstand zwischen den Absätzen

❹ Komplette Zusammenstellungen von Schriften und Farben

Unabhängig davon können Sie später trotzdem einzelne Textstellen mit beliebigen Farben und Schriften formatieren.

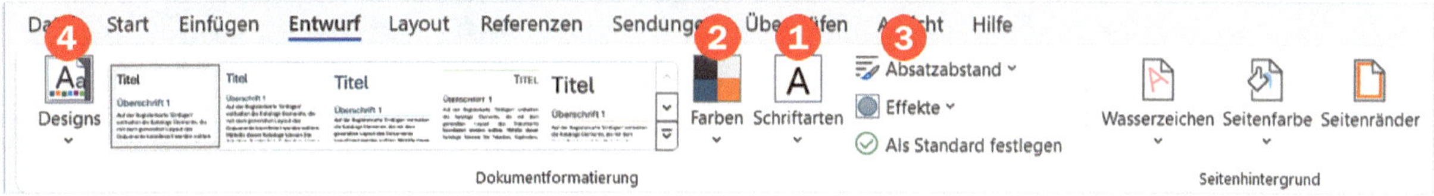

Dokumentschriftart festlegen

Mit einem Mausklick auf *Schriftarten* ❶ können Sie schnell die Standardschriftart für das gesamte Dokument festlegen oder ändern.
Tipp: Wenn bereits Text vorhanden ist, dann zeigen Sie mit der Maus zunächst auf eine Schrift, als Beispiel im Bild unten *Cambria*. Sie sehen im Dokument eine Vorschau ❷ und können die Wirkung besser beurteilen. Zum Übernehmen klicken Sie dann auf die Schriftart.

Unabhängig davon kann für einzelne Textstellen natürlich jederzeit eine andere Schrift gewählt werden.

Die Liste der Schriften ist sehr umfangreich. Um alle nacheinander anzuzeigen, zeigen Sie in die Liste und drehen das Mausrädchen oder verschieben Sie die Bildlaufleiste ❸.

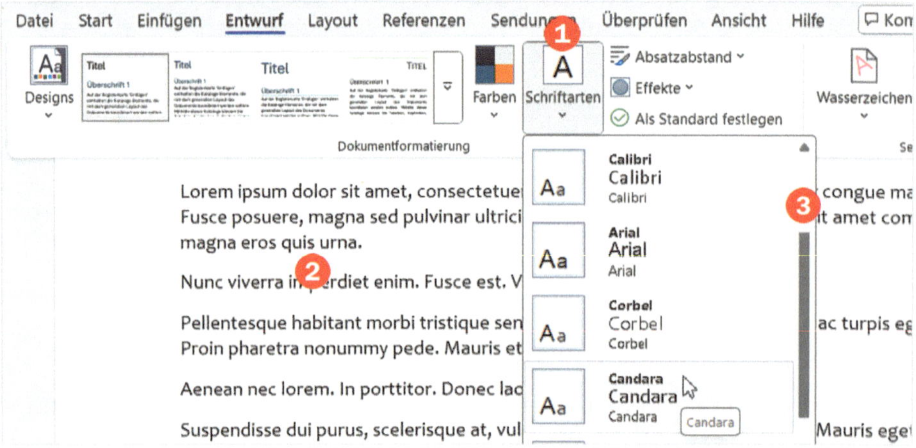

Dokumentfarben wählen

Die Dokument- bzw. Designfarben kommen bei z. B. bei Schrift, Linien und Füllungen zum Einsatz. Klicken Sie auf *Farben*, um die verschiedenen Zusammenstellungen anzuzeigen und wählen Sie durch Anklicken aus. Die Standardfarben finden Sie in der Liste unter dem Namen *Office*.

Eine Vorschau sehen Sie im Dokument nur, wenn bereits farbig formatierter Text vorhanden ist, wie hier im Bild.

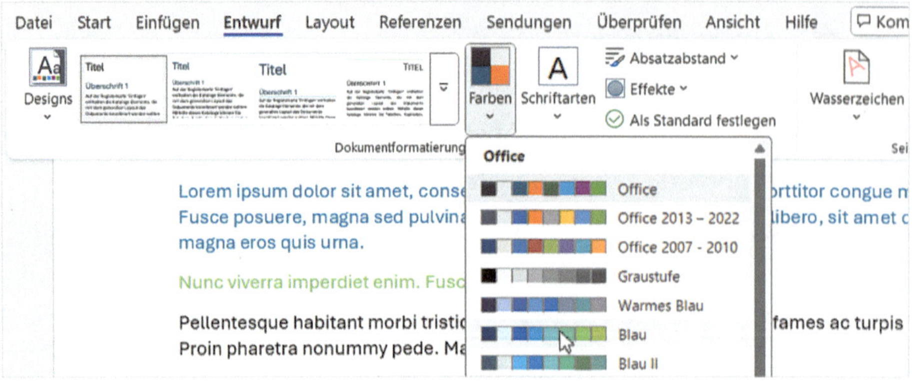

Designs verwenden

Statt Farben und Schriftarten jeweils gesondert auszuwählen, können Sie auch ein Design verwenden, d. h. eine Zusammenstellung von Farben, Schrift und weiteren Effekten. Dazu klicken Sie auf *Designs*. Auch hier sehen Sie im Dokumenttext eine Vorschau, wenn Sie auf ein Design zeigen und erst mit Anklicken wird es in das Dokument übernommen.

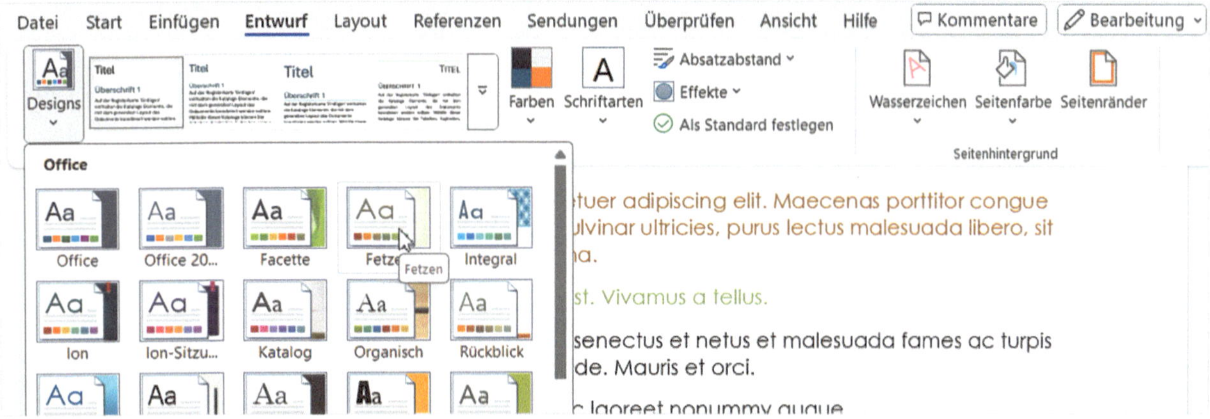

Abstände zwischen Absätzen

Vielleicht ist Ihnen bei der Texteingabe schon aufgefallen, dass Word zwischen den Absätzen etwas größere Abstände einfügt. Dies wirkt sich zwar positiv auf die Lesbarkeit von längeren Texten aus, eignet sich aber beispielsweise nicht für einen einfachen Brief.

Wenn Sie einen Brief oder einen anderen Text ohne Abstände zwischen den Absätzen schreiben möchten, dann klicken Sie auf *Abstände* und auf *Kein Absatzabstand*.

In diesem Fall müssen Sie einen Abstand zwischen zwei Absätzen durch Leerzeilen erzeugen.

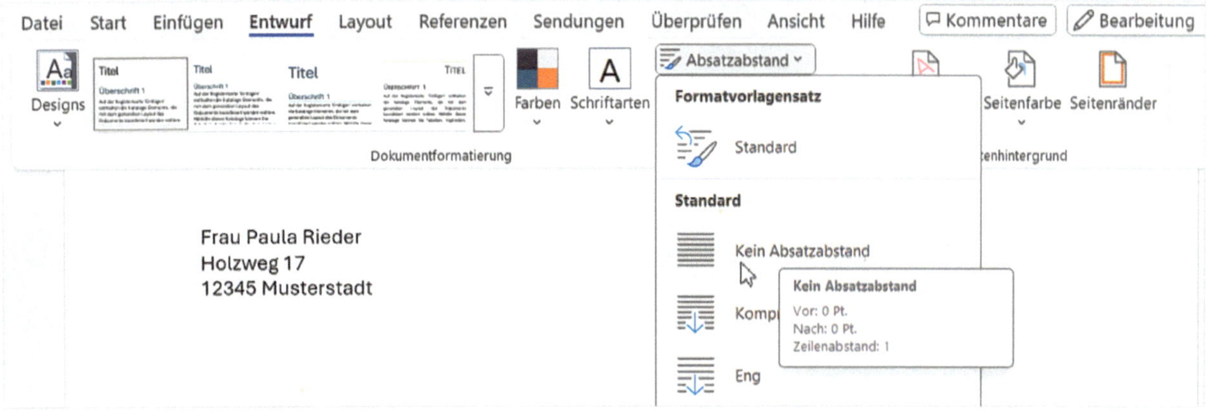

Wichtige Schriftformate

Die Schrift einzelner Textstellen können Sie unabhängig von der Standardschriftart jederzeit ändern. Schriftart, Schriftgröße und -farbe sowie verschiedene Schriftattribute gehören zu den Zeichen- oder Schriftformaten. Das bedeutet, wenn Sie beispielsweise Text in roter Farbe hervorheben möchten, dann müssen Sie diesen zuvor markieren.

Ausnahme: Um ein einzelnes Wort zu formatieren, genügt es, wenn sich der Cursor im Wort befindet.

Die Schriftformate finden Sie im Menüband, Register *Start*, in der Gruppe *Schriftart* ❶. Die wichtigsten davon sind auch in der Minisymbolleiste ❷ enthalten, die erscheint, wenn Sie Text markieren.

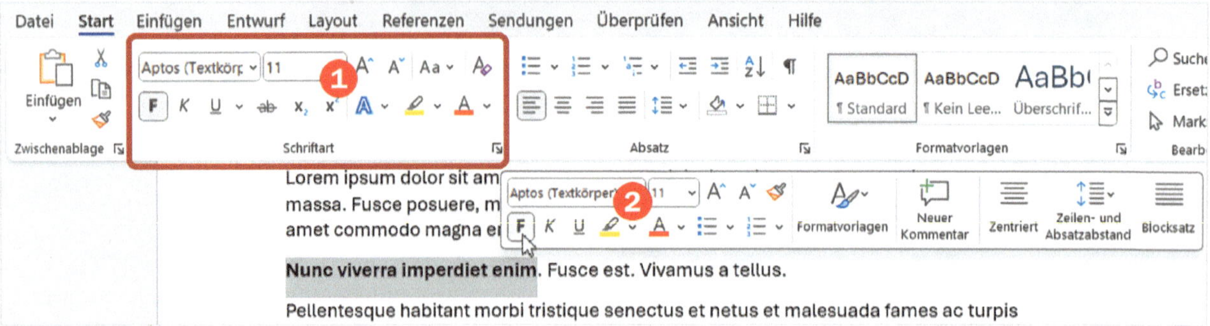

Text Fett, Kursiv und Unterstrichen formatieren

Um Text **Fett**, *Kursiv* und/oder Unterstrichen zu formatieren, verwenden Sie drei Symbole **F**, *K* und U. Alle drei Symbole besitzen Umschaltfunktion, d. h. ein Mausklick auf ein Symbol schaltet z. B. Unterstrichen ein und ein weiterer Klick schaltet die Unterstreichung wieder aus.

Achtung: Auch zum Entfernen von Unterstreichung, Fett oder Kursiv muss die betreffende Textstelle markiert werden.

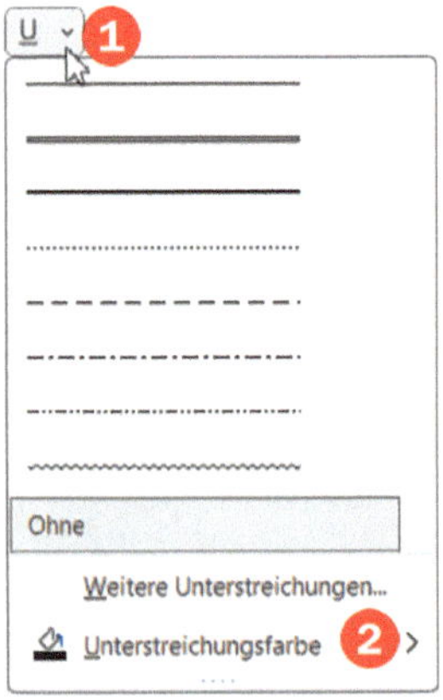

Tipp: Linienart und -farbe wählen

Um Text statt mit einer einfachen Linie doppelt, gepunktet oder mit einer Wellenlinie zu unterstreichen, klicken Sie auf den kleinen Pfeil ❶ des Symbols *Unterstrichen* und dann auf eine Linienart. Mit *Unterstreichungsfarbe* ❷ können Sie unabhängig von der Schriftfarbe auch in einer anderen Farbe unterstreichen, z. B. rot.

Schriftart ändern

Die Schriftart des markierten Texts, im Bild unten *Aptos*, sehen Sie im Feld *Schriftart*. Um eine andere Schriftart auszuwählen, klicken Sie auf den kleinen Pfeil des Feldes ❶ und dann auf die gewünschte Schrift. Positionieren Sie den Mauszeiger über einer Schrift, im Bild unten als Beispiel *Agency FB* ❷, so sehen Sie am markierten Text eine Vorschau ❸, erst beim Anklicken wird diese auf den Text angewendet.

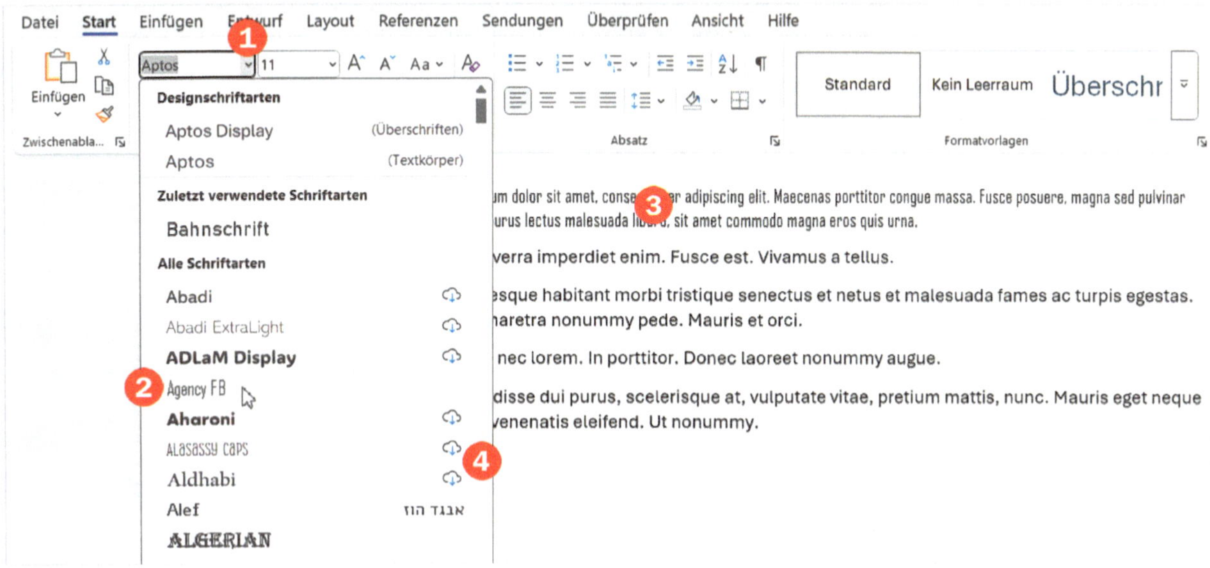

So finden Sie sich in den Schriften zurecht

Am Beginn der Liste finden Sie unter *Designschriftarten* die Schrift, auf der das gesamte Dokument basiert, in der Standardeinstellung bzw. mit dem Design *Office* ist dies die Schrift *Aptos* oder in älteren Versionen *Calibri*. Unterhalb folgen die zuletzt verwendeten Schriftarten und danach eine alphabetische Liste aller verfügbaren Schriften. Um schneller nach unten oder wieder nach oben zu gelangen, zeigen Sie mit der Maus in die Liste und drehen das Mausrädchen.

Dokumentschriftarten bzw. Designschriftarten, siehe Seite 100.

Hinweis: Einige Schriften umfassen ausschließlich Großbuchstaben, z. B. CASTELLAR, und manche bestehen aus Symbolen statt aus Buchstaben wie beispielsweise Wingdings. Wie Sie solche Symbole gezielt einfügen, lesen Sie auf Seite 81.

Info: Microsoft 365 bietet hier zusätzliche Schriftarten an, die bei der Verwendung erst heruntergeladen werden (Internetverbindung vorausgesetzt), diese erkennen Sie am Symbol ❹. Bei diesen ist keine Vorschau möglich.

So ändern Sie die Schriftgröße

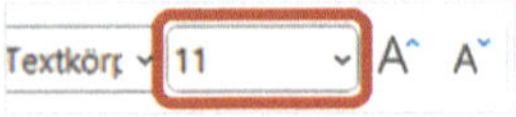

Das Feld *Schriftgrad* rechts von der Schriftart zeigt die Schriftgröße des markierten Textes an, in der Standardeinstellung meist 11 (Punkt).

> **Was Sie über die Schriftgröße wissen müssen**
> Word, Excel und PowerPoint geben die Schriftgröße in Punkt (Pt.) statt in cm oder mm an. Punkt ist ein typografisches Maß, ein Punkt entspricht etwa 0,35 mm. Als normale Schriftgröße, beispielsweise für Briefe, verwendet man eine Schriftgröße zwischen 9 und 11 Punkt.

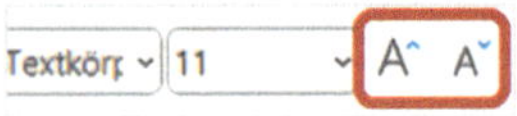

- Zum Vergrößern oder Verkleinern der Schrift markieren Sie die betreffende Textstelle, im Bild unten die Überschrift, und benutzen die Symbole *Schriftgrad vergrößern* bzw. *Schriftgrad verkleinern*. Jeder Mausklick auf eines der beiden Symbole vergrößert oder verkleinert die Schrift um jeweils eine Stufe.

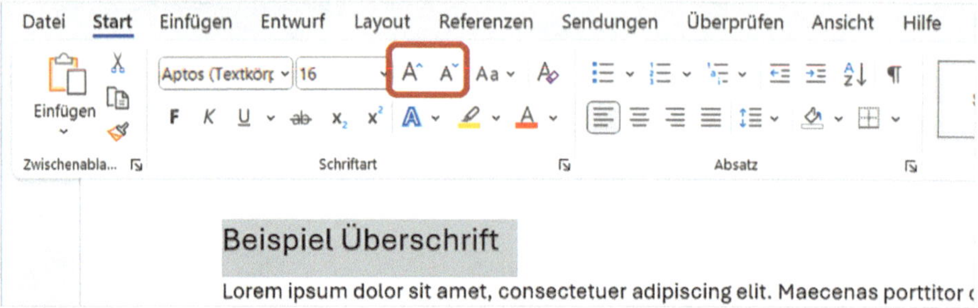

Oder klicken Sie im Feld *Schriftgrad* auf den kleinen Pfeil und dann in der Liste auf die gewünschte Größe, wie im Bild unten. Sollte die gewünschte Schriftgröße nicht in der Liste enthalten sein, so klicken Sie direkt in das Feld, geben die Größe, z. B. 13, über die Tastatur ein und betätigen danach die **Eingabetaste**.

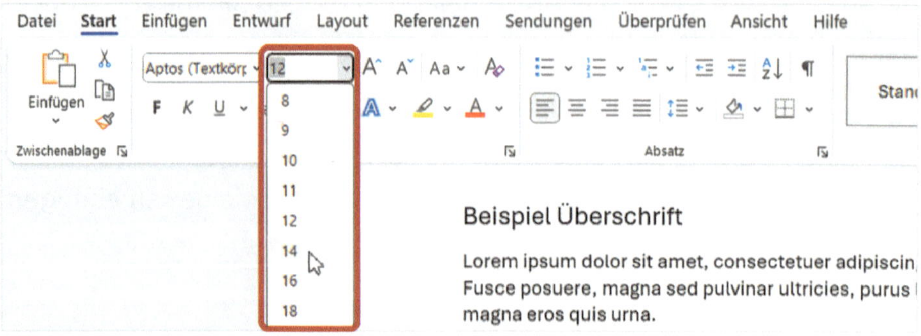

Schriftfarbe auswählen

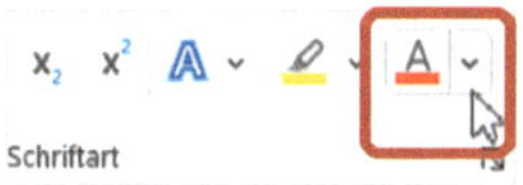

1 Markieren Sie die Textstelle und klicken Sie auf den kleinen Pfeil des Symbols *Schriftfarbe*.

2 Es öffnet sich ein Feld mit den aktuellen Designfarben ❶ in verschiedenen Farbabstufungen sowie einigen Standardfarben ❷. Auch hier gilt: Beim Zeigen auf eine Farbe sehen Sie am markierten Text eine Vorschau ❸, beim Klicken wird die Farbe übernommen.

Wie Sie andere Designfarben auswählen, lesen Sie auf Seite 100.

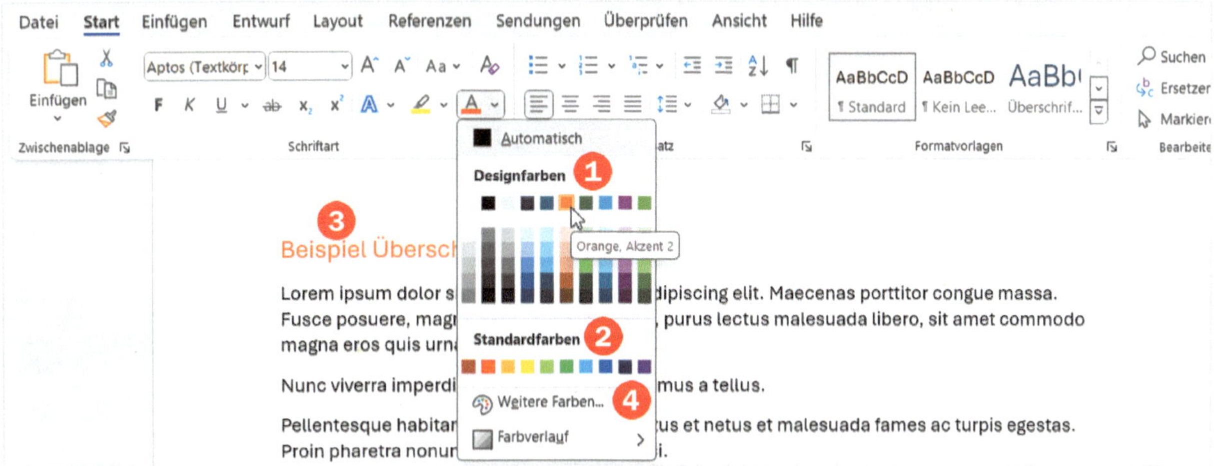

Noch mehr Farben

Natürlich gibt es neben den Design- und den Standardfarben noch viel mehr Farben.

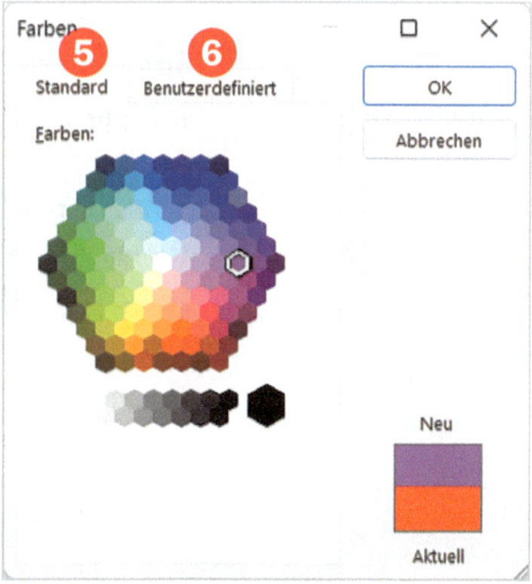

1 Dazu klicken Sie auf *Weitere Farben...* ❹.

2 Klicken Sie dann auf das Register *Standard* ❺ und auf die gewünschte Farbe. Noch mehr Möglichkeiten der Farbwahl finden Sie im Register *Benutzerdefiniert* ❻.

3 Klicken Sie zum Schluss auf *OK*, wenn Sie die gewählte Farbe übernehmen möchten. Mit *Abbrechen* dagegen schließen Sie das Fenster, ohne die Schriftfarbe zu ändern.

Wie bei der Schriftfarbe, liefert ein Klick direkt auf das Symbol die angezeigte Farbe – meist gelb –, ein Klick auf den Pfeil öffnet dagegen die Farbauswahl.

Text farbig hervorheben (Textmarker)

Wenn Sie statt Ändern der Schriftfarbe eine Textstelle farbig hinterlegen bzw. hervorheben möchten, vergleichbar einem Textmarker, dann verwenden Sie das Symbol *Texthervorhebungsfarbe*. So gehen Sie vor:

- Markieren Sie die Stelle, die Sie hervorheben möchten, klicken Sie auf den Pfeil des Symbols und auf die gewünschte Farbe.

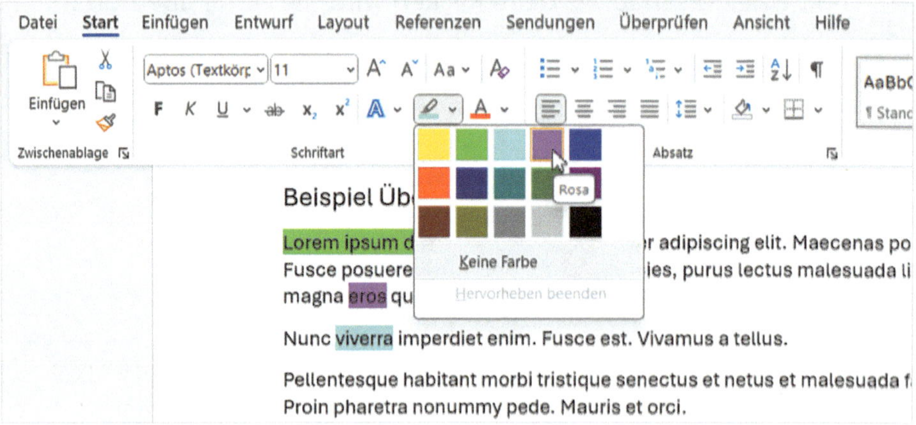

Im Gegensatz zu den übrigen Farbgestaltungsmöglichkeiten stehen zum Hervorheben von Text nur wenige Farben zur Auswahl.

Hervorhebung entfernen

Zum Entfernen der Hervorhebung markieren Sie die betreffende Textstelle und wählen *Keine Farbe*. Um alle Hervorhebungen zu entfernen, markieren Sie am einfachsten vorher das gesamte Dokument (z. B. mit **Strg**+**A**). Es spielt keine Rolle, wenn auch nicht hervorgehobener Text markiert ist.

Tipp: Mehrere Textstellen nacheinander hervorheben

Wenn Sie nacheinander mehrere Textstellen hervorheben möchten, dann können Sie auch den Hervorheben-Modus aktivieren:

1. Achten Sie darauf, dass **kein Text markiert** ist und klicken Sie auf die gewünschte Hervorhebungsfarbe.
2. Am Mauszeiger erscheint ein Textmarker und Sie können jetzt Textstellen durch einfaches Markieren gleichzeitig hervorheben.
3. **Hervorheben-Modus beenden**: Klicken Sie erneut auf das Symbol *Texthervorhebungsfarbe* oder betätigen Sie die **Esc**-Taste.

Beachten Sie bei der Auswahl einer Farbe

Die Symbole *Schriftfarbe* und *Texthervorhebungsfarbe* sind zweigeteilt. Ein Klick direkt auf das Symbol weist die angezeigte Farbe zu, beispielsweise rot, ein Klick auf den Pfeil rechts vom Symbol öffnet dagegen ein Feld zur Farbauswahl.

Text hoch- oder tiefstellen, durchstreichen

Eher selten benötigt werden die Symbole *Tiefgestellt*, *Hochgestellt* und *Durchstreichen*. Sie werden zugewiesen wie die Schriftattribute Fett, Kursiv und Unterstrichen:

- Also markieren und auf das Symbol klicken bzw. zum Entfernen nochmals markieren und erneut auf das Symbol klicken.

Tipp: Die hochgestellten Ziffern ² und ³ finden sich auch in der Zahlenreihe der Tastatur (bei den Zahlen 2 und 3) und können mit gleichzeitig gedrückter **Alt Gr**-Taste eingegeben werden, z. B. zur Eingabe von m².

Text in Groß- oder Kleinbuchstaben umwandeln

Auch das nachträgliche Umwandeln in Groß- oder Kleinbuchstaben gehört in Word zu den Schriftformaten.

- Dazu markieren Sie das betreffende Wort und klicken auf das Symbol *Groß-/Kleinschreibung*. Wählen Sie dann *GROSSBUCHSTABEN* wie im Bild unten oder *kleinbuchstaben*. Mit *Ersten Buchstaben im Wort* oder *Ersten Buchstaben im Satz großschreiben* können Sie schnell die normale Schreibweise wiederherstellen.

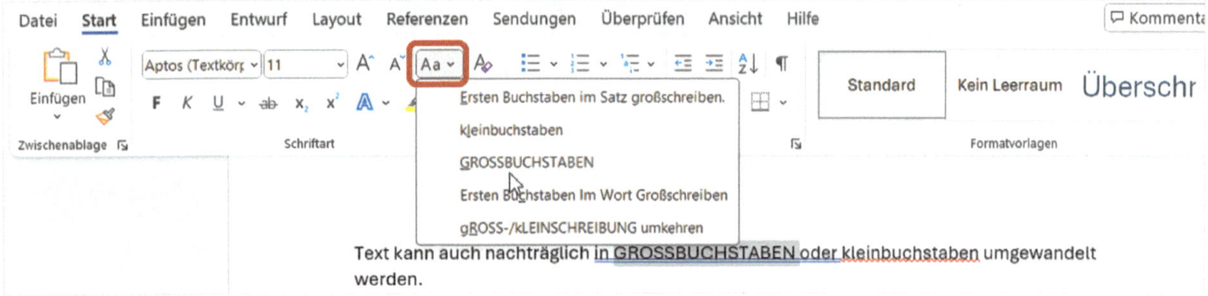

Schatten- und andere Texteffekte

Weitere Möglichkeiten der Schriftgestaltung, z. B. mit Schatten-, Rahmen- und Farbverlaufseffekten, erhalten Sie über das Symbol *Texteffekte*. Beachten Sie aber, dass diese erst ab einer Schriftgröße von etwa 16 Pt. zur Geltung kommen und sich daher in erster Linie für Überschriften, Einladungen, Grußkarten usw. eignen. Ferner sollten Sie am besten eine passende Schriftart wie z. B. Arial Black wählen oder die Schrift zumindest Fett formatieren.

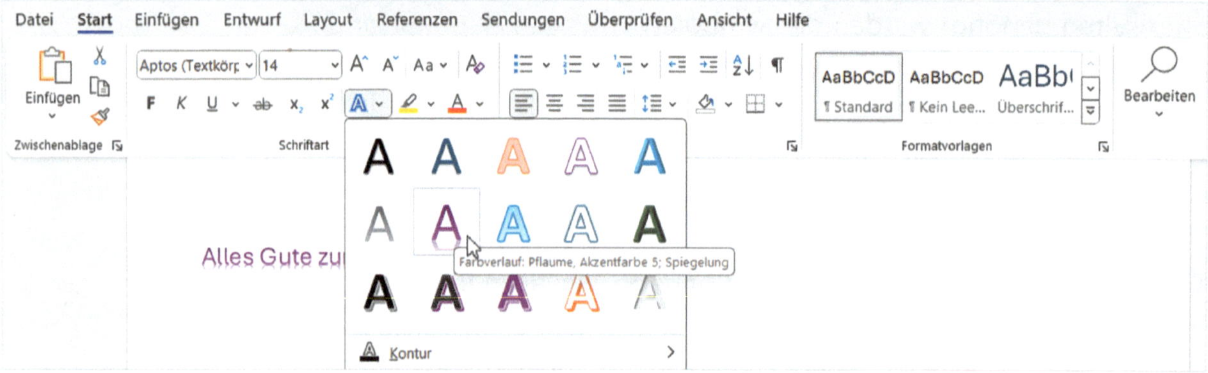

Zusätzliche Möglichkeiten von Schrifteffekten finden Sie auch weiter unten auf Seite 158.

Die hier angebotenen Varianten beruhen auf den aktuellen Dokumentfarben. Individuelle Effekte können Sie über *Kontur* bzw. die Konturfarben, *Schatten*, *Spiegelung* und *Leuchten* selbst zusammenstellen, im Bild unten als Beispiel die verschiedenen Schatteneffekte.

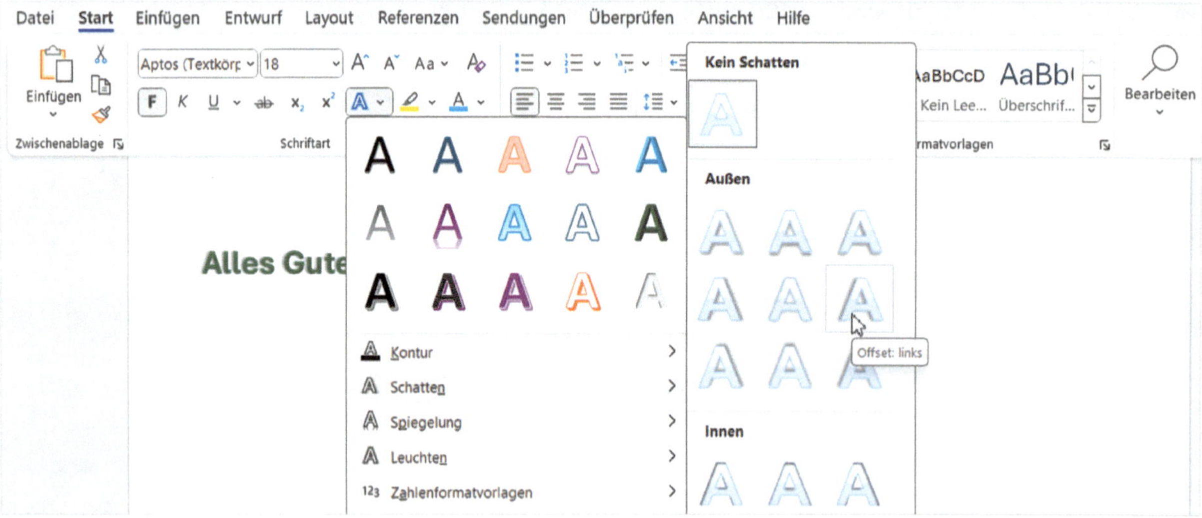

Alle Formatierungen wieder entfernen

Falls Sie nach Experimenten mit den verschiedenen Formatierungen alle Formate entfernen und den Text wieder auf das ursprüngliche Aussehen zurücksetzen möchten, dann markieren Sie die betreffende Textstelle und klicken auf das Symbol *Alle Formatierungen löschen*.

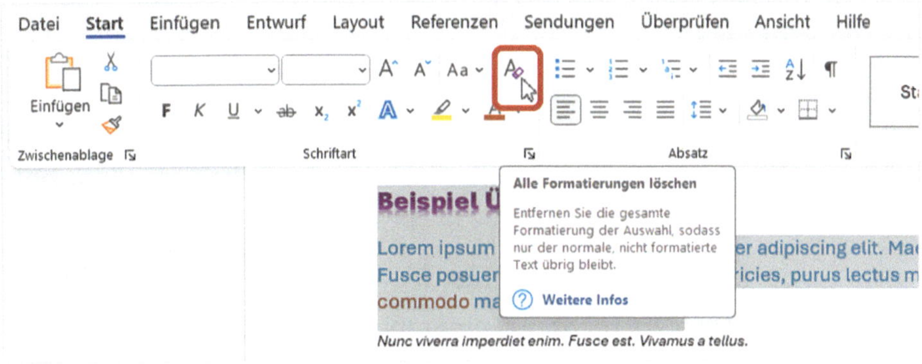

Hinweis: Dieses Symbol entfernt nicht nur Schriftformate, sondern auch alle Absatzformate, z. B. zentrierte Ausrichtung oder Aufzählungszeichen wie sie im nächsten Punkt beschrieben werden. Ausnahme: Eine Texthervorhebungsfarbe (siehe Seite 106) wird nicht entfernt.

Absätze ausrichten und einrücken

Ein Absatz kann aus einer oder mehreren Zeilen bestehen und wird durch Drücken der Eingabetaste beendet. Bei Bedarf können Sie über das Menüband (Register *Start*) mit diesem Symbol ¶ im Dokument die Absatzmarken ¶ ein- und wieder ausblenden, siehe Seite 79.

Beim Verwenden von Absatzformaten genügt es daher, wenn sich der Cursor in dem betreffenden Absatz befindet. Ausnahme: Sie möchten mehrere Absätze identisch formatieren, dann markieren Sie diese. Die Symbole der wichtigsten Absatzformate finden Sie im Menüband, Register *Start*, in der Gruppe *Absatz*.

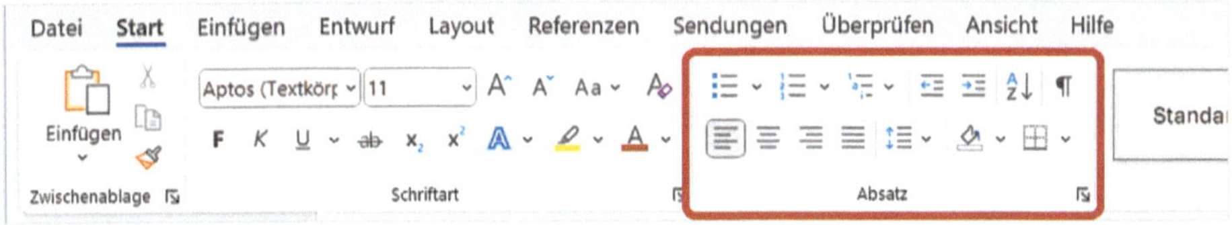

Vorsicht beim Löschen von Absatzmarken ¶

Wenn Sie die Absatzmarke am Ende eines Absatzes löschen, dann geht der nachfolgende Absatz in diesem Absatz auf und erhält ebenfalls dessen Absatzformate.

Absatzausrichtung

In der Standardeinstellung schließen alle Zeilen eines Absatzes bündig am linken Seitenrand ab ❶, man bezeichnet diese Ausrichtung daher auch als Linksbündig. Hier die weiteren Möglichkeiten, die Symbole dazu dürften selbsterklärend sein:

- In der Mitte ❷ ausrichten (Zentriert).
- Ausrichtung am rechten Seitenrand ❸ (Rechtsbündig).
- Beim Blocksatz schließt der Text bündig mit dem linken und rechten Seitenrand ab ❹, der Ausgleich erfolgt über die Wortzwischenräume.

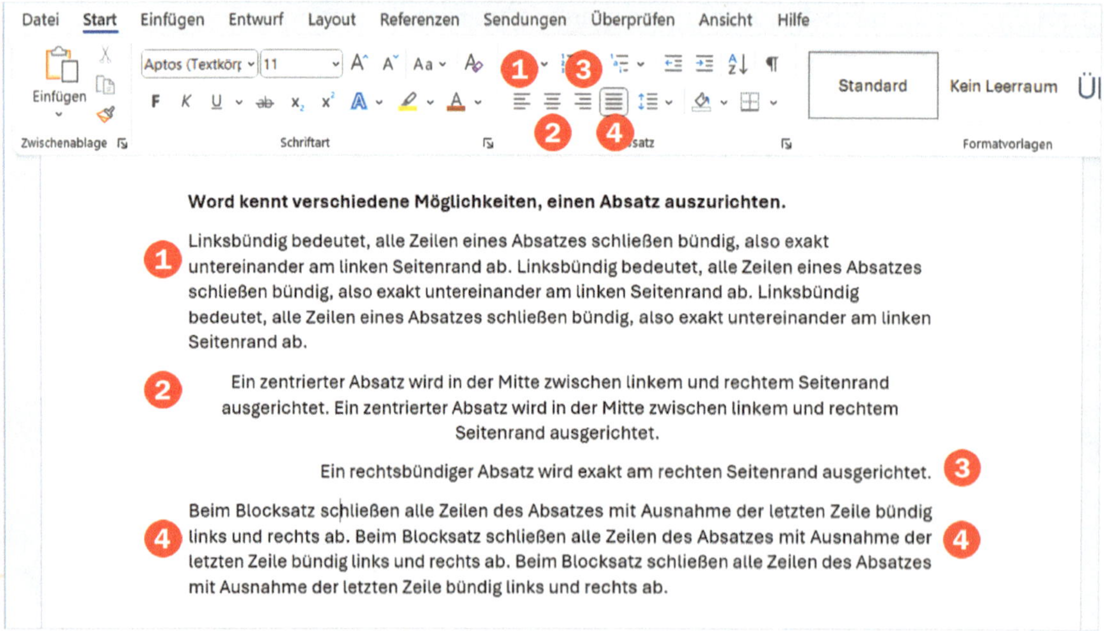

Im Menüband wird stets die Ausrichtung des aktuellen Absatzes, in dem sich der Cursor gerade befindet, hervorgehoben.

Tipp: Briefdatum am rechten Rand

Wenn Sie in einem Brief Absenderort und -datum rechts ausrichten möchten, dann schreiben Sie diesen Absatz zunächst ganz normal linksbündig und richten ihn dann nachträglich rechtsbündig aus.

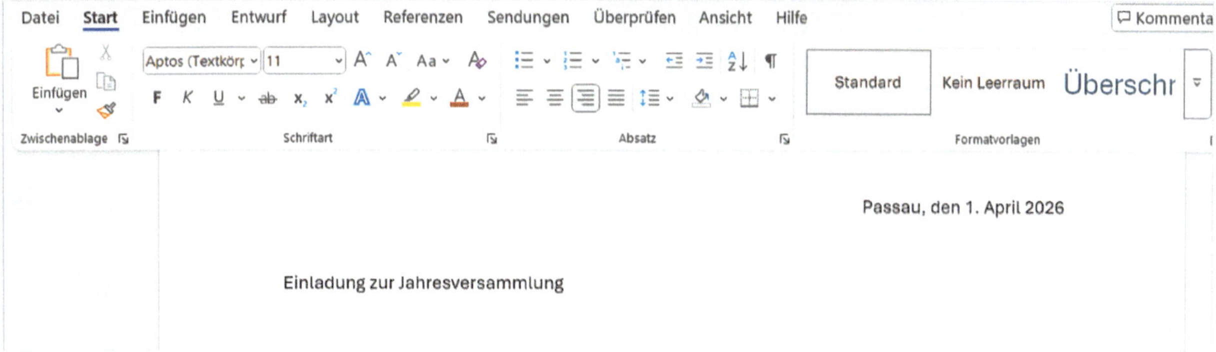

Absätze einrücken

Um einen Absatz gegenüber dem linken Seitenrand etwas einzurücken, verwenden Sie das Symbol *Einzug vergrößern*. Jeder Mausklick auf dieses Symbol rückt den Absatz um jeweils 1,25 cm ein. Das zweite Symbol links daneben, *Einzug verkleinern*, verkleinert den Einzug wieder um jeweils 1,25 cm, bis der Absatz wieder am linken Seitenrand abschließt.

- Um also beispielsweise einen Absatz um 2,5 cm einzurücken, klicken Sie in diesen Absatz und klicken dann zweimal auf das Symbol *Einzug vergrößern* (Pfeil nach rechts).

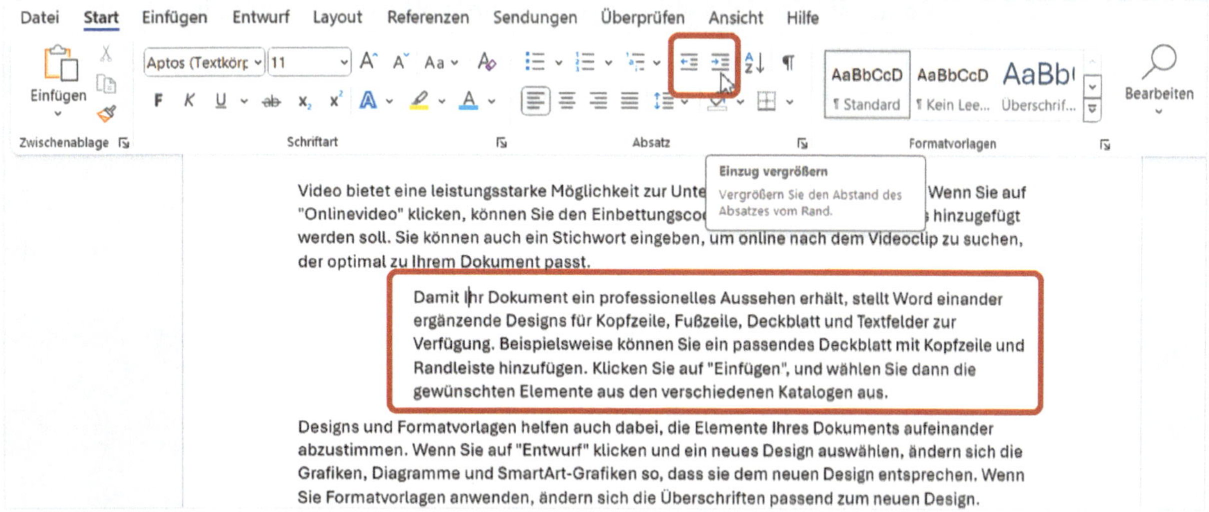

Absätze von rechts einrücken und ausrücken

1 Wenn Sie einen Absatz auch vom rechten Seitenrand einrücken möchten oder ein genaues Maß angeben möchten, dann klicken Sie im Menüband auf das Register *Layout* ❶.

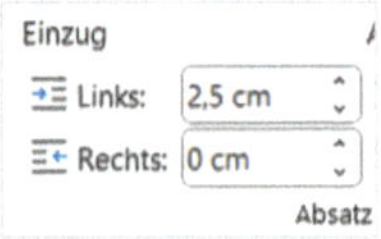

2 Klicken Sie beim Feld *Einzug Links* ❷ oder *Rechts* mehrmals auf die kleinen Pfeile nach oben oder unten, um das Maß zu verändern, z. B. auf je 1,5 cm links und rechts wie im Bild. 0 cm bedeutet dagegen, dass der Absatz mit dem Seitenrand abschließt.

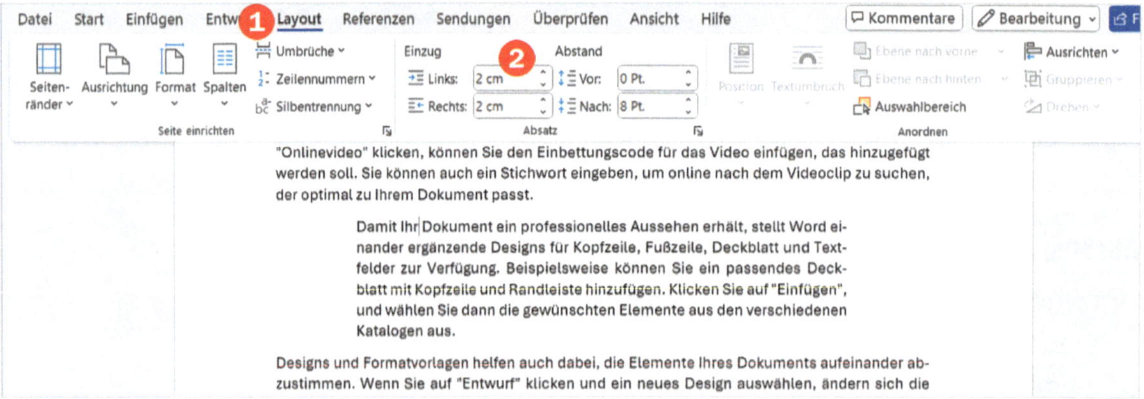

Tipp: Über die Felder im Register *Layout* ist auch ein negativer Einzug, z. B. -1 cm möglich, der Absatz ragt dann in den Seitenrand hinein.

Sondereinzüge

Vielleicht kennen Sie auch aus Büchern den sogenannten Erstzeileneinzug, bei dem nur die erste Zeile eines Absatzes etwas eingerückt ist ❶, wie im Bild auf der nächsten Seite. Oder Absätze, bei denen alle Zeilen mit Ausnahme der ersten Zeile eingerückt sind ❷, dies bezeichnet man als hängenden Einzug. Beide Einzüge finden Sie im Fenster *Absatz*.

1 Zum Öffnen des Dialogfensters *Absatz* klicken Sie mit der **rechten** Maustaste in den zu formatierenden Absatz und klicken im Kontextmenü auf *Absatz...* Oder klicken Sie in den Absatz und dann im Menüband, Register *Start* auf das kleine Pfeilsymbol der Gruppe *Absatz*.

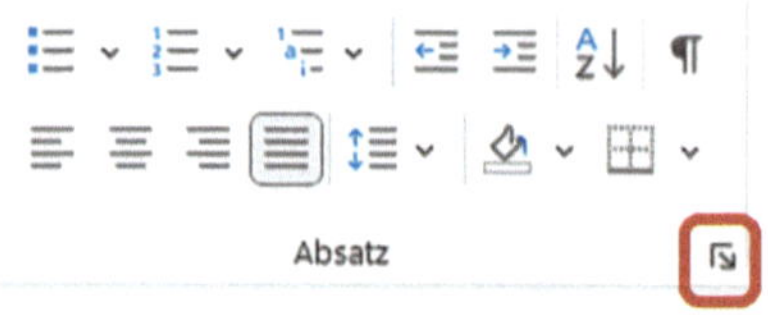

2 Klicken Sie beim Feld *Sondereinzug* auf den Pfeil und wählen Sie zwischen *Erste Zeile* und *Hängend* ❸. Im Feld *Um* geben Sie das Maß in cm ein ❹. Schließen Sie dann das Fenster mit *OK*.

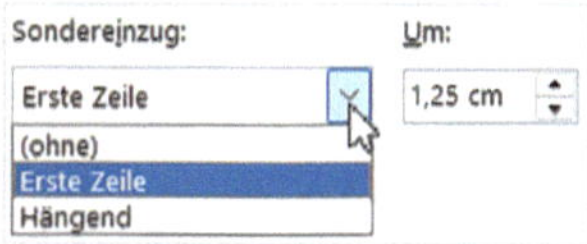

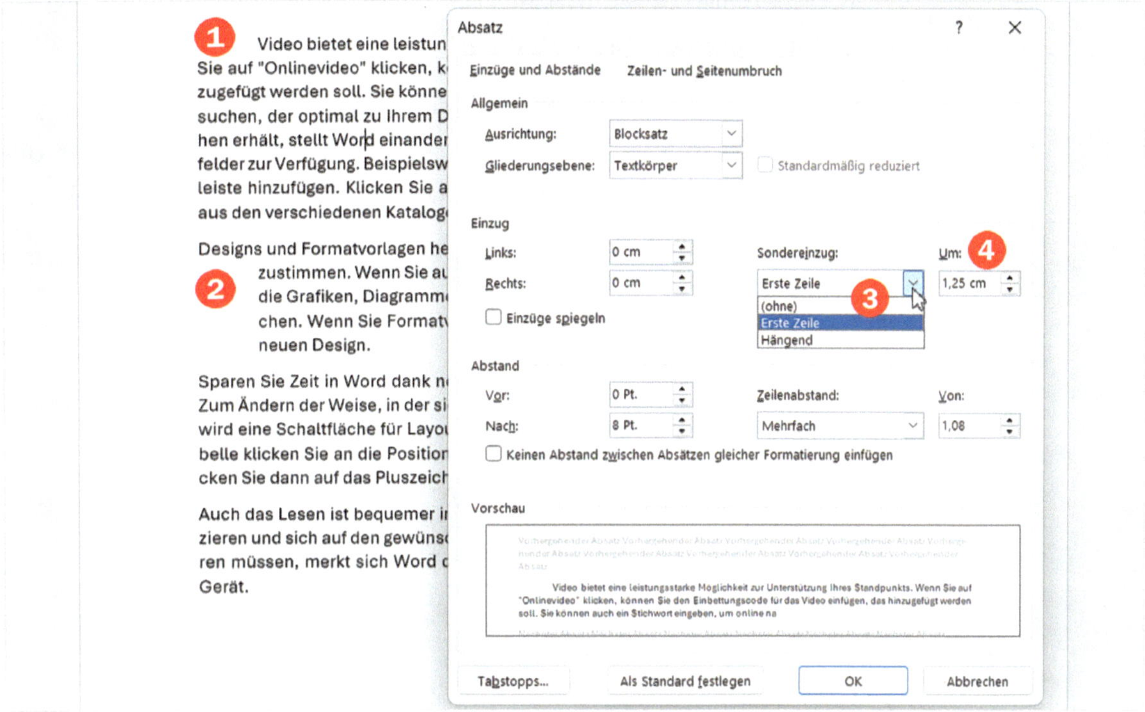

Zeilen- und Absatzabstände

> **Word unterscheidet zwischen Zeilen- und Absatzabständen!**
> Der Zeilenabstand regelt den Abstand der Zeilen innerhalb eines Absatzes, während Absatzabstände den Abstand zur letzten Zeile des vorhergehenden Absatzes bzw. zur ersten Zeile des nachfolgenden Absatzes festlegen.

Wie Sie die Standardabstände für Zeilen und Absätze im gesamten Dokument festlegen, haben Sie bereits beim Thema Voreinstellungen auf Seite 101 erfahren. Unabhängig davon können Sie auch einzelnen Absätzen beliebige Abstände zuweisen.

Zeilenhöhe, Zeilenabstand

Standardmäßig richtet sich die Zeilenhöhe und damit auch der Zeilenabstand nach der Schriftgröße. Um einen größeren Zeilenabstand zu erhalten, geben Sie ein Mehrfaches der normalen Zeilenhöhe von 1,0 an, z. B. 2,0 für doppelte Zeilenhöhe.

☛ Klicken Sie in den betreffenden Absatz und dann im Register *Start* auf das Symbol *Zeilen- und Absatzabstand*. Klicken Sie auf die gewünschte Zeilenhöhe, als Beispiel im Bild unten 1,5, also eineinhalbfache Zeilenhöhe.

Ein größerer Zeilenabstand erleichtert vor allem in längeren Dokumenten das Lesen. In Briefen wird dagegen meist ein einfacher Zeilenabstand von 1,0 benötigt.

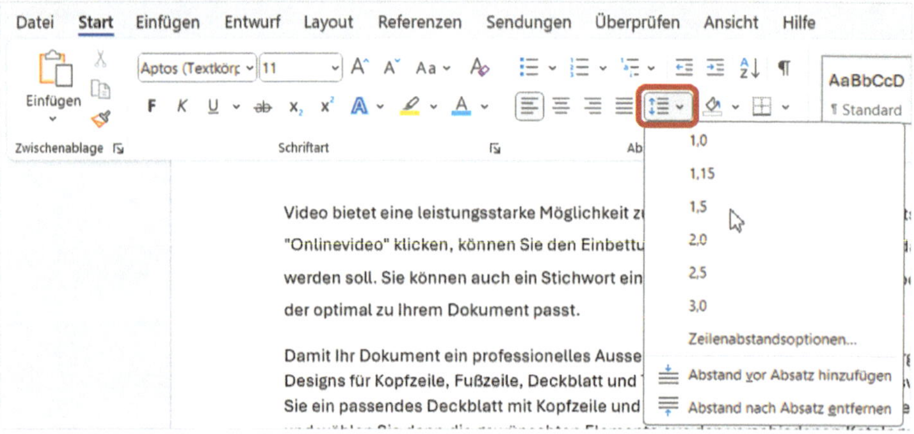

Absatzabstände

Ob Word automatisch Abstände zwischen den Absätzen einfügt, hängt davon ab, ob das Dokument die Standardeinstellung verwendet oder ob Sie im Register *Entwurf* über *Absatzabstand* andere Abstände, z. B. *Kein Absatzabstand*, gewählt haben, siehe Seite 101.

Ist *Kein Absatzabstand* eingestellt, dann genügt es, wenn Sie bei Bedarf zwischen zwei Absätzen einfach eine Leerzeile bzw. einen leeren Absatz einfügen, im Bild unten an den eingeblendeten Absatzmarken gut zu erkennen.

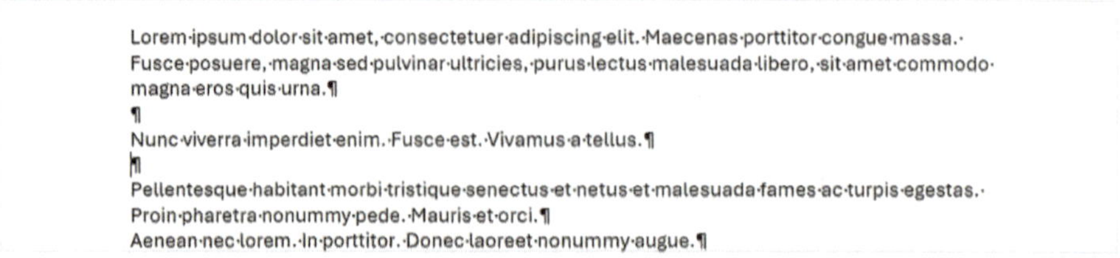

Wenn, wie in der Standardeinstellung, automatische Abstände zwischen den Absätzen zum Einsatz kommen, dann entfernen Sie diese für einzelne Absätze am einfachsten so:

- Klicken Sie in den betreffenden Absatz ❶ und im Register *Start* auf die Formatvorlage *Kein Leerraum* ❷.

  Tipp: Mit Klick auf die Formatvorlage *Standard* ❸ (erste links), stellen Sie schnell das vorherige Aussehen wieder her.

Näheres zur Verwendung von Formatvorlagen lesen Sie weiter unten ab Seite 223.

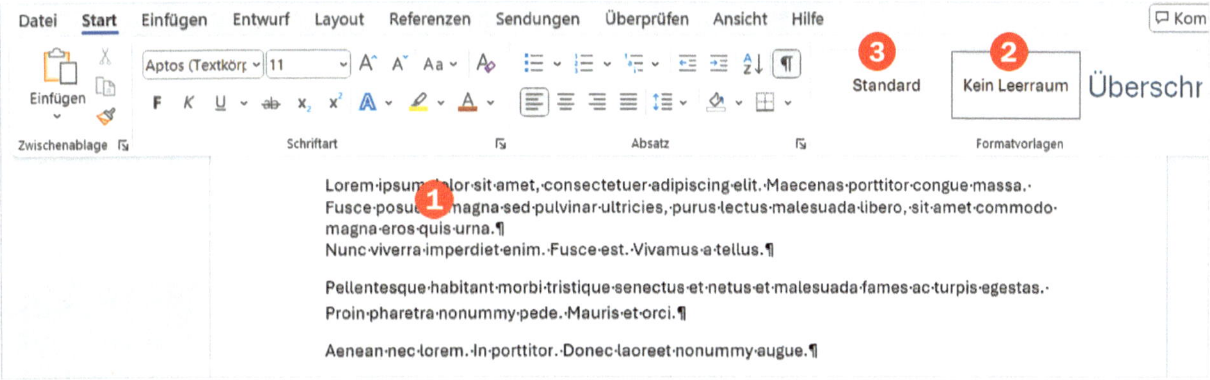

Eine weitere Möglichkeit erhalten Sie mit Klick auf das Symbol *Zeilen- und Absatzabstand* ❶ (Register *Start*). Die hier angebotenen Befehle richten sich danach, ob bereits ein fester Abstand vor oder nach dem aktuellen Absatz vorhanden ist. Abhängig davon können Sie diesen dann entweder entfernen, wie im Bild unten (*Abstand nach Absatz entfernen* ❷) oder hinzufügen (*Abstand nach Absatz hinzufügen*).

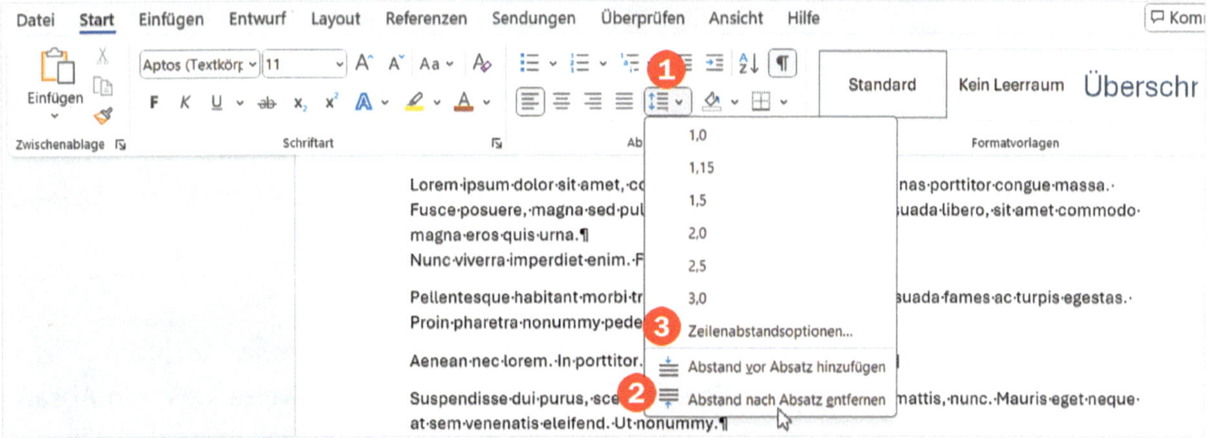

Weitere Möglichkeiten

Oder klicken Sie mit der **rechten** Maustaste in den zu formatierenden Absatz und klicken dann mit der linken Maustaste auf *Absatz...*

1 Noch weitergehende Möglichkeiten finden Sie im Dialogfenster *Absatz*, zum Öffnen klicken Sie auf das Symbol *Zeilen- und Absatzabstand* und auf *Zeilenabstandoptionen...* ❸ (Bild auf der vorherigen Seite).

2 Geben Sie unter *Abstand* in den Feldern *Vor* und *Nach* ❹ das gewünschte Maß an, entweder indem Sie auf die kleinen Pfeile klicken oder per Tastatureingabe.

Hinweis: Die Absatzabstände werden wie die Schriftgröße in Punkt (Pt.) angegeben, 12 Pt. entspricht etwa einer Leerzeile in normaler Schriftgröße. Falls Sie unbedingt cm oder mm benötigen, dann geben Sie das Maß mit ein, z. B. 0,5 cm.

3 Klicken Sie zum Übernehmen auf die Schaltfläche *OK*.

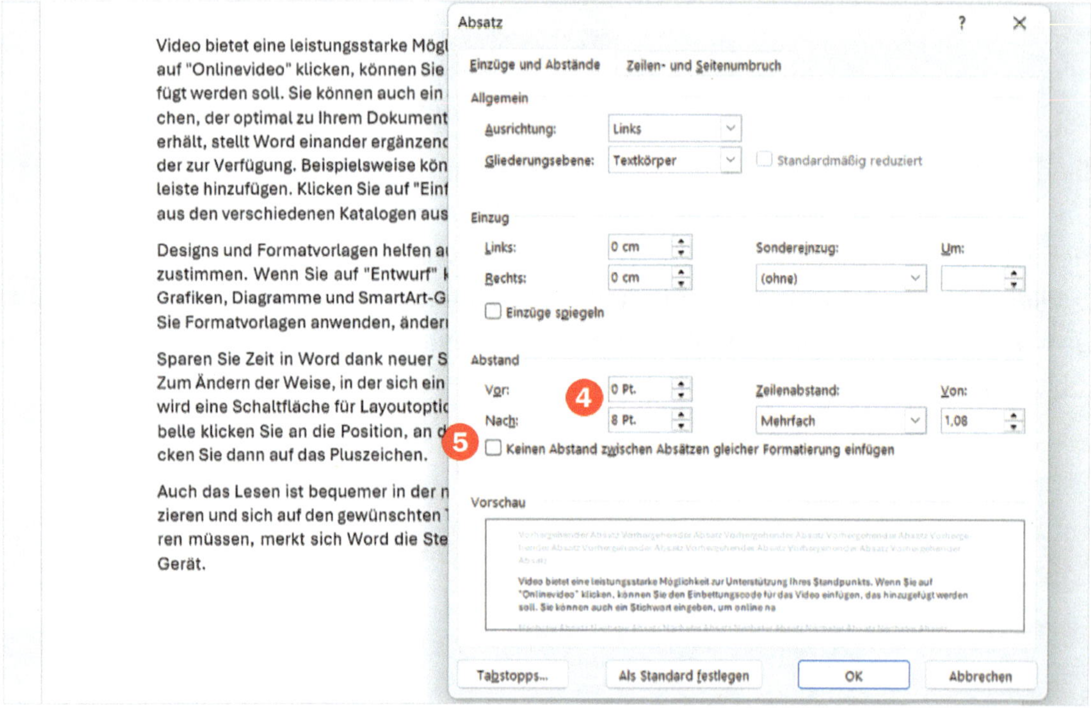

Achtung: Das Kontrollkästchen *Keinen Abstand zwischen Absätzen gleicher Formatierung einfügen* ❺ verhindert möglicherweise, dass ein Absatzabstand im Dokument wirksam wird. In diesem Fall muss das Häkchen entfernt werden.

Nummerierte Listen oder Aufzählungen erzeugen

Wenn Sie Absätze mit einer fortlaufenden Nummerierung oder mit Aufzählungszeichen versehen möchten, dann geschieht dies in Word über die Formatierung. Der Vorteil: Bei nachträglichen Änderungen, egal ob Hinzufügen, Löschen oder Verschieben, passt sich die Nummerierung automatisch an.

Automatische Nummerierung während der Eingabe

1 Um während der Eingabe eine automatische Nummerierung zu erzeugen, beginnen Sie den ersten Absatz mit 1, gefolgt von einem Punkt und einem Leerzeichen, wie im Bild unten ❶.

2 Unmittelbar nach Eingabe des Leerzeichens wird dieser Absatz automatisch etwas eingerückt und der Abstand zur Nummerierung vergrößert ❷. Geben Sie nun den dazugehörigen Text ein.

Ein kleines Symbol ❸ weist Sie auf die automatisch erfolgte Formatierung, in diesem Fall Nummerierung hin.

Tipp: Mit Klick auf das Symbol können Sie auch die automatische Nummerierung rückgängig machen. Die Zahl selbst wird dadurch nicht entfernt.

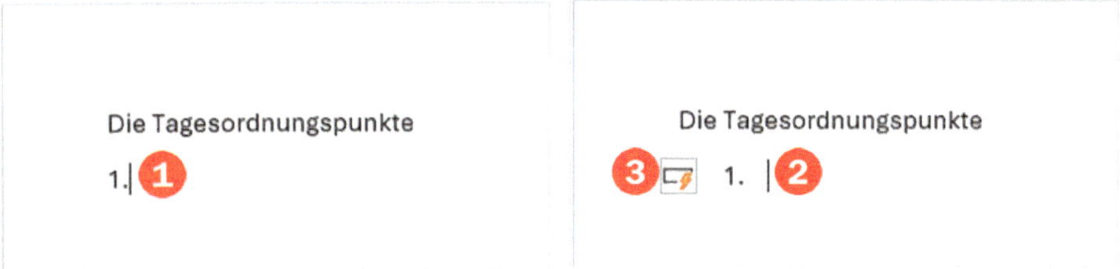

3 Nach dem Beenden des Absatzes bzw. Betätigen der Eingabetaste erhält der nächste Absatz automatisch die Nummer 2 und Sie können mit der Eingabe fortfahren.

4 **Nummerierung beenden**: Drücken Sie zweimal die Eingabetaste.

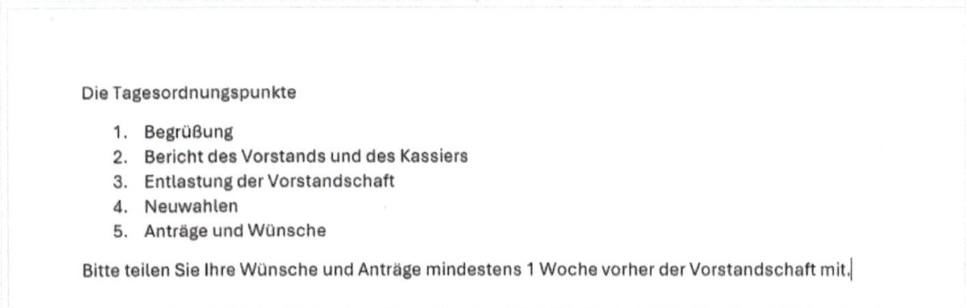

Nummerierung ändern

Wenn Sie nachträglich das Aussehen der Zahlen ändern, z. B. die Zahlen mit Klammern statt Punkt versehen, Buchstaben statt Zahlen oder römische Zahlen verwenden möchten, dann gehen Sie so vor:

1. Klicken Sie in den **ersten** Absatz der nummerierten Liste ❶.
2. Klicken Sie im Menüband, Register *Start* auf den Pfeil des Symbols *Nummerierung* ❷.
3. Es öffnet sich die Nummerierungsbibliothek: Klicken Sie auf die gewünschte Nummerierung, z. B. römische Zahlen ❸. Bereits beim Zeigen sehen Sie im Dokument eine Vorschau.

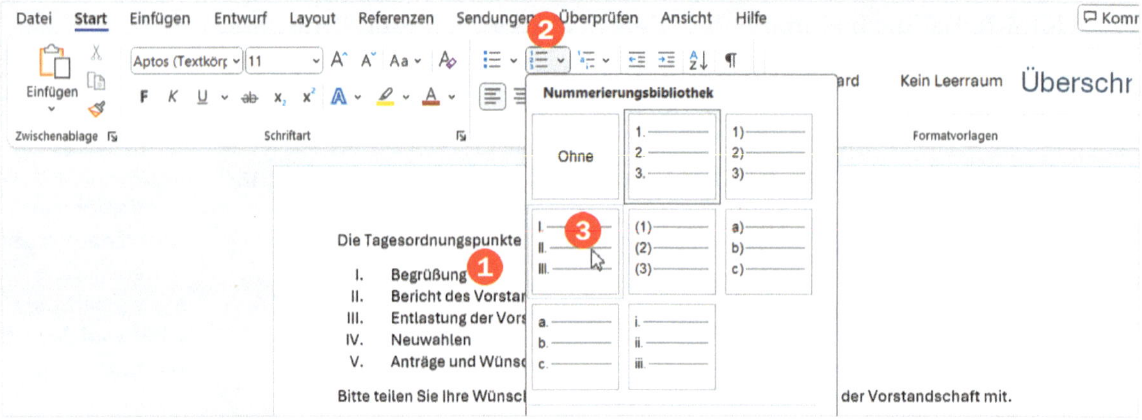

Tipp: Nummerierung bei der Eingabe festlegen

Statt einer nachträglichen Änderung können Sie die Nummerierung auch gleich bei der Eingabe vorgeben. Beginnen Sie z. B. den ersten Absatz mit A. oder 1) oder auch 1.); wichtig ist in jedem Fall das nachfolgende Leerzeichen, nur dann interpretiert Word dies als Beginn einer Nummerierung.

Statt des Leerzeichens können Sie auch die Tab-Taste verwenden.

Absätze nachträglich nummerieren

Eine Nummerierung kann auch nachträglich zugewiesen werden:

☛ Markieren Sie **alle Absätze**, die Sie nummerieren möchten und klicken Sie im Menüband, Register *Start* auf den kleinen Pfeil des Symbols *Nummerierung*. Klicken Sie dann in der Nummerierungsbibliothek auf die gewünschte Variante, siehe Bild oben.

Hinweis: Ein Klick direkt auf das Symbol *Nummerierung* weist den Absätzen die Standardnummerierung bzw. die zuletzt verwendete Nummerierung zu. Klicken Sie dagegen auf den kleinen Pfeil des Symbols, so öffnet sich die Nummerierungsbibliothek.

Nummerierung entfernen

☛ Wenn das Symbol *Nummerierung* hervorgehoben ist, bedeutet dies, dass im aktuellen Absatz die Nummerierung aktiv ist. Um die Nummerierung zu entfernen, markieren Sie die betreffenden Absätze und klicken auf das Symbol *Nummerierung*.

Nummerierung aktiviert/ nicht aktiviert.

Oder öffnen Sie die Nummerierungsbibliothek mit Klick auf den Pfeil des Symbols *Nummerierung* und wählen hier *Ohne*.

Eventuelle Probleme mit der Nummerierung beheben

Nummerierung ohne Einrückung (Einzug)

Wenn Sie Absätze ohne Einrückung nummerieren möchten, dann klicken Sie gleich während der Eingabe des ersten Absatzes auf das Symbol *Einzug verkleinern*.

Einzug verkleinern und vergrößern, siehe Seite 111.

Nachträglich genügt es, wenn Sie in den **ersten** Absatz der Nummerierung klicken und danach auf das Symbol *Einzug verkleinern*.

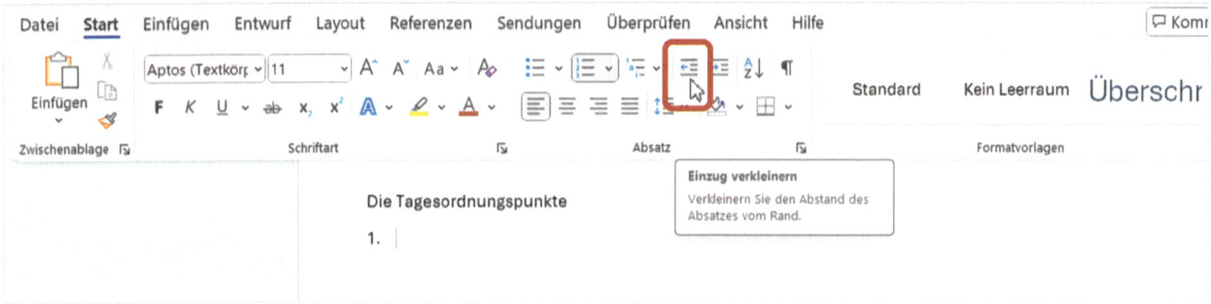

Nummerierung unterbrechen

Um einen oder mehrere Absätze nachträglich aus der Nummerierung herauszunehmen, gehen Sie so vor:

1. Markieren Sie den/die betreffenden Absätze ❶ und entfernen Sie die Nummerierung mit Klick auf das Symbol *Nummerierung* ❷.

Falls Sie den Text zu weit eingerückt haben, benutzen Sie das Symbol *Einzug verkleinern* links daneben.

2 Leider rückt dadurch der Absatz wieder an den linken Seitenrand. Damit der Text in der Liste trotzdem exakt untereinander ausgerichtet wird wie im Bild unten, behalten Sie die Markierung bei und klicken auf das Symbol *Einzug vergrößern* ❸. Eventuell müssen Sie auch mehrmals klicken, bis der Text korrekt ausgerichtet ist.

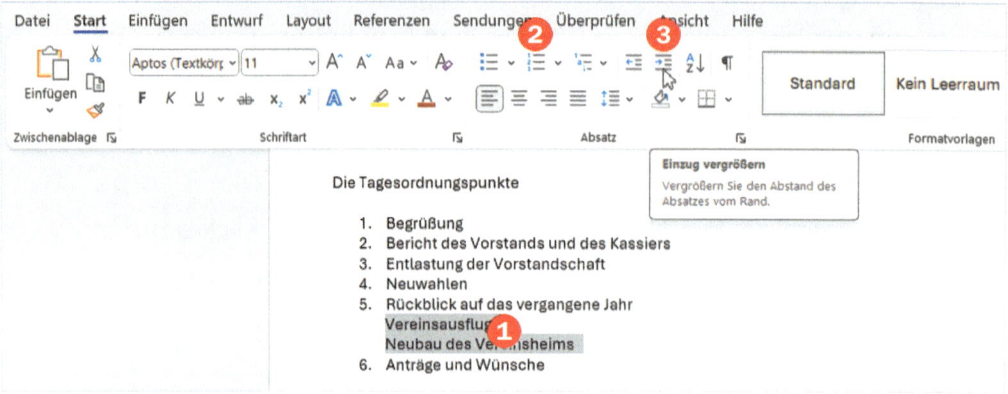

Nach Unterbrechungen neu nummerieren oder Nummerierung fortsetzen?

Wenn Sie während der Eingabe oder auch nachträglich die Nummerierung neu beginnen oder fortsetzen möchten, dann ist das kein Problem:

- Beginnen Sie einfach den Absatz wieder mit 1. und Leerzeichen oder der nächsten Nummer zum Fortsetzen der Nummerierung.
- Falls beim Zuweisen über das Symbol *Nummerierung* anders als beabsichtigt nummeriert wird, dann klicken Sie mit der **rechten** Maustaste in den Absatz, ab dem Sie die Nummerierung ändern möchten ❶ und entweder auf *Neu beginnen mit 1* ❷ oder auf *Nummerierung fortsetzen* ❸.

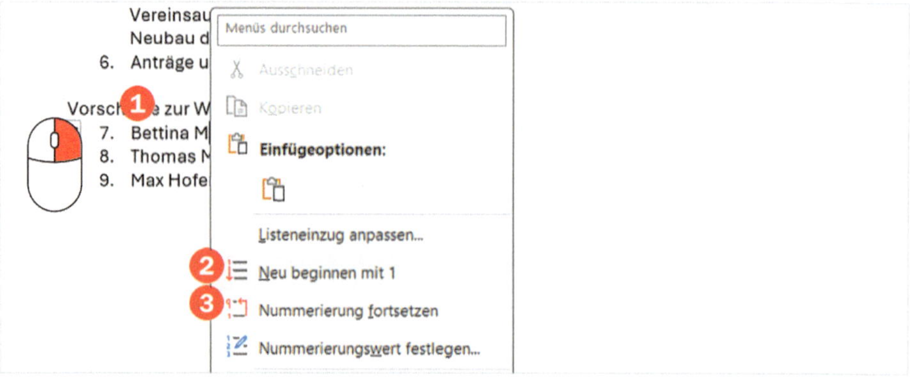

Absätze mit Aufzählungszeichen versehen

Ähnlich wie bei der Nummerierung gehen Sie auch vor, wenn Sie Absätze mit einem Aufzählungszeichen, z. B. einem Punkt oder Strich, versehen möchten.

Beispiel: Aufzählungszeichen Punkt

1 Beginnen Sie den ersten Absatz mit einem Stern * ❶ und geben Sie danach ein Leerzeichen ein oder betätigen Sie die **Tab**-Taste.

Weitere Möglichkeiten sind Bindestrich oder das Größer als-Zeichen > . Die Zeichenfolge --> wird in einen Pfeil umgewandelt.

Wichtig ist in jedem Fall das nachfolgende Leerzeichen oder die Tab-Taste!

2 Unmittelbar nach Eingabe des Leerzeichens wird die automatische Aufzählung aktiviert:

- Der Stern wird in einen Punkt umgewandelt ❷ und der Absatz etwas eingerückt.
- Gleichzeitig macht ein Symbol ❸ auf die automatische Formatierung aufmerksam und im Menüband wird das Symbol *Aufzählungszeichen* ❹ hervorgehoben.

3 Das Aufzählungszeichen wird automatisch in die nachfolgenden Absätze übernommen. Zum Beenden der Aufzählung drücken Sie zweimal hintereinander die Eingabetaste.

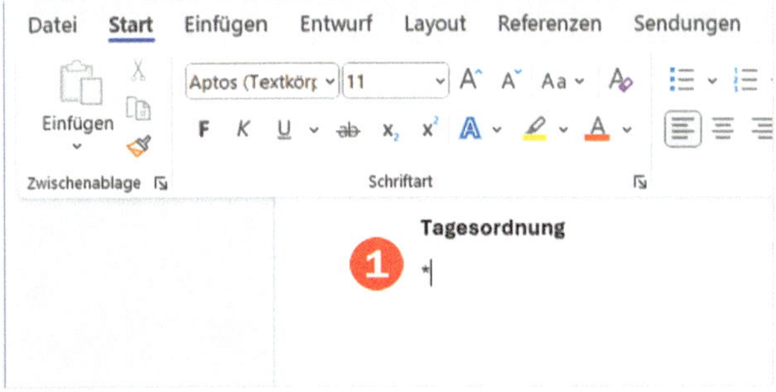

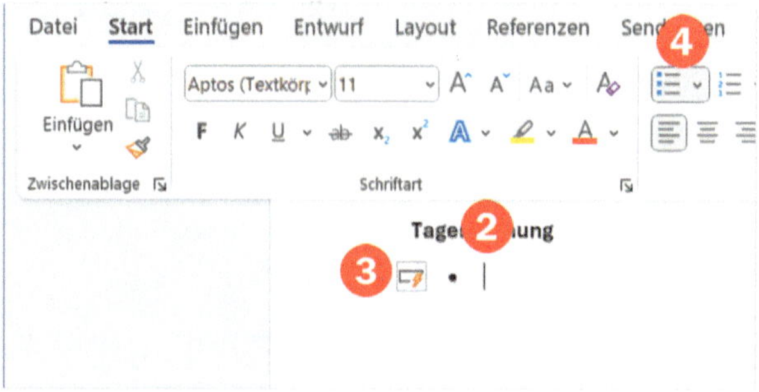

Tipp: Ein beliebiges Symbol einer Symbolschriftart wählen

Wenn Sie ein Symbol aus einer der Symbolschriftarten als Aufzählungszeichen verwenden möchten, dann gehen Sie so vor:

1 Setzen Sie den Cursor an den Beginn eines neuen Absatzes ❶ (Bild auf der nächsten Seite) und klicken Sie im Menüband auf das Register *Einfügen* ❷.

Achtung: Diese Methode funktioniert nicht mit Leerzeichen, sondern nur mit der nachfolgenden **Tab**-Taste.

2 Klicken Sie dann in der Gruppe *Symbole* auf *Symbol* ❸. Es öffnet sich ein Feld mit den zuletzt verwendeten Symbolen.

3 Klicken Sie zum Einfügen auf eines der Symbole und betätigen Sie anschließend die **Tab-Taste** auf der Tastatur.

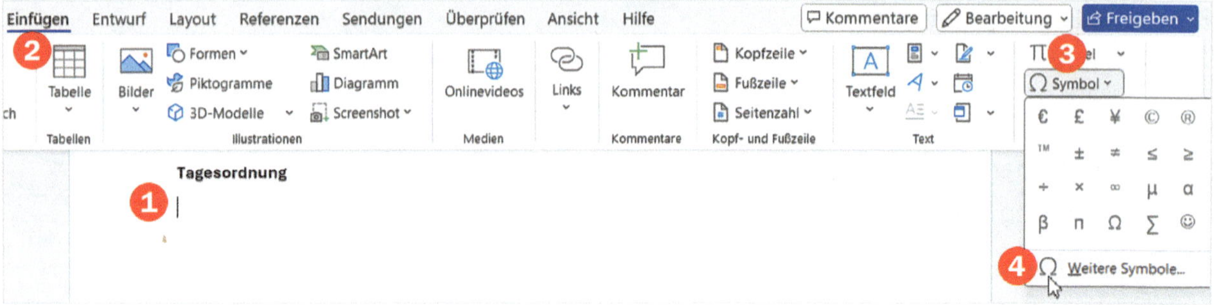

Das Einfügen von Symbolen aus einer Symbolschriftart wird auch auf Seite 81 beschrieben.

Wenn Ihnen keines dieser Symbole zusagt, dann klicken Sie auf *Weitere Symbole...* ❹, um das Fenster *Symbol* zu öffnen und wählen Sie zunächst im Feld *Schriftart* eine Symbolschriftart aus, z. B. *Wingdings*, *Wingdings 2* oder *Wingdings 3* ❺. Klicken Sie auf das gewünschte Symbol ❻, danach auf die Schaltfläche *Einfügen* ❼ und zuletzt auf die Schaltfläche *Schließen* ❽.

Betätigen Sie die **Tab**-Taste und beginnen Sie mit der Texteingabe, wie oben beschrieben.

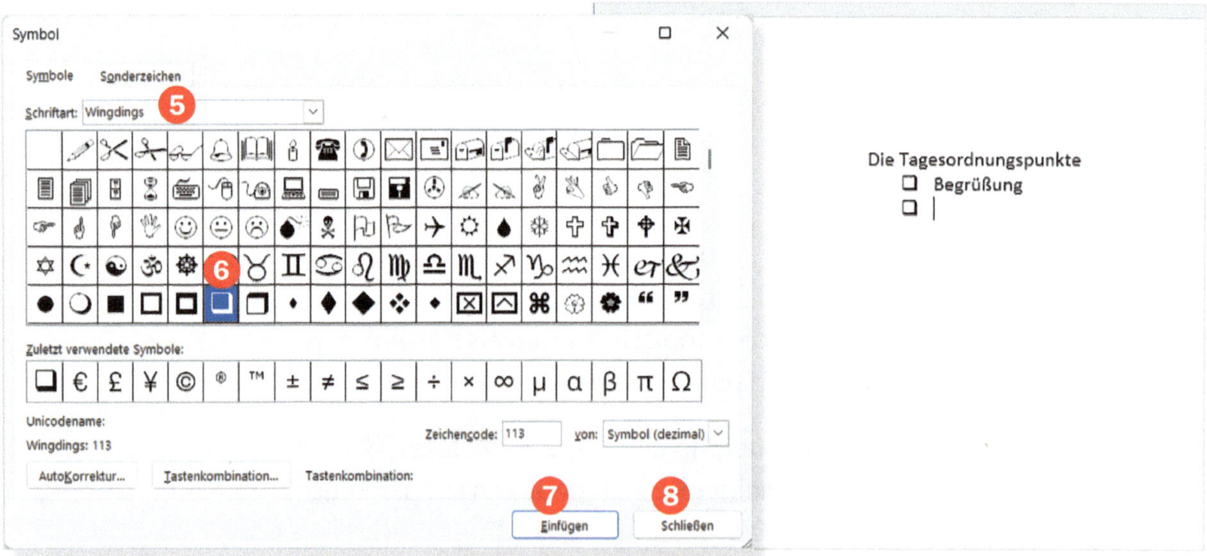

Aufzählungszeichen ändern

1 Zum nachträglichen Ändern des Aufzählungszeichens klicken Sie in den **ersten** Absatz ❶ der Aufzählungsliste und im Menüband auf den kleinen Pfeil des Symbols *Aufzählungszeichen* ❷.

2 Die Aufzählungszeichenbibliothek bietet verschiedene Zeichen an ❸, die Sie durch Anklicken übernehmen können. Wenn Sie lieber ein anderes Zeichen wählen möchten, dann klicken Sie auf *Neues Aufzählungszeichen definieren...* ❹.

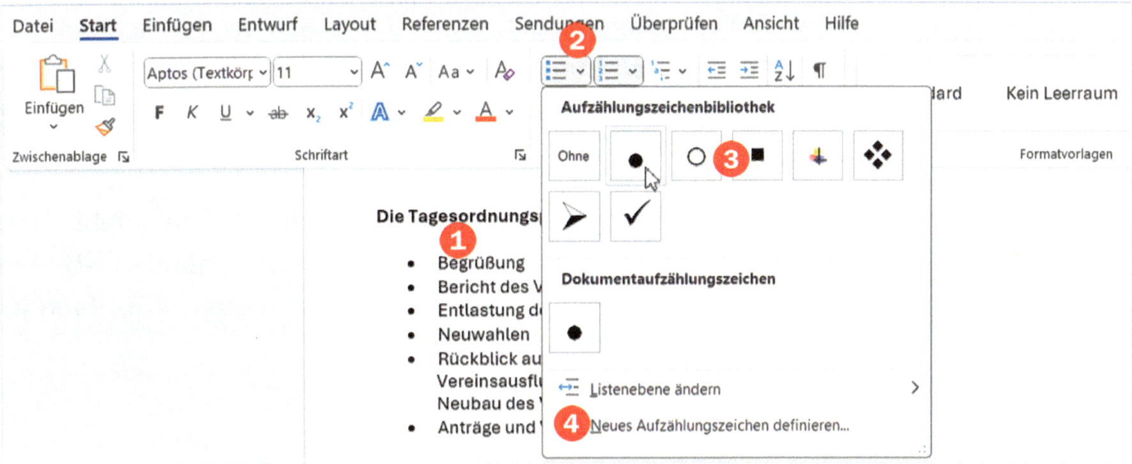

3 Klicken Sie im gleichnamigen Fenster auf die Schaltfläche *Symbol...* ❺. Damit öffnet sich das Fenster *Symbol*, siehe vorhergehende Seite. Über die Schaltfläche *Schriftart...* ❻ können Sie, wie im Bild unten, dem Zeichen auch noch eine andere Farbe zuweisen. Unterhalb sehen Sie eine Vorschau ❼. Klicken Sie abschließend auf *OK*.

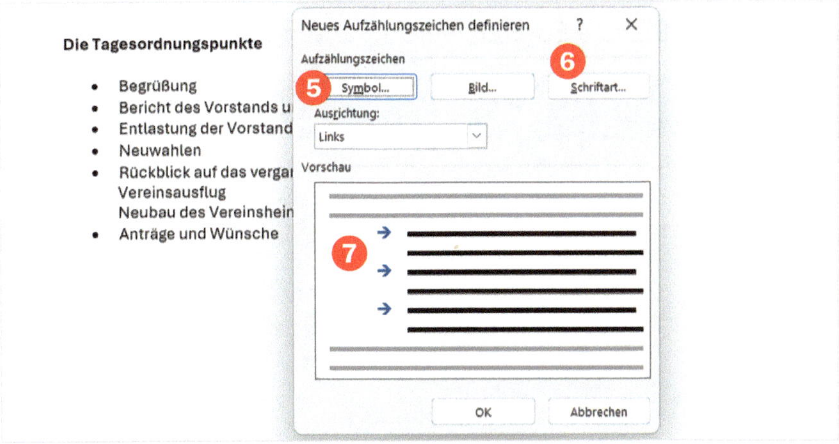

Hinweis: Mit Klick auf die Schaltfläche *Bild...* könnten Sie auch ein Bild bzw. Foto als Aufzählungszeichen auswählen.

Das setzt allerdings ein geeignetes Bild voraus, sodass diese Möglichkeit in der Praxis nur selten zum Einsatz kommt.

Probleme beheben

In puncto Ein- oder Ausrücken, Unterbrechen der Liste oder Entfernen der Aufzählungszeichen verhalten sich Aufzählungen genau wie Nummerierungen, die genaue Vorgehensweise lesen Sie auf Seite 119 ff.

Aufzählung aktivieren/deaktivieren.

- Zum Entfernen von Aufzählungszeichen vom aktuellen Absatz bzw. den markierten Absätzen deaktivieren Sie einfach im Menüband durch Anklicken das Symbol *Aufzählungszeichen*.
- Damit nach eventuellen Unterbrechungen die Liste wieder mit demselben Zeichen fortgeführt wird und sich dieses auch bei späteren Änderungen automatisch mit anpasst, klicken Sie mit der **rechten** Maustaste in der ersten Absatz nach der Unterbrechung und auf den Befehl *Mit vorheriger Liste verknüpfen*.

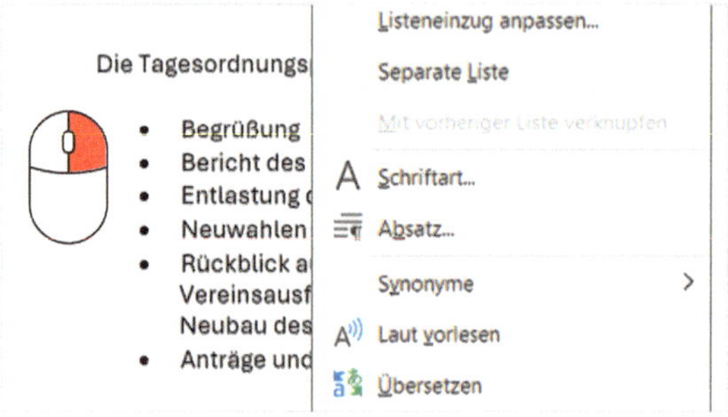

Umgekehrt können Sie auch mit dem Befehl *Separate Liste* diesen und alle nachfolgenden Absätze abkoppeln und mit einem anderen Aufzählungszeichen versehen.

Gliederungen mehreren Ebenen

In der Gruppe *Absatz* (Register *Start*) finden Sie auch noch das Symbol *Liste mit mehreren Ebenen*, über das Sie Gliederungen mit mehreren Ebenen erzeugen können, wahlweise mit Nummerierungen oder Aufzählungszeichen. Bis zu 9 Ebenen werden unterstützt.

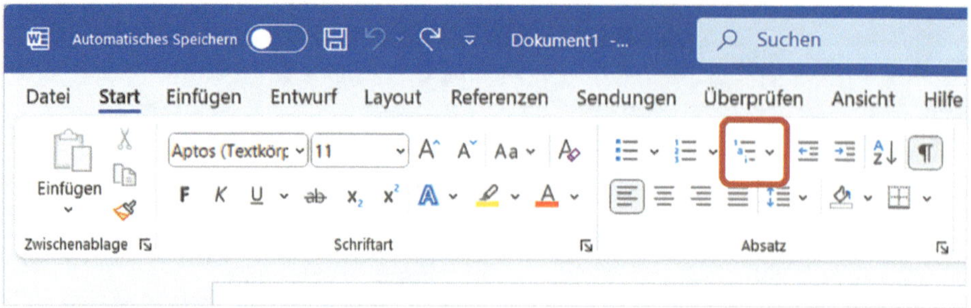

Wichtig: Die Ebene richtet sich nach dem Einzug und dabei gilt:

- **Eine Ebene tiefer stufen**: Klicken Sie auf das Symbol *Einzug vergrößern* (=einrücken) oder betätigen Sie am Beginn des Absatzes die **Tab**-Taste.
- **Eine Ebene höher stufen**: Klicken Sie auf das Symbol *Einzug verkleinern* oder betätigen Sie am Absatzbeginn die **Eingabetaste**.

Während der Eingabe erzeugen

Eine gegliederte Liste erzeugen Sie ebenfalls ganz einfach während der Eingabe:

1 Setzen Sie den Cursor an den Beginn eines neues Absatzes ❶, klicken Sie im Menüband auf das Symbol *Liste mit mehreren Ebenen* ❷ und auf eine der angebotenen Listen ❸.

Oder beginnen Sie den ersten Absatz der Liste mit 1. oder einem Aufzählungszeichen, z. B. Stern, und der Leertaste oder Tab-Taste.

Siehe Nummerierung auf Seite 117 und Aufzählungszeichen auf Seite 121.

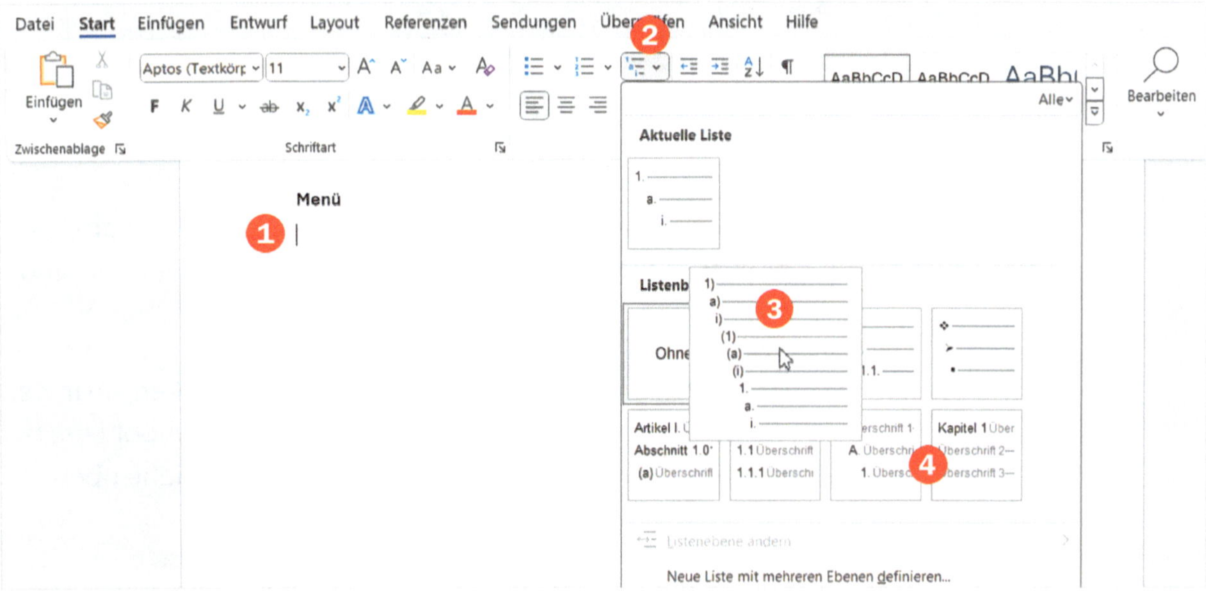

Achtung: Die Listenbibliothek umfasst auch Listen mit dem Zusatz *Überschrift 1*, *Überschrift 2* ❹ usw. Diese sind reserviert für die Nummerierung von Überschriftebenen und dürfen auf keinen Fall für normale Listen bzw. Absätze verwendet werden!

Ein Beispiel für die Nummerierung von Überschriften finden Sie auf Seite 228.

2 Geben Sie den ersten Listentext ein und schließen Sie mit der **Eingabetaste** ab. Der nächste Absatz erhält dieselbe Ebene und die nächste Nummer, hier 2) ❶.

3 Drücken Sie die **Tab**-Taste oder klicken Sie auf *Einzug vergrößern*. Der Absatz wird eingerückt und tiefer gestuft und erhält die Nummerierung dieser Ebene, hier a) ❷. Geben Sie nun den Text ein.

4 Um den nächsten Absatz um eine weitere Ebene tiefer zu stufen ❸, betätigen Sie wieder die **Tab**-Taste oder klicken auf *Einzug vergrößern*.

5 Wenn Sie einen Absatz wieder um eine Ebene höher ❹ stufen möchten, dann betätigen Sie am Beginn des Absatzes einfach ein zweites Mal die **Eingabetaste** oder klicken auf *Einzug verkleinern*. Die Nummerierung dieser Ebene wird automatisch fortgesetzt.

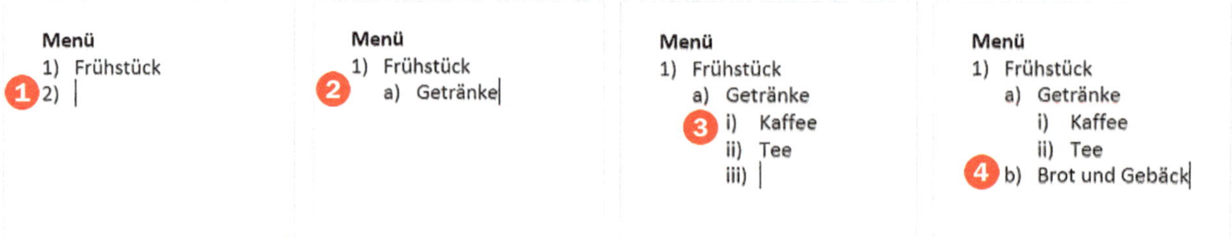

6 Zum Beenden der Liste betätigen Sie mehrmals die Eingabetaste, bis Nummerierung oder Aufzählungszeichen verschwunden sind.

Listenformat ändern

Um nachträglich ein anderes Listenformat zu wählen, klicken Sie in den **ersten** Absatz der Liste, klicken im Menüband auf das Symbol *Liste mit mehreren Ebenen* und auf das gewünschte Listenformat, siehe oben.

Ein Beispiel, wie Sie ein Inhaltsverzeichnis erstellen, finden Sie am Ende dieses Kapitels auf Seite 230.

> **Verwechseln Sie gegliederte Listen nicht mit Inhaltsverzeichnissen**
>
> Eine Liste mit mehreren Ebenen, wie oben beschrieben, sieht zwar aus wie ein Inhaltsverzeichnis, jedoch handelt es sich hierbei nur um eine Liste. Wenn Sie dagegen ein Inhaltsverzeichnis mit Seitenzahlen benötigen, müssen Sie dieses gesondert einfügen. Der Vorteil: Ein solches Inhaltsverzeichnis lässt sich bei nachträglichen Änderungen auch schnell aktualisieren.

Absätze mit Rahmenlinien und Hintergrundfarbe versehen

Rahmenlinien

Rahmenlinien können einzelne Zeichen bzw. Wörter oder ganze Absätze einschließen. Außerdem bedeutet Rahmen nicht automatisch Rahmenlinien an allen vier Seiten; so sind auch etwa Linien ober- oder unterhalb eines Absatzes möglich, im Bild unten einige Beispiele.

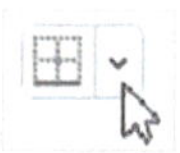

Sie finden das Symbol *Rahmen* ❶ im Menüband, Register *Start* in der Gruppe *Absatz*. **Achtung**: Ein Klick direkt auf das Symbol liefert die angezeigte Einstellung, meist eine Rahmenlinie unterhalb ❷, während ein Klick auf den Pfeil des Symbols eine Liste verschiedener Varianten öffnet.

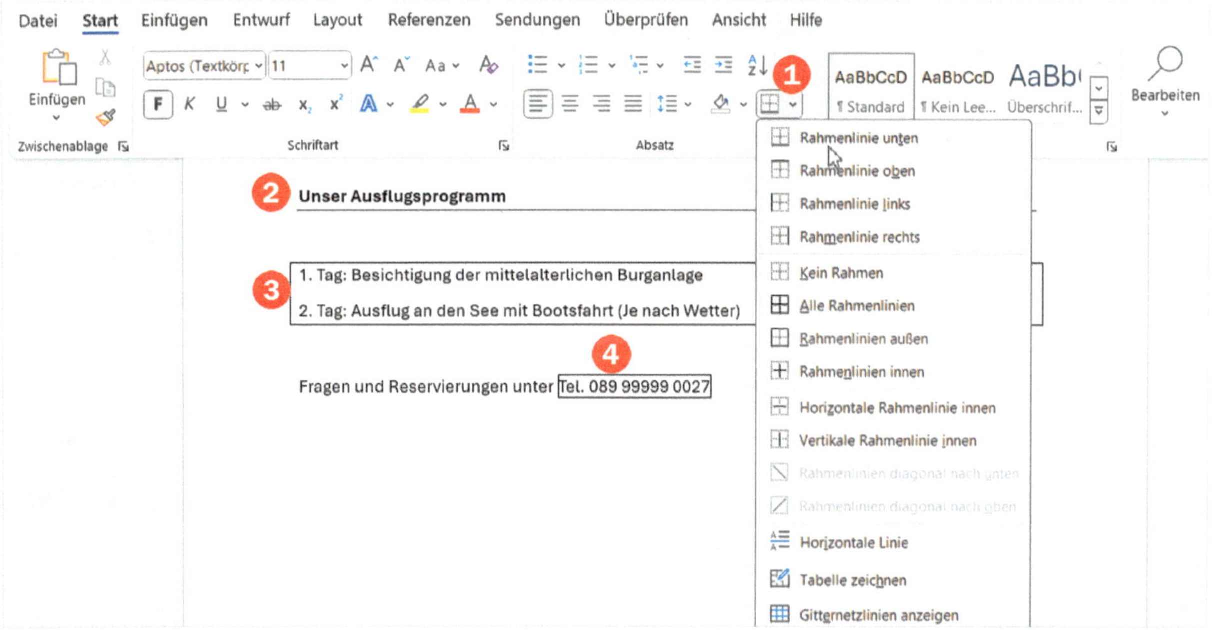

Ob einzelne Wörter oder ganze Absätze einen Rahmen erhalten, richtet sich nach der Markierung:

- **Absätze mit Rahmen versehen**
  Bei einem einzelnen Absatz genügt es, wenn sich der Cursor im Absatz befindet. Wenn mehrere Absätze in einem Rahmen zusammengefasst werden sollen ❸, dann müssen Sie die betreffenden Absätze zuvor markieren. **Achtung**: Alle Absätze müssen dann auch denselben Einzug haben. Wählen Sie dann *Rahmenlinien außen.*

Tipp: Falls Sie zwischen mehreren Absätzen jeweils eine waagrechte Rahmenlinie einfügen möchten, dann markieren Sie diese und wählen *Rahmenlinien innen* oder *Horizontale Rahmenlinie innen.*

Vertikale Rahmenlinien beziehen sich dagegen auf Tabellen und spielen im Fließtext keine Rolle.

Soll dagegen bei mehreren markierten Absätzen jeder Absatz einen eigenen Rahmen erhalten, dann klicken Sie auf *Alle Rahmenlinien*.

- **Wörter einrahmen**
  Um ein oder mehrere Wörter innerhalb eines Absatzes ❹ einzurahmen, müssen Sie diese, genau wie bei der Schriftformatierung, zuvor markieren. Wählen Sie dann *Rahmenlinien außen*.

Beispiel: Überschrift mit Rahmenlinie unten versehen

Als Beispiel wollen wir die Überschrift eines Textes mit einer Rahmenlinie unten versehen. Außerdem soll diese Linie doppelt sein und abweichend von der Schriftfarbe braunrote Farbe erhalten, wie im Bild unten.

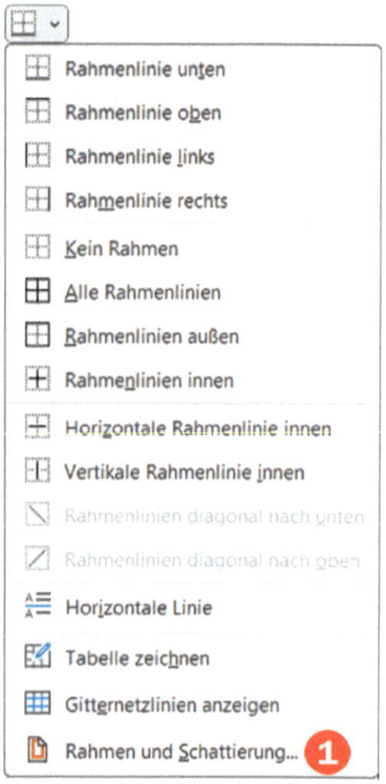

1. Klicken Sie in die Überschrift und danach auf den Pfeil des Symbols *Rahmen*.
2. Um Farbe und Art der Linie auszuwählen, klicken Sie am Ende der Liste auf *Rahmen und Schattierung...* ❶.
3. Klicken Sie im Fenster *Rahmen und Schattierung* auf das Register *Rahmen* ❷.

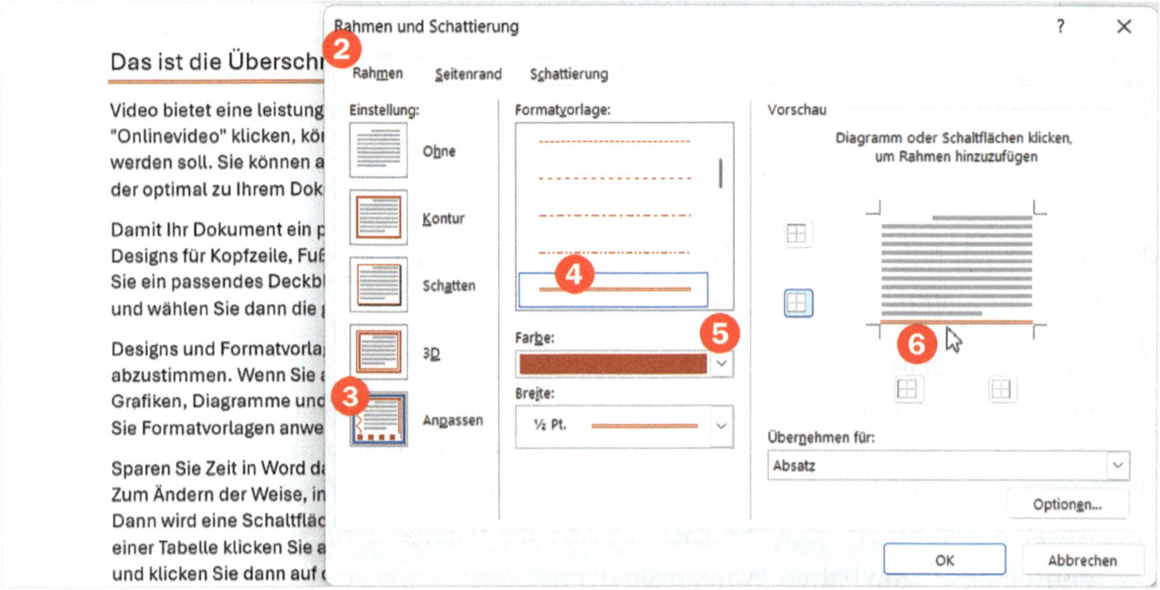

4 Da nur eine Rahmenlinie unten benötigt wird, klicken Sie zunächst links auf die Einstellung *Anpassen* ❸ (s. Bild vorherige Seite).

5 Klicken Sie dann im Feld *Formatvorlage* auf eine Linienart, hier doppelte Linie ❹. Die *Farbe* wählen Sie im Feld unterhalb mit Klick auf den Pfeil ❺ aus und bei Bedarf könnten Sie im Feld *Breite* auch noch die Linienstärke auswählen.

Die Einstellung *Anpassen* erlaubt die Angabe, wo die Rahmenlinie platziert werden soll. Mit der Einstellung *Kontur* erhält der Absatz dagegen automatisch Rahmenlinien an allen vier Seiten.

6 Nachdem Linienart und -farbe festgelegt wurden, klicken Sie rechts in der Vorschau an die Stellen, an der Linie platziert werden soll, in diesem Beispiel nur unterhalb des Absatzes ❻.

Hinweis: Ein weiterer Klick auf eine Linie entfernt diese wieder. Falls Sie nachträglich Farbe und/oder Linienart geändert haben, müssen Sie erneut hier klicken, damit die Änderung übernommen wird.

7 Klicken Sie zuletzt zum Übernehmen auf die Schaltfläche *OK*.

Achtung: Wenn Sie eine abweichende Linienart und -farbe ausgewählt haben, wie im Beispiel oben, dann „merkt" sich Word diese Einstellung, bis Sie sie wieder ändern oder Word beenden. Das bedeutet, wenn Sie beim nächsten Absatz beispielsweise einfach nur auf *Rahmenlinie unten* oder *Rahmenlinien außen* klicken, erhält dieser Absatz dieselbe Linie. Dies sehen Sie auch bereits anhand der Vorschau, siehe Bild unten.

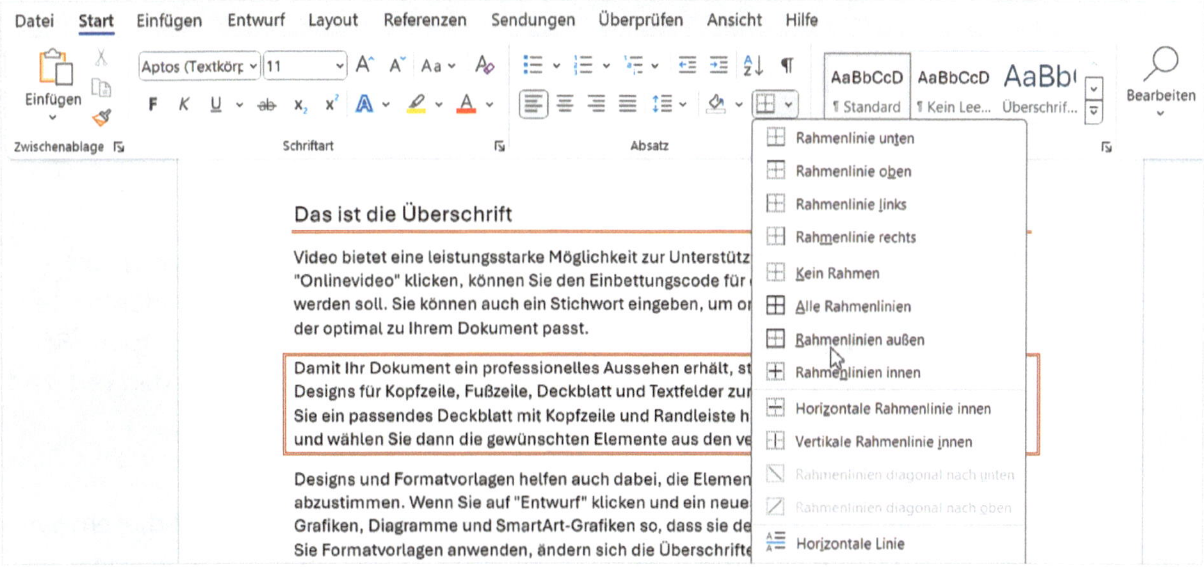

Rahmen entfernen

Zum Entfernen von Rahmenlinien klicken Sie in den Absatz bzw. markieren den Text. Klicken Sie auf den Pfeil des Symbols *Rahmen* und auf *Kein Rahmen*.

Hintergrundfarbe, Schattierung

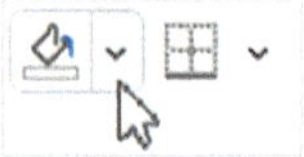

Wenn Sie Text farbig hinterlegen möchten, dann benutzen Sie dazu im Menüband, Register *Start*, Gruppe *Absatz* das Symbol *Schattierung*. Wie bei der Schriftfarbe gilt auch hier:

Die Schattierung zeigt wie die Schriftfarbe zunächst die Farben an, die Sie für das Dokument gewählt haben, siehe Seite 105.

- Ein Klick direkt auf das Symbol liefert die hier angezeigte Farbe, klicken Sie dagegen auf den Pfeil des Symbols ❶, so erhalten Sie zunächst die aktuellen Designfarben des Dokuments in verschiedenen Schattierungen ❷. Noch mehr Farben zur Auswahl finden Sie, wenn Sie auf *Weitere Farben...* ❸ klicken.

Farbe entfernen

- Klicken Sie auf den Pfeil des Symbols und auf *Keine Farbe* ❹.

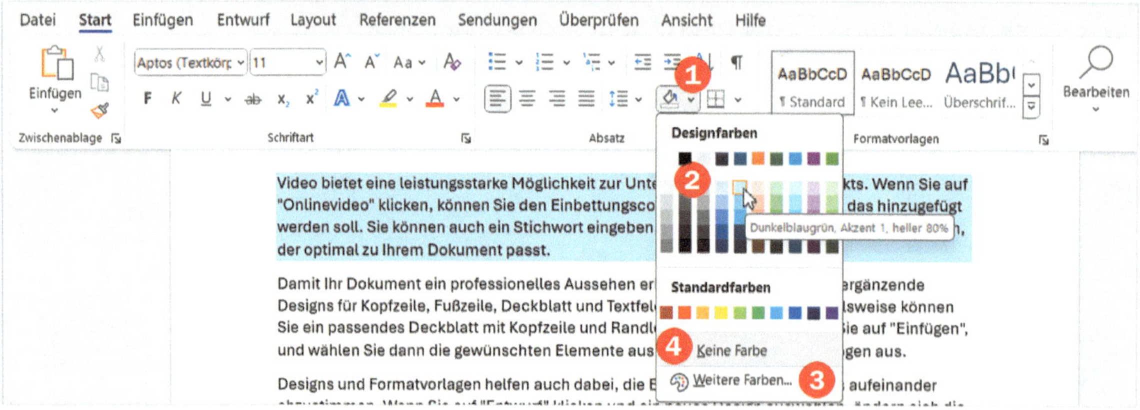

> **Verwechseln Sie die Schattierung nicht mit der Texthervorhebungsfarbe!**
> Die hier beschriebene Schattierung dient dazu, Absätze oder Wörter farbig zu hinterlegen, während die Texthervorhebungsfarbe (siehe Seite 106) als Textmarker dient. Der Unterschied ist auch aus den verfügbaren Farben ersichtlich.

Hinweis: Einzelne Zeichen bzw. Wörter können ebenfalls mit diesem Symbol farbig hinterlegt werden, müssen aber zuvor markiert werden.

Formate kopieren (übertragen)

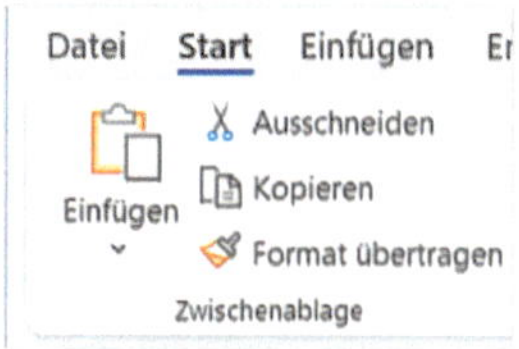

Wenn Sie ein bestimmtes Format an mehreren verschiedenen Stellen des Dokuments benötigen, dann können Sie sämtliche Formatierungsmerkmale einer Textstelle kopieren und auf eine andere Stelle anwenden. Das Symbol dazu, *Format übertragen*, finden Sie im Register *Start*, Gruppe *Zwischenablage*. So gehen Sie vor:

1 Markieren Sie die Textstelle, deren Format Sie kopieren möchten, im Bild unten braunrote Schriftfarbe, kursiv und unterstrichen ❶. Es genügt auch, wenn nur einige Zeichen markiert sind.

2 Klicken Sie in der Minisymbolleiste ❷ oder im Menüband, Register *Start* auf *Format übertragen* ❸.

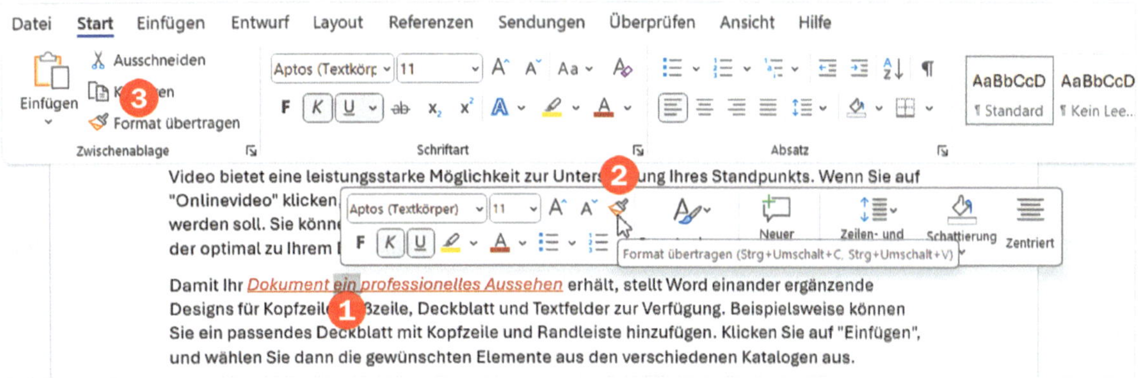

3 Am Mauszeiger erscheint ein kleines Pinselsymbol ❹. Markieren Sie jetzt die Stelle, der Sie die Formatierung zuweisen möchten. Nachdem Sie die Maustaste losgelassen haben, erscheint die Formatierung ❺.

Zum Markieren können Sie alle bekannten Markierungstechniken einsetzen.

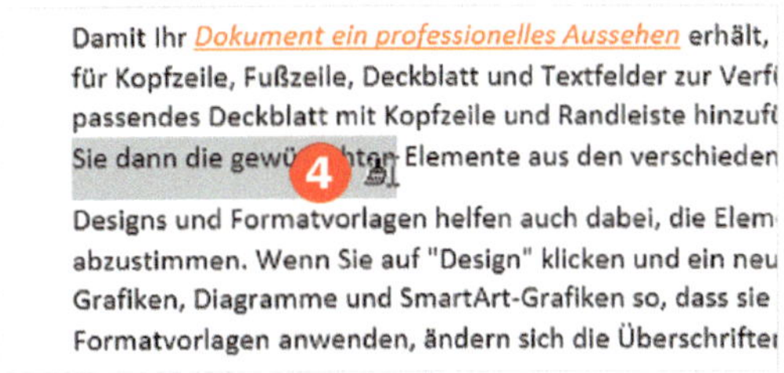

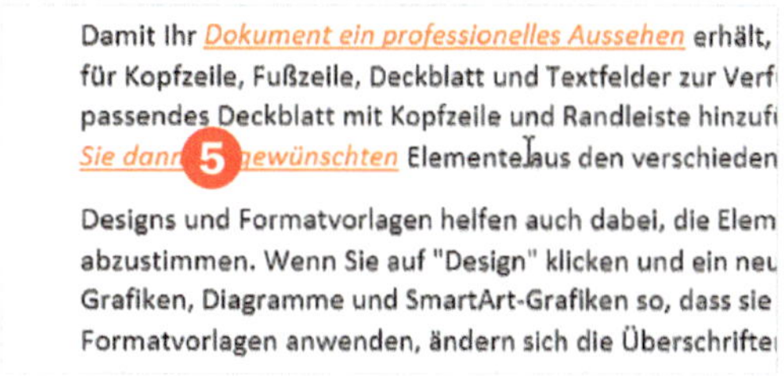

Tipp: Als Alternative können Sie die Tastenkombinationen **Strg+Umschalt+C** (Format kopieren) und **Strg+Umschalt+V** (Format einfügen) verwenden.

Ob mit *Format übertragen* neben Schriftformaten auch Absatzformate übertragen werden, hängt von der Markierung ab:

- **Schriftformate kopieren**
  Markieren Sie die Textstelle, deren Formatierung kopiert werden soll und klicken Sie auf *Format übertragen*. Anschließend markieren Sie diejenigen Zeichen, denen das Format zugewiesen werden soll.

- **Absatzformate kopieren**
  Zum Kopieren des Absatzformats setzen Sie den Cursor in den betreffenden Absatz. Klicken Sie auf *Format übertragen* und danach in den Absatz, der das Format erhalten soll. Schriftformate werden bei dieser Methode nicht berücksichtigt, außer Sie markieren zuvor den gesamten Absatz.

Format nacheinander auf mehrere Textstellen übertragen

1. Wenn Sie eine Formatierung gleich auf mehrere Textstellen nacheinander übertragen möchten, dann schalten Sie *Format übertragen* mit **Doppelklick** auf das Symbol ein.

2. Anschließend können Sie nacheinander beliebig viele Textstellen durch Markieren gleichzeitig formatieren. Sie erkennen die dauerhaft aktivierte Funktion am Pinsel am Mauszeiger und am hervorgehobenen Symbol.

Mit der **Esc**-Taste oder einem weiteren Klick auf *Format übertragen* schalten Sie das Übertragen des Formats wieder aus.

3.5 Bilder und grafische Elemente einfügen

In ein Word-Dokument lassen sich Bilder und Grafiken aus unterschiedlichen Quellen einfügen, z. B. eigene Fotos oder auch Bilder aus dem Internet. Bei letzteren sollten Sie allerdings das Urheberrecht beachten. Die verschiedenen Möglichkeiten finden Sie im Register *Einfügen* in der Gruppe *Illustrationen*.

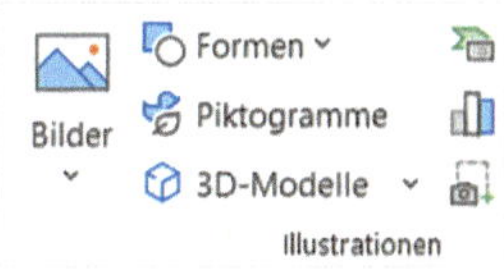

Ein Bild von der Festplatte einfügen

1 Um ein, auf der Festplatte des Geräts gespeichertes Bild einzufügen, setzen Sie den Cursor im Dokument an den Beginn eines leeren Absatzes ❶, klicken im Menüband, Register *Einfügen*, Gruppe *Illustrationen* auf *Bilder* ❷ und wählen *Dieses Gerät...* ❸

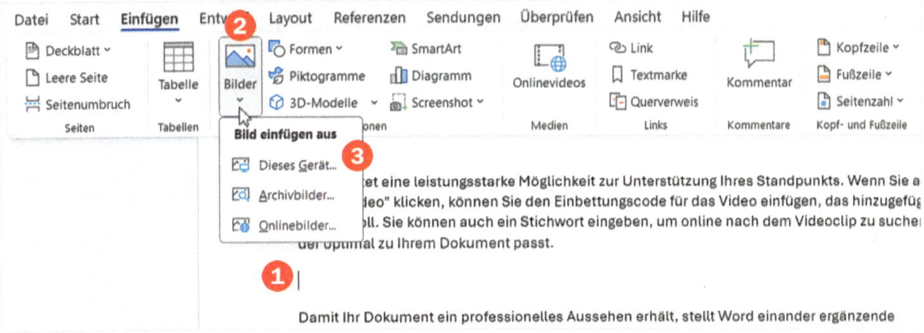

Ab Office 2021 und in Microsoft 365 steht Ihnen außerdem mit den Archivbildern eine Sammlung kostenloser Bilder zur Verfügung.

Wie Sie sich in den Archivbildern zurechtfinden, lesen Sie auf Seite 148.

2 Es öffnet sich das Fenster *Grafik einfügen* und zeigt in der Regel den Inhalt des Ordners *Bilder* ❶ an.

- Befindet sich das gesuchte Bild hier, dann klicken Sie auf das Bild ❷ und auf die Schaltfläche *Einfügen* ❸.

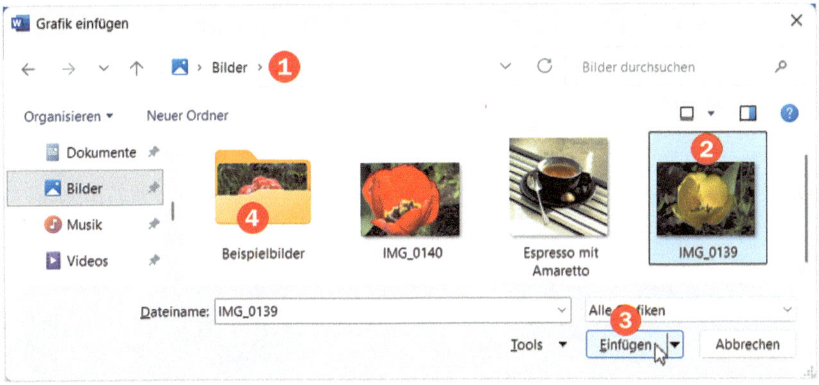

- Befindet sich dagegen das Bild in einem Unterordner, z. B. im Ordner *Beispielbilder* ❹ wie im Bild oben, dann öffnen Sie zuerst diesen Ordner mit Doppelklick auf das Ordnersymbol.

3 Das Bild wird an der Cursorposition eingefügt und kann nun im Dokument weiter bearbeitet werden.

Die Bearbeitungsmöglichkeiten im Überblick

▶ Damit ein Bild weiter bearbeitet werden kann, muss es zuvor markiert werden. Ein markiertes Bild erkennen Sie an den Markierungspunkten in den Ecken und in der Mitte jeder Seite ❶.

Zum Markieren klicken Sie einfach in das Bild.

▶ Über dieses Symbol ❷ an der oberen rechten Ecke des markierten Bildes steuern Sie die Position im Dokument.

▶ Mit dem kreisförmigen Pfeil ❸ oberhalb des markierten Bildes können Sie das Bild mit der Maus beliebig drehen.

▶ Weitere Möglichkeiten, z. B. Rahmen oder Zuschneiden, finden Sie im Menüband im zusätzlichen Register *Bildformat* ❹.

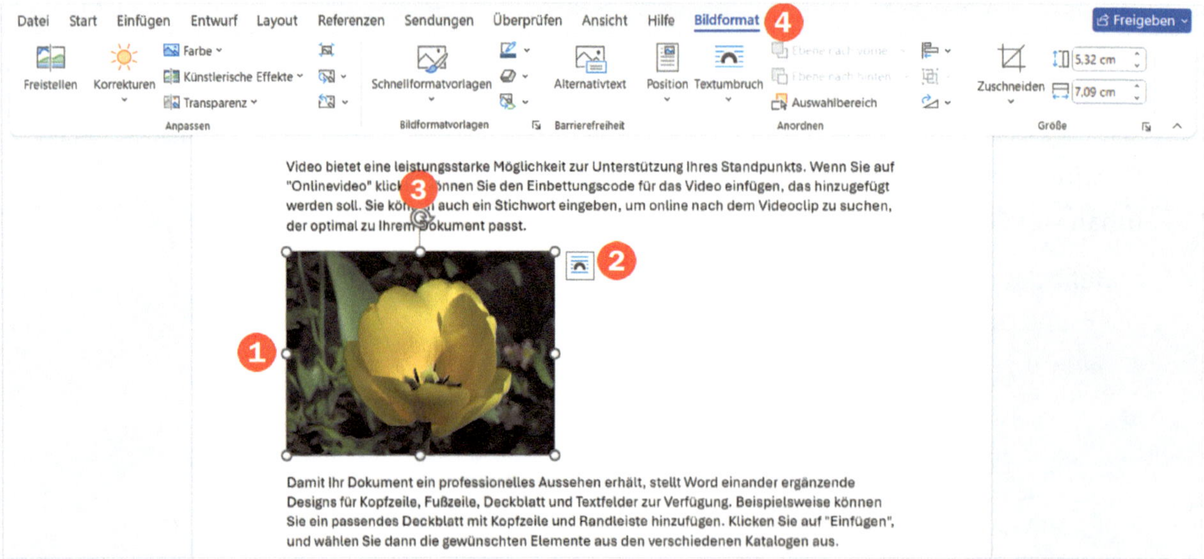

Bild verkleinern oder vergrößern

So ändern Sie die Bildgröße mit der Maus:

1 Klicken Sie in das Bild, um es zu markieren. Am Bild erscheinen nun die Markierungspunkte.

2 Positionieren Sie den Mauszeiger über einem der Eckpunkte. Der Mauszeiger nimmt die Form eines Doppelpfeils an ❶.

3 Zum Verkleinern ziehen Sie nun mit gedrückter linker Maustaste in Richtung Bildmitte ❷. Umgekehrt können Sie durch Ziehen nach außen das Bild vergrößern. Beachten Sie aber, dass starkes Vergrößern die Bildqualität beeinträchtigen kann.

Achtung bei der Größenänderung!
Benutzen Sie ausschließlich die Eckpunkte, denn nur dann wird das Seitenverhältnis automatisch beibehalten. Wenn Sie dagegen die Größe an den Markierungspunkten in der Mitte einer Seite ändern, dann wird die Größe nur horizontal oder nur vertikal geändert und als Ergebnis das Bild verzerrt.

Ein Bild wieder aus dem Dokument entfernen

Ein Bild ist schnell wieder aus dem Dokument entfernt:

- Klicken Sie in das Bild, um es zu markieren, und drücken Sie entweder die **Entf**-Taste oder die **Korrekturtaste**.

So positionieren Sie ein Bild im Text

Bild als Absatz ausrichten

Genauso funktioniert dies auch mit einem linken Einzug, siehe „Absätze ausrichten und einrücken“ auf Seite 109.

In der Standardeinstellung behandelt Word jedes Bild zunächst wie Text. Haben Sie also, wie oben beschrieben, ein Bild in einen neuen Absatz eingefügt, dann wird es mit dem Absatz am linken Seitenrand ausgerichtet. Um es in die Mitte zu setzen, brauchen Sie also nur in das Bild und dann im Menüband, Register *Start* auf das Symbol *Zentriert* klicken.

Achtung: Diese Methode funktioniert nur, wenn der gesamte Absatz nur aus dem Bild besteht, also das Bild in einen leeren Absatz eingefügt wird.

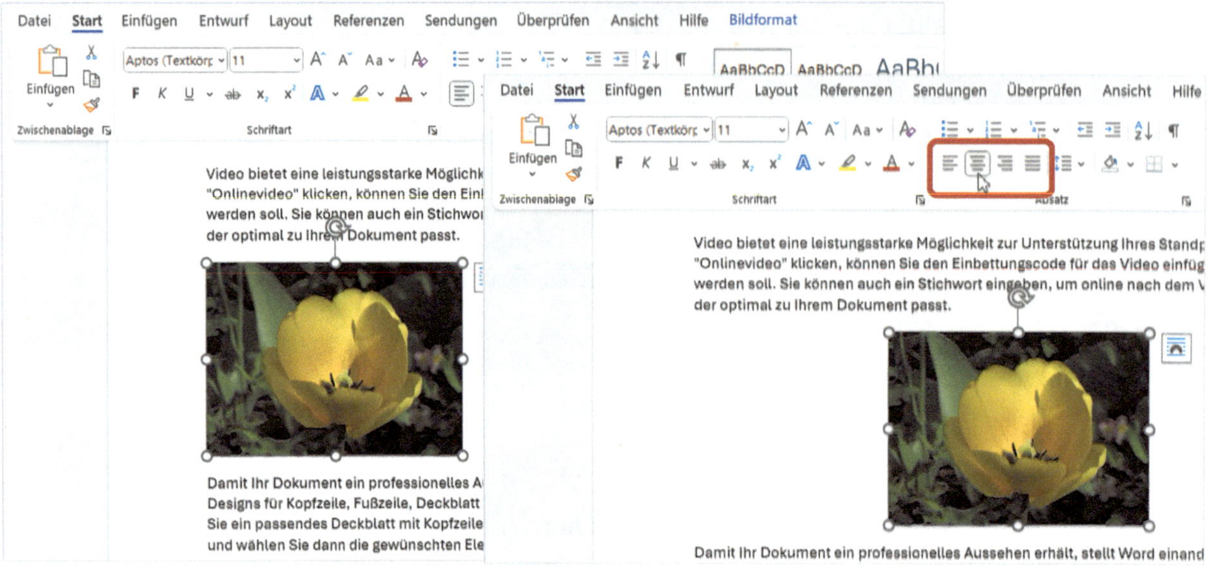

Info: Damit der Text ein Objekt, in diesem Fall ein Bild umfließen kann, erfolgt ein automatischer Zeilenneubeginn innerhalb der betreffenden Absätze. Man bezeichnet dies auch als Textumbruch.

Dies funktioniert natürlich nur, wenn Sie die Eingabetaste ausschließlich zum Beenden eines Absatzes betätigen.

Text um das Bild herum fließen lassen

Wenn dagegen der übrige Text das Bild umfließen soll, dann gehen Sie so vor:

1. Klicken Sie in das Bild, um es zu markieren, und dann auf das kleine Symbol *Layoutoptionen* ❶, das im Dokument an der rechten oberen Ecke des Bildes sichtbar ist.
2. Es öffnet sich ein kleines Feld mit verschiedenen Varianten. *Mit Text in Zeile* ❷ ist die Standardeinstellung und bedeutet, das Bild wird als Text behandelt, siehe oben.

3 Klicken Sie bei *Mit Textumbruch* auf *Quadrat* ❸. Das bewirkt, dass nun der Text in Rechteckform das Bild umfließt.

Bild im Dokument verschieben

Wenn Sie einen Textumbruch (*Mit Textumbruch*), z. B. *Quadrat* wie oben, gewählt haben, dann können Sie anschließend das Bild mit der Maus im Dokument frei verschieben:

1. Zeigen Sie in das Bild, daraufhin erscheinen am Mauszeiger vier Richtungspfeile.
2. Drücken Sie die linke Maustaste und halten Sie die Taste gedrückt, während Sie die Maus bewegen. Das Bild wandert mit und der Text passt sich automatisch an.

Achtung: Achten Sie auf die Lesbarkeit; ein Bild, das die Zeilen in zwei Hälften teilt, macht den Text unübersichtlich, siehe Bild oben!

Hinweis: Die Option *Mit Text verschieben* ❹ ist standardmäßig aktiviert. Dies bedeutet, das Bild ist mit einem Absatz verknüpft und wird zusammen mit diesem verschoben, wenn z. B. nachträglich Text hinzugefügt oder gelöscht wird. Sie erkennen dies auch am kleinen Ankersymbol am Absatzbeginn.

Mit der Option *Position auf Seite fixieren* bleibt dagegen das Bild unabhängig vom Absatz an der gewählten Stelle.

Tipp: Ausrichtungslinien zur exakten Positionierung

Intelligente Führungslinien helfen Ihnen beim Ausrichten. Sie erscheinen als hellgrüne Linien beispielsweise, wenn Sie mit der Maus ein Bild an den oberen oder linken Seitenrand ziehen, wie im Bild unten, oder wenn Sie zwei Bilder nebeneinander positionieren.

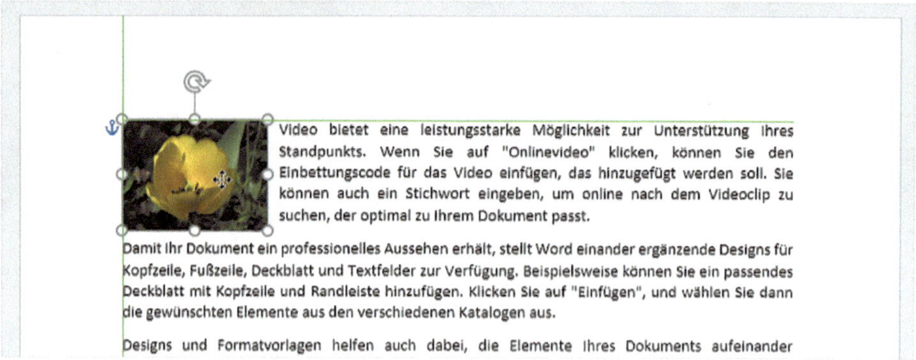

Hinweis: Falls keine Führungslinien erscheinen, müssen Sie sie aktivieren:

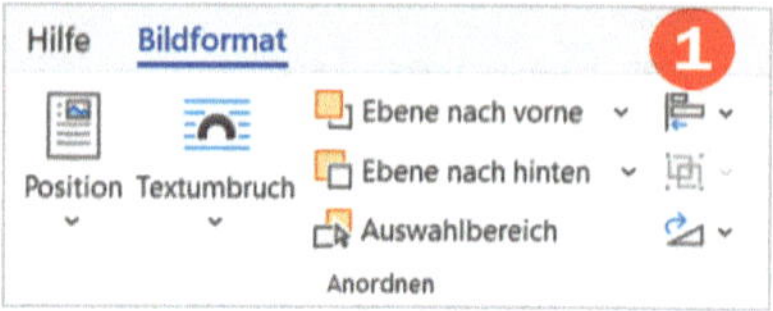

1. Dazu klicken Sie in das Bild und dann im Menüband auf das Register *Bildformat*.

2. Klicken Sie in der Gruppe *Anordnen* auf das Symbol *Ausrichten* ❶ und hier auf *Ausrichtungslinien verwenden* ❷.

   Achtung: Falls sich davor ein Häkchen befindet, wie hier im Bild, so sind diese bereits aktiviert und ein weiterer Klick schaltet die Ausrichtungslinien aus.

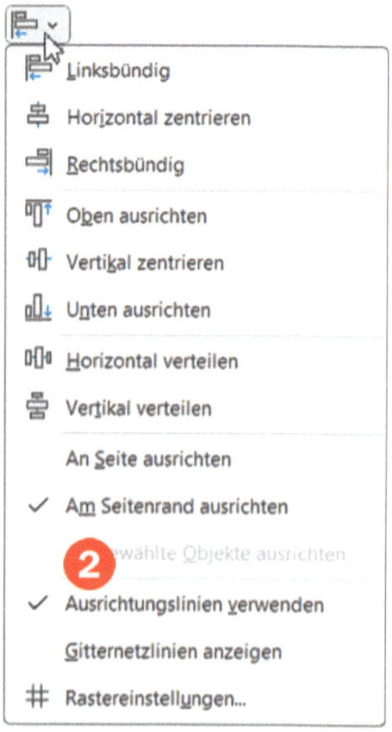

Die Ausrichtungslinien bleiben auch für alle übrigen Dokumente aktiviert, müssen also nicht jedes Mal erneut aktiviert werden.

Weitere Umbrucharten

Das Symbol *Layoutoptionen* hält noch weitere Möglichkeiten bereit:

Quadrat: Der Text fließt in Rechteckform um das Bild. Dies ist die häufigste Art des Textumbruchs.

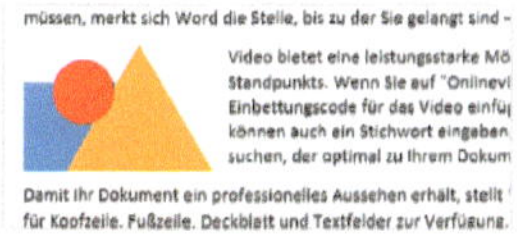

Eng / Transparent: Bei entsprechender Grafik passt sich der Text den Konturen an.

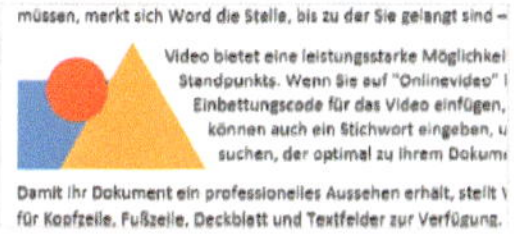

Oben und Unten: Der Text umfließt das Bild nur ober- und unterhalb. Im Gegensatz zur Einstellung *Mit Text in Zeile* wird das Bild aber nicht als Text behandelt.

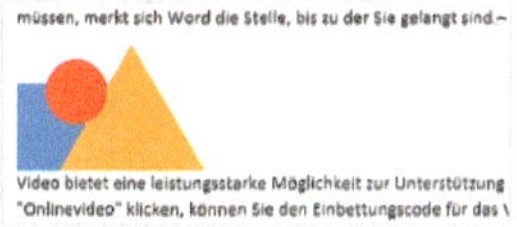

Hinter den Text: Die Grafik wird hinter den Text gelegt und beim Verschieben des Bildes erfolgt kein Textumbruch. Zur besseren Lesbarkeit sollten in diesem Fall Helligkeit und Farbe der Grafik entsprechend geändert werden.

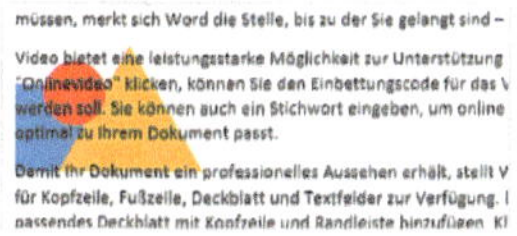

Vor den Text: Die Grafik wird über den Text gelegt. Beim Verschieben des Bildes erfolgt kein Textumbruch, daher kann Text unter Umständen verdeckt werden. Diese Einstellung eignet sich in Dokumenten mit ausreichend freiem Platz.

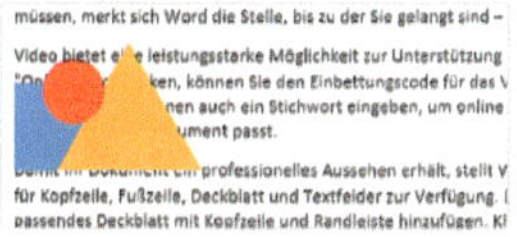

Tipps zur Wahl der Umbruchart

- Soll der Text das Bild umfließen, dann wählen Sie *Quadrat*.
- Wenn im Dokument ausreichend freier Platz zur Verfügung steht, z. B. bei der Gestaltung einer Grußkarte, dann wählen Sie am besten *Vor den Text*. Diese Einstellung sorgt dafür, dass beim Verschieben des Bildes kein Textumbruch erfolgt und somit die Position des Dokumenttextes unverändert bleibt, allerdings müssen Sie selbst dafür sorgen, dass kein Text durch das Bild verdeckt wird.
- *Hinter den Text* erzeugt ebenfalls keinen Textumbruch, kann aber die Lesbarkeit des Textes beeinträchtigen. Zudem lässt sich ein Bild, das hinter dem Text liegt, nachträglich nur schwer markieren.

  Tipp: In diesem Fall klicken Sie im Menüband, Register *Start* auf *Markieren* und auf *Objekte auswählen*. **Achtung:** Die Objektauswahl muss anschließend auf demselben Weg wieder deaktiviert werden!

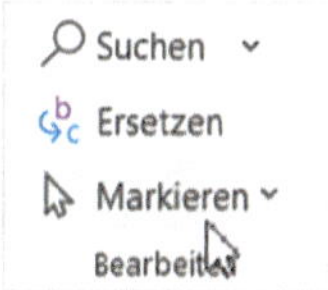

Bild drehen

Bild frei mit der Maus drehen

Zeigen Sie mit der Maus auf den gebogenen Pfeil oberhalb des markierten Bildes und bewegen Sie die Maus mit gleichzeitig gedrückter linker Maustaste je nach gewünschter Richtung nach rechts oder links.

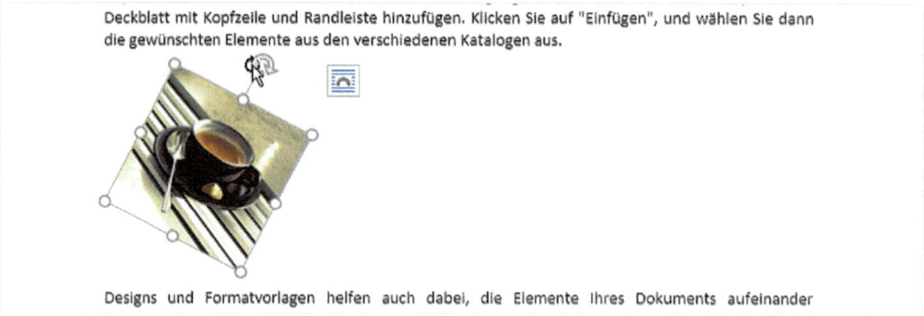

Bild exakt um 90 Grad drehen oder spiegeln

1 Klicken Sie in das Bild und danach im Menüband auf das Register *Bildformat* ❶.

2 Klicken Sie in der Gruppe *Anordnen* auf das Symbol *Objekte drehen* ❷ und auf die gewünschte Drehung. Beim Zeigen erhalten Sie im Dokument am markierten Bild eine Vorschau, als Beispiel im Bild unten eine *Linksdrehung um 90 Grad*.

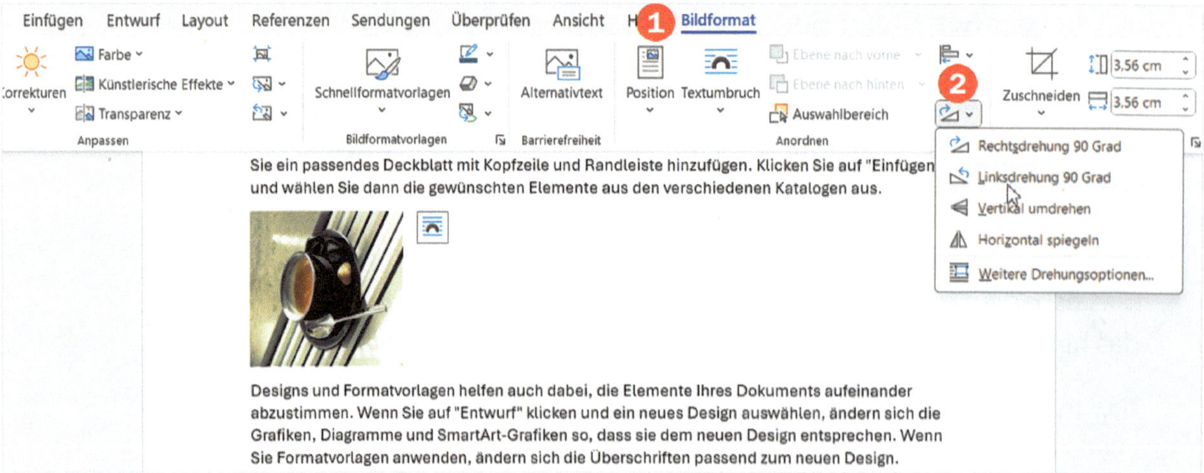

Bildbereiche entfernen, Bild zuschneiden

Wenn Sie Teile des Bildes entfernen möchten, dann gehen Sie so vor:

1 Klicken Sie in das Bild und im Menüband auf das Register *Bildformat* ❶.

2 Klicken Sie auf *Zuschneiden* ❷ und nochmals auf *Zuschneiden* ❸.

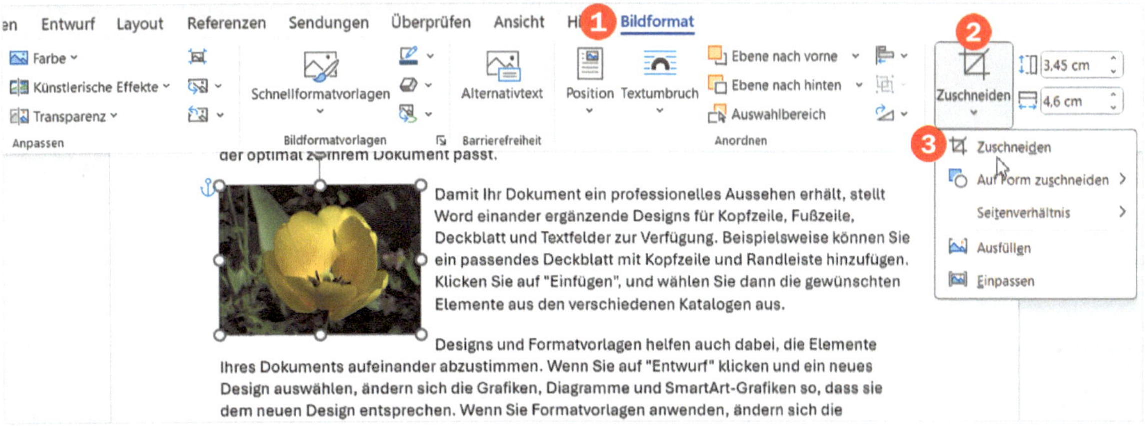

3 Am Bild erscheinen Zuschneidemarken ❹: Zum Abschneiden eines Bildbereichs verschieben Sie nun mit gedrückter linker Maustaste die entsprechende Marke:

Um im Bild unten die Bereiche links und rechts abzuschneiden, verschieben Sie nacheinander die linke ❺ und rechte Marke ❻ an die gewünschte Position.

4 Zeigen Sie dagegen in das Bild, so erscheinen am Mauszeiger vier Richtungspfeile ❼ und Sie können mit der Maus den verbleibenden Bildbereich verschieben.

5 Um die weggeschnittenen Bereiche zu entfernen ❽, klicken Sie an eine beliebige Stelle im Text.

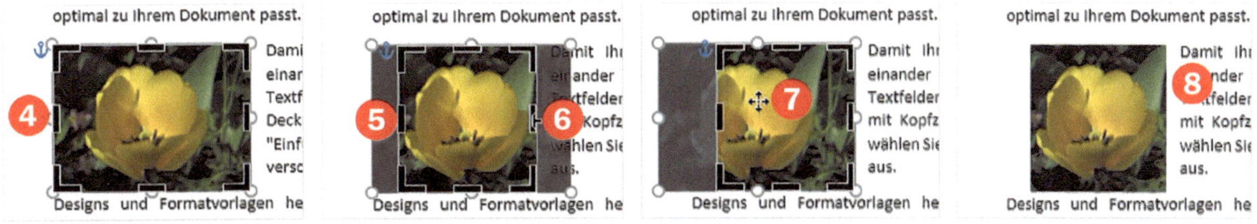

Ein Bild mit Rahmen und grafischen Effekten versehen

Sobald ein Bild markiert ist, erscheint im Menüband das Register *Bildformat* mit verschiedenen Formatierungsmöglichkeiten.

Schnelle Gestaltung mit Rahmenvorlagen

In der Gruppe *Bildformatvorlagen* hält Word einen Katalog verschiedenster Rahmen und Rahmeneffekte zur schnellen Gestaltung bereit.

1 Klicken Sie in das Bild ❶ und im Menüband auf das Register *Bildformat* ❷.

2 Klicken Sie in der Gruppe *Bildformatvorlagen* auf das Symbol ▿ ❸, um den gesamten Katalog anzuzeigen ❹.

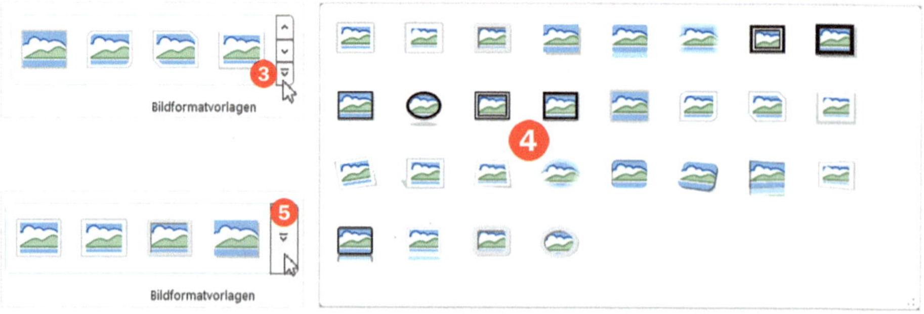

Hinweis: In den meisten Office-Versionen finden Sie bei den Schnellformatvorlagen drei Pfeile. Der untere ❸ öffnet den Katalog, während die beiden anderen zeilenweise blättern.

Microsoft 365 bietet nur noch den Pfeil zum Öffnen an ❺.

3 Sie sehen im Dokument am markierten Bild eine Vorschau, wenn Sie auf einen Rahmen zeigen. Erst durch Anklicken wird ein Rahmen in das Dokument übernommen.

Einfache Rahmenlinien

Wünschen Sie dagegen nur eine einfache Rahmenlinie um das Bild und/ oder einen Schatteneffekt, dann gehen Sie so vor:

1 Klicken Sie in das Bild und im Menüband, Register *Bildformat* auf *Bildrahmen* ❶.

2 Klicken Sie auf die gewünschte Farbe ❷.

- Falls Sie eine dickere oder dünnere Linie wünschen, können Sie zusätzlich die Linienstärke mit Klick auf *Stärke* ❸ ändern, z. B. auf 1 ½ Punkt wie im Bild unten. Über *Striche* kann eine andere Linienart, z. B. gepunktet, ausgewählt werden.
- **Rahmen entfernen:** Wählen Sie *Keine Kontur* ❹.

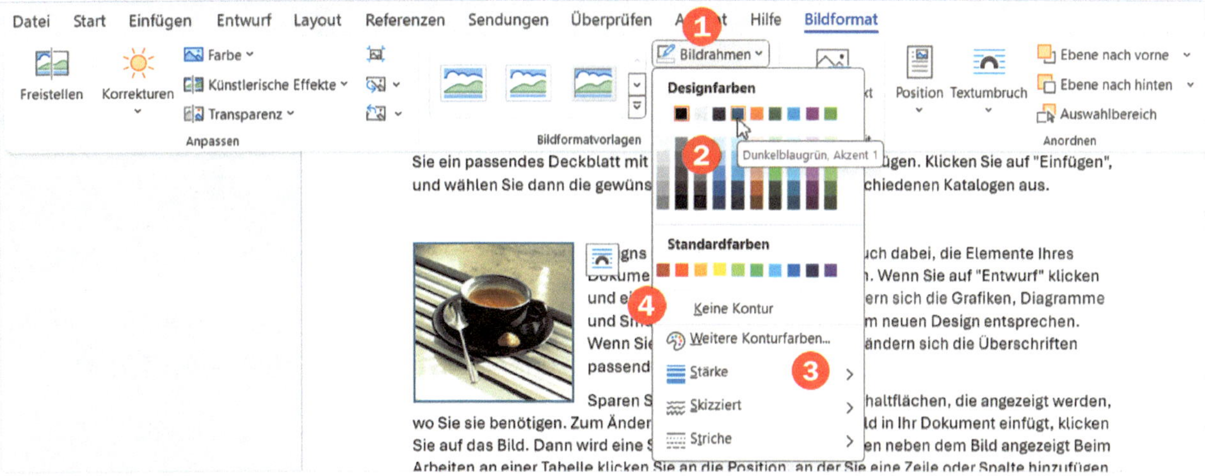

Eigene Rahmeneffekte zusammenstellen

Wenn Sie statt der Bildformatvorlagen, siehe vorhergehende Seite, eigene Effekte zusammenstellen möchten, dann finden Sie mit Klick auf *Bildeffekte* einen umfangreichen Katalog von Schatten-, Spiegelungs-, Kanten- und Abschrägungseffekten, aus denen Sie Ihren eigenen Rahmen zusammenstellen können.

Beispiel: Bild mit einem Schatteneffekt versehen

1 Klicken Sie in das Bild und im Menüband auf *Bildeffekte*. Es öffnet sich eine Liste verschiedener Effektarten, klicken Sie auf *Schatten*.

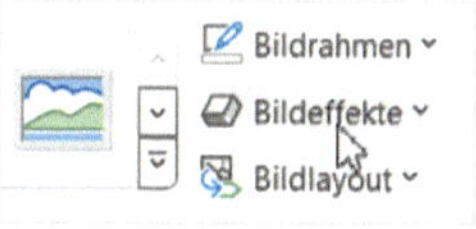

2 Rechts davon erscheint eine Liste mit Schatteneffekten. Wie üblich erhalten Sie beim Zeigen am markierten Bild eine Vorschau. Klicken Sie unter *Außen* auf die Einstellung *Offset* (Versetzt) *unten rechts*.

Schatten entfernen: Klicken Sie auf *Bildeffekte*, danach auf *Schatten* und wählen Sie *Kein Schatten*.

Alle Formatierungen entfernen, Bild zurücksetzen

Mit dem Symbol *Bild zurücksetzen* können Sie von einem Bild sämtliche vorgenommenen Formatierungen, z. B. Rahmeneffekte, entfernen.

1 Klicken Sie in das Bild und im Menüband auf das Register *Bildformat* ❶.

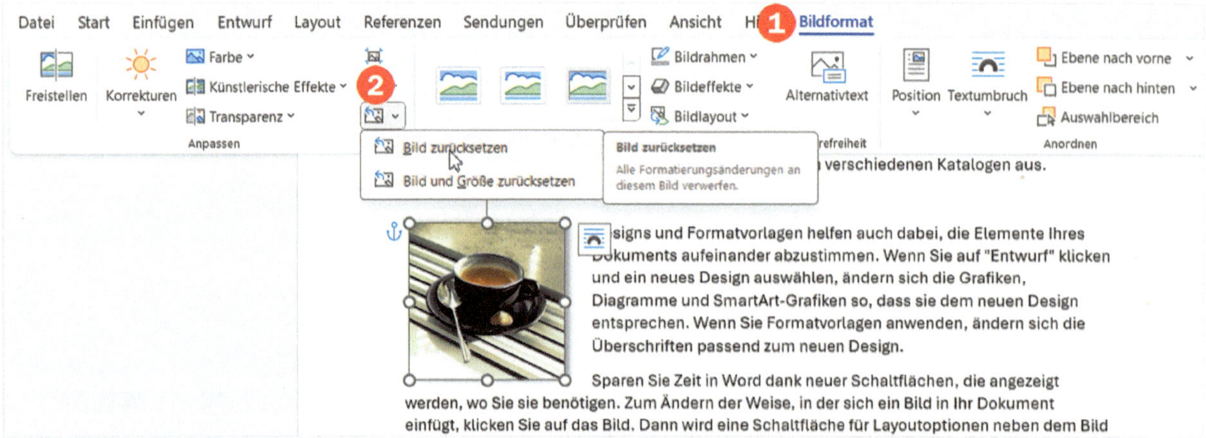

2 Klicken Sie auf den Pfeil des Symbols *Bild zurücksetzen* ❷ (Bild auf der vorherigen Seite) und wählen Sie eine der beiden Optionen:

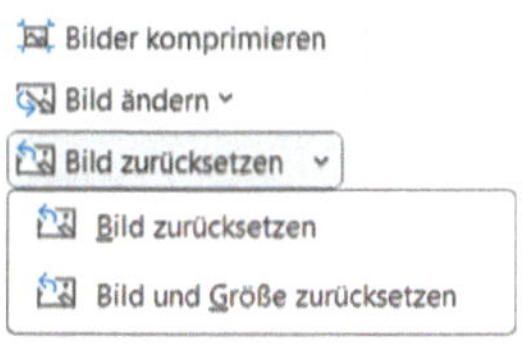

- *Bild zurücksetzen* entfernt sämtliche Formatierungen, also z. B. Rahmenlinien und sonstige Effekte, dazu gehören auch Bildkorrekturen, Farbänderungen und künstlerische Bildeffekte, die weiter unten beschrieben werden. Größe und Textumbruch bleiben dagegen erhalten.
- *Bild und Größe zurücksetzen* bedeutet, sämtliche Formatierungen werden entfernt, sowie alle Größenänderungen, die Sie nach dem letzten Speichern vorgenommen haben. Der Textumbruch bleibt dagegen erhalten.

Ein anderes Bild wählen

Wenn Sie nachträglich ein bereits fertig gestaltetes Bild durch ein anderes ersetzen, aber Größe, Textumbruch und alle Formate beibehalten möchten, dann benutzen Sie hierzu im Menüband, Register *Bildformat*, Gruppe *Anpassen*, das Symbol *Bild ändern*.

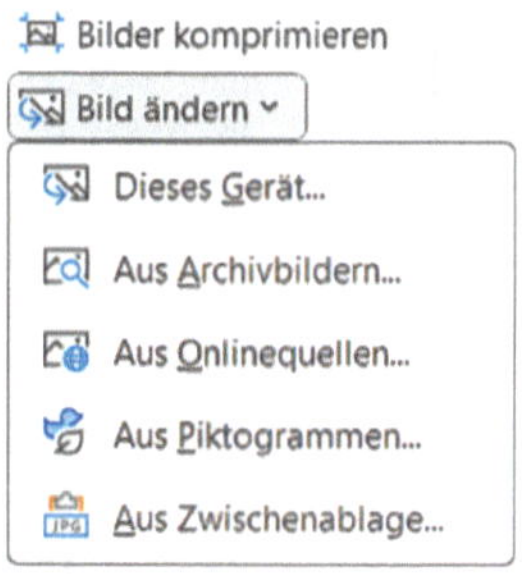

☛ Klicken Sie in das Bild, das Sie ändern möchten, danach auf *Bild ändern* und wählen Sie die gewünschte Quelle, z. B. *Aus Datei...* Anschließend gehen Sie wie beim Einfügen eines Bildes von diesem Gerät (siehe Seite 133) oder eines Archivbildes (Seite 148) vor.

Bildgröße und alle Bildformate, z. B. Rahmen oder Schatten bleiben erhalten.

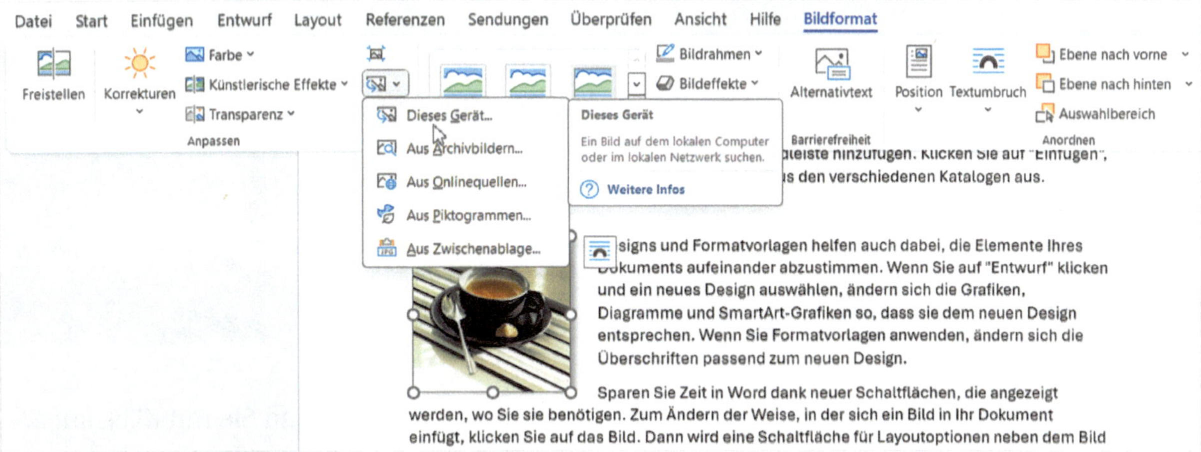

Bildbearbeitung mit Word

Word verfügt auch über einige einfache Bildbearbeitungsfunktionen, z. B. Korrekturen von Schärfe, Helligkeit und Kontrast. Die Symbole dazu finden Sie im Menüband, Register *Bildformat* in der Gruppe *Anpassen*.

Beispiel: Ein dunkel geratenes Bild aufhellen

Klicken Sie in das Bild und auf *Korrekturen* ❶. Wählen Sie dann unter *Helligkeit/Kontrast* die gewünschte Helligkeits- und Kontraststufe aus, z. B. *Helligkeit: +20 % Kontrast +20%* ❷ wie im Bild unten.

Hier das Ergebnis: Links das Original, in der Mitte Helligkeit und Kontrast je +20 % und rechts ein Weichzeichnereffekt (50 %).

Hinweis: Alle genannten Bildbearbeitungen können Sie mit Klick auf *Bild zurücksetzen* schnell wieder entfernen, siehe Seite 144.

Farben ändern und künstlerische Effekte

- Über das Symbol *Farbe* können Sie unter anderem die *Farbsättigung* und den *Farbton* ändern oder unter *Neu einfärben* z. B. einen Sepia-Effekt oder Graustufen auswählen.
- Weitere Effekte, z. B. Weichzeichnen, Körnung oder Wasserfarben, erhalten Sie, wenn Sie auf *Künstlerische Effekte* klicken.

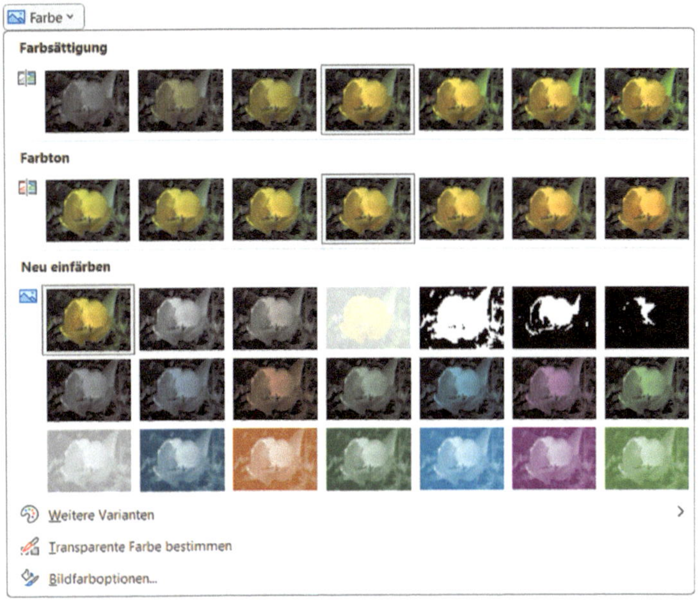

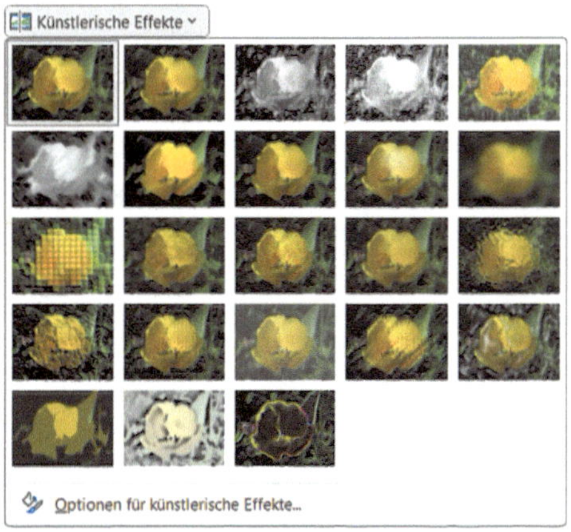

Bildhintergrund entfernen

Mit *Freistellen* können Sie den Hintergrund eines Bildes entfernen:

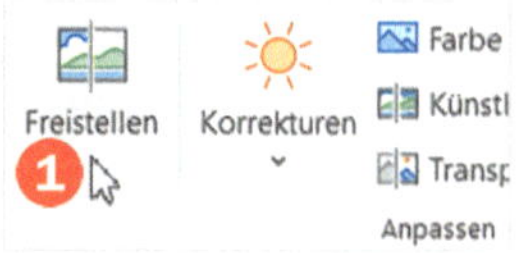

1 Klicken Sie in das Bild und auf *Freistellen* ❶. Klicken Sie auf *Zu entfernende Bereiche markieren* ❷ und im Bild auf den Hintergrund ❸.

2 Klicken Sie auf *Änderungen beibehalten* ❹, rechts das Ergebnis.

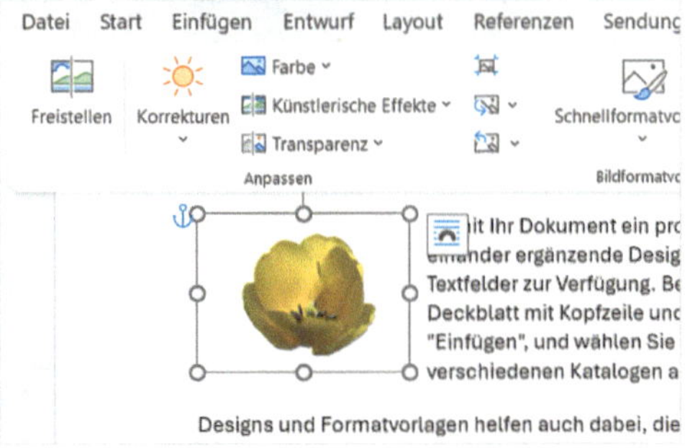

Erst ab Office 2021 verfügbar!

Die Sammlung Archivbilder

Wenn Sie statt Ihrer eigenen Fotos ein professionelles Bild verwenden möchten, dann können Sie mit Office 2021/2024 und Microsoft 365 auf die kostenlose Sammlung Archivbilder zurückgreifen, so geht's:

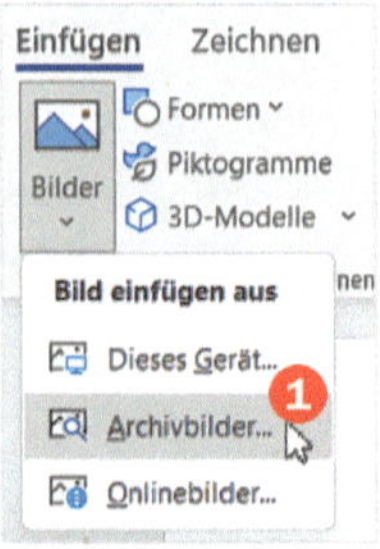

1. Positionieren Sie den Cursor am Beginn eines leeren Absatzes.
2. Klicken Sie im Menüband auf das Register *Einfügen*, danach in der Gruppe *Illustrationen* auf *Bilder* und wählen Sie *Archivbilder...* ❶.
3. Das Fenster *Archivbilder* öffnet sich. Klicken Sie entweder auf eine Kategorie ❷, z. B. *Feier* oder *Reisen*, um die dazugehörigen Bilder anzuzeigen. Weitere Kategorien erhalten Sie mit Klick auf die Pfeile ❸. Oder geben Sie hier ❹ einen Suchbegriff ein.
4. Klicken Sie auf das gewünschte Bild, dieses ist nun in der rechten oberen Ecke mit einem Häkchen versehen ❺.
5. Klicken Sie zuletzt auf die Schaltfläche *Einfügen* ❻.

   Tipp: Sie können nacheinander auch mehrere Bilder anklicken; zum Entfernen des Häkchens klicken Sie erneut in das Bild. Die Schaltfläche *Einfügen* zeigt die Anzahl der ausgewählten Bilder an.

Info: Archivbilder dürfen lt. Microsoft in Office-Dokumenten, also Word-Dokumenten, Excel-Tabellenblättern und PowerPoint-Präsentationen unter Angabe der Bildquelle frei verwendet werden. Nicht erlaubt ist dagegen die Verwendung in anderen Apps und Webseiten.

Tipp: Sie finden in der Sammlung Archivbilder noch weitere Bildtypen, z. B. *Ausgeschnittene Personen* oder *Cartoon-Menschen*, die Sie über die obere Leiste ❼ auswählen können. Wie Sie Piktogramme verwenden, erfahren Sie im nächsten Punkt.

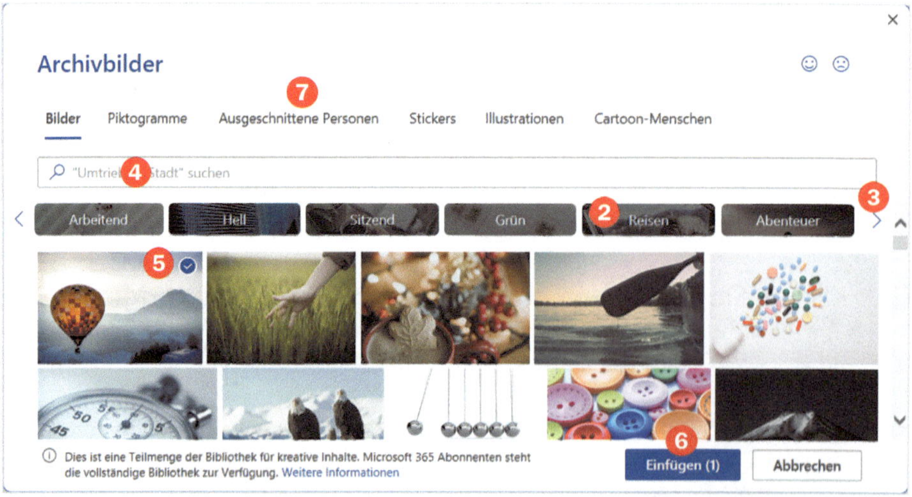

Hinweis: In älteren Office-Versionen finden Sie statt der Archivbilder nur die Option *Onlinebilder* vor. Deren Auswahl erfolgt ähnlich, allerdings sollten Sie bei der Verwendung unbedingt das Urheberrecht beachten.

Ein Piktogramm einfügen

Seit Office 2019 ist eine Sammlung von Piktogrammen verfügbar, die Sie wie Bilder in ein Dokument einfügen können.

1 Zum Einfügen setzen Sie den Cursor an den Beginn eines neuen Absatzes und klicken im Menüband auf das Register *Einfügen*.

2 Klicken Sie in der Gruppe *Illustrationen* auf *Piktogramme*. Das Fenster *Archivbilder* öffnet sich mit der Auswahl *Piktogramme*.

3 Klicken Sie auf eine Kategorie, z. B. *Tiere* oder *Medizin* ❶, um die dazugehörigen Piktogramme anzuzeigen. Oder geben Sie hier ❷ einen Suchbegriff ein.

4 Klicken Sie auf das Symbol, das Sie einfügen möchten, dieses erhält ein kleines Häkchen ❸. Sie können auch gleich mehrere Symbole durch Anklicken auswählen. Ein Klick auf ein bereits ausgewähltes Symbol entfernt das Häkchen wieder.

5 Klicken Sie auf die Schaltfläche *Einfügen* ❹. Falls mehrere Symbole ausgewählt wurden, sehen Sie hier deren Anzahl in Klammern.

Hinweis: Sie finden in der Gruppe *Illustrationen* auch noch Symbole zum Einfügen von *SmartArt* und *3D-Modellen*. Wie Sie diese einfügen und verwenden, lesen Sie im Kapitel PowerPoint nach.

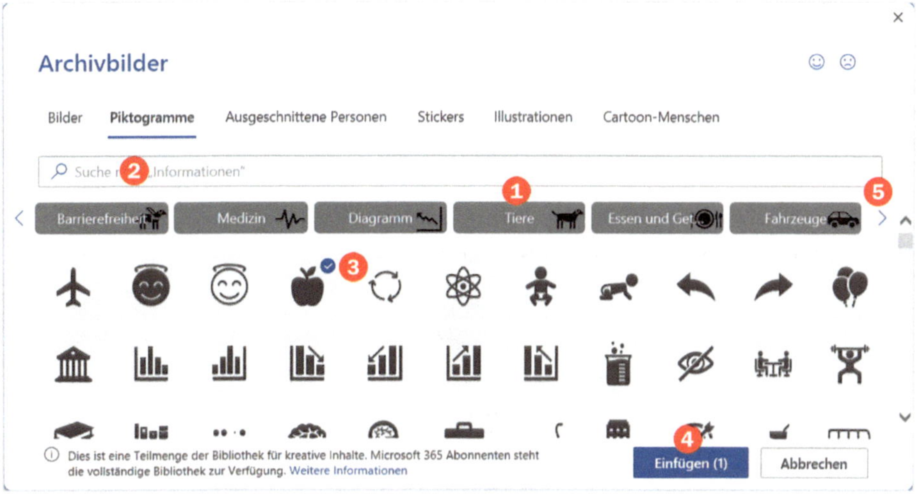

Benutzen Sie die Pfeile ❺, um durch die Kategorien zu blättern.

Die weitere Vorgehensweise bei der Größenänderung und Positionierung im Dokument (Symbol *Layoutoptionen*) unterscheidet sich nicht von Bildern, siehe Seite 135 ff.

Piktogramm einfärben

Andere Füllfarbe wählen

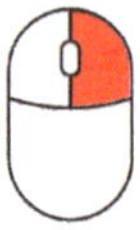

1 Klicken Sie mit der **rechten** Maustaste in das Piktogramm ❶ und auf *Füllung* ❷.

2 Es erscheint das Feld mit den Designfarben ❸, das Sie bereits von den Schrift- oder Rahmenfarben her kennen. Klicken Sie auf die gewünschte Farbe.

Wie Sie das Piktogramm statt mit der rechten Maustaste über Symbole im Menüband bearbeiten, lesen Sie auf der nächsten Seite.

Hinweise: Wenn Sie weitere Farben zur Auswahl benötigen, dann klicken Sie auf *Weitere Farben...* Falls nur die Konturen sichtbar sein sollen, siehe weiter unten, dann entfernen Sie die Füllfarbe, indem Sie auf *Keine Füllung* klicken ❹.

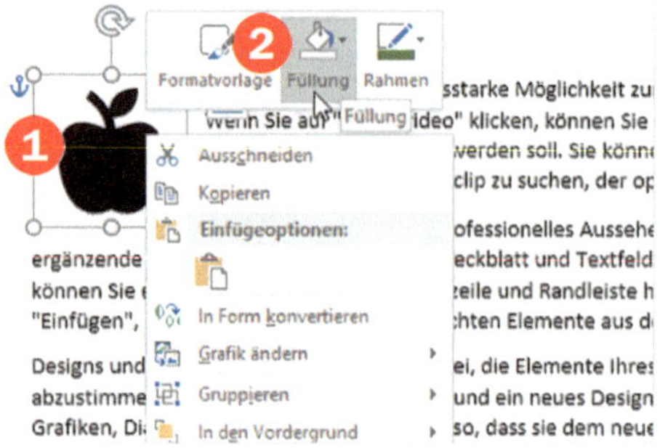

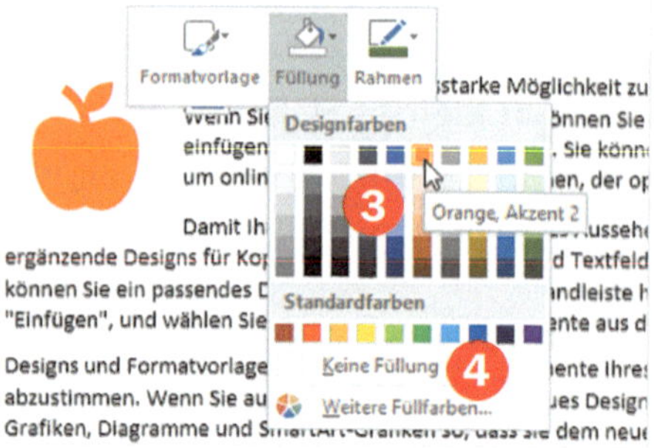

Nur farbige Konturen anzeigen

Wenn Sie statt der Füllfarbe oder zusätzlich farbige Konturen möchten, dann klicken Sie mit der **rechten** Maustaste in das Piktogramm und auf *Rahmen* ❶. Klicken Sie auf die gewünschte Farbe ❷, z. B. Grün. Die Linienstärke können Sie mit einem Klick auf *Stärke* ❸ ändern.

Damit allerdings, wie im Bild rechts, nur die Konturen sichtbar sind, müssen Sie noch die Füllfarbe entfernen. Dazu klicken Sie auf *Füllung* (siehe oben) und wählen hier *Keine Füllung*.

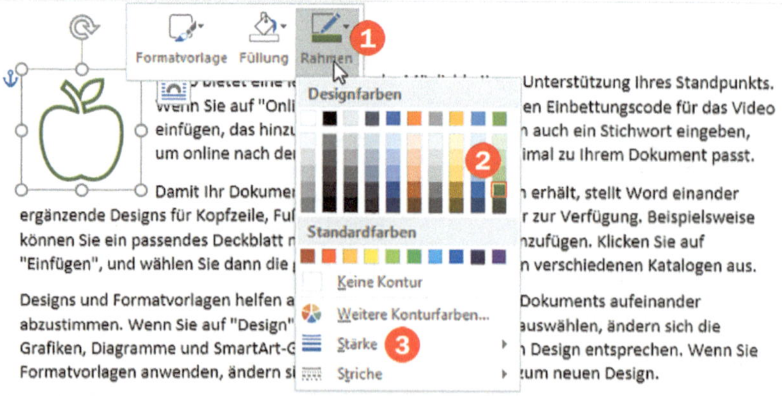

Fertige Vorlagen verwenden

Als dritte Möglichkeit können Sie zur Gestaltung des Piktogramms auch auf eine der fertigen Vorlagen zurückgreifen. Klicken Sie dazu mit der **rechten** Maustaste in das Bild und auf *Formatvorlage*.

Piktogramm im Register Grafikformat bearbeiten

Wenn ein Piktogramm markiert ist, erscheint im Menüband das zusätzliche Register *Grafikformat* ❶. Um Füllung und Kontur zu bearbeiten, können Sie statt mit der rechten Maustaste hier auf *Grafikfüllung* ❷, *Grafikkontur* ❸ oder eine der *Grafikformatvorlagen* ❹ klicken.

Hinweis: Ältere Versionen von Word beschriften die kontextbezogenen Register etwas anders. Dann lautet die Bezeichnung des Registers *Grafiktools – Format*.

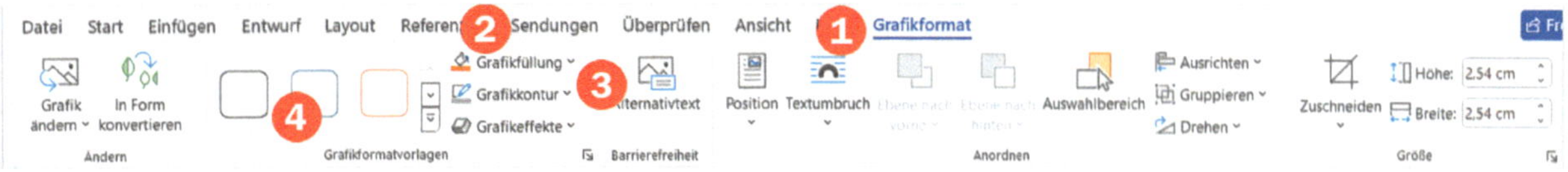

Tipp: Verschiedene Schatten- und Spiegelungseffekte erhalten Sie, wenn Sie auf *Grafikeffekte* klicken.

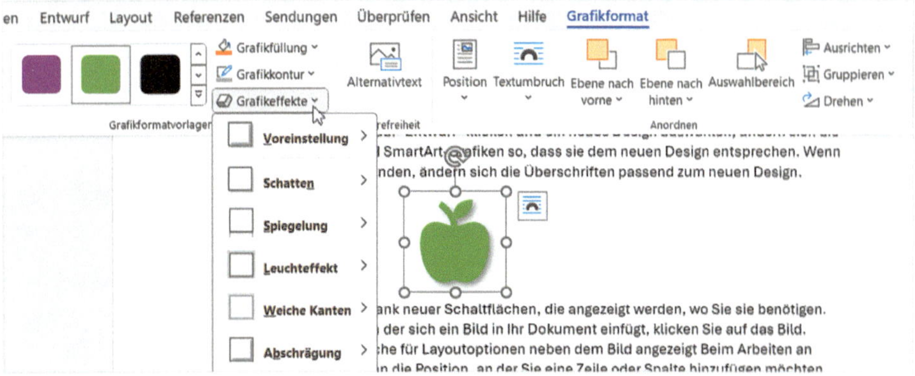

Grafische Formen einfügen und formatieren

Wenn Sie einfache grafische Formen wie Linien, Kreise, Rechtecke oder Pfeile einfügen möchten, dann beachten Sie, dass diese Formen durch Klicken oder Ziehen mit der Maus an jeder beliebigen Stelle im Dokument eingefügt werden können. Im Gegensatz zu Bildern spielt es also keine Rolle, wo sich die Einfügemarke gerade befindet.

1 Klicken Sie im Menüband auf das Register *Einfügen* ❶. Klicken Sie auf *Formen* ❷ und auf die gewünschte Form, als Beispiel im Bild unten ein Pfeil nach rechts ❸.

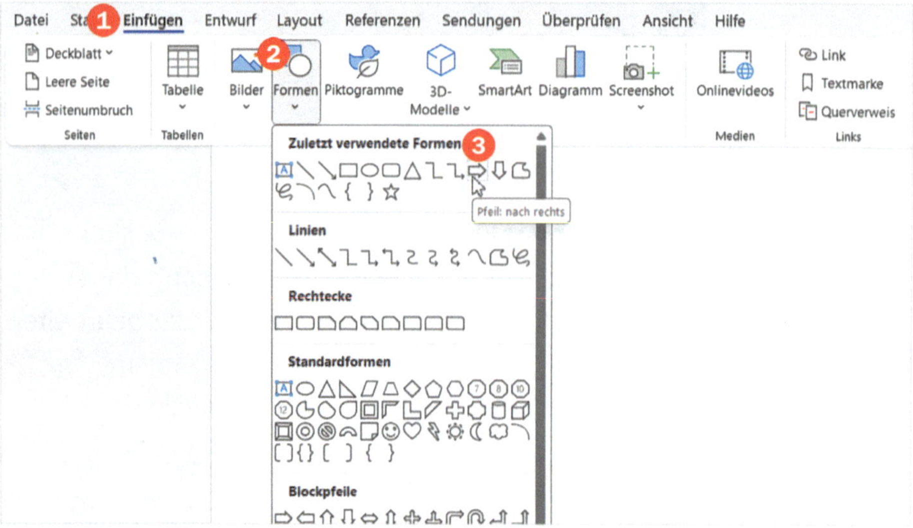

2 Klicken Sie zum Einfügen der Form im Dokument an die gewünschte Stelle. Gleichzeitig mit der eingefügten und markierten Form ❹ erscheint im Menüband das Register *Zeichentools-Format* ❺ mit Symbolen zur weiteren Bearbeitung.

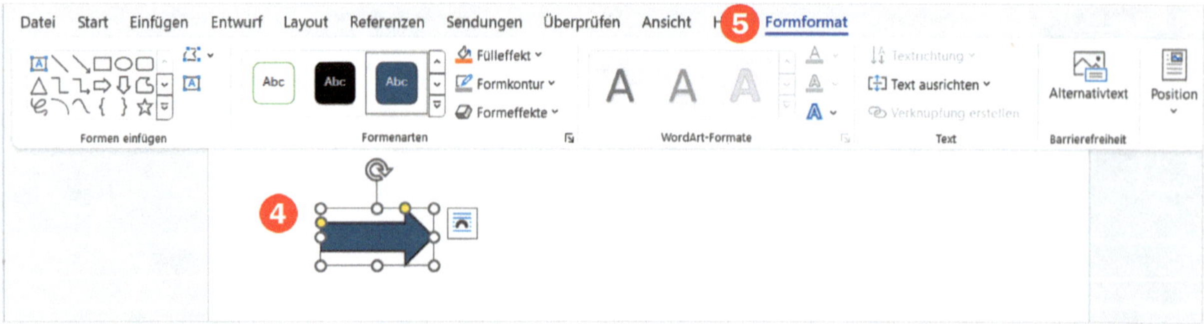

Alternative: Form mit der Maus aufziehen

Als Alternative zum Einfügen per Mausklick können Sie die ausgewählte Form durch Ziehen mit der Maus in beliebiger Größe und auch in einem anderen Seitenverhältnis einfügen.

1. Klicken Sie auf *Formen* und auf die gewünschte Form, hier wieder Pfeil nach rechts.
2. Zeigen Sie mit der Maus im Dokument an die gewünschte Stelle, drücken Sie die linke Maustaste und halten Sie die Taste gedrückt, während Sie durch Bewegen der Maus **diagonal** die Form bzw. hier den Pfeil aufziehen. Dabei nimmt der Mauszeiger die Form eines Fadenkreuzes an, siehe Bild unten.
3. Lassen Sie die Maustaste erst los, wenn die Form das gewünschte Aussehen hat.

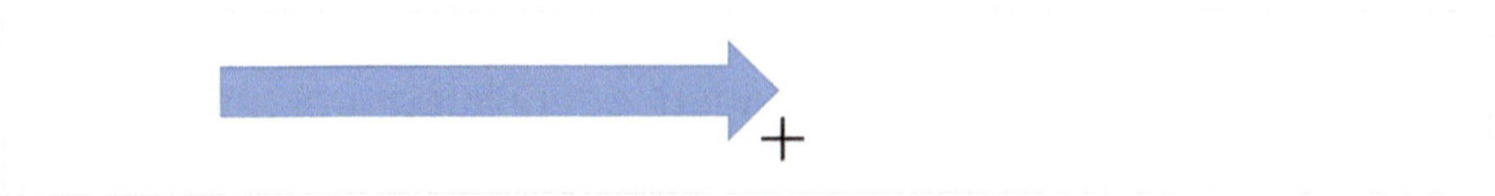

Form löschen:
Falls das Aufziehen nicht auf Anhieb klappt, dann löschen Sie die Form einfach wieder:

Klicken Sie zum Markieren auf die Form und betätigen Sie auf der Tastatur entweder die **Entf**-Taste oder die **Korrekturtaste**.

Größe und Proportionen nachträglich ändern

Um die Größe einer Form zu ändern, benutzen Sie wie bei Bildern die Markierungspunkte und ziehen diese in die gewünschte Richtung. Unabhängig vom verwendeten Markierungspunkt ❶ wird das Seitenverhältnis bei dieser Methode nicht beibehalten, Sie können also beispielsweise ein Rechteck (hier mit abgerundeten Ecken) verbreitern.

Tipp: Manche Formen, z. B. Blockpfeile oder Rechtecke mit abgerundeten Ecken, wie im Bild unten, weisen zusätzlich zu den Markierungspunkten noch einen gelben Punkt auf ❷. Wenn Sie diesen Punkt mit gedrückter Maustaste verschieben, ändern Sie damit die Rundung der Ecken ❸ bzw. den Winkel der Pfeilspitze.

Bei Blockpfeilen ändern Sie über den gelben Punkt die Pfeilspitze.

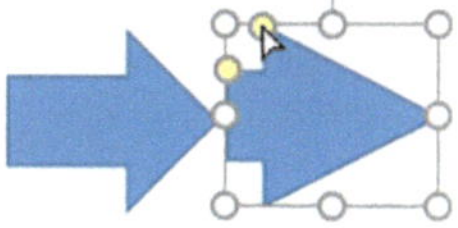

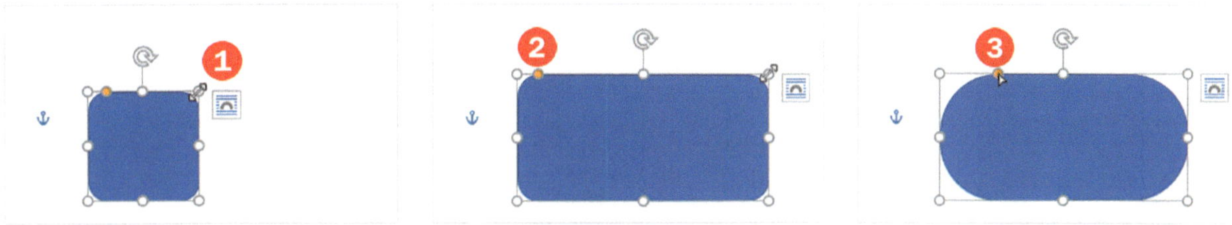

Tipp: Exakten Kreis zeichnen

Dieselbe Methode funktioniert auch bei einem Rechteck bzw. Quadrat oder einem Dreieck.

- Um einen exakten Kreis zu erhalten, klicken Sie auf *Formen*, wählen *Ellipse* und fügen die Form mit einem Mausklick ein.
- Oder klicken Sie auf die gewünschte Form, drücken danach die **Umschalt**-Taste der Tastatur und halten die Taste gedrückt, während Sie mit gedrückter Maustaste diagonal einen Kreis aufziehen.

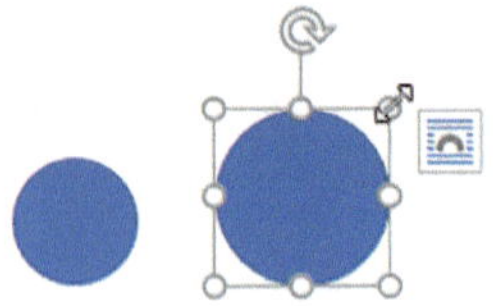

Seitenverhältnis beim Vergrößern und Verkleinern beibehalten
Damit bei nachträglichen Änderungen der Größe die Proportionen erhalten bleiben, dürfen Sie eine Form, z. B. einen Kreis, ausschließlich über die Eckpunkte vergrößern oder verkleinern und müssen außerdem gleichzeitig die **Umschalt**-Taste der Tastatur gedrückt halten.

Formen im Text platzieren

Formen werden im Gegensatz zu Bildern oder Piktogrammen so eingefügt, dass sie vor bzw. über dem Text liegen. Sie können also eine Form mit gedrückter linker Maustaste an jede beliebige Stelle im Dokument verschieben, ohne dass der vorhandene Text beeinflusst wird. Der Nachteil: Text kann verdeckt werden.

Siehe auch Positionieren von Bildern auf Seite 136.

1 Wenn der Text die Form umfließen soll, dann klicken Sie in die Form und danach auf das Symbol *Layoutoptionen* ❶ in der rechten oberen Ecke der Form.

2 Klicken Sie auf den Textumbruch *Quadrat* ❷ oder *Eng*.

Mit Textumbruch *Eng* passt sich der Text an die Konturen der Form an.

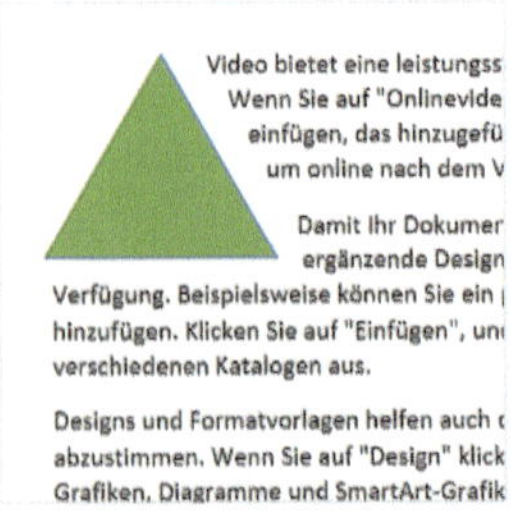

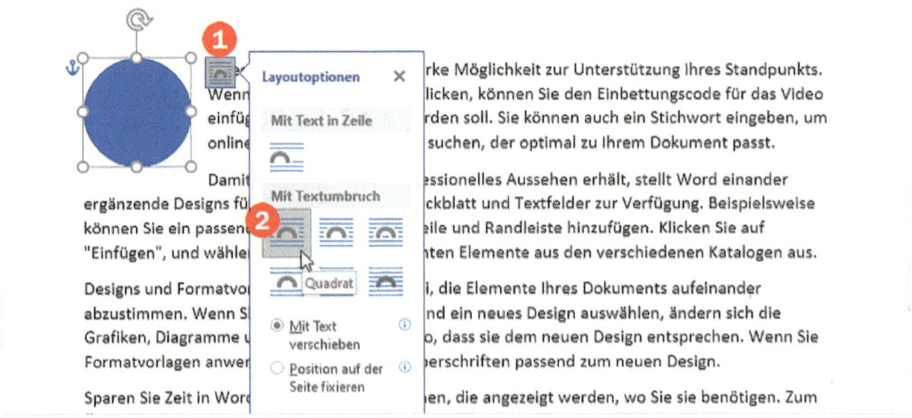

Füllfarbe, Konturen und sonstige Effekte

Zur weiteren Gestaltung von Formen klicken Sie in die Form und dann im Menüband auf das Register *Formformat*. Hier finden Sie die folgenden Möglichkeiten:

Ältere Word-Versionen verwenden für das Register die Bezeichnung *Format*.

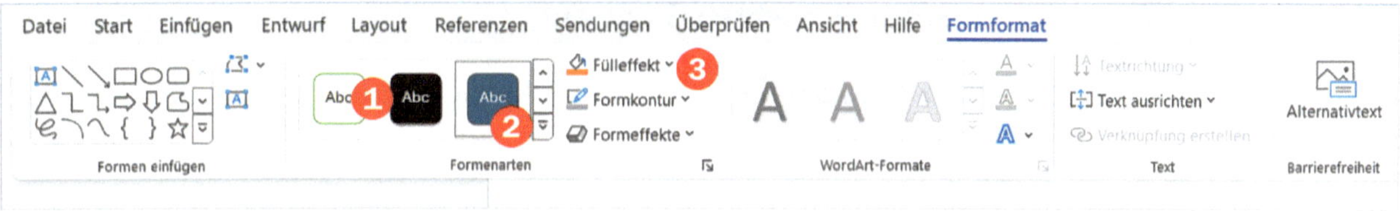

Schnelle Gestaltung mit Vorlagen

In der Gruppe *Formenarten* stellt Word verschiedene Schnellformate ❶ bereit. Am besten öffnen Sie mit Klick auf den Pfeil ⩡ ❷ den gesamten Katalog, im Bild unten ein kleiner Ausschnitt. Alle hier angebotenen Formate beruhen auf den aktuellen Designfarben und beim Zeigen sehen Sie an der markierten Form eine Vorschau.

Tipp: Mit Ausnahme der *Formeffekte* erhalten Sie dieselben Möglichkeiten auch, wenn Sie die Form mit der rechten Maustaste anklicken. Siehe Piktogramm auf Seite 150.

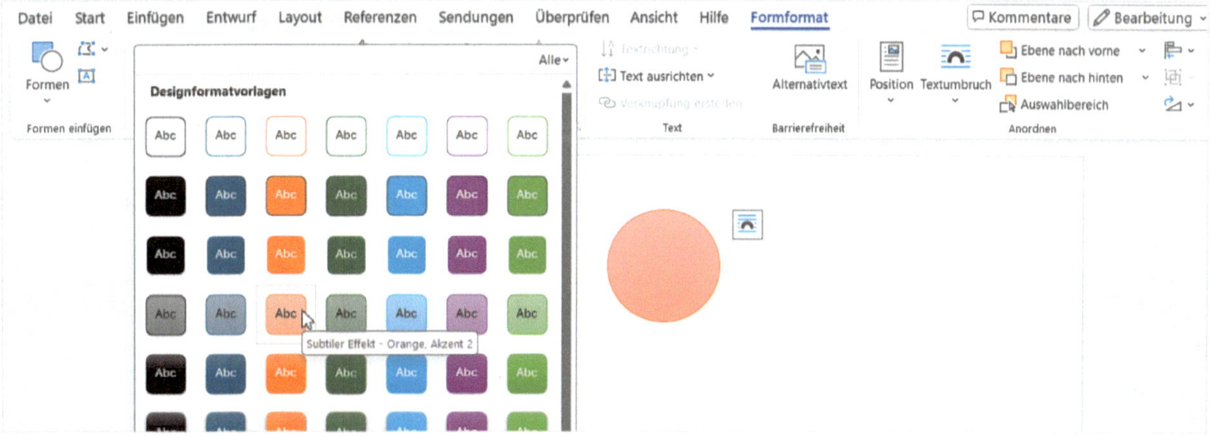

Formate selbst zusammenstellen

Wenn Sie das Aussehen der Form selbst gestalten möchten, dann verwenden Sie dazu die Symbole *Fülleffekt* ❸, *Formkontur* ❹ und *Formeffekte* ❺, siehe Bild ganz oben.

Beispiel Kreis gestalten: Als Beispiel wollen wir einen Kreis einfügen und diesen mit von oben nach unten verlaufender roter Füllfarbe und einem Spiegelungseffekt versehen, wie im Bild rechts.

1 Klicken Sie auf das Register *Einfügen*, hier auf *Formen* und danach auf *Ellipse*.

2 Klicken Sie im Dokument an die gewünschte Stelle oder ziehen Sie mit der Maus und gleichzeitig gedrückter **Umschalt**-Taste einen Kreis in der gewünschten Größe auf.

3 Markieren Sie den Kreis durch Anklicken und klicken Sie im Menüband im Register *Formformat* ❶ auf *Fülleffekt* ❷ und auf die Farbe Rot ❸.

4 Um einen Verlaufseffekt zu erhalten, klicken Sie nochmals auf *Fülleffekt* und auf *Farbverlauf* ❹. Wählen Sie hier die Variante *Linear oben* ❺.

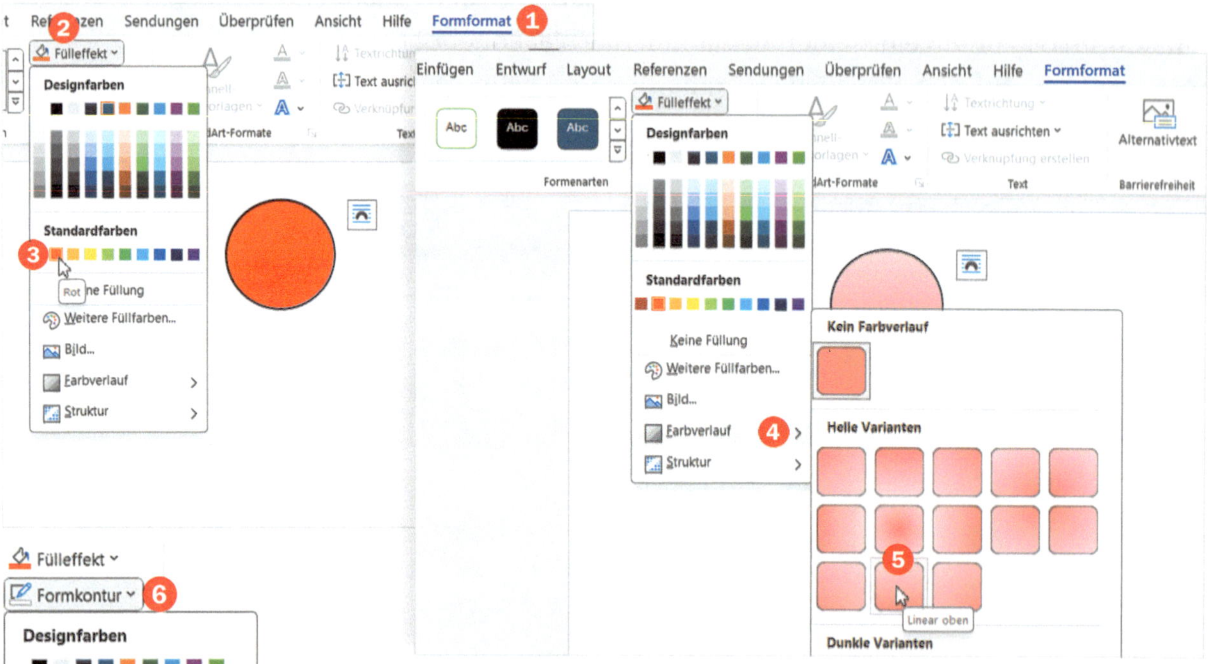

5 Im nächsten Schritt wird die Konturlinie entfernt: Klicken Sie auf *Formkontur* ❻ und auf *Keine Kontur* ❼.

6 Zuletzt fehlt noch der Spiegelungseffekt. Dazu klicken Sie im Register *Zeichentools-Format* auf *Formeffekte* ❽. Wählen Sie *Spiegelung* und klicken Sie hier auf die erste Variante links ❾.

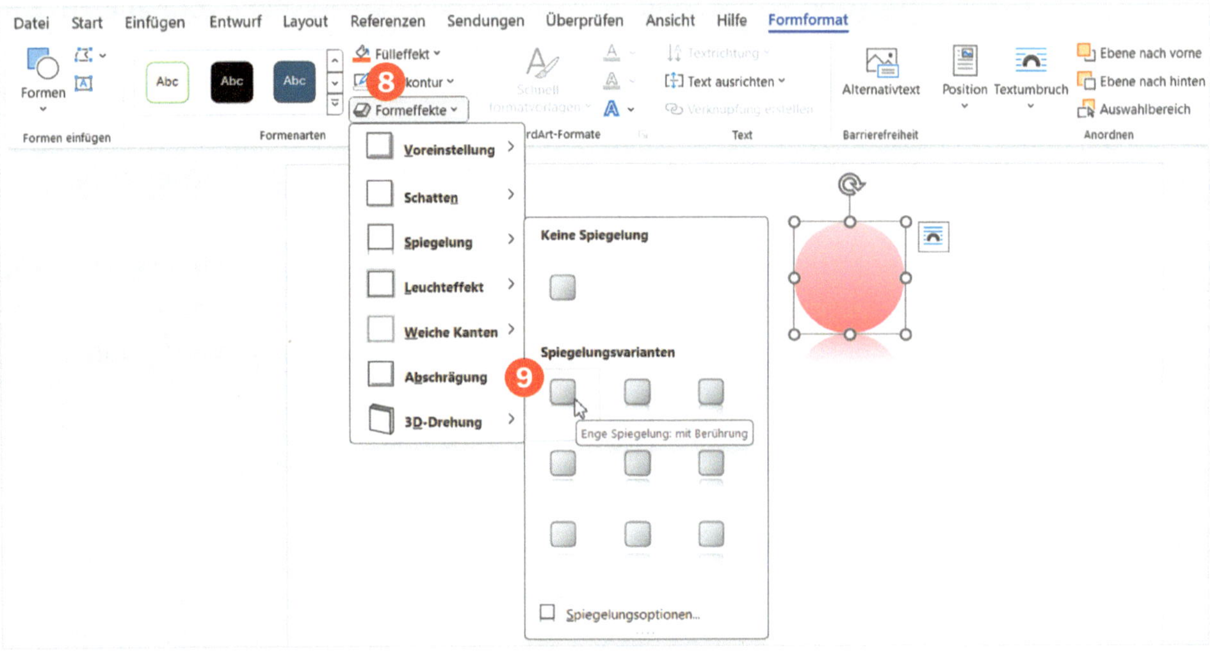

Formen beschriften

Statt oder zusätzlich zu den oben beschriebenen Formatierungsmöglichkeiten können Sie in jede Form auch Text einfügen.

1 Klicken Sie mit der **rechten** Maustaste in die Form, die Sie beschriften möchten, und wählen Sie *Text hinzufügen* ❶.

2 Die Einfügemarke erscheint in der Form. Geben Sie nun Ihren Text über die Tastatur ein ❷.

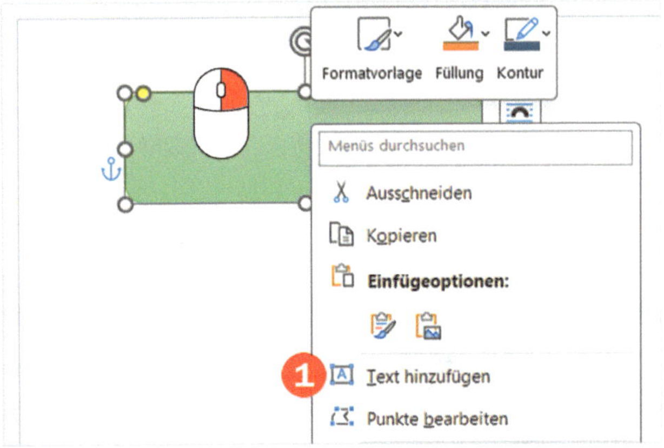

3 Den Text können Sie anschließend nach Belieben formatieren, z. B. in größerer Schrift und in der Mitte der Form ausgerichtet (*Zentriert*). Dazu lassen sich alle Schrift- und Absatzformate im Register *Start* verwenden.

Text mit besonderen Schrifteffekten versehen

Besondere Schrifteffekte im Fließtext haben Sie bereits auf Seite 108 kennengelernt. Diese stehen Ihnen für Formbeschriftungen auch im Register *Formformat* in der Gruppe *WordArt-Formate* zur Verfügung.

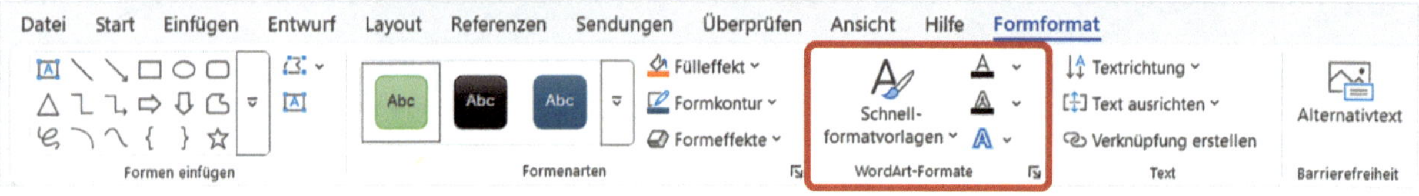

Achtung: Sämtliche Schrifteffekte und damit auch die WordArt-Formate gehören zu den Schriftformaten. Das bedeutet, Sie müssen zuvor die betreffenden Zeichen markieren.

Die Schnellformatvorlagen sind identisch mit den *Texteffekten* im Register *Start*. Da Texteffekte nur bei einer ausreichend großen Schrift zur Geltung kommen, sollten Sie als Schriftgröße mindestens 16 Pt. wählen.

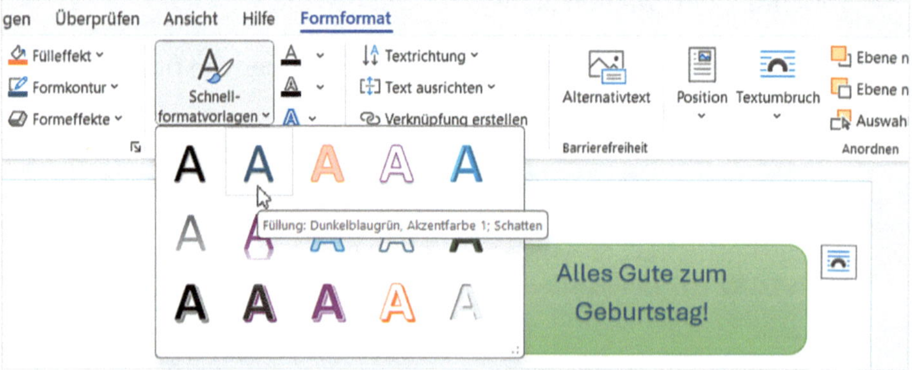

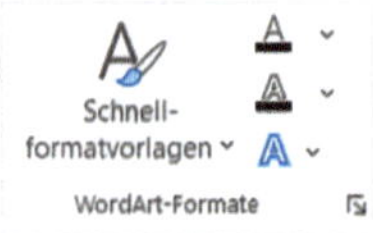

Zusätzlich können Sie hier mit den Symbolen *Textfüllung*, *Textkontur* und *Texteffekte* Ihre eigenen Schrifteffekte kreieren. Beachten Sie, dass Sie bei *Textfüllung* und *Textkontur* auf den Pfeil klicken müssen, um die gesamte Farbpalette zu öffnen. Die Möglichkeiten dieser Symbole unterscheiden sich kaum von denen zur Gestaltung von Formen, siehe Seite 155.

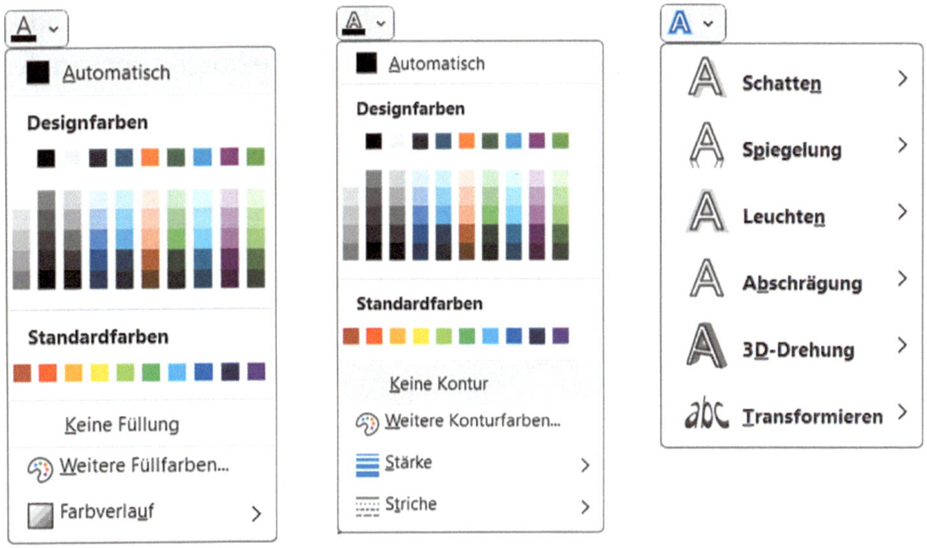

Tipp: Schrift verformen

Wenn Sie den Text verformen möchten, z. B. kreisförmig oder in Wellen, dann klicken Sie auf das Symbol *Texteffekte* und auf *Transformieren*. Im Bild unten als Beispiel Text in Dreiecksform. Allerdings ist bei einigen Transformationen der Text nur noch schwer lesbar.

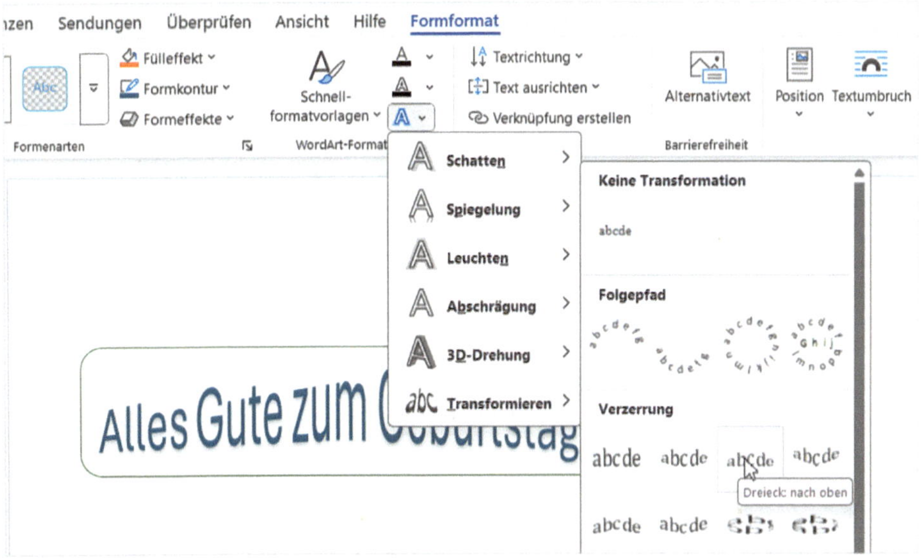

3.6 Text in Tabellen ausrichten

Um Text über zwei oder drei Zeilen hinweg in Spalten untereinander auszurichten, reicht es meist, wenn Sie die Abstände durch Drücken der Tabulator (**Tab**)-Taste erzeugen. Bei eingeblendeten Steuerzeichen ❶ sind die Tabulatorzeichen als Pfeile ❷ sichtbar, wie im Bild unten.

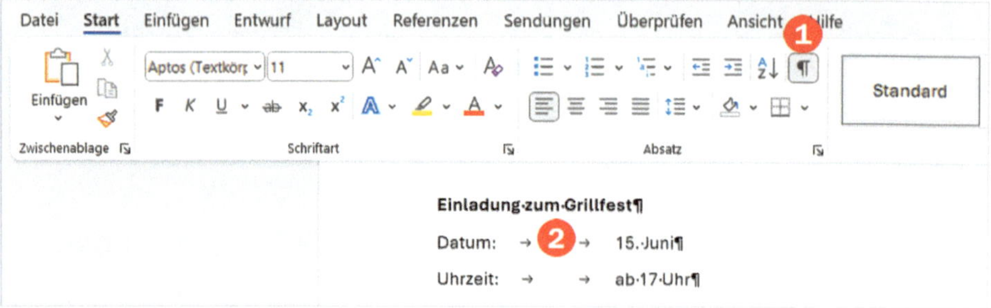

Tipp: Sie können Tabellen auch ohne Linien drucken, dadurch ist optisch kein Unterschied zu Tabulatoren erkennbar.

Wie Sie die Linien entfernen, lesen Sie auf Seite 180.

Tabellen haben gegenüber Tabulatorzeichen viele Vorteile:

- Spaltenbreite und Zeilenhöhe lassen sich mit der Maus ändern.
- Formatierungen, z. B. rechtsbündige Ausrichtung oder besondere Füllfarben, sind auch spaltenweise möglich.
- Innerhalb einer Tabellenzelle erfolgt ein automatischer Zeilenumbruch, es ist also auch mehrzeiliger Text möglich.

Tabelle einfügen

1 Setzen Sie die Einfügemarke an den Beginn eines neuen Absatzes und klicken Sie im Menüband auf das Register *Einfügen* ❶.

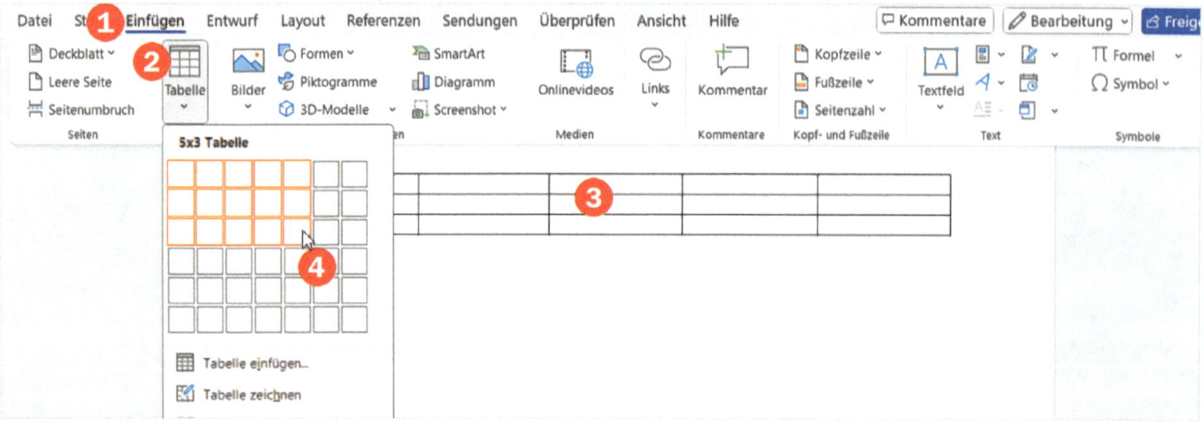

2 Klicken Sie auf *Tabelle* ❷ (Bild auf der vorherigen Seite).

3 Es öffnet sich ein Feld mit einem Raster, das die Zeilen und Spalten einer Tabelle symbolisiert. Bewegen Sie z. B. die Maus nach rechts über fünf Zellen, so sehen Sie im Dokument eine Vorschau auf eine Tabelle mit fünf Spalten ❸. Bewegen Sie die Maus nach unten, so erhält Ihre Tabelle die entsprechende Anzahl Zeilen.

4 Zum endgültigen Einfügen der Tabelle klicken Sie im Raster in die rechte untere Zelle ❹. Das oben abgebildete Beispiel erzeugt eine Tabelle mit fünf Spalten und drei Zeilen (*5x3 Tabelle*)

Überlegen Sie, wie viele Spalten Sie benötigen. Die Anzahl der Zeilen spielt hingegen nur eine untergeordnete Rolle, da weitere Zeilen während der Eingabe automatisch hinzugefügt werden. Fürs Erste genügen daher zwei oder drei Zeilen.

Die Breite der soeben eingefügten Tabelle ❶ (Bild unten) richtet sich nach dem verfügbaren Platz zwischen linkem und rechtem Seitenrand und alle Spalten sind zunächst gleich breit.

Wenn sich die Einfügemarke in der Tabelle befindet, wie im Bild unten ❷, dann sind im Menüband automatisch die beiden Register *Tabellenentwurf* ❸ und *Tabellenlayout* ❹ sichtbar. Hier finden Sie alle Befehle und Symbole zur weiteren Bearbeitung der Tabelle.

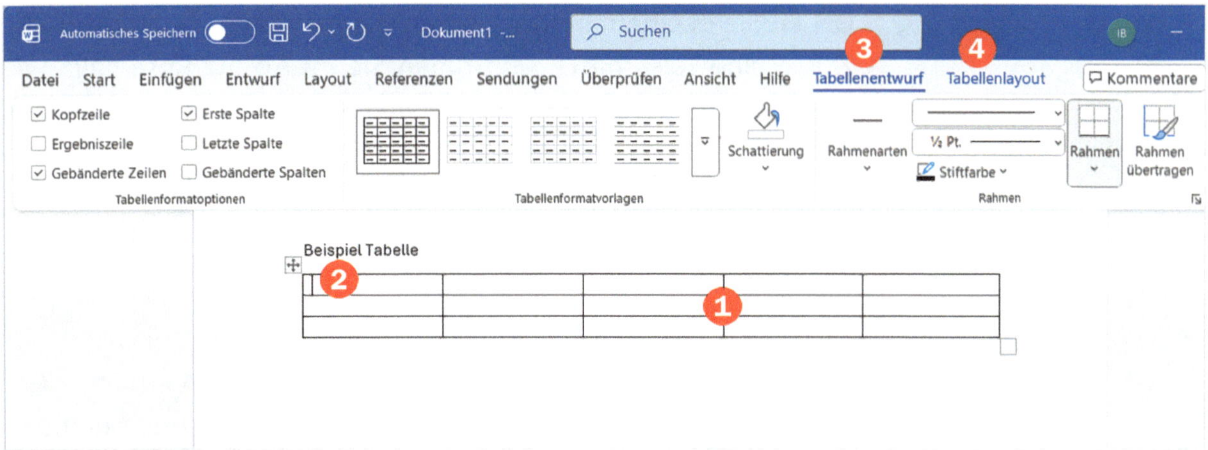

Text in Tabelle eingeben

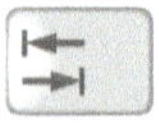

Unmittelbar nach dem Einfügen einer Tabelle befindet sich die Einfügemarke in der ersten Zelle oben links und Sie können mit der Texteingabe beginnen. Während der Eingabe benutzen Sie am besten die **Tab**-Taste, um schnell zur nächsten Zelle zu gelangen; außerdem können Sie am Ende der Tabelle mit der **Tab**-Taste weitere Tabellenzeilen anfügen.

So bewegen Sie die Einfügemarke während der Eingabe in die Tabelle

- **Nächste Zelle rechts daneben:** Drücken Sie die **Tab**-Taste.
- **An den Beginn der nächsten Tabellenzeile:** Drücken Sie am Ende der Tabellenzeile die **Tab**-Taste.
- **Neue Tabellenzeile anfügen:** Wenn Sie sich am Ende, d. h. in der letzten Spalte der letzten Tabellenzeile befinden, dann fügen Sie mit der **Tab**-Taste eine weitere Zeile an.

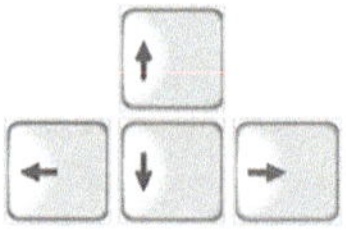

Hinweis: Um die Einfügemarke/Cursor in eine Zelle zu setzen, können Sie natürlich auch einfach mit der Maus in die Zelle klicken oder die Pfeiltasten der Tastatur verwenden. Beide Methoden eignen sich allerdings besser zum nachträglichen Bewegen in der Tabelle.

Beispiel Telefonliste als Tabelle erstellen

Als Beispiel erstellen wir eine kleine Telefonliste als Tabelle. Dazu benötigen wir drei Spalten: Name, Telefon und Bemerkung.

1 Geben Sie in einem neuen leeren Dokument eine Überschrift ein, z. B. Meine Telefonliste, und fügen Sie im Absatz unterhalb, wie oben beschrieben eine Tabelle mit drei Spalten und zwei Zeilen ein.

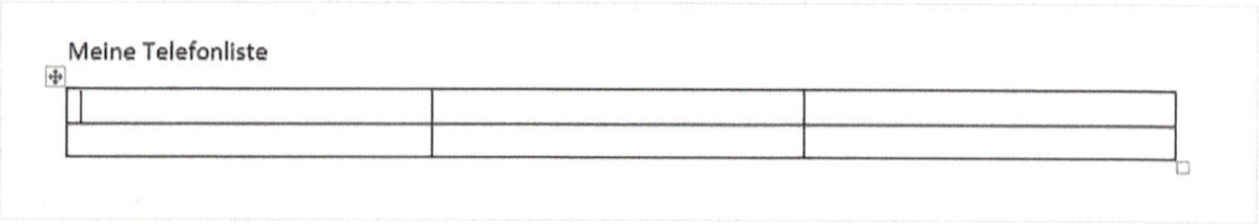

2 Die erste Tabellenzeile soll die Spaltenüberschriften erhalten: Geben Sie in der ersten Zelle die Überschrift *Name* ein und betätigen Sie anschließend die **Tab**-Taste. Geben Sie dann die Überschrift *Tele-*

fon ein. Drücken Sie die **Tab**-Taste, geben Sie in der dritten Spalte die Überschrift *Bemerkung* ein und betätigen Sie erneut die Tab-Taste.

3 Die Einfügemarke befindet sich nun in der ersten Zelle der zweiten Zeile und Sie können den ersten Namen und daneben Telefonnummer und Bemerkung eingeben.

4 **Tabellenzeile anfügen:** Wenn Sie eine weitere Tabellenzeile benötigen, wie im Bild unten, dann drücken Sie am Ende der letzten Zeile ❶ die **Tab**-Taste.

5 Die Einfügemarke befindet sich damit automatisch am Beginn einer neu hinzugefügten Zeile ❷ und Sie können mit der Eingabe der Telefonliste fortfahren.

Meine Telefonliste

Name	Telefon	Bemerkung
Hofer Andreas	0945-12345678	Privat ❶

Meine Telefonliste

Name	Telefon	Bemerkung
Hofer Andreas	0945-12345678	Privat
❷		

6 **Auch in Tabellenzellen erfolgt ein automatischer Zeilenumbruch:** Falls die Spalte zu schmal ist für den eingegebenen Text, erfolgt in der Zelle ein automatischer Zeilenumbruch, wie im Bild unten ❸. Wie Sie die Spaltenbreite schnell anpassen, lesen Sie im nachfolgenden Punkt.

7 **Eingabe in Tabelle beenden:** Wenn Sie die Eingabe in die Tabelle beenden und wieder normalen Dokumenttext eingeben möchten, dann klicken Sie mit der Maus in den Absatz unterhalb der Tabelle ❹.

Meine Telefonliste

Name	Telefon	Bemerkung
Hofer Andreas	0945-12345678	Privat
Müller Sabine	0851-998877	Geschäftlich
Kehraus Thea	07723-11223344	Privat
Kehraus Thea	+49 171 100007812	Handy
Bauhuber Franz	08507-7777	Privat
Mumpitz-Mummenschanz Karl-Theodor ❸	0151-23123123	
Ampfer Christine	0943-556677	Privat

❹

Zeilenumbruch und Absatzende in Tabellen

Text in Tabellenzellen verhält sich in Bezug auf den Zeilenumbruch wie normaler Dokumenttext:

- Wenn die Spaltenbreite nicht ausreicht, erfolgt innerhalb der Zelle ein automatischer Zeilenumbruch.
- Mit Drücken der Eingabetaste beginnen Sie auch in einer Tabellenzelle einen neuen Absatz.
- In beiden Fällen passt sich die Zeilenhöhe automatisch an.

Spaltenbreite und Zeilenhöhe ändern

Spaltenbreite anpassen

Die Spaltenbreite lässt sich schnell mit der Maus ändern, als Beispiel wollen wir die Spalten der Telefonliste etwas anpassen.

1 Beginnen wir mit der ersten Spalte: Positionieren Sie den Mauszeiger über der **rechten** Trennlinie dieser Spalte ❶. Der Mauszeiger nimmt die Form eines Doppelpfeils an.

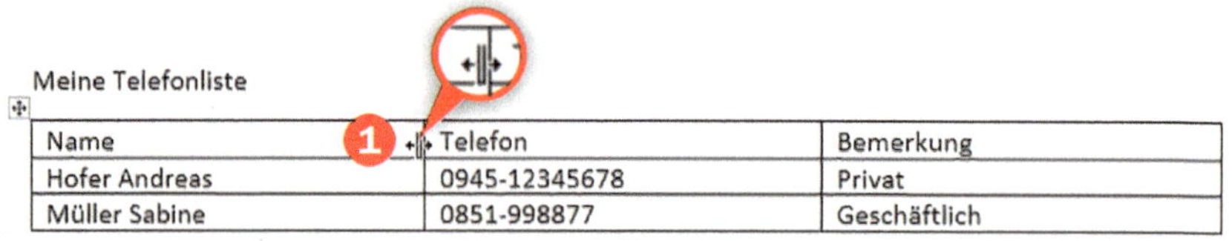

Meine Telefonliste

Name	Telefon	Bemerkung
Hofer Andreas	0945-12345678	Privat
Müller Sabine	0851-998877	Geschäftlich

2 Ziehen Sie nun die Trennlinie mit gleichzeitig gedrückter linker Maustaste nach rechts, bis die Spalte die gewünschte Breite hat. Dann lassen Sie die Maustaste los.

Zur Kontrolle wandert am Bildschirm eine senkrechte Linie mit ❷.

Meine Telefonliste

Name	Telefon	Bemerkung
Hofer Andreas	0945-12345678	Privat
Müller Sabine	0851-998877	Geschäftlich
Kehraus Thea	07723-11223344	Privat
Kehraus Thea	+49 171 100007812	Handy
Bauhuber Franz	08507-7777	Privat
Mumpitz-Mummenschanz Karl-Theodor	0151-23123123	
Ampfer Christine	0943-556677	Privat

3 Genauso verfahren Sie mit der nächsten Spalte, der Telefonnummer: Positionieren Sie den Mauszeiger über der rechten Trennlinie dieser Spalte ❸ und ziehen Sie die Linie mit gedrückter linker Maustaste nach rechts.

Meine Telefonliste

Name	Telefon	Bemerkung
Hofer Andreas	0945-12345678	Privat
Müller Sabine	0851-998877	Geschäftlich
Kehraus Thea	07723-11223344	Privat
Kehraus Thea	+49 171 100007812	Handy
Bauhuber Franz	08507-7777	Privat
Mumpitz-Mummenschanz Karl-Theodor	0151-23123123	
Ampfer Christine	0943-556677	Privat

Tipp: Ein Doppelklick auf die Trennlinie passt die Spaltenbreite automatisch an den jeweiligen Inhalt an.

Nachteil: Dadurch ändert sich automatisch auch die Tabellenbreite.

Wichtig zu wissen

- Wenn Sie in einer Tabelle die inneren Trennlinien ❶ und ❷ verschieben, ändert sich nur die Breite der Spalten links und rechts davon, die gesamte Tabellenbreite bleibt unverändert.
- Verschieben Sie mit der Maus immer die **rechte** Trennlinie der zu ändernden Spalte.

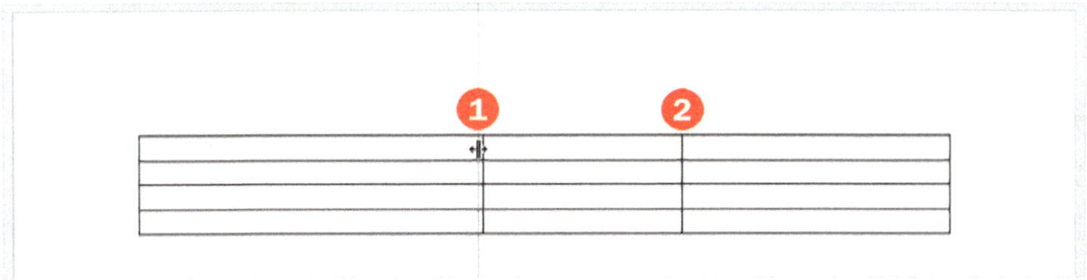

- Beim Verschieben der beiden äußeren Linien links ❸ und rechts ❹, wie im Bild unten, ändert sich dagegen die Tabellenbreite.

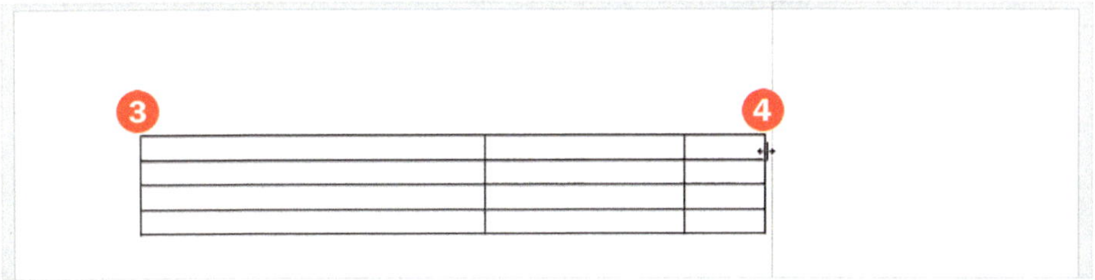

Vorsicht: Wenn eine einzelne Tabellenzelle markiert, d. h. grau hinterlegt ist, dann ändert sich unter Umständen nur die Breite dieser Zelle!.

Zeilenhöhe festlegen

Im Gegensatz zur Spaltenbreite passt sich die Höhe der Tabellenzeilen automatisch an den Inhalt an, z. B. bei einem automatischen Zeilenumbruch oder beim Ändern der Schriftgröße. Sie können jedoch bei Bedarf auch die waagrechten Trennlinien mit der Maus verschieben.

Beispiel Telefonliste: Höhe der ersten Zeile mit der Maus ändern

1 Positionieren Sie den Mauszeiger über der **unteren** Trennlinie der Zeile, deren Höhe Sie ändern möchten, hier der ersten Zeile. Der Mauszeiger erscheint als senkrechter Doppelpfeil ❶.

2 Verschieben Sie nun die Linie mit gleichzeitig gedrückter linker Maustaste nach unten bis zur gewünschten Zeilenhöhe.

Meine Telefonliste

Name	Telefon	Bemerkung
Hofer Andreas	0945-12345678	Privat
Müller Sabine	0851-998877	Geschäftlich
Kehraus Thea	07723-11223344	Privat
Kehraus Thea	+49 171 100007812	Handy
Bauhuber Franz	08507-7777	Privat
Mumpitz-Mummenschanz Karl-Theodor	0151-23123123	
Ampfer Christine	0943-556677	Privat

Zeilenhöhe der gesamten Tabelle ändern

Wenn allerdings alle Tabellenzeilen dieselbe Höhe erhalten sollen, dann ist die oben beschriebene Methode mit der Maus ziemlich umständlich. Außerdem dürfte es schwierig sein, allen Zeilen exakt dieselbe Höhe zuzuweisen. In diesem Fall gehen Sie besser so vor:

1 Klicken Sie an eine beliebige Stelle in der Tabelle. In der linken oberen Ecke erscheint nun ein kleines Kästchen mit vier Richtungspfeilen ❶ (Bild auf der nächsten Seite).

2 Klicken Sie in das Kästchen, um die Tabelle zu markieren ❷.

3 Klicken Sie im Menüband auf das Register *Tabellenlayout*.

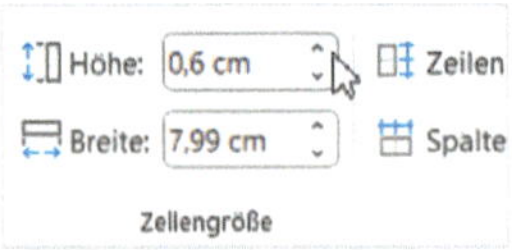

4 Klicken Sie in der Gruppe *Zellengröße* beim Feld *Höhe* mehrmals auf den kleinen Pfeil nach oben ❸, bis die markierten Tabellenzeilen die gewünschte Höhe erreicht haben. Mit mehrmaligem Klicken

auf den nach unten weisenden Pfeil verringern Sie bei Bedarf die Zeilenhöhe wieder.

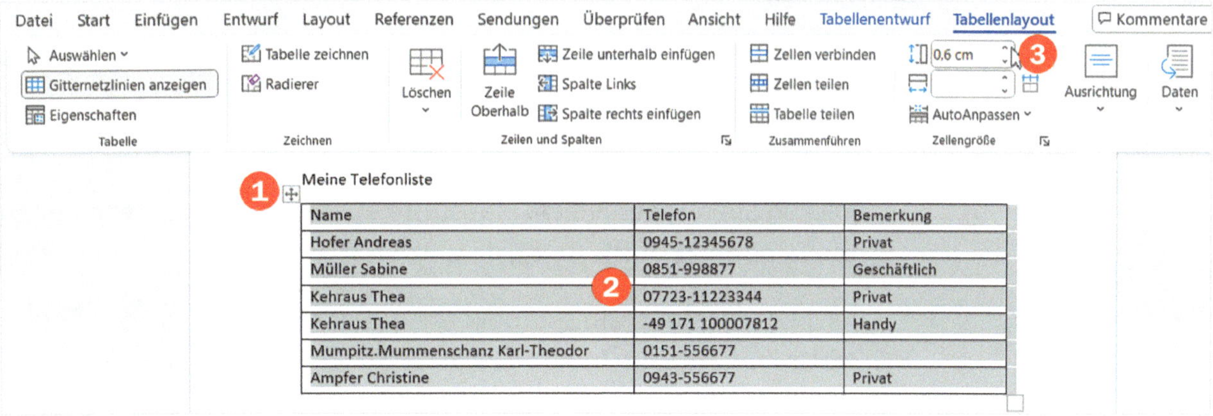

Tipp: Nur bestimmte Zeilen markieren

Wenn Sie mit dieser Methode die Zeilenhöhe nur für bestimmte Zeilen ändern möchten, dann müssen Sie diese zuvor markieren:

1. Positionieren Sie den Mauszeiger außerhalb der Tabelle und mit etwas Abstand links von der ersten zu markierenden Zeile. Es erscheint ein Pfeil, wie im Bild unten ❶.
2. Drücken Sie die linke Maustaste und halten Sie die Taste gedrückt, während Sie die Maus nach unten bewegen ❷.
3. Lassen Sie die Maustaste erst los, wenn alle benötigten Zeilen markiert sind, im Bild unten die Zeilen zwei bis fünf.

Ein Mausklick markiert dagegen nur die Zeile, auf die der Pfeil weist.

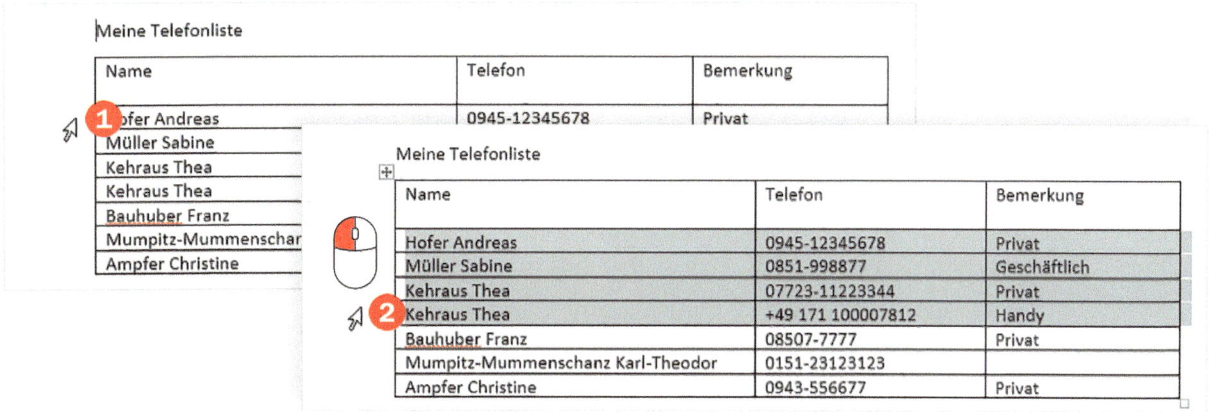

Zeilen oder Spalten löschen

Zeile löschen

Wenn Sie nachträglich eine Zeile aus Ihrer Tabelle löschen möchten, dann können Sie aus zwei Möglichkeiten wählen.

Möglichkeit 1: Rechte Maustaste

1 Klicken Sie mit der **rechten** Maustaste in eine beliebige Zelle der zu löschenden Zeile, als Beispiel im Bild unten auf *Müller Sabine* ❶.

2 Klicken Sie in der Minisymbolleiste auf das Symbol *Löschen* ❷ und im Untermenü auf *Zeilen löschen* ❸.

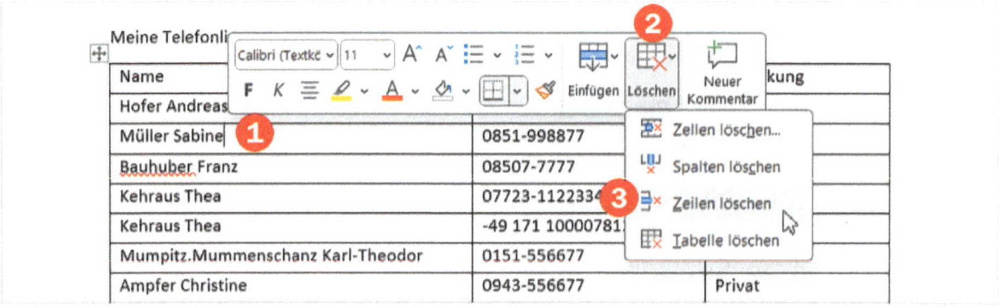

Möglichkeit 2: Symbol Löschen im Menüband

Alternativ können Sie auch einfach mit der linken Maustaste in die betreffende Zeile klicken, danach im Menüband auf das Register *Tabellenlayout* ❶ und in der Gruppe *Zeilen und Spalten* auf die Schaltfläche *Löschen* ❷. Wählen Sie im Untermenü wieder *Zeilen löschen*.

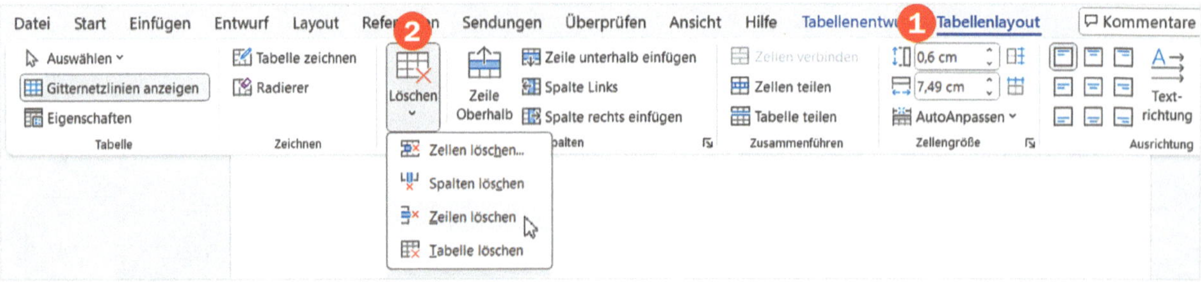

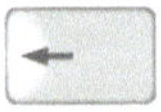

Tipp: Am schnellsten geht's, wenn Sie die Zeile mit einem Klick links außerhalb der Tabelle markieren (siehe „Tipp: Nur bestimmte Zeilen markieren" auf Seite 167) und anschließend mit der **Korrekturtaste** löschen.

Spalte löschen

Genauso gehen Sie auch vor, wenn Sie eine Spalte aus Ihrer Tabelle löschen möchten:

1. Klicken Sie mit der **rechten** Maustaste in eine beliebige Zelle der zu löschenden Spalte.
2. Klicken Sie in der Minisymbolleiste auf das Symbol *Löschen* und wählen Sie *Spalten löschen*.

Oder klicken Sie mit der linken Maustaste in eine Zelle der zu löschenden Spalte, im Bild unten die Spalte Bemerkungen ❶, klicken im Menüband auf das Register *Tabellenlayout* ❷, danach auf *Löschen* und wählen im Untermenü *Spalten löschen* ❸.

Gesamte Tabelle löschen

Auf diesem Weg können Sie auch die gesamte Tabelle löschen:

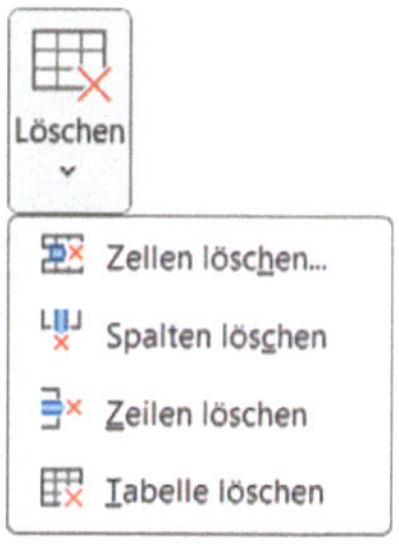

- Klicken Sie in eine beliebige Zelle der Tabelle, klicken Sie im Menüband, Register *Tabellenlayout* auf *Löschen* und wählen Sie *Tabelle löschen*.

Hinweis: Im Untermenü des Symbols *Löschen* finden Sie auch noch den Befehl *Zellen löschen*. Dieser löscht die markierte Zelle bzw. die Zelle, in der sich die Einfügemarke gerade befindet. Dadurch werden die übrigen Zellen verschoben, die Richtung können Sie im nachfolgenden Dialogfenster wählen.

Zeilen und Spalten nachträglich einfügen

Zeile einfügen

Zeile am Tabellenende anfügen

Das Anfügen weiterer Zeilen am Tabellenende ist einfach:

- Setzen Sie den Cursor in der letzten Tabellenzeile in die letzte Spalte und drücken Sie die **Tab**-Taste, siehe Text in Tabelle eingeben auf Seite 162.

Zeile zwischen zwei Zeilen einfügen

Möchten Sie dagegen eine Zeile zwischen zwei bestehenden Tabellenzeilen einfügen, dann gehen Sie so vor:

Wo sich der Cursor gerade befindet, spielt hier keine Rolle.

1 Positionieren Sie den Mauszeiger **links** von der Tabelle und an der Stelle bzw. Trennlinie, an der Sie eine Zeile einfügen möchten. An dieser Stelle erscheint ein Pluszeichen (+) ❶ und die Trennlinie wird zur Doppellinie.

2 Klicken Sie auf das Pluszeichen, um eine leere Zeile ❷ einzufügen.

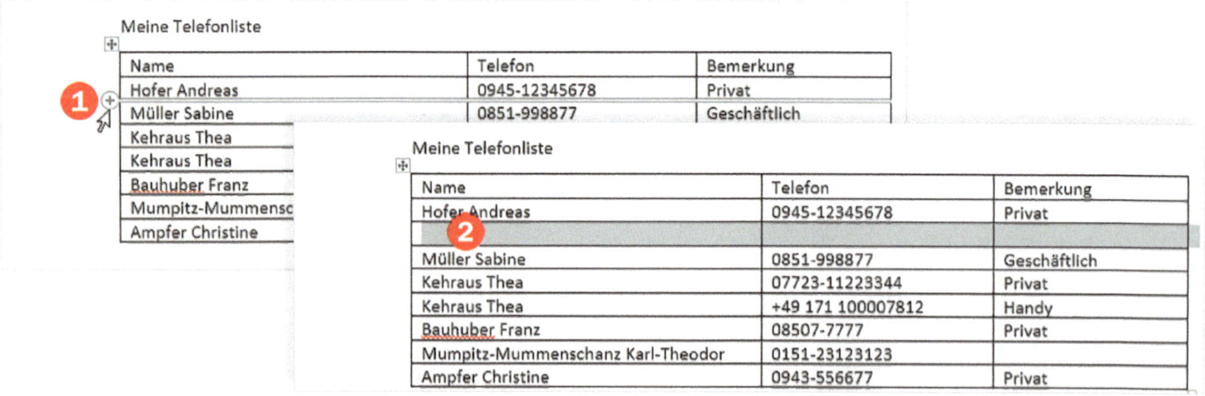

Hinweis: Fall Sie eine Zeile oberhalb der ersten Zeile oder eine Spalte links von der ersten Spalte hinzufügen möchten, müssen Sie stattdessen den Weg über das Menüband wählen, siehe nächste Seite.

Spalte einfügen

Auch eine weitere Spalte ist mit dieser Methode schnell hinzugefügt:

- Zeigen Sie am **oberen** Rand der Tabelle mit der Maus auf die senkrechte Trennlinie ❶ (Bild auf der nächsten Seite), bis ebenfalls das Pluszeichen (+) samt Doppellinie erscheint. Ein Klick auf das Pluszeichen fügt an dieser Stelle eine leere Spalte ❷ ein.

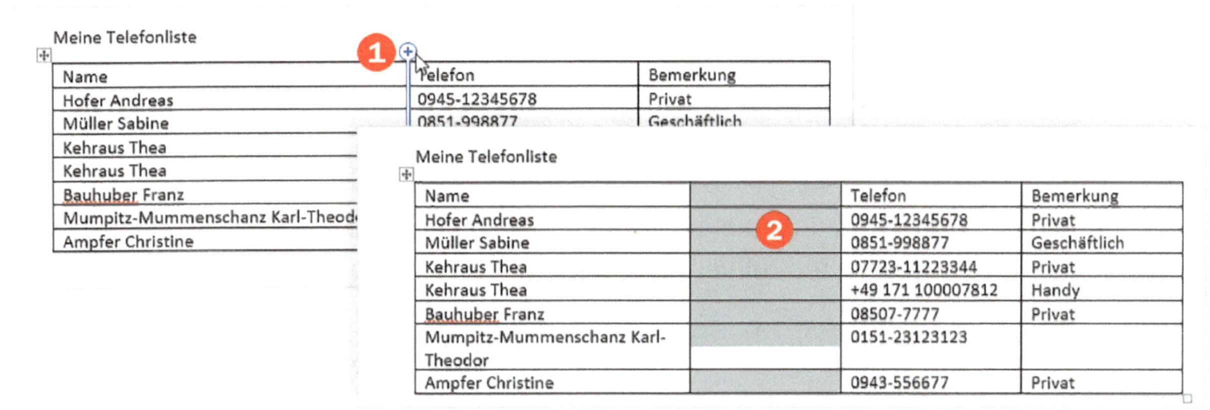

Hinweis: Mit dieser Methode können Sie auch ganz rechts eine weitere Spalte anfügen. Zeigen Sie mit der Maus einfach auf die rechte Tabellenbegrenzungslinie.

Zeilen und Spalten über Befehle im Menüband einfügen

Statt mit der Maus können Sie Zeilen und Spalten auch über Symbole bzw. Befehle hinzufügen. **Achtung:** Alle diese Befehle beziehen sich auf die Zelle, in der sich die Einfügemarke/Cursor gerade befindet ❶!

- Klicken Sie entweder im Menüband auf das Register *Tabellenlayout* und auf einen der Befehle der Gruppe *Zeilen und Spalten* ❷.
- Oder klicken Sie mit der **rechten** Maustaste in die Zelle und danach in der Minisymbolleiste auf das Symbol *Einfügen* ❸.

Hinweis: In Word 2024 und älteren Versionen heißt es nur *Darüber/Darunter* bzw. *Links/Rechts einfügen*.

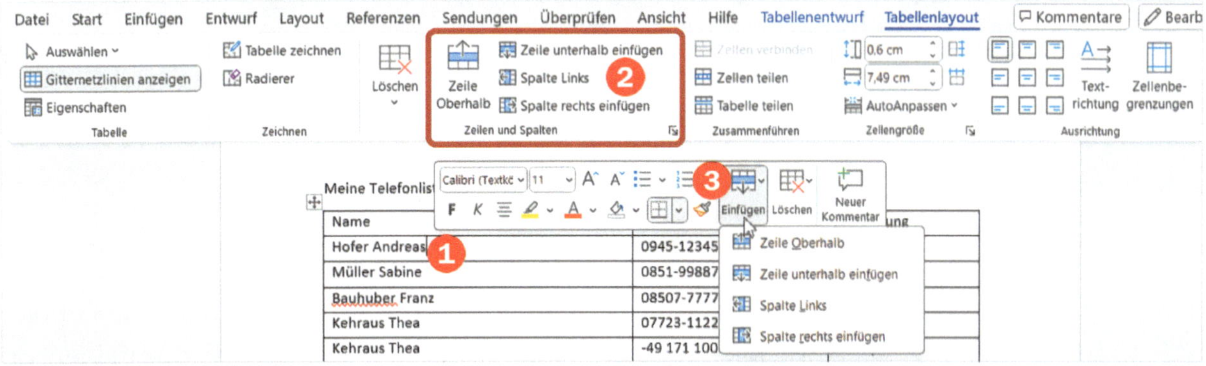

Tipp: Auf diesem Weg können Sie auch eine Spalte links von der ersten Spalte bzw. eine Zeile oberhalb der ersten Zeile einfügen.

Tabelle formatieren

Besondere Markierungstechniken

Genau wie im normalen Dokumenttext müssen Sie auch in Tabellen den zu formatierenden Text markieren. Neben den bekannten Methoden stehen Ihnen zum Markieren in Tabellen noch folgende schnelle Möglichkeiten zur Verfügung. Achten Sie dabei auf den Mauszeiger!

Markieren…	So gehen Sie vor	Mauszeiger
Zeile	Klicken Sie links neben der Zeile in die Markierungsspalte (Pfeil).	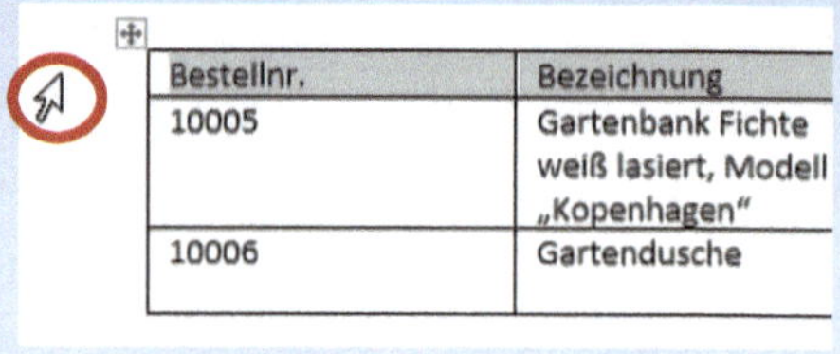
Spalte	Zeigen Sie mit der Maus auf den oberen Rand der Spalte und klicken Sie, wenn ein nach unten weisender Pfeil erscheint.	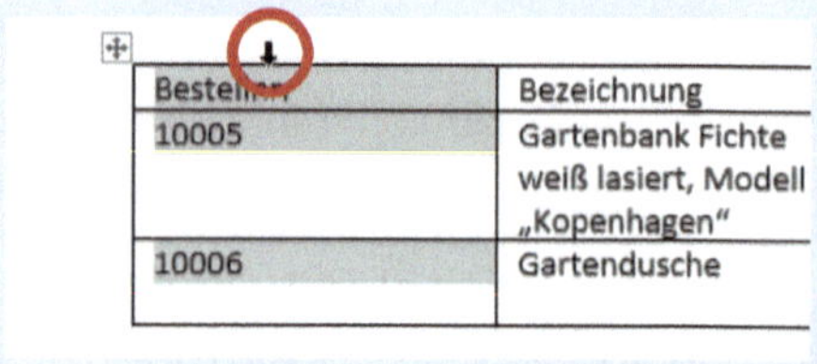
Zelle	Zeigen Sie mit der Maus an den linken Rand der Zelle und klicken Sie, wenn als Mauszeiger ein diagonaler Pfeil erscheint.	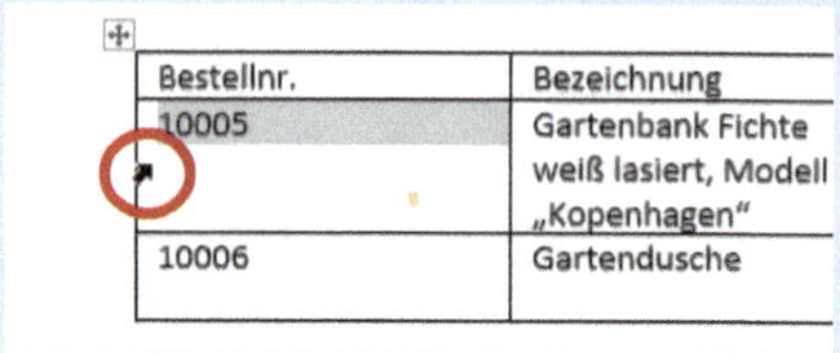
Tabelle	Klicken Sie in der linken oberen Ecke der Tabelle auf das Kästchen. Vorsicht: Da dieses Kästchen gleichzeitig zum Verschieben der Tabelle dient, sollten Sie beim Markieren darauf achten, dass Sie die Maus nicht bewegen.	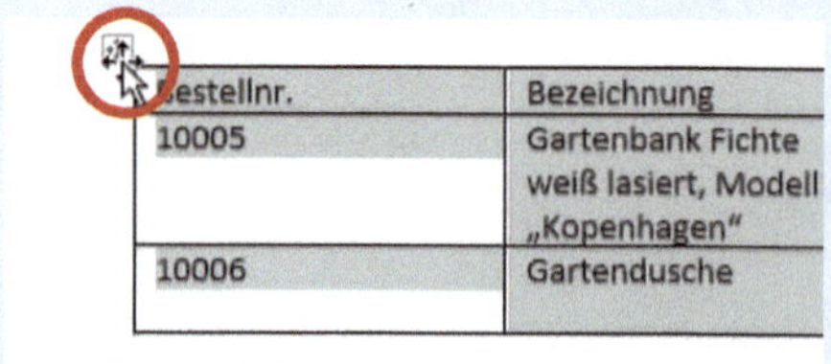

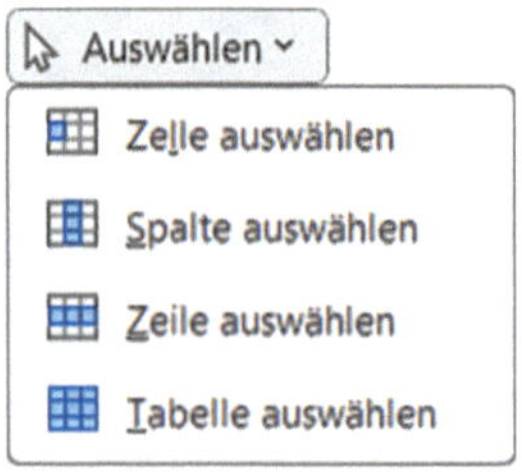

Auswählen

Eine weitere Möglichkeit finden Sie im Register *Tabellenlayout*, Gruppe *Tabelle*. Mit Klick auf das Symbol *Auswählen* können Sie entscheiden, ob die aktuelle Zelle, die Zeile bzw. Spalte, in der sich der Cursor befindet, oder die gesamte Tabelle markiert werden soll.

Spezielle Tabellenformate

Zur Formatierung von Tabelleninhalten können Sie alle, in Kapitel 3.4 beschriebenen Schrift- und Absatzformate verwenden. Daneben stellt Word auch noch einige besondere Formatierungsmöglichkeiten, speziell für Tabellen zur Verfügung.

Text vertikal in der Zelle ausrichten

Zusätzlich zu den bekannten Möglichkeiten der Textausrichtung (*Links*, *Zentriert* und *Rechts*) können Sie in Tabellen auch die vertikale Ausrichtung steuern. Die Symbole dazu finden Sie im Menüband im Register *Tabellenlayout* in der Gruppe *Ausrichtung*.

Tipp: Wenn Sie den Mauszeiger über einem der Symbole positionieren, dann erhalten Sie eine Kurzinfo, z. B. *Mitte links ausrichten*, wie im Bild unten.

In der Standardeinstellung wird in Tabellen der Text oben in der Zelle ausgerichtet. Dies wird z. B. beim Zeilenumbruch in Zellen sichtbar oder wenn Sie die Zeilenhöhe vergrößern, wie im Bild unten.

Meine Telefonliste

Name	Telefon	Bemerkung
Hofer Andreas	0945-12345678	Privat
Müller Sabine	0851-998877	Geschäftlich

Beispiel: Text vertikal in der Mitte ausrichten

1 Markieren Sie die betreffenden Zellen, in diesem Beispiel die erste Zeile mit den Überschriften ❶.

2 Klicken Sie im Menüband auf das Register *Tabellenlayout* ❷ und bei *Ausrichtung* auf das Symbol *Mitte links ausrichten* ❸.

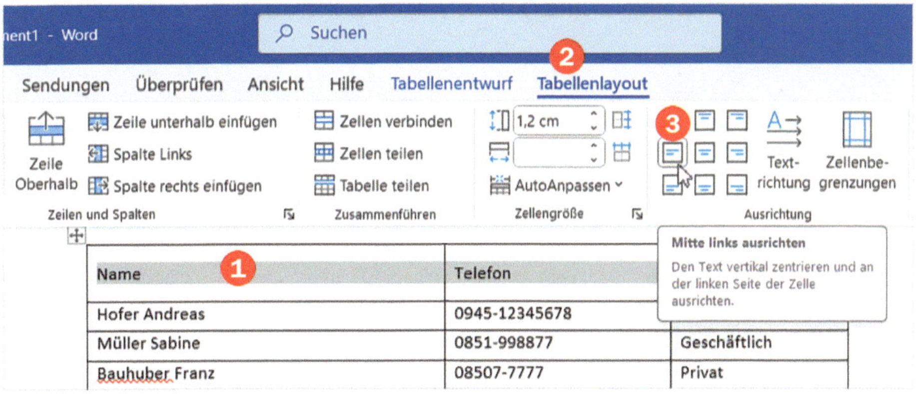

Text drehen

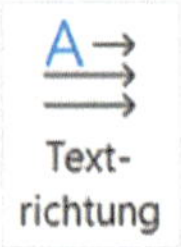

In der Gruppe *Ausrichtung* (Register *Tabellenlayout*) finden Sie das Symbol *Textrichtung*, mit dem Sie in einer Zelle die Zeichen drehen können. Jeder Mausklick auf das Symbol dreht den Text der markierten Zellen um jeweils 90 Grad.

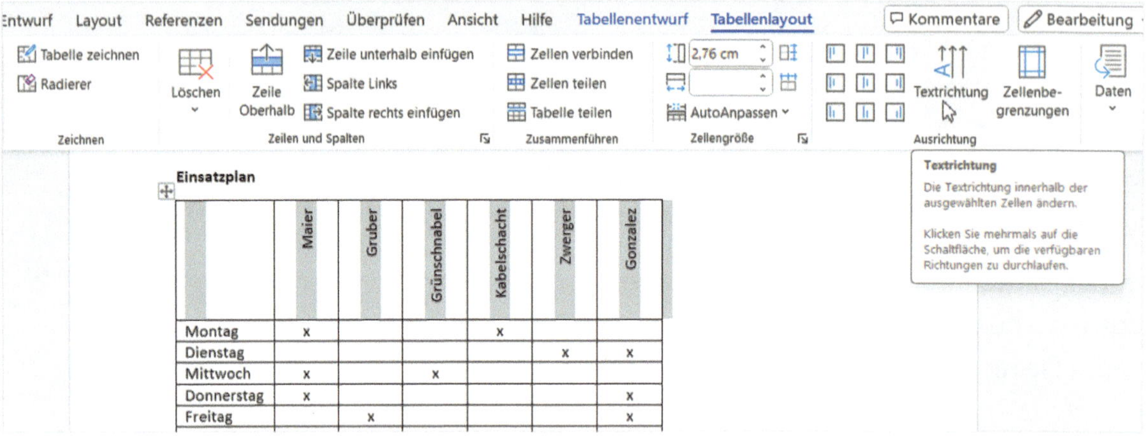

Überschrift über mehrere Spalten

Wenn Sie in Ihrer Tabelle eine Überschrift über zwei oder mehr Spalten anordnen möchten, wie im Bild unten, dann verbinden Sie die betreffenden Zellen zu einer einzigen Zelle.

1. Markieren Sie die Zellen, die Sie verbinden möchten ❶.
2. Klicken Sie im Menüband, Register *Tabellenlayout* auf *Zellen verbinden* ❷.
3. Anschließend geben Sie hier Ihre Überschrift ein und richten diese zentriert aus.

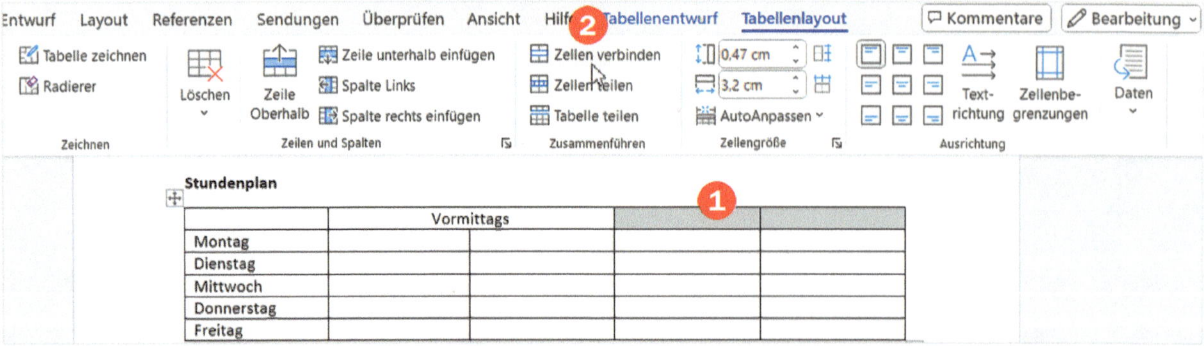

Schnelle Tabellengestaltung mit Rahmenlinien und Füllfarben

Zur schnellen Gestaltung mit Rahmenlinien und Füllfarben stellt Word im Menüband, Register *Tabellenentwurf* eine Vielzahl verschiedenster Formatvorlagen zur Verfügung.

Beachten Sie bei der Verwendung von Tabellenformatvorlagen

- Die Tabellenformatvorlagen beziehen automatisch die gesamte Tabelle mit ein. Vorheriges Markieren ist also überflüssig, es genügt wenn sich der Cursor in der Tabelle befindet.
- Die Tabelle sollte vorab keine zusätzlichen Formate, z. B. Fett, erhalten, da die meisten Tabellenformatvorlagen auch Schriftformate umfassen. **Ausnahme**: Die horizontale Ausrichtung, z. B. *Rechts* oder *Zentriert* wird beibehalten.
- Die Farben richten sich nach den Designfarben des Dokuments.

1 Klicken Sie in die Tabelle und im Menüband auf das Register *Tabellenentwurf* ❶. Klicken Sie in der Gruppe *Tabellenformatvorlagen* auf den Pfeil ▿ (*Weitere*) ❷, um alle Vorlagen anzuzeigen.

Tipp: Soll die Tabelle wieder das ursprüngliche Aussehen erhalten, dann wählen Sie die erste Vorlage links oben ❹.

2 Beim Zeigen auf eine Vorlage ❸ sehen Sie im Dokument eine Vorschau und mit Anklicken wird die Vorlage endgültig übernommen.

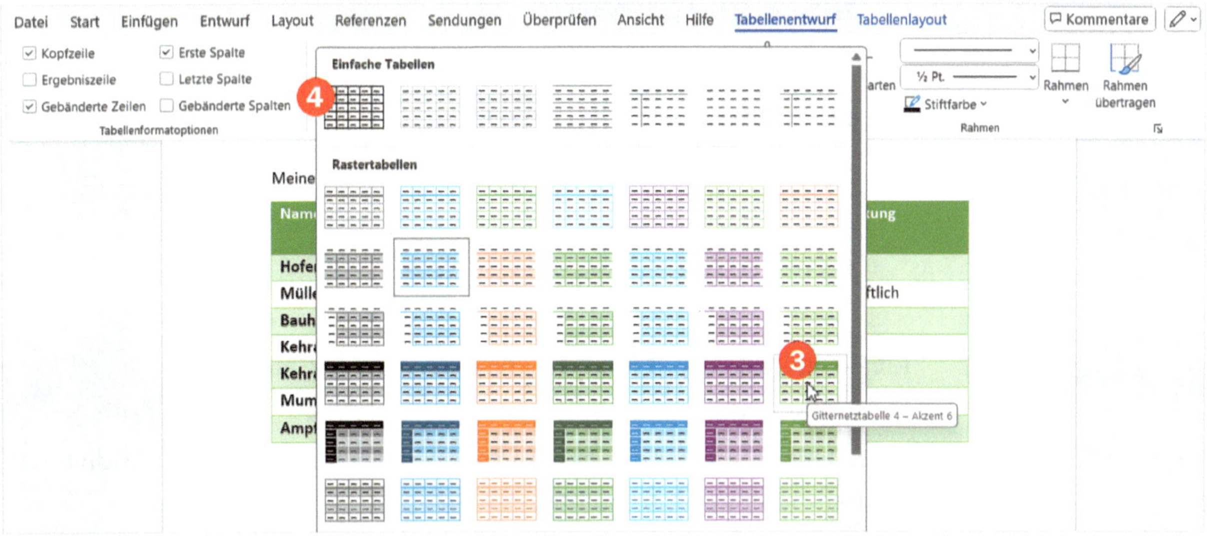

Hinweis: Die abwechselnden Zeilenfarben werden beim Einfügen weiterer Zeilen automatisch angepasst, egal ob Sie diese am Tabellenende oder zwischen zwei Zeilen einfügen.

Formatvorlagen weiter anpassen

Viele Tabellenformatvorlagen beinhalten zusätzliche Sonderformate für die jeweils erste und letzte Zeile und Spalte sowie abwechselnde Zeilenfarben zur besseren Lesbarkeit.

Diese können Sie bei Bedarf im Register *Tabellenentwurf* ❶, Gruppe *Tabellenformatvorlagenoptionen* ❷ über Kontrollkästchen ein- und ausschalten.

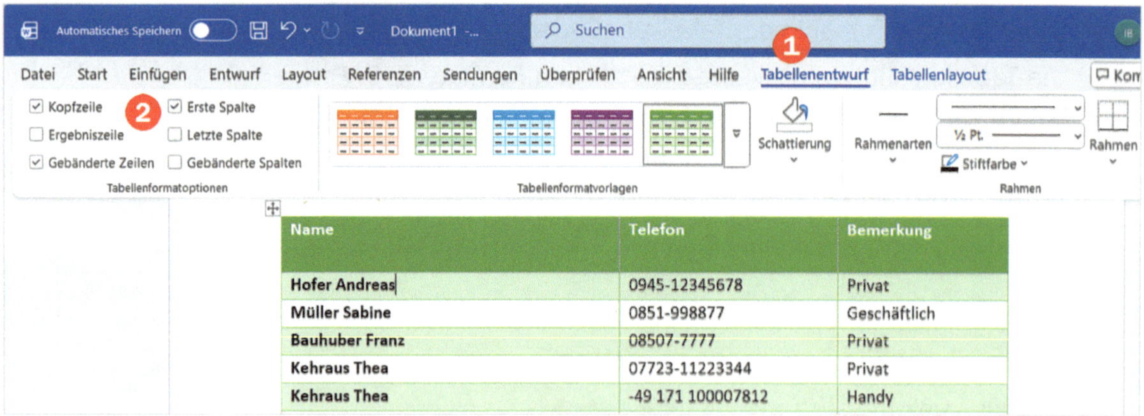

Im Detail steuern die Kontrollkästchen das Aussehen der folgenden Tabellenelemente:

- **Format für die erste und letzte Tabellenzeile:**
  Kontrollkästchen *Kopfzeile* und *Ergebniszeile*.
- **Erste und letzte Tabellenspalte:**
  Kontrollkästchen *Erste Spalte* und *Letzte Spalte*.
- **Abwechselnde Zeilenfarben:**
  Kontrollkästchen *Gebänderte Zeilen*.
- **Abwechselnde Spaltenfarben:**
  Kontrollkästchen *Gebänderte Spalten*.

Tabelle individuell mit Rahmen und Füllfarben versehen

Alternativ zu den Tabellenformatvorlagen können Sie natürlich auch jederzeit eine Tabelle oder bestimmte Zeilen und/oder Spalten individuell mit Rahmenlinien und Füllfarben versehen.

Zellen mit einer Füllfarbe versehen

Markieren Sie die betreffenden Zellen bzw. Zeilen, im Bild unten als Beispiel die Überschriftzeile. Klicken Sie im Register *Tabellenentwurf* auf *Schattierung* ❶ und auf die gewünschte Farbe.

Tipp: Mit der Auswahl *Keine Farbe* ❷ entfernen Sie eine Füllfarbe wieder.

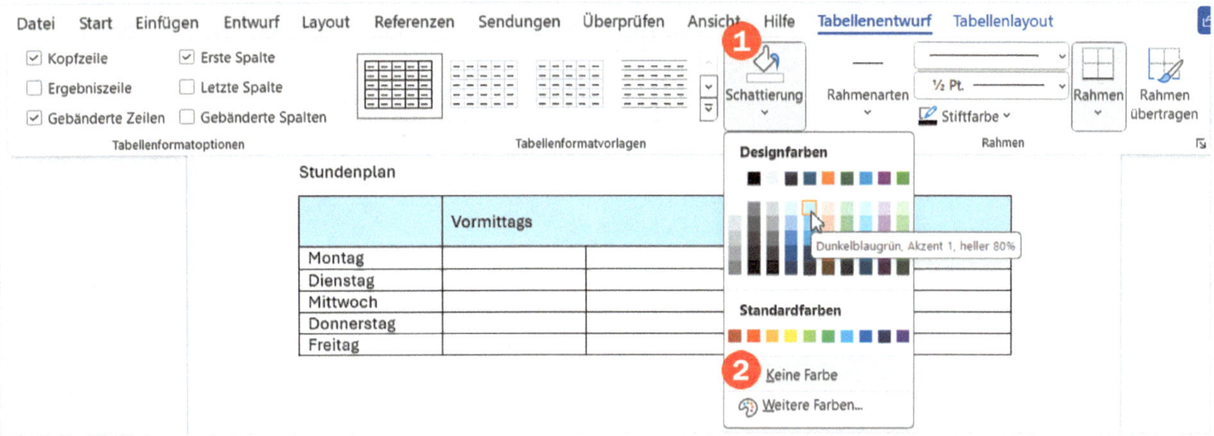

Individuelle Rahmenlinien

Rahmenlinien weisen Sie am einfachsten zu, indem Sie die Maus als Zeichenstift benutzen.

1 Im ersten Schritt klicken Sie in die Tabelle und stellen danach im Menüband, Register *Tabellenentwurf*, Gruppe *Rahmen* anhand der folgenden Felder und Symbole die gewünschte Linienart und -farbe zusammen.

Statt der Symbole im Register *Tabellenentwurf* können Sie auch die Symbole *Schattierung* und *Rahmen* im Register *Start* verwenden.

❶ Mit Klick auf *Rahmenarten* öffnen Sie eine Sammlung verschiedener vorgefertigter Rahmenvorlagen.

❷ Um eine bestimmte Linienart bzw. Stiftart, z. B. Doppelte Linie, auszuwählen, klicken Sie in das Feld *Stiftart*.

❸ Die Linienstärke wählen Sie im Feld *Stiftstärke* aus.

❹ Zur Auswahl der Linienfarbe klicken Sie beim Symbol *Stiftfarbe* auf den kleinen Pfeil.

2 Der Mauszeiger nimmt anschließend die Form eines Stifts ❺ an und das Symbol *Rahmen übertragen* ❻ ist aktiviert: Klicken Sie nun mit der Maus der Reihe nach alle Linien an, die die ausgewählte Linienart erhalten sollen.

3 **Linienzeichnen beenden:** Drücken Sie die **Esc**-Taste der Tastatur oder schalten Sie mit einem Klick das Symbol *Rahmen übertragen* aus.

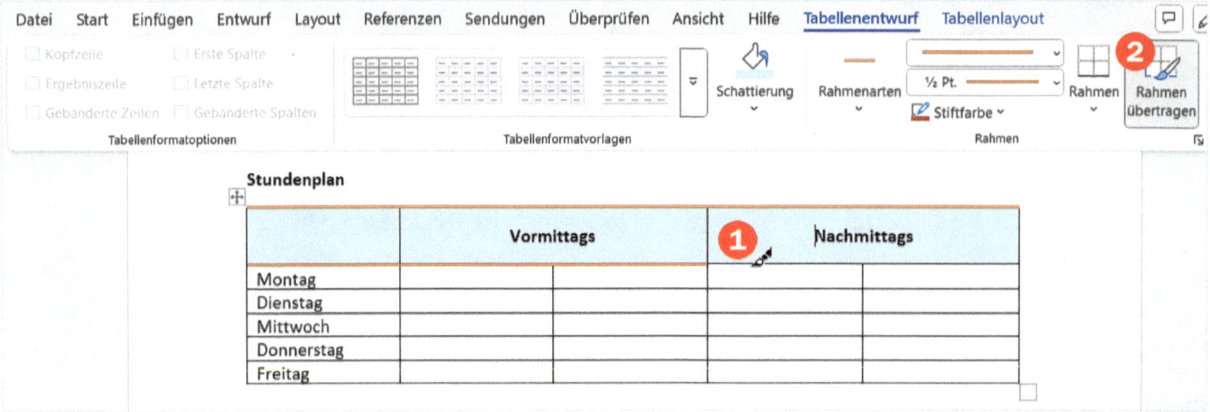

Tipps und Hinweise

- Word „merkt" sich den zuletzt verwendeten Rahmen; Sie können also jederzeit durch Anklicken des Symbols *Rahmen übertragen* das Zeichnen des Rahmens wieder aktivieren und fortfahren. Der aktuelle Rahmen ist aus den Feldern *Stiftart*, *Stiftstärke* und dem Symbol *Stiftfarbe* ersichtlich.
- Falls Sie danach wieder einfache Standardlinien zeichnen möchten, klicken Sie zuerst auf *Rahmenarten* und wählen die erste Linienart links oben, *Einfache einfarbige Linie 1/2 Pt.*, aus.

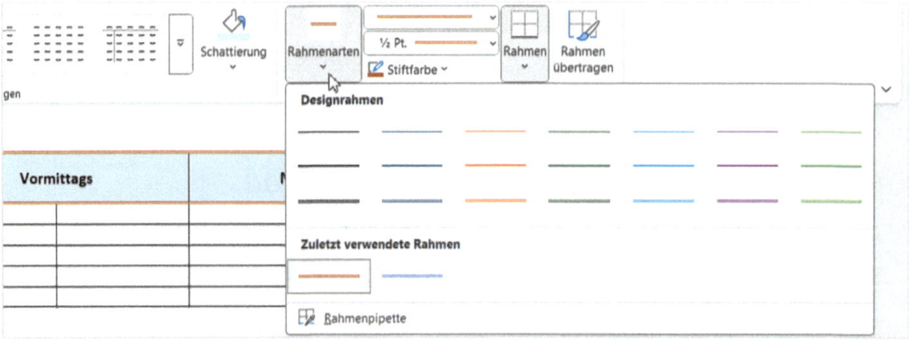

Schnelle Rahmenlinien über das Symbol Rahmen zuweisen

Handelt es sich um eine größere Tabelle oder möchten Sie einfach nur die Farbe aller Rahmenlinien ändern, dann können Sie statt Zeichnen mit der Maus auch mit dem Symbol *Rahmen* der Tabelle Rahmenlinien zuweisen.

Beispiel 1: Alle Rahmenlinien blau statt schwarz

1 Markieren Sie die gesamte Tabelle, indem Sie links oben auf das kleine Kästchen ❶ mit den vier Richtungspfeilen klicken.

2 Klicken Sie auf den Pfeil des Symbols *Stiftfarbe* ❷ und wählen Sie die gewünschte Farbe.

3 Ignorieren Sie den Stift, klicken Sie auf den Pfeil des Symbols *Rahmen* ❸ und klicken Sie auf *Alle Rahmenlinien* ❹. Dadurch werden alle Rahmenlinien durch Linien in der ausgewählten Farbe ersetzt.

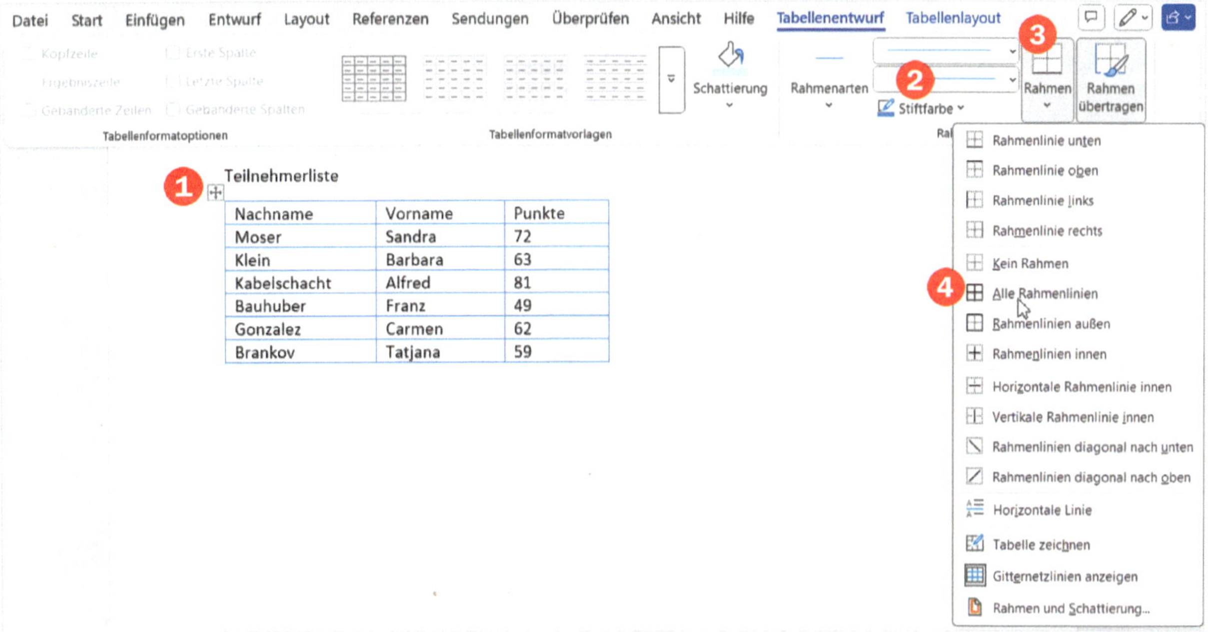

Achtung: Auch das Symbol *Rahmen* verwendet die aktuell ausgewählte Stiftart und Stiftfarbe. Kontrollieren oder ändern Sie also zuerst diese Einstellungen, bevor Sie Rahmenlinien zuweisen.

Beispiel 2: Tabelle nur mit Rahmen außen

Markieren Sie die gesamte Tabelle und klicken Sie auf den Pfeil des Symbols *Rahmen*. In der Standardeinstellung sind alle Rahmenlinien hervorgehoben bzw. aktiviert. Klicken Sie auf *Rahmenlinien innen*, um die inneren Linien zu deaktivieren.

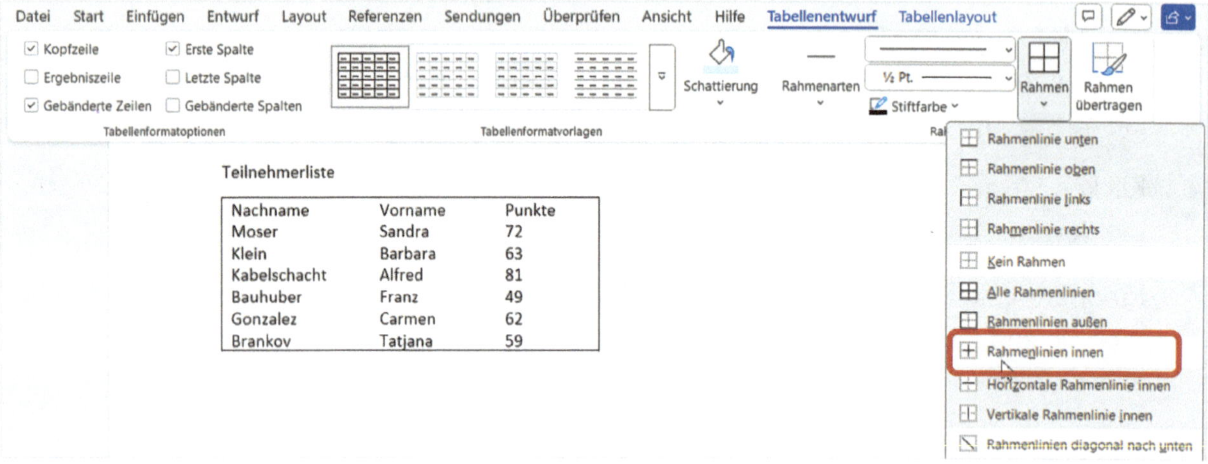

Tipp: Falls Sie auf Nummer Sicher gehen möchten, können Sie auch im ersten Schritt mit der Auswahl *Kein Rahmen* sämtliche Rahmenlinien von der markierten Tabelle entfernen. Klicken Sie danach erneut auf den Pfeil des Symbols *Rahmen* und in diesem Fall auf *Rahmenlinien außen*.

Beispiel 3: Tabelle ohne Rahmenlinien drucken

Eine Tabelle erhält beim Einfügen automatisch einfache schwarze Rahmenlinien, diese werden auch gedruckt.

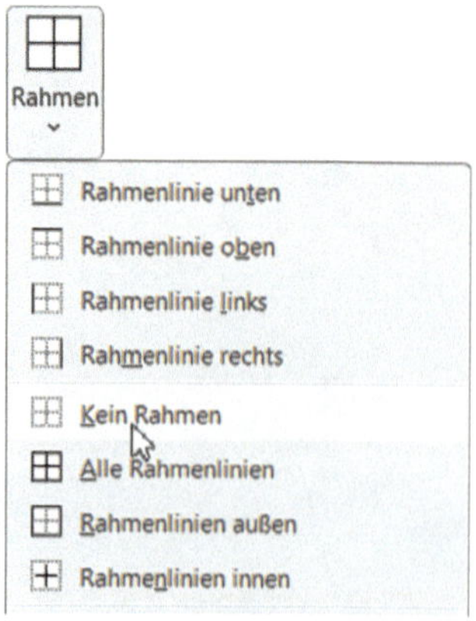

1 Um die Tabelle ohne Rahmenlinien zu drucken, markieren Sie zuerst wieder die gesamte Tabelle. Klicken Sie danach auf den Pfeil des Symbols *Rahmen* und wählen Sie *Kein Rahmen*.

Tipp: Da die Gitternetzlinien beim Ändern der Spaltenbreite benötigt werden, sollten Sie sie eingeblendet lassen.

2 Falls anschließend noch gepunktete Linien sichtbar sind, wie im Bild unten ❶, dann handelt es sich um Hilfslinien auf dem Bildschirm, die aber nicht gedruckt werden. Im Register *Tabellenlayout* können Sie diese Linien bei Bedarf aus- und wieder einblenden:

Schalten Sie dazu das Symbol *Gitternetzlinien anzeigen* ❷ mit einem Mausklick ein oder aus.

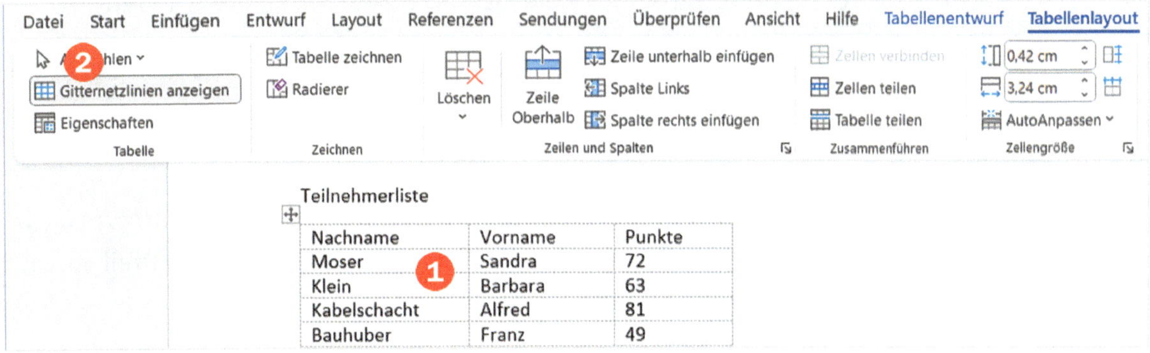

Tabelle sortieren und Text in Tabelle umwandeln

Tabelle sortieren

Tabellen lassen sich auch sortieren. Beachten Sie aber, dass dann die Tabelle nur eine einzige Zeile mit Spaltenüberschriften enthalten darf.

1 Klicken Sie in die Tabelle und danach im Menüband auf das Register *Tabellenlayout* ❶.

2 Klicken Sie in der Gruppe *Daten* auf *Sortieren* ❷. Damit öffnet sich das gleichnamige Fenster.

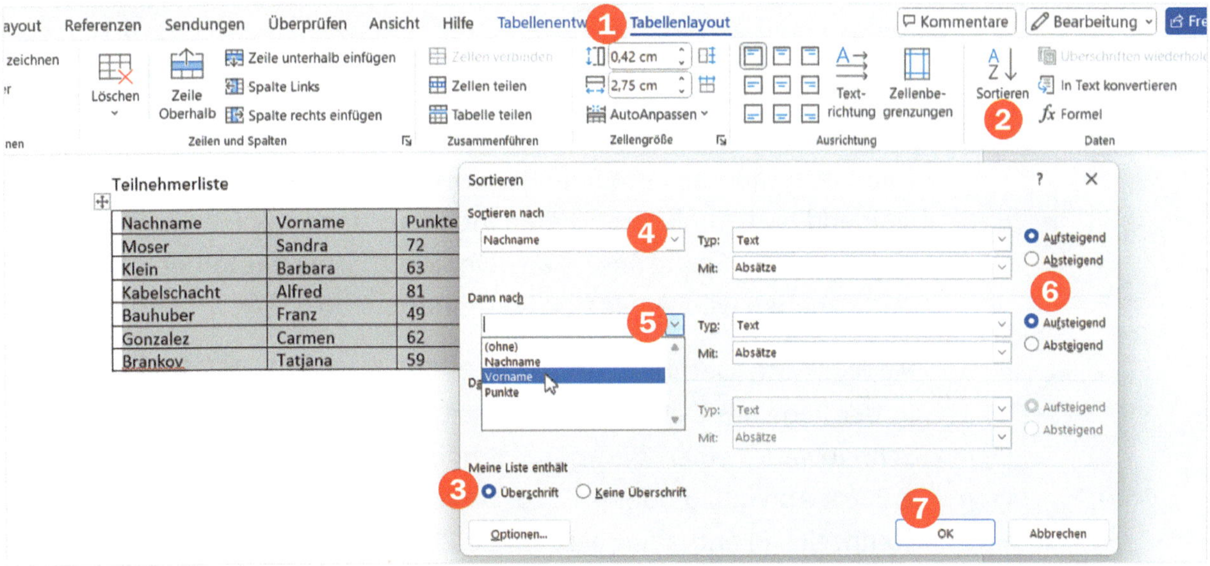

3 Kontrollieren Sie zuerst unter *Meine Liste enthält* ❸, ob Überschriften berücksichtigt werden sollen. Enthält Ihre Tabelle eine Überschriftzeile, dann muss die Option *Überschrift* aktiviert werden.

Falls Sie zuerst nach einer anderen Spalte sortieren möchten, klicken Sie auf den Pfeil und danach auf die gewünschte Spalte.

4 Im Feld *Sortieren nach* ❹ ist die erste Spalte der Tabelle in der Regel bereits ausgewählt. Im Bild ist dies der *Nachname*, dieser kann für unser Beispiel beibehalten werden.

5 Um bei identischen Nachnamen auch noch nach Vornamen zu sortieren, klicken Sie darunter im Feld *Dann nach* auf den Pfeil ❺ und wählen hier die Spalte *Vorname* aus.

Word unterstützt maximal drei Sortierschlüssel, das dritte Feld (*Dann nach*) bleibt in unserem Beispiel leer.

Um eine vorhandene Sortierung zu entfernen, klicken Sie auf den Pfeil und wählen *(ohne)* aus.

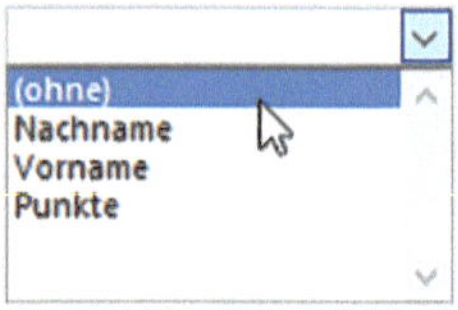

6 Der Typ *Text* und *Absätze* wurden richtig erkannt, hier ist keine Änderung erforderlich. Rechts daneben ❻ können Sie bei Bedarf zwischen aufsteigender und absteigender Sortierung wählen.

7 Klicken Sie zuletzt auf die Schaltfläche *OK* ❼. Das Ergebnis sehen Sie im Bild unten.

Teilnehmerliste

Nachname	Vorname	Punkte
Bauhuber	Franz	49
Brankov	Tatjana	59
Gonzalez	Carmen	62
Kabelschacht	Alfred	81
Klein	Barbara	63
Moser	Sandra	72

Teilnehmerliste nach Punktzahlen absteigend sortieren

Falls Sie die abgebildete Teilnehmerliste nicht alphabetisch sondern absteigend nach Punkten sortieren möchten, dann wählen Sie im Feld *Sortieren nach* die Spalte *Punkte* aus. Der Typ *Zahl* wird automatisch erkannt und daneben wählen Sie noch die Option *Absteigend*.

Tipp: Für Geburtstagslisten bietet Ihnen Excel wesentlich mehr Möglichkeiten und Sie können z. B. die Geburtstage im aktuellen Monat hervorheben lassen.

Hinweis: Auch Datumswerte, z. B. Fälligkeit von Rechnungen, werden in der Regel als Datum erkannt und entsprechend sortiert, sofern die Schreibweise einer der gängigen Datumsschreibweisen entspricht, z. B. 01. April 2026 oder 5.12.25. Das Datum kann auch Bindestriche als Trennzeichen enthalten, z. B. 15-1-2026.

Text in Tabelle umwandeln

Falls Sie bereits Text mit Tabstopps oder Semikolon (;) als Trennzeichen dazwischen eingegeben haben, können Sie diesen nachträglich in eine Tabelle umwandeln. Dabei werden aus dem Text zwischen den Trennzeichen die Spalten gebildet und aus den Absätzen die Tabellenzeilen.

Das Satzzeichen Semikolon ; wird auf deutsch manchmal auch als Strichpunkt bezeichnet.

Als Beispiel soll die unten abgebildete Namensliste mit Semikolon (;) als Trennzeichen in eine Tabelle umgewandelt werden.

1 Markieren Sie alle Absätze, die in eine Tabelle umgewandelt werden sollen ❶.

2 Klicken Sie im Menüband auf das Register *Einfügen* und hier auf *Tabelle* ❷.

3 Klicken Sie auf *Text in Tabelle umwandeln* ❸. Im nachfolgenden Fenster legen Sie dann die genaueren Einstellungen fest:

- Kontrollieren bzw. legen Sie unter *Text trennen bei* das verwendete Trennzeichen fest, hier Semikolon ❹. Die *Spaltenanzahl* ❺ wird entsprechend dem Trennzeichen automatisch erkannt, hier 3. Die *Zeilenanzahl* richtet sich nach den markierten Absätzen.
- Als *Einstellung für optimale Breite* – gemeint ist die Spaltenbreite – sollten Sie die Voreinstellung *Feste Spaltenbreite* und *Auto* ❻ beibehalten und später die Breite der Spalten manuell anpassen.

Hinweise: Die Einstellung *Optimale Breite: Inhalt* wählt die Breite jeder Spalte entsprechend dem Inhalt, meist ist trotzdem nachträgliches Anpassen der Spaltenbreite nötig.

Optimale Breite: Fenster passt die Tabellengröße der Größe des Word-Fensters an und nicht an die Papiergröße.

4 Klicken Sie zuletzt auf *OK*.

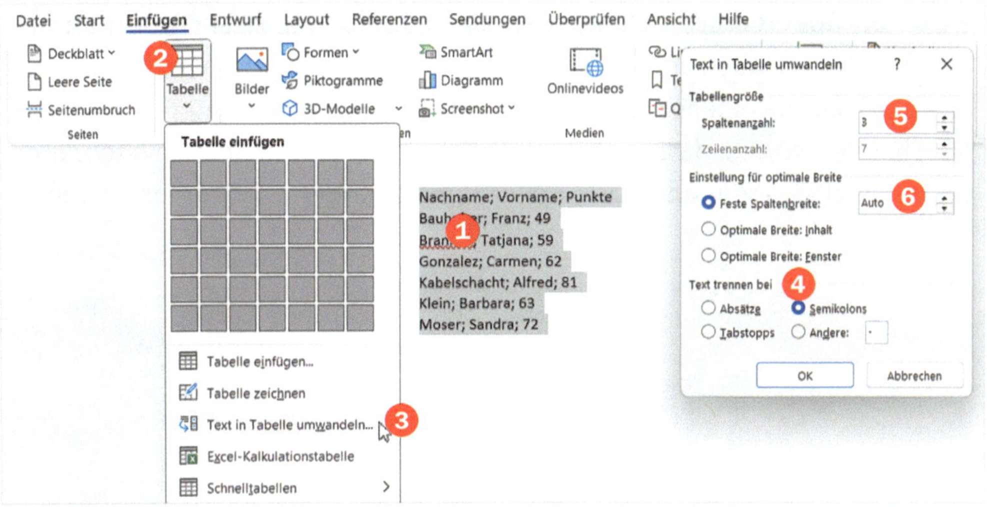

3.7 Seitenlayout einrichten

Die beiden wichtigsten Einstellungen zum Einrichten und Drucken eines Dokuments, nämlich Papierformat und Seitenränder, haben Sie bereits in einem ersten Überblick auf Seite 77 kennengelernt. Wie Sie außerdem Text in Spalten anordnen, die Seiten des Dokuments nummerieren und/oder mit gleichbleibendem Kopf- und Fußzeilentext versehen oder für beidseitigen Druck spiegelverkehrte Seitenränder einrichten, das erfahren Sie in diesem Punkt.

Besonderheiten zu Papierformat und Seitenrändern

Sämtliche Einstellungen zu Papierformat und -ausrichtung (Hoch- oder Querformat) und Seitenrändern finden Sie im Menüband, Register *Layout* ❶ (Bild unten), in der Gruppe *Seite einrichten*. Die Symbole dazu:

- **Seitenränder:** die Standardseitenränder ändern.
- **Ausrichtung**: zwischen Hoch- und Querformat wählen.
- **Format**: Papierformat wählen, Standardeinstellung ist A4.
  Hier finden Sie auch die gängigen Formate für Briefumschläge. Allerdings sollten Sie zum Bedrucken von Briefumschlägen einen anderen Weg wählen, Näheres hierzu finden Sie in den praktischen Beispielen auf Seite 210.

Beispiele, wie Sie ein abweichendes Papierformat einrichten, finden Sie unter Punkt 3.8 auf Seite 198 ff.

Dialogfenster Seite einrichten

Statt über die Symbole können Sie Seitenränder, Ausrichtung und Papierformat auch in einem Dialogfenster bearbeiten, welches Sie mit Klick auf das Pfeilsymbol ⧉ der Gruppe *Seite einrichten* ❷ öffnen. Dies hat den Vorteil, dass Sie hier statt vorgegebener Maße die Seitenränder beliebig wählen und noch weitere Einstellungen vornehmen können.

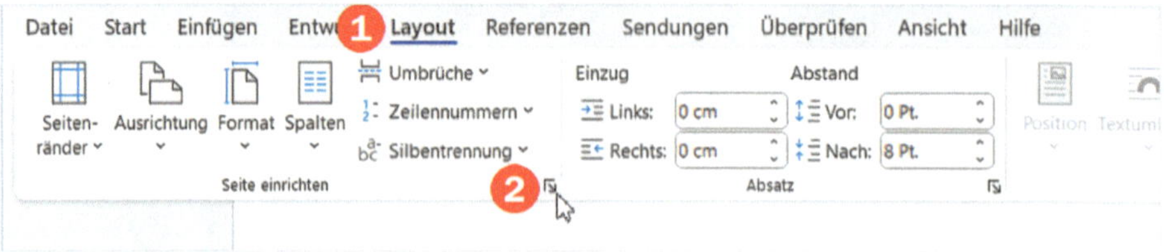

Im Register *Seitenränder* ❶ des Fensters *Seite einrichten* können Sie folgende Einstellungen zu den Seitenrändern vornehmen.

Eigene Seitenränder als Standard für neue Dokumente festlegen

Wenn die Seitenränder nicht nur für das aktuelle Dokument, sondern als Standardeinstellung auch für alle neuen Dokument gelten sollen, dann gehen Sie so vor:

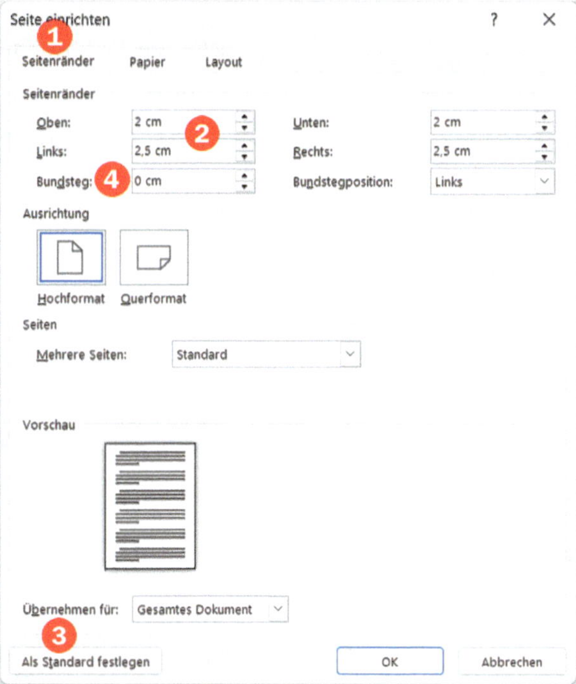

1 Geben Sie in den Feldern *Oben*, *Unten*, *Links* ❷ und *Rechts* die gewünschten Seitenränder entweder über die Tastatur direkt ein oder klicken Sie mehrmals auf die kleinen Pfeile nach oben oder unten.

   Hinweis: Der *Bundsteg* ❹ dient als zusätzlicher Bereich zum Binden oder Heften, und beträgt in der Standardeinstellung 0 cm. Statt eines Bundstegs können Sie aber auch einfach an der entsprechenden Seite mehr Seitenrand angeben.

2 Klicken Sie auf die Schaltfläche *Als Standard festlegen* ❸.

Weitere Möglichkeiten

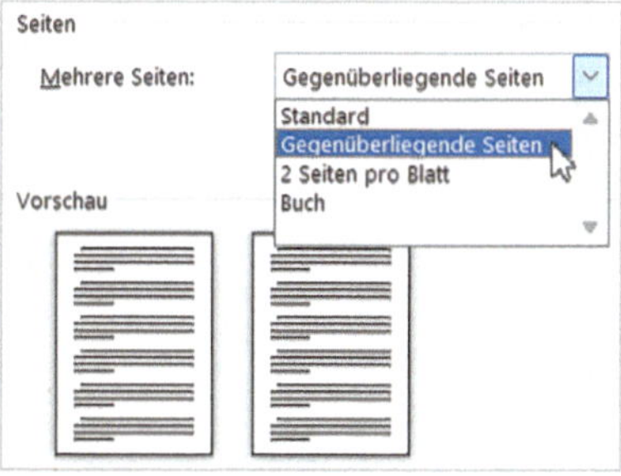

- **Spiegelverkehrte Seitenränder beim beidseitigen Druck**
  Falls beim beidseitigen Druck des Dokuments die Seitenränder gespiegelt werden sollen, klicken Sie in das Feld *Mehrere Seiten* und wählen *Gegenüberliegende Seiten* anstelle von *Standard* aus. Unter *Seitenränder* erscheint nun *Innen* und *Außen* statt *Links* und *Rechts*.

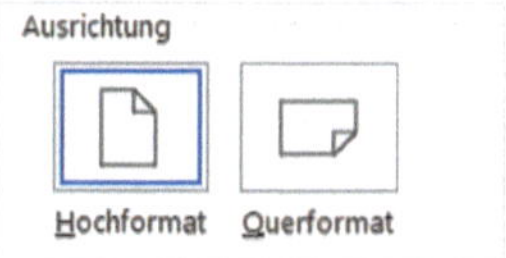

- **Je zwei Seiten auf einem Blatt drucken**
  Wenn Sie *2 Seiten pro Blatt* im Feld *Mehrere Seiten* auswählen und unter *Ausrichtung* auf *Querformat* klicken, dann passt Word die Seitengröße automatisch so an, dass jeweils zwei Seiten nebeneinander auf ein Blatt der Größe A4 oder im gewählten Papierformat passen.

Seiten nummerieren, Seitenzahlen einfügen

Wenn Sie die Seiten Ihres Dokuments nummerieren möchten, dann sollten Sie die Seitenzahlen auf keinen Fall selbst eintippen, sondern diese Aufgabe Word überlassen. **Der Vorteil**: Die Seitenzahlen erscheinen automatisch auf jeder Seite, auch beim nachträglichen Hinzufügen weiterer Seiten.

1 Klicken Sie im Menüband auf das Register *Einfügen* ❶ und in der Gruppe *Kopf- und Fußzeile* auf *Seitenzahl* ❷. Die Position der Einfügemarke spielt keine Rolle.

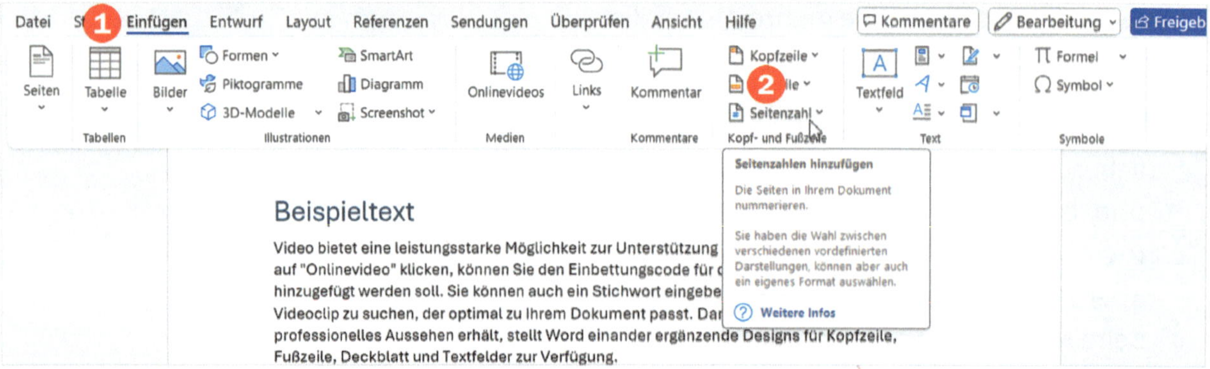

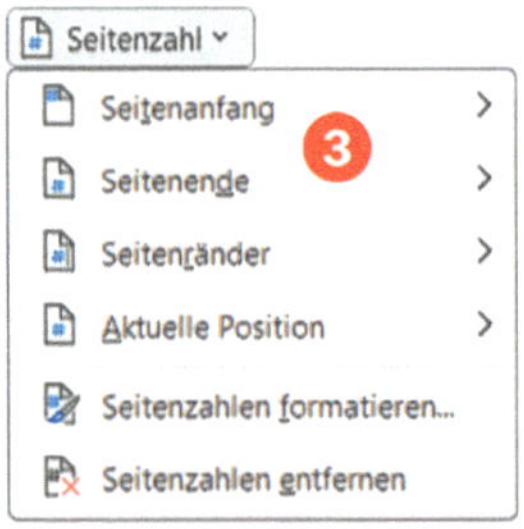

Unter *Seitenzahl* wird auch noch *Seitenränder* als Position angeboten. Dann erscheinen die Seitenzahlen wahlweise im linken oder rechten Seitenrand.

2 Klicken Sie auf *Seitenanfang* ❸ oder *Seitenende*, je nachdem ob die Seitenzahlen oben oder unten auf der Seite erscheinen sollen.

3 Es öffnet sich eine Liste von Vorlagen mit verschiedenen Formatierungen und Positionen (links, in der Mitte und rechts). Klicken Sie auf die gewünschte Vorlage, z. B. einfache Zahl in der Mitte der Seite ❹.

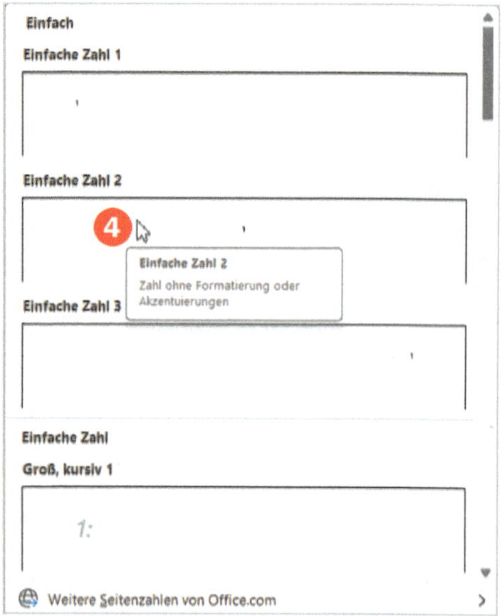

Hinweis: Da die Liste sehr umfangreich ist, verschieben Sie entweder die Bildlaufleiste oder benutzen das Rädchen der Maus, um nach unten zu gelangen.

4 Nachdem Sie eine Seitenzahl angeklickt haben, wird diese je nach gewählter Position in den Bereich *Kopfzeile* (Seitenanfang) ❺ oder *Fußzeile* (Seitenende) der aktuellen Seite eingefügt ❻ und Sie können die Seitenzahl bei Bedarf noch beliebig formatieren.

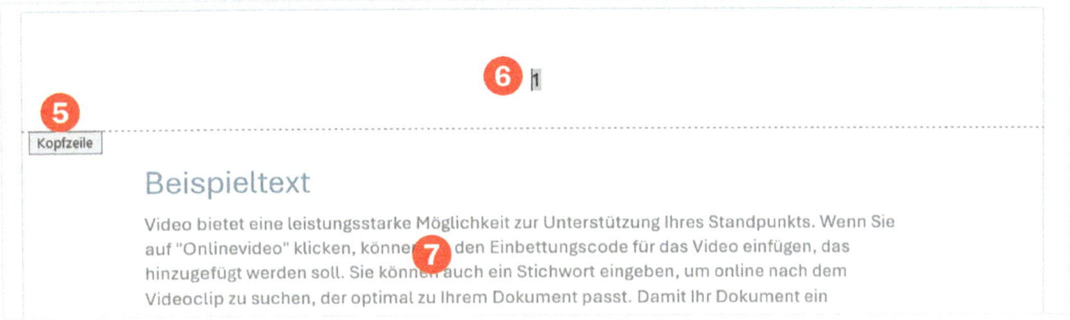

5 **Kopf- oder Fußzeile schließen und im Dokument weiterarbeiten**: Solange Sie in der Kopf- oder Fußzeile die Seitenzahlen bearbeiten, ist der übrige Dokumenttext ausgegraut bzw. inaktiv. Doppelklicken Sie in den Dokumenttext ❼, um die Kopf- oder Fußzeile zu schließen. Nun ist der Inhalt der Kopfzeile inaktiv (grau), wie im Bild unten.

Sobald Sie in der Kopf- oder Fußzeile auf die Seitenzahl klicken, wird diese grau hinterlegt, das bedeutet es handelt sich um ein Feld, dessen Inhalt von Word verwaltet wird.

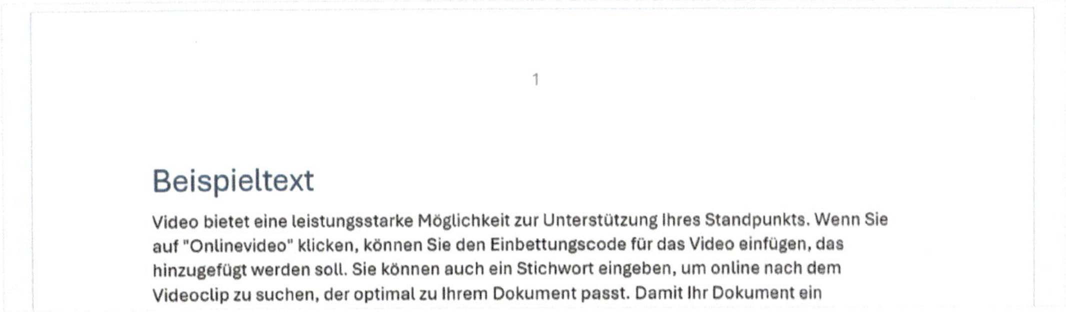

Zwischen Kopf- und Fußzeile und Dokumenttext wechseln

Sie können jederzeit zwischen Dokumenttext und Kopf- oder Fußzeile wechseln, um beispielsweise die Seitenzahl nachträglich zu formatieren.

- **Kopf- oder Fußzeile öffnen**
  Doppelklicken Sie in den oberen oder unteren Seitenrand.

- **Kopf- oder Fußzeile schließen**
  Doppelklicken Sie in den Dokumenttext.

Sie können natürlich die Seitenzahlen anschließend auch anders, z. B. in anderer Schriftgröße oder nicht Fett formatieren.

Tipp: Seitenzahl und Anzahl aller Seiten einfügen

Wenn Sie mit der Seitenzahl auch die Anzahl aller Seiten in der Schreibweise „Seite 2 von 5" einfügen möchten, dann finden Sie die Vorlage dazu unter der Bezeichnung *Fett formatierte Zahlen* ganz am Ende der Liste im Abschnitt *Seite X von Y* (Register *Einfügen* ▶ *Seitenzahlen* ▶ *Seitenanfang* oder *Seitenende*).

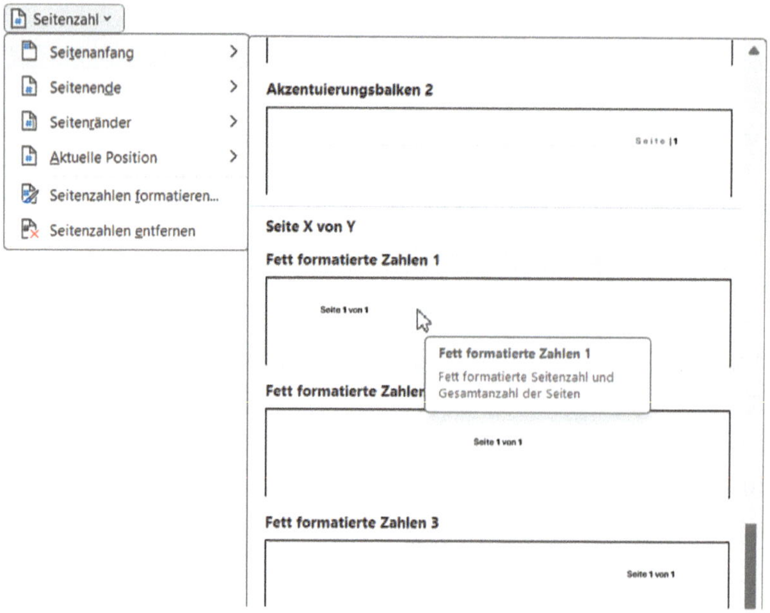

Beachten Sie beim Einfügen und Bearbeiten von Seitenzahlen

Auf dem oben beschriebenen Weg eingefügte Seitenzahlen erscheinen beim Anklicken grau hinterlegt. Das bedeutet, es handelt sich um keine feste Zahl, sondern diese richtet sich nach der aktuellen Seite. Aus diesem Grund dürfen Sie auch die Seitenzahlen in der Kopf- oder Fußzeile nicht einfach als Zahl über die Tastatur eintippen.

Es ist egal, auf welcher Seite Sie die Seitenzahlen einfügen oder bearbeiten: Diese erscheinen automatisch auf jeder Seite und haben überall dasselbe Aussehen.

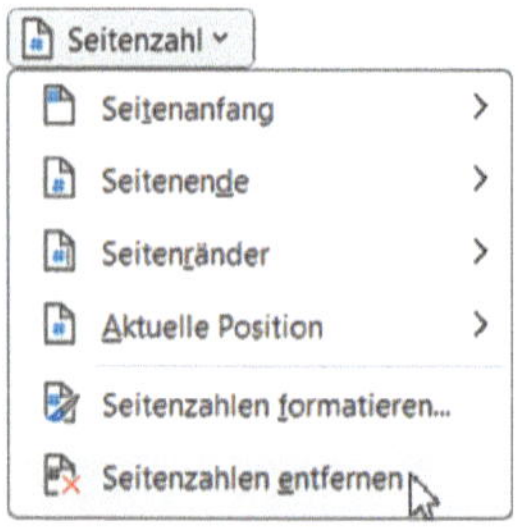

Seitenzahlen löschen

- Klicken Sie im Menüband auf das Register *Einfügen* und in der Gruppe *Kopf- und Fußzeile* erneut auf *Seitenzahlen*. Wählen Sie *Seitenzahlen entfernen*.

Gleichbleibenden Text in Kopf- und Fußzeile einfügen

Kopf- und Fußzeile können nicht nur Seitenzahlen, sondern auch beliebige Texte enthalten. Auch hierfür stellt Word einige Vorlagen zur Verfügung. Zur individuellen Gestaltung eignet sich am besten eine Vorlage mit Platzhaltern, in die Sie Ihren Text eingeben.

Beispiel: Fußzeile mit Datum, Ihrem Namen und der Seitenzahl

1 Klicken Sie auf das Register *Einfügen* und wählen Sie in der Gruppe *Kopf- und Fußzeile* für dieses Beispiel *Fußzeile* ❶.

2 Da wir die Inhalte der Fußzeile selbst gestalten wollen, klicken Sie auf die Vorlage *Leer (Drei Spalten)* ❷.

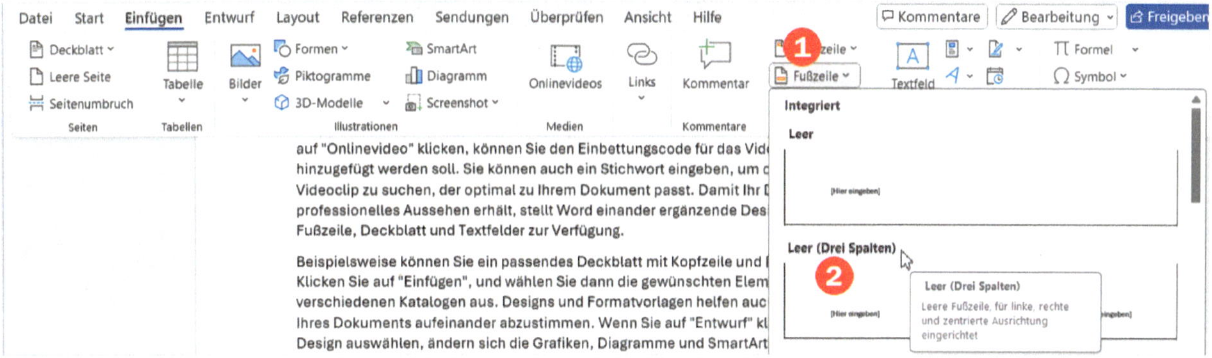

3 Der Bereich *Fußzeile* ❸ wird mit drei Platzhaltern *[Hier eingeben]* links, in der Mitte und am rechten Rand geöffnet. Gleichzeitig stellt Ihnen Word im Menüband das Register *Kopf- und Fußzeile* ❹ zur Bearbeitung und zum Einfügen häufig benötigter Elemente zur Verfügung.

Tipp: In diesem Register finden Sie auch die Schaltfläche *Kopf- und Fußzeile schließen*, die Sie statt Doppelklick in das Dokument verwenden können.

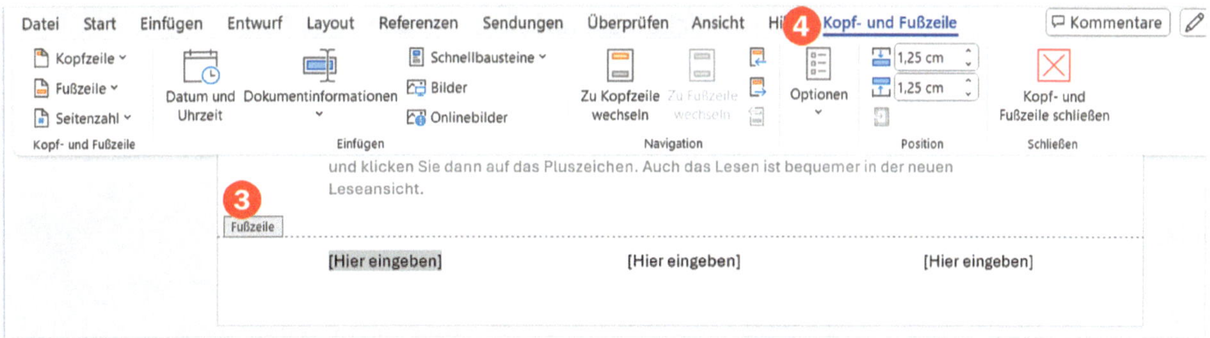

Hinweis: Wenn das Kontrollkästchen *Automatisch aktualisieren* ❼ aktiviert ist, sehen Sie bei jedem Öffnen das jeweils aktuelle Datum. Deaktivieren Sie das Kontrollkästchen, wenn Sie dies nicht wünschen.

- **Beliebigen Text eingeben**
  Um Ihren Namen einzugeben, klicken Sie in den ersten Platzhalter links und tippen Ihren Namen über die Tastatur ein.
- **Datum einfügen**
  Zum Einfügen des Datums klicken Sie in den mittleren Platzhalter ❺ und auf das Symbol *Datum und Uhrzeit* ❻. Es öffnet sich das Fenster *Datum und Uhrzeit* mit verschiedenen Vorschlägen: Klicken Sie auf die gewünschte Schreibweise und danach auf *OK*.

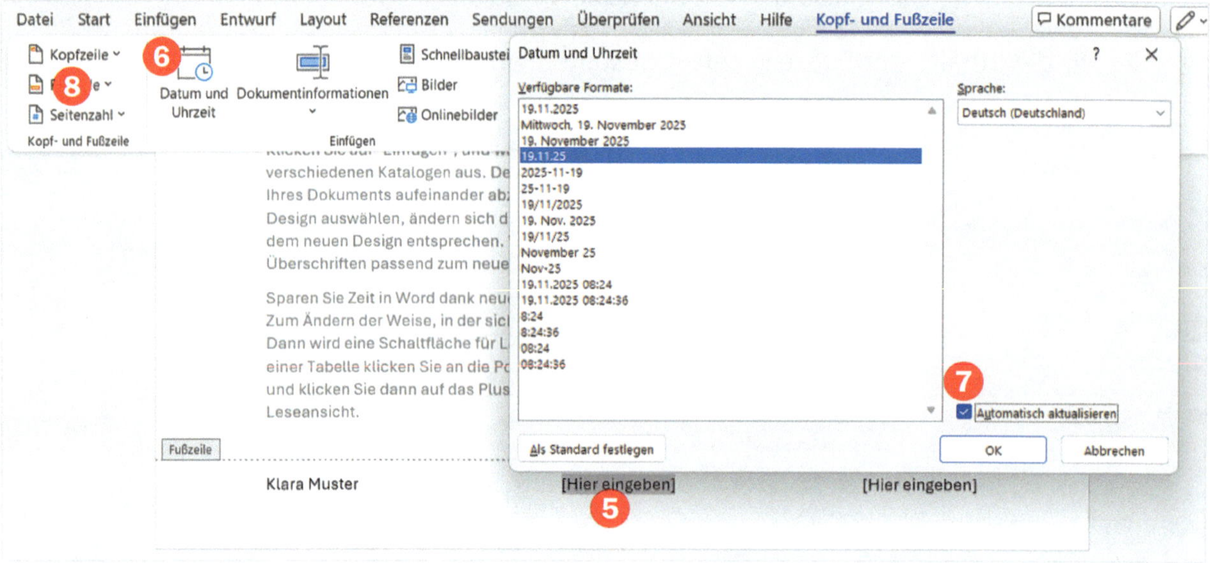

- **Seitenzahl einfügen**
  Die Seitenzahl soll im dritten Platzhalter rechts erscheinen: Klicken Sie in diesen Platzhalter und im Register *Kopf- und Fußzeile* in der Gruppe *Kopf- und Fußzeile* auf *Seitenzahl*. Wählen Sie *Aktuelle Position* ❽ und klicken Sie auf *Einfache Zahl*.

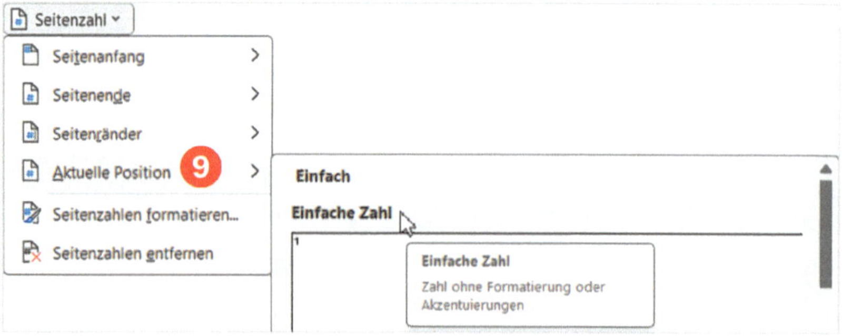

Nicht benötigte Platzhalter löschen

Falls Sie einen Platzhalter nicht benötigen, können Sie diesen ganz einfach löschen:

- Klicken Sie in den Platzhalter und betätigen Sie danach die **Entf**-Taste oder die **Korrekturtaste**.

Kopf- und Fußzeile schließen

- Doppelklick in den Dokumenttext oder klicken Sie im Menüband, Register *Kopf- und Fußzeile* auf *Kopf- und Fußzeile schließen*.

Tipps zur Gestaltung von Kopf- und Fußzeile

Kopf- und Fußzeile ohne Vorlage

Sie können eine Kopf- oder Fußzeile auch ganz ohne Vorlage erstellen. Dazu doppelklicken Sie in den Bereich Kopfzeile, d. h. in den oberen oder unteren Seitenrand. Geben Sie hier Ihren Text ein oder fügen Sie Seitenzahlen, wie oben beschrieben, über das Register *Kopf- und Fußzeile* ein. Eine Kopf- oder Fußzeile kann auch mehrere Zeilen umfassen. Außerdem können Sie hier bei Bedarf auch eine Tabelle oder über die Schaltfläche *Bilder* (Register *Kopf- und Fußzeile* oder Register *Einfügen*) ein Bild einfügen.

> **Wie viel Platz steht in der Kopf- oder Fußzeile zur Verfügung?**
> Der verfügbare Platz in der Kopf- oder Fußzeile richtet sich nach dem Seitenrand oben bzw. unten. Allerdings passt Word diesen Bereich automatisch an, falls die Kopf- oder Fußzeile mehr Platz einnimmt, sodass sich Kopf- oder Fußzeile und Dokumenttext nicht überlagern.

Kopf- und Fußzeile beginnen in der Standardeinstellung 1,25 cm unter- bzw. oberhalb des Blattrands. Diesen Abstand können Sie bei Bedarf in den Feldern der Gruppe *Position* ändern.

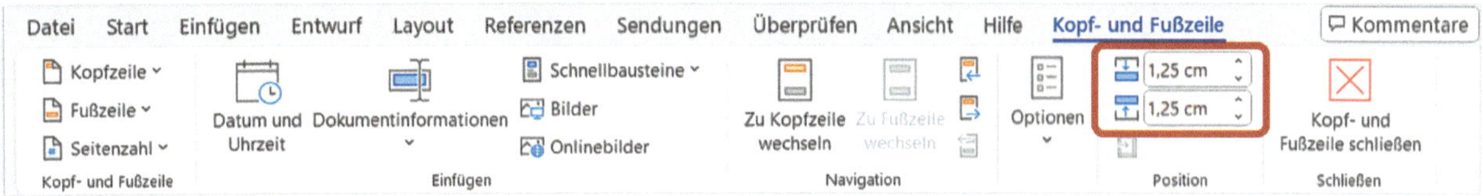

Kopf- und Fußzeile formatieren

Die Inhalte von Kopf- und Fußzeile können wie jeder andere Text formatiert werden, z. B. fett, in einer anderen Schriftfarbe oder -größe. Dazu benutzen Sie entweder die Symbole der Minisymbolleiste (Rechtsklick) oder im Register *Start*.

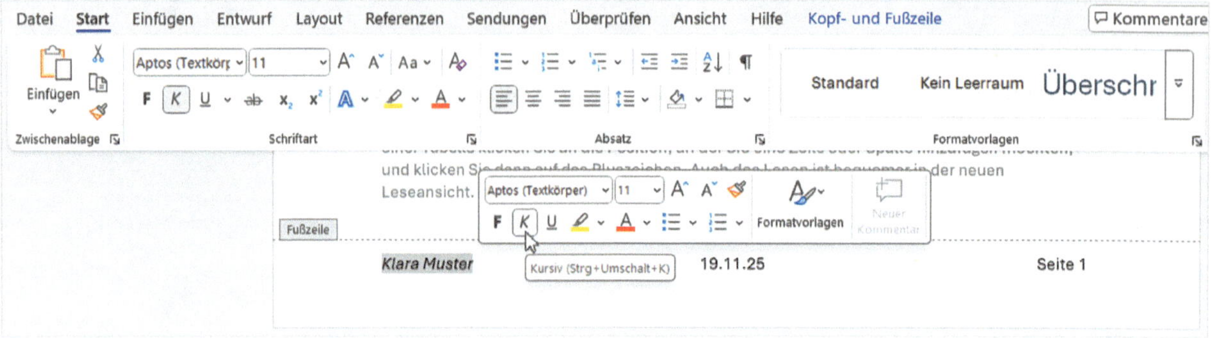

Tipp: Kopf- oder Fußzeile mit einer Linie abgrenzen

Wenn Sie eine Kopf- oder Fußzeile optisch mit einer Linie gegenüber dem Dokumenttext abgrenzen möchten, dann versehen Sie diese mit einer Rahmenlinie unten (Kopfzeile) bzw. Rahmenlinie oben (Fußzeile).

- **Beispiel Fußzeile**: Doppelklicken Sie in den Bereich Fußzeile. Klicken Sie an eine beliebige Stelle der Fußzeile und im Register *Start* auf den Pfeil des Symbols *Rahmen*. Wählen Sie die Variante *Rahmenlinie oben*.

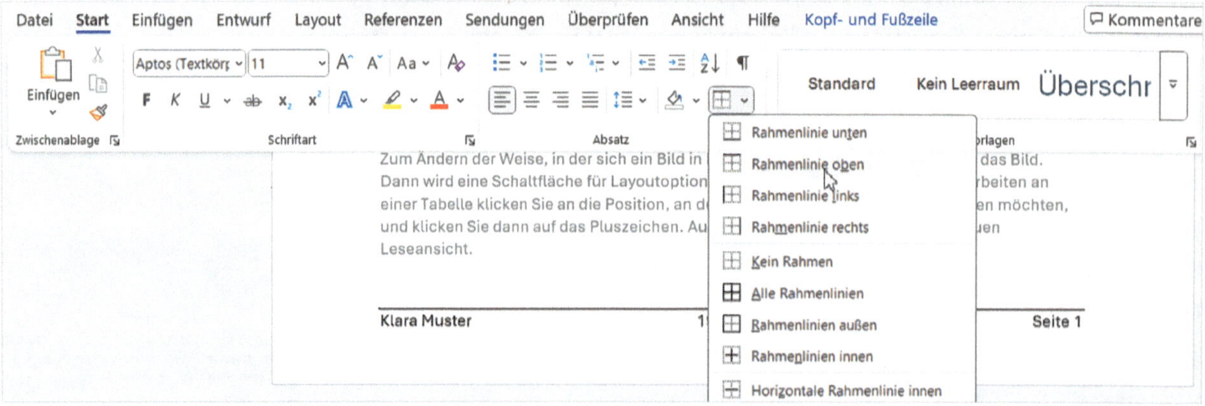

Druckseite einrahmen, Wasserzeichen im Hintergrund

Rahmen um die Seite legen

Falls Sie für besondere Zwecke eine Seite mit einem Rahmen verschönern möchten, hier ein Beispiel zum Einrahmen einer Menükarte:

Achtung: Das Symbol *Seitenfarbe* erlaubt einen farbigen Hintergrund. Sie sollten jedoch bedenken, dass dies beim Drucken zu einem erheblichen Mehrverbrauch an Tinte oder Toner führt!

1 Klicken Sie auf das Register *Entwurf* ❶, die Position der Einfügemarke spielt keine Rolle und klicken Sie hier auf *Seitenränder* ❷.

2 Es öffnet sich das Fenster *Rahmen und Schattierung*, diesmal mit dem Register *Seitenrand*. Die Auswahl von Linienart und -farbe unterscheidet sich nicht von Absätzen, siehe Seite 127.

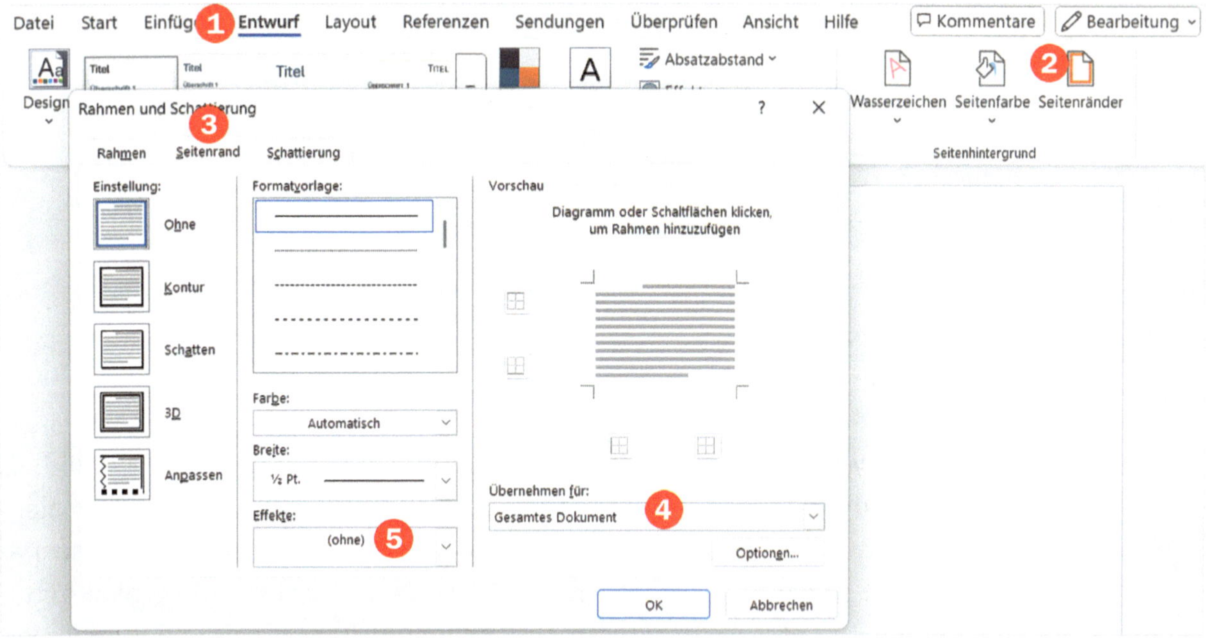

Zwei kleine Unterschiede gibt es aber doch

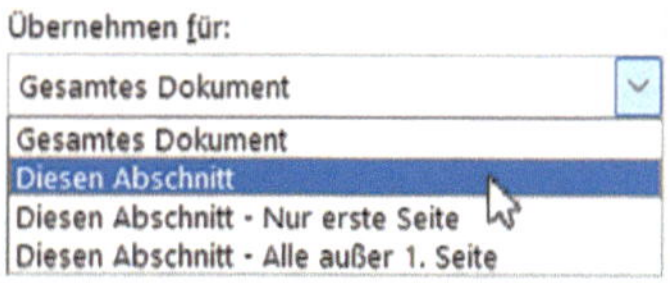

- In der Standardeinstellung werden alle Seiten des Dokuments eingerahmt. Wenn bei mehreren Seiten nur die erste Seite einen Rahmen erhalten soll, dann klicken Sie in das Feld *Übernehmen für* ❹ und wählen *Diesen Abschnitt - Nur erste Seite* statt *Gesamtes Dokument* aus.

- Im Feld *Effekte* ❺ stellt Word eine Sammlung verschiedener grafischer Rahmen zur Verfügung. Mit Ausnahme der Rahmen mit farbigen Bildmotiven können Sie auch hier die Rahmenfarbe im Feld *Farbe* anpassen, wie im Bild unten. Rechts daneben das Ergebnis in der Druckvorschau.

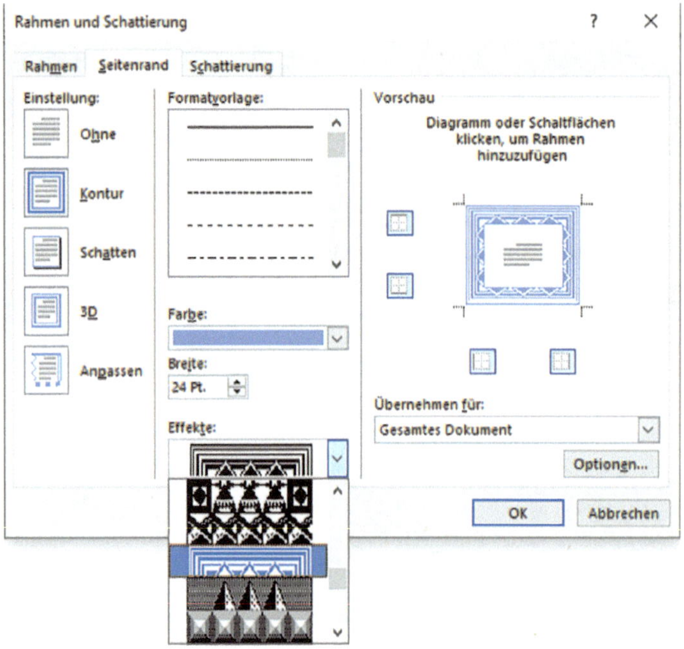

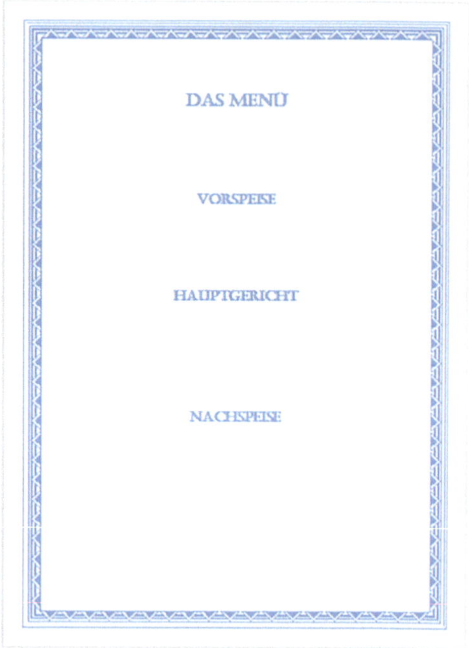

Ein Wasserzeichen im Hintergrund einfügen

Als Wasserzeichen bezeichnet Word einen Schriftzug oder ein Bild als Texthintergrund. Im Gegensatz zu einem Bild, das Sie auf normalem Weg einfügen und positionieren, ist ein Wasserzeichen leicht transparent und wird automatisch auf der Seite horizontal und vertikal mittig ausgerichtet. Erstreckt sich ein Dokument über mehrere Seiten, so erscheint das Wasserzeichen auf jeder Seite.

1 Klicken Sie auf das Register *Entwurf* und in der Gruppe *Seitenhintergrund* auf *Wasserzeichen* ❶.

2 Da sich die angebotenen Vorlagen ❷ mehr für geschäftliche Zwecke eignen, klicken Sie auf *Benutzerdefiniertes Wasserzeichen* ❸, wenn Sie Ihr eigenes Wasserzeichen zusammenstellen möchten.

3 Im Fenster *Gedrucktes Wasserzeichen* wählen Sie zwischen *Bildwasserzeichen* und *Textwasserzeichen*.

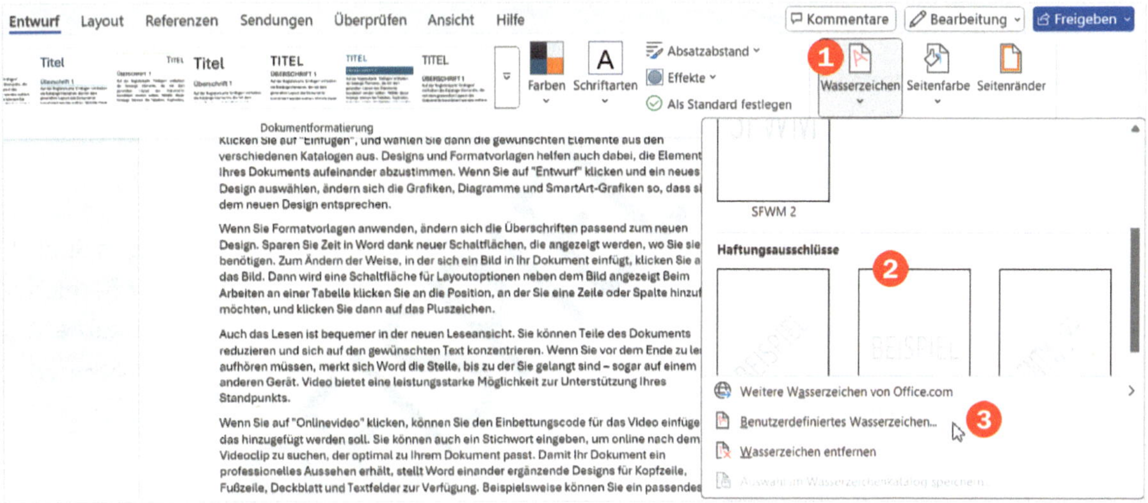

- **Bildwasserzeichen**: Wählen Sie die Option *Bildwasserzeichen* ❹ und klicken Sie danach auf die Schaltfläche *Bild auswählen…*
- **Textwasserzeichen**: Klicken Sie auf die Option *Textwasserzeichen* ❻ und tippen Sie im Feld *Text* ❼ Ihren Text ein. Unterhalb können Sie Schriftart, Schriftgröße ❽ und Farbe auswählen. Das Kontrollkästchen *Halbtransparent* ❾ sollte aktiviert sein, damit die Lesbarkeit des Textes nicht beeinträchtigt wird.

Hinweis: Das Kontrollkästchen *Auswaschen* ❺ verringert die Farbintensität des Bildes und sollte aktiviert sein, um die Lesbarkeit des Textes im Vordergrund nicht zu beeinträchtigen.

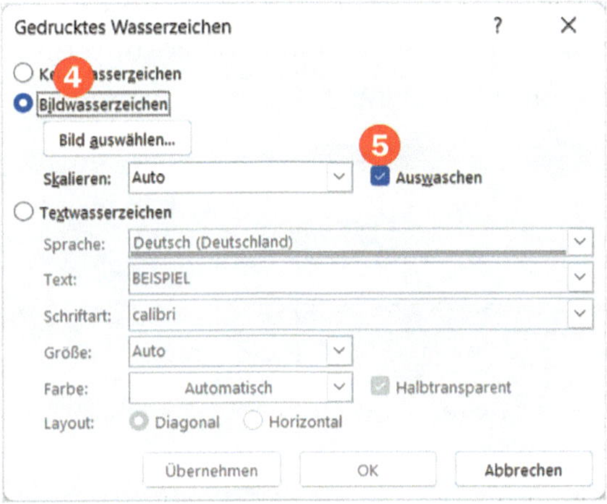

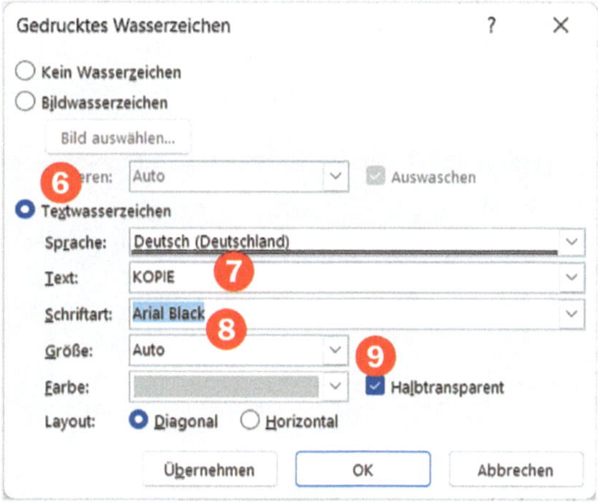

Wasserzeichen wieder entfernen

☛ Klicken Sie auf das Register *Entwurf*, danach auf *Wasserzeichen* und auf *Wasserzeichen entfernen* (siehe Bild oben).

Text in Spalten anordnen

Word kann Text auch in zwei oder mehr Spalten nebeneinander anordnen, wie Sie es vielleicht aus gedruckten Medien kennen.

> **Was Sie über Text in Spalten wissen sollten**
> Wenn nichts anderes angegeben wird, dann gilt die Aufteilung in Spalten im gesamten Dokument. Soll dagegen nur ein bestimmter Bereich in Spalten angeordnet werden, dann müssen Sie zuvor das Dokument in Abschnitte aufteilen. Anschließend können Sie für jeden einzelnen Abschnitt die Anzahl der Spalten festlegen.

Beispiel: Text in zwei Spalten, Überschrift und Einleitung in einer einzigen Spalte

Das Ergebnis sehen Sie im Bild auf der nächsten Seite.

Als Beispiel soll Text in zwei Spalten angeordnet werden, die Überschrift und der Einleitungstext dagegen in einer einzigen Spalte.

Im ersten Schritt müssen Sie am Beginn und Ende des künftigen zweispaltigen Textes jeweils einen neuen Abschnitt beginnen bzw. einen Abschnittsumbruch einfügen.

1 Klicken Sie an den Beginn des Absatzes, **ab** dem der neue Abschnitt beginnen soll ❶. Klicken Sie auf das Register *Layout* und in der Gruppe *Seite einrichten* auf *Umbrüche* ❷. Wählen Sie unter *Abschnittsumbrüche* die Einstellung *Fortlaufend* ❸.

Hinweis: Wenn Sie dagegen als Abschnittsumbruch *Nächste Seite* wählen, dann beginnt Word gleichzeitig mit dem neuen Abschnitt auch eine neue Seite.

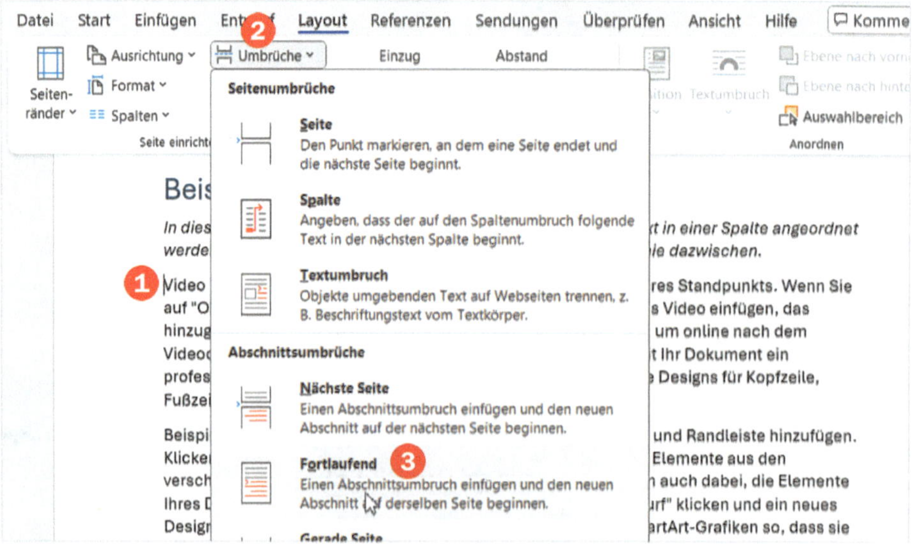

2 Setzen Sie dann die Einfügemarke ans Ende des künftigen zweispaltigen Texts, in diesem Beispiel am Textende an den Beginn eines leeren Absatzes. Klicken Sie erneut auf *Umbrüche* und auf *Fortlaufend*.

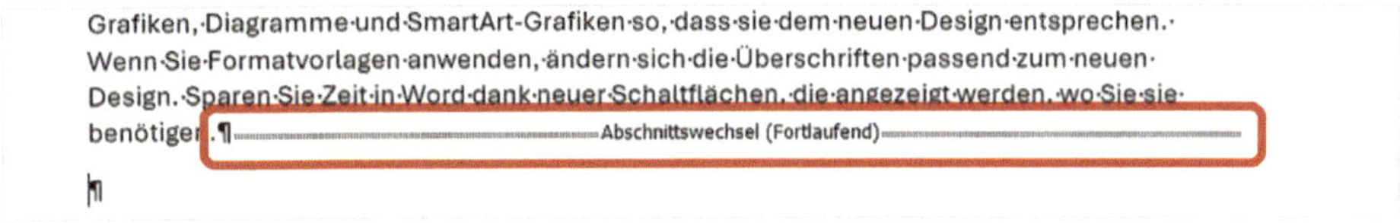

Abschnittsumbrüche erscheinen zusammen mit den übrigen nicht druckbaren Zeichen als doppelt gepunktete Linie am Ende des vorhergehenden Absatzes.

3 **Aufteilung in Spalten**: Positionieren Sie dann die Einfügemarke an einer beliebigen Stelle des Abschnitts, der in zwei Spalten aufgeteilt werden soll ❹. Klicken Sie im Register *Layout* auf *Spalten* ❺ und die gewünschte Spaltenanzahl, hier *Zwei* ❻.

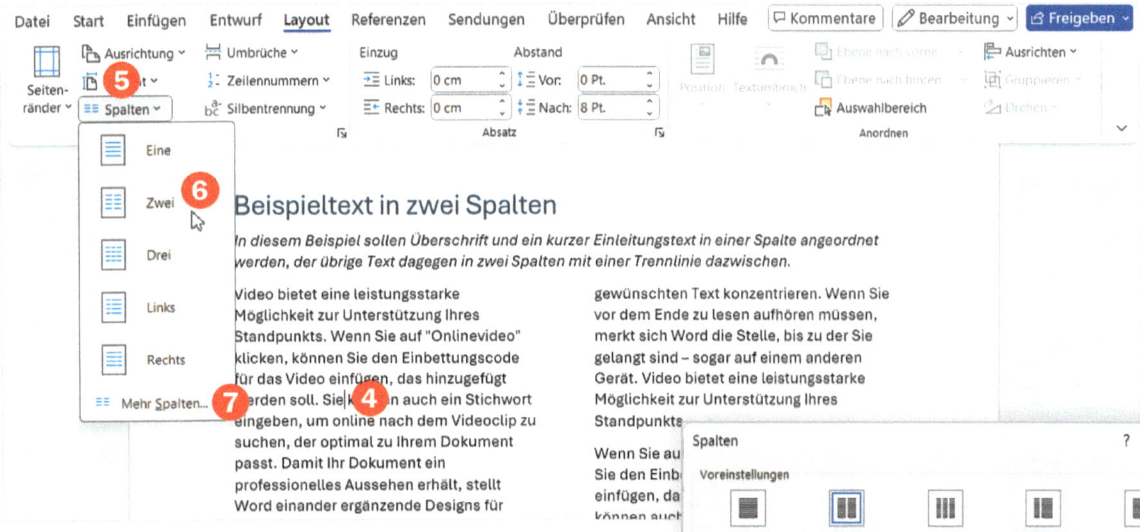

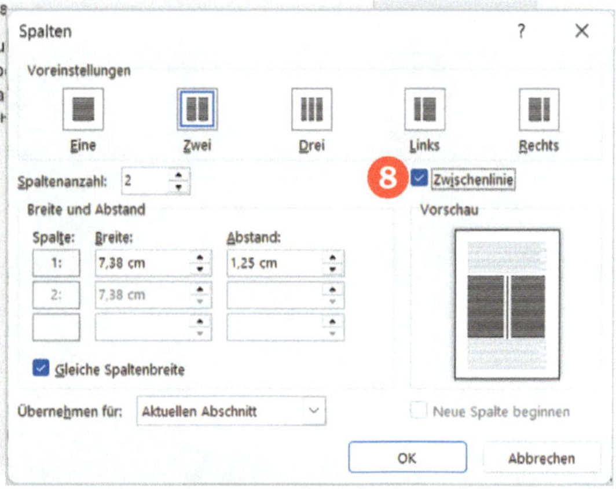

4 **Trennlinie einfügen**: Wenn Sie zwischen den Spalten noch eine Linie einfügen möchten, dann klicken Sie erneut auf *Spalten* und hier auf *Mehr Spalten...* ❼. Aktivieren Sie dann im Fenster *Spalten* das Kontrollkästchen *Zwischenlinie* ❽ und klicken Sie auf *OK*.

Spaltenbreite: Wenn nichts anderes angegeben wird, erhalten alle Spalten gleiche Breite. Sie können jedoch im Fenster *Spalten* auch für jede Spalte die Breite selbst angeben.

3.8 Praktische Beispiele

Ein einfacher Brief

Um mit Word einen einfachen Brief zu schreiben, sind nur wenige Einstellungen erforderlich. Starten Sie Word mit einem neuen leeren Dokument und speichern Sie das Dokument unter einem aussagekräftigen Namen in einem Ordner Ihrer Wahl, z. B. *Dokumente* oder *Briefe*.

Beginnen wir mit den grundlegenden Voreinstellungen.

Papierformat und Seitenränder

1. Klicken Sie auf das Register *Layout* und in der Gruppe *Seite einrichten* auf *Format* ❶. Hier sollte das Papierformat *A4* eigentlich bereits ausgewählt sein, falls nicht, so klicken Sie es an.

2. Klicken Sie danach in derselben Gruppe auf *Seitenränder* ❷ und auf *Benutzerdefinierte Seitenränder...* Der Brief erhält folgende Seitenränder: *Oben* und *Unten* je 2 cm, *Links* 2,5 cm, *Rechts* 2 cm ❸. Die Ausrichtung *Hochformat* ❹ und die übrigen Voreinstellungen können, wie im Bild unten, übernommen werden; klicken Sie auf *OK*.

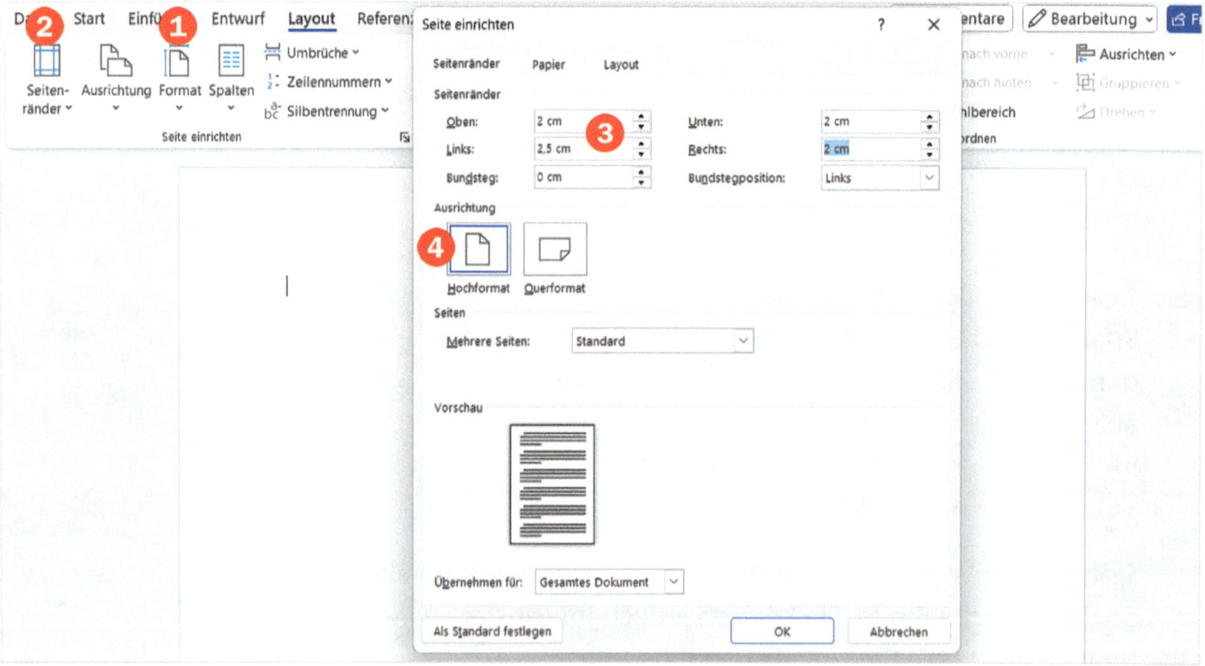

Absatzabstände und Schriftart festlegen

3 **Absatzabstand**: Für einen Brief benötigen wir einfache Zeilenabstände und keinen Abstand zwischen Absätzen: Klicken Sie auf das Register *Entwurf* ❺ und auf *Absatzabstand* ❻. Wählen Sie *Kein Absatzabstand*.

Die erforderlichen Abstände stellen Sie in diesem Fall mit Leerzeilen her.

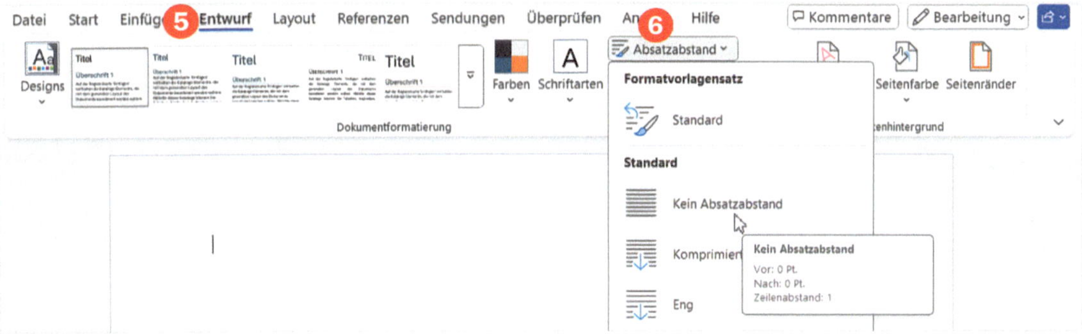

4 **Schriftart**: Als Schriftart eignet sich eine einfache, gut lesbare Schrift wie z. B. *Calibri*. Klicken Sie im Register *Entwurf* auf *Schriftarten* ❼ und wählen Sie *Office* oder auch nur *Calibri*.

Welche Schriftarten *Office* verwendet, hängt von Ihrer Word-Version ab.

Lineal anzeigen

Wenn Sie den Brief in einem Fensterumschlag versenden möchten, dann muss die Empfängeranschrift so positioniert sein, dass sie zusammen mit dem Absender (in kleinerer Schrift) im Fenster sichtbar ist.

Hier gilt: Die Absenderadresse befindet sich etwa 5 cm unterhalb der oberen Blattkante und i darunter beginnt die eigentliche Empfängeranschrift.

Für einen besseren Überblick sollte daher das Lineal oberhalb ❶ und links ❷ vom Dokument eingeblendet sein (Bild auf der nächsten Seite).

- Falls es nicht sichtbar sein sollte, klicken Sie im Menüband auf das Register *Ansicht* und aktivieren in der Gruppe *Anzeigen* das Kontrollkästchen *Lineal* ❸.

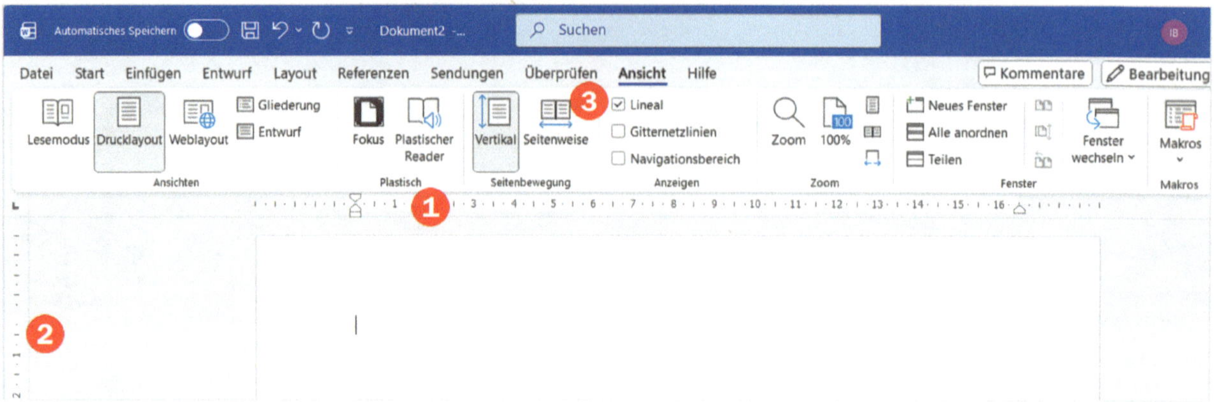

Dass Firmennamen als Rechtschreibfehler gekennzeichnet werden, wie im Bild unten, ignorieren Sie am besten.

Brief schreiben

Beginnen Sie in der ersten Zeile mit Ihrer Absenderadresse wie im Beispiel unten und nehmen Sie alle Formatierungen, z. B. Ort und Datum am rechten Rand ausrichten, erst danach vor. Oder betätigen Sie mehrmals die Eingabetaste, bevor Sie eine Textstelle formatieren.

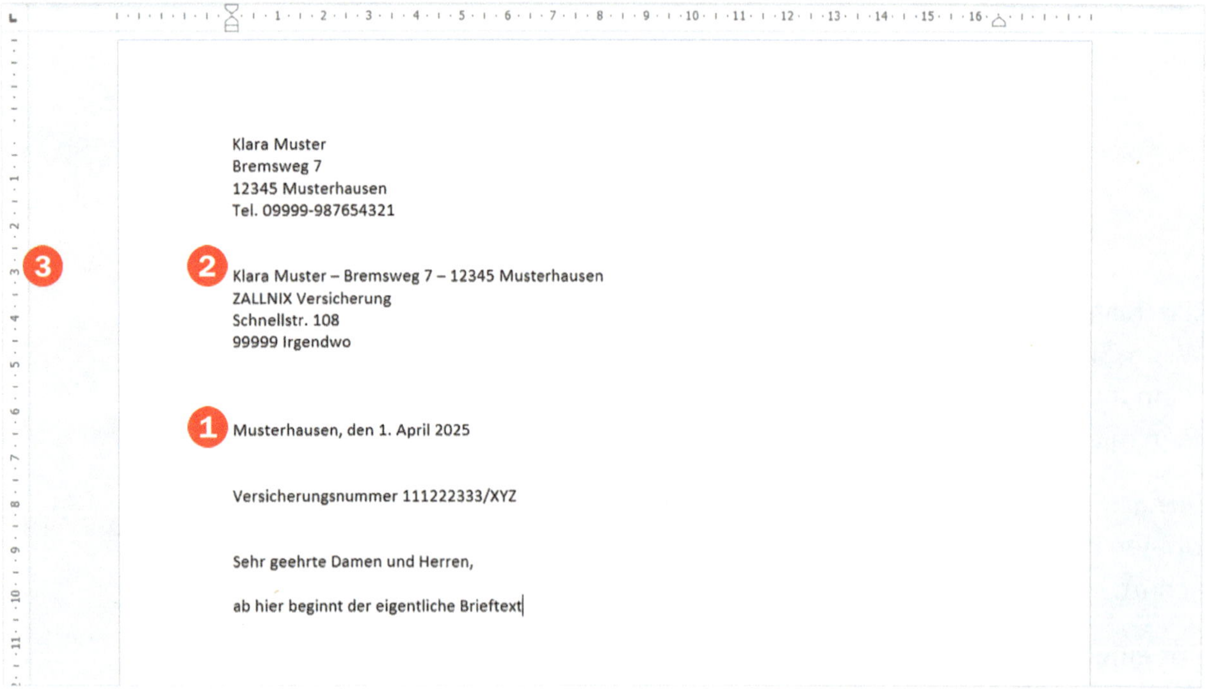

Sparen Sie sich unnötige Arbeitsschritte, indem Sie zuerst den Brieftext schreiben und erst danach einzelne Stellen formatieren

Der Grund: Mit dem Betätigen der **Eingabetaste** bzw. Absatzende übernimmt Word sämtliche Formatierungen in den nächsten Absatz. Haben Sie also beispielsweise Ihren Namen fett und etwas größer formatiert, dann erhält nach dem Betätigen der Eingabetaste der nächste Absatz dasselbe Aussehen. Da allerdings Straße und Hausnummer wieder in der normalen Schrift erscheinen sollen, müssten Sie in diesem Fall von diesem Absatz wieder alle nachträglichen Formatierungen entfernen.

- **Aktuelles Datum an der Cursorposition einfügen** ❶

  Klicken Sie im Menüband auf das Register *Einfügen* und in der Gruppe *Text* auf *Datum und Uhrzeit*. Wählen Sie eine Schreibweise und klicken Sie auf *OK*.

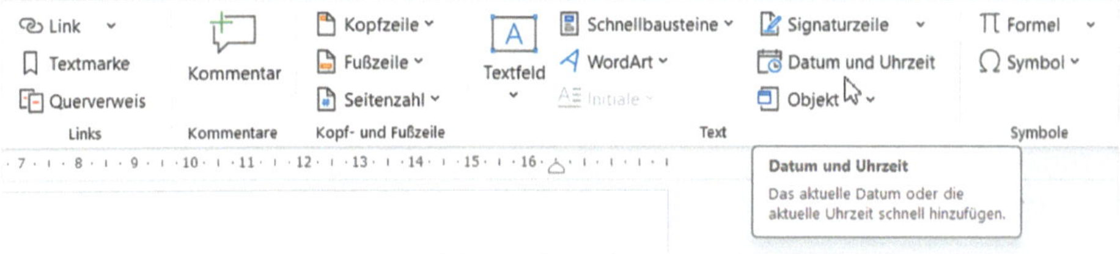

- **Absenderzeile an der richtigen Stelle?**

  Ob die Zeile mit den Absenderinformationen ❷ an der richtigen Stelle ist, können Sie im Lineal ❸ kontrollieren: Sie müssen nur noch den Seitenrand oben hinzurechnen, 3 cm + 2 cm = 5 cm.

Zur Erinnerung: Die Zeile sollte sich etwa 5 cm unterhalb der oberen Blattkante befinden.

- **Formatieren (siehe Bild auf der nächsten Seite)**
  - Ihren Namen in der ersten Zeile können Sie hervorheben, z. B. in anderer Schrift oder Fett und etwas größer (14 Pt.) wie im Bild auf der nächsten Seite.
  - Markieren Sie die Zeile mit den Absenderinformationen und formatieren Sie diese in Schriftgröße 8 Pt. und Unterstrichen.
  - Klicken Sie in die Zeile Ort und Datum und im Menüband im Register *Start*, Gruppe *Absatz* auf das Symbol *Rechtsbündig*.
  - Der Betreff, hier die Versicherungsnummer, wird fett hervorgehoben, das Wort Betreff lassen Sie hingegen weg.

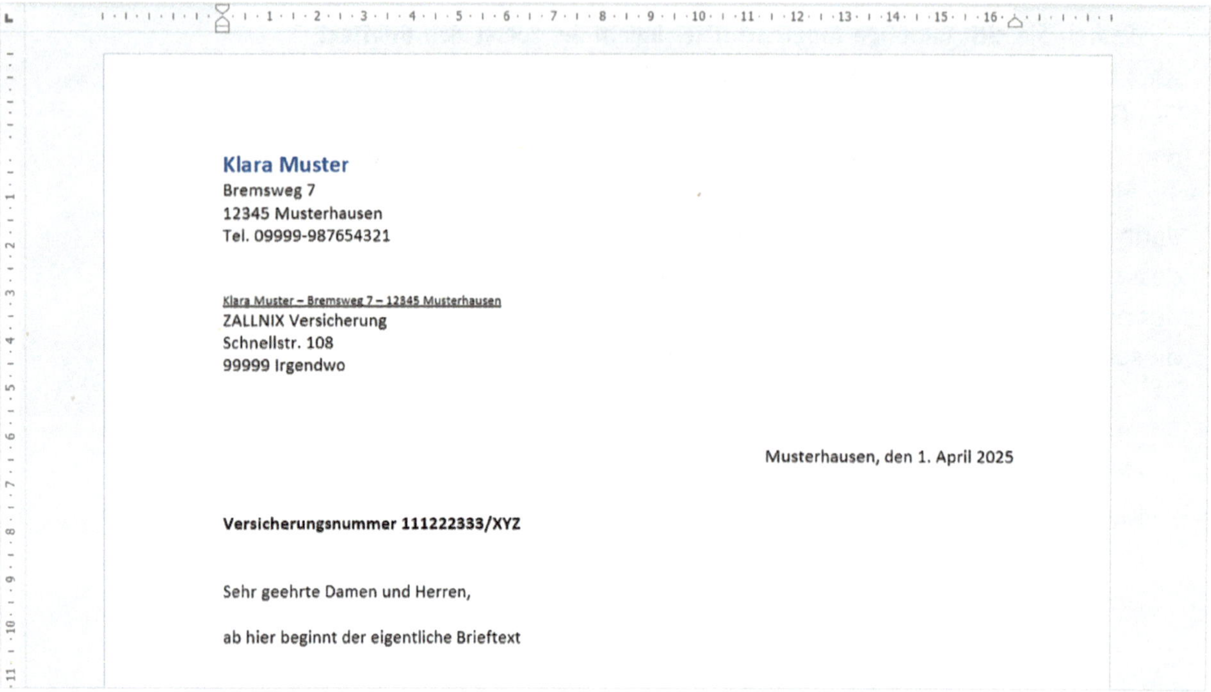

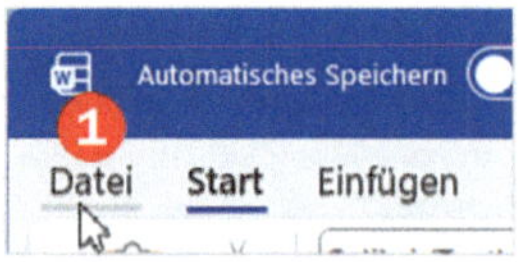

Fertigen Brief drucken

1 Klicken Sie auf das Register *Datei* ❶ und hier auf *Drucken* ❷.

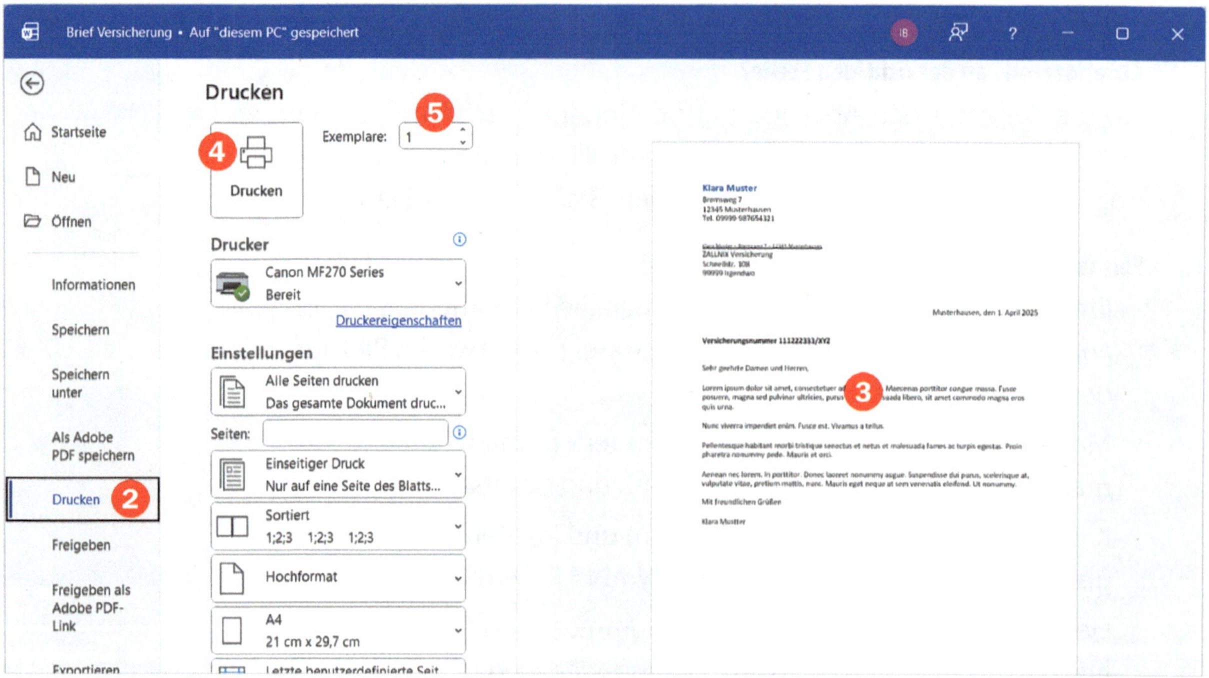

2 Kontrollieren Sie den Brief in der Vorschau ❸ und klicken Sie auf *Drucken* ❹.

Tipp: Wenn Sie den Brief zweifach drucken möchten, dann können Sie hier ❺ gleich die Anzahl der Exemplare angeben.

3 Speichern Sie den fertigen Brief: Klicken Sie dazu im Register *Datei* auf *Speichern* oder in der Symbolleiste für den Schnellzugriff auf das Symbol *Speichern*.

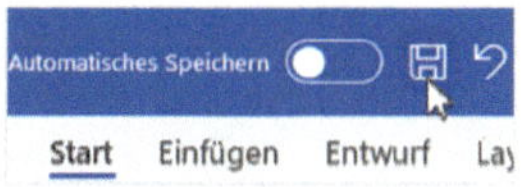

Erstellen Sie Ihre persönliche Briefvorlage

Sie können mit Word auch Ihre individuelle Briefvorlage erstellen, speichern und später für Ihre Briefe verwenden. Briefvorlagen sind vergleichbar mit einem Briefpapier, das bereits Ihren persönlichen Briefkopf und andere gleichbleibende Elemente enthält. Als Ausgangsbasis können Sie entweder mit einem neuen leeren Dokument beginnen oder einen bereits fertig gestalteten Brief verwenden.

Sie können z. B. als Briefvorlage den oben erstellten Brief verwenden. In diesem Fall löschen Sie einfach Empfängeradresse und Brieftext mit Ausnahme der Grußformel am Ende des Briefs.

Für dieses Beispiel beginnen wir mit einem neuen leeren Dokument, so gehen Sie vor:

1 Kontrollieren Sie, ob das Papierformat A4 eingestellt ist und richten Sie die Seitenränder ein, z. B. Oben und Unten je 2 cm, Links und Rechts je 2,5 cm (siehe Seite 198).

2 Wählen Sie im Register *Entwurf* wieder *Kein Absatzabstand* ❶ und über das Symbol *Schriftarten* ❷ eine Schriftart, die Ihnen zusagt, hier als Beispiel *Candara*. Über das Symbol *Farben* ❸ wählen wir außerdem noch *Warmes Blau*.

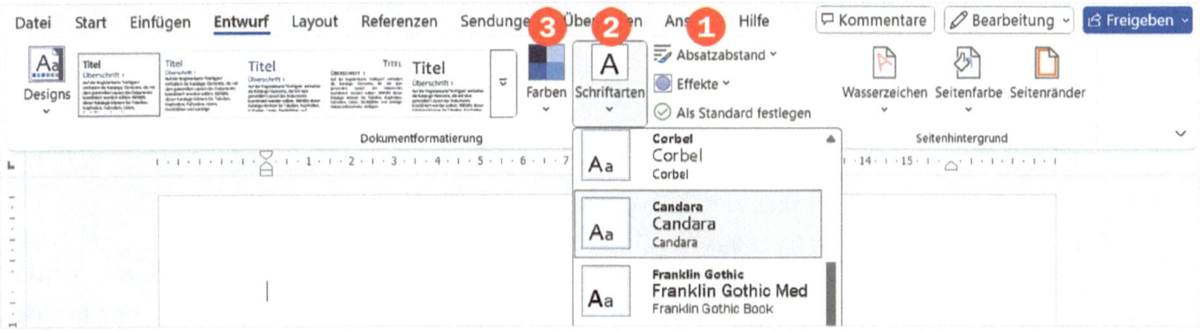

Die fertige Briefvorlage mit dem Briefkopf könnte etwa so aussehen:

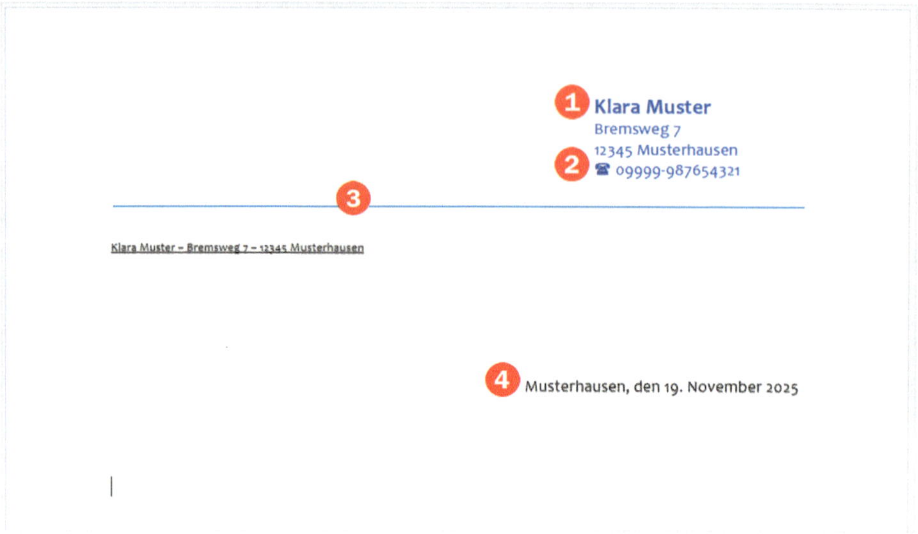

Gestaltung der Absenderangaben ❶

1 **Schriftgröße und -farbe**: Der Name erhält Schriftgröße 14 Pt., für die übrigen Angaben kann Schriftgröße 10 oder 11 verwendet werden. Markieren Sie dann die gesamte Anschrift und weisen Sie über das Symbol *Schriftfarbe* Blau (oder eine andere Farbe) zu.

2 **Anschrift nach rechts rücken**: Markieren Sie alle Zeilen der Anschrift und klicken so oft auf das Symbol *Einzug vergrößern*, bis sich die Anschrift an der gewünschten Stelle befindet. Mit dem Symbol *Einzug verkleinern* links daneben rücken Sie im Bedarfsfall die Anschrift wieder schrittweise nach links.

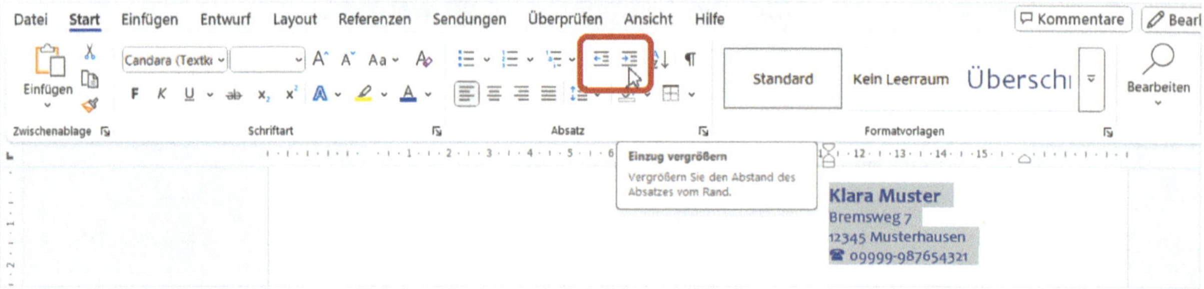

3 **Telefonsymbol einfügen ❷**: Klicken Sie auf das Register *Einfügen* und in der Gruppe *Symbole* auf *Symbol*. Klicken Sie entweder hier auf das gewünschte Symbol oder klicken Sie auf *Weitere Symbole...* Wählen Sie die Schriftart *Wingdings* aus, klicken Sie auf das Symbol und danach auf die Schaltfläche *Einfügen*. Schließen Sie zuletzt das Fenster *Symbol* wieder.

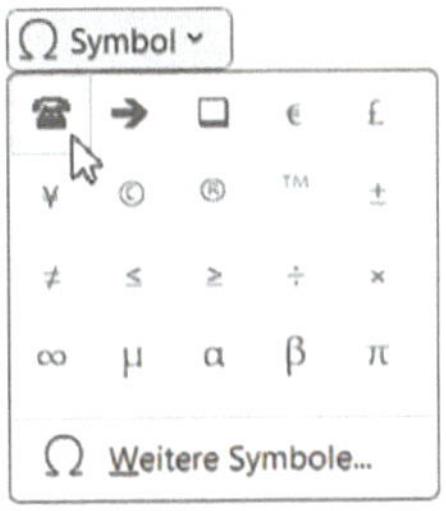

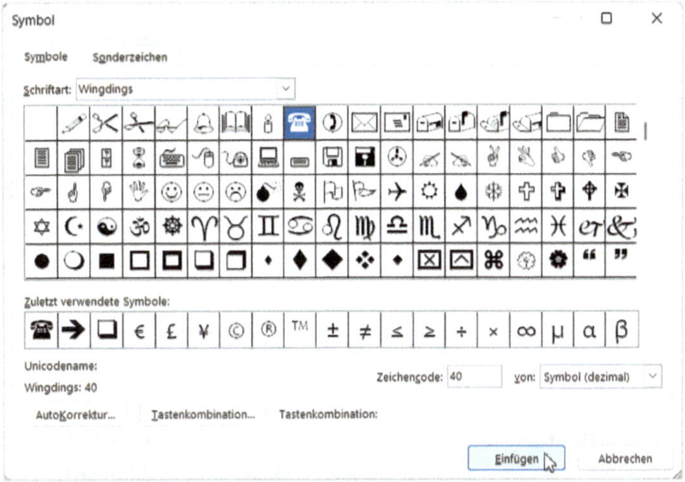

Linie unterhalb einfügen ❸

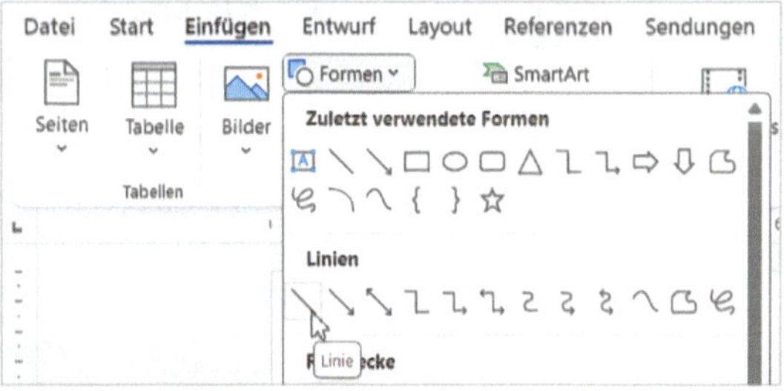

1. Zum Einfügen der Linie klicken Sie auf das Register *Einfügen*, danach auf *Formen* und hier auf *Linie*.

2. Um eine exakt waagrechte Linie zu zeichnen, drücken Sie anschließend zuerst auf der Tastatur die **Umschalt**-Taste und halten die Taste gedrückt, während Sie gleichzeitig unterhalb der Anschrift mit gedrückter Maustaste eine Linie von links nach rechts zeichnen.

Sie können natürlich zusätzlich zur Linie auch noch ein Bild (z. B. ein Logo) einfügen, falls Sie etwa eine Briefvorlage für einen Verein gestalten.

3. Markieren Sie die Linie, klicken Sie auf das Register *Formformat* und wählen Sie – wie im Bild auf der nächsten Seite – im Katalog *Formenarten* ein Linienformat aus.

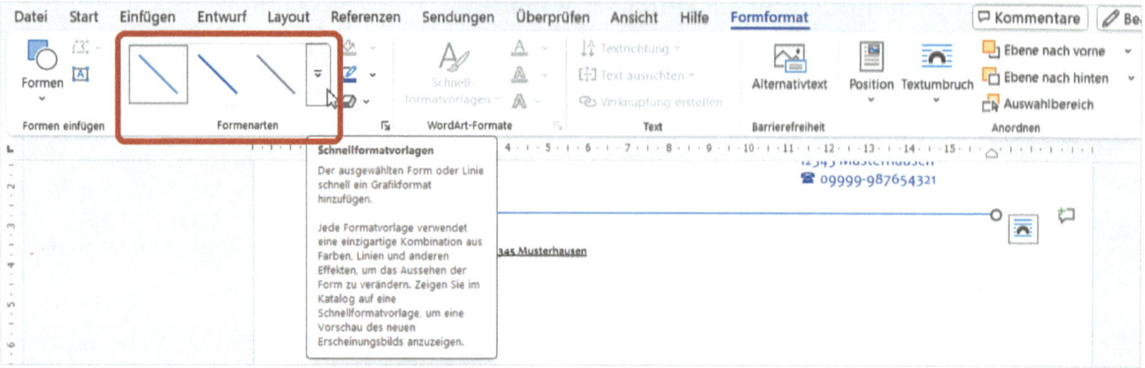

Achtung: Falls Sie mit dem Markieren der Linie Probleme haben sollten, so klicken Sie zuerst im Register *Start*, Gruppe *Bearbeiten* auf *Markieren* und aktivieren *Objekte auswählen*. Klicken Sie dann auf die Linie. Vergessen Sie aber anschließend nicht, den Modus *Objekte auswählen* wieder auszuschalten: Klicken Sie im Register *Start* auf *Markieren* und schalten Sie *Objekte auswählen* durch Anklicken aus, siehe Bild oben.

Ort und Datum einfügen ❹

- Klicken Sie im Register *Einfügen*, Gruppe *Text* auf *Datum und Uhrzeit*. **Wichtig**: Das Kontrollkästchen *Automatisch aktualisieren* muss aktiviert sein, damit jedes Mal beim Öffnen das aktuelle Datum erscheint.

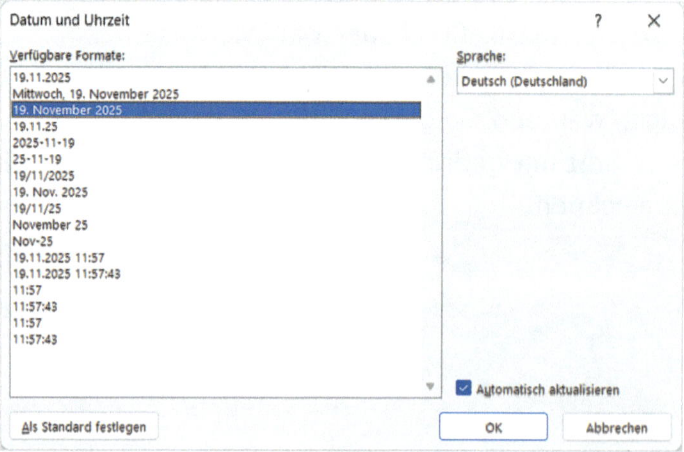

Als Vorlage speichern

Im letzten Schritt speichern Sie das Dokument als Vorlage:

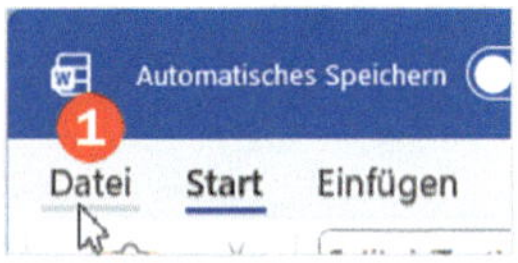

1 Klicken Sie auf das Register *Datei* ❶ und hier auf *Exportieren* ❷.

2 Klicken Sie auf *Dateityp ändern* ❸ und wählen Sie *Vorlage* ❹. Anschließend klicken Sie auf *Speichern unter* ❺.

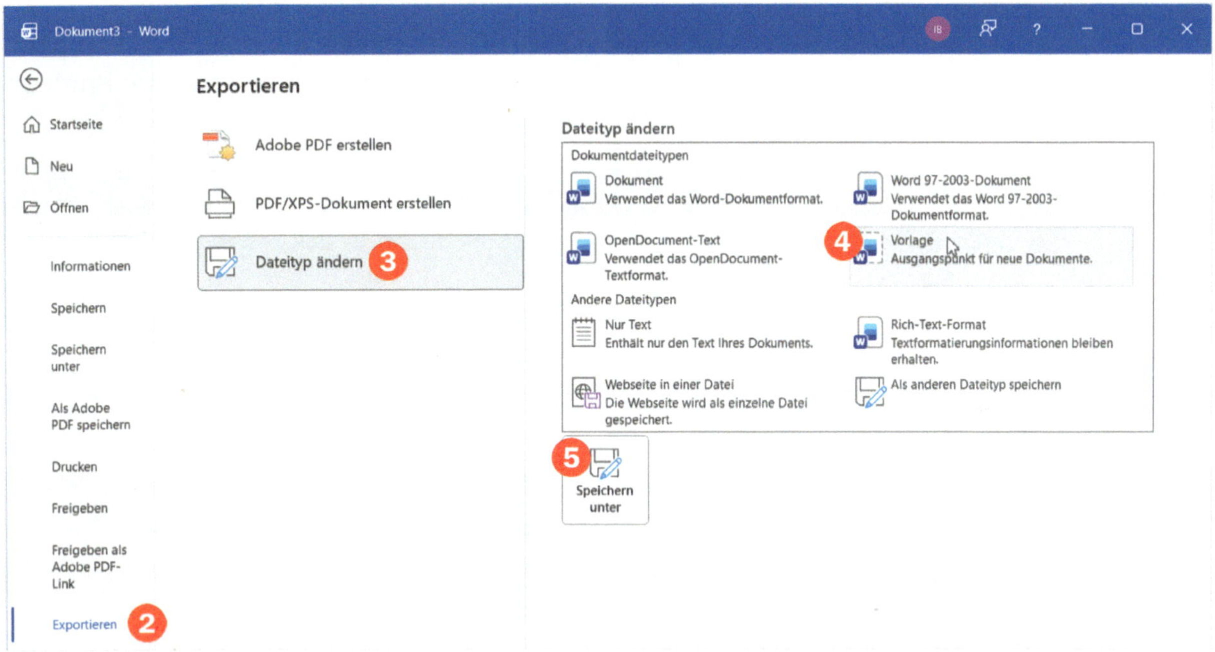

3 Geben Sie im Fenster *Speichern unter* einen Dateinamen, z. B. „Meine Briefvorlage" ein ❻, der Dateityp *Word-Vorlage* ist bereits ausgewählt ❼. Als Speicherort wählen Sie im Ordner *Dokumente* den Unterordner *Benutzerdefinierte Office-Vorlagen* ❽.

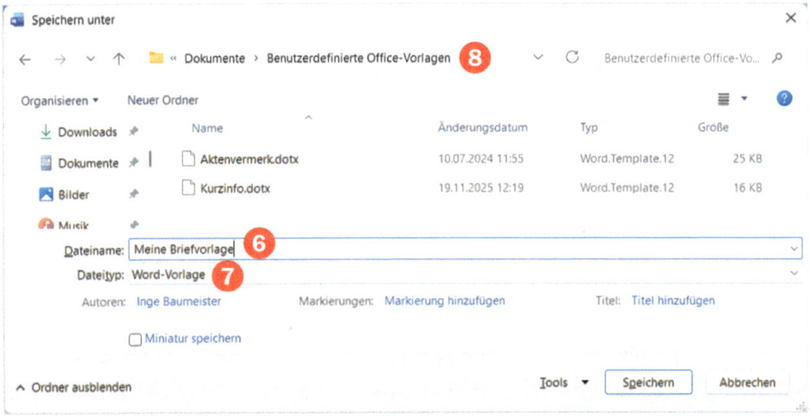

4 Schließen Sie zuletzt die Briefvorlage.

Briefvorlage verwenden

1 Starten Sie Word und klicken Sie auf *Neu*. Falls Word bereits geöffnet ist, so klicken Sie auf *Datei* und ebenfalls auf *Neu* ❶. Wählen Sie anschließend den Vorlagenkatalog *Persönlich* ❷ statt *Office* aus.

2 Es erscheinen hier alle Vorlagen, die Sie im Ordner *Benutzerdefinierte Office-Vorlagen* gespeichert haben. Klicken Sie auf Ihre Briefvorlage ❸.

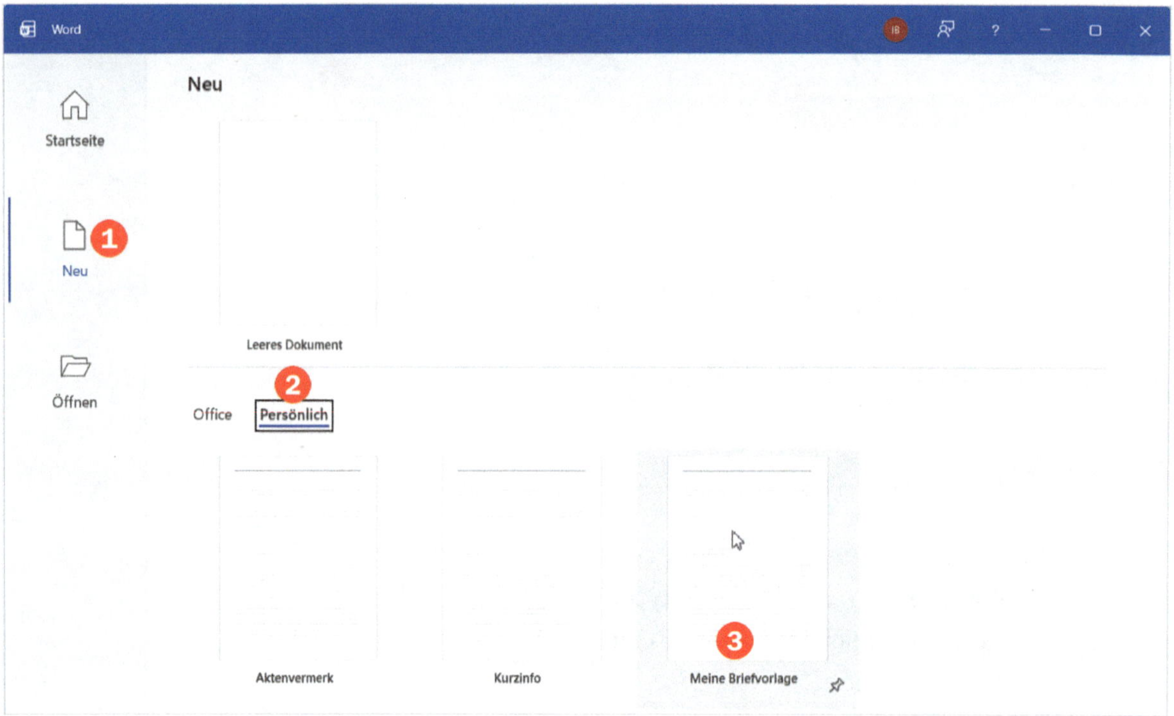

Word erstellt aus der Briefvorlage ein neues Dokument. Dieses erhält wie alle neuen Dokumente zunächst den Namen *Dokumentx* ❹ (siehe Bild auf der nächsten Seite), wobei *x* für eine fortlaufende Nummerierung steht.

Geben Sie die Empfängeranschrift und Ihren Brieftext ein und speichern Sie den Brief wie gewohnt. Falls gewünscht, können Sie auch Elemente der Briefvorlage abändern und z. B. ein anderes Datum eingeben. Diese Änderung wirkt sich allerdings nur auf den aktuellen Brief, nicht aber auf die Vorlage aus.

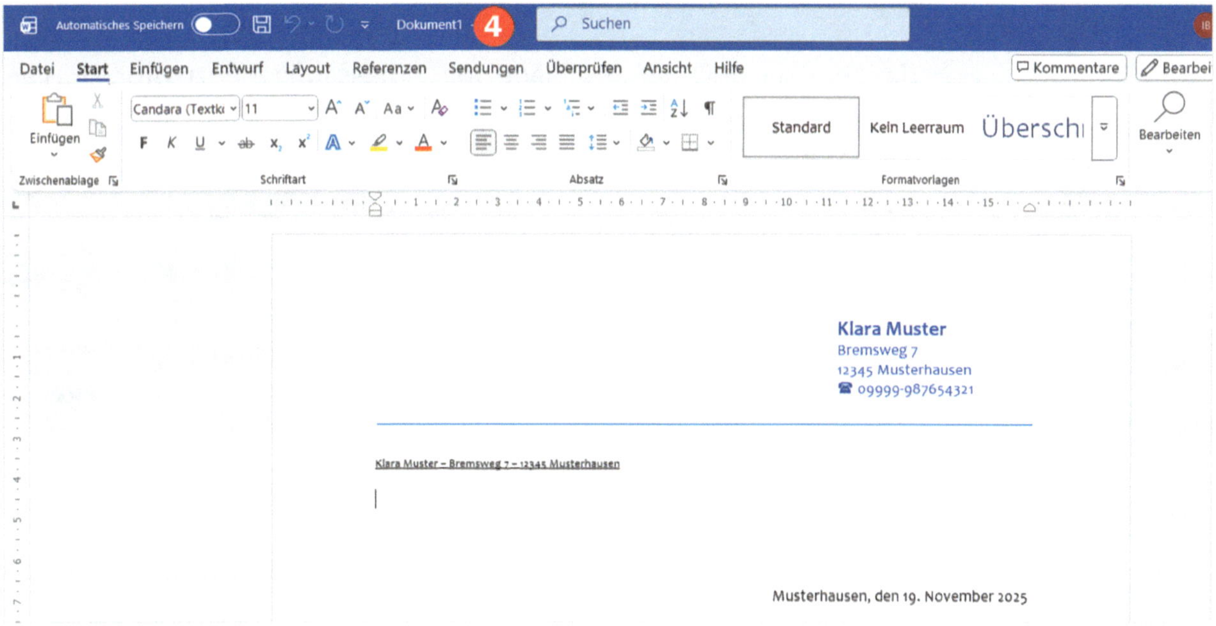

Im Datei-Explorer Dokument aus Vorlage erstellen

Word verwendet zum Speichern von Vorlagen einen speziellen Dateityp mit der Erweiterung *.dotx* (falls sichtbar). Im Datei-Explorer können Sie Vorlagen auch anhand ihres Symbols ❷ von normalen Word-Dokumenten ❶ unterscheiden.

Hinweis: Microsoft 365 verwendet etwas andere Dateisymbole, hier erkennen Sie Vorlagen an der gestrichelten Umrandung ❸, wie im Bild unten rechts.

Falls Sie dagegen die Vorlage selbst öffnen möchten, z. B. um hier Änderungen vorzunehmen, so klicken Sie mit der rechten Maustaste auf das Dateisymbol und danach mit der linken Maustaste auf *Öffnen*.

☛ Wenn Sie im Datei-Explorer ein neues Dokument basierend auf einer Vorlage erstellen möchten, dann genügt ein Doppelklick auf das Dateisymbol.

Briefumschläge und Etiketten bedrucken

Um Adressen auf Briefumschläge oder Adressaufkleber zu drucken, verfügt Word über eine gesonderte Funktion, Sie brauchen also nicht ein extra Seitenlayout zu diesem Zweck einrichten. Die Schaltflächen dazu finden Sie im Register *Sendungen* in der Gruppe *Erstellen*.

Hinweis: Die übrigen Symbole des Registers *Sendungen* beziehen sich auf das Erstellen von Serienbriefen, also einen gleichbleibenden Brieftext mit unterschiedlichen Adressen. Dieses Thema wird hier nicht weiter behandelt.

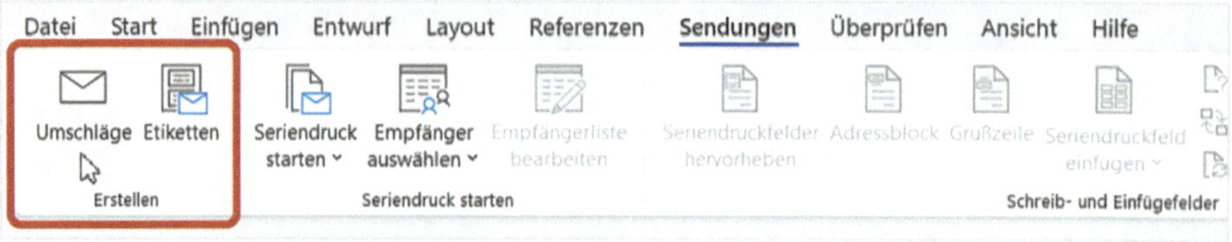

Adresse auf einen Briefumschlag drucken

1 Klicken Sie im Register *Sendungen*, Gruppe *Erstellen*, auf *Umschläge*. Anschließend öffnet sich das Fenster *Umschläge und Etiketten* mit dem Register *Umschläge*.

2 Tippen Sie Empfänger- ❶ und Absenderadresse ❷ in die jeweiligen Felder ein.

3 Zur Auswahl des Umschlagformats klicken Sie danach auf die Schaltfläche *Optionen* ❸.

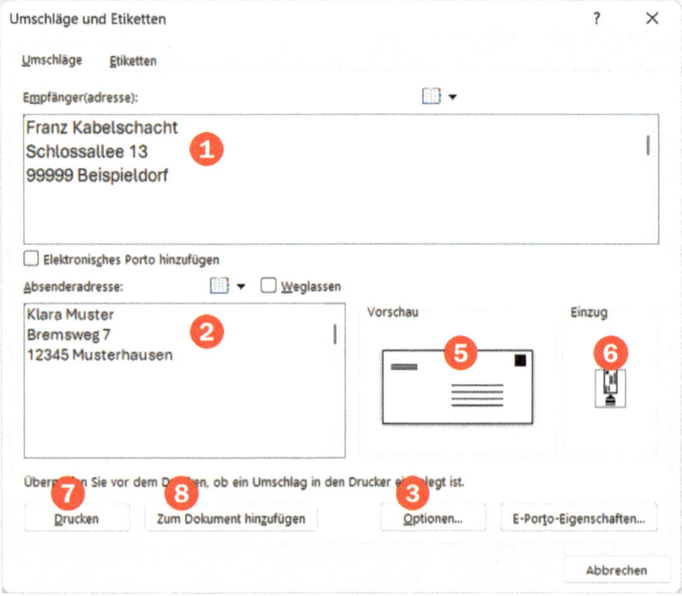

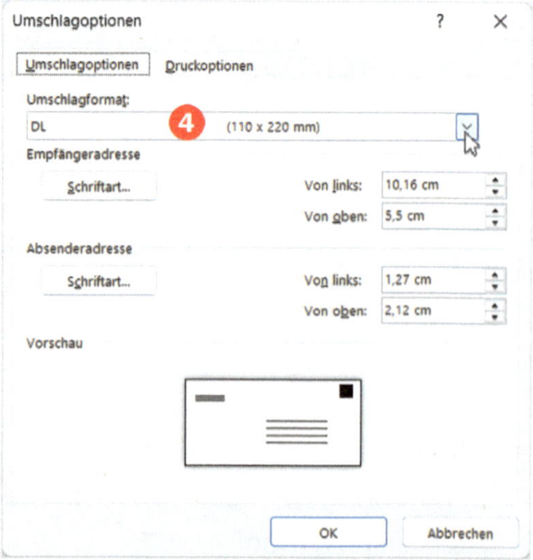

4 Es öffnet sich das Fenster *Umschlagoptionen*. Klicken Sie hier in das Feld *Umschlagformat* ❹ und wählen Sie die verwendete Umschlaggröße, z. B. DIN lang *(DL 110x220 mm)*.

- Falls Sie möchten, können Sie noch über die Felder *Von links* und *Von oben* die Position von Empfänger- und Absenderadresse ändern.
- Über die jeweilige Schaltfläche *Schriftart...* lässt sich außerdem die Schrift ändern.

5 Schließen Sie das Fenster *Umschlagoptionen* mit Klick auf die Schaltfläche *OK*.

6 Im Fenster *Umschläge und Etiketten* sehen Sie eine Vorschau ❺ auf den Umschlag. Wie Sie den Umschlag in den Drucker einlegen müssen, ist abhängig vom verwendeten Drucker und wird unter *Einzug* ❻ angezeigt.

Tipp: Werfen Sie einen Blick in die Beschreibung Ihres Druckers, wenn Sie nicht sicher sind, wie der Umschlag einzulegen ist.

7 Mit Klick auf die Schaltfläche *Drucken* ❼ wird der Umschlag an den Drucker gesendet und der Ausdruck gestartet.

Tipps zum Drucken von Umschlägen

▶ **Adresse aus dem Brief übernehmen**

Sie müssen für den Druck von Umschlägen nicht zwingend ein neues Dokument öffnen, sondern können den dazugehörigen Brief geöffnet lassen, die Empfängeranschrift markieren und mit den Tasten **Strg+C** in die Zwischenablage kopieren.

Anschließend öffnen Sie das Fenster *Umschläge und Etiketten*, klicken in das Feld *Empfängeradresse* und fügen hier mit den Tasten **Strg+V** die Anschrift ein.

▶ **Umschlag zusammen mit Dokument speichern**

Falls Sie den Umschlag speichern möchten, können Sie diesen zusammen mit dem Dokument speichern. Dazu klicken Sie im Fenster *Umschläge und Etiketten* auf die Schaltfläche *Zum Dokument hinzufügen* ❽ (siehe Bild auf der linken Seite). Word fügt dann den Umschlag am Beginn des Dokuments als zusätzliche Seite ein.

Adressetiketten drucken

Das Drucken von Adressetiketten unterscheidet sich nur wenig von Umschlägen. Sie sollten allerdings Hersteller und Bestellnummer der verwendeten Etiketten kennen.

1 Klicken Sie auf das Register *Sendungen* und hier in der Gruppe *Erstellen* auf *Etiketten*.

2 Es öffnet sich das Fenster *Umschläge und Etiketten*, diesmal mit dem Register *Etiketten*. Klicken Sie in das Feld *Adresse* ❶ und geben Sie hier die Empfängeradresse ein.

3 Unter *Etikett* ❷ sehen Sie den aktuell verwendeten Etikettentyp. Um einen anderen Typ bzw. eine andere Größe auszuwählen, klicken Sie auf die Schaltfläche *Optionen...* ❸.

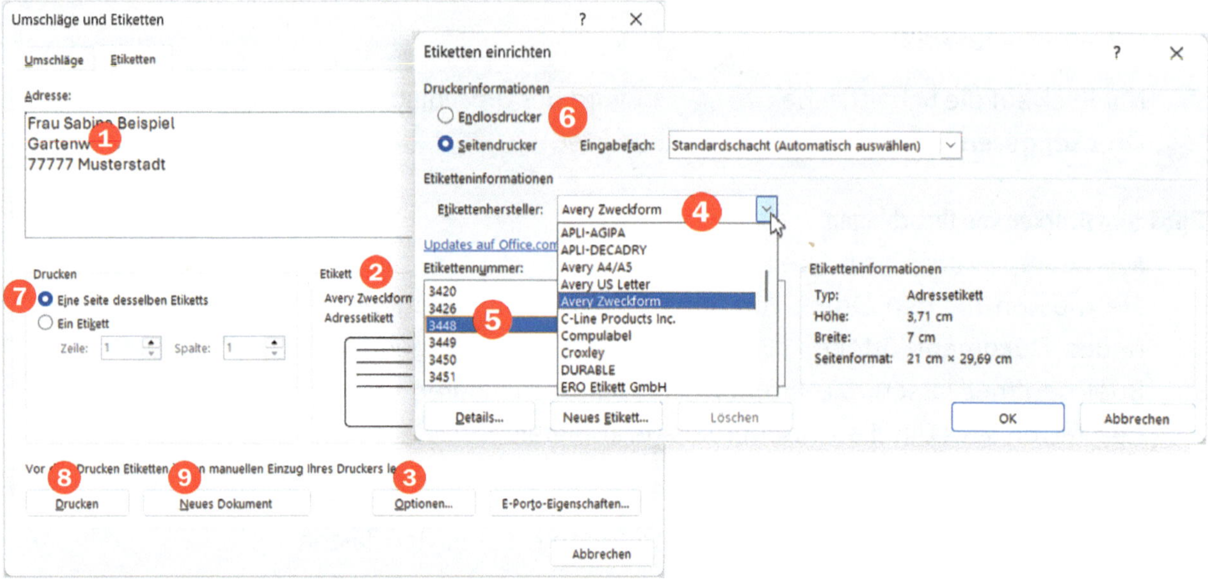

Hinweis: Die Einstellungen unter *Druckerinformationen* ❻ sind abhängig vom verwendeten Drucker. In der Regel ist hier *Seitendrucker* ausgewählt.

4 Im Fenster *Etiketten einrichten* (Bild oben rechts) legen Sie die Details zur Etikettengröße fest: Klicken Sie in das Feld *Etikettenhersteller* ❹ und wählen Sie den Hersteller Ihrer verwendeten Etiketten aus, z. B. *Avery Zweckform*. Unterhalb finden Sie anschließend alle Etikettennummern des ausgewählten Herstellers; klicken Sie auf Ihr Etikett, rechts daneben sehen Sie die dazugehörigen Maße.

5 Schließen Sie das Fenster *Etiketten einrichten* mit Klick auf *OK*.

6 Legen Sie unter *Drucken* ❼ fest, ob Sie einen ganzen Etikettenbogen, also gleich mehrere Etiketten mit der angegebenen Adresse (*Eine Seite desselben Etiketts*) drucken möchten oder nur ein einzelnes Etikett. Im zweiten Fall müssen Sie zusätzlich angeben, in welcher Zeile und Spalte des Etikettenbogens sich das Etikett befindet.

7 Zum Drucken der Etiketten haben Sie folgende Möglichkeiten:

- Mit Klick auf *Drucken* ❽ starten Sie den Druckvorgang.
- Falls Sie die Etiketten noch bearbeiten (z. B. formatieren) möchten, dann klicken Sie auf *Neues Dokument* ❾. Dieses können Sie anschließend wie ein normales Dokument drucken und speichern.

Grußkarte gestalten

Möchten Sie für Einladungen, Geburtstage oder Weihnachtsgrüße eine individuelle Grußkarte basteln? Auch das ist mit Word möglich; als Beispiel erstellen wir eine Weihnachtskarte im Format 10,5 x 14,8 cm (A6). Starten Sie also Word und beginnen Sie mit einem neuen leeren Dokument.

Seitenlayout einrichten
Im ersten Schritt muss das passende Papierformat ausgewählt werden.

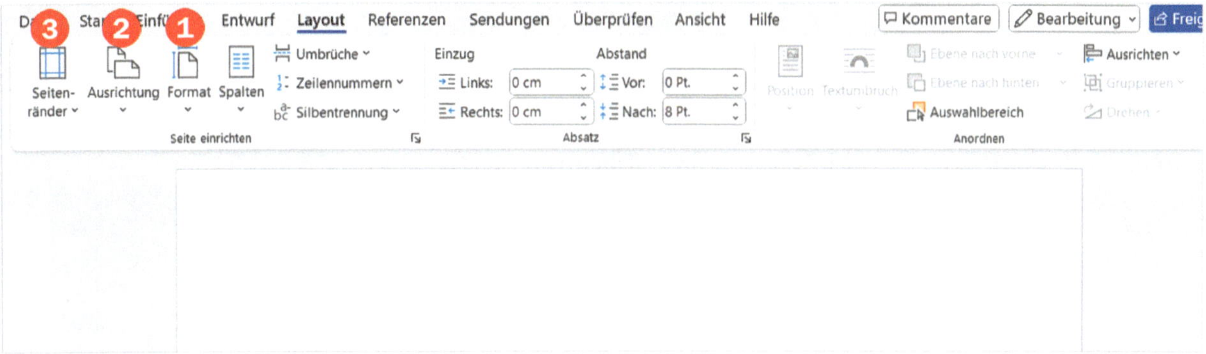

1 Klicken Sie auf das Register *Layout* und hier auf *Format* ❶. Wählen Sie das Format *A6 (10,5 x 14,8 cm)* aus. Dazu müssen Sie in der Liste etwas weiter nach unten scrollen.

Die meisten Drucker erfordern einen Seitenrand, das genaue Maß hängt allerdings vom Drucker ab. In den meisten Fällen reicht ein Rand zwischen 0,5 und 0,7 cm aus.

2 Klicken Sie dann im selben Register auf *Ausrichtung* ❷ und hier auf *Querformat*.

3 Danach klicken Sie auf *Seitenränder* ❸, wählen *Benutzerdefinierte Seitenränder...* und geben für oben, unten, links und rechts jeweils 0,7 cm ein.

Bild einfügen

Hinweis: Falls Sie mit der Auswahl *Onlinebilder* ein Bild aus dem Internet verwenden möchten, sollten Sie unbedingt das Urheberrecht beachten.

1 Im nächsten Schritt fügen wir ein passendes Foto ein: Klicken Sie im Register *Einfügen* auf *Bilder* und wählen Sie *Dieses Gerät*, falls Sie ein geeignetes Foto gespeichert haben. Mit Word 2021, 2024 oder Microsoft 365 können Sie stattdessen auch *Archivbilder* wählen.

2 Für dieses Beispiel verwenden wir ein eigenes Foto: Klicken Sie auf das gewünschte Bild und danach auf die Schaltfläche *Einfügen*.

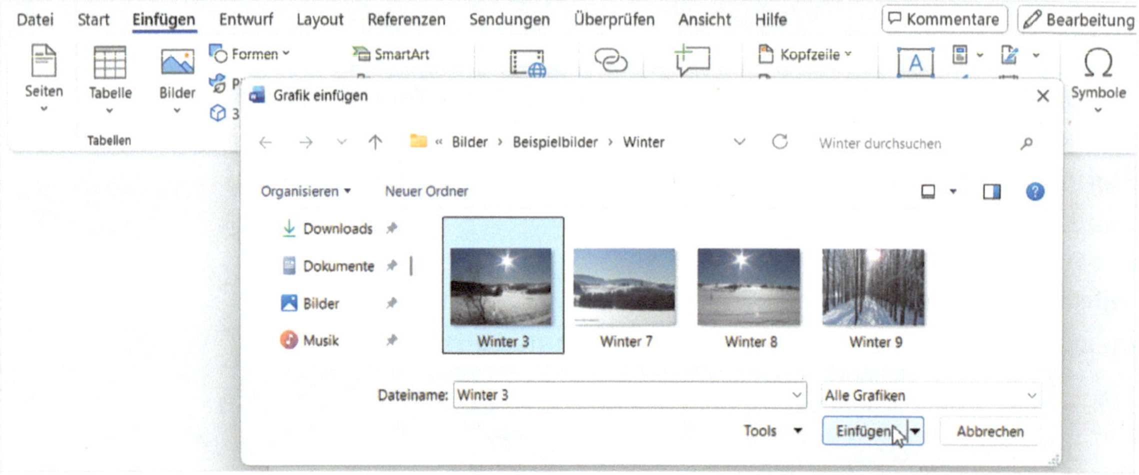

Achtung: Nur die Eckpunkte zum Vergrößern benutzen, sonst wird das Bild verzerrt!

3 Meist passt das Bildformat nicht ganz zum Papierformat, wie im Bild rechts. Verwenden Sie einen der Markierungspunkte in den Ecken und ziehen Sie das Bild mit gedrückter linker Maustaste auf die gewünschte Größe. Bildteile, die über den Seitenrand hinausragen, werden beim Drucken abgeschnitten.

4 Klicken Sie auf das Register *Bildformat* und hier auf *Position* ❶. Wählen Sie *Mitte-Zentriert* ❷, um das Bild in die Mitte zu rücken.

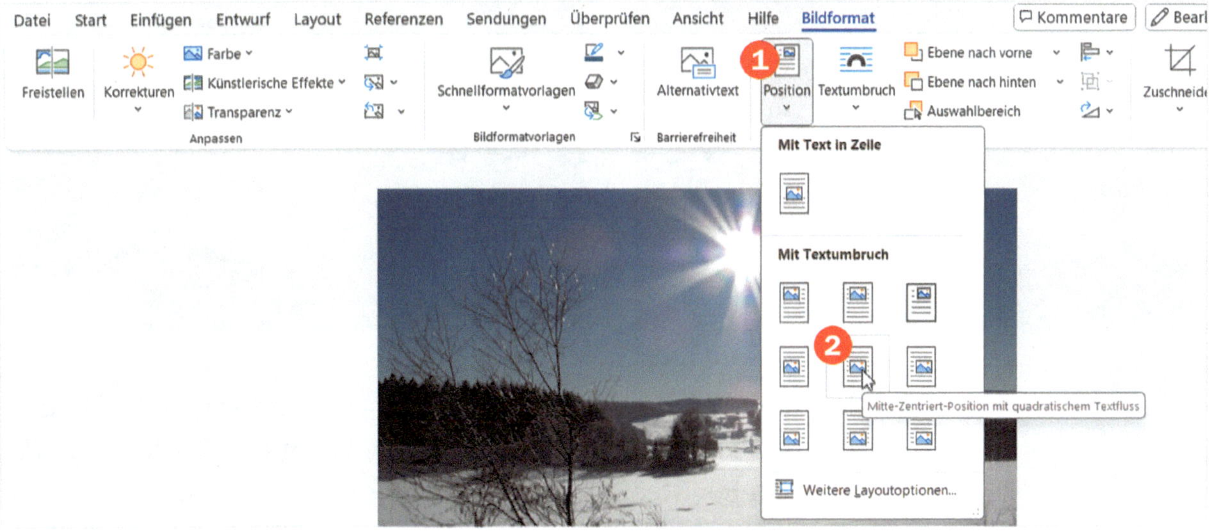

Text hinzufügen

Nun fügen wir noch einen Grußtext hinzu. Für solche Fälle bietet sich ein Textfeld an. Dieses hat den Vorteil, dass Sie es anschließend mit der Maus über dem Bild beliebig verschieben können.

1 Klicken Sie auf das Register *Einfügen* und in der Gruppe *Text* auf *Textfeld* ❶. Wählen Sie *Einfaches Textfeld* ❷.

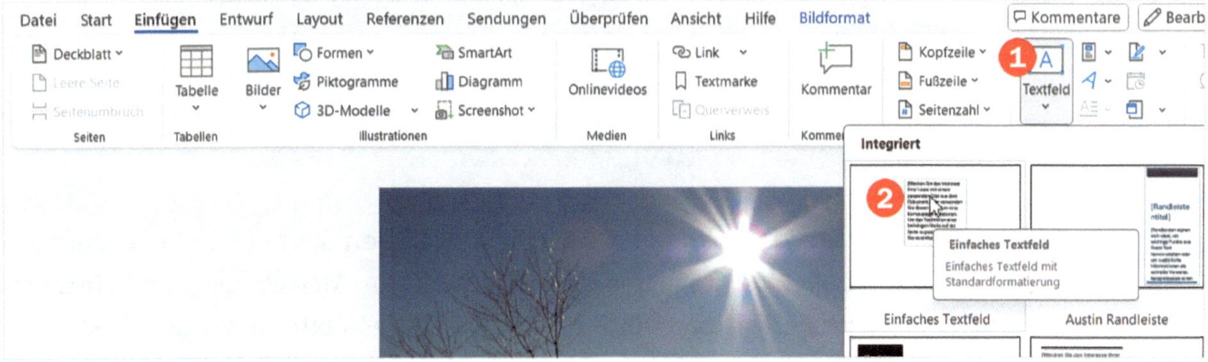

2 Das Textfeld ❸ wird mit Platzhaltertext über dem Bild eingefügt. Klicken Sie in den Platzhalter und überschreiben Sie den Inhalt mit Ihrem Text ❹. Die Höhe des Textfeldes passt sich automatisch an.

3 Nun entfernen wir noch die Rahmenlinie und sorgen dafür, dass das Textfeld transparent wird: Klicken Sie in das Textfeld und danach im Register *Zeichentools-Format* in der Gruppe *Formenarten* auf den Pfeil ❺, um den Katalog auf einen Blick anzuzeigen.

4 Wählen Sie eine transparente Variante ohne Rahmen ❻, wie im Bild unten, die Schriftfarbe können Sie anschließend beliebig anpassen.

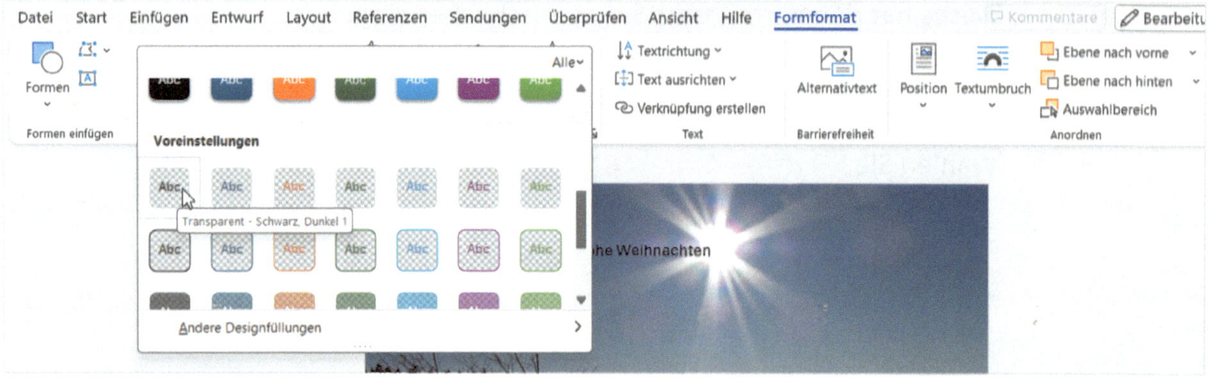

5 Um das Textfeld zu verschieben, zeigen Sie mit der Maus auf eine beliebige Stelle des Rahmens: Wenn am Mauszeiger vier Richtungspfeile sichtbar werden, können Sie das Textfeld mit gedrückter linker Maustaste beliebig verschieben.

6 Zuletzt passen Sie noch Schriftfarbe und -größe so an, dass der Text gut lesbar ist, dazu können Sie alle bekannten Formate im Register *Start* verwenden: Als Beispiel hat der Text im Bild unten weiße

Schriftfarbe und Schriftgröße 22 Pt. erhalten, dazu die Schriftart *Castellar*. Zusätzlich wurde der Inhalt des Textfeldes zentriert.

7 Die Größe des Textfeldes können Sie über die Markierungspunkte mit der Maus beliebig ändern.

Variante: Klapp- oder Faltkarte im Format A6

Als kleine Variante erstellen wir noch eine Einladung als Faltkarte, ebenfalls im Format A6. Zur Erinnerung: A6 entspricht einer halben A5-Seite, daher benötigen Sie für diese Karte Papier im Format A5.

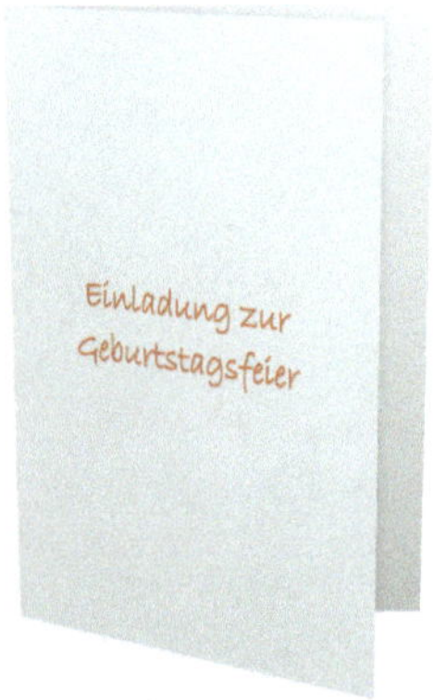

1 Beginnen Sie wieder mit einem neuen leeren Dokument, klicken Sie auf das Register *Layout*, hier auf *Format* und wählen Sie *A5 (14,8 x 21 cm)* aus.

2 Klicken Sie dann auf *Seitenränder* und auf *Benutzerdefinierte Seitenränder...*, um das Fenster *Seite einrichten* zu öffnen.

3 Klicken Sie in das Auswahlfeld *Mehrere Seiten* und wählen Sie *Buch* ❶. Die Ausrichtung *Querformat* ❷ wird automatisch gewählt.

4 Zudem sollten Sie die Seitenränder innen und außen etwas verringern, hier auf jeweils 1 cm ❸. Klicken Sie zuletzt auf *OK*.

Die Reihenfolge der Seiten entspricht damit der Reihenfolge der Seiten beim Lesen der Karte.

Die erste Seite gestalten:

1 Positionieren Sie den Mauszeiger etwa in der Mitte der Seite, er müsste nun das Aussehen wie im Bild ❶ annehmen. Dies signalisiert, dass ein Doppelklick an dieser Stelle genügt, um hier die Einfügemarke zu positionieren und einen zentriert ausgerichteten Absatz zu erzeugen.

2 Doppelklicken Sie hier, geben Sie Ihren Text ein und betätigen Sie danach die Eingabetaste. Den Text können Sie anschließend beliebig formatieren ❷. Im Beispiel wurden die Schriftart *Bradley Hand ITC* und Schriftgröße 26 Pt. gewählt, außerdem als Schriftfarbe eine Farbe aus den Designfarben *Rotorange*.

Designfarben wählen: Register *Entwurf*, Symbol *Farben*.

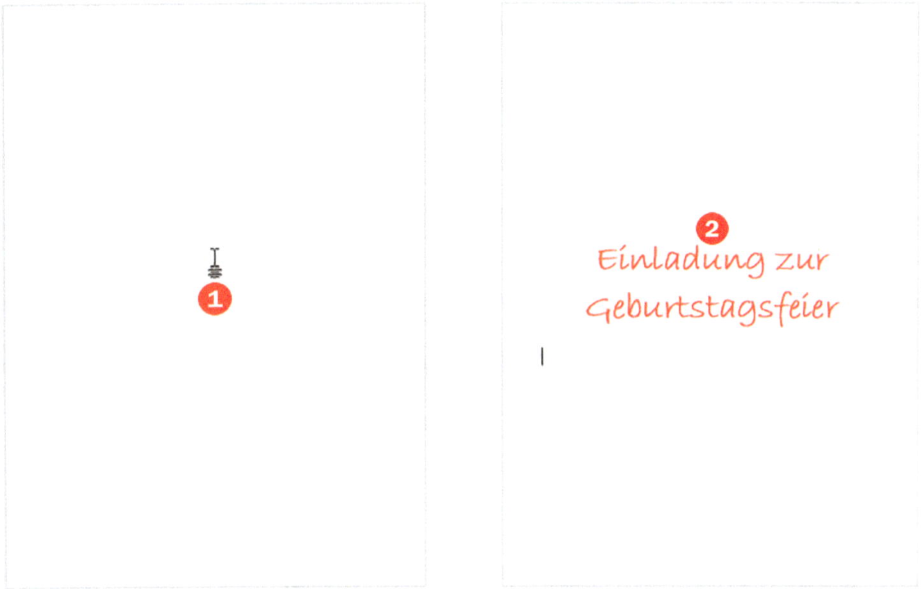

Zweite Seite einfügen

1 Setzen Sie die Einfügemarke in den nächsten Absatz ❶ (Bild unten). Klicken Sie auf das Register *Einfügen*, hier auf *Seiten* und wählen Sie *Seitenumbruch* ❷.

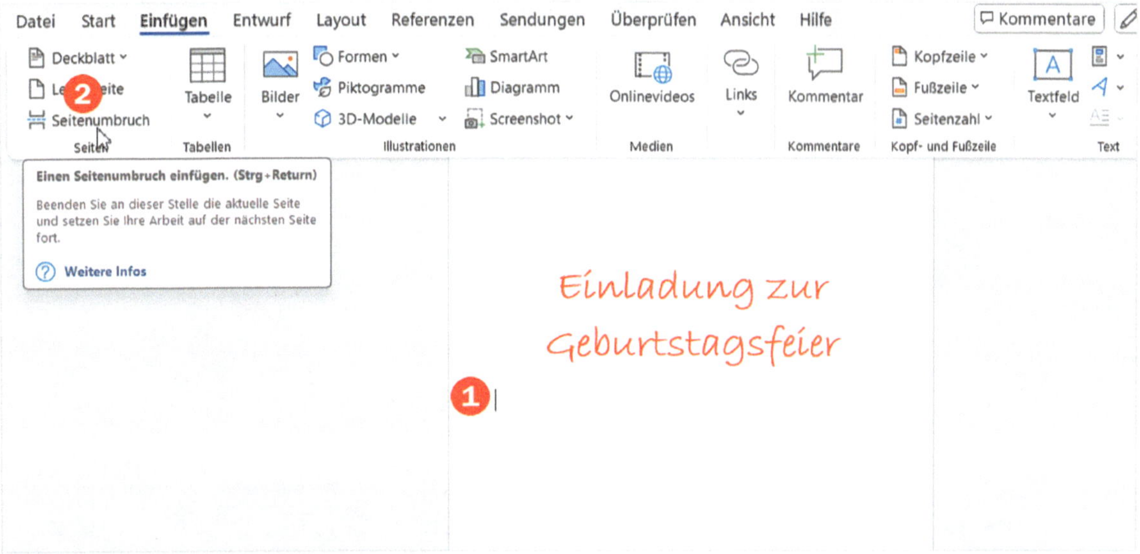

2 Damit beginnt Word an dieser Stelle eine zweite Seite. Da diese leer bleiben soll (Rückseite!) klicken Sie nochmals auf *Seitenumbruch*.

Die vierte Seite soll leer bleiben und wird daher nicht benötigt.

3 Das Dokument besteht nun aus insgesamt drei Seiten. Gestalten Sie nun die Seite drei mit einem Einladungstext nach Ihren Vorstellungen, ein Beispiel sehen Sie im Bild unten.

Bild oder Piktogramm einfügen

Zuletzt fügen wir noch ein Bild ein, für dieses Beispiel ein Piktogramm. Alternativ können Sie auch Bild von der Festplatte oder aus dem Internet verwenden.

1 Klicken Sie auf das Register *Einfügen* und hier auf *Piktogramme* ❶.

2 Wählen Sie ein oder mehrere geeignete Piktogramme aus und klicken Sie auf die Schaltfläche *Einfügen*.

3 Vergrößern oder verkleinern Sie das markierte Piktogramm anhand der Eckpunkte ❷ auf die gewünschte Größe.

4 Klicken Sie auf das Symbol *Layoutoptionen* ❸ und auf die Umbruchart *Vor den Text* ❹. Anschließend können Sie das Piktogramm mit der Maus beliebig verschieben.

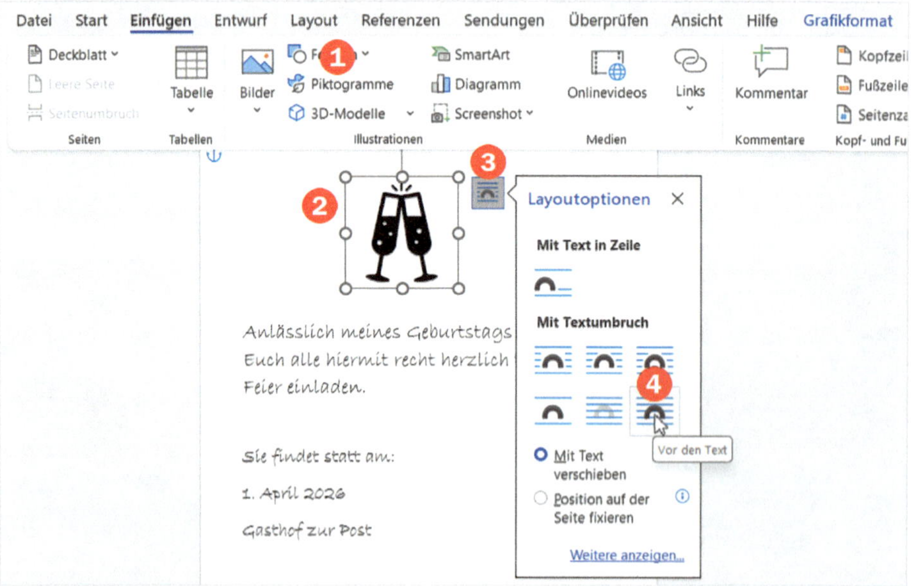

5 **Farbe ändern**: Klicken Sie mit der **rechten** Maustaste in das Piktogramm und danach in der Minisymbolleiste auf *Füllung*.

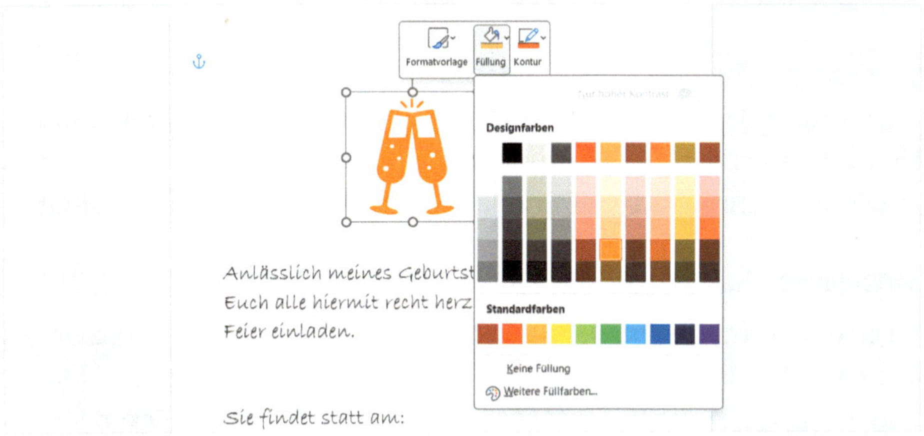

Faltkarte drucken

1 Legen Sie das A6-Blatt in den Drucker ein, klicken Sie auf das Register *Datei* und auf *Drucken*.

2 Klicken Sie auf die Voreinstellung *Einseitiger Druck*. Unterstützt Ihr Drucker automatisches beidseitiges Drucken (Duplexdruck), dann wählen Sie, ob das Blatt an der langen oder kurzen Seite gedreht werden soll. Wenn Ihr Drucker dies nicht unterstützt, müssen Sie *Beidseitiger manueller Druck* wählen. Nach dem Drucken der Vorderseite erscheint dann eine Aufforderung, das Papier gedreht erneut in den Drucker einzulegen, danach wird die Rückseite gedruckt.

Hinweis: Beim beidseitigen manuellen Druck werden mit der Einstellung *Buch* zuerst die Seiten 1 und 4 gedruckt und danach die Seiten 2 und 3.

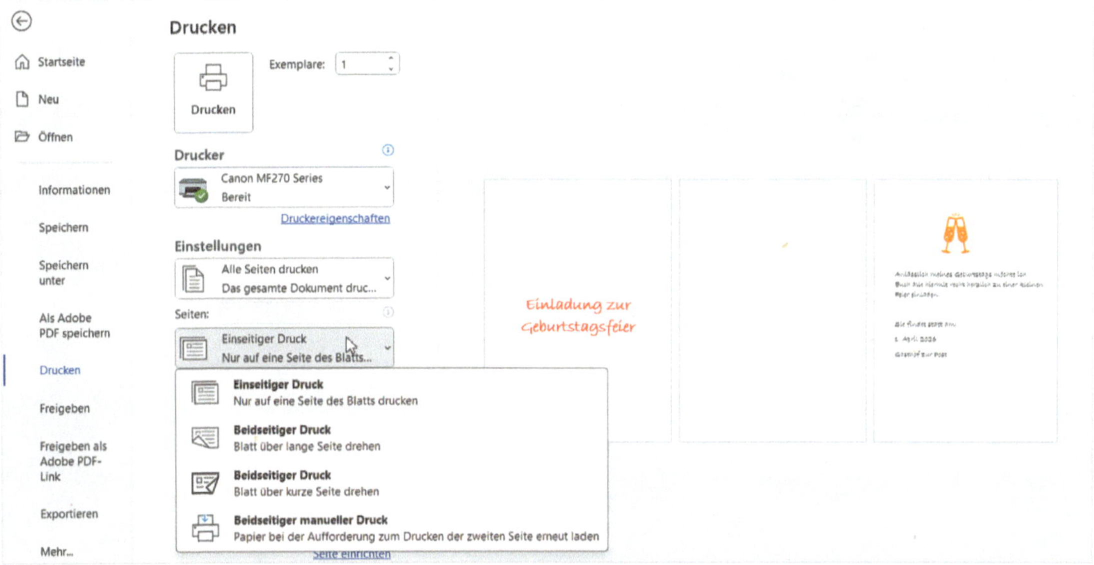

Dokument mit Deckblatt, Überschriften und Inhaltsverzeichnis

Vielleicht möchten Sie auch einmal ein umfangreicheres Dokument verfassen. Auch das ist mit Word kein Problem und mit etwas Vorbereitung lässt sich auch die Formatierung schnell erledigen. Ein automatisches Inhaltsverzeichnis und ein Deckblatt sind ebenfalls schnell eingefügt.

Seitenlayout, Farben und Schriften

Im ersten Schritt beginnen Sie wieder mit dem Seitenlayout. Klicken Sie dazu auf das Register *Layout*, wählen Sie die Ausrichtung *Hochformat* und als Papierformat A4. Zum Festlegen der Seitenränder klicken Sie auf *Seitenränder* und auf *Benutzerdefinierte Seitenränder...* Legen Sie unter *Seitenränder* jeweils 2,5 cm für Oben, Unten, Rechts und Links fest.

Hinweis: Wenn das Dokument später beidseitig gedruckt werden soll, können Sie im Feld *Mehrere Seiten* auch *Gegenüberliegende Seiten* auswählen, um gespiegelte Seitenränder zu erhalten. Wir behalten hier *Standard* bei.

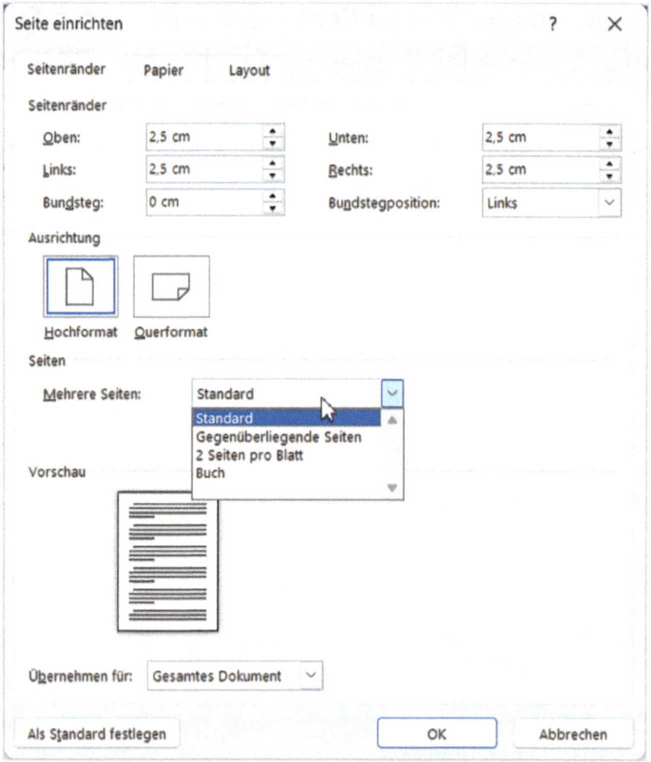

Schrift, Farben und Abstände

Klicken Sie auf das Register *Entwurf* und wählen Sie über die Symbole *Farben* und *Schriftarten* Ihre Standardfarben und eine Schrift aus, die Ihnen zusagt, für dieses Beispiel *Blau* und *Candara*. Größere Zeilenabstände und Abstände zwischen den Absätzen erhöhen die Lesbarkeit, deshalb sollten Sie *Standard* als *Absatzabstand* beibehalten.

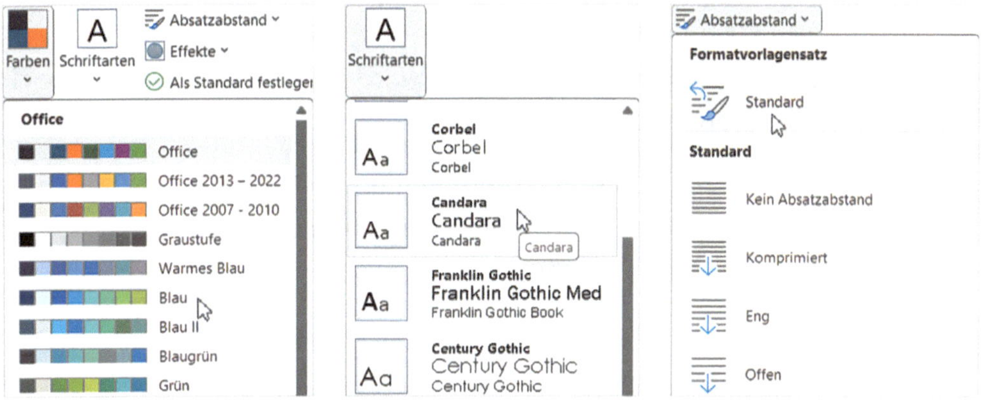

Schnelle Textformatierung mit Formatvorlagen

Formatieren kann in einem längeren Dokument ein zeitraubender Vorgang sein. Wenn Sie dann auch noch Wert auf ein einheitliches Aussehen legen, dann sollten Sie sich mit Formatvorlagen für Text näher befassen. **Nebeneffekt**: Bei konsequenter Formatierung der Überschriften mit den entsprechenden Formatvorlagen ist auch ein Inhaltsverzeichnis mit nur wenigen Mausklicks schnell erstellt.

Formatvorlagen für Tabellen, Grafikrahmen und Formen haben Sie in diesem Buch bereits kennengelernt.

Was sind Formatvorlagen für Text und worin liegt ihr Vorteil?

Formatvorlagen speichern gleich mehrere Formatierungsmerkmale, die Sie in einem einzigen Arbeitsschritt zuweisen. Falls Sie nachträglich Formatierungen ändern möchten, genügt es, wenn Sie die Formatvorlage ändern. Dadurch ändert sich automatisch das Aussehen aller Textstellen im Dokument, denen die Formatvorlage zugewiesen wurde.

Word bringt einen Satz fertiger Formatvorlagen für unterschiedliche Zwecke mit, diese können Sie mit wenig Aufwand an Ihre Vorstellungen anpassen. Besondere Bedeutung kommt den Formatvorlagen für Überschriften zu, denn aus ihnen erstellt Word bei Bedarf ein automatisches Inhaltsverzeichnis.

Tipp: Schnell Blindtext erzeugen

Wenn Sie die nachfolgenden Schritte testen möchten, aber keinen geeigneten Text haben oder diesen erst später eingeben möchten, dann erzeugen Sie einfach sogenannten Blindtext, den Sie hinterher wieder löschen, so geht's:

Die Zahl in Klammern steht für die Zahl der Absätze und kann beliebig gewählt werden.

1 Beginnen Sie einen neuen Absatz, tippen Sie =rand(25) ein und betätigen Sie unmittelbar danach die Eingabetaste. Word fügt 25 Absätze mit beliebigem Text aus der Word-Hilfe ein, den Sie nun nach Belieben formatieren können.

2 Fügen Sie anschließend dazwischen noch einige Absätze als Überschriften mit beliebigem Text ein, wie im Bild unten.

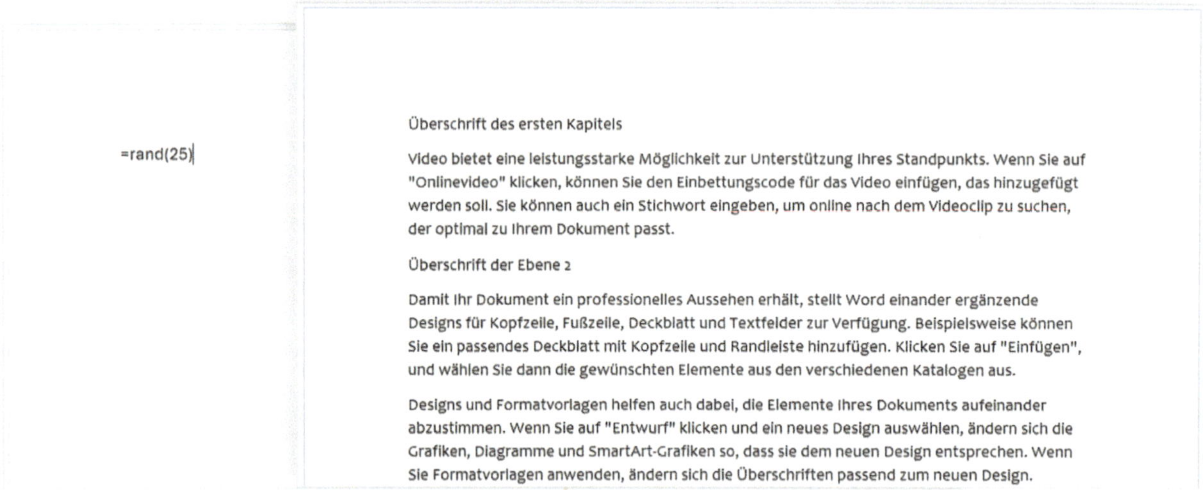

Überschrift des ersten Kapitels

Video bietet eine leistungsstarke Möglichkeit zur Unterstützung Ihres Standpunkts. Wenn Sie auf "Onlinevideo" klicken, können Sie den Einbettungscode für das Video einfügen, das hinzugefügt werden soll. Sie können auch ein Stichwort eingeben, um online nach dem Videoclip zu suchen, der optimal zu Ihrem Dokument passt.

Überschrift der Ebene 2

Damit Ihr Dokument ein professionelles Aussehen erhält, stellt Word einander ergänzende Designs für Kopfzeile, Fußzeile, Deckblatt und Textfelder zur Verfügung. Beispielsweise können Sie ein passendes Deckblatt mit Kopfzeile und Randleiste hinzufügen. Klicken Sie auf "Einfügen", und wählen Sie dann die gewünschten Elemente aus den verschiedenen Katalogen aus.

Designs und Formatvorlagen helfen auch dabei, die Elemente Ihres Dokuments aufeinander abzustimmen. Wenn Sie auf "Entwurf" klicken und ein neues Design auswählen, ändern sich die Grafiken, Diagramme und SmartArt-Grafiken so, dass sie dem neuen Design entsprechen. Wenn Sie Formatvorlagen anwenden, ändern sich die Überschriften passend zum neuen Design.

Formatvorlagen anzeigen

Die Formatvorlagen finden Sie im Menüband im Register *Start*: Um alle verfügbaren Formatvorlagen auf einen Blick anzuzeigen, klicken Sie in der Gruppe *Formatvorlagen* auf den Pfeil ▿ ❶. **Achtung**: In Word 2024 und älteren Versionen finden Sie hier zwei weitere Pfeile, mit denen Sie zeilenweise blättern können.

Tipp: Formatvorlagen dauerhaft anzeigen

Wenn Sie ständig mit Formatvorlagen arbeiten, dann sollten Sie die Formatvorlagen dauerhaft einblenden: Klicken Sie dazu auf den kleinen Pfeil ⧉ in der rechten unteren Ecke der Gruppe *Formatvorlagen* ❷.

1 Die Formatvorlagen erscheinen in übersichtlicher Listenform am rechten Rand des Word-Fensters ❸, siehe Bild unten. Die Formatvorlage des Absatzes, in dem sich der Cursor gerade befindet, ist umrandet hervorgehoben ❹.

2 Aktivieren Sie das Kontrollkästchen *Vorschau anzeigen* ❺, damit alle Formatvorlagen mit ihrem Aussehen angezeigt werden.

3 Mit Klick auf das Symbol x ❻ schließen Sie den Bereich wieder, wenn er nicht mehr benötigt wird.

Hinweis: Falls die Formatvorlagen an anderer Stelle als Fenster geöffnet werden, so genügt ein Doppelklick auf den Titel, um es am rechten Rand zu verankern.

Die wichtigsten Formatvorlagen und ihre Verwendung

- Die wichtigste Formatvorlage ist die Vorlage *Standard*. Diese legt das standardmäßige Aussehen aller Absätze fest.
- Die Formatvorlage *Kein Leerraum* enthält die gleichen Merkmale wie die Formatvorlage *Standard*, aber nur einfachen Zeilenabstand und keinerlei Abstände davor und danach.
- Die Formatvorlagen *Überschrift 1*, *Überschrift 2* usw. dienen zur Formatierung der Überschriften. Bis zu neun Überschriftebenen können auf diese Weise bequem formatiert werden. Die nächsttiefere Ebene erscheint erst bei Verwendung einer Ebene.

Wenn keine Formatvorlage zugewiesen wurde, basieren somit alle Absätze auf der Formatvorlage *Standard*.

- Den Typ einer Formatvorlage erkennen Sie am Symbol daneben:
  - Absatzformatvorlagen sind an diesem Symbol **¶** zu erkennen.
  - Das Symbol **a** steht für reine Zeichenformatvorlagen.
  - Verknüpfte Formatvorlagen **¶a** können wahlweise markierten Zeichen oder dem aktuellen Absatz zugewiesen werden.

Formatvorlage zuweisen

Die Verwendung einer Formatvorlage ist einfach:

Handelt es sich um eine Absatzformatvorlage oder eine verknüpfte Formatvorlage (siehe oben), dann klicken Sie in den Absatz, den Sie formatieren möchten, und auf die gewünschte Formatvorlage. Bei einer reinen Zeichenformatvorlage müssen Sie die Textstelle zuvor markieren.

Als Beispiel formatieren wir die Überschriften:

Tipp: Wenn Sie mit der Maus auf eine Formatvorlage zeigen, werden sämtliche dazugehörigen Formatierungen angezeigt.

1 Klicken Sie in die erste Überschrift ❶ und auf *Überschrift 1* ❷.

2 Die nächste Überschrift ❸ erhält das Aussehen der Ebene 2: Klicken Sie in den betreffenden Absatz und auf *Überschrift 2* ❹.

3 Probieren Sie nun am besten verschiedene Formatvorlagen aus. Wenn ein Absatz wieder das ursprüngliche Aussehen erhalten soll, dann weisen Sie ihm einfach die Formatvorlage *Standard* ❺ zu.

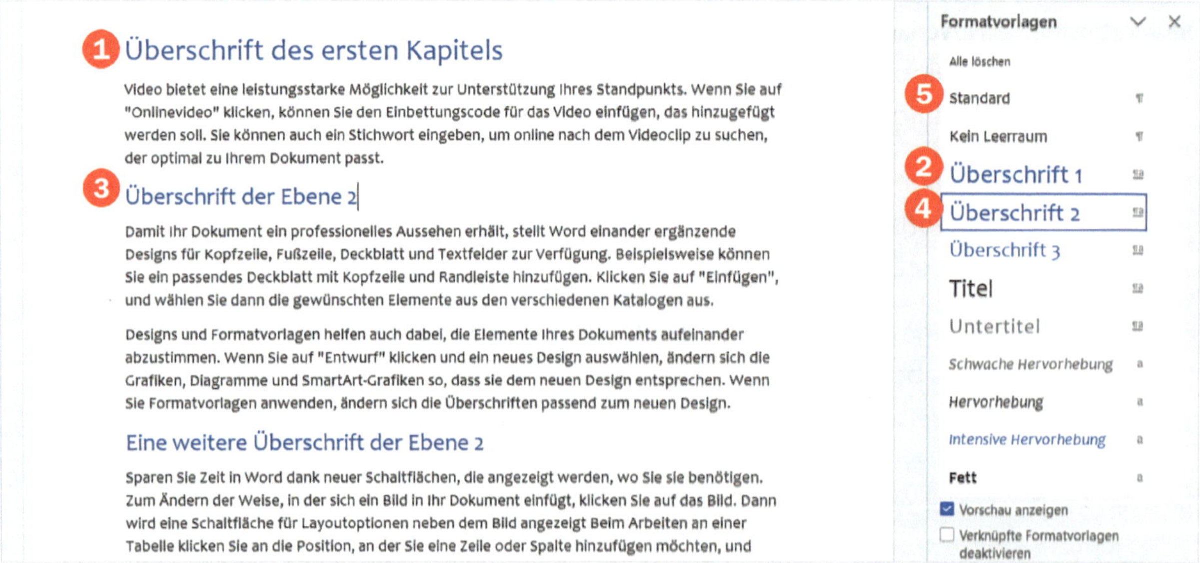

Formatvorlagen anpassen

Das Aussehen der Formatvorlagen hängt davon ab, welche Designfarben und -schriften Sie für das Dokument gewählt haben. Sobald Sie im Register *Entwurf* andere Farben und/oder Schriften auswählen, ändert sich automatisch auch das Aussehen des Dokuments.

Außerdem stellt Word im Register *Entwurf* verschiedene Varianten für Formatvorlagen zur Verfügung, die beispielsweise das Aussehen der Überschriften steuern. Zeigen Sie mit der Maus auf eine Variante, so sehen Sie im Dokument eine Vorschau.

Einzelne Formatvorlagen manuell anpassen

Falls Sie doch einmal eine Formatvorlage selbst ändern möchten, z. B. die Überschriften der Ebene 1 fett, in größerer Schrift und mit einer Rahmenlinie unterhalb, dann gehen Sie so vor:

1. Markieren Sie im Dokument einen Absatz, der mit der zu ändernden Formatvorlage formatiert ist, im Bild unten *Überschrift 1*, und formatieren Sie diesen Absatz nach Ihren Vorstellungen.

2. Klicken Sie in diesen Absatz ❶ und danach auf den Pfeil rechts von der zu ändernden Formatvorlage ❷. Wählen Sie *Überschrift 1 aktualisieren, um der Auswahl zu entsprechen* ❸.

Achtung: Der Pfeil erscheint erst beim Zeigen auf die Formatvorlage.

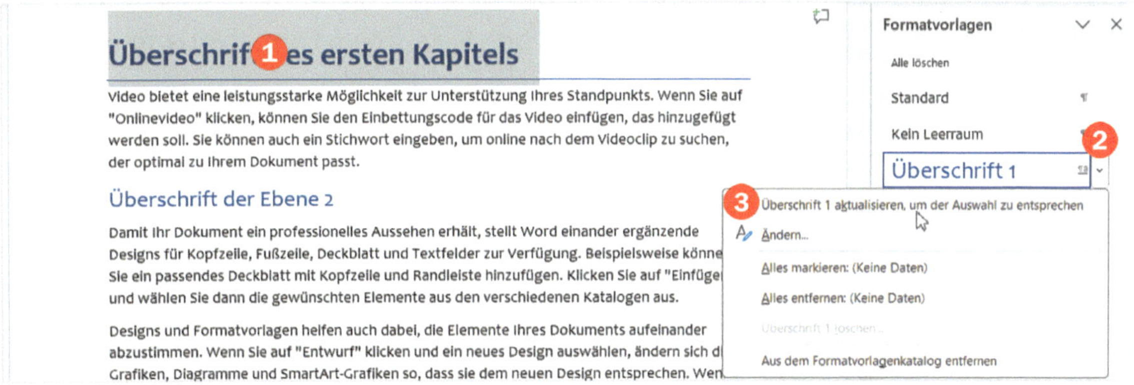

Alle Absätze, die mit dieser Formatvorlage, hier *Überschrift 1* formatiert sind, erhalten dadurch automatisch das geänderte Aussehen.

Überschriften nummerieren

Genauso einfach können Sie auch die Überschriften mit einer fortlaufenden Nummerierung versehen.

1 Klicken Sie in einen Absatz, der mit einer Formatvorlage für Überschriften, z. B. *Überschrift 1* ❶, formatiert ist.

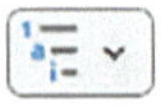

2 Klicken Sie im Register *Start* auf das Symbol *Liste mit mehreren Ebenen* ❷ und wählen Sie eine Vorlage, deren Ebenen mit dem Zusatz *Überschrift 1*, *Überschrift 2* ❸ usw. versehen sind.

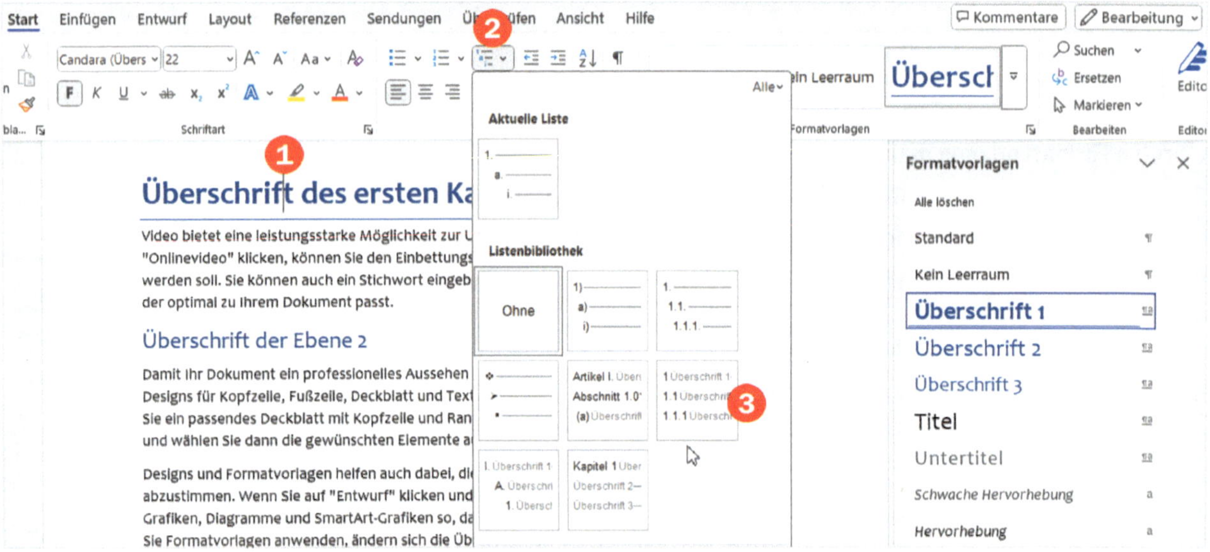

3 Word nummeriert im Dokument nun sämtliche Überschriften aller Ebenen. Eine Vorschau sehen Sie auch im Formatvorlagenkatalog.

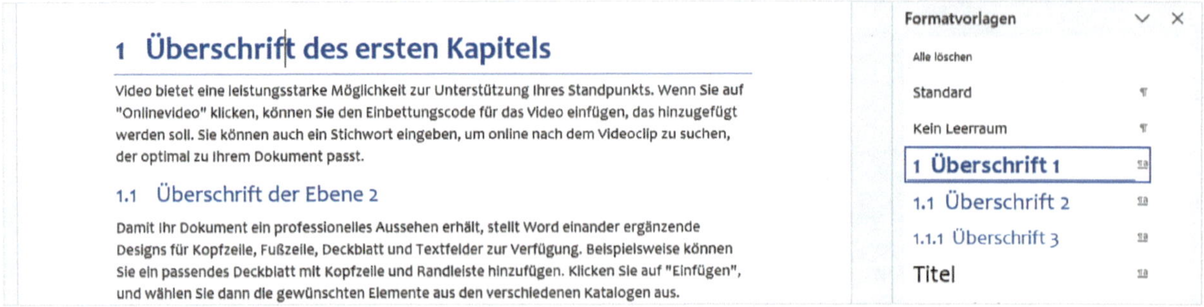

Ein Deckblatt mit Titel hinzufügen

Als nächstes soll das Dokument ein Deckblatt mit Titel und anderen Informationen erhalten.

1 Klicken Sie auf das Register *Einfügen* und in der Gruppe *Seiten* ❶ auf *Deckblatt* ❷.

2 Es erscheint eine Auswahl verschiedener Vorlagen. Klicken Sie auf das gewünschte Deckblatt, z. B. *Integral* ❸, wie im Bild unten.

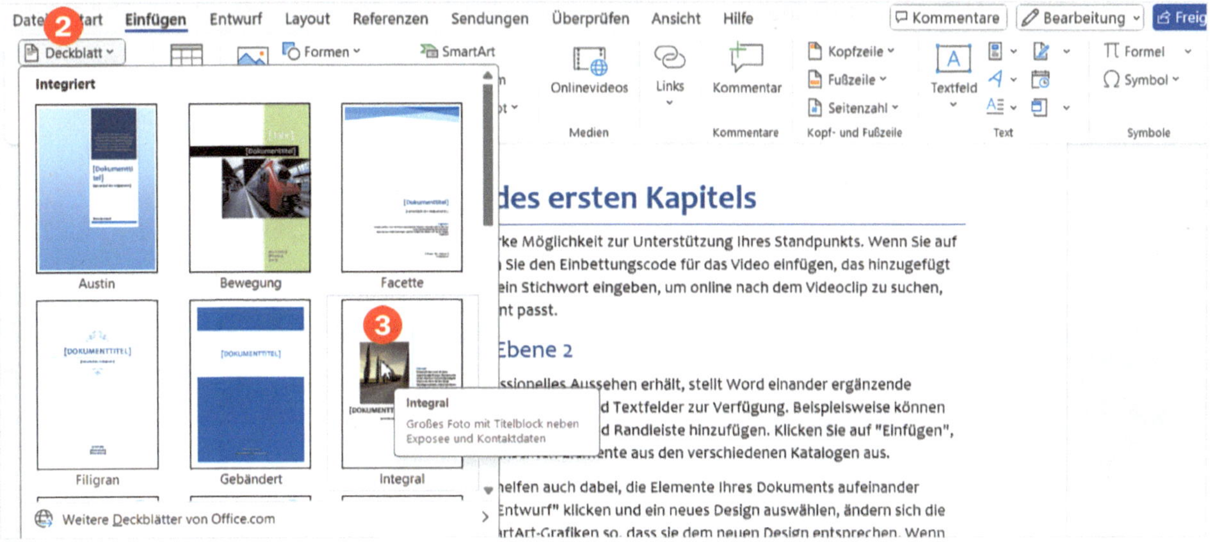

3 Word fügt das Deckblatt am Dokumentanfang als eigene Seite hinzu. Es enthält außerdem Platzhalter, z. B. Dokumenttitel und Untertitel, möglicherweise ist Ihr Name bzw. Ihr Office-Benutzername auch bereits als Autor eingetragen.

Ein Deckblatt wird immer am Dokumentanfang eingefügt. Es spielt also keine Rolle, wo sich die Einfügemarke gerade befindet.

4 Klicken Sie in den Platzhalter *Dokumenttitel* und überschreiben Sie den Inhalt mit Ihrem Titel. Genauso verfahren Sie mit den übrigen Platzhaltern. Nicht benötigte Platzhalter klicken Sie an und entfernen diese anschließend mit der **Entf**-Taste.

5 **Anderes Bild wählen**: Falls Sie ein Deckblatt mit Bild gewählt haben, so klicken Sie dieses an ❶ und klicken dann auf das Register *Bildformat* ❷. Klicken Sie in der Gruppe *Anpassen* auf *Bild ändern* ❸. Anschließend wählen Sie aus, woher Sie das Bild beziehen möchten, s. Bild unten.

Hinweis: Piktogramme sind nur ab der Office Version 2019 verfügbar!

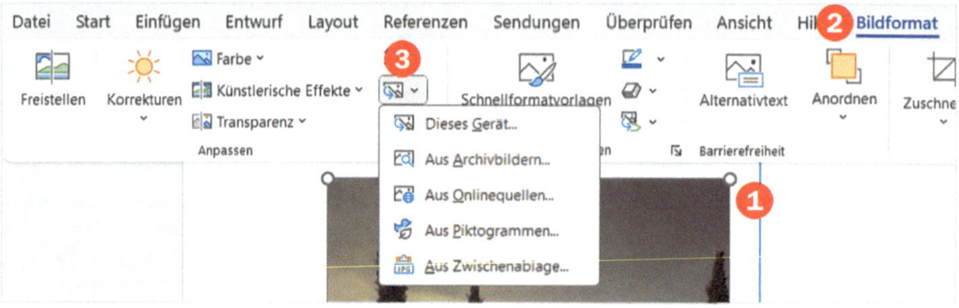

Inhaltsverzeichnis erstellen

Achtung: Ein automatisches Inhaltsverzeichnis funktioniert nur, wenn die Überschriften mit den Formatvorlagen für Überschriften formatiert wurden, siehe Seite 223.

Das Inhaltsverzeichnis soll nach dem Deckblatt eingefügt werden. Da es sich außerdem auf einer eigenen Seite befinden soll, fügen wir zunächst einmal eine leere Seite ein.

1 Setzen Sie die Einfügemarke an diejenige Stelle, **vor** der Sie die leere Seite einfügen möchten, also an den Anfang des Dokumenttextes ❶. Klicken Sie auf das Register *Einfügen* und in der Gruppe *Seiten* ❷ auf *Leere Seite*.

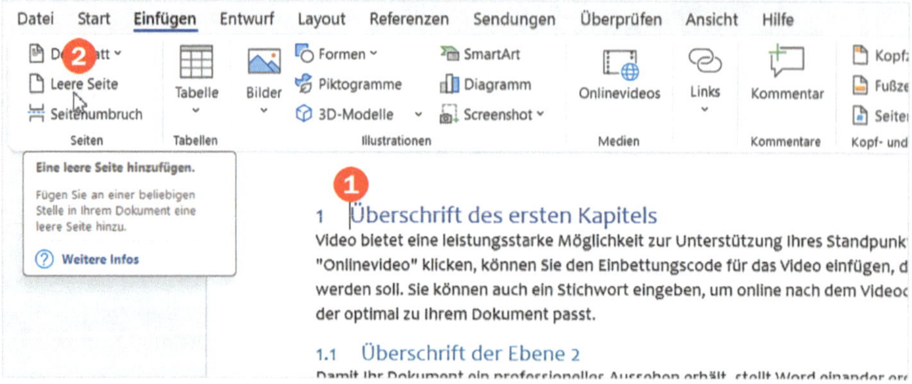

2 Setzen Sie nun die Einfügemarke an den Beginn dieser neuen leeren Seite und klicken Sie auf das Register *Referenzen* ❹.

3 Klicken Sie auf *Inhaltsverzeichnis* ❺ und wählen Sie zwischen *Automatisches Verzeichnis 1* ❻ und *Automatisches Verzeichnis 2*, die beiden unterscheiden sich nur durch die Überschrift.

Hinweis: Falls der Absatz auf der neu hinzugefügten Seite ein Überschriftformat aus der vorhergehenden Seite erhalten hat, so weisen Sie ihm einfach die Formatvorlage *Standard* zu, siehe Seite 226.

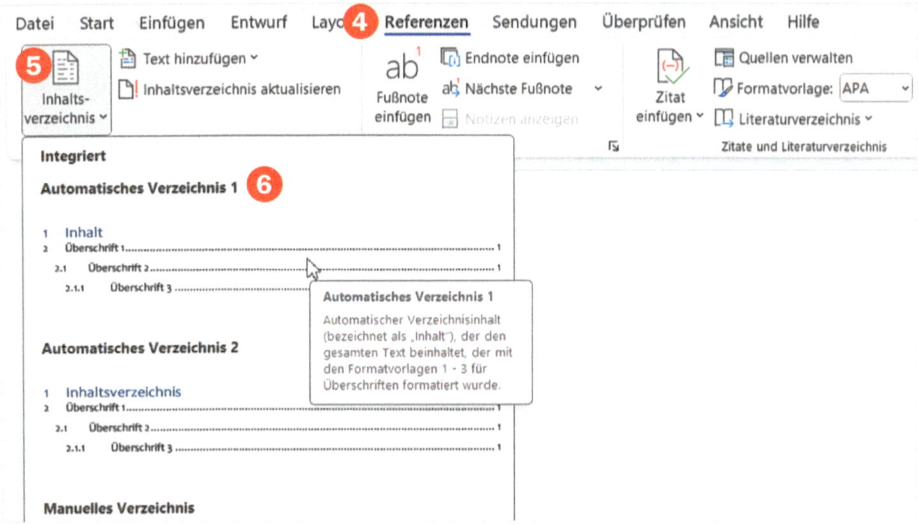

Die Auswahl *Manuelles Verzeichnis* (s. Bild) ist nicht zu empfehlen, da Sie anschließend alle Überschriften und die dazugehörigen Seitenzahlen selbst eingeben müssen.

4 Das Inhaltsverzeichnis wird an der Cursorposition in einem Platzhalter eingefügt. Falls Sie aufgrund nachträglicher Änderungen das Inhaltsverzeichnis bzw. die Seitenzahlen oder Überschriften aktualisieren möchten, klicken Sie in das Inhaltsverzeichnis und auf *Inhaltsverzeichnis aktualisieren*.

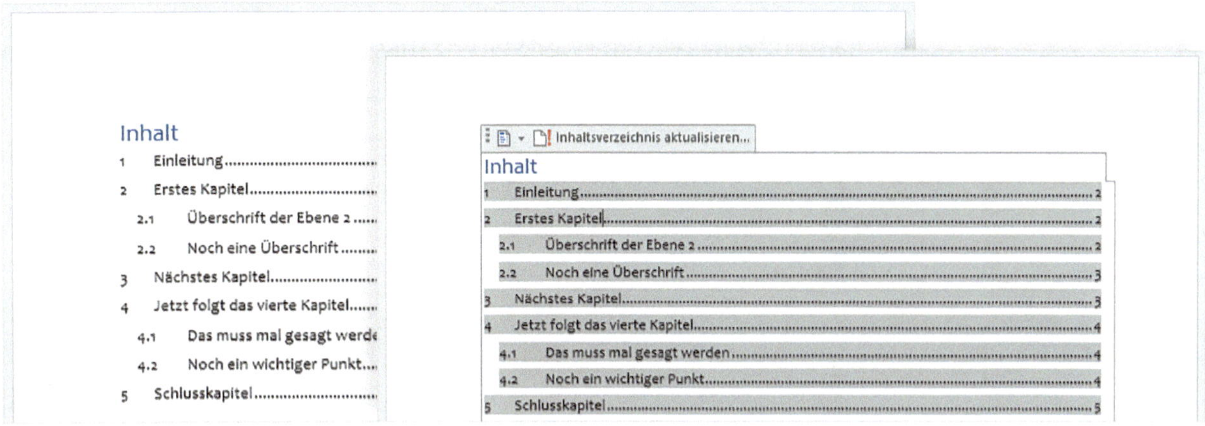

Seitenzahlen hinzufügen

Im nächsten Schritt erhält das Dokument Seitenzahlen in der Form Seite X von Y. Diese sollen sich unten in der Mitte befinden und mit einer Linie vom übrigen Text optisch abgegrenzt werden.

1 Klicken Sie auf das Register *Einfügen* und in der Gruppe *Kopf- und Fußzeile* auf *Seitenzahl* ❶.

2 Wählen Sie *Seitenende* ❷, wandern Sie dann in der Liste ganz nach unten und klicken Sie im Abschnitt *Seite X von Y* auf *Fett formatierte Zahlen 2* ❸ (Zentriert).

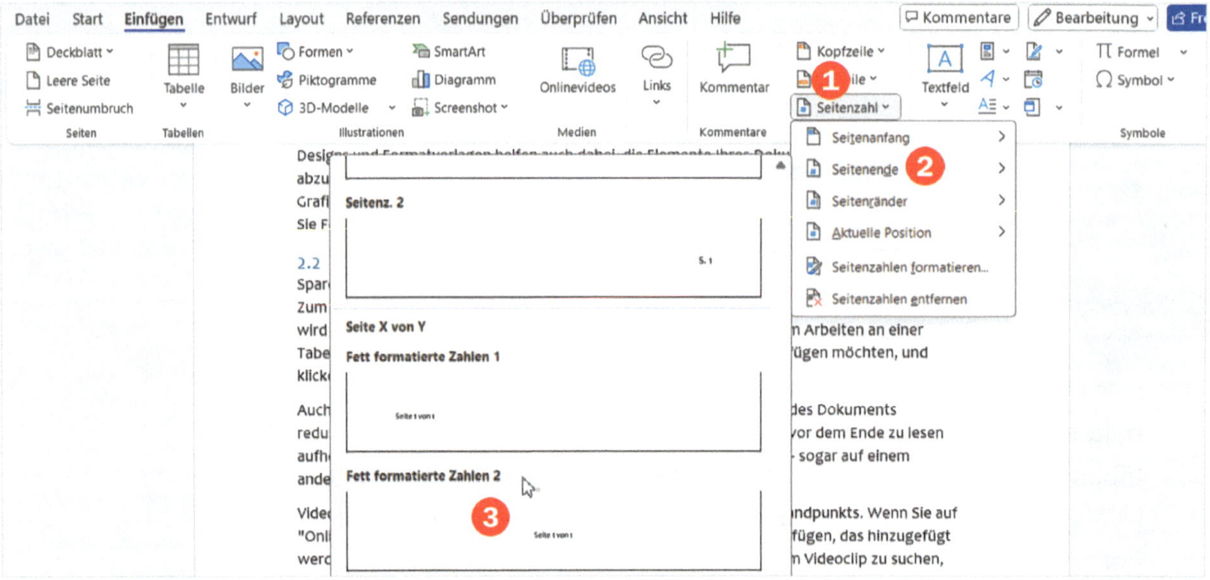

3 Die Fußzeile wird mit der Seitenzahl geöffnet ❹. Zum Hinzufügen der Linie klicken Sie im Register *Start* auf den Pfeil des Symbols *Rahmen* ❺ und auf *Rahmenlinie oben* ❻.

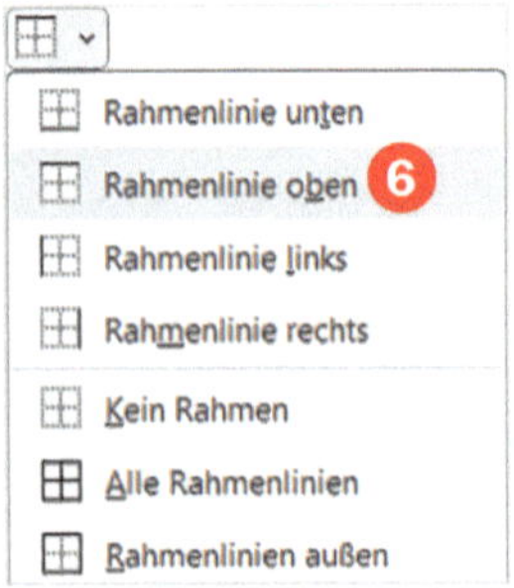

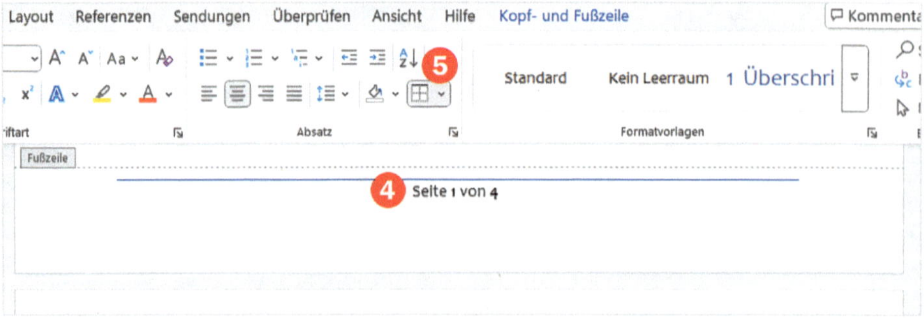

Fußnoten einfügen

Eventuell möchten Sie auch Anmerkungen in Form von Fußnoten verwenden. Hierfür bietet Word automatisch nummerierte Fußnoten an.

1. Setzen Sie im Dokumenttext die Einfügemarke an die Stelle, an der Sie das Fußnotenzeichen einfügen möchten, hier nach dem Wort Elemente ❶.

2. Klicken Sie auf das Register *Referenzen* bzw. *Verweise* (Office 2016 und älter) und auf *Fußnote einfügen* ❷.

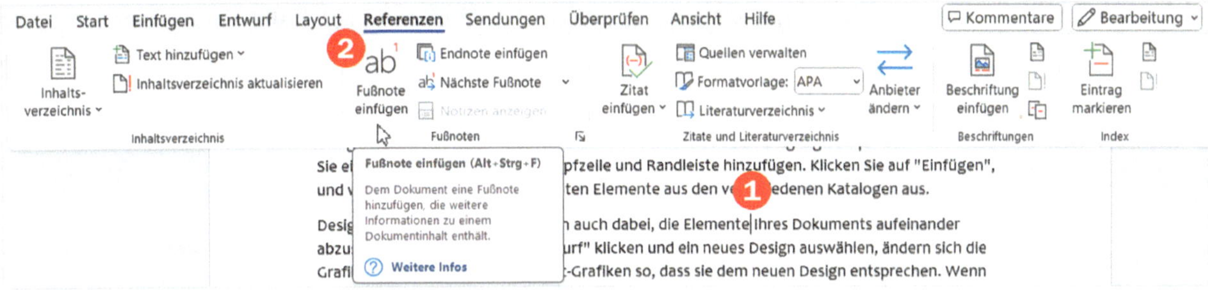

3. Word fügt im Dokument an dieser Stelle das erste Fußnotenzeichen, eine hochgestellte [1] ein. Dasselbe Zeichen wird auch am Ende der Seite, oberhalb der Fußzeile eingefügt und hier erscheint auch der Cursor ❸: Geben Sie nun Ihren Fußnotentext ein.

4. Doppelklicken Sie dann auf das Fußnotenzeichen, um schnell wieder im Text an die dazugehörige Stelle zu gelangen.

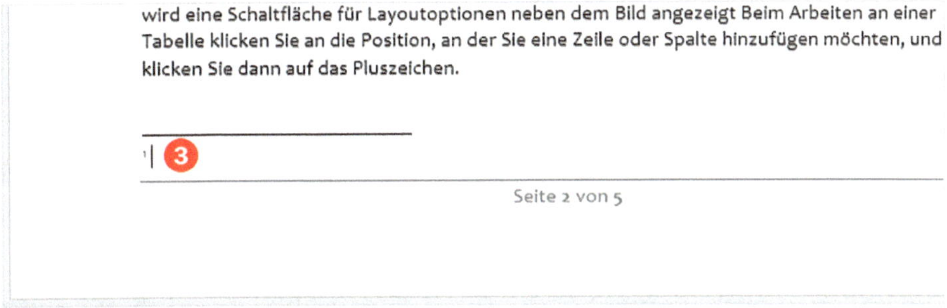

Fußnote löschen: Um eine Fußnote zu entfernen, brauchen Sie nur das Fußnotenzeichen im Text zu löschen. Word entfernt daraufhin automatisch auch den dazugehörigen Fußnotentext und aktualisiert die Nummerierung der übrigen Fußnoten.

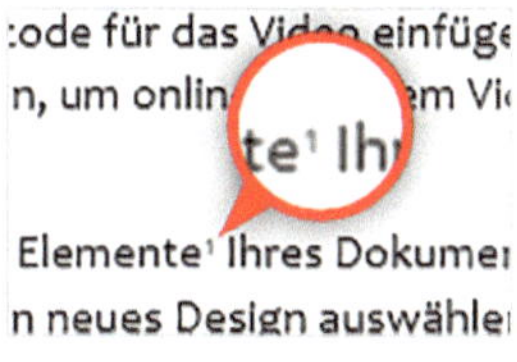

Fertige Vorlagen für Dokumente nutzen

Anstatt der oben vorgestellten Beispiele können Sie auch eine der fertigen Vorlagen nutzen, die Microsoft kostenlos für verschiedene Zwecke zur Verfügung stellt.

1 Sie finden diese Vorlagen, wenn Sie auf der Startseite auf *Weitere Vorlagen*, oder im Register *Datei* auf *Neu* ❶ klicken.

Falls sich nichts Passendes findet, können Sie auch im Suchfeld ❹ einen Suchbegriff eingeben und mit Klick auf die Lupe die Suche im Internet starten.

2 Klicken Sie auf einen der empfohlenen Suchbegriffe, z. B. Karten ❷, danach auf die gewünschte Vorlage ❸ und auf *Erstellen*. Die Vorlage wird anschließend in den meisten Fällen aus dem Internet heruntergeladen, es kann also einige Sekunden dauern, bis Sie die Vorlage verwenden können.

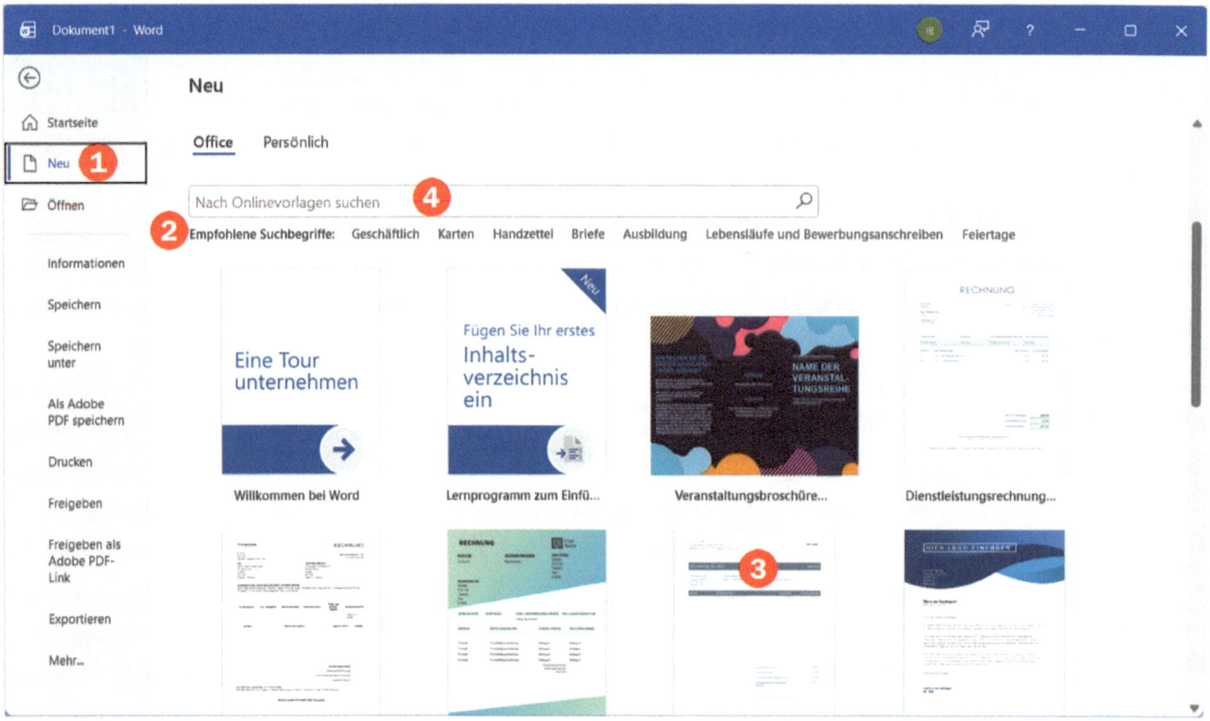

Sie finden unter den Word-Vorlagen auch mehrere Kalender. Allerdings eignet sich für diesen Zweck unserer Meinung nach Excel wesentlich besser.

Die Vorlagen enthalten entweder Platzhalter, siehe Deckblatt auf Seite 229, oder Text. Beides brauchen Sie nur markieren und anschließend überschreiben. Auch Änderungen der Formatierung oder Löschen nicht benötigter Elemente sind jederzeit möglich.

Künstliche Intelligenz als Schreibhilfe (Microsoft 365)

Falls Sie Microsoft 365 (Single, Family oder Premium) abonniert haben, können Sie beim Schreiben von Text auch auf Unterstützung durch künstliche Intelligenz zurückgreifen. Ein entsprechender KI-Assistent ist unter dem Namen Copilot in Microsoft 365 integriert und hilft in Word unter anderem beim Formulieren oder Zusammenfassen von Texten, kann aber auch eigene Texte erstellen. Sie finden das Symbol *Copilot* im Register *Start* des Menübands ❶. Außerdem erscheint ein Symbol für Copilot im Kontextmenü ❷ und im linken Seitenrand ❸.

KI, Abkürzung für künstliche Intelligenz.

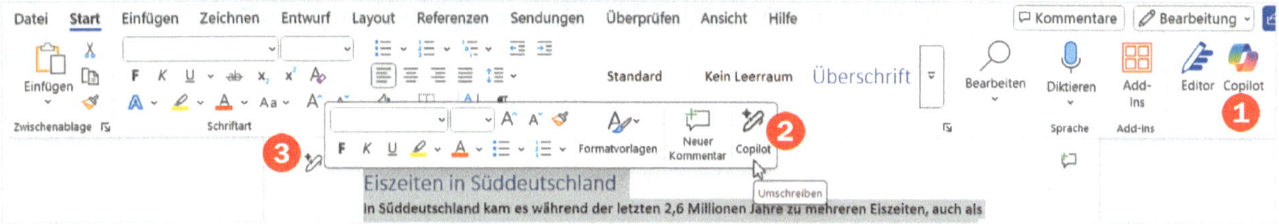

Sollte das Symbol im Menüband ausgegraut sein, so müssen Sie Copilot in den Word-Optionen aktivieren: Register *Datei* ▶ *Optionen* ▶ *Copilot*.

> **Hinterfragen Sie alle KI-generierten Texte**
> Von Copilot generierte Texte sind sprachlich meist einwandfrei, inhaltlich sollten Sie allerdings genauer hinsehen. Nicht immer kann eine KI Wichtiges von Unwichtigem unterscheiden und gerade bei Fachwissen kann ein Text zwar überzeugend formuliert, aber sachlich falsch sein.

Text umformulieren oder kürzen lassen

Wenn Sie eine Textstelle umschreiben lassen möchten, dann markieren Sie den Text, klicken Sie im linken Seitenrand auf das Symbol *Copilot* ❶ und wählen Sie *Automatisch umschreiben* ❷.

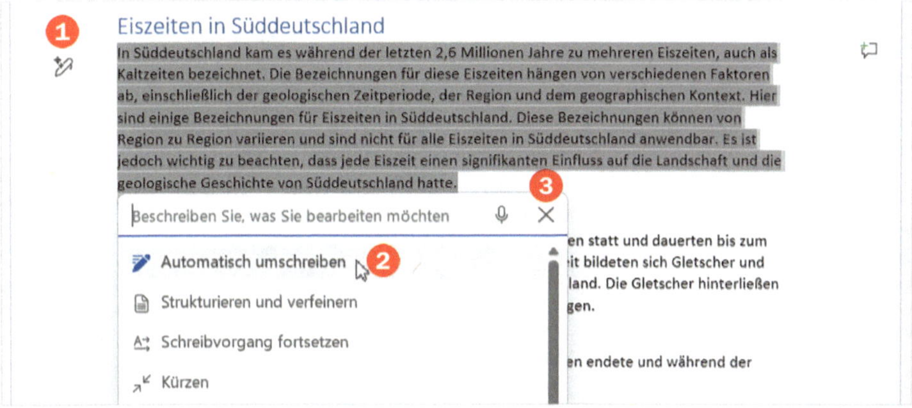

Alternativ können Sie auch auf das Symbol in der Minisymbolleiste klicken.

Falls Sie es sich anders überlegen und Copilot nicht nutzen möchten, so schließen Sie das Auswahlmenü mit diesem Symbol ❸.

Hier finden Sie auch den Hinweis, dass KI-generierte Inhalte fehlerhaft sein können ❽.

Sie erhalten drei Vorschläge ❹ die Sie mit den Pfeilen (*1 von 3*) ❺ nacheinander anzeigen können. Mit Klick auf *Ersetzen* ❻ wird der markierte Originaltext durch den ausgewählten umgeschriebenen Text ersetzt. Alternativ können Sie den generierten Text *Darunter einfügen* ❼, z. B. zu Vergleichszwecken.

Text kürzen: Genauso gehen Sie auch vor, wenn Sie längeren Text kürzen lassen möchten. Dazu markieren Sie ebenfalls den betreffenden Text und wählen im Copilot-Menü *Kürzen*. Auch in diesem Fall erhalten Sie drei Varianten zur Auswahl und können den Originaltext ersetzen oder den neuen Text unterhalb einfügen lassen.

Alternativ zur hier beschriebenen Vorgehensweise können Sie auch im Menüband auf das Symbol *Copilot* klicken und dann im Chat in der Seitenleiste die entsprechende Aufgabe formulieren, z. B. *Fasse den markierten Text zusammen*. Nachteil: Zum Übernehmen muss das Ergebnis über die Zwischenablage kopiert und eingefügt werden.

Text strukturieren und verfeinern

Das Auswahlmenü von Copilot umfasst auch die Option *Strukturieren und verfeinern* (s. Bild auf der vorhergehenden Seite). Im Gegensatz zum automatischen Umschreiben liegt hier der Schwerpunkt auf einfachen Formulierungen und der Aufteilung in mehrere Absätze. Das Ergebnis ❷ erscheint blau hinterlegt im Dokument unterhalb des markierten ursprünglichen Textes ❶ und Sie können entscheiden, ob Sie den neu generierten Text an dieser Stelle *Beibehalten* ❸, durch ihn den Originaltext *Ersetzen* oder ihn aus dem Dokument wieder entfernen möchten ❹.

Egal, wie Sie sich entscheiden, der blaue Hintergrund verschwindet anschließend automatisch.

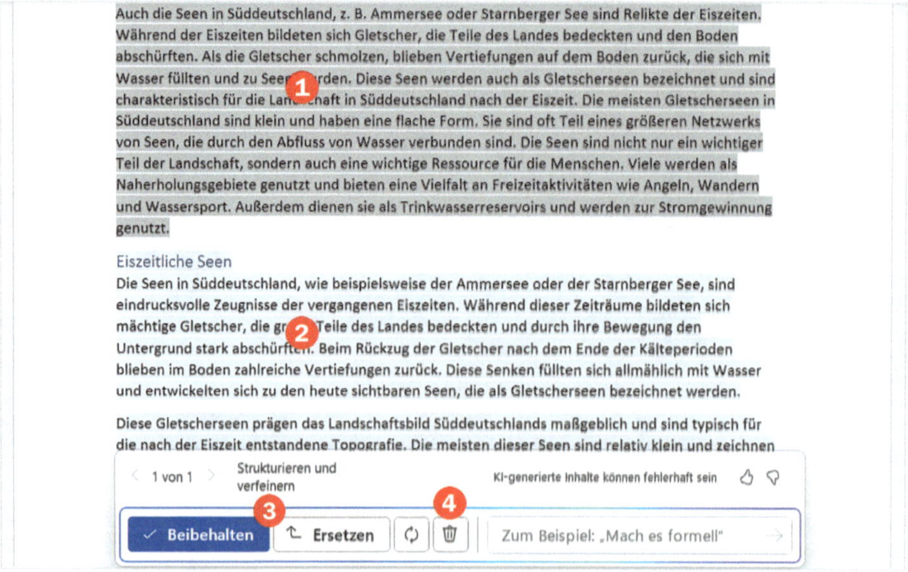

Eine Zusammenfassung erstellen lassen

Wenn kein Text markiert ist, erscheint das Symbol Copilot links vom Absatz, in dem sich der Cursor gerade befindet. Klicken Sie darauf, so erhalten Sie Optionen, die sich auf das gesamte Dokument beziehen, darunter auch *Einfügen einer Zusammenfassung*. Achtung: Die Zusammenfassung wird an der Cursorposition bzw. nach dem aktuellen Satz eingefügt, platzieren Sie also am besten zuerst den Cursor z. B. am Beginn des ersten Absatzes oder am Ende des letzten Absatzes.

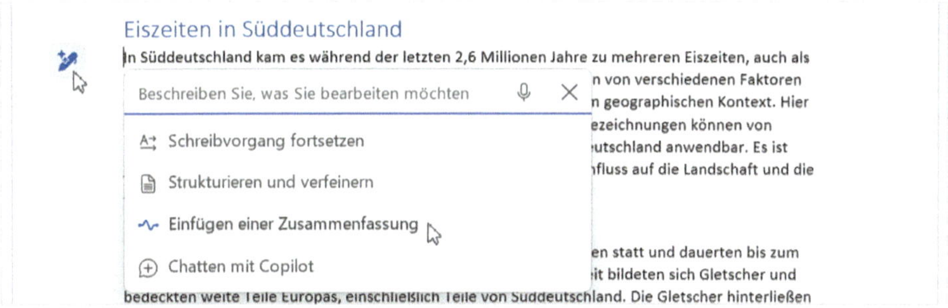

Auch in diesem Fall erscheint die Zusammenfassung sofort hellblau hinterlegt im Dokument. Um diese endgültig in das Dokument zu übernehmen, klicken Sie auf *Beibehalten* – damit verschwindet auch der blaue Hintergrund – mit dem Papierkorb-Symbol können Sie dagegen die Zusammenfassung wieder aus dem Dokument entfernen.

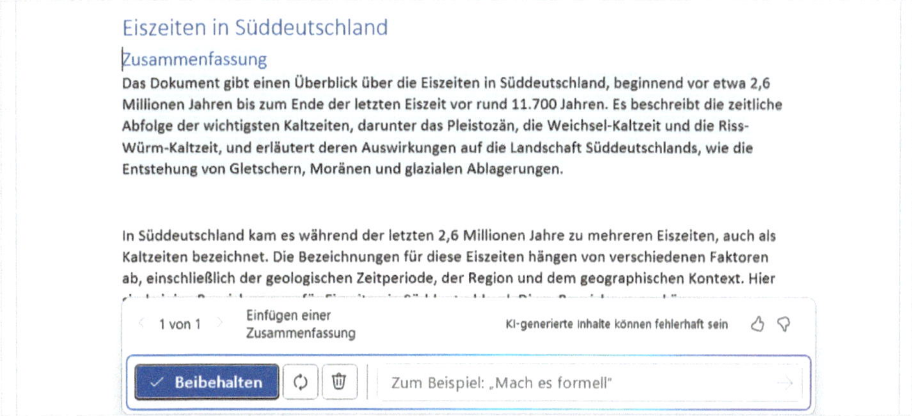

Schreibvorgang fortsetzen

Mit der Auswahl *Schreibvorgang fortsetzen* fügt Copilot an der Cursorposition einen frei erfundenen Absatz ein, basierend auf Informationen des vorherigen und der nachfolgenden Absätze.

Texte von Copilot neu erstellen lassen

Copilot kann nicht nur vorhandene Texte fortsetzen, sondern auch komplett neue Texte nach Ihren Vorgaben erstellen. Dazu öffnen Sie ein neues, leeres Dokument. Oberhalb erscheint automatisch ein Eingabefeld von Copilot, dazu manchmal auch in paar Vorschläge.

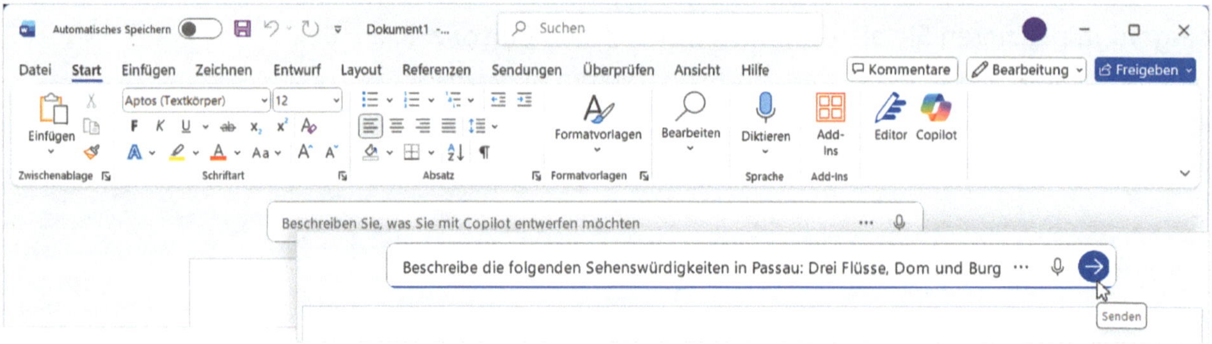

Achtung: Was Copilot als Fakten präsentiert, kann auch frei erfunden sein. Wenn es sich also nicht gerade um ein Märchen handelt, dann sollten Sie sicherheitshalber die wichtigsten Punkte nochmals selbst recherchieren.

Tippen Sie in das Eingabefeld Ihre Vorgaben in klaren deutschen Sätzen, z. B. *Beschreibe die folgenden Sehenswürdigkeiten in Passau: Drei Flüsse, Dom und Burg* (Ergebnis im Bild unten links) und klicken Sie auf den Pfeil *Senden*. Oder: *Schreibe ein Märchen in dem eine wunderschöne Prinzessin, ein böser Zauberer und eine Waschmaschine vorkommen* (Bild rechts). Häufig weist das Resultat einige Unzulänglichkeiten oder Fehler auf, leistet aber gute Dienste als Ausgangsbasis. Wenn Sie anschließend auf *Beibehalten* klicken, wird der Text in das Dokument übernommen und kann hier beliebig korrigiert oder ergänzt werden.

4 Microsoft Excel

4.1 Die Arbeitsoberfläche

Der Excel Bildschirm auf einen Blick

Starten Sie Excel, entweder im Startmenü oder über die Suche und klicken Sie auf der Startseite auf *Leere Arbeitsmappe*.

Anschließend wird das leere Tabellenblatt angezeigt. Die wichtigsten Elemente wie Titelleiste, Menüband, Symbolleiste für den Schnellzugriff und Statusleiste sind in allen Office-Apps gleich und dürften aus Kapitel 1 bekannt sein.

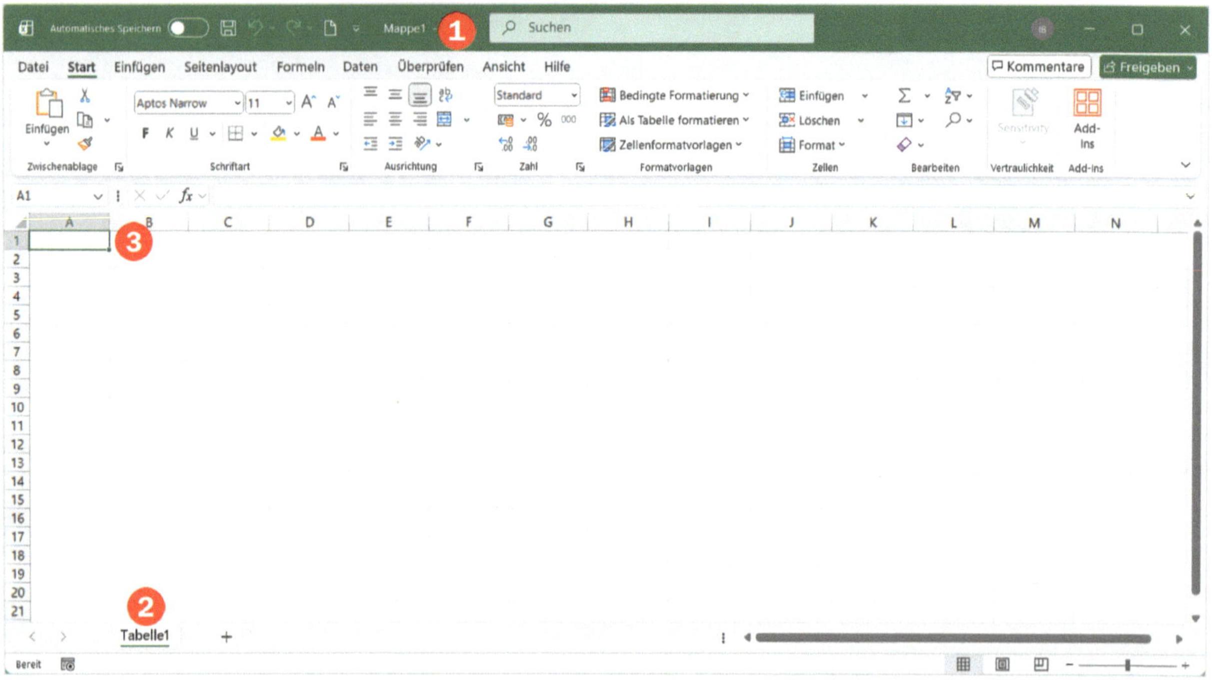

- Excel-Dateien werden als Mappen bezeichnet. Die neue Datei ist noch nicht gespeichert und erhält die vorläufige Bezeichnung *Mappe1* ❶.
- Jede Mappe enthält standardmäßig ein Tabellenblatt, benannt als *Tabelle1* ❷. Weitere können hinzugefügt werden.
- Die Eingabe erfolgt immer in die *aktive Zelle* ❸. Diese ist grün umrandet.

Anzeige & Ansichten

Zeilen und Spalten

Das Tabellenblatt ist eingeteilt in Spalten, die mit Buchstaben benannt sind und Zeilen, denen Nummern zugeordnet sind. Die Eingabe erfolgt immer in eine einzelne Zelle. Jede Zelle hat einen eigenen Namen, zusammengesetzt aus dem Buchstaben der Spalte und der Zeilennummer, z. B. D2 ❶. Diesen Namen benötigen Sie für Berechnungen.

Ansichten und Zoom

Sie arbeiten meist in der Ansicht *Normal*. Gründe auf andere Ansichten zu wechseln, gibt es nur, wenn Sie einen Ausdruck erstellen möchten.

- Wechseln Sie zum Register *Ansicht*. In der Gruppe *Arbeitsmappenansichten* ist die verwendete Ansicht, hier *Normal* ❷, hervorgehoben. Zum Wechsel klicken Sie eine andere an.

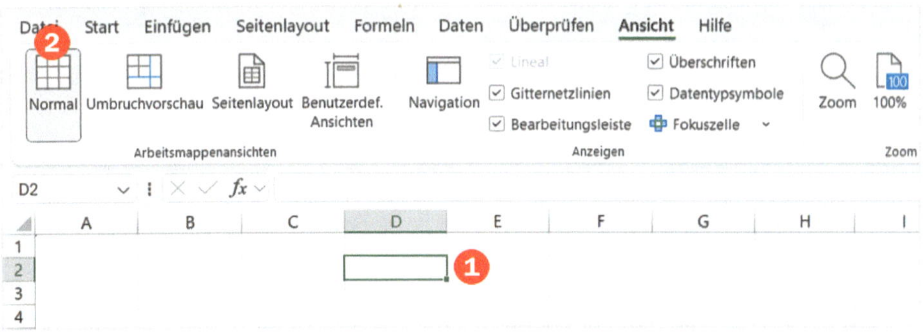

Mit dem Zoom können Sie die Anzeige des Tabellenblatts vergrößern. In der rechten unteren Ecke finden Sie die aktuelle Anzeigegröße ❸.

- Klicken Sie auf das Plus-Symbol, um die Anzeige zu vergrößern oder auf das Minus-Symbol, um diese zu verkleinern. Oder drücken Sie die **Strg**-Taste und drehen am Mausrad für dasselbe Ergebnis.

Insgesamt stehen auf einem Excel-Tabellenblatt **1.048.576** Zeilen zur Verfügung.

Die Spalten erhalten Buchstaben von A bis Z, danach wird fortgesetzt mit AA, AB bis XFD. Das sind insgesamt **16.384** Spalten.

Also eine Menge Platz, der selten verwendet wird. Um langwieriges Scrollen mittels Bildlaufleisten zu vermeiden, werden die Daten eher auf mehrere Tabellenblätter verteilt.

Links vom Zoom finden Sie ebenfalls Symbole zum Wechseln zwischen den Ansichten Normal ❹, Seitenlayout und Umbruchvorschau.

Weitere Tabellenblatt-Elemente

Das Lineal wird nur in der Ansicht Seitenlayout angezeigt. Deshalb kann es nur in dieser Ansicht deaktiviert bzw. aktiviert werden.

Die **Gitternetzlinien** trennen die einzelnen Zellen visuell und verleihen dem Excelblatt sein charakteristisches tabellarisches Aussehen.

Die Spalten- und Zeilenbeschriftungen in Form von Buchstaben und Zahlen werden unter dem Begriff **Überschriften** zusammengefasst und können ausgeblendet werden.

Die **Bearbeitungsleiste** ❶ zeigt den Inhalt der markierten Zelle an. Links davon finden Sie im Namensfeld die Adresse der aktuell markierten Zelle, im Bild C2. Die Bearbeitungsleiste ist besonders hilfreich bei der Eingabe von Formeln.

☛ Alle drei Elemente können Sie im Register *Ansicht*, Gruppe *Anzeigen* ❷ durch Anklicken des jeweiligen Kästchens deaktivieren und auf dem gleichen Weg wieder aktivieren (Häkchen).

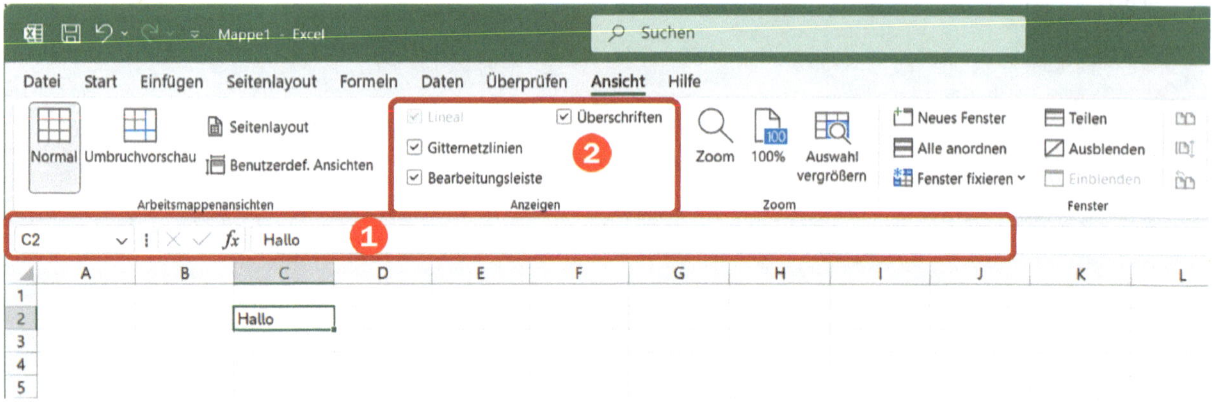

In der Regel sind die genannten Elemente nützliche Helfer beim Arbeiten mit Excel. Blenden Sie diese nicht aus.

Der KI-Assistent Copilot

Abonnenten von Microsoft 365 finden an der markierten Zelle das Symbol für Copilot und erhalten beim Daraufklicken verschiedene Vorschläge. Da sich diese mehr an fortgeschrittenere Nutzer richten und zudem nur verfügbar sind, wenn die Mappe auf OneDrive gespeichert wurde, wird hier auf eine Beschreibung verzichtet.

4.2 Text und Zahlen eingeben

Mit der Eingabe beginnen

Die Texteingabe erfolgt immer in die grün umrandete Zelle (= aktive Zelle). Beim Öffnen von Excel ist die Zelle A1 automatisch ausgewählt. Eine andere Zelle wählen Sie durch Anklicken mit der Maus aus.

Im Tabellenblatt wird der Mauszeiger als weißes Kreuz ✚ dargestellt.

☛ Wählen Sie eine Zelle durch Anklicken aus und tippen Sie Text und/oder Zahlen ein. Bestätigen Sie mit der Eingabetaste.

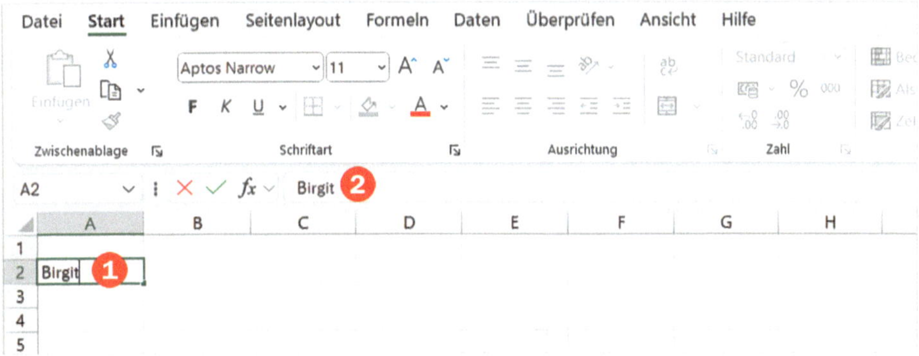

Während Sie Text in eine Zelle eingeben, stehen die meisten Befehle des Menübands nicht zur Verfügung. Sie sind ausgegraut. Erst, wenn Sie die Zellbearbeitung mit der Eingabetaste beendet haben, sind wieder alle Befehl verfügbar.

Nach Eintippen des ersten Zeichens wird in der Zelle auch der Cursor ❶ (Einfügemarke) sichtbar, gleichzeitig erscheint der eingegebene Text in der Bearbeitungsleiste ❷.

- Solange Sie sich Sie Zellinhalte eingeben oder bearbeiten, können Sie mit der Korrektur-Taste Buchstaben löschen.
- Sie brauchen bei der Eingabe keine Rücksicht auf die Spaltenbreite nehmen, da diese jederzeit angepasst werden kann.
- Wenn Sie die Eingabe abbrechen und das Eingetippte verwerfen möchten, betätigen Sie die **Esc-Taste**.

Die Eingabe wird nicht nur mit der Eingabetaste abgeschlossen, sondern auch, wenn Sie mit einem Mausklick eine andere Zelle markieren. Bei der Eingabe von Formeln verändert diese Vorgehensweise allerdings die Formel nochmals und führt zu einem falschen Ergebnis. Während Sie Excel erlernen, sollten Sie besser auf diese Methode verzichten.

In der Tabelle bewegen

Nach Betätigen der Eingabetaste wird automatisch die Zelle unterhalb markiert und Sie können hier fortfahren. Wer lieber in die Zelle rechts daneben etwas eintragen möchte, verwendet stattdessen die Tab-Taste.

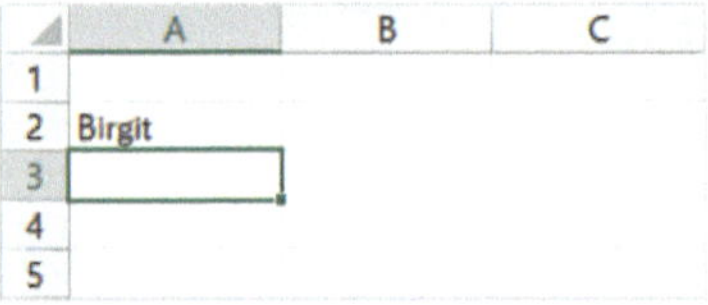

Eingabetaste

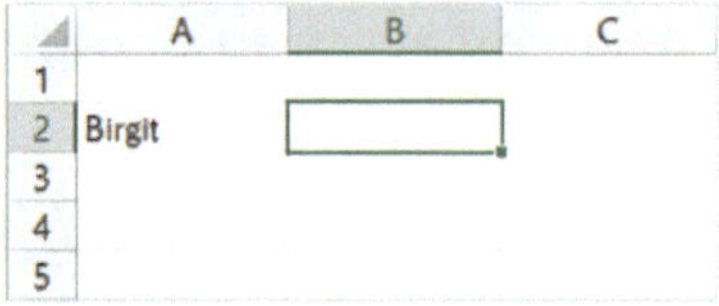

Tab-Taste

Die Tab-Taste wählt jeweils die nächste Zelle rechts aus. Die Eingabetaste markiert die Zelle darunter.

Die Pfeiltasten können nicht auf die beschriebene Art verwendet werden, wenn Sie sich im Bearbeitungsmodus befinden. Dazu gleich mehr auf der nächsten Seite.

Auch mit den Pfeiltasten können Sie sich im Tabellenblatt bewegen. Die Auswahl der aktiven Zelle (grüne Umrandung) erfolgt entsprechend der Pfeilrichtung.

In Excel ist die **Pos1**-Taste sehr nützlich. Durch Drücken der Pos1-Taste wird in derselben Zeile, in der Sie sich gerade befinden, die erste Zelle in Spalte A markiert. Mit der Tastenkombination **Strg+Pos1** wird die Zelle A1 ausgewählt. Salopp gesagt, springen Sie damit wieder schnell nach vorne.

Inhalt und Spaltenbreite

In eine Zelle könnten Sie bis zu **32.767** Zeichen eintragen.

Wie Sie sicher bemerkt haben, beeinflusst die Länge des Worts nicht die Spaltenbreite. Längere Texte werden einfach über die Zelle hinaus angezeigt, aber nur wenn die rechts angrenzende Zelle leer ist ❶. Andernfalls erscheint der Zellinhalt abgeschnitten ❷. Klarheit verschafft ein Blick in die Bearbeitungsleiste: hier ist stets des gesamte Zellinhalt sichtbar ❸.

Auch wenn ein Inhalt über mehrere Zellen angezeigt wird, ist er trotzdem nur in der Ursprungszelle vorhanden und kann auch nur dort gelöscht oder geändert werden. So erscheint im Bild unten in der Zelle C2 zwar Text ❹, ein Blick in die Bearbeitungsleiste ❺ verrät allerdings, dass diese Zelle eigentlich leer ist.

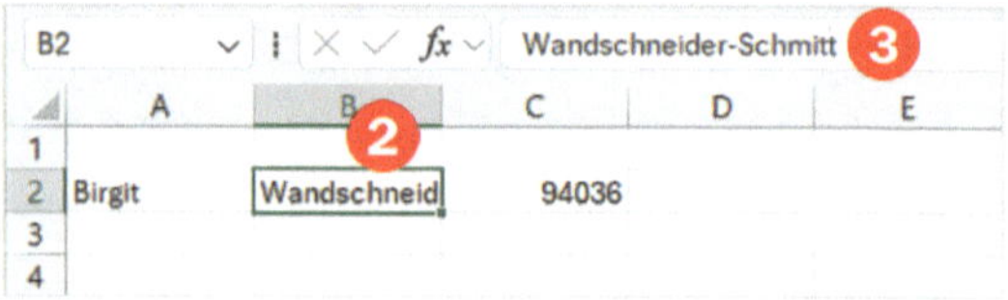

Inhalte löschen oder berichtigen

- **Gesamten Zellinhalt löschen:** Klicken Sie mit der Maus die Zelle an, deren Inhalt Sie löschen möchten und drücken Sie die **Entf**-Taste.

- **Gesamten Zellinhalt überschreiben:** Markieren Sie die Zelle mit der Maus und tippen Sie die neuen Daten ein. Der komplette alte Inhalt wird durch den neuen ersetzt.

Inhalt berichtigen

Soll nur ein Rechtschreibfehler verbessert oder noch etwas hinzugefügt werden, müssen Sie den Inhalt der Zelle bearbeiten. Dazu wechseln Sie in den Bearbeitungsmodus. So geht's:

- Klicken Sie doppelt auf die Zelle. Der Cursor wird im Zellinhalt angezeigt. Alternativ markieren Sie die Zelle, klicken in die Bearbeitungsleiste und nehmen die Änderungen dort vor.

Oder Sie markieren die Zelle und drücken die Taste **F2**.

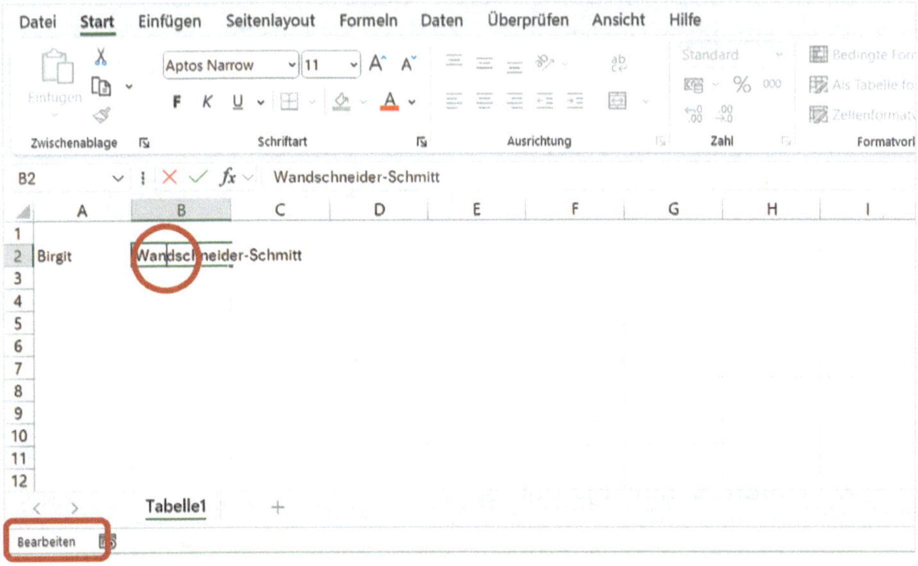

Dass Sie sich im **Bearbeitungsmodus** befinden, erkennen Sie am Hinweis *Bearbeiten* in der Statusleiste. In diesem Modus sind dann im Menüband die meisten Symbole inaktiv und damit nicht verfügbar.

Verwenden Sie die Maus oder die Pfeiltasten, um den Cursor innerhalb der Bearbeitungsleiste bzw. Zelle zu bewegen. An der Cursorposition können Sie beliebig Zeichen einfügen oder diese mit der Entf-Taste löschen, auch das Markieren einzelner Zeichen mit gedrückter Maustaste ist möglich. Zum Verlassen der Zelle und Übernehmen der Änderungen betätigen Sie, wie gewohnt die Enter- oder Tab-Taste.

Zahlen in Excel eingeben

Excel bietet selbstverständlich mehr als nur eine praktische tabellarische Oberfläche, in die man gut Informationen eintragen kann. Seine Hauptaufgabe ist, Berechnungen durchzuführen und zu automatisieren. Deshalb kommt der Eingabe von Zahlen ein besonderer Stellenwert zu. Dabei ist zu beachten:

- Wenn mit einer Zahl Berechnungen vorgenommen werden sollen, dann muss sich diese allein in einer Zelle befinden. Alle weiteren Bezeichnungen tragen Sie in die angrenzende Zelle ein. Bei der Eingabe von Zahlen sind nur folgende Zeichen erlaubt:
  - Ziffern von 0-9
  - Vorzeichen + -
  - Komma als Dezimalzeichen*
  - Prozentzeichen
  - Klammern
  - Tausendertrennpunkt*

* Der Tausendertrennpunkt oder die Nachkommastellen mit Null (z. B. 1.200,00) können auch als Formatierung hinzugefügt werden.

- Bei der Eingabe von Zahlen verwenden Sie nach deutscher Schreibweise als Dezimalzeichen das Komma und als Tausendertrennzeichen den Punkt.

Info: Dezimaltrennzeichen und Tausendertrennzeichen richten sich nach den Ländereinstellungen Ihres Computers.

- Eine führende Null, z. B. 0815, wird von Excel bei der Eingabe in 815 abgeändert. Damit die Null angezeigt wird, muss die Zahl als Text eingegeben oder formatiert werden.
- Nicht belegte Nachkommastellen, z. B. 12,500 zeigt Excel als 12,5 an. Die Anzeige der Dezimalstellen steuern Sie ebenfalls über eine Formatierung.
- Währungssymbole, z. B. € werden nicht eingetippt, sondern als Zahlenformat hinzugefügt.

Der Benutzer kann selbst definierte Zusätze zu Zahlen in Excel hinterlegen. Dann kann mit der Zahl trotzdem gerechnet werden.

- Jede Kombination aus Buchstaben, Zahlen oder Sonderzeichen wird als Text interpretiert, z. B. Hauptstr. 4, 20 kg, 3 Meter oder § 823 etc.
- Zahlen werden in einer Zelle automatisch rechtsbündig, Texte linksbündig ausgerichtet. Die unterschiedliche Darstellung hilft, Fehler zu vermeiden. Natürlich kann aber auch die Ausrichtung über eine Formatierung vereinheitlicht werden.

Beispiele

	A	B	C	D	E	F	G	H
1	**Temperatur**		**Luftfeuchte**		**Preis**			
2	8		49%		22.95			
3	8° C				22,95			
4	-2							
5								
6								

- Der Text „Temperatur“ wird automatisch linksbündig, die Zahl 8 automatisch rechtsbündig ausgerichtet.
- 8° C wird nicht als Zahl erkannt, da weitere Zeichen eingegeben wurden. Diese Angabe kann nicht für Berechnungen herangezogen werden.
- Ein negatives Vorzeichen in Form eines Bindestrichs darf eingegeben werden. Mit der negativen Zahl kann gerechnet werden.
- Ebenso dürfen Sie das Prozentzeichen zu einer Zahl hinzufügen, können es aber auch über eine Formatierung zuweisen. Dazu später mehr.
- Dezimaltrennzeichen ist ein Komma. Falls Sie versehentlich einen Punkt eingegeben haben, wird die vermeintliche Zahl als Text eingestuft und Berechnungen sind nicht möglich.

Besonderheiten bei der Anzeige von Zahlen

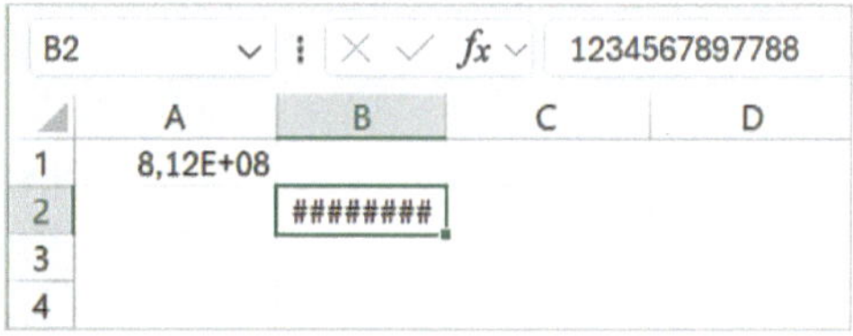

Zahlen und Datumswerte werden im Gegensatz zu Text nicht abgeschnitten. Wenn die Spaltenbreite für die vollständige Anzeige nicht ausreicht, werden sehr große Zahlen in Exponentialschreibweise (z. B. 8E+15) angezeigt und Dezimalzahlen automatisch gerundet. In einigen Fällen erscheint anstelle der Zahl auch ein Platzhalterzeichen (####). Die ursprünglich eingegebene Zahl bleibt in jedem Fall erhalten.

Markieren Sie die Zellen und werfen Sie einen Blick in die Bearbeitungsleiste. Die Platzhalterzeichen verschwinden, sobald Sie die Spalte verbreitern, die Exponentialschreibweise dagegen bleibt auch in sehr breiten Spalten erhalten, da diese zur besseren Lesbarkeit sehr großer Zahlen dient.

So geben Sie Datum und Uhrzeit ein

Auch Datum und Uhrzeit werden wie Zahlen behandelt, d. h. sie werden rechtsbündig ausgerichtet und können später für Berechnungen verwendet werden. Beachten Sie, dass Excel erst Datumswerte ab dem 01.01.1900 als Datum erkennt, ein früheres Datum wird als Text behandelt.

Die Darstellung eines Datums kann nachträglich verändert werden. Dazu mehr auf Seite 269.

- **Datum:** Zur Anzeige von Datumswerten verwendet Excel standardmäßig den **Punkt** als Trennzeichen. Eine Eingabe, wie z. B. 2.4.26 wird von Excel automatisch als Datum erkannt und in das gängige Datumsformat 02.04.2026 umgewandelt.

  Auf eine vierstellige Eingabe der Jahreszahl kann verzichtet werden, die letzten beiden Ziffern genügen meist. Dabei ist zu beachten, dass zweistellige Jahresangaben zwischen 00 und 29 zu den Zweitausendern gerechnet werden, also 2000 bis 2029. Eingaben darüber werden dem vorherigen Jahrhundert zugeordnet, z. B. die Eingabe 1.3.40 ist für Excel 01.03.1940. Alle abweichenden Jahresangaben müssen vierstellig eingegeben werden.

Wenn Sie in eine Zelle versehentlich ein Datum oder eine Uhrzeit eingetragen haben und danach wieder eine Zahl eingeben, wird diese in ein Datum bzw. eine Uhrzeit umgewandelt. In solchen Fällen müssen Sie der Zelle wieder das Format *Standard* zuweisen, siehe Seite 270.

- Zur Eingabe eines Datums des aktuellen Jahres ist die Angabe von Tag und Monat ausreichend, z. B. 3.5. Excel stellt das Datum als 03. Mai dar und ergänzt automatisch das aktuelle Jahr. Davon können Sie sich in der Bearbeitungsleiste überzeugen.

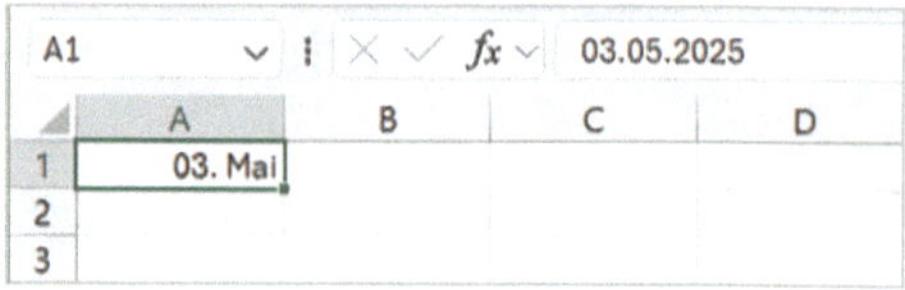

- Alternativ können Datumswerte auch mit einem Schrägstrich / oder Bindestrich - getrennt werden, allerdings dürfen sich keine Leerzeichen zwischen Zahl und Trennzeichen befinden. So wird z. B. aus der Eingabe 8/8/25 das Datum 08.08.2025.

- **Uhrzeit:** Bei der Eingabe von Uhrzeiten verwenden Sie als Trennzeichen den **Doppelpunkt**, z. B. reicht für acht Uhr die Eingabe 8: aus. Excel wandelt diese in das Uhrzeitformat 08:00 um.

> Auch wenn Sie kein großer Fan von Tastenkombinationen sind, diese sollten Sie kennen: **Strg + .** (Punkt) fügt das aktuelle Datum ein und **Strg + Umschalt + .** (Punkt) die aktuelle Uhrzeit.

Spaltenbreite und Zeilenhöhe anpassen

Die Zeilenhöhe passt sich automatisch an den Inhalt an, die Spaltenbreite nicht. Hier müssen Sie tätig werden, wenn Zellinhalte abgeschnitten erscheinen. Das ist mit der Maus schnell erledigt.

- **Spaltenbreite verändern:** Zeigen Sie im Bereich der Spaltenköpfe mit der Maus auf die **rechte** Trennlinie derjenigen Spalte, deren Breite Sie ändern möchten. Sobald der Mauszeiger als Doppelpfeil ❶ sichtbar wird, ziehen Sie die Linie mit gedrückter linker Maustaste nach rechts zum Verbreitern oder nach links zum Verkleinern. Im Beispiel unten wird die Spalte A verbreitert.

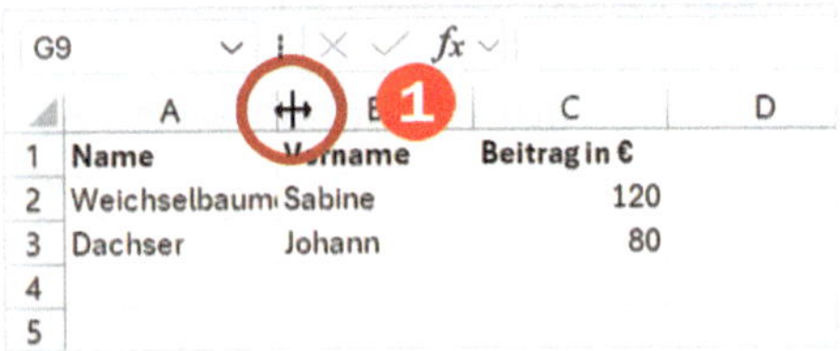

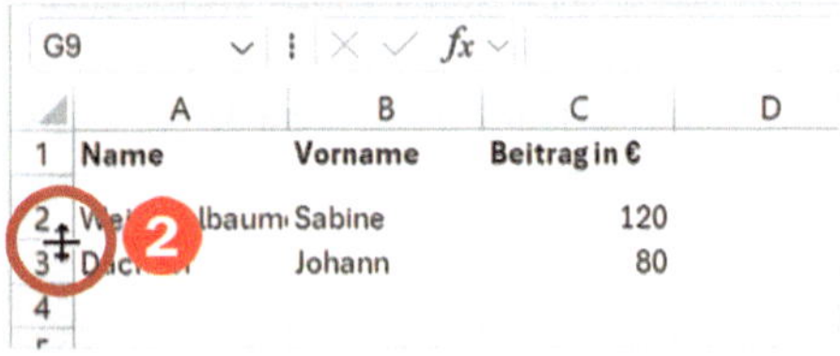

- **Zeilenhöhe verändern:** Analog dazu verändern Sie die Zeilenhöhe durch Ziehen der unteren Zeilenbegrenzung ❷. Damit können Sie beispielsweise einen Abstand zwischen Überschrift und Inhalt einfügen.

Spaltenbreite automatisch anpassen

Mit einem kleinen Kniff ist es möglich, die Spaltenbreite exakt so festzulegen, dass der längste Eintrag darin vollständig angezeigt wird. Das ist beispielsweise praktisch, wenn Sie eine umfangreiche Namensliste haben, wie im obigen Beispiel.

- Zeigen Sie auf die entsprechende Trennlinie und klicken Sie doppelt mit der Maus.

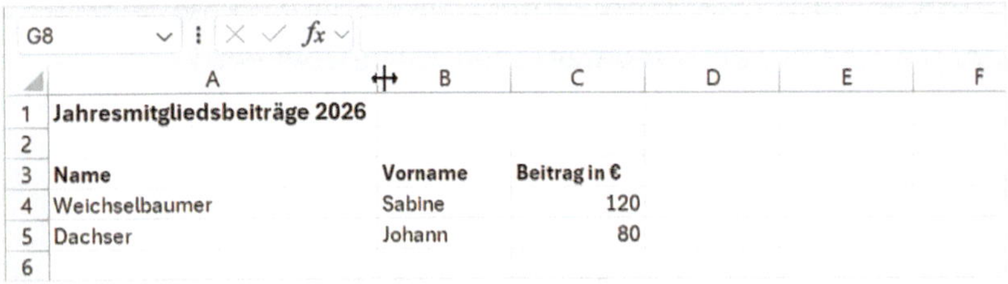

Das funktioniert gut, außer Sie haben in der Spalte ebenfalls eine lange Überschrift. Dann ist das Ergebnis nicht optimal.

Spalten und Zeilen einfügen

Manchmal ist es aber auch einfacher, Inhalte auszuschneiden oder mit der Maus zu verschieben. Wie das geht, lernen Sie auf Seite 277.

Hin und wieder kommt es vor, dass man etwas vergessen hat und mittendrin eine weitere Spalte oder Zeile benötigt. Wie Sie diese einfügen, erfahren Sie hier.

Zeile einfügen

Zuerst müssen Sie die Zeile markieren, über der die neue Zeile eingefügt werden soll.

1 Zeigen Sie am Beginn der Zeile auf die Zeilennummer. Der Mauszeiger wird als schwarzer Pfeil dargestellt ❶. Klicken Sie zur Auswahl der gesamten Zeile einmal mit der linken Maustaste.

2 Klicken Sie im Register *Start*, Gruppe *Zellen* auf die Schaltfläche *Einfügen* ❷. Die neue Zeile wird oberhalb der markierten eingefügt ❸.

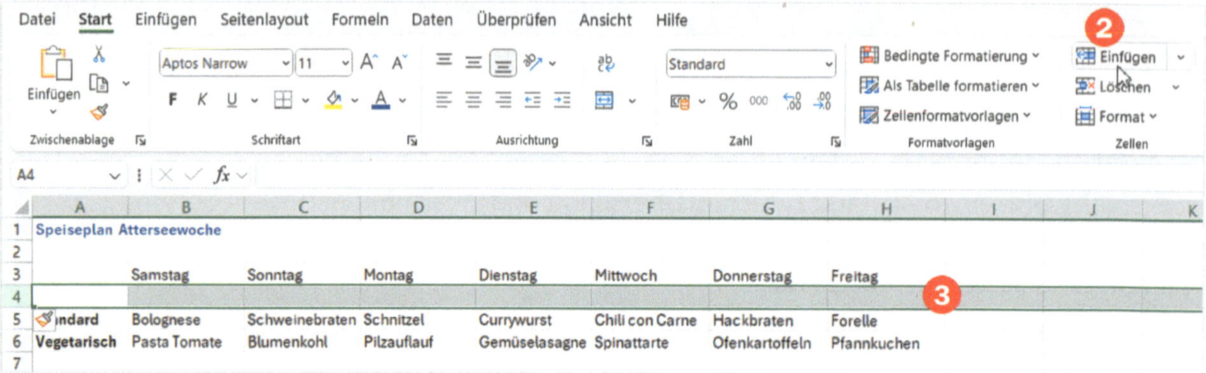

Spalten einfügen

Neue Spalten werden stets links von der markierten Spalte eingefügt.

1 Zeigen Sie mit der Maus auf den Buchstaben der zu markierenden Spalte ❸ und klicken Sie einmal mit der linken Maustaste, sobald der Mauszeiger als schwarzer Pfeil dargestellt wird.

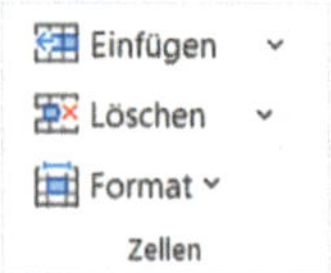

2 Klicken Sie dann auf die Schaltfläche *Einfügen* (Register *Start*, Gruppe *Zellen*).

Die eingefügten Zellen entsprechen der Markierung (ganze Zeile bzw. Spalte). Daher ist es ausreichend, nur auf die Schaltfläche *Einfügen* zu klicken. Nicht aber, wenn nur eine einzelne Zelle markiert ist.

Neue Tabellenblätter erzeugen und benennen

Standardmäßig wird enthält eine neue Excel-Arbeitsmappe ein einziges Tabellenblatt mit der Bezeichnung *Tabelle1*.

Einige Excel-Vorlagen umfassen dagegen von vornherein mehr als ein Tabellenblatt, z. B. Kalendervorlagen mit je einer Tabelle pro Monat.

- **Weitere Arbeitsblätter hinzufügen:** Klicken oder tippen Sie im Blattregister auf das Symbol ⊕ *Neues Blatt*. Das neue Blatt wird rechts vom aktuellen eingefügt und erhält den Namen *Tabelle*, gefolgt von einer fortlaufenden Nummer; in diesem Beispiel *Tabelle2*.

- **Zwischen Blättern wechseln:** Zum Wechseln zwischen Tabellenblättern klicken Sie im Blattregister einfach auf den Namen des Blattes, z. B. *April*. Der Name des aktuell ausgewählten Blatts wird fett und grün unterstrichen vor weißem Hintergrund hervorgehoben, etwaige Farben werden ausgeblendet.

  Reicht der Platz zur Anzeige aller Blätter nicht aus, dann verwenden Sie die Navigationspfeile ❶ zur Anzeige weiterer Blätter oder klicken Sie auf die drei Punkte ❷, um das nächste Blatt auszuwählen.

- **Arbeitsblatt verschieben:** Innerhalb einer Arbeitsmappe können Sie die Reihenfolge der Tabellenblätter beliebig verändern. Ziehen Sie dazu einfach im Blattregister das Blatt mit gedrückter linker Maustaste an die neue Position. Ein kleines Dreieck kennzeichnet die Einfügestelle.

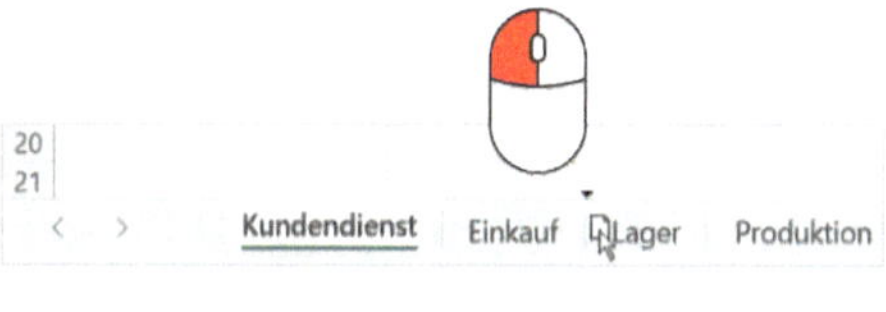

Alternativ können Sie den Blattnamen auch mit der **rechten** Maustaste anklicken und aus dem Kontextmenü den Befehl *Umbenennen* auswählen. Dann geben Sie den neuen Namen ein und bestätigen mit der Eingabetaste.

- **Blatt umbenennen:** Tippen Sie doppelt auf den Namen des Tabellenblatts. Der Name wird markiert, d. h. grau hinterlegt. Geben Sie die gewünschte Bezeichnung ein und drücken Sie abschließend die Eingabetaste.

- **Registerfarbe ändern:** Excel bietet die Möglichkeit, Tabellenblätter im Blattregister mit verschiedenen Farben zu kennzeichnen. Klicken Sie mit der rechten Maustaste auf den Namen des Blattes und zeigen anschließend auf *Registerfarbe*. Hier können Sie eine Farbe durch Anklicken auswählen.

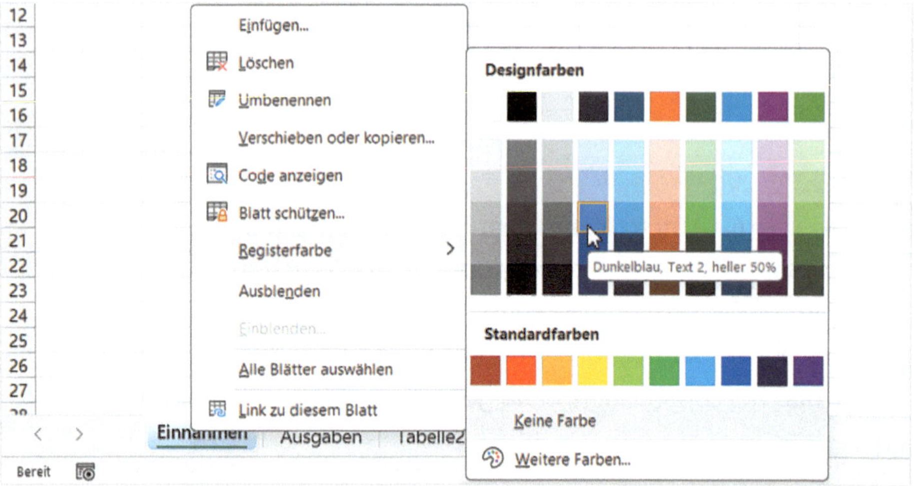

Microsoft 365 verwendet für Excel Arbeitsmappen etwas andere Symbole, als die übrigen Excel-Versionen.

Ob Sie ein weiteres Tabellenblatt hinzufügen oder eine neue Excel-Arbeitsmappe erstellen, bleibt Ihnen überlassen. Ratsam ist es, zusammengehörige Daten in einer gemeinsamen Arbeitsmappe zu hinterlegen. Wenn Sie beispielsweise Ihre Ausgaben für das laufende Jahr notieren möchten, würde ich vorschlagen, eine Arbeitsmappe zu speichern mit dem Titel *Ausgaben 2026* und dann in der Arbeitsmappe 11 weitere Tabellenblätter zu erzeugen, die mit Monaten benannt sind.

4.3 Tabellen und Zellen formatieren

Mit Formaten gestalten Sie Tabellen ansprechend und übersichtlich, sorgen für Einheitlichkeit, vergeben Währungssymbole und vieles mehr.

Bereiche markieren

In der Regel vereinbaren Sie eine Formatierung gleich für eine ganze Zeile, Spalte oder einen Bereich. Deshalb wird es jetzt höchste Zeit, dass wir uns mit den Besonderheiten der Auswahl von Zellen in Excel beschäftigen.

- **Bereich markieren:** Zeigen Sie mit der Maus auf die erste zu markierende Zelle. Halten Sie die linke Maustaste gedrückt, während Sie die Maus über den gewünschten Zellbereich bewegen. Danach lassen Sie die Maustaste wieder los.

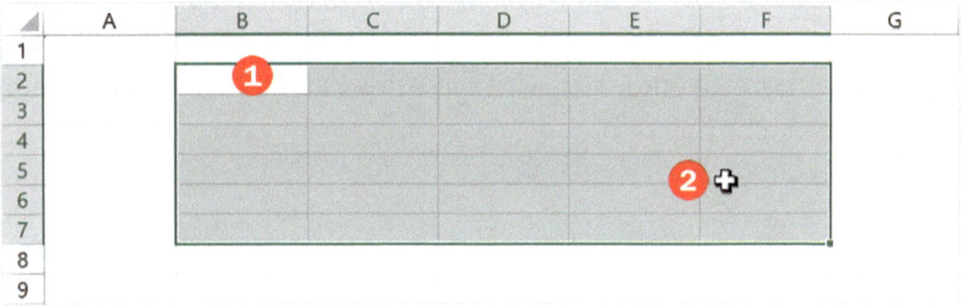

❶ Die Zelle, bei der mit der Markierung begonnen wurde, ist weiß. Sie ist dennoch Teil des markierten Bereichs.

❷ Der Mauszeiger

- **Markierung aufheben:** Klicken Sie mit der Maus auf eine beliebige Stelle des Tabellenblatts.
- **Ganze Zeile(n) markieren:** Zeigen Sie mit der Maus auf die Nummer der gewünschten Zeile. Der Mauszeiger erscheint als schwarzer Pfeil. Klicken Sie einmal mit der Maus, um die Zeile zu markieren oder ziehen Sie mit gedrückter Maustaste über mehrere Zeilen.

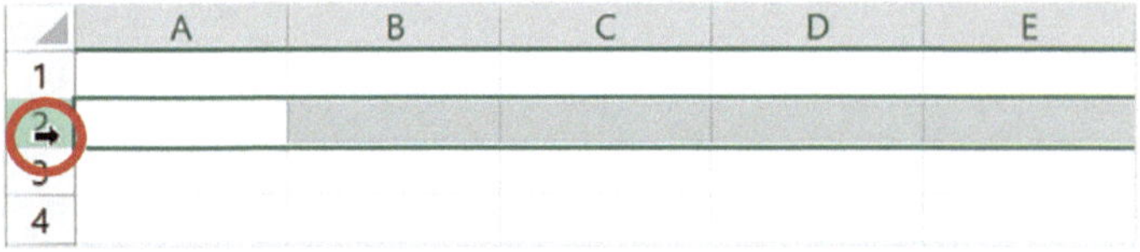

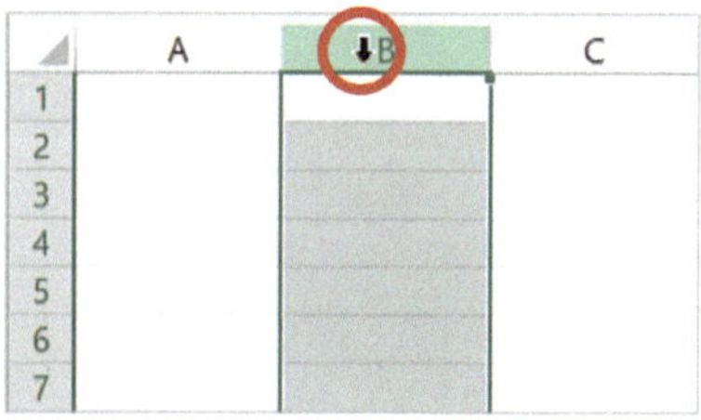

- **Ganze Spalte(n) markieren:** Zeigen Sie mit der Maus auf den Spaltenkopf. Wenn der Mauszeiger als schwarzer Pfeil dargestellt wird, können Sie die Spalte mit einem Klick markieren.

Halten Sie die Maustaste gedrückt, um gleich mehrere Spalten auszuwählen.

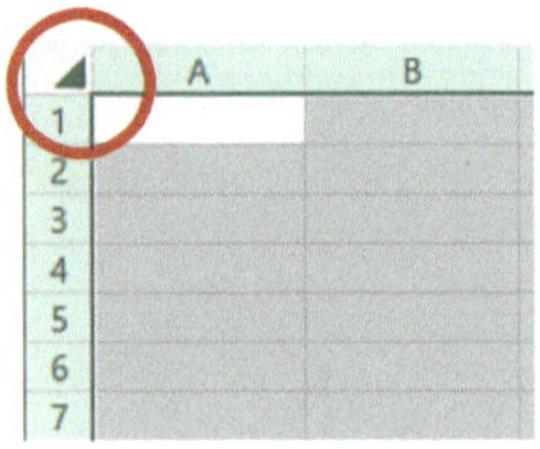

- **Gesamtes Tabellenblatt markieren:** Klicken Sie mit der Maus einmal auf das Dreieck zwischen der Spalte A und der Zeile 1.

Verwendung der Tastenkombination Strg + A

- Ist die markierte Zelle Teil eines zusammenhängenden Tabellenbereichs mit Inhalten, so wird durch **Strg + A** dieser Teil des Tabellenblatts markiert. Nochmaliges Drücken der Tastenkombination markiert dann das gesamte Tabellenblatt.

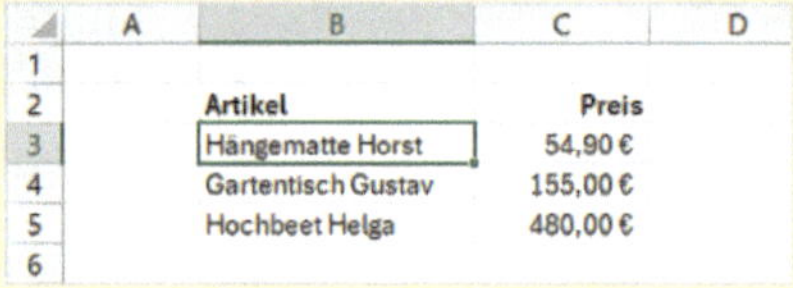

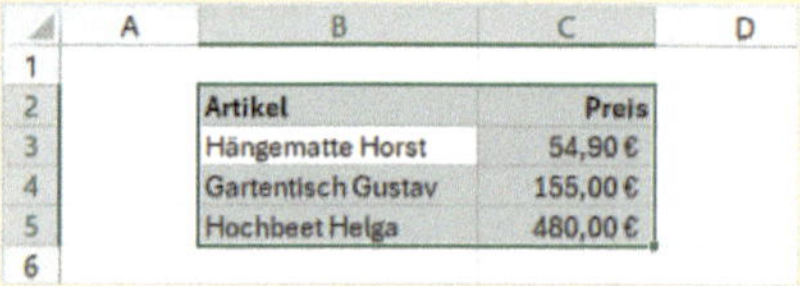

- Falls Sie eine Zelle markiert haben, die links oder oben an den Tabellenbereich angrenzt, wird mit **Strg + A** auch nur ein Teil des Tabellenbereichs markiert.

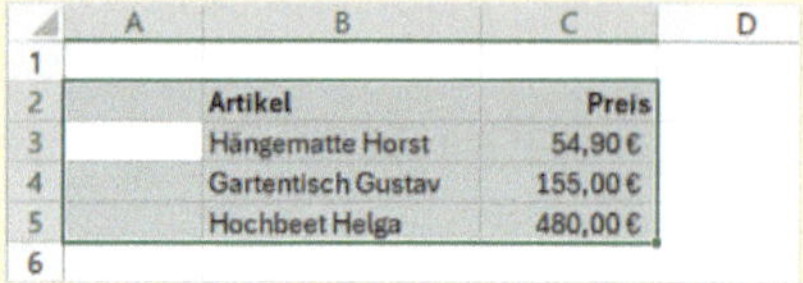

- Ist die markierte Zelle von leeren Zellen umgeben oder befindet sie sich unterhalb oder rechts von einem Tabellenbereich, wird mit **Strg + A** gleich das gesamte Tabellenblatt markiert.

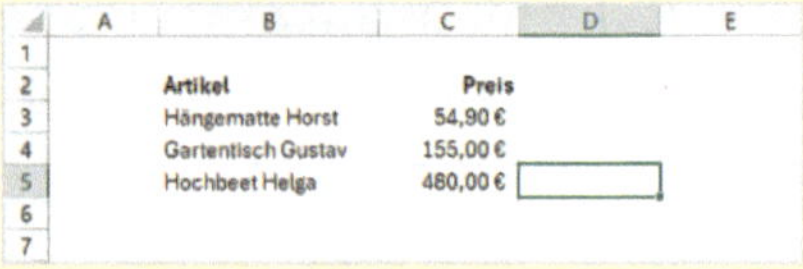

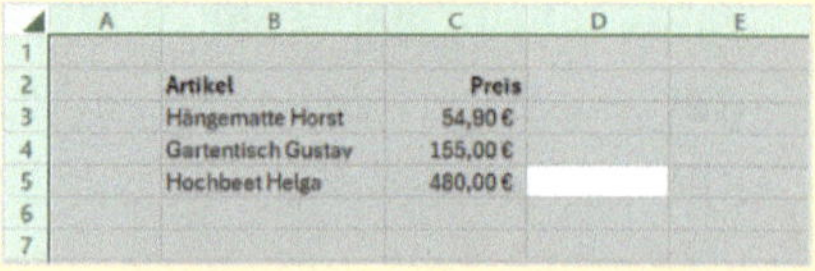

Schrift, Rahmen und Hintergrund

Sie kennen die Befehle zur Formatierung von Schrift, Hintergrundfarben und Rahmen schon aus dem Kapitel für Word (ab Seite 98). Für Excel tauchen hier einige kleinere Unterschiede in der Nutzung auf. Alle Befehle zur Schriftformatierung finden Sie im Register *Start*, Gruppe *Schriftart*.

Markierungsoptionen am Beispiel des Attributs Fett

- Grundsätzlich ändern Sie die Formatierung für die Zelle: Sie markieren also eine/mehrere Zellen oder auch ganze Spalten bzw. Zeilen. Klicken Sie dann auf **F**.

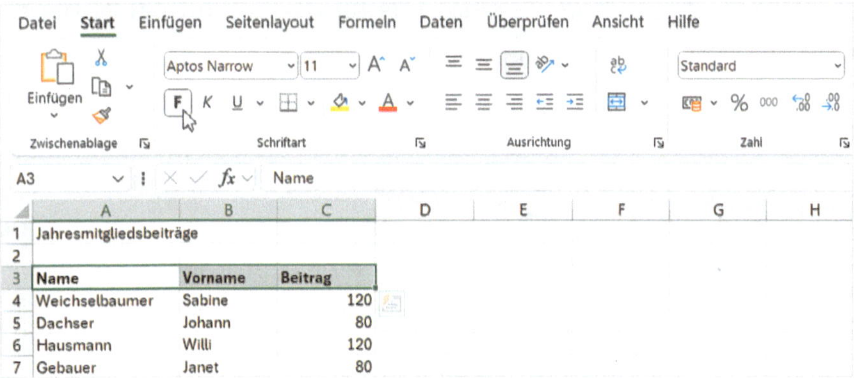

Hier enthält die Zeile Überschriften, die zur besseren Lesbarkeit fett formatiert werden sollen.

Sie können hier auf die ganze Zeile das Format Fett legen. Falls Sie noch eine weitere Spalte beschriften, haben Sie so gleich die passende Formatierung.

- Es kommt zwar nicht häufig vor, aber Sie können auch nur einen Teil des Zellinhalts mit einer Formatierung versehen. Dazu müssen Sie das Wort markieren und das geht am leichtesten in der Bearbeitungsleiste: Klicken Sie die Zelle an. Markieren Sie in der Bearbeitungsleiste mit gedrückter Maustaste die Zeichen, die Sie gerne hervorheben möchten. Klicken Sie dann auf **F**.

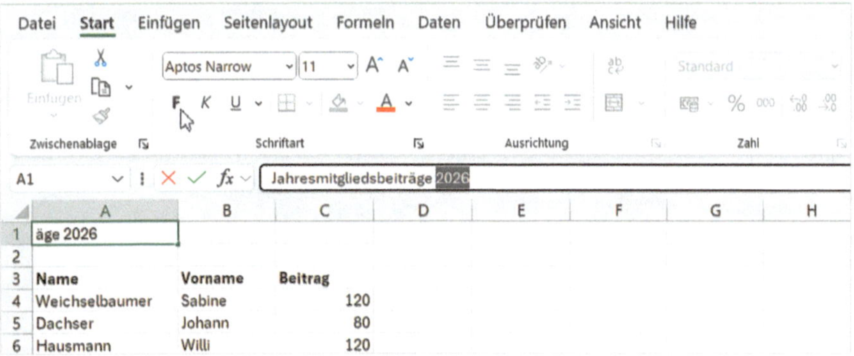

In der Bearbeitungsleiste wurde nur die Jahreszahl 2026 markiert und fett formatiert.

Fett, kursiv und unterstrichen

Wie bereits gesehen, werden die Schriftattribute auf die markierte Zelle angewendet. Erneutes Markieren und Anklicken der Schaltfläche entfernt das Attribut wieder.

In Excel wird sehr häufig das Attribut *Fett* zur Hervorhebung von Spalten- oder Zeilenbeschriftungen verwendet. Unterstreichen ist dagegen weniger nützlich, da nur die einzelnen Wörter unterstrichen werden. Wenn Sie eine Linie für die gesamte Zelle benötigen, dann verwenden Sie lieber Rahmenlinien.

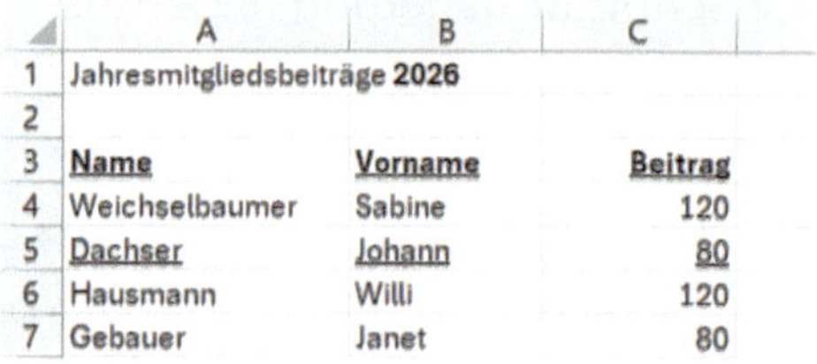

	A	B	C
1	Jahresmitgliedsbeiträge **2026**		
2			
3	**Name**	**Vorname**	**Beitrag**
4	Weichselbaumer	Sabine	120
5	Dachser	Johann	80
6	Hausmann	Willi	120
7	Gebauer	Janet	80

Schriftart und -größe

Schriftarteinstellungen

Die Schriftgröße des Inhalts der markierten Zelle kann über die Symbole A^ stufenweise vergrößert bzw. mit Aˇ verkleinert werden. Oder Sie wählen über das Feld *Schriftgrad* 11 eine Größe aus.

Eine andere Schrift wählen Sie über das Feld *Schriftart* aus. Da es in Excel vor allem um die gute Lesbarkeit von Zahlen geht, ist es ratsam, bereits einige Inhalte im Tabellenblatt zu haben, an dem die neue Schriftart ausprobiert werden kann. Markieren Sie den Inhalt des Tabellenblatts, klicken Sie im Feld *Schriftart* auf das Auswahldreieck und zeigen Sie auf eine Schriftart. Sie erhalten eine Textvorschau, erst, wenn Sie die Schriftart anklicken, wird sie übernommen.

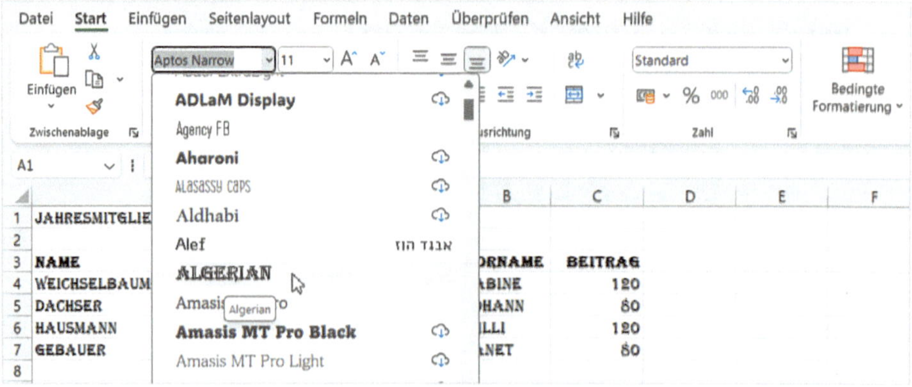

Damit das Auswahlfeld der Schriftart nicht die gesamten eingegebenen Daten verdeckt, wurde hier die Spalte A vorübergehend vergrößert.

Rahmenlinien

An sich unterteilen die Gitternetzlinien das Tabellenblatt schon. Sparsam gesetzte Rahmenlinien können zu mehr Übersichtlichkeit beitragen, beispielsweise um Überschriften und Ergebniszeilen optisch abzutrennen.

Wichtig zu wissen: Beim Ausdruck des Tabellenblatts werden die Rahmenlinien gedruckt, die Gitternetzlinien standardmäßig nicht.

Einfache Rahmenlinien hinzufügen

Rahmenlinien können in verschiedenen Farben und Stärken vereinbart werden. Dazu markieren Sie den Bereich, der eine Rahmenlinie erhalten soll. Im folgenden Beispiel möchten wir die Spaltenbeschriftung durch eine Rahmenlinie abtrennen und den Ergebnisbereich durch doppelte Rahmenlinien.

1 Markieren Sie mit gedrückter linker Maustaste den Bereich: Die Markierung grenzt an die Überschrift und den Ergebnisbereich. So können wir für beide Seiten schnell eine Formatierung vereinbaren.

2 Klicken Sie im Register *Start*, Gruppe *Schriftart* auf den kleinen Pfeil des Symbols *Rahmenlinie*, um das Auswahlmenü zu öffnen. Klicken Sie auf die Option *Rahmenlinie oben und doppelte unten*.

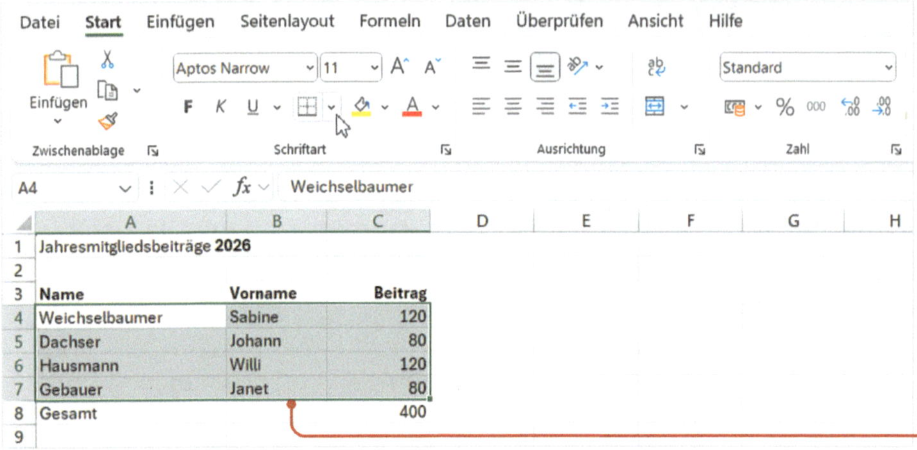

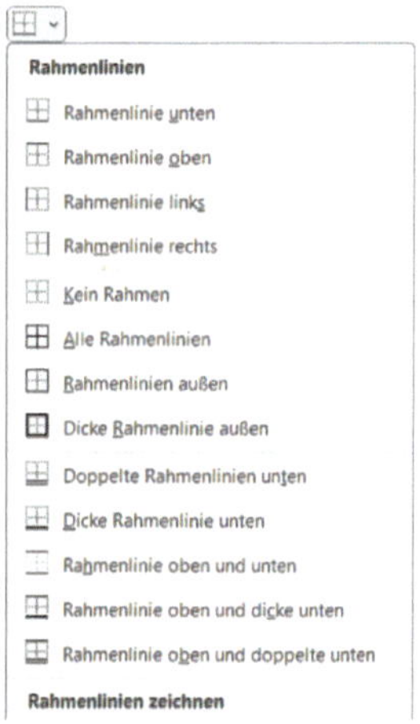

Rahmenlinie unten

Weitere äußere Rahmenlinien im Uhrzeigersinn: links, oben und rechts. Diese können einzeln formatiert werden oder als *Rahmenlinien außen* gemeinsam.

Alle senkrechten und waagrechten Linien innerhalb der Markierung werden mit *Alle Rahmenlinien* formatiert.

Tipp: Sie können jederzeit die vorhandenen Rahmenlinien durch andere ersetzen. Markieren Sie den Bereich und wählen für oben und unten eine andere Variante aus.

Außerdem können Sie für den markierten Bereich mehrmals Rahmenlinien auswählen, z. B. zuerst eine *Rahmenlinie oben* und im zweiten Schritt eine *Rahmenlinie unten*.

Rahmenlinie entfernen

☛ Markieren Sie den Bereich, der die Rahmenlinie enthält. Öffnen Sie das Auswahlmenü bei *Rahmenlinie* und klicken Sie auf *Kein Rahmen*.

In diesem Beispiel soll nur die Linie unterhalb der Spaltenbeschriftung entfernt werden. Deshalb wurde auch nur dieser Bereich markiert.

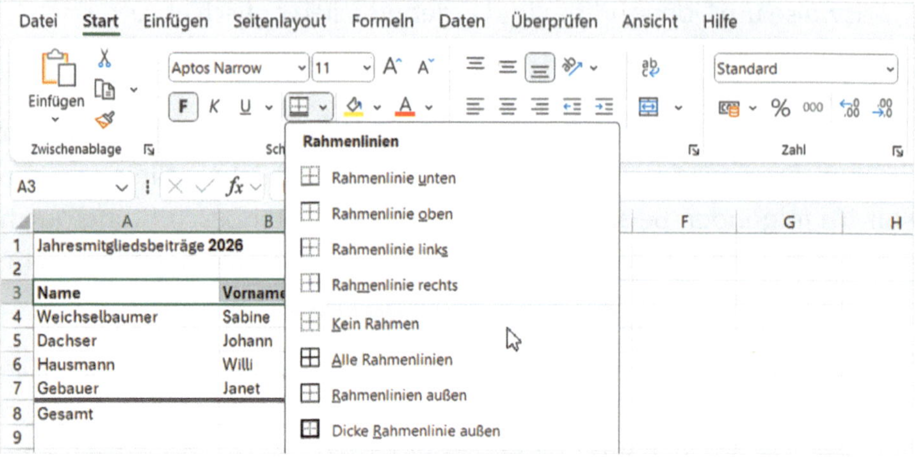

Tipp: Wenn Sie alle hinzugefügten Rahmenlinien im gesamten Tabellenblatt entfernen möchten, dann markieren Sie das Tabellenblatt mit **Strg + A** und wählen *Kein Rahmen* aus.

Rahmenlinien in Farbe und mehr

Mehr Möglichkeiten zur Formatierung von Rahmen finden Sie im Dialogfenster. Zur Auswahl verschiedener Rahmenarten und -farben bietet das Dialogfenster alle Möglichkeiten und ist damit die erste Wahl bei umfangreicheren Gestaltungswünschen.

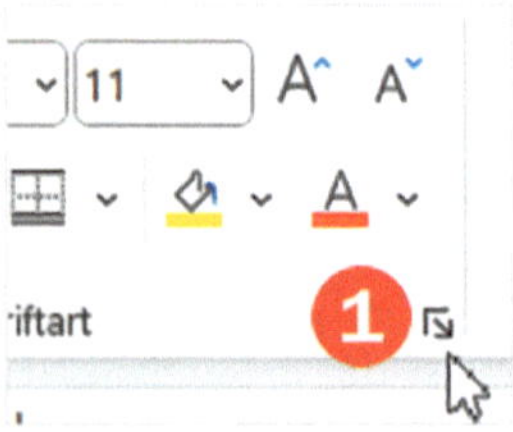

1 Markieren Sie den Bereich, der Rahmenlinien erhalten soll und klicken Sie in der Gruppe *Schriftart* auf den kleinen Pfeil ↘ *Schriftarteinstellungen* ❶. Wählen Sie dann das Register *Rahmen*.

2 Wählen Sie zuerst eine *Linienart* ❷ bzw. *-farbe* ❸. Klicken Sie dann einfach in der Vorschau auf die Rahmenlinie, die Sie formatieren möchten ❹. Sie können auch die Schaltflächen um das Vorschaufenster verwenden ❺. Außen- bzw. Innenrahmen setzen Sie über die Schaltflächen *Außen* oder *Innen* .

Auf diese Weise können Sie dem markierten Zellbereich auch unterschiedliche Linienarten schnell zuweisen.

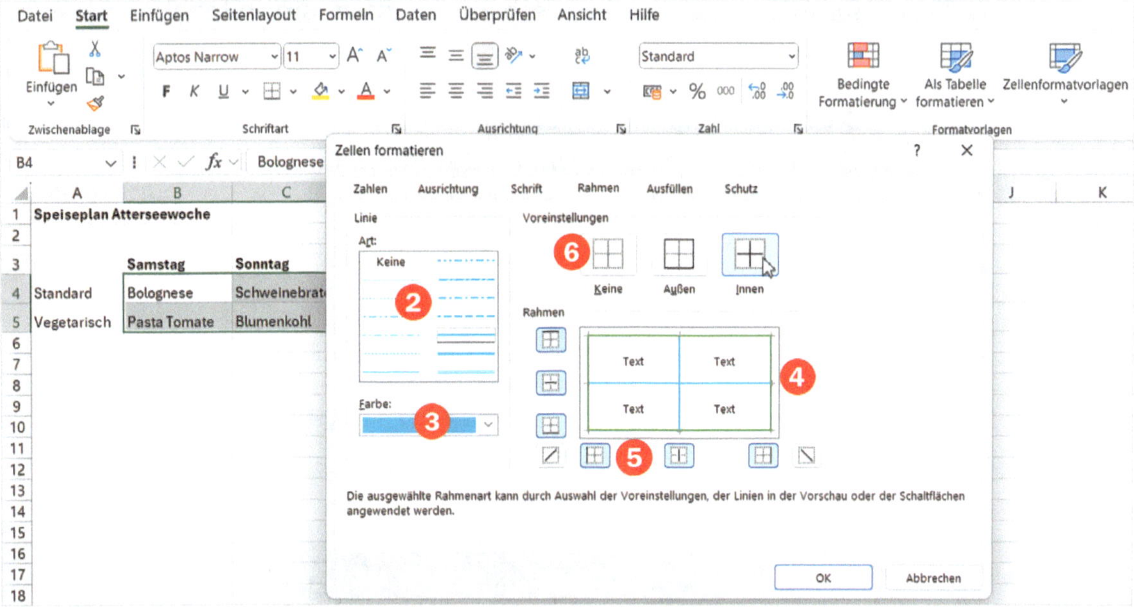

3 Durch nochmaliges Anklicken einer Rahmenlinie in der Vorschau entfernen Sie die Formatierung wieder. Sollen alle Rahmenlinien verschwinden, wählen Sie *Keine* ❻.

4 Bestätigen Sie die Auswahl mit *Ok*.

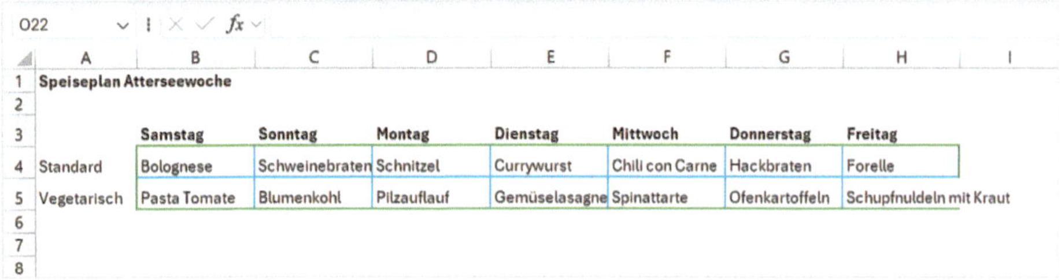

Mit Excel muss nicht immer gerechnet werden, man kann es auch gut für Aufstellungen dieser Art verwenden. Hier wurden auch die Gitternetzlinien ausgeblendet (siehe Seite 242). Das sieht hübscher aus.

Tipp: Sie sehen im obigen Bild, dass der letzte Eintrag in der Spalte *Freitag* die Rahmenlinie durchbricht. Grund dafür ist, dass die Spalte nicht breit genug ist für den Zellinhalt. Sobald Sie die Spalte H verbreitern, wird auch die Rahmenlinie komplett angezeigt.

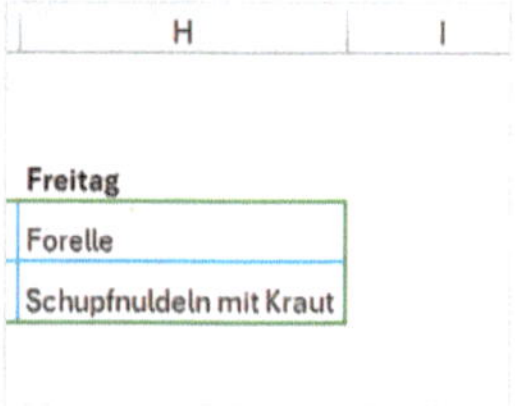

Füllfarbe

Sie können Zellen mit einer Hintergrundfarbe füllen. Meist werden Farben für mehrere Zellen im Wechsel vergeben, um so Inhalte voneinander abzuheben.

- **Zellen einfärben:** Markieren Sie den gewünschten Bereich, klicken Sie auf den Pfeil zum Öffnen des Auswahlmenüs der *Füllfarbe* und wählen eine Farbe durch Anklicken aus.

Ihnen gefallen die angebotenen Farben nicht? Über *Weitere Farben* gibt's mehr.

Lesen Sie aber zunächst etwas über Designfarben auf Seite 265. Vielleicht löst das schon ihr Problem.

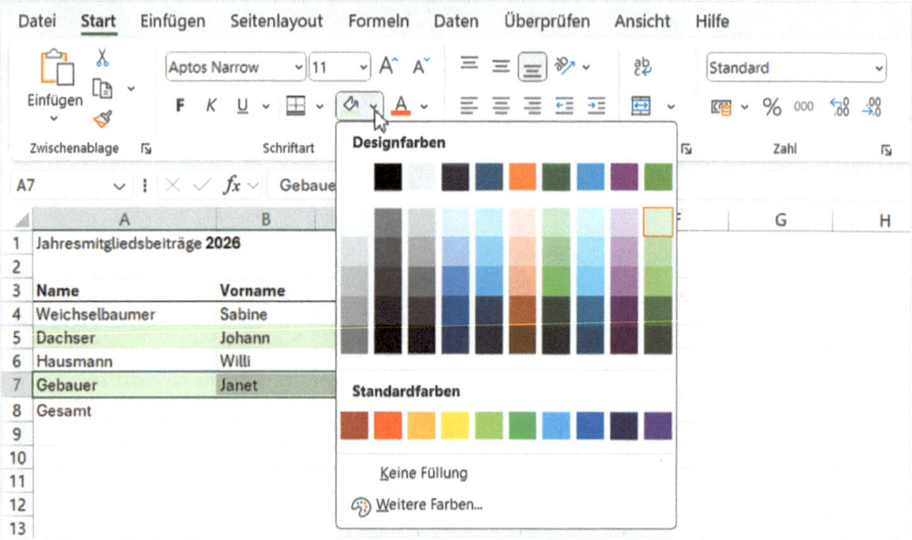

Für die nächste Zeile müssen Sie nicht mehr das Auswahlmenü verwenden. Die zuletzt ausgewählte Farbe wird auf der Schaltfläche angezeigt und kann hier direkt ausgewählt werden. Tragen Sie weitere Namen ein, versieht Excel diese automatisch mit der gewählten Hintergrundfarbe. Das klappt zwar nicht immer, aber oft.

- **Füllfarbe entfernen:** Um eine Füllfarbe nachträglich wieder zu entfernen, markieren Sie den Bereich, der fälschlicherweise eingefärbt wurde. Öffnen Sie das Auswahlmenü der *Füllfarbe* und wählen *Keine Füllung* aus.

Achtung! Wurde einem Zellbereich eine Füllfarbe zugewiesen, sind die Gitternetzlinien des Tabellenblattes in diesem Bereich nicht sichtbar. Dies gilt auch für die Füllfarbe weiß! Gegebenenfalls behelfen Sie sich hier durch Setzen von Rahmenlinien.

Schriftfarbe

- **Text in einer Zelle mit einer anderen Farbe versehen:** Markieren Sie eine oder mehrere Zelle(n) und klicken Sie auf den Pfeil bei *Schriftfarbe*. Wählen Sie eine Farbe durch Anklicken aus.
- **Text wieder schwarz einfärben:** Mit der Auswahl *Automatisch* wählen Sie die Standardfarbe Ihres Druckers, in der Regel schwarz, aus.

Zellinhalte ausrichten

Standardmäßig werden nach der Eingabe Texte linksbündig und Zahlen rechtsbündig in der Zelle ausgerichtet. Änderungen nehmen Sie im Register *Start* mit den Symbolen der Gruppe *Ausrichtung* vor.

> Beachten Sie, dass die automatische Ausrichtung von Text (linksbündig) und Zahlen (rechtsbündig) bei der Eingabe auch der Kontrolle dient. Es ist daher empfehlenswert, die Ausrichtung erst nach Abschluss der Eingabe zu ändern.

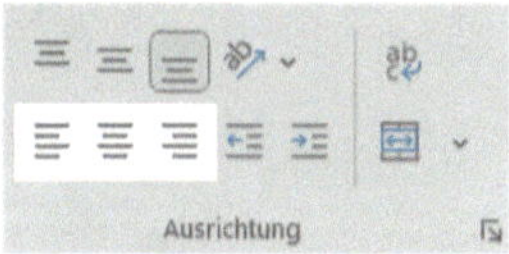

- **Horizontale Ausrichtung:** Mit Klick auf *linksbündig*, *zentriert* oder *rechtsbündig* richten Sie die Zellinhalte im markierten Zellbereich aus.

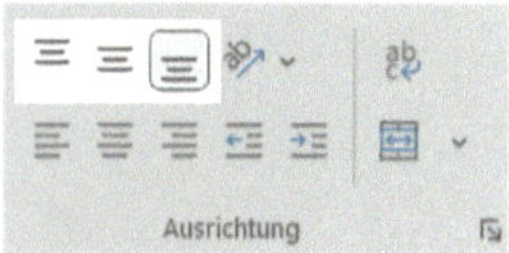

- **Vertikale Ausrichtung:** Mit diesen Symbolen ändern Sie die vertikale Ausrichtung des markierten Zellinhalts: *Oben*, *Zentriert*, *Unten*. Vorgenommene Einstellungen sind nur bei ausreichender Zeilenhöhe sichtbar.

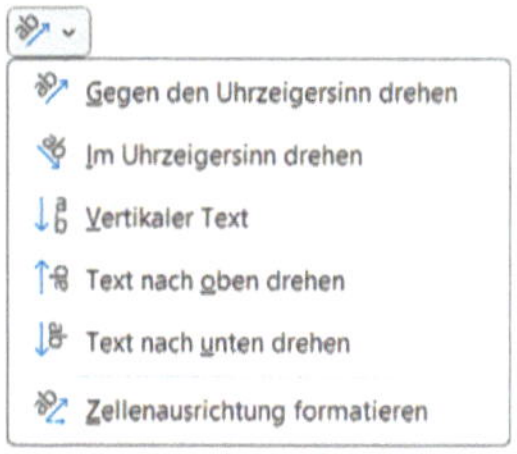

- **Zellinhalte drehen:** Über das Auswahlmenü der Schaltfläche *Ausrichtung* wählen Sie die gewünschte Drehung des Texts. Die Zeilenhöhe passt sich automatisch an.
- Die meisten Drehungen sind nicht vorteilhaft: Zeilen werden unnötig hoch oder Text ist weniger gut lesbar. Zusammen mit der Funktion *Zellen verbinden* ergeben sich aber doch ein paar schöne Anwendungsmöglichkeiten. Ein Beispiel finden Sie auf Seite 264.

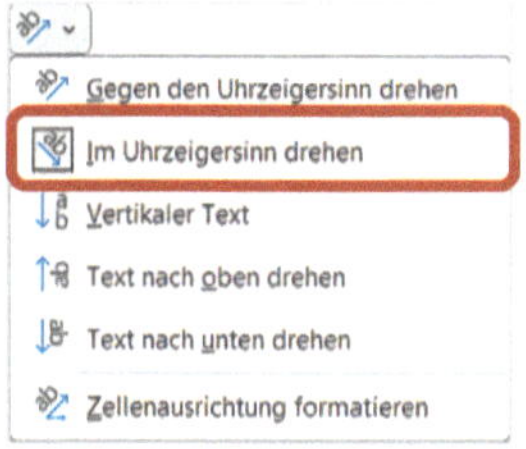

- **Drehung zurücknehmen:** Sie richten den Text wieder normal in einer Zelle aus, indem Sie diese markieren und die vorgenommene Drehung nochmals anklicken. Sie erkennen diese am umrandeten oder grau hinterlegten Symbol.

Text in der Zelle einrücken

Mit der Schaltfläche *Einzüge* sorgen Sie dafür, dass Texte nicht direkt am linken bzw. rechten Rand „kleben".

- Markieren Sie den Bereich und klicken Sie auf *Einzug vergrößern* . Die Inhalte werden, je nach Ausrichtung in der Zelle vom entsprechenden Rand abgerückt. Mehrmaliges Drücken der Schaltfläche vergrößert den Abstand.
- Mit der Schaltfläche *Einzug verkleinern* verringern Sie den Einzug.

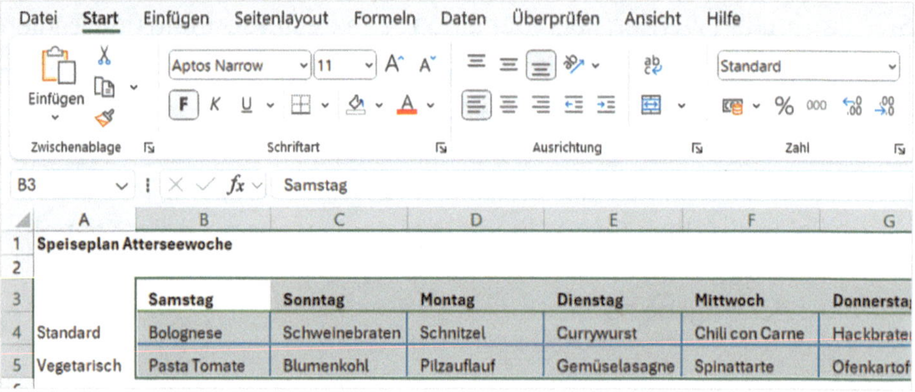

Enthält eine Zelle Zahlen oder Datumswerte, so wird der Zellinhalt über die Schaltfläche *Einzug vergrößern* ebenfalls eingerückt, allerdings gleichzeitig linksbündig ausgerichtet. Wenn Sie die ursprüngliche, rechtsbündige Ausrichtung beibehalten wollen, klicken Sie die Schaltfläche *Rechtsbündig ausrichten* an.

Zeilenumbruch steuern

Bei der Eingabe von Text erfolgt im Gegensatz zu einem Textverarbeitungsprogramm in Excel kein automatischer Zeilenumbruch innerhalb einer Zelle. Wenn Sie den Text auf mehrere Zeilen aufteilen möchten, müssen Sie den Zeilenumbruch manuell einfügen. Dadurch erhöht sich die Zeilenhöhe automatisch.

Geben Sie den ersten Teil des Textes ein, drücken Sie dann die Tastenkombination **Alt+Eingabetaste** und tippen dann den Rest ein. Auf diese Weise können auch mehr als zwei Zeilen eingegeben werden.

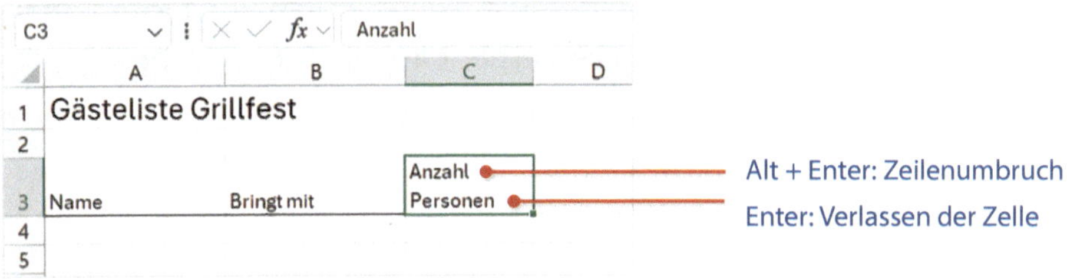

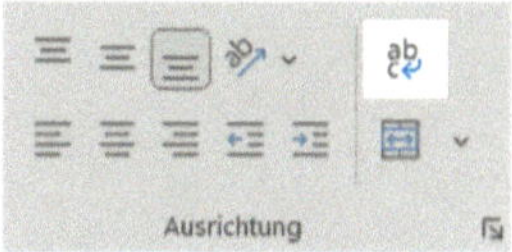

Ein Zeilenumbruch kann auch über die Schaltfläche *Textumbruch* eingefügt werden. Mit der Tastenkombination sind Sie meist besser beraten, da damit die genaue Position des Umbruchs bestimmt werden kann.

Tipp Bearbeitungsleiste erweitern

Die Bearbeitungsleiste zeigt immer nur eine einzige Zeile eines mehrzeiligen Zellinhalts an. Wenn Sie alle Zeilen anzeigen möchten, klicken Sie auf das Pfeilsymbol am Ende der Leiste.

Mehrere Zellen verbinden

Mit der Schaltfläche *Verbinden und zentrieren* fassen Sie markierte Zellen zu einer einzigen Zelle zusammen, z. B. wenn Sie eine Überschrift über mehrere Spalten zentrieren wollen. Im Beispiel unten soll die Überschrift *Jahresmitgliedsbeiträge 2021* zentriert über den Spalten A, B und C angezeigt werden.

- Markieren Sie die Zellen A1, B1, C1 ❶ und klicken Sie auf *Verbinden und Zentrieren* ❷.

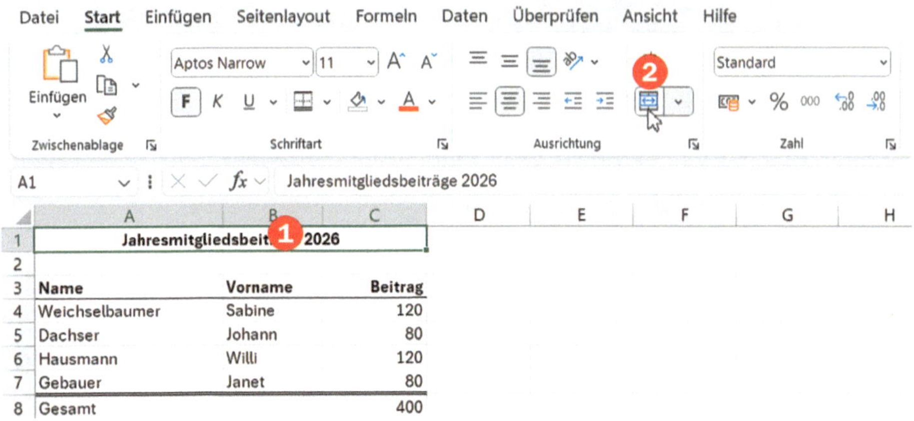

- Um verbundene Zellen wieder in einzelne Zellen aufzulösen, markieren Sie die Zelle und klicken erneut auf die Schaltfläche.

> Soll die Überschrift nicht zentriert werden, wählen Sie nachdem Sie die Zellen verbunden haben, einfach *Linksbündig ausrichten* aus.

Sie können Zellen nicht nur horizontal, sondern auch vertikal verbinden. Wenn Sie den einzutragenden Text dann noch vertikal ausrichten, kann einer Tabelle platzsparend eine weitere Information hinzugefügt werden.

1 Markieren Sie den Text und die weiteren Zellen, die verbunden werden sollen ❶. Klicken Sie auf *Verbinden und zentrieren* ❷.

2 Anschließend richten Sie den Text in der verbundenen Zelle aus: Diese ist noch markiert. Klicken Sie auf die Schaltfläche *Ausrichtung* ❸ und wählen Sie *Text nach oben drehen* aus ❹.

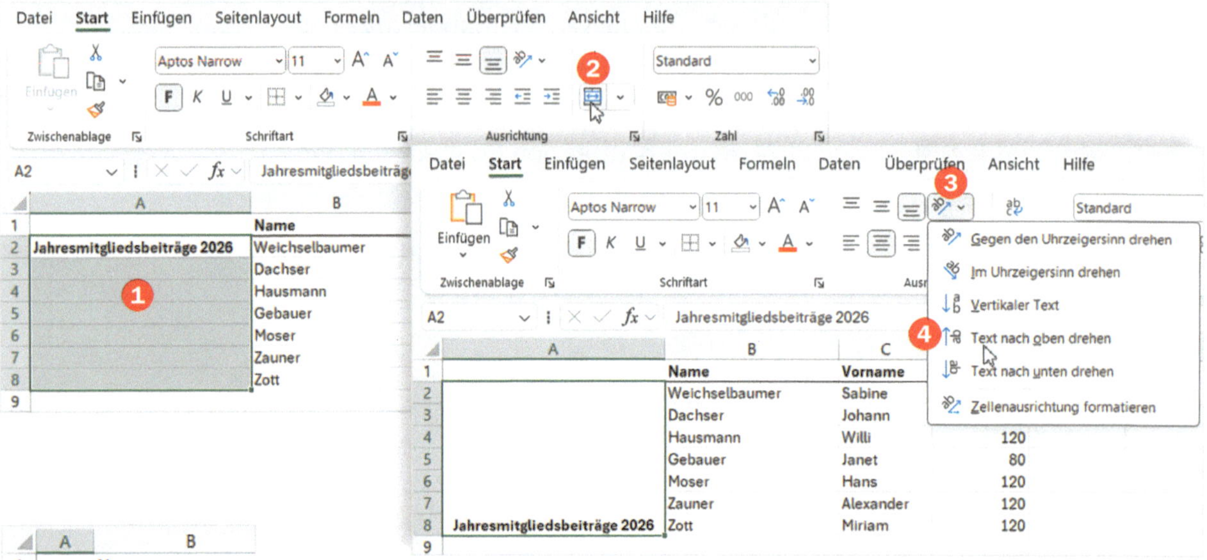

3 Verringern Sie zuletzt noch die Breite der Spalte A und ändern die vertikale Ausrichtung auf zentriert.

Standardfarben und -schrift auswählen

Die Standardschriftart und die vorgeschlagenen Farben beruhen auf einem vorgefertigten Design. Ein Design setzt sich zusammen aus einer Auswahl aufeinander abgestimmter Farben, Schriftarten und grafischen Effekten. Standardmäßig verwendet Excel das Design *Office* mit der Standardschriftart *Calibri* oder *Aptos* und eine Farbpalette mit Blau-, Orange-, Gelb- und Grüntönen. Wenn Sie andere Farben und/oder Schriften wünschen, dann wählen Sie entweder ein anderes Design oder auch nur eine andere Farb- bzw. Schriftgruppe. Alle Einstellungen zu Designs finden Sie im Register *Seitenlayout*, Gruppe *Designs*.

Den Umgang mit Designs haben Sie bereits im Word-Kapitel auf Seite 101 kennengelernt.

Beachten Sie, dass Standardschriftart und Designfarben je nach Excel-Version voneinander abweichen können.

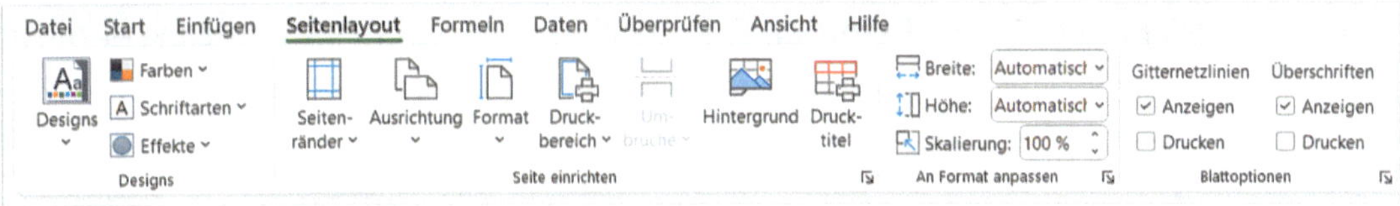

Die Auswahl eines anderen Designs oder Änderung von Designfarben und -schriften wirkt sich auf die gesamte Arbeitsmappe aus. Bereits angewendete Farben, z. B. Hintergrund- oder Schriftfarbe werden dadurch automatisch geändert. So können Sie Ihrer Arbeitsmappe schnell ein anderes Aussehen verleihen.

4.4 Formate für Währung, Prozent, Datum & mehr

Mittels Zahlenformaten versehen Sie die eingetippten Werte mit einem Eurosymbol, dem Prozentzeichen oder einfach nur zwei Nachkommastellen. Dabei geht es einerseits darum, den Zahlen schnell und einfach ein einheitliches Aussehen zu verleihen. Zum anderen kann zu einer Zahl nicht einfach eine Maßeinheit eingetippt werden, z. B. 2 cm. Der Textzusatz cm würde dafür sorgen, dass mit dieser Zahl nicht mehr gerechnet werden kann. Darüber hinaus reduzieren Zahlenformate den Eingabeaufwand. So kann die Eingabe *3.5* durch das passende Datumsformat ganz leicht zu *Montag, 3. Mai* des aktuellen Jahres umformatiert werden. Die Schaltflächen für die wichtigsten Zahlenformate finden Sie im Register *Start*, Gruppe *Zahl*.

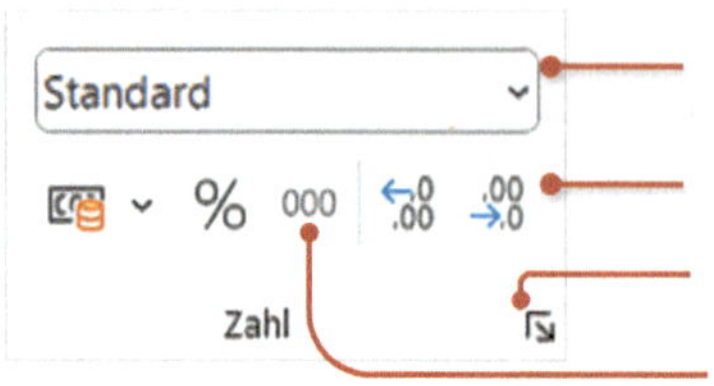

Dezimalstelle hinzufügen und löschen

Wenn Sie in Excel eine Zahl, z. B. 59,80 eintippen, wandelt Excel diese automatisch in 59,8 um. Wer die Null gerne anzeigen würde, muss eine Nachkommastelle hinzufügen:

- Markieren Sie die Zelle oder den Zellbereich. Klicken Sie auf die Schaltfläche *Dezimalstellen hinzufügen*. Jeder Mausklick zeigt eine weitere Nachkommastelle an.

  Hier wurden gleich mehrere Zellen markiert, sobald Sie dort eine Zahl eintragen, wird diese automatisch mit zwei Nachkommastellen angezeigt.

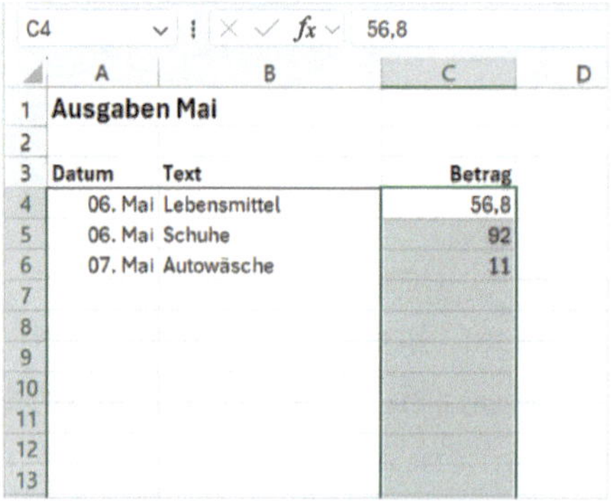

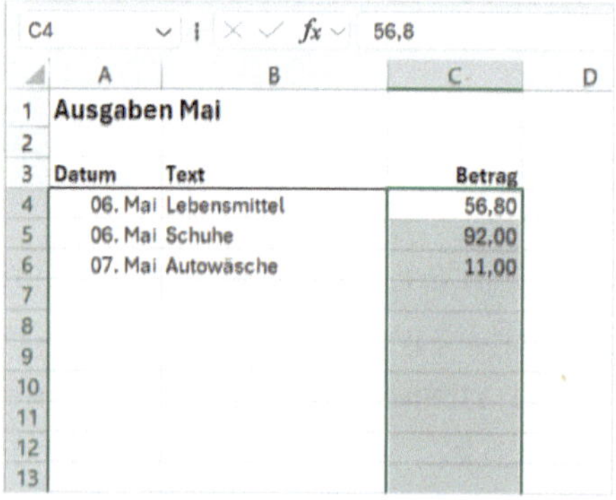

- Falls Sie einmal zu oft geklickt haben, können Sie die überzähligen Nachkommastellen mit der Schaltfläche *Dezimalstellen löschen* wieder entfernen.

  Wenn Nachkommastellen entfernt werden, die nicht Null sind, wird die Zahl kaufmännisch auf- oder abgerundet. Allerdings bezieht sich das nur auf die Anzeige der Zahl. Die ursprünglichen Nachkommastellen bleiben erhalten und werden nicht gelöscht. Sie können nach wie vor in der Bearbeitungsleiste abgelesen werden. Wenn Sie mit einer Zahl, deren Dezimalstellen Sie entfernt haben, rechnen, werden die Nachkommastellen einbezogen.

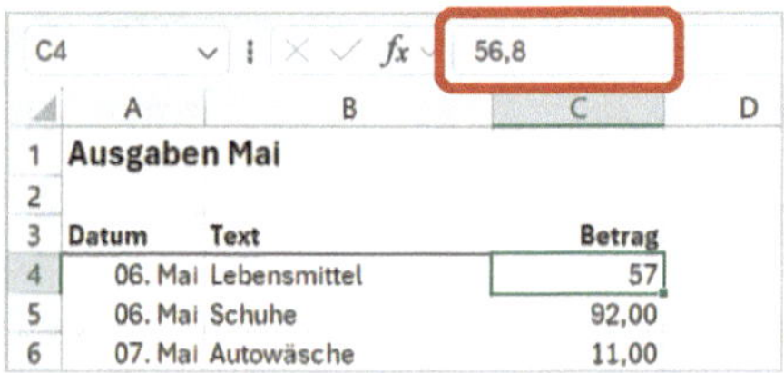

1.000er-Trennzeichen anzeigen

Mit der Schaltfläche *1.000er-Trennzeichen* erhält die Zahl einen Punkt als Tausendertrennzeichen sowie zwei Dezimalstellen und wird von rechts etwas eingerückt. Sie können auch hier gleich eine ganze Spalte markieren und das Format zuweisen.

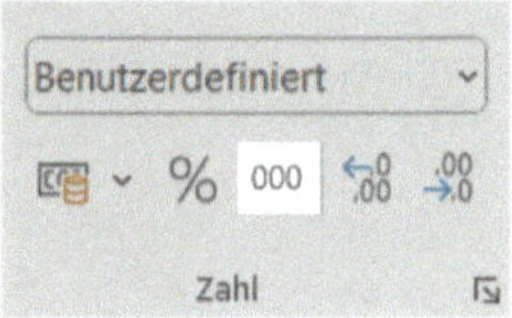

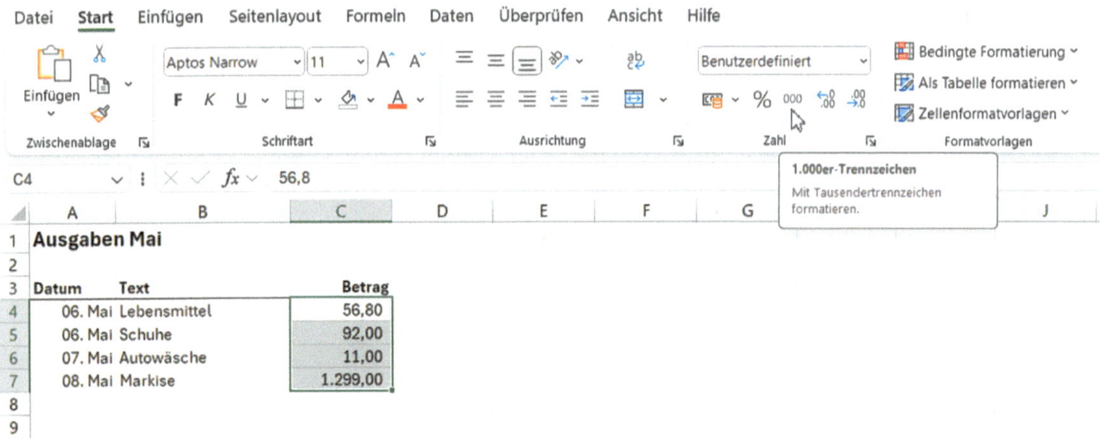

Zahl als Euro-Betrag formatieren

Mit der Schaltfläche *Buchhaltungszahlenformat* treffen Sie die beste Wahl, wenn Sie einen Eurobetrag formatieren möchten. Das Format versieht Zahlen mit zwei Dezimalstellen und einem Währungssymbol, standardmäßig mit dem Euro-Symbol € und rückt die Zahl etwas von rechts ein. Auch hier können Sie gleich eine ganze Spalte markieren, wenn Sie wie im Beispiel unten eine Reihe von Preisen eintippen möchten.

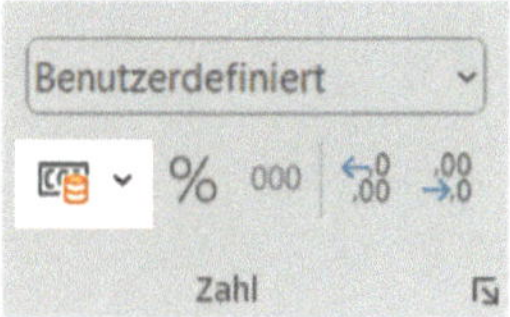

Nach der Auswahl des Formats ❶ wird *Buchhaltung* als aktuelles Format angezeigt ❷. In diesem Feld können Sie auch durch Anklicken des Auswahlpfeils das Format *Währung* ❸ auswählen. Damit erhalten

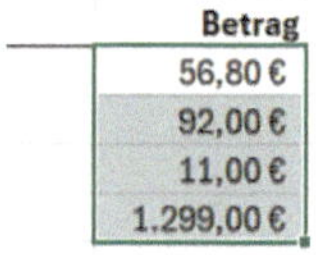

die Zahlen ebenfalls standardmäßig das Eurozeichen sowie Tausendertrennzeichen und zwei Dezimalstellen. Die Zahlen werden allerdings nicht eingerückt und 0 unterschiedlich dargestellt, wie im Bild unten.

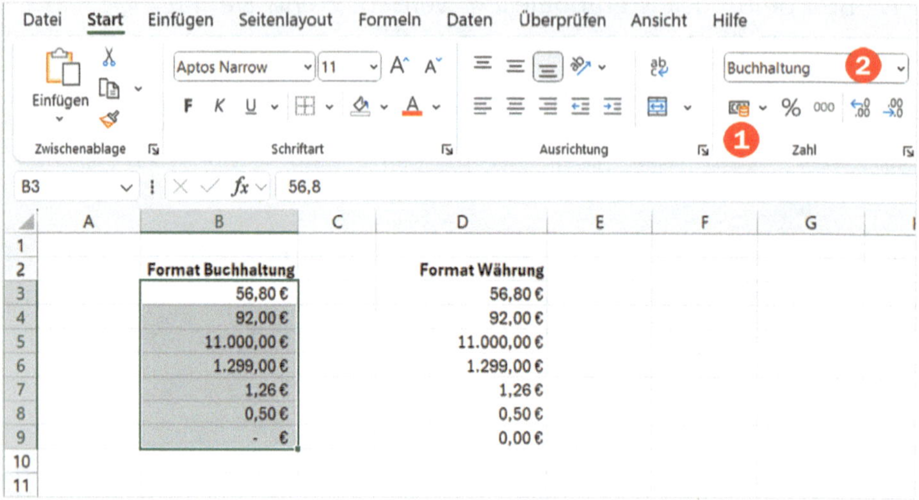

Prozentzahlen

Wie der Name schon sagt, wird mit Prozent ein Teil von Hundert angegeben. 19 % entspricht der Zahl 0,19. Daraus ergeben sich für die Eingabe von Prozentsätzen folgende Möglichkeiten:

- Tippen Sie die Zahl zusammen mit dem Prozentzeichen ein, z. B. 19%.
- Oder markieren Sie zunächst die **leere** Zelle oder den leeren Zellbereich, klicken auf die Schaltfläche *Prozentformat* und geben erst danach die Zahl(en) ein.

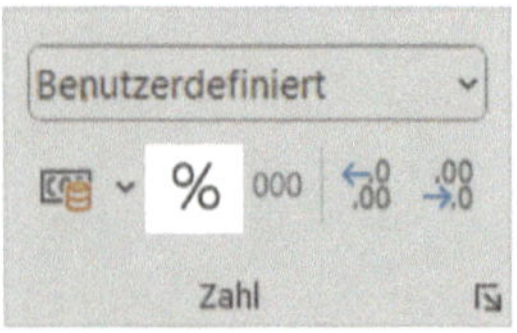

Vorsicht Fehlerquelle: Wenn Sie dagegen zuerst die Zahl, z. B. 19 eingeben und dieser anschließend das Prozentformat zuweisen, dann zeigt Excel als Ergebnis 1900 % an. In diesem Fall müssten Sie die Zahl 0,19 eingeben.

	A	B	C	D	E
1	Eingabe 19%	Formatiert mit Prozentformat danach Eingabe 19	Eingabe 19 formatiert mit Prozentformat		
2	19%	19%	1900%		
3					

Achtung: Prozentsätze erscheinen trotz Eingabe von Nachkommastellen (beispielsweise 2,5%) zunächst gerundet (3%). Wenn Sie Nachkommastellen benötigen, müssen Sie die Schaltfläche *Dezimalstelle hinzufügen* verwenden.

Formate für Datum und Uhrzeit

Datum: Das Standard-Datumsformat *Datum, kurz* zeigt Tag und Monat zweistellig, das Jahr vierstellig an. Dieses wird automatisch verwendet, wenn Sie Tag, Monat und Jahreszahl eintippen, z. B. 1.4.26. Eine weitere Schreibweise mit Anzeige des Wochentags bietet Excel unter den Bezeichnung *Datum, lang* an. Beide Datumsformate finden Sie, wenn Sie im Feld *Zahlenformat* auf den Auswahlpfeil klicken.

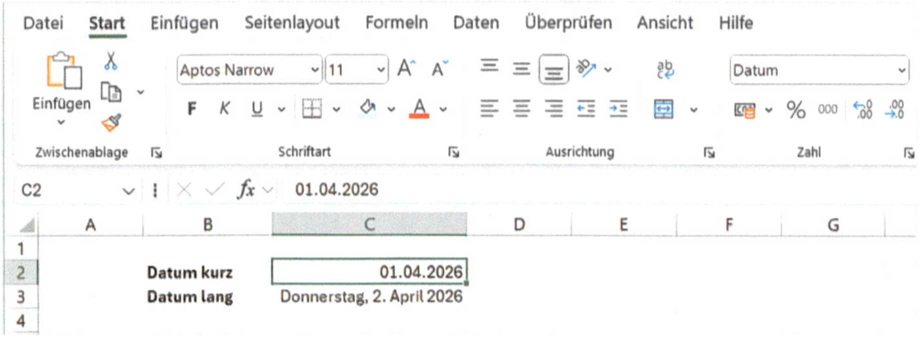

Zur Eingabe eines Datums des laufenden Jahres reicht es aus, nur Tag und Monat einzutippen, im Bild unten 1.4 ❶, anschließend erscheint das Datum 01. Apr und in der Bearbeitungsleiste sehen Sie das komplette Datum ❷. Im Feld *Zahlenformat* wird diese Schreibweise als *Benutzerdefiniert* ❸ angezeigt und kann schnell über das Auswahlmenü geändert werden, siehe oben.

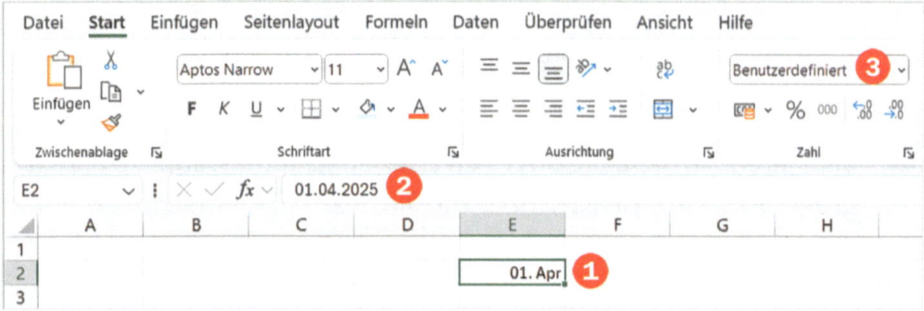

Beachten Sie, dass durch das Eintragen eines Datums in eine Zelle, diese gleichzeitig das Zahlenformat *Datum* erhält. Sie sehen das sehr schön daran, dass im Feld *Zahlenformat* nun nicht mehr *Standard* sondern *Datum* steht. Wenn Sie in diese Zelle später einen anderen Wert eintragen, im Bild unten die Zahl 3, dann kann es vorkommen, dass auch diese Zahl in ein Datum umgewandelt wird. Wählen Sie in diesem Fall einfach wieder das Format *Standard* für die Zelle aus. Das gilt auch für das Uhrzeitformat.

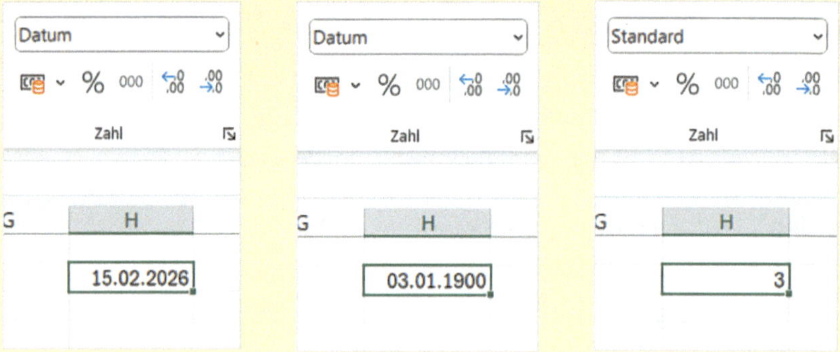

Uhrzeit: Geben Sie Uhrzeiten immer mit einem Doppelpunkt ein, z. B. 8:00. Mit dem Format *Zeit*, welches Sie über das Auswahlmenü von *Zahlenformat* erhalten, werden zusätzlich Sekunden angezeigt.

Zahlenformate entfernen

Jede Zelle ist zunächst mit dem Zahlenformat *Standard* formatiert. Wenn Sie für eine Zelle das Format, z. B. *Datum* ändern möchten, dann reicht es nicht aus, den Zellinhalt einfach zu löschen. Das gewählte Format bleibt trotzdem erhalten.

Wenn Sie wieder zum ursprünglichen Standard-Format zurückkehren möchten, gehen Sie so vor:

- Markieren Sie die Zelle oder den Zellbereich und wählen Sie im Register *Start*, Gruppe *Zahl* über das Auswahlmenü bei *Zahlenformat* die Option *Standard* aus.

Weitere Zahlenformate

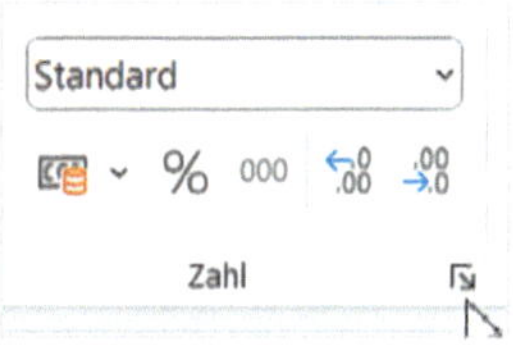

Für Sie war noch nicht das Passende dabei? Weitere Zahlenformate mit Beispielen finden Sie im Dialogfenster des Zahlenformats. Klicken Sie im Register *Start* auf den kleinen Pfeil ⇲ der Gruppe *Zahl*. Damit öffnet sich das Fenster *Zellen formatieren* mit dem Register *Zahlen* ❶. Egal, für welches Format Sie sich entscheiden, rechts sehen Sie eine Vorschau ❷.

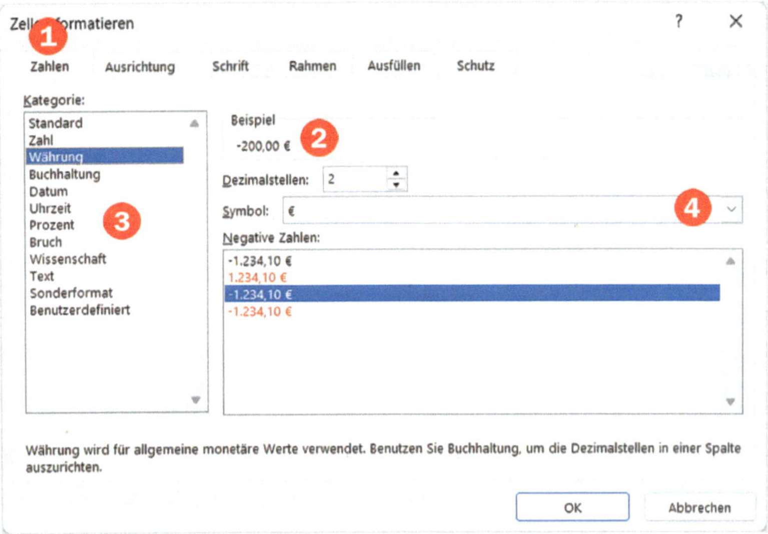

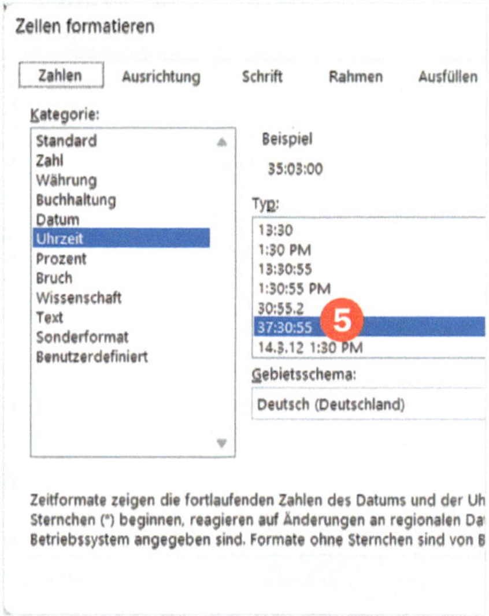

Das Dialogfenster Zellen formatieren können Sie auch mit der Tastenkombination **Strg + 1** aufrufen.

Links wählen Sie eine grundlegende Kategorie ❸ aus. Die Kategorien im Überblick:

- **Zahl:** Mit der Kategorie *Zahl* steuern Sie neben der Anzahl der Dezimalstellen und der Anzeige des 1.000er Trennzeichens auch das Aussehen negativer Zahlen. Für negative Zahlen stehen folgende Optionen zur Wahl:
  - Normale Schriftfarbe und Minuszeichen.
  - Normale Schriftfarbe mit Minuszeichen und zusätzlich von rechts eingerückt.
  - Rote Schriftfarbe mit oder ohne Minuszeichen.

> Wenn Sie in eine Zeile oder Spalte Beträge einfügen, markieren Sie die gesamte Zeile oder Spalte und legen Sie dann das Format fest. Wenn der Rest der Spalte oder Zeile Text enthält, stört dies meist nicht.

- **Währung**: Bei *Währung* stehen über das Auswahlfeld *Symbol* ❹ (Bild vorige Seite) neben dem Eurozeichen zahlreiche Länderformate zur Verfügung. Darüber hinaus entscheiden Sie über die Anzahl der Dezimalstellen und die Anzeige der negativen Werte, siehe *Zahl*.

- **Buchhaltung**: Auch bei *Buchhaltung* kann ein anderes Währungssymbol festgelegt werden.

- **Datum, Uhrzeit**: Bei *Datum* und *Uhrzeit* stehen noch eine Vielzahl anderer Formate zur Verfügung. Die Uhrzeitformate bilden in der Regel nur 24 Std. ab. Sollen mehr als 24 Std. angezeigt werden, z. B. wenn mehrere Zeiten addiert werden, wählen Sie *37:30:55* ❺ (Bild vorige Seite) aus. Dazu finden Sie ein Beispiel auf Seite 357 ff.

- **Text**: Das Format *Text* ermöglicht eine Darstellung der Zeichen wie eingegeben. Der größte Vorteil gegenüber dem Format *Standard* ist, dass die Führungsnull erhalten bleibt, z. B. bei der Vorwahl von München 089 oder der PLZ von Dresden 01067.

  Wenn Sie Zahlen als Text formatieren, kann mit diesen Zahlen nicht mehr gerechnet werden. Dieser Nachteil kommt in der Regel aber nicht zum Tragen, da Vorwahlen oder Postleitzahlen nicht für Berechnungen herangezogen werden.

- Im Bild unten ein Vergleich der verschiedenen Zahlenformate:

	A	B	C	D	E	F	G	H
1	Buchhaltung	Zahl	Währung		Text			
2	120,00 €	120,00	120,00 €		089			
3	85,30 €	85,30	85,30 €		01067			
4	- 30,00 €	-30,00	-30,00 €		25 km			
5	- €	0,00	0,00 €		0			
6								

Das Buchhaltungsformat stellt das Minuszeichen linksbündig in die Zelle. Bei Zahl und Währung bestimmen Sie, wie negative Zahlen dargestellt werden. Sind Zahlen als Text formatiert, wird im linken oberen Eck der Zelle ein grünes Dreieck angezeigt. Was das grüne Dreieck bedeutet erfahren Sie auf Seite 310.

- **Sonderformat**: Bei *Sonderformat* finden Sie Alternativen zur Eingabe von Postleitzahlen.

- **Benutzerdefiniert** bietet zahlreiche Möglichkeiten zur Erstellung eigener Formate. Wir möchten Ihnen hier nur einen kleinen Einblick mit der Hinterlegung einer eigenen Maßeinheit geben.

Maßeinheiten hinzufügen

Nicht alle Einheiten, die Sie vielleicht benötigen, sind in Excel hinterlegt. Aus diesem Grund können Zusätze wie z. B. kg, mm, Kw oder auch *Stück pro Tag* als eigenes Zahlenformat definiert werden. In diesem Beispiel wollen wir das Entfernungsmaß km hinzufügen:

1 Tragen Sie in die ersten Zellen einige Zahlen ein, so haben wir ein Beispiel, an dem wir das Format erproben können. Markieren Sie dann den Zellbereich oder auch die gesamte Spalte/Zeile, auf die das neue Zahlenformat angewendet werden soll.

Auf Zellen mit Text wird das Format nicht angewendet. Sie können diese also ruhig mitmarkieren. Wir verzichten hier ausnahmsweise darauf.

2 Öffnen Sie das Dialogfenster *Zellen formatieren*. Der Inhalt des Registers *Zahlen* wird angezeigt. Wählen Sie die Kategorie *Benutzerdefiniert* aus.

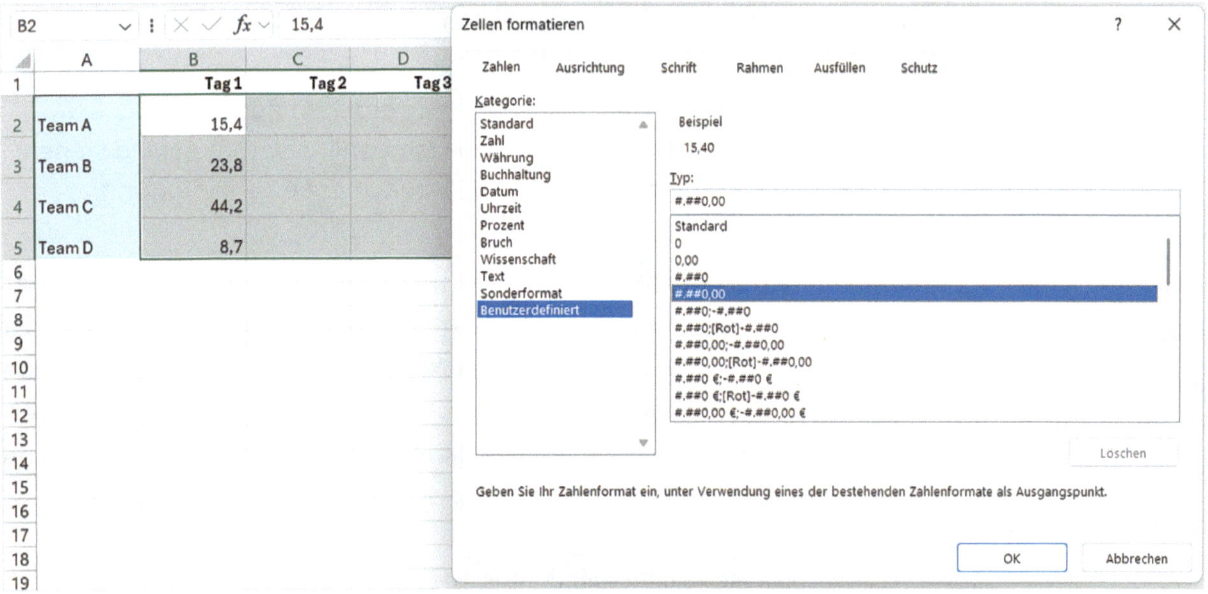

3 Markieren Sie ein Zahlenformat, das Ihren Vorstellungen am nächsten kommt, hier wählen wir #.##0,00. Die Null in einem Format wird auf dem Tabellenblatt angezeigt, die Raute # dient nur als Platzhalter für die Position des Tausendertrennzeichens. Probieren Sie

einfach ein paar Formate aus. Unter *Beispiel* sehen Sie, wie die Zahl dargestellt wird.

4 Das markierte Zahlenformat erscheint im Feld *Typ*. Hier können Sie nun den Zusatz km hinzufügen. **Achtung**: Zusätze, die mehr als ein Zeichen umfassen, wie etwa km oder kg, müssen in **Anführungszeichen** eingegeben werden. Klicken Sie in das Feld und geben Sie nach dem Zahlenformat ein Leerzeichen gefolgt von "km" ein. Das Ergebnis können Sie oberhalb Sie im Feld *Beispiel* kontrollieren. Mit der Schaltfläche *OK* übernehmen Sie das Format.

Das neue Format wird auf die markierten Zellen angewendet. Falls es für weitere Zellen nochmals benötigt wird, können Sie es jetzt jederzeit erneut auswählen. Rufen Sie dazu das Dialogfenster auf und scrollen Sie in der Kategorie *Benutzerdefiniert* an das Ende der Liste.

Benutzerdefinierte Zahlenformate werden in der Kategorie *Benutzerdefiniert* zusammen mit der Arbeitsmappe gespeichert und stehen daher nur innerhalb der jeweiligen Arbeitsmappe zur Verfügung.

Tipp: Überlegen Sie, ob auch das Tausendertrennzeichen benötigt wird. Bei Strecken, die zu Fuß zurückgelegt werden, würde auch das Format *0,00* völlig ausreichen, da bei einer Wanderung nie ein Tagesziel von 1.000 km erreicht wird. Bei Strecken, die dem Auto zurückgelegt werden, wird dagegen die zweite Nachkommastelle selten benötigt. Dann löschen Sie im Feld *Typ* einfach die 0 der zweiten Nachkommastelle.

Warum kann ich nicht einfach km in die Zelle eintragen?

Sie können in die Zelle 15,4 km eintippen. Diese Eingabe wird aber als Text erkannt und es können keine Berechnungen durchgeführt werden. Wir wollen am Schluss ermitteln, wie viele Gesamtkilometer die Tour umfasst. Das wäre dann nicht mehr möglich.

4.5 Jetzt wird gelöscht!

Inhalte löschen

Zellinhalte löschen Sie ganz leicht mit der **Entf**-Taste.

Markieren Sie die Zelle, den Zellbereich oder gleich eine ganze Spalte bzw. Zeile und drücken Sie die Entf-Taste. Die Zellen selbst, sowie alle Formate bleiben bei dieser Methode erhalten.

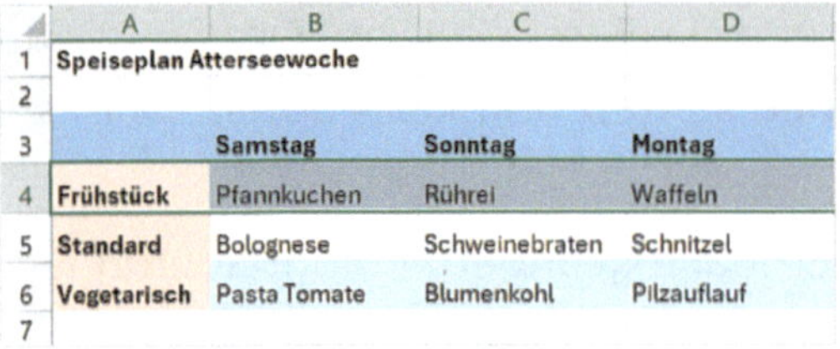

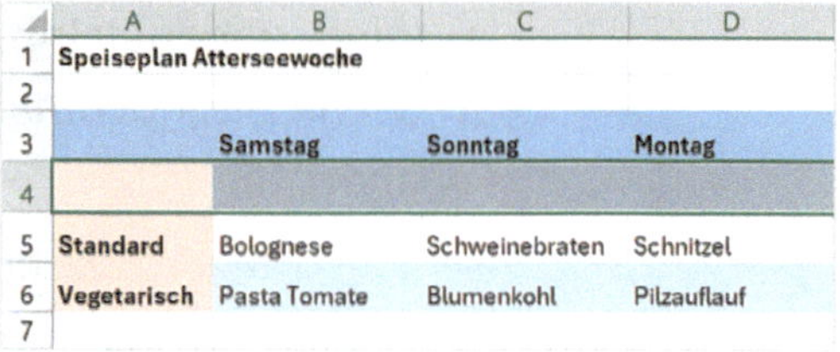

Zeilen und Spalten löschen

Markieren Sie die Zeile indem Sie auf die Nummer am Anfang der Zeile klicken (im Bild Zeile 4) und klicken Sie dann auf die Schaltfläche *Löschen* ❶ (Register *Start*, Gruppe *Zellen*). Zusammen mit der Zeile bzw. Spalte wird auch deren Inhalt gelöscht.

Zum Löschen von Spalten verfahren Sie analog.

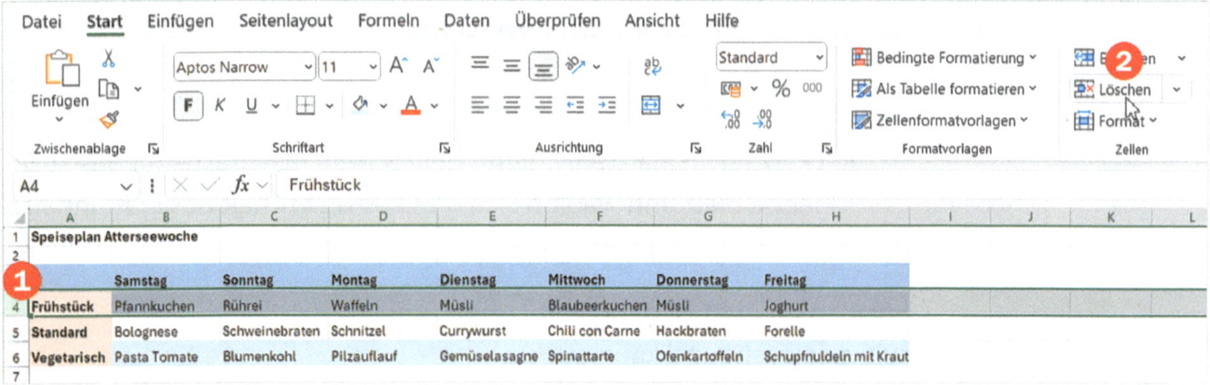

Rückgängig machen: Sie haben aus Versehen zu viel gelöscht? Kein Problem – klicken Sie auf den Befehl *Rückgängig machen* oben links auf der Schnellzugriffsleiste. Tippen Sie so oft auf den Pfeil bis alles wieder da ist. Alternativ verwenden Sie die Tastenkombination **Strg + Z**.

Achtung Verwechslungsgefahr! Im Register *Start* gibt es sowohl in der Gruppe *Zellen* als auch in der Gruppe *Bearbeiten* eine Schaltfläche *Löschen*.

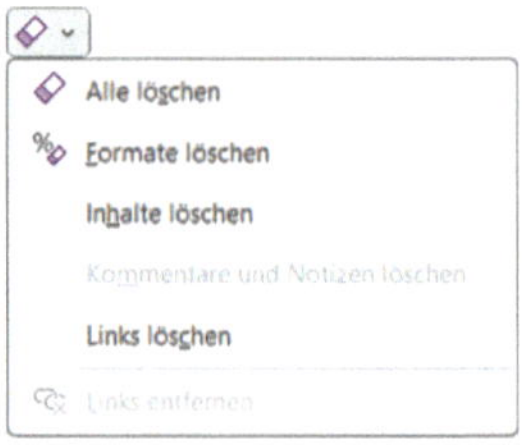

Formate löschen

Die Schaltfläche *Löschen* im Register *Start*, Gruppe *Bearbeiten* bietet mit *Alle löschen* und *Formate löschen* zwei nützliche Optionen zur Bearbeitung von Zellinhalten.

☛ Markieren Sie den Bereich, klicken Sie auf die Schaltfläche *Löschen* und wählen Sie die passende Option:

- Mit *Alle löschen* entfernen Sie aus dem markierten Bereich den eingegebenen Inhalt und alle Formate. Diese Option ist nützlich, wenn Sie nochmals neu starten und keine Altlasten mitziehen möchten.
- *Formate löschen* entfernt alle geänderten Formatierungen, z. B. Füllfarben, Rahmenlinien, Zahlenformate etc. **Achtung**: Es werden alle Formate gelöscht. Wenn Sie nur eine Kleinigkeit ändern möchten, z. B. die Rahmenlinie entfernen, sollten Sie das lieber einzeln vornehmen.
- *Inhalte löschen* ist die Alternative zur **Entf**-Taste. Das wird eher selten verwendet, da Sie über die Tastatur schneller sind.

Wenn wir in diesem Zusammenhang von Formate löschen sprechen, muss erwähnt werden, dass die Formate eigentlich auf die ursprüngliche Voreinstellung zurückgesetzt werden.

Tabellenblatt löschen

☛ Klicken Sie im Blattregister mit der rechten Maustaste auf das zu löschende Blatt und wählen Sie *Löschen* aus. Enthält das Blatt Inhalte, dann erhalten Sie einen Hinweis, den Sie mit *Löschen* bestätigen.

Achtung: Das Blatt ist dann endgültig gelöscht und kann auch nicht durch *Rückgängig machen* wiederhergestellt werden.

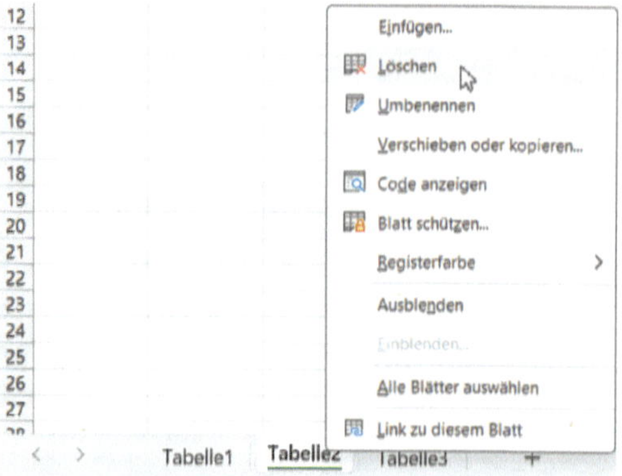

4.6 Die Eingabehilfen von Excel verwenden

Kopieren, Verschieben und Ausschneiden

Die Grundregeln zum Kopieren und Ausschneiden bzw. Verschieben, die Sie bereits in Kapitel 2.4 (ab Seite 66) kennengelernt haben, sind auch für Excel gültig. Hier möchten wir Sie nur auf ein paar Besonderheiten hinweisen.

Sofort einfügen!

Zum Kopieren oder Ausschneiden eines Inhalts in Excel gehen Sie so vor:

1. Markieren Sie den gewünschten Bereich.
2. Klicken Sie im Register *Start* auf *Kopieren* oder *Ausschneiden* bzw. nutzen Sie die Tastenkombination **Strg + C** oder **Strg + X**. Um den markierten Bereich erscheint ein Laufrahmen ❶. Solange dieser angezeigt wird, kann die gewünschte Aktion ausgeführt werden.
3. Markieren Sie nun die erste Zelle ❷ ab der der Inhalt eingefügt werden soll, im Bild unten D2. Versuchen Sie nicht, den gesamten Bereich zu markieren. Das ist unnötig. Klicken Sie dann auf *Einfügen* oder verwenden Sie **Strg + V**.

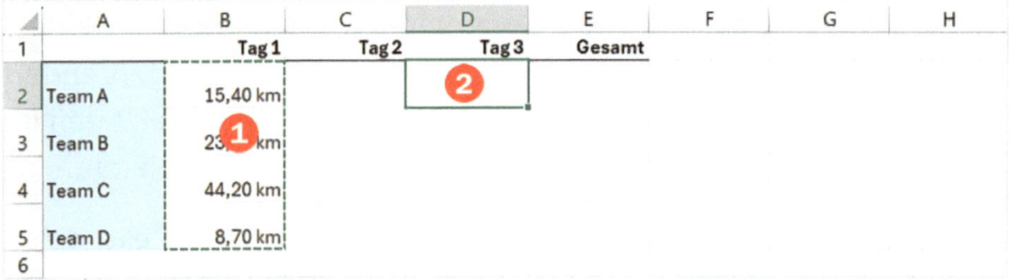

Hier haben wir unsere Wandertour umgeplant und schneiden jetzt die Werte des ersten Tags aus und fügen sie am dritten Tag ein.

> Fügen Sie nach dem Kopieren oder Ausschneiden den Inhalt sofort ein. Wenn Sie zwischen den beiden Aktionen beispielsweise eine vergessene Überschrift eintippen, verschwindet der Laufrahmen und Sie müssen von vorne beginnen.

Mit dieser Methode können Sie auch Zellinhalte aus einem Arbeitsblatt in ein anderes Blatt oder in eine andere Arbeitsmappe kopieren. Wechseln Sie einfach nach dem Ausschneiden oder Kopieren in das Tabellenblatt oder über die Taskleiste in die Arbeitsmappe.

Statt ausschneiden Inhalte verschieben

Das ist natürlich Geschmackssache. Aber Inhalte lassen sich in Excel sehr leicht verschieben.

- Markieren Sie den Bereich, zeigen Sie mit der Maus an den grünen Rahmen. Der Mauszeiger muss so aussehen: . Ziehen Sie den Inhalt bei gedrückter linker Maustaste an die neue Position.

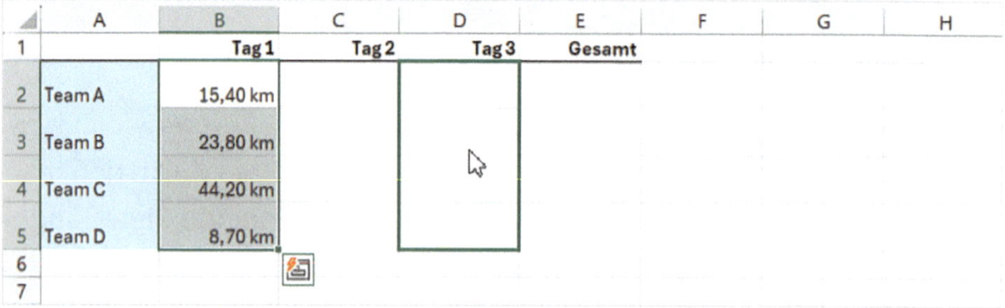

Schnell mit der Maus in angrenzende Zellen kopieren

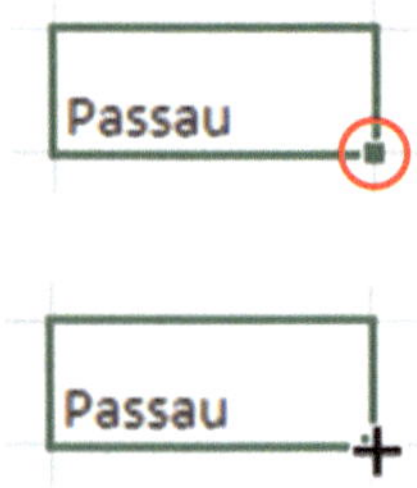

Mit der Maus können Sie den Inhalt einer Zelle schnell in angrenzende Zellen kopieren. Zu diesem Zweck verwenden Sie das **Ausfüllkästchen**. Dieses Kästchen befindet sich in der unteren rechten Ecke des Markierungsrahmens. Sobald Sie mit der Maus auf das Kästchen zeigen, ändert sich die Form des Mauszeigers in ein +. Damit können Sie jetzt den Inhalt einer Zelle in die angrenzenden Zeilen oder Spalten kopieren.

- Zeigen Sie mit der Maus auf die linke untere Ecke, der Zelle, deren Inhalt Sie kopieren möchten. Halten Sie die linke Maustaste gedrückt und ziehen Sie über die Zellen hinweg, die den Inhalt auch erhalten sollen.

Auf diese Weise kopieren Sie schnell den Kurstitel in die nächsten Zellen.

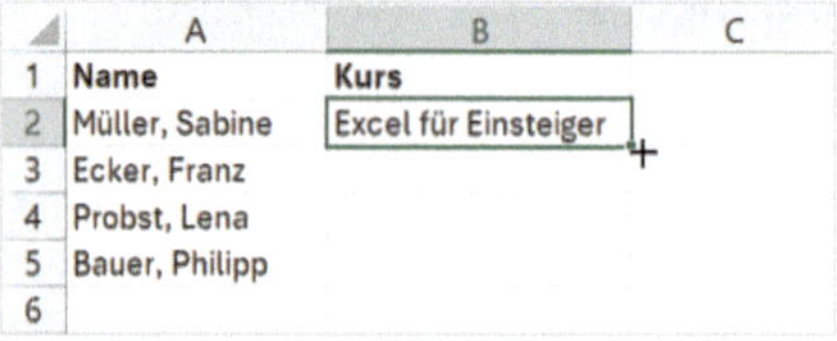

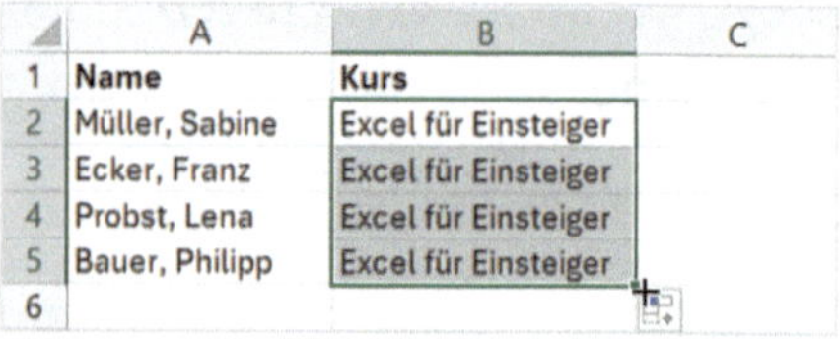

Sie können auf diese Weise nicht nur Textinhalte sondern selbstverständlich auch Zahlen kopieren, z. B. eine Reihe mit dem Mehrwertsteuersatz von 19 % füllen etc.

Fluch und Segen - Formate werden übernommen

Wenn Sie etwas kopieren, ausschneiden oder verschieben, wird auch die Formatierung der Ursprungszellen standardmäßig übernommen. Das kann man sich zu Nutze machen. Bleiben wir bei unserem Beispiel: Wenn Sie nur für Tag 1 das benutzerdefinierte Format mit dem Zusatz km vereinbart haben, kopieren Sie einfach den Inhalt in die darauffolgenden Tage und tippen dann die neuen Werte ein.

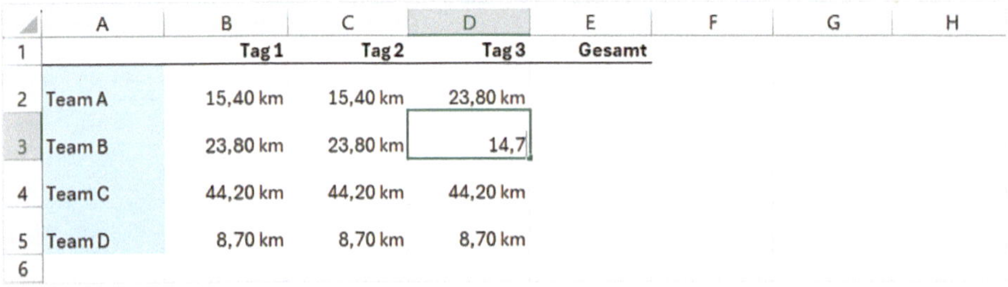

	A	B	C	D	E	F	G	H
1		Tag 1	Tag 2	Tag 3	Gesamt			
2	Team A	15,40 km	15,40 km	23,80 km				
3	Team B	23,80 km	23,80 km	14,7				
4	Team C	44,20 km	44,20 km	44,20 km				
5	Team D	8,70 km	8,70 km	8,70 km				
6								

Jetzt müssen Sie nur noch in die Spalten C, und D die korrekten Entfernungen eingeben. Das Format km bleibt erhalten.

Problematisch wird es meist, wenn die Tabelle schon mit Füllfarben oder Rahmenlinien verschönert wurden. Dann ist es nicht mehr ohne Weiteres möglich, Inhalte hin und her zu kopieren oder zu verschieben.

Hier sollten die Inhalte von Tag 1 zu Tag 3 verschoben werden. Dabei wurden dann auch die Rahmenlinien mitverschoben.

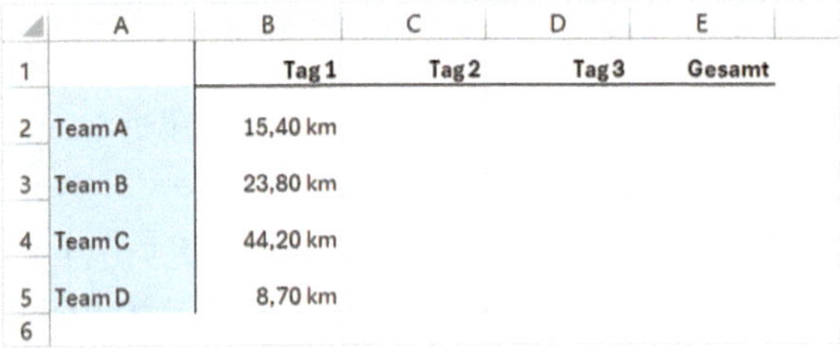

	A	B	C	D	E
1		Tag 1	Tag 2	Tag 3	Gesamt
2	Team A	15,40 km			
3	Team B	23,80 km			
4	Team C	44,20 km			
5	Team D	8,70 km			
6					

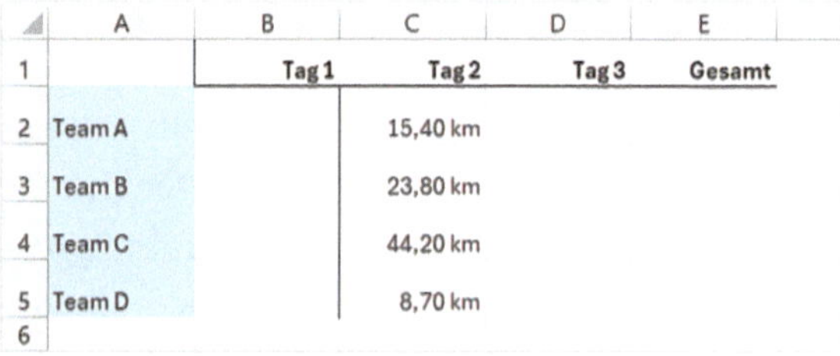

	A	B	C	D	E
1		Tag 1	Tag 2	Tag 3	Gesamt
2	Team A		15,40 km		
3	Team B		23,80 km		
4	Team C		44,20 km		
5	Team D		8,70 km		
6					

Einfügeoptionen

Kopierte Inhalte müssen nicht zwangsläufig mit ihrem ursprünglichen Aussehen am Zielort eingefügt werden. Die verfügbaren Optionen erscheinen, wenn Sie zum Einfügen auf den Auswahlpfeil der Schaltfläche *Einfügen* klicken. Diese Einfügeoptionen stehen nur für kopierte, nicht aber für ausgeschnittene Inhalte zur Verfügung! So geht's:

1. Kopieren Sie den gewünschten Inhalt.
2. Markieren Sie die Zelle, ab der der Inhalt eingefügt werden soll; in diesem Beispiel fügen wir für den zweiten Tag Werte ein und markieren die Zelle C3.
3. Klicken Sie auf den unteren Bereich (Pfeil) der Schaltfläche *Einfügen* im Register *Start*.
4. Klicken Sie eine Option an. Der kopierte Inhalt wird entsprechend eingefügt.

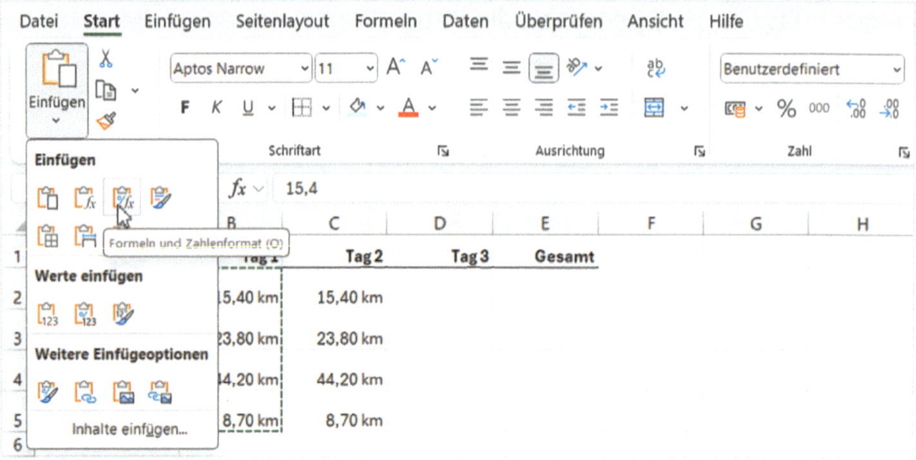

Tipp: Wenn Sie auf die Einfügeoptionen mit der Maus zeigen, erscheint ein Infotext, der die Funktionsweise kurz umreißt. Außerdem erhalten Sie am Einfügeort eine Vorschau. Mit der dritten Schaltfläche *Formeln und Zahlenformate* erhalten wir schon das gewünschte Ergebnis, nämlich die Anzeige der Zahlen mit km, ohne dass die Rahmenlinie mitkopiert wird. Mit der Schaltfläche *Werte und Zahlenformate* kommen Sie ebenfalls ans Ziel.

Formate übertragen

Mit der Schaltfläche *Format übertragen* (Register *Start*, Gruppe *Zwischenablage*) können Sie die gesamte Formatierung eines Bereichs (Farbe, Rahmenlinie, Währung, Nachkommastellen etc.) ohne Inhalte auf kopieren. Diese Funktion haben Sie im Kapitel zu Word auf Seite 131 bereits kennengelernt. Besonders interessant ist in Excel die Möglichkeit, die Formate ganzer Tabellenbereiche zu übernehmen. So geht's:

1 Markieren Sie den Bereich dessen Aussehen übertragen werden soll. In unserem Beispiel findet sich noch eine Besonderheit. Wir wollen neben den Farben, Rahmenlinien und Zahlenformaten auch die geänderten Zeilenhöhen übertragen. Deshalb markieren wir die gesamten Zeilen! ❶

2 Klicken Sie dann auf die Schaltfläche *Format übertragen* ❷.

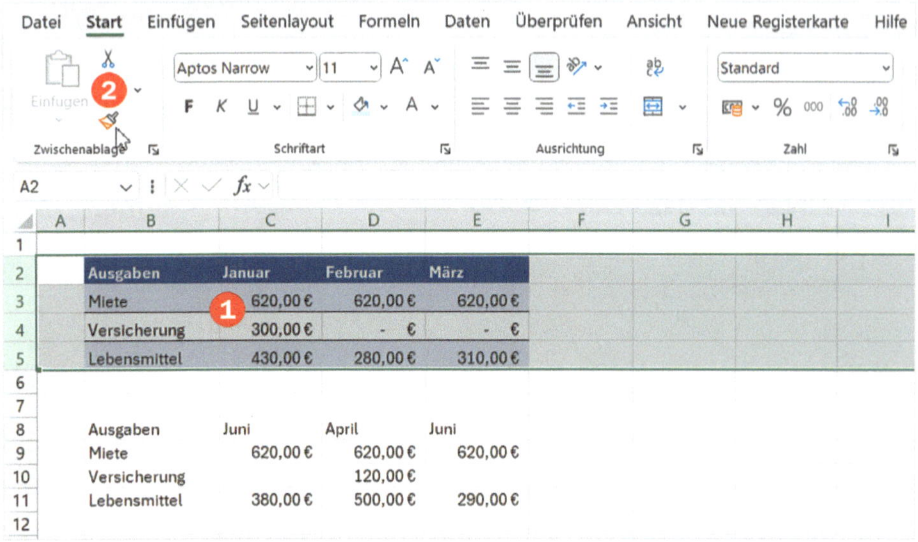

3 Markieren Sie nun den Bereich auf den das Format übertragen werden soll ❸. Auch hier müssen wieder die gesamten Zeilen ausgewählt werden.

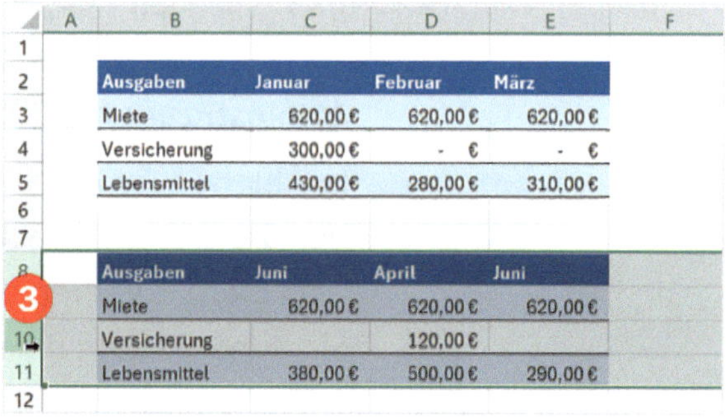

Tipp: Wenn es mehr als einen Bereich gibt, auf den das Format übertragen werden soll, dann tippen Sie doppelt auf die Schaltfläche *Format übertragen*. So können mehrere Bereiche hintereinander formatiert werden. Um den Modus zu beenden, betätigen Sie die **Esc-Taste**.

Die automatische Vervollständigung

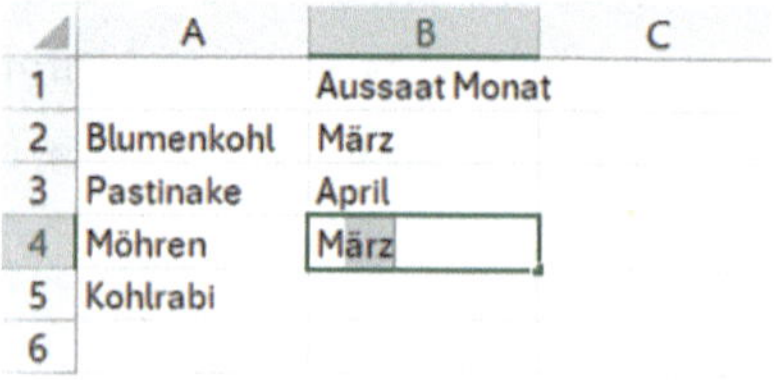

Bei der Eingabe von Text innerhalb einer Spalte erkennt Excel wiederkehrende Inhalte, in diesem Beispiel *März*, und schlägt diese automatisch nach Eintippen der Anfangsbuchstaben vor. Zur Übernahme des Texts drücken Sie die Eingabetaste, ansonsten ignorieren Sie den Vorschlag und tippen einfach weiter.

Wenn Sie das mehr irritiert, als es Ihnen nützt, dann schalten Sie die Funktion einfach ab:

- Wählen Sie dazu *Datei* ▶ *Optionen* ▶ *Erweitert*. Entfernen Sie in den *Bearbeitungsoptionen* das Häkchen vor *AutoVervollständigung für Zellwerte aktivieren* durch Antippen.

Reihen ergänzen

Sie möchten eine aufsteigende Zahlenfolge, alle Wochentage oder die Monate eines Jahres in ein Tabellenblatt eintragen. Excel verfügt über die Möglichkeiten, dies schnell zu erledigen und bewahrt Sie so vor der manuellen Eingabe.

Automatisches Ausfüllen mit der Maus

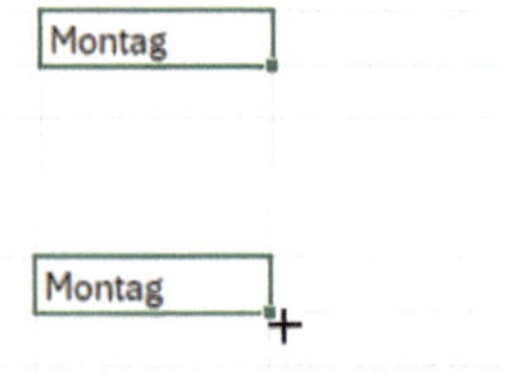

In vielen Fällen ist es am einfachsten, eine Reihe mit der Maus zu erzeugen. Zu diesem Zweck verwenden Sie das **Ausfüllkästchen**, welches Sie bereits beim Kopieren von Inhalten kennengelernt haben. Damit können Sie durch Ziehen eine Reihe ausgehend von den eingegebenen Zahlen erzeugen.

1 Tippen Sie getrennt in zwei Zellen die ersten zwei Werte ein. Damit geben Sie den Anfangswert und ein Muster vor, nach dem die Reihe weitergeführt werden soll.

2 Markieren Sie nun die beiden Zellen. Zeigen Sie mit der Maus auf das Ausfüllkästchen an der rechten unteren Ecke des markierten Bereichs. Wenn der Mauszeiger als + erscheint, ziehen Sie mit gedrückter linker Maustaste in die gewünschte Richtung.

3 Beim Ziehen wird neben der Reihe eine Zahl angezeigt, die den aktuellen Endwert angibt.

4 Erst wenn Sie die Maus loslassen werden die Zahlen eingefügt.

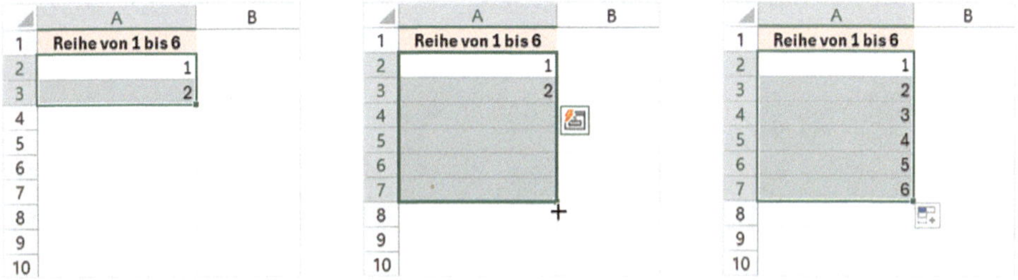

Mit der Eingabe der Werte 8 und 10 erzeugen Sie eine Reihe, die mit 8 beginnt und in 2er-Schritten ansteigt.

Mit 0 und 5 beginnt die Reihe bei 0 und erhöht sich jeweils um 5.

So geht's noch schneller:
Geben Sie die erste Zahl ein. Zeigen Sie mit der Maus auf das Ausfüllkästchen, bis das + erscheint. Wenn Sie nun über die gewünschte Anzahl Zellen ziehen, wird der Zellinhalt zunächst kopiert. Klicken Sie im Tabellenblatt auf das Symbol *Auto-Ausfülloptionen* und wählen Sie *Datenreihe ausfüllen*.

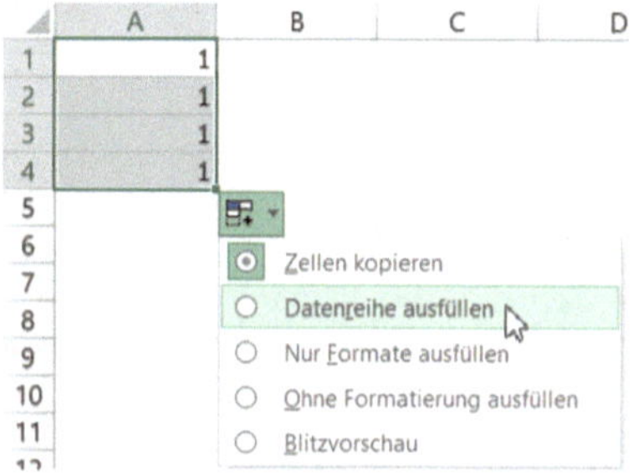

Datumsreihe erzeugen

Datumswerte werden von Excel automatisch als Anfang einer Reihe erkannt. Dann genügt die Eingabe eines einzigen Wertes, um durch Ziehen mit der Maus eine aufsteigende Reihe zu generieren. Dadurch erzeugen Sie schnell eine Datumsreihe mit aufeinanderfolgenden Tagen:

1 Geben Sie das erste Datum in Excel ein und formatieren Sie es nach Ihren Wünschen.

2 Positionieren Sie den Mauszeiger in der rechten unteren Ecke und ziehen Sie bei gedrückter linker Maustaste über so viele Zellen ❶, wie Datumsangaben benötigt werden.

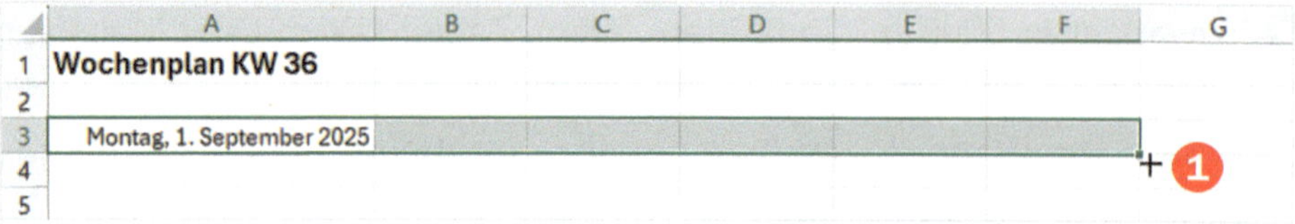

Unter Umständen erhalten Sie statt einer Reihe von Datumsangaben eine Reihe von Rautenzeichen. Das bedeutet, die Spaltenbreite reicht nicht aus zur vollständigen Anzeige des Datums. Verbreitern Sie die Spalten mit einem Doppelklick auf die rechte Spaltenbegrenzung ❷.

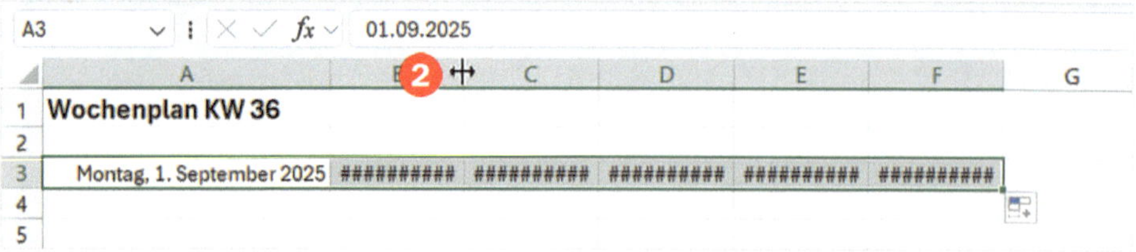

Tipp: Natürlich können Sie, wie bei den Zahlen bereits gelernt, auch ein Muster mit zwei Datumswerten vorgeben und dieses dann durch Ziehen mit der Maus erweitern. Im Beispiel unten möchten wir nur die Dienstage der nächsten Wochen anzeigen. Dazu geben Sie zwei Daten der kommenden Dienstage ein, markieren diese und ziehen dann mit der Maus die Reihe auf.

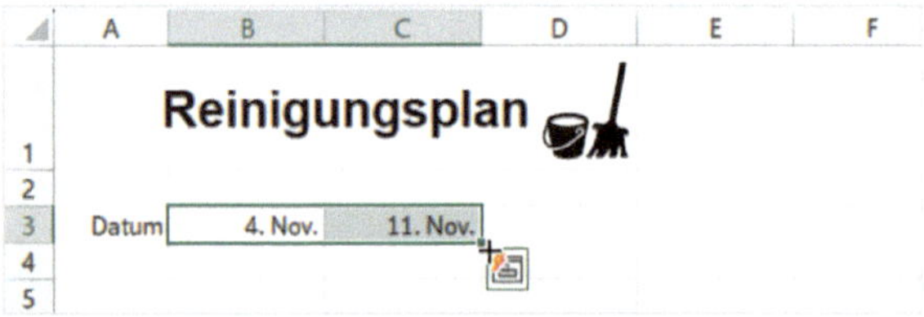

Reihen, die ohne Vorgabe eines Musters generiert werden

Neben dem Datum gibt es weitere Reihen für die Sie nur einen Wert eingeben müssen, um mit diesem als Anfangswert eine Reihe auszufüllen. Bei Wochentagen und Monatsnamen handelt es sich um benutzerdefinierte Listen, die in Excel bereits hinterlegt wurden und nur deshalb generiert werden können.

Eingabe	Reihe
1.	1. 2. 3. 4. 5. ...
1. Quartal	1. Quartal 2. Quartal 3. Quartal 4. Quartal 1. Quartal ... *
Spieler 1	Spieler 1 Spieler 2 Spieler 3 Spieler 4 Spieler 5 Spieler 6 ...
1. Tag	1. Tag 2. Tag 3. Tag 4. Tag 5. Tag 6. Tag ...*
Januar	Januar Februar März ...
Jan	Jan Feb Mrz ...
Montag	Montag Dienstag Mittwoch ...
Mo	Mo Di Mi ...

***Achtung!** Zwischen einer Zahl mit Punkt und dem restlichen Text muss ein Leerzeichen sein!

Sie können die Eingabe mit der Zahl (3. Quartal), dem Wochentag (Freitag) oder dem Monat (M) Ihrer Wahl beginnen. Die Fortsetzung erfolgt ab dem gewählten Element und beginnt dann ggf. wieder von vorne.

	A	B	C	D	E	F	G	H
1	3. Quartal	4. Quartal	1. Quartal	2. Quartal	3. Quartal	4. Quartal	1. Quartal	2. Quartal
2	Freitag	Samstag	Sonntag	Montag	Dienstag	Mittwoch	Donnerstag	Freitag
3	August	September	Oktober	November	Dezember	Januar	Februar	März
4								

Tipp: Sollten Sie anstelle einer Reihe immer dasselbe Element benötigen, z. B. 4. Quartal, dann halten Sie beim Ziehen mit der Maus die **Strg**-Taste gedrückt. Dadurch erscheint ein zweites Plussymbol beim Mauszeiger und der Zellinhalt wird kopiert. Oder klicken Sie nach dem Loslassen der Maustaste auf das Symbol *Auto-Ausfülloptionen* und wählen Zellen kopieren (Bild auf der nächsten Seite).

Sollte diese Funktionalität nicht zur Verfügung stehen, kontrollieren Sie, ob diese deaktiviert ist. Wählen Sie dazu *Datei* ▶ *Optionen* ▶ *Erweitert*. In den *Bearbeitungsoptionen* sollte *Ausfüllkästchen und Drag&Drop von Zellen aktivieren* aktiviert sein.

Zellen abhängig vom Inhalt formatieren

Rote Schriftfarbe können Sie negativen Zahlen dagegen bequem als Zahlenformat zuweisen.

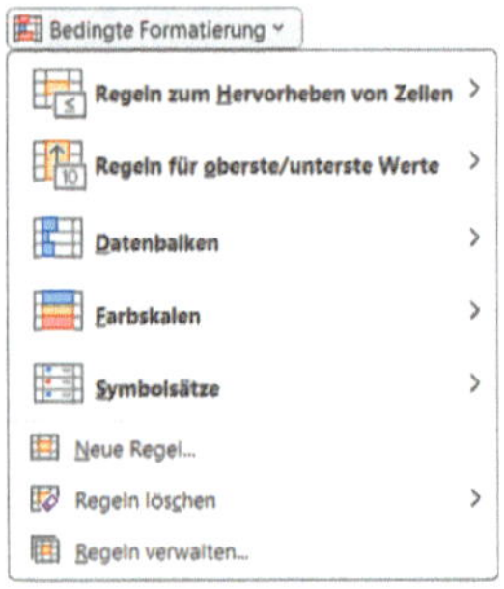

Mittels Formatierung heben Sie Besonderheiten auf dem Tabellenblatt hervor, so können negative Zahlen einen rote Füllfarbe erhalten oder alle Werte die über dem Durchschnitt liegen in blauer Schrift dargestellt werden. Natürlich könnten Sie diese Formate einzeln von Hand zuweisen. Das ist aber nicht sinnvoll, da sobald sich eine Zahl ändert, das Format unter Umständen angepasst werden muss. Lassen Sie das besser automatisch von Excel erledigen. Sie finden diese Funktion unter der Bezeichnung *Bedingte Formatierung* im Register *Start* des Menübands und für alle bedingten Formatierungen gilt:

- Ändert sich der Wert einer Zelle, so ändert sich auch die Formatierung entsprechend der zugrundeliegenden Regel.
- Auf einen Zellbereich können auch mehrere bedingte Formatierungen gleichzeitig angewendet werden.

Datenbalken und Farbskalen

Am einfachsten gestaltet sich die Verwendung von grafischen Vorlagen, wie z. B. *Datenbalken* oder *Farbskalen*. Hier werden die Zellen entsprechend Ihres Wertes mit farbigen Balken hinterlegt.

1. Markieren Sie den Zahlenbereich, im Bild auf der nächsten Seite die Gesamtzahlen in Spalte D.
2. Im Register *Start* ▶ Gruppe *Formatvorlagen* ▶ *Bedingte Formatierung* ▶ *Datenbalken* wählen Sie einen Datenbalken durch Anklicken aus.

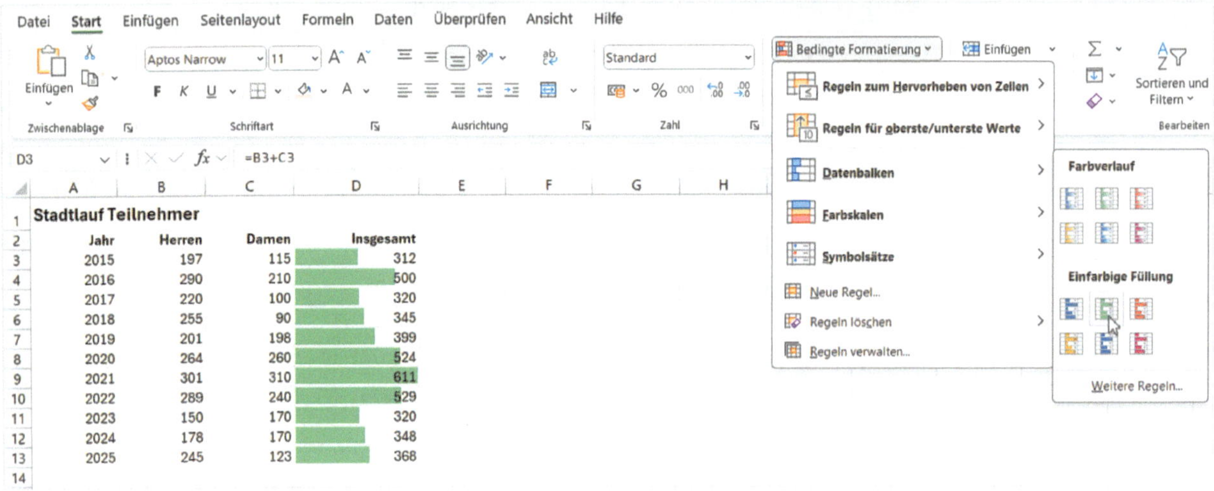

Visualisierung mit Datenbalken

Der höchste Wert im markierten Zellbereich erhält einen **Datenbalken** der die gesamte Zelle ausfüllt. In den restlichen Zellen ist der Datenbalken entsprechend kürzer.

Über die Schaltfläche *Bedingte Formatierung* stehen auch **Farbskalen** zur Verfügung. Hier werden jeweils die höchsten und die niedrigsten Werte unterschiedlich eingefärbt. Die Aufteilung der Farben bei Farbskalen beruht auf der Berechnung eines 50% Quantils, auch Median genannt. Der Median teilt die Anzahl der Zahlen in zwei Hälften, wobei die eine Hälfte der Zahlen unter dem Median und die andere Hälfte darüber liegt. Im Beispiel unten wurden die Teilnehmerzahlen in Spalte B mit der *Rot-Weiß-Blau-Farbskala* versehen.

Farbskalen trennen die Werte in Beträge unter dem Median (blau) und Werte darüber (rot)

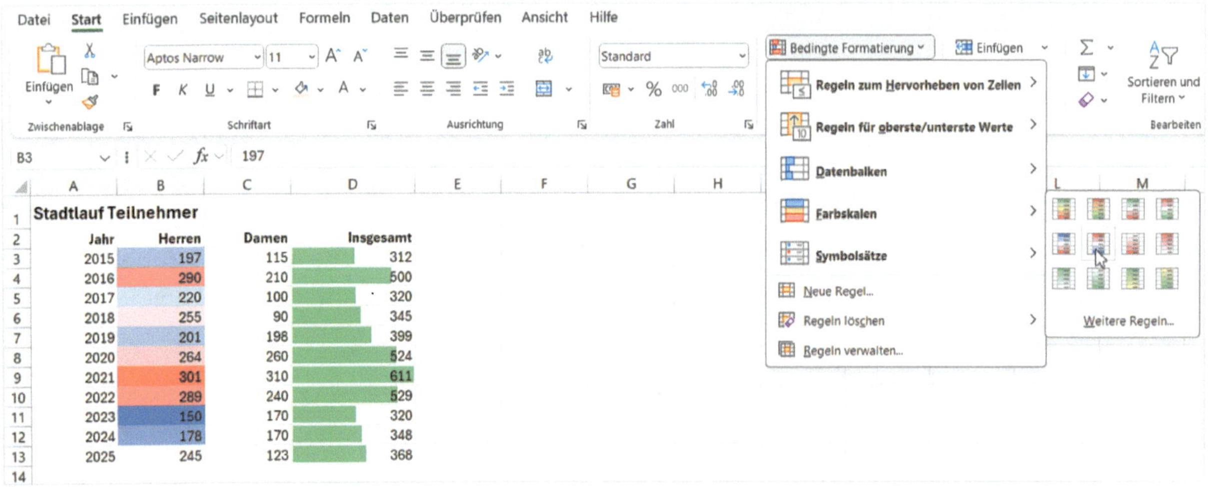

Vergleichen mit größer, kleiner und gleich

Sollen Zellen hervorgehoben werden, deren Wert *größer als…*, *kleiner als…* oder auch *gleich…* einem von Ihnen festgesetztem Wert sind, dann verwenden Sie *Regeln zum Hervorheben von Zellen*.

Im Beispiel unten sollen Blutdruckmesswerte mit einer roten Füllung hervorgehoben werden, wenn der systolische Wert größer als 130 und der diastolische Wert größer als 85 ist.

1. Markieren Sie den Bereich, der die systolischen Werte enthält ❶. Achten Sie darauf, nicht die Zeilenbeschriftung zu markieren, sonst erhält diese auch eine Füllfarbe. Markieren Sie unbedingt auch Zellen in denen jetzt noch keine Messwerte eingetragen sind.

2. Wählen Sie *Start* ▶ Gruppe *Formatvorlagen* ▶ *Bedingte Formatierung* ▶ *Regeln zum Hervorheben von Zellen* ▶ *Größer als* ❷.

3. Geben Sie im nachfolgenden Fenster die Zahl 130 in das Feld ein ❸. Wählen Sie dann im Dropdown-Menü eine Formatierung aus ❹ und bestätigen Sie mit *OK*.

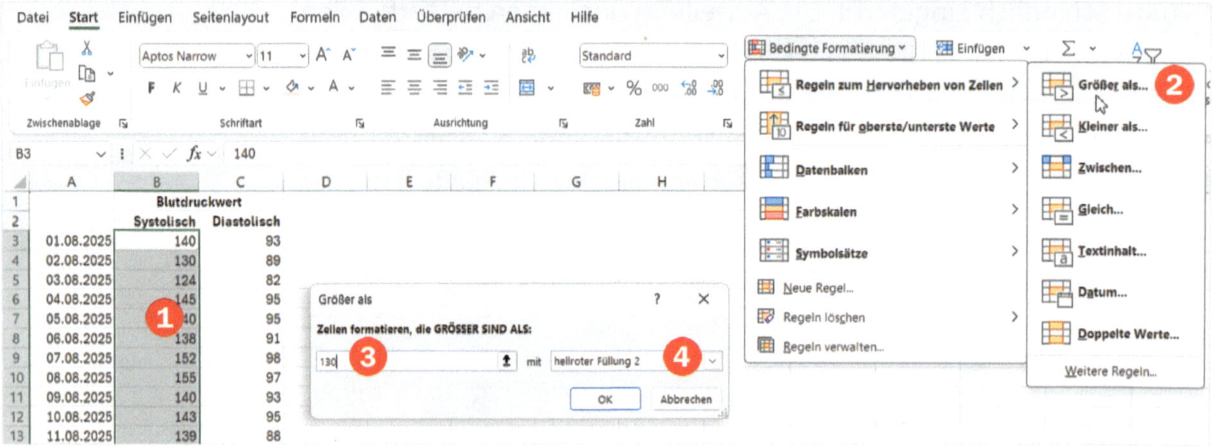

4. Markieren Sie die diastolischen Werte und wiederholen Sie die beschriebene Vorgehensweise unter Eingabe der Zahl 85.

Regeln kontrollieren und bedingte Formatierung entfernen

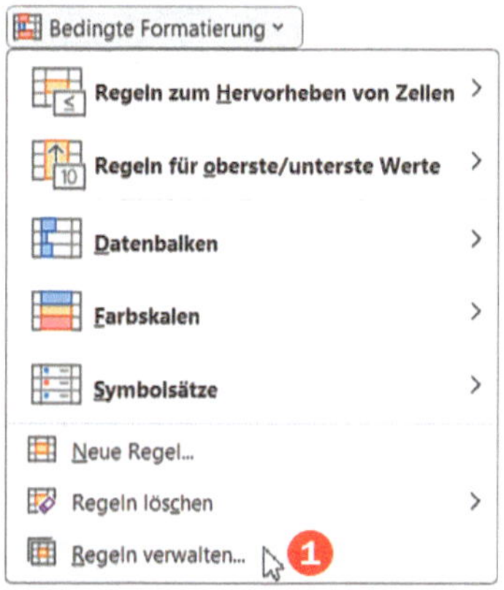

Wenn Sie nicht mehr sicher sind, welche Werte Sie für ein bedingtes Format festgelegt haben oder wenn Sie das Format, z. B. die Füllfarbe verändern möchten, gehen Sie so vor:

1. Rufen Sie im Register *Start* über *Bedingte Formatierung* ▶ *Regeln verwalten* ❶ auf.
2. Wählen Sie bei *Formatierungsregeln anzeigen für* die Option *Dieses Arbeitsblatt* ❷. Dann sehen Sie alle Regeln, die für das angezeigte Tabellenblatt vereinbart wurden. Wenn Sie einen Zellbereich markiert haben, können auch Regeln nur für diesen Bereich angezeigt werden. Dann wählen Sie *Aktuelle Auswahl*.
3. Unterhalb sehen Sie bei den Regeln die festgelegten Werte ❸ und die Bereiche, auf die sich die Regel bezieht.

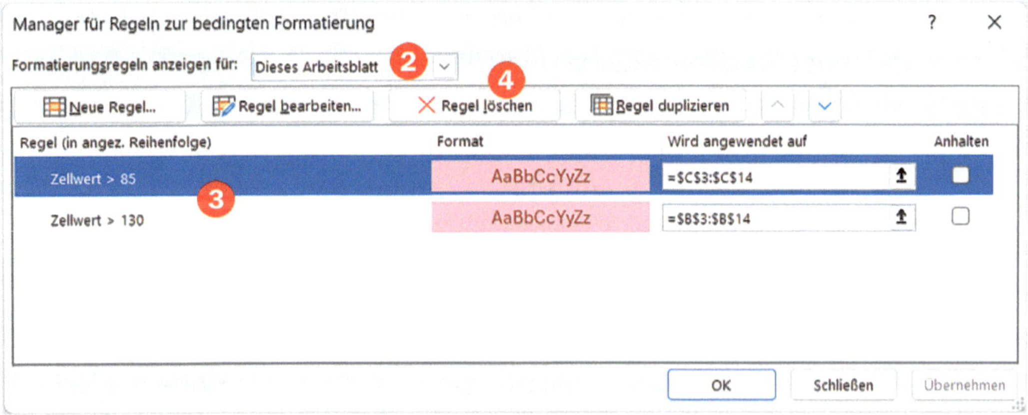

Regel löschen

Zum Entfernen einer Regel klicken Sie diese an – die Regel ist nun blau hinterlegt bzw. markiert – und klicken Sie dann auf die Schaltfläche *Regel löschen* ❹. Möglicherweise müssen Sie anschließend das Löschen nochmals mit *OK* bestätigen.

4.7 Einfache Berechnungen durchführen

Jetzt kommen wir zum interessantesten Teil von Excel, nämlich der Option, mittels Formeln Berechnungen im Tabellenblatt zu hinterlegen. Excel ist dabei weit mehr als nur ein Taschenrechnerersatz. Besonders die Möglichkeit, Formeln zu kopieren und so gleiche Rechenschritte einfach zu übernehmen, spart viel Zeit und Arbeit. Außerdem braucht die Formel nicht neu eingegeben werden, wenn sich eine Zahl ändert.

Formel eingeben

Das sind die wichtigsten Bestandteile einer Formel:

- Jede Formel beginnt mit der Eingabe des **Gleichheitszeichens** =.
- Auf das Gleichheitszeichen folgt ein **Bezug** auf die Zelle, die die Zahl enthält, mit der Sie rechnen möchten. Zur Erinnerung: Jede Zelle eines Tabellenblatts verfügt über eine eindeutige Adresse in der Schreibweise *Spaltenbuchstabe Zeilennummer*, z. B. A5. Die Verwendung von Zellbezügen statt Zahlen bietet den Vorteil einer automatischen Neuberechnung bei nachträglichen Änderungen von Werten. Schreiben Sie allerdings die Zahl in eine Formel, wird immer mit dieser Zahl gerechnet.

  Beispiel: Die monatlichen Nebenkosten betragen 196 €. Diese Zahl steht in der Zelle B2. Mittels Formel soll nun die Höhe der Nebenkostenvorauszahlung für das Jahr ausgerechnet werden. Verwenden Sie den Zellbezug B2 in der Formel, dann wird zur Berechnung der Wert, der in dieser Zelle steht, herangezogen.

Tipp! Die Adresse der aktiven Zelle sehen Sie im Namensfeld links oben.

Die Formel beginnt mit einem Gleichheitszeichen und dem ersten Zellbezug.

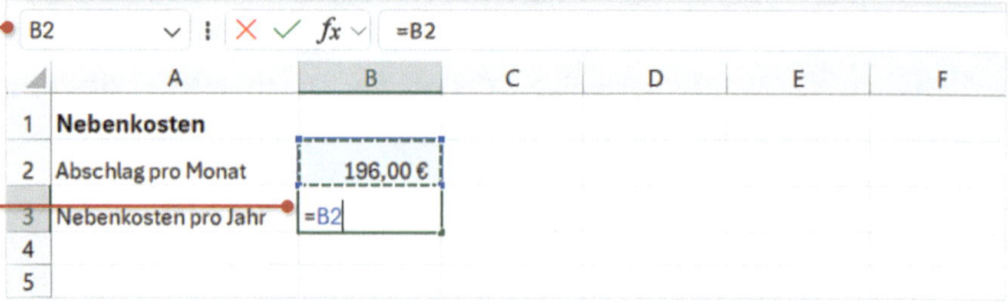

- Neben Zellbezügen benötigen Sie in Formeln auch **Operatoren** (+ - etc.) und manchmal Klammern. Die folgenden arithmetischen Operatoren und Vergleichsoperatoren können in Formeln verwendet werden:

Operator	Beschreibung
+	Addieren
-	Subtrahieren
*	Multiplizieren
/	Dividieren
^	Potenzieren
&	Zeichenfolgen aneinanderfügen

Operator	Beschreibung
=	Gleich
<	Kleiner als
<=	Kleiner oder gleich
>	Größer als
>=	Größer oder gleich
<>	Ungleich, Nicht

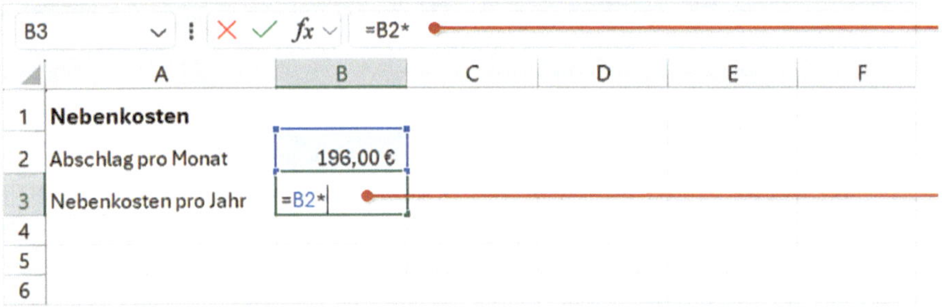

In der Bearbeitungsleiste wird die Formel angezeigt.

Den Operator, hier das Sternchen für Multiplizieren, geben Sie über die Tastatur ein.

- Natürlich ist es auch möglich, in eine Formel eine Zahl einzugeben. **Konstante Werte,** wie beispielsweise die 12 Monate eines Jahres oder 24 Stunden, können durchaus in Formeln verwendet werden. Verzichten Sie aber auf die Eingabe von Zahlen, die sich ändern können, z. B. Rabatt 2 %. Grund hierfür ist, dass im Tabellenblatt anstelle der Formel das Ergebnis angezeigt wird. So vergisst man leicht, welche Werte zur Berechnung verwendet wurden und übersieht vielleicht Fehler.

Da das Jahr stets 12 Monate hat, wurde die Zahl in die Formel eingetippt. Man kann natürlich argumentieren, dass bei Auszug aus der Wohnung wahrscheinlich nicht mit 12 Monaten zu rechnen ist.

Um auf der sicheren Seite zu sein, können Sie in eine Zelle die 12 hinterlegen und die Zahl mit einem Zellbezug in die Formel einbeziehen. So sehen Sie auf einen Blick, mit welchen Werten Sie rechnen.

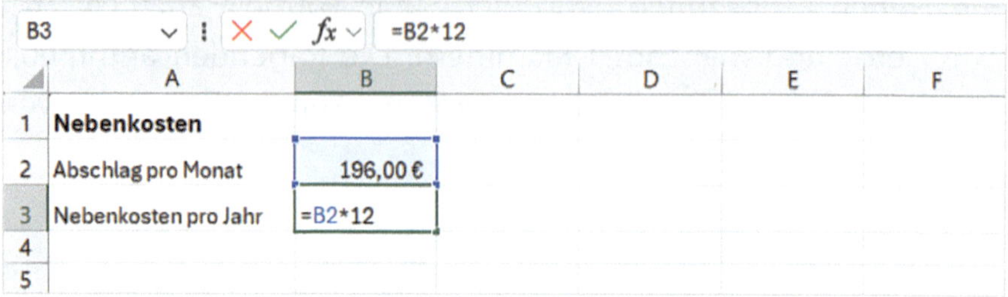

- Nach Drücken der Eingabetaste erscheint im Tabellenblatt das Ergebnis. In der Bearbeitungsleiste wird jedoch nach wie vor die Formal angezeigt.

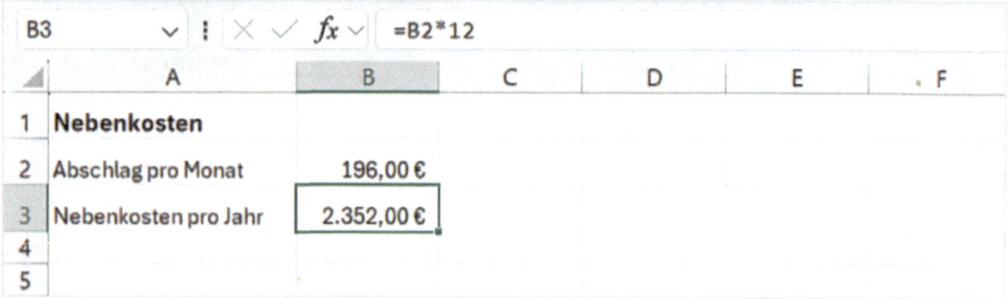

So geben Sie eine Formel ein:

Im Beispiel unten sollen die Ausgaben für Eintritt und Essen zusammengerechnet werden. Die Formel zur Berechnung muss lauten *=B1+B2*

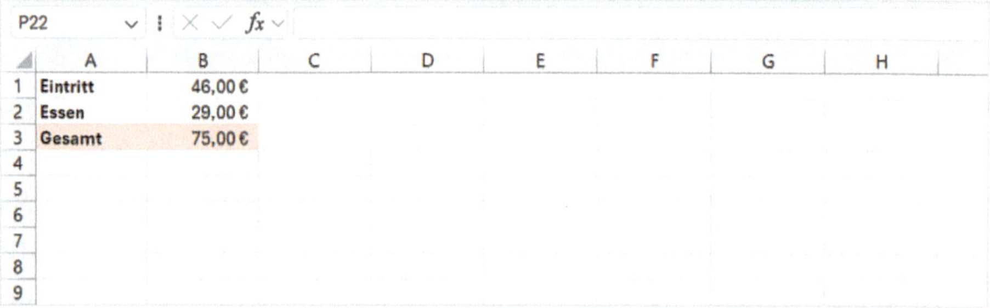

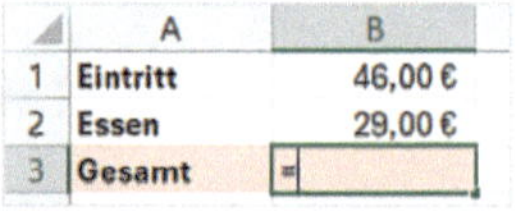

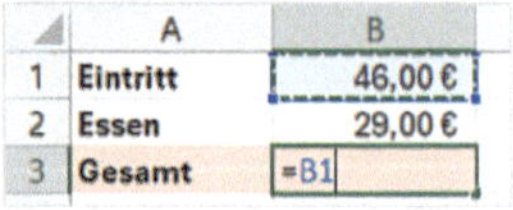

1 Markieren Sie die Zelle, in der Sie die Formel berechnen möchten (hier Zelle B3) und geben Sie das Gleichheitszeichen (=) über die Tastatur ein.

2 **Zellbezüge mit der Maus in eine Formel übernehmen:** Klicken Sie mit der Maus auf die erste Zelle, die Sie für die Berechnung benötigen (hier

B1). Die Zelladresse erscheint automatisch in der Formel und die Zelle selbst wird mit einem gestrichelten Rahmen hervorgehoben.

Anstelle der Maus können Sie auch die Pfeiltasten zur Auswahl der Zelle verwenden, oder die Adresse über die Tastatur eintippen.

3 Geben Sie nun über die Tastatur den Operator + für die Addition ein und klicken Sie anschließend mit der Maus auf die zweite Zelle, hier B2. Auch anhand der Farben erkennen Sie, welche Zelle in die Formel eingefügt wurde.

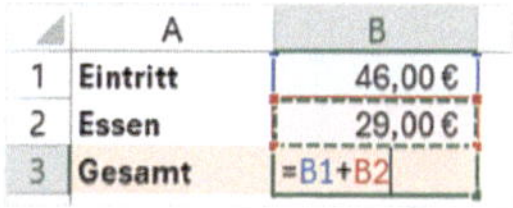

4 Schließen Sie die Formeleingabe ab, entweder mit einem Mausklick auf das Symbol *Eingeben* in der Bearbeitungsleiste (Zelle bleibt markiert), oder durch Drücken der Eingabetaste (Zelle unterhalb wird markiert).

5 Anstelle der Formel wird nun das Ergebnis in der Zelle angezeigt.

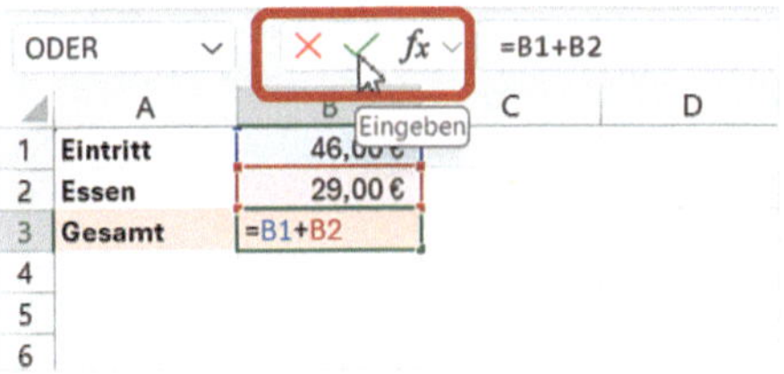

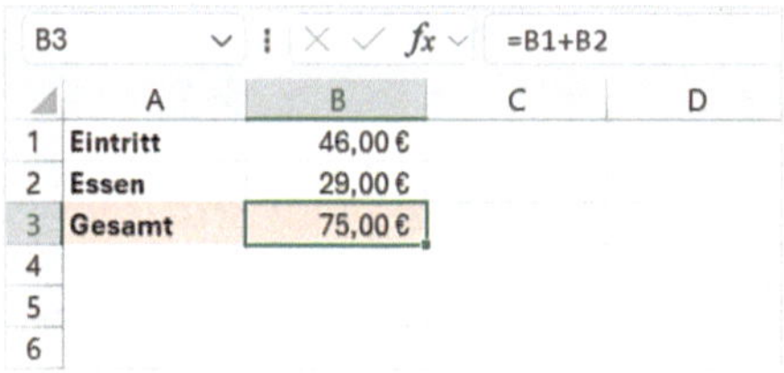

Achtung: Beenden Sie die Eingabe einer Formel nicht mit den Pfeiltasten oder durch Anklicken einer anderen Zelle mit der Maus. Pfeiltasten und die Maus können zum Eingeben von Zellbezügen in einer Formel verwendet werden und verändern daher möglicherweise die bereits eingetippte Formel.

Rechnen mit Prozentzahlen

Eine Prozentzahl versteht Excel als Zahl, die mit 100 multipliziert und zusammen mit dem Prozentzeichen angezeigt wird. Geben Sie 7 % in das Tabellenblatt ein, wird von Excel mit der Zahl 0,07 gerechnet. Das Hundertstel wird durch die Formatierung mit % bereits eingerechnet. Wie Sie einen Prozentsatz eingeben, haben Sie schon gelernt, jetzt erfahren Sie, wie Sie damit rechnen.

Beispiel Prozentwert berechnen (vom Hundert)

Sie machen über mehrere Tage eine Wandertour von insgesamt 219 km. Das Tagesmaximum von 8 % der Gesamtkilometer wird nie überschritten. So berechnen Sie, wie viele Kilometer Sie pro Tag höchstens gehen:

1. Klicken Sie in die Zelle B3 und tippen Sie ein Gleichheitszeichen ein. Zum Einfügen des Zellbezugs der Gesamtkilometer klicken Sie auf die Zelle B1.

2. Tippen Sie über die Tastatur das Multiplikationszeichen * ein. Klicken Sie dann auf die Zelle B2, die den Prozentwert enthält. Bestätigen Sie mit der Eingabetaste.

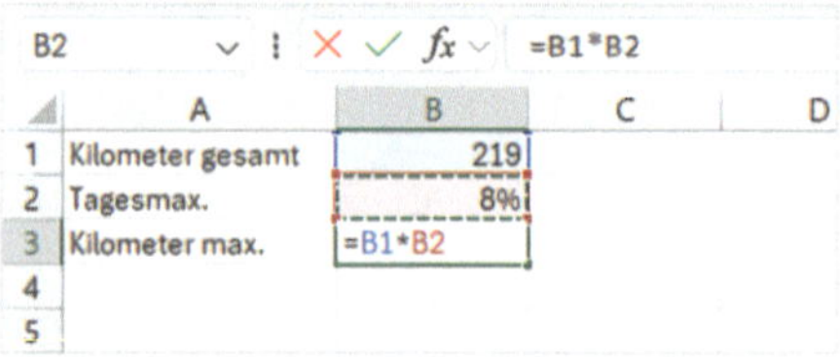

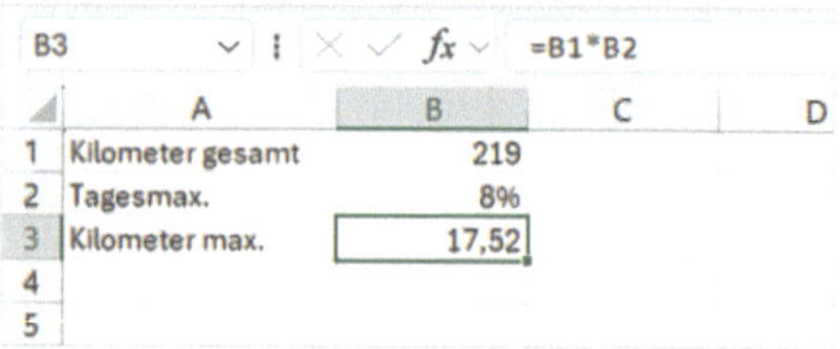

Beispiel Nettopreis vom Bruttopreis berechnen (auf Hundert)

Zur Berechnung des Nettopreises vom Bruttopreis würden Sie in Ihren Taschenrechner bei einem Bruttopreis von 524 € und 19 % Mehrwertsteuer folgende Berechnungsschritte eintippen: 524 * 100 / 119 oder bei Kürzung des Bruchs 524 / 1,19.

In Excel kann man die Berechnung auch vereinfacht mit =B1/(1+B2) eingeben. Auch hier bedient man sich wieder der Tatsache, dass der Mehrwertsteuersatz von 19 % eigentlich der Zahl 0,19 entspricht und somit der Formelteil (1+B2) in diesem Beispiel die Zahl 1,19 ergibt. Die Klammern benötigen Sie, da selbstverständlich auch in Excel die mathematische Regel Punkt- vor Strichrechnung Gültigkeit besitzt.

1. Klicken Sie die Zelle B3 an, geben Sie ein Gleichheitszeichen ein und klicken Sie auf den Bruttopreis, um den Zellbezug zu übernehmen.

2. Geben Sie dann über die Tastatur das Zeichen / für Division ein, gefolgt von der öffnenden Klammer. Tippen Sie 1+ ein und klicken Sie dann auf den Zellbezug des Mehrwertsteuersatzes (B2). Zum Abschluss tippen Sie die schließende Klammer ein und betätigen die

Eingabetaste oder klicken in der Bearbeitungsleiste auf das Symbol *Eingeben*.

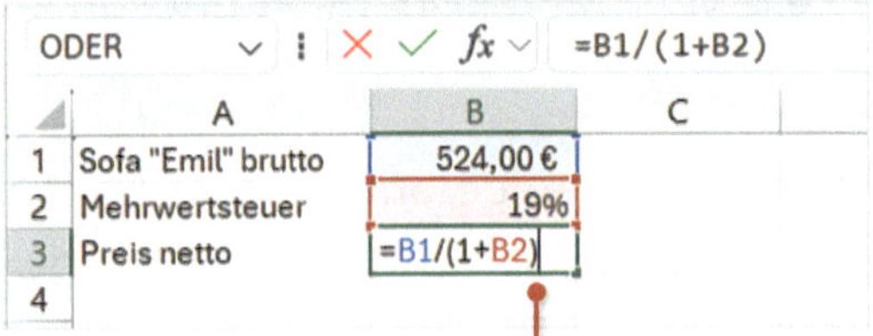

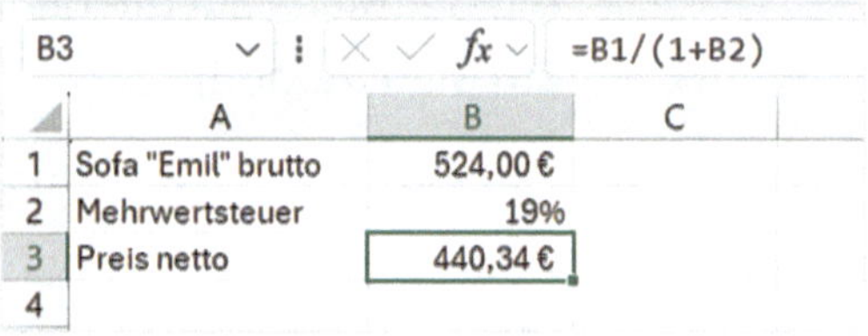

Klammer setzen, damit zunächst die Zahlen addiert und dann mit dem Rest multipliziert werden.

Formel anzeigen und verändern

Zur Anzeige einer Formel markieren Sie die Zelle. Die Formel wird nun in der Bearbeitungsleiste angezeigt.

- Klicken Sie entweder in die Bearbeitungsleiste (s. Bild unten links) und nehmen Sie hier Ihre Berichtigungen vor.
- Oder doppelklicken Sie auf die Zelle mit der Formel.

In beiden Fällen erscheint im Tabellenblatt wieder die Formel und die einbezogenen Zellen werden farbig umrandet. Wenn Sie glauben, dass die Formel ein falsches Ergebnis anzeigt, ist dies der erste Schritt, um mögliche Fehler aufzuspüren.

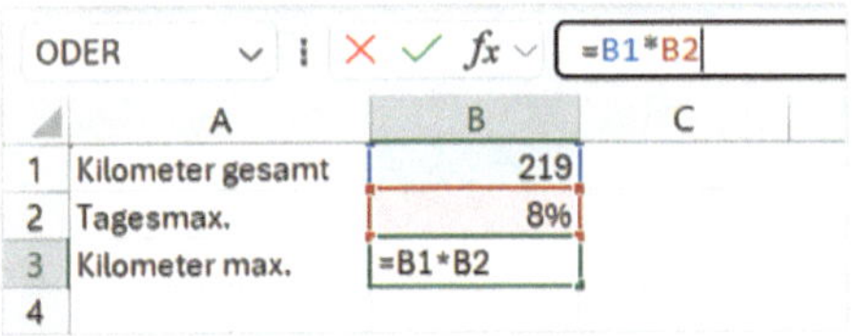

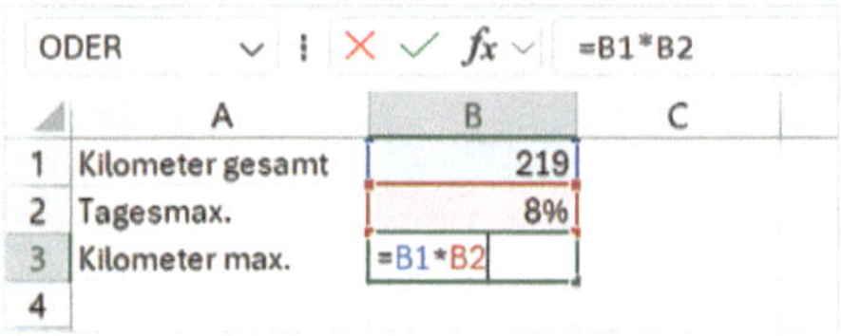

Im Bild unten ein Beispiel, bei dem Sie mit dieser Methode schnell anhand der farbigen Umrandungen sehen, dass sich ein falscher Zellbezug eingeschlichen hat.

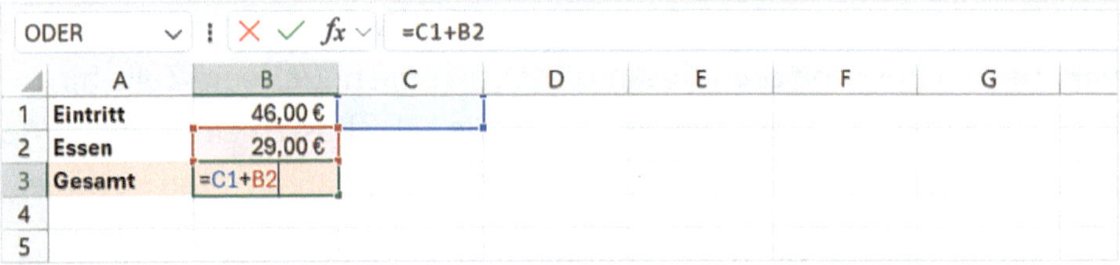

Mittels Farbsystem erkennen Sie, auf welche Zellen die Formel zugreift.

Dazu zeigen Sie mit der Maus auf den Rahmen. Es erscheinen am Mauszeiger 4 Richtungspfeile und Sie können nun den Rahmen mit gedrückter linker Maustaste beliebig verschieben.

- Am einfachsten lässt sich der Fehler beheben, indem Sie im Tabellenblatt einfach den farbigen Rahmen um den falschen Zellbezug mit der Maus auf die richtige Zelle verschieben ❶ (Richtungspfeile am Mauszeiger!).

- Oder klicken Sie in die Formel, löschen den gesamten fehlerhaften Zellbezug B1 und fügen dann durch Anklicken der Zelle mit der Maus den richtigen Bezug ein ❷.

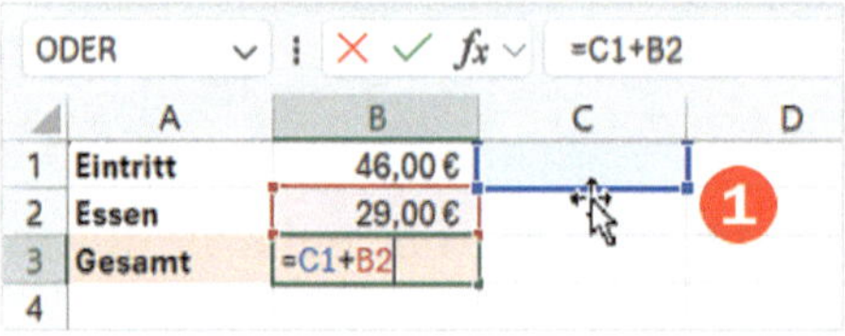

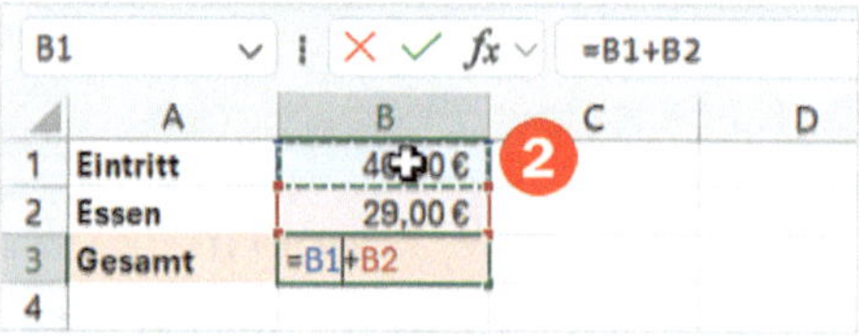

Automatische Neuberechnung bei Änderung der Zellinhalte

Bleiben wir bei unserem Beispiel: Sie stellen fest, dass ohne Ihr Wissen noch zwei Eis am Stiel für insgesamt 6,00 € verzehrt wurden. Diese erhöhen den Betrag in Zelle B2 von 29,00 € auf 35,00 €.

- Markieren Sie die Zelle B2, geben Sie den neuen Betrag ein und schließen Sie mit der Eingabetaste ab. Jetzt wird automatisch der neue Gesamtbetrag in Zelle B3 angezeigt.

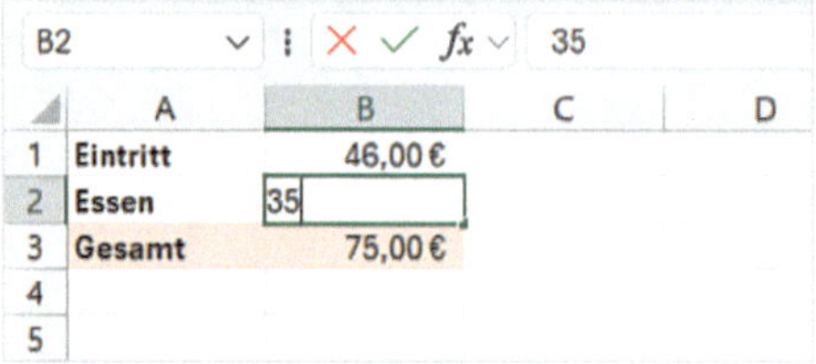

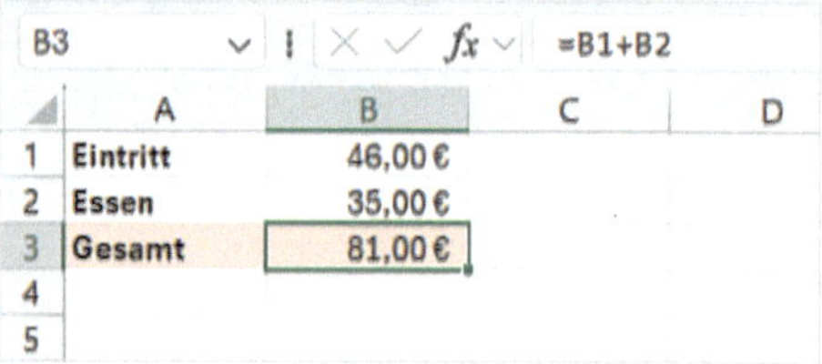

Berechnung erweitern

Sie können natürlich jederzeit weitere Zellen der Berechnung hinzufügen. Im folgenden Beispiel fehlen noch die „Fahrtkosten". Dazu haben wir über der Zeile mit dem Gesamtergebnis eine neue, leere Zeile hinzugefügt (siehe dazu Seite 250) und dann die Fahrtkosten eingetippt. Wie Sie sehen, umfasst die Formel trotzdem nur die beiden ersten Beträge.

- Doppelklicken Sie in die Ergebniszelle, setzen Sie den Cursor an das Ende der Formel und tippen Sie das Additionszeichen + ein. Wählen Sie dann durch Anklicken mit der Maus die Zelle B3 aus bzw. fügen Sie diesen Zellbezug der Formel hinzu und schließen Sie die Änderung mit der Eingabetaste ab.

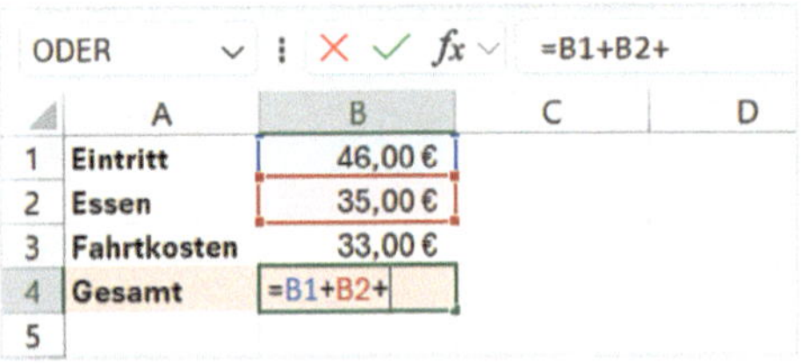

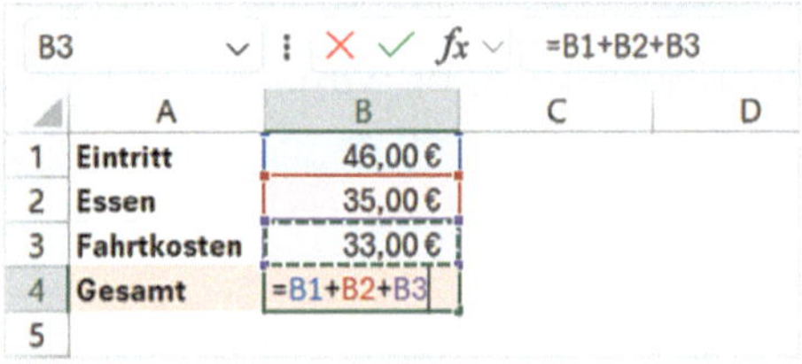

Beim Einfügen einer neuen Zeile erhalten deren Zellen automatisch das Format der Zellen aus der darüber liegenden Zeile, hier das Zahlenformat Buchhaltung.

Einfügeoptionen: Format übernehmen

Vielleicht ist Ihnen beim Nachvollziehen der Übung aufgefallen, dass die Fahrtkosten automatisch das Format *Buchhaltung* erhalten haben. Dafür sorgen die Einfügeoptionen, die beim Einfügen einer neuen Zeile in Form eines Pinselsymbols erscheinen. Tippen Sie darauf, um alle Optionen anzuzeigen. Standardmäßig wird das Format der Zeile darüber übernommen, was für unser Beispiel gut passt. Alternativ können auch die Formate der darunter liegenden Zeile angewendet werden, hier wäre das auch die rote Hintergrundfarbe. Mit *Formatierung löschen* erhalten alle Zellen der neuen Zeile das Format *Standard*.

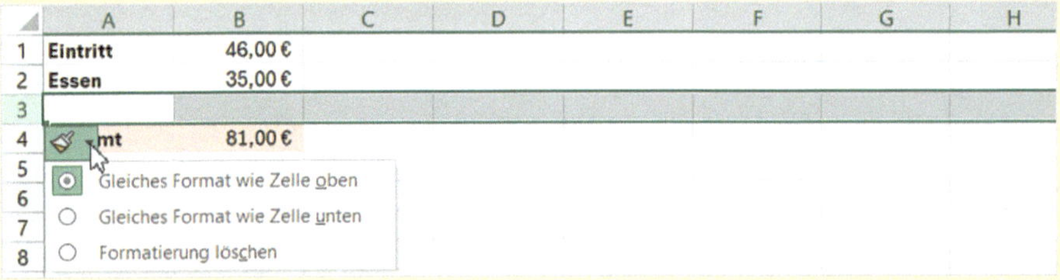

Die Einfügeoptionen erscheinen auch beim Hinzufügen von Spalten.

Die Funktion Summe und weitere

Funktionen sind vordefinierte Formeln bzw. Rechenanweisungen, die in Excel integriert sind. Mit Funktionen addieren Sie beispielsweise eine lange Reihe von Zahlen ohne viel Aufwand, berechnen den Durchschnitt oder zeigen passend zum Datum die Kalenderwoche an. Funktionen verfügen immer über einen Namen. Die bekannteste Excel-Funktion ist **SUMME** für die Addition mehrerer Zahlen.

Die passende Funktion wählen Sie über das Menüband aus und wählen dann die Zellen aus, mit denen gerechnet werden soll. Alle Funktionen finden Sie geordnet nach Kategorien im Register *Formeln*, Gruppe *Funktionsbibliothek*. Zur Auswahl klicken Sie eine Kategorie und dann die gewünschte Funktion an.

Lassen Sie sich nicht durch die Vielzahl an Funktionen verwirren!

Excel 2024 und ältere Versionen bringen im Vergleich zu Microsoft 365 wesentlich weniger Funktionen mit. Außerdem befinden sich darunter zahlreiche Funktionen, die Sie garantiert nie brauchen werden. Außer Sie sind Mathematiker oder Statistiker.

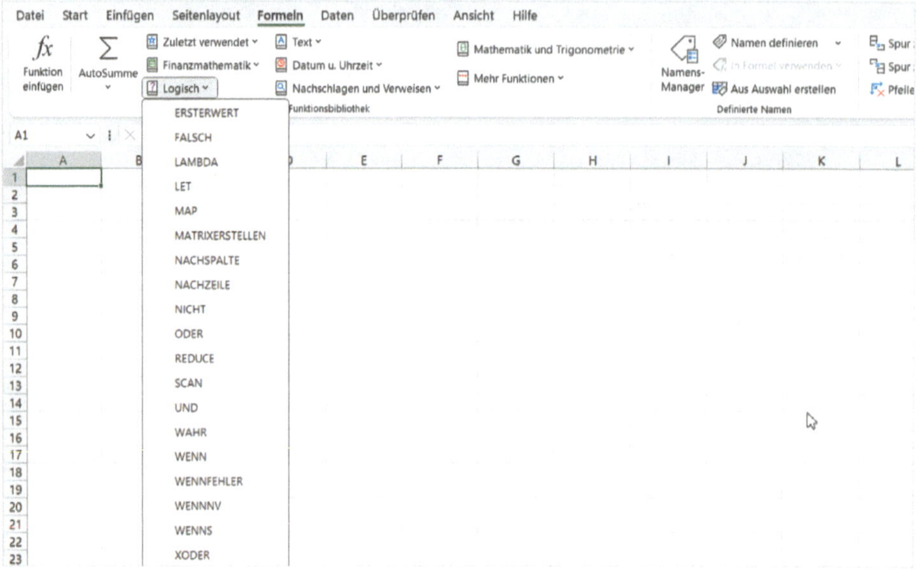

Aufbau einfacher Funktionen

- Funktionen beginnen wie Formeln mit einem **Gleichheitszeichen**.
- Daran schließt der **Funktionsname** (z. B. **Summe**) an, gefolgt von zwei Klammern ().
- Durch Auswahl einer Funktion werden diese Informationen bereits in die Zelle eingefügt. Das muss nicht eingetippt werden.
- Innerhalb der Klammern geben Sie an, mit welchen Zellen Sie rechnen möchten. Mehrere Zellen müssen nicht einzeln, sondern können auch als **Bereich** in der Schreibweise *Erste Zelle : Letzte Zelle*, getrennt durch einen Doppelpunkt, angegeben werden, z. B. B1:B5. Das bedeutet, alle Zellen zwischen der ersten (B1) und letzten angegebenen Zelle (B5) werden in die Berechnung einbezogen.
- Komplexere Funktionen benötigen noch **weitere Argumente**, die jeweils durch einen Strichpunkt getrennt werden.

Eingabe der Funktion SUMME

Eine der wichtigsten Funktionen ist die Summen-Funktion. Sie addiert die Inhalte mehrerer Zellen. Natürlich könnte man dieses Ergebnis auch durch die Eingabe einer Formel, wie beispielsweise *=A1+A2+A3+A4+A5*, erreichen. Dies ist allerdings zeitraubend und fehleranfällig.

Register Formeln

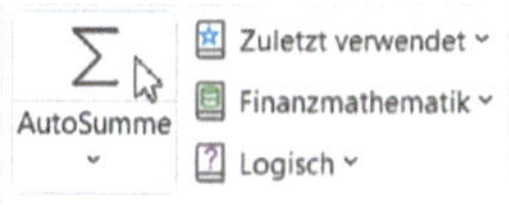

Die Funktion **Summe** finden Sie unter der Bezeichnung *Σ AutoSumme* sowohl im Register *Formeln*, als auch im Register *Start*, Gruppe *Bearbeiten*. So gehen Sie vor:

Register Start

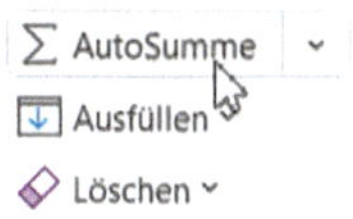

1. Markieren Sie die Zelle, in der Sie die Summe berechnen möchten, hier B8 ❶.
2. Tippen Sie auf das Symbol *Σ AutoSumme* ❷. Achtung – die Schaltfläche ist zweigeteilt: klicken Sie direkt auf das Symbol und nicht auf den Auswahlpfeil.
3. Excel fügt die Funktion **Summe** in die markierte Zelle ein ❸ und schlägt auch gleich den darüber liegenden Zellbereich vor, erkennbar am gestrichelten Laufrahmen. Alle Zahlen, die von diesem Rahmen umschlossen sind, werden in die Berechnung einbezogen.
4. In unserem Beispiel sind alle benötigten Zellen in den Laufrahmen eingeschlossen. Die Formel kann also ohne Änderungen übernommen werden. Betätigen Sie die Eingabetaste oder klicken Sie in der Bearbeitungsleiste auf das Symbol *Eingeben* ❹.

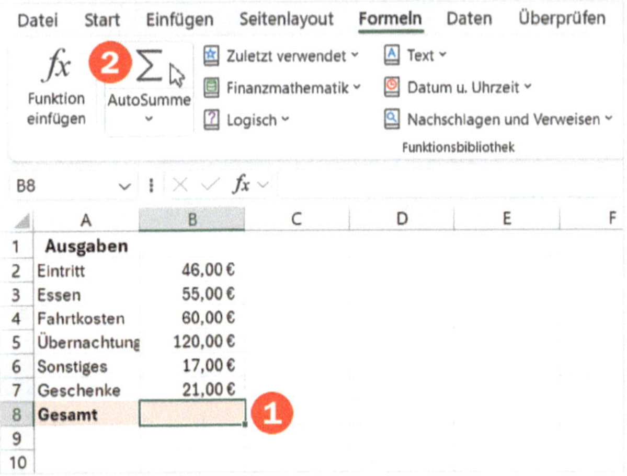

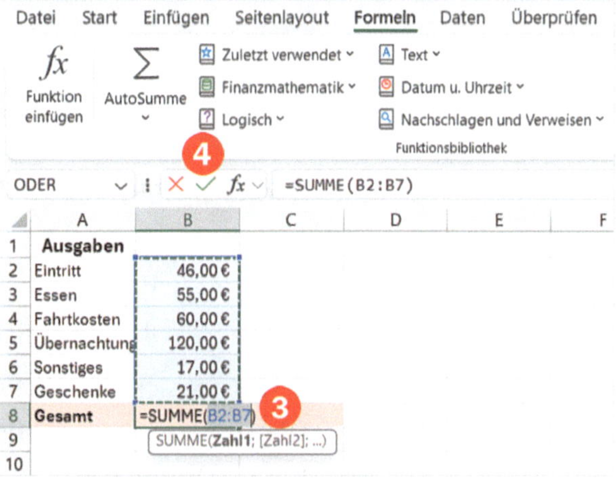

> Excel markiert automatisch die Zahlenreihe, die an die ausgewählte Ergebniszelle angrenzt. Meist werden auf diese Weise die korrekten Zahlen einbezogen. Falls nicht, können Sie – solange der gestrichelte Rahmen sichtbar ist – jederzeit durch Markieren mit der Maus einen anderen Zellbereich auswählen.

Mehrere Ergebnisse gleichzeitig berechnen

In Excel ist es nicht ungewöhnlich, dass viele Tabellen einheitlich aufgebaut sind und Zahlen in mehreren Spalten oder Zeilen addiert werden sollen. Durch Mehrfachmarkierung können Sie in solchen Fällen die Funktion **SUMME** gleich mehr einfügen. Im folgenden Beispiel soll der Gesamtbetrag der Ausgaben je Monat (Januar, Februar, März) berechnet werden:

In diesem Beispiel werden die Zellen der Zeile 7 automatisch mit eingeschlossen. Da diese leer sind, macht das nichts.

- Markieren Sie alle Zellen, in denen die Summe berechnet werden soll, hier B8, C8 und D8 und klicken Sie die Schaltfläche *Σ AutoSumme* an. In jede der Zellen wird die passende Formel zur Addition der darüber befindlichen Zahlen eingefügt.

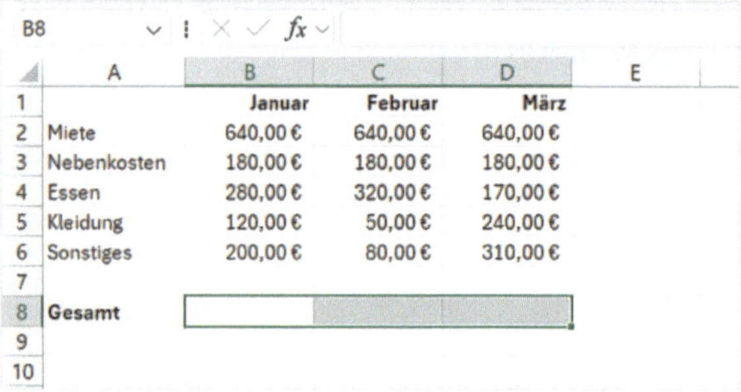

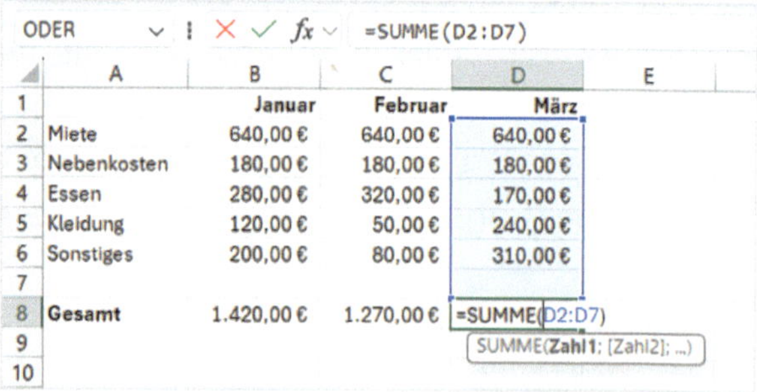

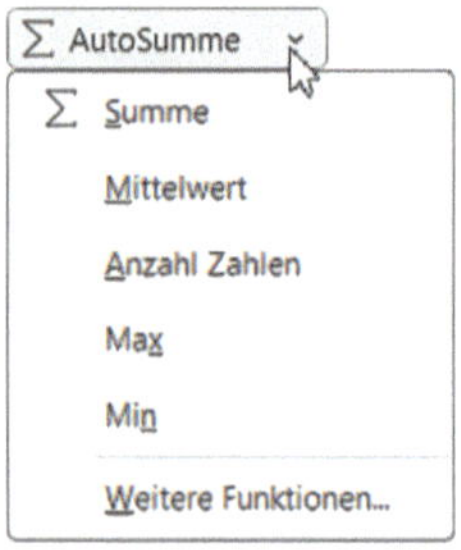

Anzahl, Mittelwert, größter und kleinster Wert

Neben der **Summe** finden Sie im Auswahlmenü bzw. mit Klick auf den Pfeil der Schaltfläche *Σ AutoSumme* noch weitere einfache Funktionen, deren Handhabung sich nicht von der Summe unterscheidet.

So lassen sich der Mittelwert (Durchschnitt), der größte und der kleinste Wert, sowie die Anzahl der Zahlen eines Zellbereichs schnell ermitteln. Bei der Verwendung dieser Funktionen gehen Sie vor, wie bei der Berechnung der Summe.

Funktion	Beschreibung
Mittelwert	Berechnet das arithmetische Mittel (Durchschnitt) aus dem markierten Zellbereich.
Anzahl	Ermittelt die Anzahl der Zellen im Zellbereich, die Zahlen enthalten; Text und leere Zellen werden nicht eingerechnet .
Max	Ermittelt den größten Wert eines Zellbereichs.
Min	Ermittelt den kleinsten Wert eines Zellbereichs.

Beispiel: Rechnen mit ANZAHL, MITTELWERT, MIN und MAX
In eine Excel-Tabelle wurden die Zeiten der Teilnehmer einer Laufveranstaltung eingetragen. Sie möchten jetzt folgende Werte ermitteln:

- Wie viele Personen nahmen teil? Funktion **ANZAHL**
- Beste Zeit: Funktion **MIN**
- Schlechteste Zeit: Funktion **MAX**
- Durchschnittszeit: Funktion **MITTELWERT**

Berechnung der Teilnehmer insgesamt: Markieren Sie die Zelle E2 ❶ und klicken Sie im Register *Start* oder *Formeln* ▶ Schaltfläche *Σ AutoSumme* auf den Auswahlpfeil und wählen *Anzahl* bzw. *Anzahl Zahlen* ❷ aus. Markieren Sie mit der Maus den Bereich B2 bis B14 ❸ mit den Zeiten der einzelnen Läufer, dieser Zellbereich wird dadurch in die Funktion eingefügt ❹. Drücken Sie abschließend die Eingabetaste.

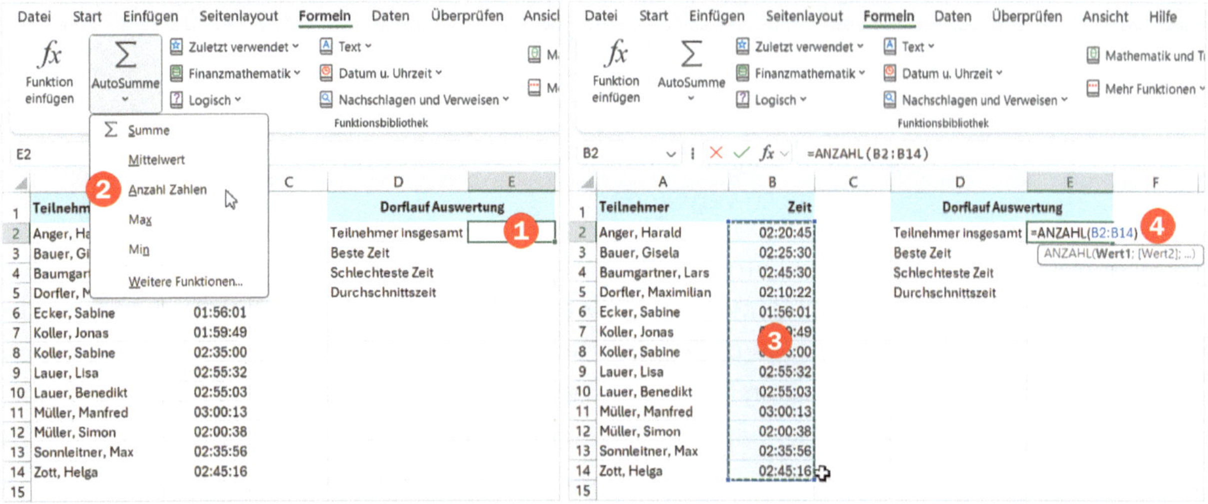

Ermittlung der Gewinnerzeit: Mit der Funktion **MIN** zeigen Sie den kleinsten Wert aus einer Reihe von Werten an. Markieren Sie die Zelle E3 und klicken Sie im Register *Start* ▶ Schaltfläche *Σ AutoSumme* auf den Auswahlpfeil und wählen Sie *Min* aus. Markieren Sie wieder den Bereich B2:B14 und drücken Sie dann die Eingabetaste.

Verfahren Sie für die Funktionen **MAX** und **MITTELWERT** analog. Hier lauten die Formeln: = MAX(B2:B14) und =MITTELWERT(B2:B14)

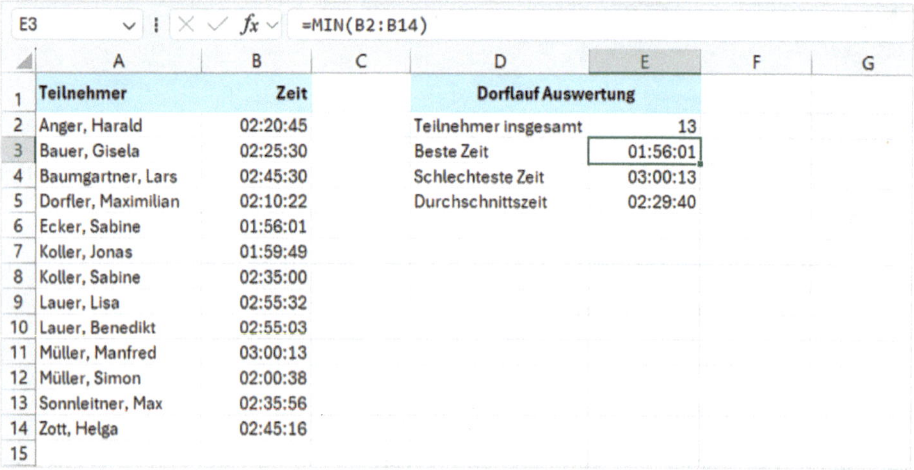
E3 =MIN(B2:B14)

	A	B	C	D	E	F	G
1	Teilnehmer	Zeit		Dorflauf Auswertung			
2	Anger, Harald	02:20:45		Teilnehmer insgesamt	13		
3	Bauer, Gisela	02:25:30		Beste Zeit	01:56:01		
4	Baumgartner, Lars	02:45:30		Schlechteste Zeit	03:00:13		
5	Dorfler, Maximilian	02:10:22		Durchschnittszeit	02:29:40		
6	Ecker, Sabine	01:56:01					
7	Koller, Jonas	01:59:49					
8	Koller, Sabine	02:35:00					
9	Lauer, Lisa	02:55:32					
10	Lauer, Benedikt	02:55:03					
11	Müller, Manfred	03:00:13					
12	Müller, Simon	02:00:38					
13	Sonnleitner, Max	02:35:56					
14	Zott, Helga	02:45:16					
15							

Hinweis: Rechnen mit Zeiten ist mit Excel problemlos möglich, vorausgesetzt Sie haben die Zeiten korrekt im Format Uhrzeit eingegeben, also mit Doppelpunkt als Trennzeichen, z. B. 02:55:23, wobei die Sekunden auch weggelassen werden könnten.

Weitere Funktionen entdecken

Die Erläuterung aller Excel-Funktionen würde den Rahmen des Buches sprengen. Auf der Suche nach weiteren Funktionen raten wir Ihnen, die Excel-Hilfe zu verwenden.

☛ Zum Öffnen klicken Sie im Register *Hilfe* auf *Hilfe* ❶. Wählen Sie dann entweder – falls angeboten – das Thema Formeln und Funktionen ❷ oder geben Sie den Suchbegriff *Funktionen* ein ❸. Klicken Sie dann auf *Funktionen* ❹. Hier können die Excel-Funktionen entweder nach Kategorie oder alphabetisch anzeigen und Erläuterungen mit Beispielen zu den einzelnen Funktionen aufrufen.

Mehr zur Hilfe erfahren Sie auf Seite 47.

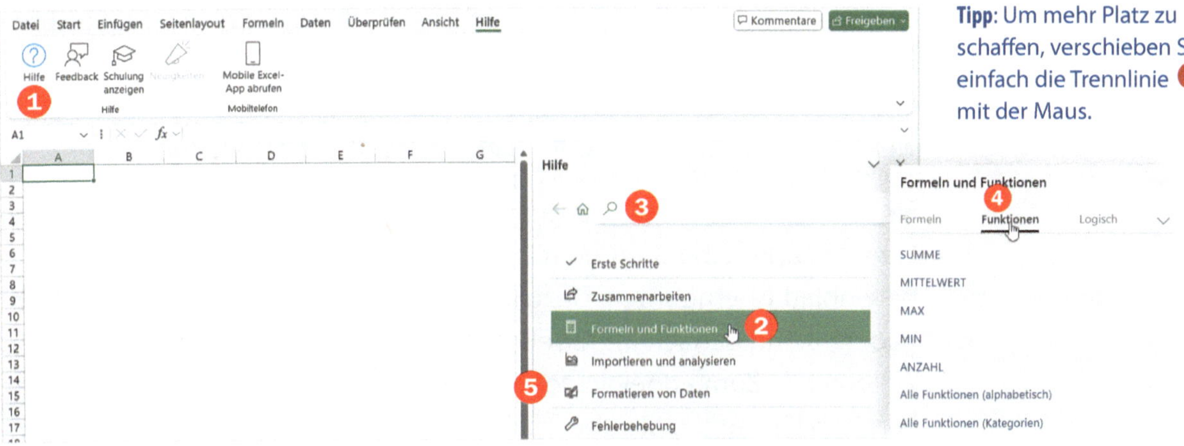

Tipp: Um mehr Platz zu schaffen, verschieben Sie einfach die Trennlinie ❺ mit der Maus.

Eine weitere Hilfe bietet im Menüband das Register *Formeln*. Hier können Sie in den einzelnen Kategorien stöbern, um die passende Funktion zu finden.

Im folgenden Beispiel möchten wir in Zelle B1 die Kalenderwoche der darunter aufgeführten Datumswerte ermitteln. Dazu passt im Register *Formeln* die Kategorie *Datum u. Uhrzeit*. Hier finden Sie gleich zwei Funktionen zum Thema, nämlich *Isokalenderwoche* und *Kalenderwoche*. Für unser Beispiel sollten Sie *Isokalenderwoche* wählen, da diese die Kalenderwoche automatisch nach europäischer Norm ermittelt. Mehr dazu auf der nächsten Seite.

Markieren Sie die Zelle B1, klicken Sie im Register *Formeln* auf *Datum und Uhrzeit* und wählen Sie *ISOKALENDERWOCHE*.

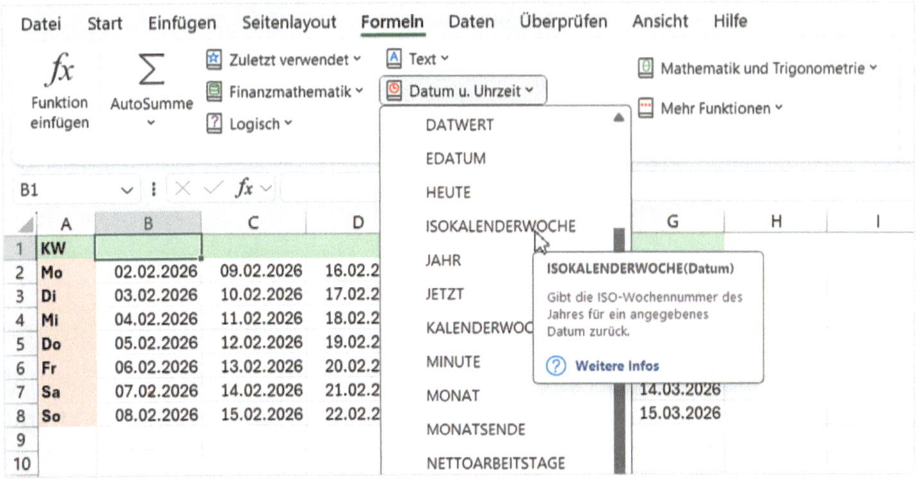

Verfügt eine Funktion über mehrere Eingabefelder, so sind Felder, in denen eine Eingabe erforderlich ist, fett gekennzeichnet.

Das Dialogfenster *Funktionsargumente* erscheint. Hier fügen Sie über Eingabefelder ❶ die erforderlichen Zellbezüge sowie eventuelle weitere Parameter zur Steuerung der Berechnung in die Funktion ein, diese werden zusammenfassend als **Funktionsargumente** bezeichnet.

Sie können die Funktionsargumente entweder über die Tastatur in die Eingabefelder eingeben oder Zellbezüge durch Anklicken aus dem Tabellenblatt übernehmen. Dazu klicken Sie zuerst in das betreffende Eingabefeld und danach im Tabellenblatt auf die Zelle oder markieren den Zellbereich. Zum angeklickten Eingabefeld erhalten Sie unterhalb eine kurze Erklärung ❷, die aber nicht immer weiterhilft. Wenn Sie mehr Informationen benötigen, tippen Sie unten links auf *Hilfe für diese Funktion* ❸. Dadurch öffnet sich im Browser die Microsoft-Support-Seite, vorausgesetzt, Sie verfügen über eine Verbindung zum Internet. Hier werden die Funktionsargumente ausführlich mit Beispielen erläutert.

Falls das Fenster den benötigten Zellbereich verdeckt, so ziehen Sie es mit gedrückter linker Maustaste einfach an eine andere Stelle.

Für unser Beispiel muss das Datum angegeben werden, für das die Kalenderwoche angezeigt werden soll.

- Klicken Sie in das Feld *Datum* und dann auf die Zelle B2 mit dem Datum 02.02.2026. Links unten sehen Sie eine Vorschau auf das Ergebnis (6), klicken Sie zum Übernehmen auf *OK*.

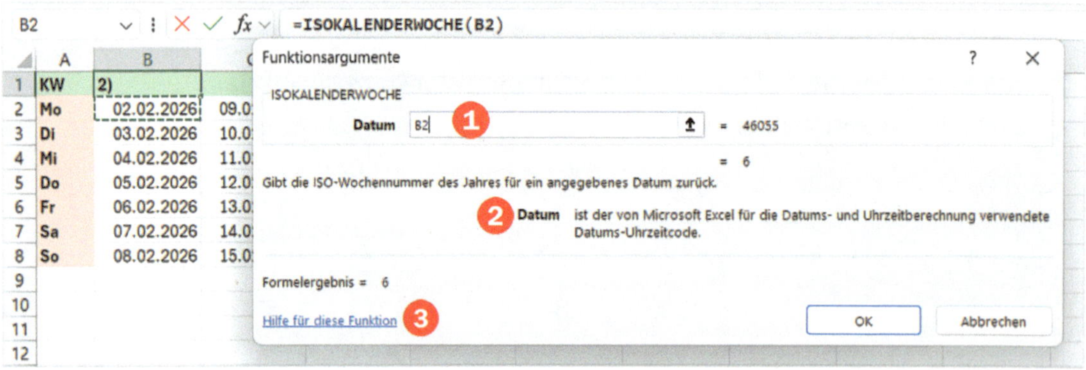

Was ist der Unterschied zur Funktion KALENDERWOCHE?

Die Funktion *Isokalenderwoche* berechnet die Kalenderwoche automatisch nach der europäischen Norm (ISO), nach der die erste Woche mit mindestens den ersten 4 Tagen des Jahres, oder anders ausgedrückt, mit dem ersten Donnerstag im Januar als Kalenderwoche 1 gezählt wird.

Wie Sie vielleicht gesehen haben, existiert auch noch die Funktion *Kalenderwoche*. Diese bietet mehrere Berechnungsmethoden an: Sie können wählen, ob die Woche mit dem 1. Januar als erste Kalenderwoche gezählt wird – dies ist z. B. in den USA der Fall – und außerdem angeben, mit welchem Tag die Woche beginnt. Auch hier gibt es weltweit Unterschiede, so beginnt beispielsweise die Woche in Ländern wie Japan, China, Israel oder auch den USA mit dem Sonntag. Falls lieber die Funktion KALENDERWOCHE verwenden möchten, gehen Sie so vor:

Durch die Regelungen entstehen in manchen Jahren keine Abweichungen zwischen den einzelnen Systemen, in anderen, z. B. 2027 dagegen schon.

1 Markieren Sie ebenfalls die Zelle B2 und wählen Sie im Register *Formeln* über die Schaltfläche *Datum u. Uhrzeit* die Funktion *KALENDERWOCHE* aus. Das Fenster *Funktionsargumente* weist nun 2 Eingabefelder auf, wobei die zwingend erforderliche Eingabe fett hervorgehoben ist.

2 Klicken Sie in das Feld *Fortlaufende_Zahl* und danach im Tabellenblatt wieder auf die Zelle B2.

3 Das zweite Eingabefeld *Zahl_Typ* steuert die Berechnung, hier müssen Sie die Zahl 21 eintippen, um die Kalenderwoche nach dem europäischen System zu erhalten. Klicken Sie zuletzt auf *OK*.

Tipp: Diese Information finden Sie in der Hilfe zu dieser Funktion.

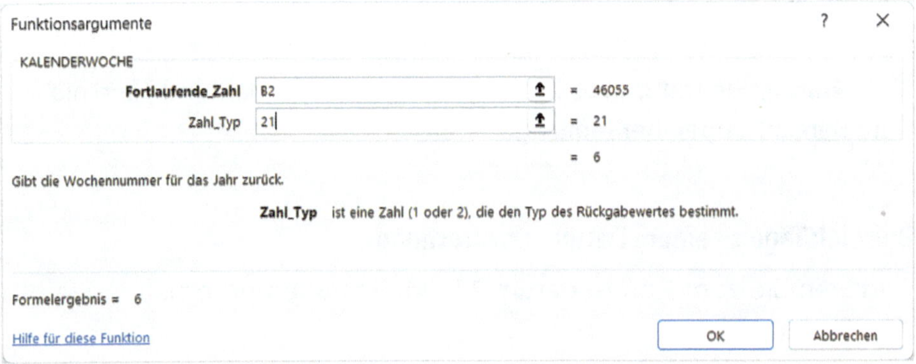

Funktion kopieren

Mit beiden Funktionen erhalten Sie als Ergebnis die Kalenderwoche 6. Markieren Sie nun die Zelle mit der Funktion und kopieren Sie diese nach rechts über die angrenzenden einzelnen Spalten hinweg. Dazu zeigen Sie mit der Maus auf die rechte untere Ecke der Zelle, halten die linke Maustaste gedrückt und ziehen über die einzelnen Spalten.

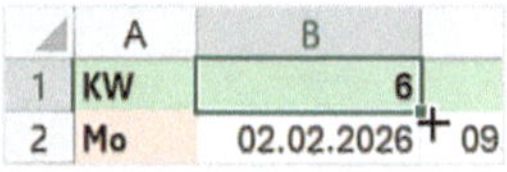

Genaueres zum Kopieren von Formeln erfahren Sie auf Seite 312. Im Moment freuen wir uns, dass uns diese Möglichkeit viel Arbeit erspart.

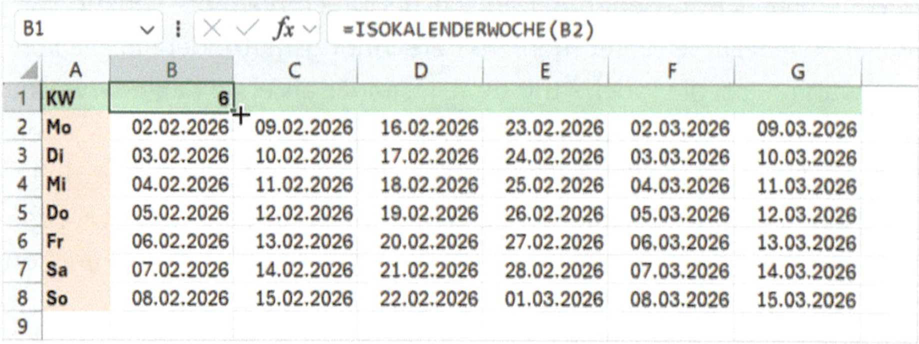
B1 =ISOKALENDERWOCHE(B2)

	A	B	C	D	E	F	G
1	KW	6					
2	Mo	02.02.2026	09.02.2026	16.02.2026	23.02.2026	02.03.2026	09.03.2026
3	Di	03.02.2026	10.02.2026	17.02.2026	24.02.2026	03.03.2026	10.03.2026
4	Mi	04.02.2026	11.02.2026	18.02.2026	25.02.2026	04.03.2026	11.03.2026
5	Do	05.02.2026	12.02.2026	19.02.2026	26.02.2026	05.03.2026	12.03.2026
6	Fr	06.02.2026	13.02.2026	20.02.2026	27.02.2026	06.03.2026	13.03.2026
7	Sa	07.02.2026	14.02.2026	21.02.2026	28.02.2026	07.03.2026	14.03.2026
8	So	08.02.2026	15.02.2026	22.02.2026	01.03.2026	08.03.2026	15.03.2026
9							

Rechnen mit Datum und Uhrzeit

Ein Datum stellt in Excel eigentlich eine fortlaufende Zahl dar, die mit dem 01.01.1900 beginnt und als Datum formatiert ist. Daher sind in Excel auch Berechnungen mit Datumswerten möglich.

Datum	Zahl
01.01.1900	= 1
02.01.1900	= 2
02.01.1949	=17.900
22.02.2026	= 46.075

Wenn Sie die Zahl anzeigen möchten, mit der Excel die Datumsberechnung durchführt, weisen Sie einfach dem eingegebenen Datum das Format *Standard* zu.

Achtung: Ein Datum vor 1900 wird als Text behandelt und kann nicht für Berechnungen herangezogen werden.

Beispiel: Tage zu einem Datum hinzurechnen

Addieren Sie zum Anreisedatum 11 Urlaubstage und erhalten Sie das Abreisedatum.

Hinweis: Excel kann keine negativen Datumswerte darstellen und zeigt stattdessen das #-Zeichen an.

1 Markieren Sie die Zelle C2 und tippen Sie ein Gleichheitszeichen ein. Klicken Sie dann auf die Zelle, die das Anreisedatum enthält.

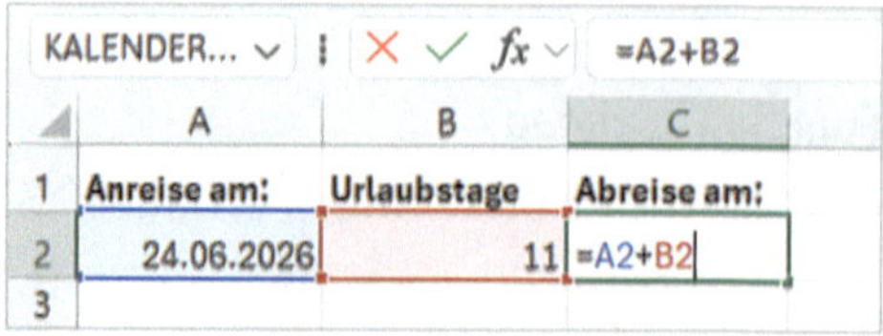
KALENDER... =A2+B2

	A	B	C
1	Anreise am:	Urlaubstage	Abreise am:
2	24.06.2026	11	=A2+B2
3			

2 Geben Sie ein Pluszeichen über die Tastatur ein und tippen Sie auf die Zelle mit den Urlaubstagen. Bestätigen Sie mit der Eingabetaste.

Beispiel 2: Wie viele Tage liegen zwischen zwei Datumswerten?

Sie möchten berechnen, wie viele Tage zwischen zwei Datumsangaben liegen? Dazu ziehen Sie einfach vom größeren (weiter in der Zukunft liegenden) das kleinere Datum d. h. näher am aktuellen Datum liegende ab. Als Ergebnis erhalten Sie die Differenz in Tagen. Sollte stattdessen ein Datum als Ergebnis erscheinen, dann formatieren Sie die Zelle mit dem Format *Standard*.

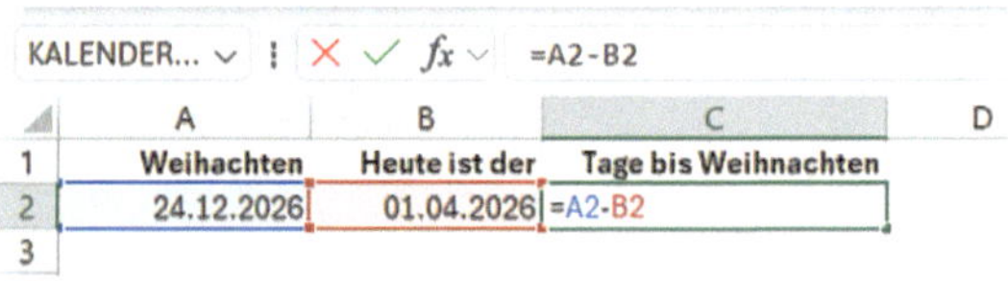

> **Wie kann ich stets das aktuelle Datum in Excel anzeigen?**
> Hier hilft die Funktion **HEUTE**. Diese liefert als Ergebnis das aktuelle Datum. Dieses wird beim erneuten Öffnen der Arbeitsmappe automatisch aktualisiert. Die Funktion **HEUTE** finden Sie im Register *Formeln* in der Kategorie *Datum u. Uhrzeit*. Die Funktion benötigt keine weiteren Argumente und kann auch einfach über die Tastatur eingetippt werden: =Heute(). Die beiden Klammern dürfen Sie allerdings nicht vergessen.

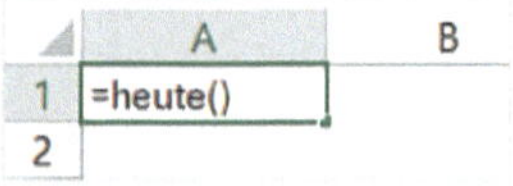

Zeitberechnungen

Zeitangaben geben Sie mit je einem Doppelpunkt zwischen Stunde, Minute und Sekunde in Excel ein, z. B. 15:36:10. Dadurch erhält die Zelle automatisch ein Uhrzeitformat. Uhrzeiten sind eigentlich formatierte Dezimalzahlen auf der Basis eines Tages (24 Stunden), wobei 0,5 beispielsweise für 12 Uhr mittags steht (0,5 * 24 = 12).

Die Sekunden können auch weggelassen werden, also z. B. 17:35

Auch Zeitangaben können für Berechnungen verwendet werden. Beachten Sie aber, dass das Standard-Uhrzeitformat von Excel nicht mehr als 24 Stunden anzeigt. Ist das Ergebnis einer Zeitberechnung negativ, so wird das #-Zeichen angezeigt.

Beispiel: Berechnung Kurszeit

In diesem Beispiel soll ermittelt werden, wie lange ein Kurs dauert. Dazu geben Sie eine Formel nach dem Muster =Endzeit – Beginnzeit ein.

- Markieren Sie die Ergebniszelle (D4)und tippen Sie ein Gleichheitszeichen ein. Klicken Sie dann auf die Endzeit in C4, tragen Sie das

Minusszeichen - (Bindestrich) ein und klicken Sie zuletzt auf den Beginn in B4. Übernehmen Sie die Formel mit der Eingabetaste.

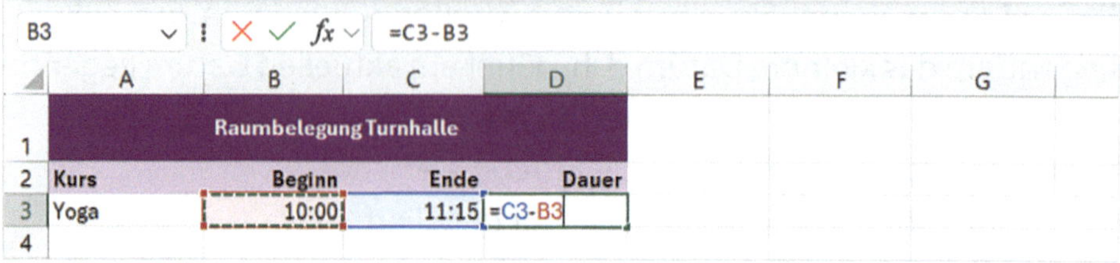

Sollten Sie die beiden Zeiten verwechselt haben, also die Formel =B4-C4 eingetragen haben, dann erhalten Sie statt eines Ergebnisses eine Reihe Rautenzeichen #. Ursache: Die Formel liefert ein negatives Ergebnis und dieses kann von Excel nicht dargestellt werden.

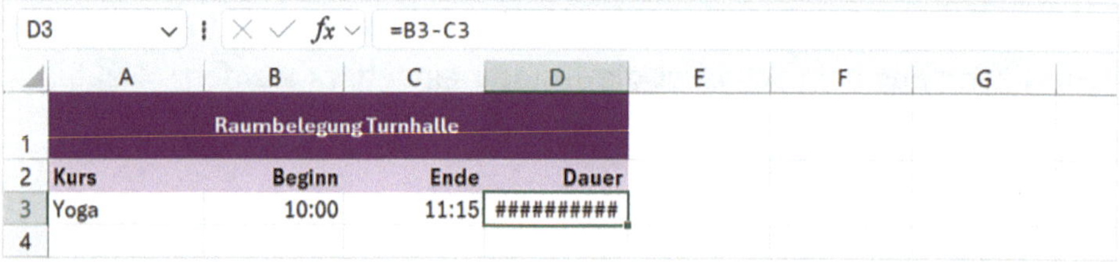

Fehler in Formeln erkennen und beheben

Im vorigen Kapitel haben Sie das Problem bereits kennengelernt, anstelle des Formelergebnisses wird ein Fehler angezeigt. Auf diese Fehlerwerte können Sie bei der Arbeit mit Excel stoßen:

Fehlerwert	Ursache
DIV/0!	Sie dividieren eine Zahl durch 0 oder eine leere Zelle. Dies ist mathematisch nicht zulässig.
#NAME?	Sie haben versehentlich einen Teil des Funktionsnamens gelöscht, z. B. =SUMM(A1:A3). Der Fehlerwert wird auch angezeigt, wenn zwei Zellbezüge ohne Trennung aufeinanderfolgen, z. B. =A1+B3C4. Oder Sie rechnen mit Namen, die nicht existieren oder falsch geschrieben sind. Man kann einzelnen Zellen in Excel Namen geben und diese dann anstatt des Zellbezugs in einer Formel verwenden. Diese Thema haben wir im vorliegenden Buch nicht behandelt.

#WERT!	Sie führen eine Berechnung mit einer Zelle durch, die Text anstelle einer Zahl enthält. Tipp: Auch ein Leerzeichen in einer vermeintlich leeren Zelle kann die Meldung hervorrufen.
#NV!	In einer Verweisfunktion wird nach einem Wert gesucht, der nicht vorhanden ist.
#BEZUG!	In einer Formel befindet sich ein Zellbezug, der beim Löschen einer Zeile oder Spalte entfernt wurde. Beim Kopieren oder Verschieben einer Formel werden die Zellbezüge automatisch angepasst. Wenn eine Anpassung aufgrund der Zielposition nicht möglich ist, wird ebenfalls dieser Fehlerwert angezeigt.
#NULL!	Erscheint dieser Fehlerwert, kontrollieren Sie, ob die Zellbereiche in der Formel korrekt eingegeben sind oder ein Doppelpunkt fehlt. Eine andere Möglichkeit wäre, dass zwischen zwei Zellbezügen anstelle eines Operators ein Leerzeichen eingeben wurde.

Hilfe zum Fehlerwert erhalten

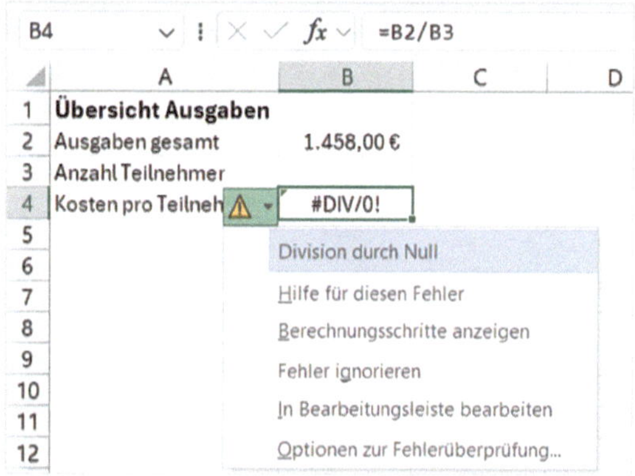

Im Beispiel rechts sollen die Ausgaben auf die Teilnehmer verteilt werden. In Zelle B3 ist die endgültige Teilnehmerzahl noch nicht hinterlegt. In Zelle B4 wurde dagegen die Formel =B2/B3 zur Berechnung schon eingetragen und das Ergebnis ist der Fehlerwert *DIV/0*.

Da das Feld B3, durch das geteilt wird, leer ist – was in Excel mit der Zahl 0 gleichgesetzt wird – erscheint der Fehlerwert *DIV/0*, der besagt, dass durch 0 nicht dividiert werden darf.

Um weitere Informationen und Hilfe zu erhalten, markieren Sie die Zelle, die den Fehlerwert enthält und klicken dann auf das gelbe Ausrufezeichen. Mit der Auswahl *Hilfe für diesen Fehler*, öffnen Sie die Excel Hilfe und erhalten Beispiele zu möglichen Fehlern.

Im hier beschriebenen Fall ist keine Aktion Ihrerseits erforderlich, da, sobald Sie die Anzahl der Teilnehmer eintragen, nicht mehr durch Null geteilt wird und der Fehler damit behoben ist.

Grünes Dreieck

Excel weist auch durch ein grünes Dreieck in der Zelle auf Fehler hin. Um mehr zu erfahren, gehen Sie so vor:

- Klicken Sie die fehlerhafte Zelle an. Ein Warnsymbol ⚠ wird angezeigt. Durch Anklicken des Symbols erhalten Sie Informationen zum Fehler und sofern möglich, auch gleich den Befehl zu dessen Korrektur.

Im unten abgebildeten Beispiel wurden die Beiträge zusammengerechnet, allerdings umfasst die Formel =SUMME (D5:D13) nicht alle Zellen der Spalte ❶. Deshalb erhalten Sie die Fehlerbeschreibung *Die Formel schließt nicht alle angrenzenden Zellen ein* ❷.

- Klicken Sie auf *Bezug erweitern, um Zellen einzuschließen*.

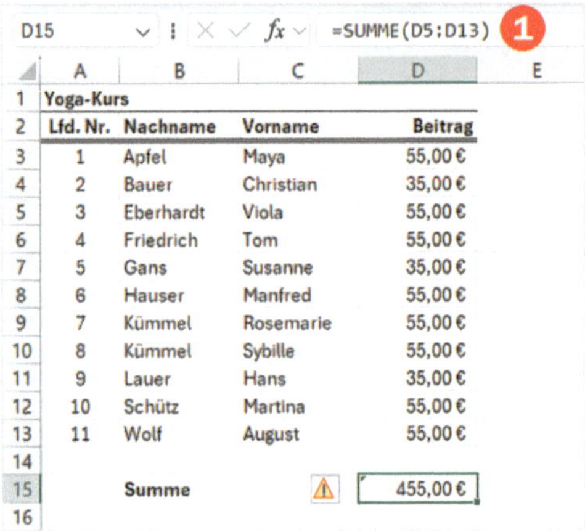

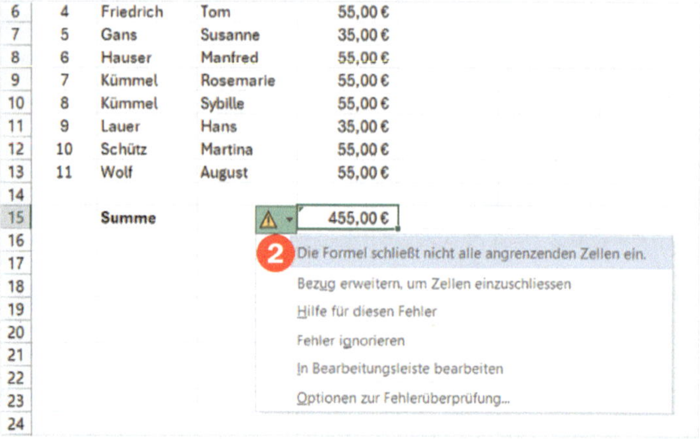

Achtung: Nicht immer liegt tatsächlich ein Fehler vor. Das grüne Dreieck wird beispielsweise auch angezeigt, wenn sich eine Formel von den übrigen in der Spalte/ Zeile unterscheidet oder wenn eine Zahl als Text formatiert wurde.

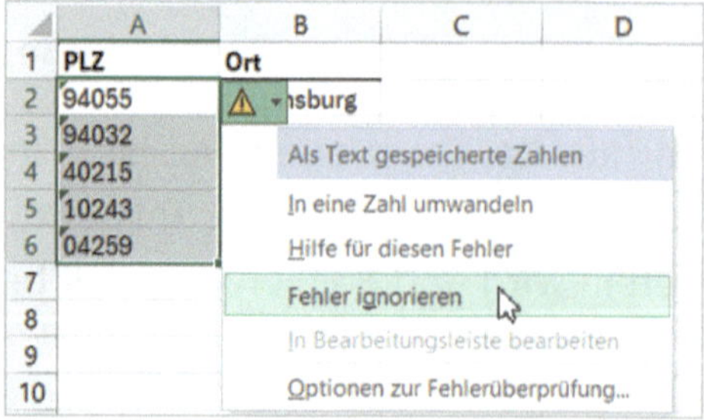

- Falls die Eingabe so von Ihnen beabsichtigt ist, wählen Sie in der Optionsliste *Fehler ignorieren* aus. Das kann auch gleich für mehrere Zellen erledigt werden. In unserem Beispiel wurden auf die Postleitzahlen als Text formatiert, damit auch Postleitzahlen, die mit 0 beginnen, korrekt angezeigt werden.

Zirkelbezug

Die Warnmeldung Zirkelbezug erscheint, wenn Sie in einer Formel auch die Zelladresse der Ergebniszeile verwenden – zum Beispiel, wenn Sie wie im Bild unten versuchen, in **C5** mit der Formel =SUMME(C2:C5) die Summe über C2 bis **C5** zu berechnen. Dies kann von Excel nicht berechnet werden und nach Betätigen der Eingabetaste erscheint anstelle eines Ergebnisses eine Zirkelbezugswarnung.

Nachdem Sie die Warnung mit der Schaltfläche *OK* bestätigt haben, wird als Formelergebnis 0 oder ein Strich (Format *Buchhaltung*) angezeigt. Jetzt können Sie die Formel berichtigen.

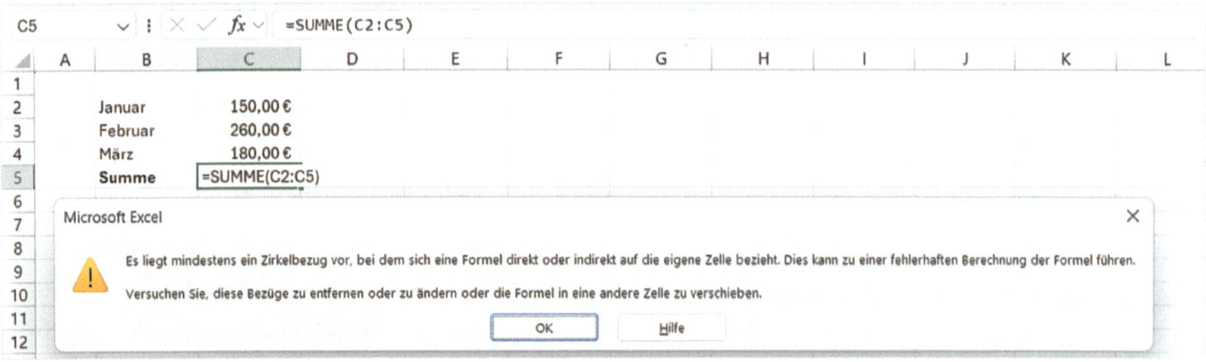

Rautezeichen

Das #-Zeichen ist eigentlich keine Fehlermeldung (Ausnahme negative Datums- oder Uhrzeitformate). Es bedeutet, dass die Spaltenbreite zur Anzeige der vollständigen Zahl – dies kann auch ein Datum oder eine Uhrzeitangabe sein – nicht ausreicht. Ändern Sie die Spaltenbreite oder formatieren Sie, falls möglich, die Zahl mit weniger Nachkommastellen.

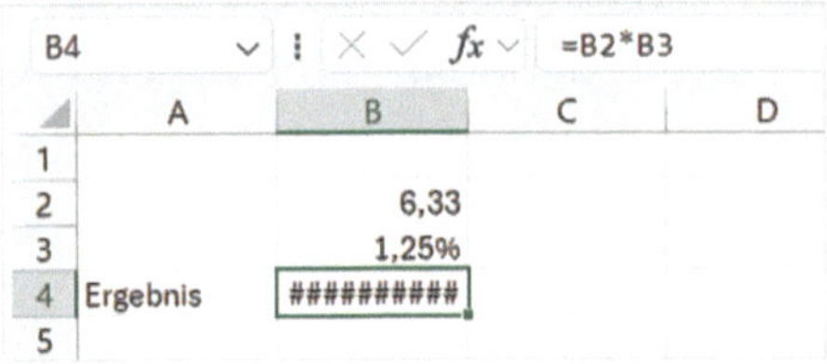

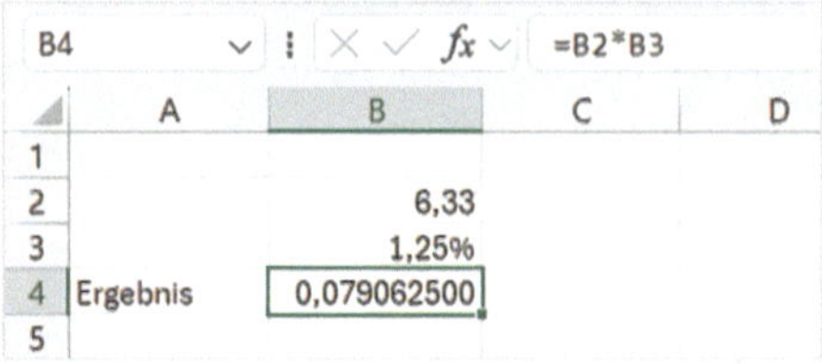

Formel in angrenzende Zellen kopieren

Häufig wird eine Formel oder Funktion gleich für mehrere Zeilen oder Spalten benötigt. Mithilfe der Kopierfunktion können Sie schnell eine Formel in angrenzende Zellen übertragen. Die Handhabung ist dieselbe wie beim Kopieren von Text oder Zahlen.

1 Markieren Sie die Zelle, die die Formel enthält. Zeigen Sie mit der Maus in die unteren rechten Ecke des Markierungsrahmens. Der Mauszeiger wird als Pluszeichen (+) dargestellt ❶.

2 Drücken Sie nun die linke Maustaste und ziehen Sie die Formel mit gedrückter linker Maustaste über den auszufüllenden Zellbereich. Die Formel wird in die angrenzenden Zellbereiche kopiert ❷.

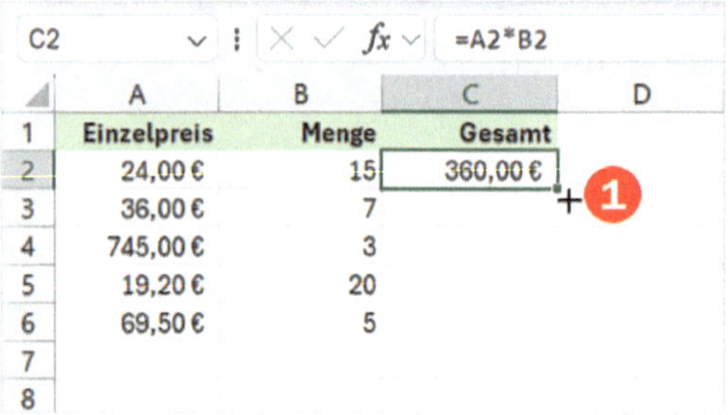

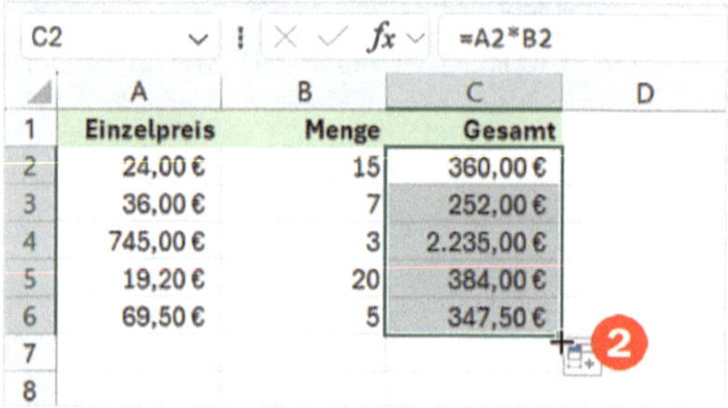

- **Tipp**: Ein Doppelklick auf das Ausfüllkästchen kopiert die Formel automatisch in alle Zeilen der Spalte bis zur ersten Leerzeile. Dies ist vor allem beim Kopieren von Formeln in umfangreichen Tabellen nützlich, allerdings darf die Tabelle keine Leerzeilen enthalten.

- Eine Formel kann auch mit den Schaltflächen *Kopieren* und *Einfügen* (Register *Start*) oder mit **Strg + C** und **Strg + V** in andere Zellen kopiert werden.

Achtung: Nicht alle Formeln lassen sich ohne weiteres kopieren! Kontrollieren Sie die kopierten Formeln und deren Zellbezüge. Wenn Sie falsche Ergebnisse bzw. falsche Zellbezüge erhalten, dann sollten Sie sich mit dem nächsten Punkten „relative und feste Zellbezüge in Formeln" näher befassen.

Ohne Formatierung ausfüllen

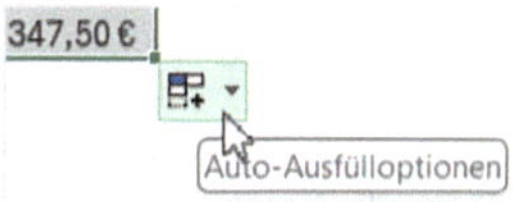

Ein häufiges Problem beim Kopieren von Formeln entsteht dadurch, dass zusammen mit der Formel auch alle Zellformate, wie z. B. Füllfarben oder Linien kopiert werden. Dies können Sie verhindern, wenn Sie unmittelbar nach dem Kopieren auf die Schaltfläche *Auto-Ausfülloptionen* ❸ klicken und *Ohne Formatierung ausfüllen* ❹ auswählen. Das Zahlenformat der kopierten Zelle wird dann natürlich ebenfalls nicht übernommen, dieses kann aber schnell wieder zugewiesen werden.

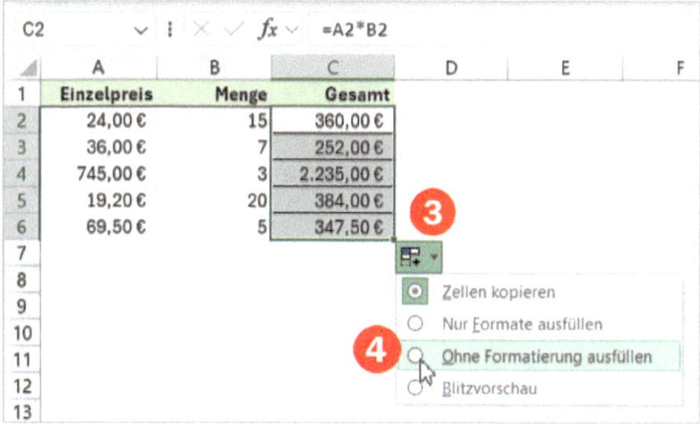

Was sind relative Zellbezüge?

Bis jetzt verwenden Sie in Formeln Zellbezüge in ihrer einfachsten Form: A1, B5 oder D7. Diese Zellbezüge werden auch relative Zellbezüge genannt. Auf der vorherigen Seite haben Sie bereits Formeln kopiert und sich vielleicht gefragt, weshalb die Zellbezüge angepasst und die Berechnungen mit den korrekten Werten durchgeführt werden. Grund hierfür sind die relativen Zellbezüge.

Wenn Sie in einer Formel einen relativen Zellbezug verwenden, dann verweisen Sie eigentlich ausgehend von der aktiven Zelle auf eine bestimmte Position mit relativem Abstand. Verwenden Sie beispielsweise in einer Formel in der Zelle A1 den Zellbezug B1, so ist dies ein Verweis auf die rechts angrenzende Zelle. Kopieren Sie die Formel in die Zeile 2, so enthält die Formel nun einen Verweis auf die rechts angrenzende Zelle der Zeile 2, also B2.

Deshalb können Formeln mit relativen Zellbezügen problemlos kopiert werden. Die Formel bleibt dabei gleich, nur die Zellbezüge werden beim Kopieren automatisch an die Zielzelle angepasst.

Beispiel: Kehren wir zum Beispiel auf der vorherigen Seite zurück – der Berechnung des Gesamtpreises. Dieser ergibt sich aus Einzelpreis * Menge.

- In Zelle C2 befindet sich die Formel *=A2*B2*.
- Diese wird nun aus der Zeile 2 in die Zeile 3 kopiert und die Formel passt sich entsprechend an: In Zelle C3 steht dann *=A3*B3*.
- Das Kopieren in Zeile 4 führt zu einer weiteren Änderung der Zellbezüge: In Zelle C4 steht *=A4*B4*. In Zeile 99 würde die Formel *=A99*B99* lauten.

Das Kopieren der Formel bedeutet hier also eigentlich: Multipliziere die Werte der beiden Spalten links von der aktuellen Zelle.

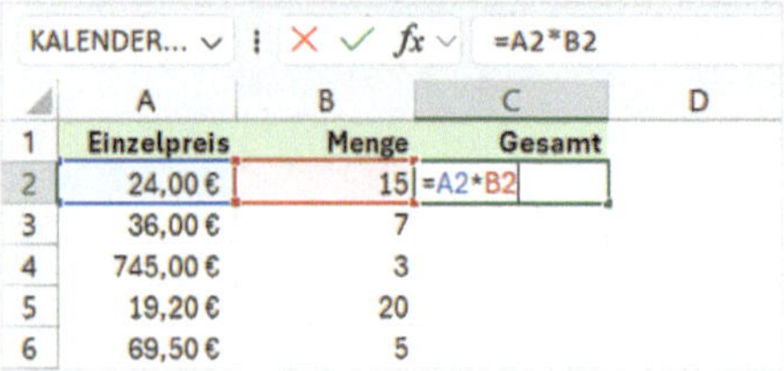

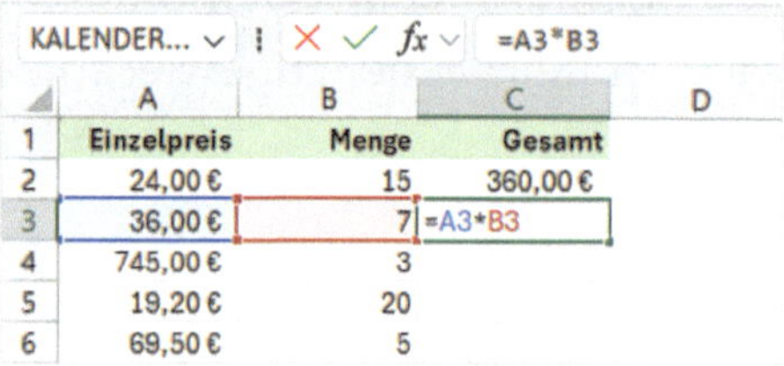

Automatisches Anpassen durch feste Zellbezüge verhindern

Nicht alle Formeln können auf diese Weise kopiert werden. In einigen Fällen führt dies zu einem falschen Ergebnis. Und zwar immer dann, wenn in der kopierten Formel ein Zellbezug nicht angepasst werden darf. Einen solchen Zellbezug, der beim Kopieren nicht angepasst werden soll, bezeichnet Excel als absoluten oder festen Zellbezug. Diese erhalten vor der Spalten- und Zeilennummer jeweils ein Dollarzeichen, beispielsweise A5.

Beispiel: Wir haben in einem Tabellenblatt ein Kochrezept notiert. Die Mengenangaben beziehen sich auf eine Person. Wir wollen jetzt berechnen, welche Menge für 2 Portionen notwendig sind.

- Die erste Formel in Zelle C5 lautet: =B5*C3 ❶
- Beim Kopieren der Formel erhalten Sie in der darunter liegenden Zelle allerdings als Ergebnis eine 0. Das kann nicht stimmen.
- Klicken Sie zur Überprüfung der zweiten Formel doppelt in die Zelle C6. An der farbigen Umrandung erkennen Sie, dass der Zellbezug von C3 auf C4 ❷ gerutscht ist und auf eine leere Zelle verweist.

Die Anpassung der Zellbezüge, die sonst erwünscht ist, führt hier zum falschen Ergebnis.

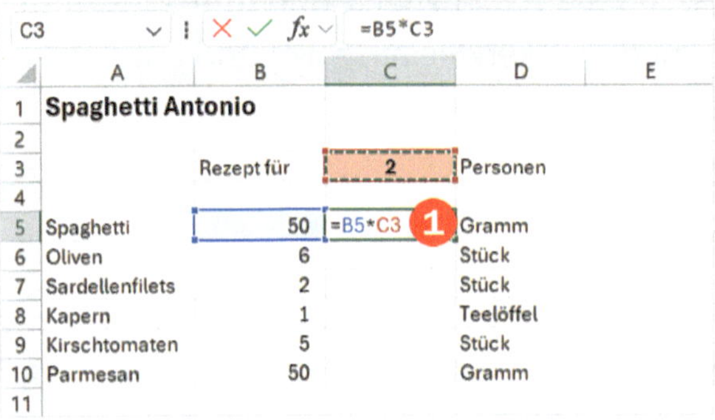

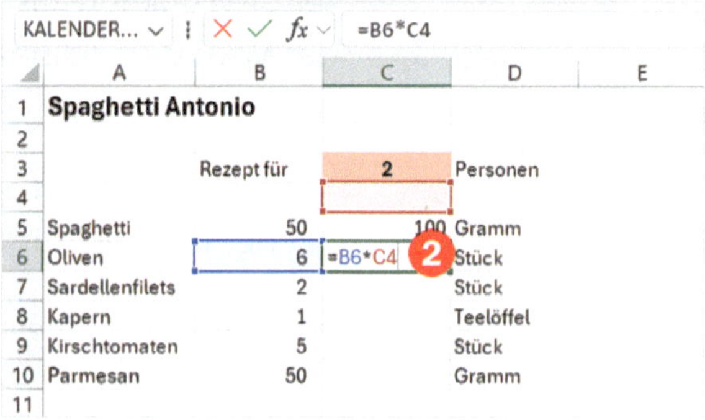

Aus diesem Grund muss aus dem relativen Bezug C3 ein fester Bezug werden. Löschen Sie beide Formeln, wir starten dieses Mal richtig:

- Geben Sie in die Zelle C5 folgende Formel ein: *=B5*C3* und drücken Sie unmittelbar nach dem Anklicken der Zelle C3 auf der Tastatur die Taste **F4**. Die Formel sieht nun so aus: *=B5*C3*.

Achtung: Auf einem Laptop müssen Sie eventuell noch die **Fn**-Taste zusammen mit der Taste **F4** drücken!

- Kopieren Sie die Formel in die nachfolgenden Zellen. Sie sehen, dass sich zwar die Zellbezüge der Spalte B hinsichtlich der Zeile anpassen, der Zellbezug C3 bleibt dagegen stets gleich.

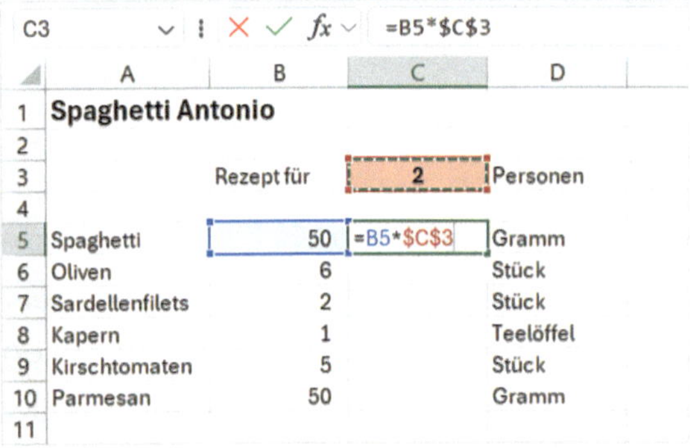

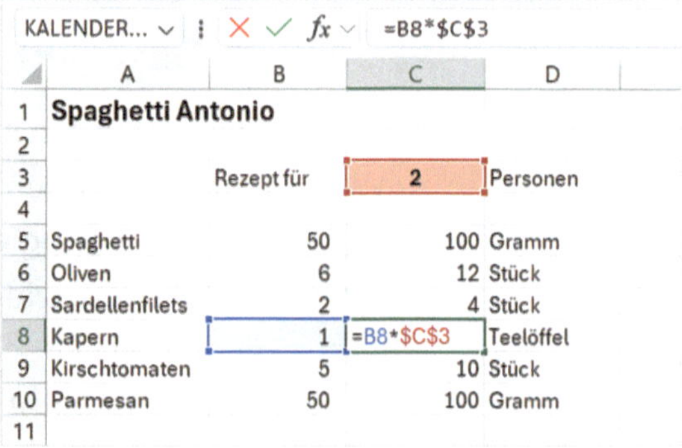

> Feste Zellbezüge werden auch beim Kopieren der Formel nicht verändert. Wenn weder Spalten noch Zeilen beim Kopieren angepasst werden sollen, dann muss sich das Dollarzeichen sowohl vor der Spalten- als auch vor der Zeilenbezeichnung befinden.

Tipp: Sie können jetzt jede beliebige Portionsgröße berechnen. Tippen Sie einfach in Zelle C2 die Anzahl der Gäste ein. Die Rezeptmengen werden durch die Formeln automatisch angepasst.

Drücken Sie mehrmals nacheinander die Taste F4 so erhalten Sie der Reihe nach die folgenden Schreibweisen: A1, A$1; $A1; A1.

Zellbezüge umwandeln

Anstatt das Dollarzeichen per Tastatur einzugeben, verwenden Sie besser die Funktionstaste **F4**. Fügen Sie dabei zuerst durch Anklicken mit der Maus den Zellbezug ein und drücken Sie anschließend auf der Tastatur die Taste F4.

Achtung: Auf einem Laptop müssen Sie eventuell die F4-Taste zusammen mit der Taste **Fn** drücken.

Sie können auch nachträglich einen relativen Zellbezug in einer Formel ändern: Klicken Sie doppelt auf die Zelle, um die Formel zu editieren oder markieren Sie alternativ die Zelle und arbeiten in der Bearbeitungsleiste. Der Cursor muss sich entweder unmittelbar vor, zwischen oder nach der Zelladresse befinden, die Sie zu einem festen Bezug ändern möchten. Drücken Sie dann die Taste F4.

Sie benötigen in einer Formel nur dann feste Zellbezüge, wenn Sie die Formel kopieren möchten und sich alle kopierten Formeln auf dieselbe(n) Zelle(n) beziehen sollen.

4.8 Excel-Tabellen drucken

Tabellen in Excel werden in der Regel seltener gedruckt als beispielsweise Word-Texte. Weswegen die Einstellungen zum Seitenlayout eine untergeordnete Bedeutung einnehmen. Vor dem Ausdruck sollten Sie unbedingt kontrollieren, wie die Seiteninhalte auf den Druckseiten verteilt werden würden. Als Druckbereich wählt Excel automatisch alle Zellen mit Inhalten und beginnt mit dem Drucken in der oberen linken Ecke eines Tabellenblatts. Die Ausrichtung ist standardmäßig Hochformat.

Verschaffen Sie sich einen Überblick

Die Ansichten *Seitenlayout* bzw. *Umbruchvorschau* zeigen schnell an, wie und auf wie vielen Seiten, die Inhalte des Tabellenblatts gedruckt werden. Am einfachsten wechseln Sie zu einer der Ansichten über die

Symbole in der Statusleiste am rechten unteren Programmfensterrand. Alternativ benutzen Sie im Menüband die Symbole im Register *Ansicht*.

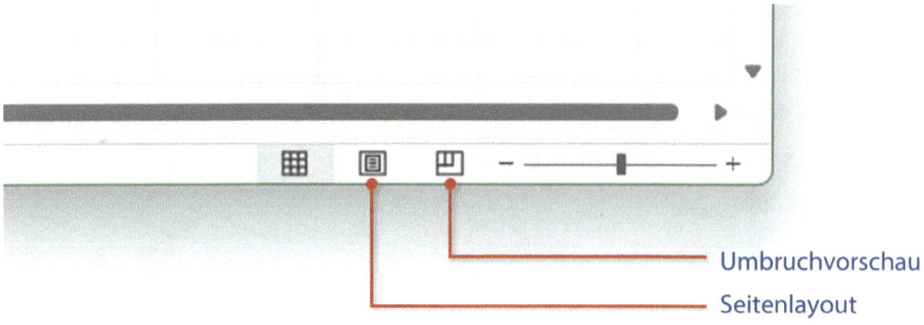

- Die Ansicht *Seitenlayout* zeigt neben der Verteilung der Inhalte auf die verschiedenen Seiten, auch die Seitenränder und die Inhalte der Kopf- und Fußzeilen an. Letztere werden erst im Verlauf des Kapitels interessant, wenn wir dort eine Seitenzahl einfügen.
- Die Ansicht *Umbruchvorschau* ist hier etwas einfacher gehalten. Sie zeigt nur stark verkleinert die gedruckten Seiten mit den entsprechenden Inhalten an.
- Mit einem Mausklick auf die Schaltfläche *Normal* in der Statusleiste wechseln Sie wieder zurück zur ursprünglichen Darstellung.

Im Bild links sehen Sie die Darstellung auf dem Tabellenblatt in der Ansicht *Normal*, im Bild rechts wurde die *Umbruchvorschau* aktiviert. Der Tabellenblattinhalt würde auf zwei Seiten gedruckt werden. In diesem Beispiel ist es ausreichend, die Ausrichtung von Hochformat auf Querformat zu ändern, um das Rezept auf einer einzigen Seite zu drucken.

Wie Sie Piktogramme einfügen, haben Sie bereits im Word-Kapitel auf Seite 149 erfahren.

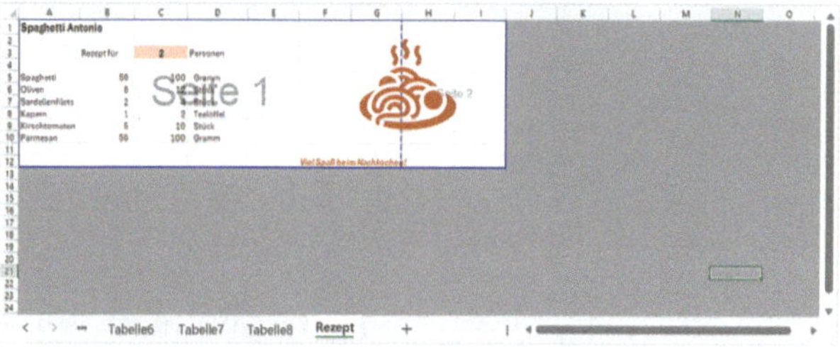

Woher kommen die gestrichelten Linien im Tabellenblatt?

Nach dem Drucken bzw. nach der Anzeige der Ansichten *Seitenlayout* oder *Umbruchvorschau* erscheinen die Seitenumbrüche in der Ansicht *Normal* als gestrichelte Linien im Tabellenblatt. Dabei spielt es keine Rolle, ob der Druckbereich nur eine oder mehrere Seiten umfasst. Diese Linien können Sie auch als Hilfsmittel nutzen, um die Spaltenbreiten so anzupassen, dass alle Spalten auf eine Druckseite passen. Die Linien lassen sich nicht ausblenden, sie werden aber nach dem nächsten Öffnen der Arbeitsmappe nicht mehr angezeigt.

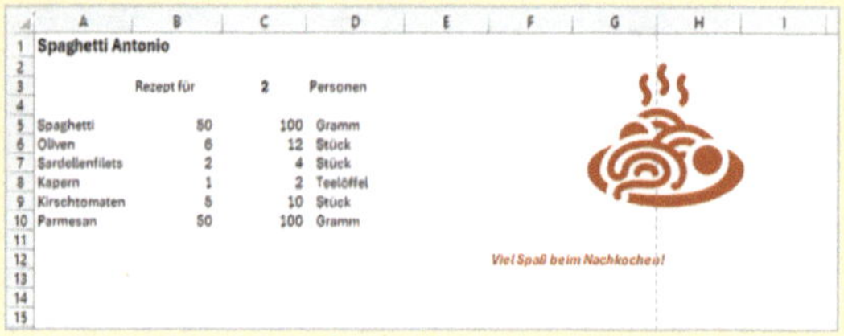

Seitenränder und Ausrichtung festlegen

Im Register *Seitenlayout*, Gruppe *Seite einrichten* finden Sie die wichtigsten Einstellungen zum Drucken des Tabellenblatts. Damit alles auf eine Druckseite passt, ist es manchmal nötig, die Seitenränder entsprechend zu verkleinern oder statt Hochformat im Querformat zu drucken.

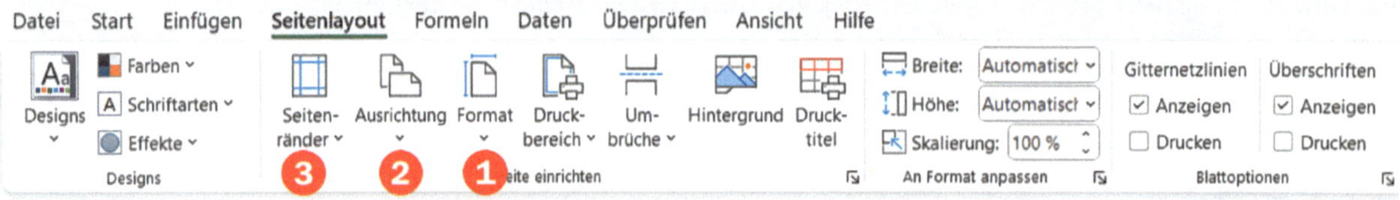

- Über die Schaltfläche *Format* ❶ wählen Sie das Papierformat (A4, A5 etc.) aus.

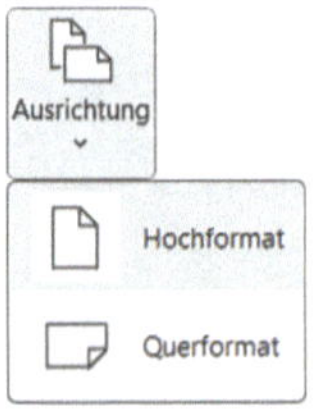

- Mit der Schaltfläche *Ausrichtung* ❷ entscheiden Sie, ob das Blatt im Hoch- oder Querformat ausgerichtet wird. Für das Beispiel auf der vorigen Seite wählen wir hier *Querformat*.
- Die Seitenränder legen Sie über die Schaltfläche *Seitenränder* ❸ fest. Wählen Sie hier eine der vordefinierten Randeinstellungen z. B. *Schmal* ❹ oder klicken Sie am Ende der Liste auf *Benutzerdefinierte Seitenränder...* ❺ .

- Hier geben Sie die gewünschten Maße für die Seitenränder ein ❻.
- Bestätigen Sie die Einstellungen mit *OK* oder wechseln Sie über die Schaltfläche *Drucken* ❼ gleich zur Druckvorschau.

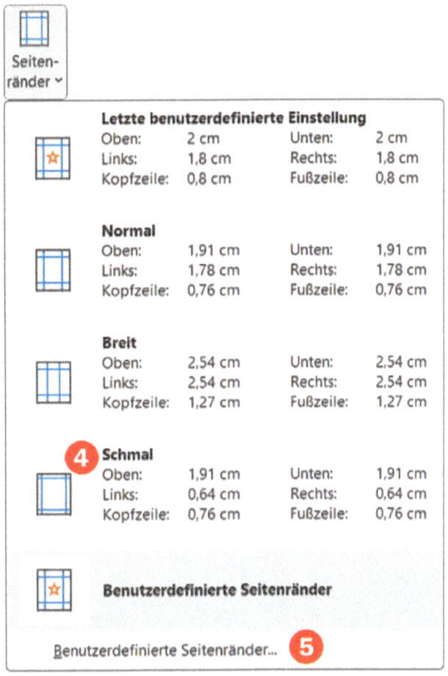

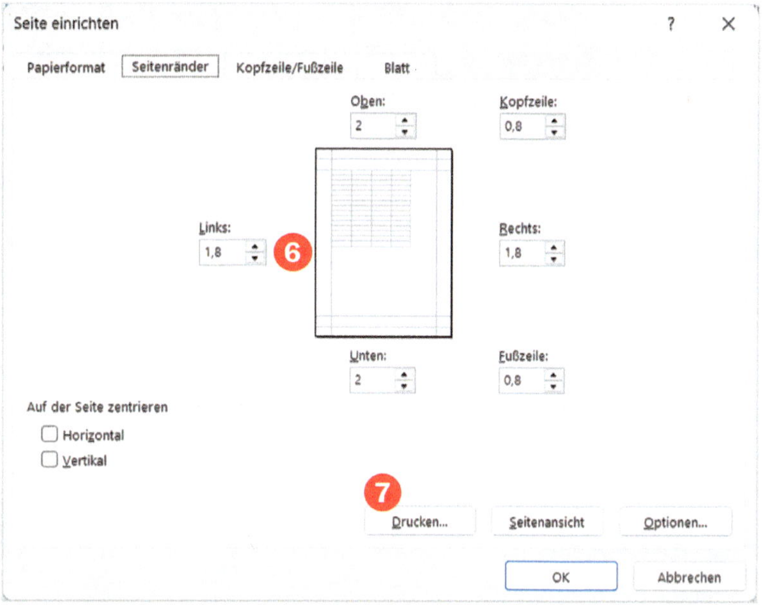

Druckvorgaben festlegen und drucken

Zum Drucken einer Tabelle klicken Sie auf das Register *Datei* und hier auf *Drucken*, alternativ verwenden Sie die Tastenkombination **Strg + P**. Damit zeigen Sie die Druckvorschau an.

Zusammen mit den aktuellen Druckeinstellungen erhalten Sie eine Vorschau ❶ auf den Ausdruck und können hier gleichzeitig die wichtigsten Druckeinstellungen vornehmen. Wenn Sie ohne zu drucken, wieder zur Tabellenbearbeitung zurückkehren möchten, dann klicken Sie entweder auf das Pfeilsymbol ❷ oder drücken die **Esc-Taste**.

Druckseiten durchblättern: Unterhalb der Druckvorschau sehen Sie die aktuelle Seitenzahl, sowie die Anzahl aller Druckseiten. Mit den kleinen Pfeilen blättern Sie zur nächsten Druckseite bzw. zurück ❸. Für das Tabellenblatt wurde bereits die Ausrichtung Querformat vereinbart. Aus diesem Grund umfasst der Ausdruck nur noch eine Seite.

Anzahl der Ausdrucke festlegen und Drucker auswählen: Stellen Sie bei *Exemplare* ❹ ein, wie oft die Seite ausgedruckt werden soll. Bei *Drucker* können Sie den zu verwendenden Drucker ggf. ❺ ändern.

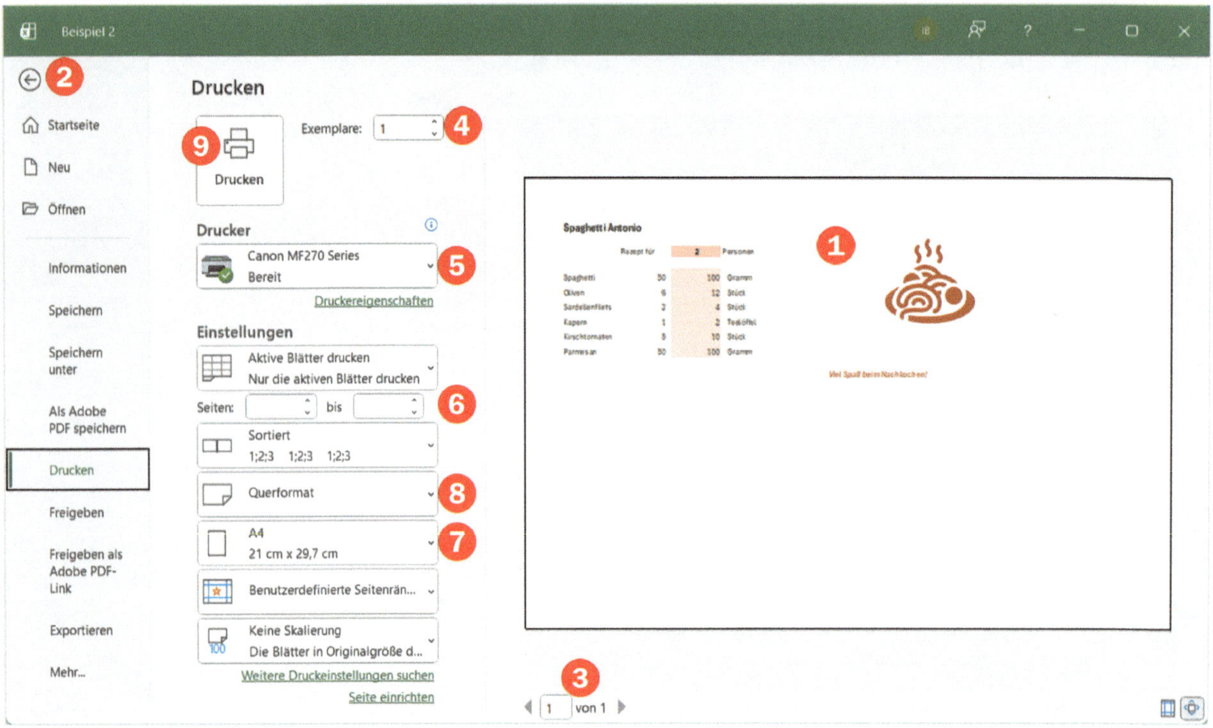

Seiten auswählen: Umfasst die Tabelle bzw. der zu druckende Bereich mehrere Seiten, dann können Sie bei *Seiten* ❻ angeben, welche Seiten gedruckt werden sollen, z. B. 1 *bis* 3.

Papierformat, Ausrichtung und Seitenränder: Diese Einstellungen haben wir bereits über das Register *Seitenlayout* vorgenommen. Alternativ wäre das auch in der Druckvorschau möglich. Das Papierformat A4 ist in der Regel die Standardeinstellung; ein anderes Format wählen Sie hier ❼ aus. Ob die Tabelle im Hoch- oder Querformat gedruckt wird, ändern Sie mit einem Mausklick auf die Schaltfläche ❽ und die Einstellungen für die Seitenränder finden Sie unterhalb ❾.

☛ Mit Klick auf die Schaltfläche *Drucken* ❿ starten Sie den Ausdruck.

Seitenzahl einfügen

Bei einem mehrseitigen Ausdruck ist es von Vorteil, die einzelnen Seiten mit einer Nummerierung zu versehen. Die Seitennummerierung kann in die Kopf- bzw. Fußzeile eingetragen werden. Diese befinden sich im Bereich der oberen und unteren Seitenränder. Die Besonderheit der Kopf- und Fußzeilen ist, dass deren Inhalt beim Druck auf jeder Seite ausgegeben wird. Neben den Seitenzahlen können verschiedenste andere Informationen in die Kopf- und Fußzeilen eingefügt werden, z. B. Name des Autors, Logo, Erstelldatum etc.

1 Zum Einfügen der Seitenzahl wechseln Sie zur Ansicht *Seitenlayout*, entweder über das Symbol in der Statusleiste oder im Register *Ansicht*. Hier sehen Sie nun den Bereich *Kopfzeile* bzw. unterhalb den Bereich *Fußzeile*.

2 Klicken Sie auf *Kopfzeile hinzufügen*, entweder im linken, mittleren oder rechten Bereich. Dieselben Bereiche finden Sie auch in der Fußzeile am unteren Rand vor.

3 Hier können Sie nun beliebigen Text eintippen, z. B. Ihren Namen. Dieser scheint beim Drucken automatisch auf jeder Druckseite.

4 Um die Seitenzahl einzufügen, klicken Sie im Menüband auf das Register *Kopf- und Fußzeile* und hier in der Gruppe *Kopf- und Fußzeilenelemente* auf *Seitenzahl* ❶. Diese erscheint an der Cursorposition als *&[Seite]* ❷, d. h. die eigentliche Seitenzahl wird erst beim Drucken angezeigt.

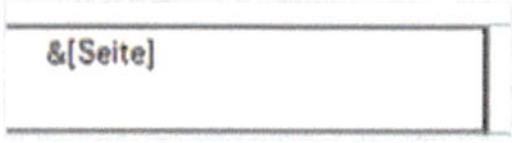

Achtung: Unbedingt die Seitenzahl über das Symbol einfügen und nicht einfach die Zahl 1 reinschreiben, sonst steht die 1 als Seitenzahl auch auf allen übrigen Seiten!

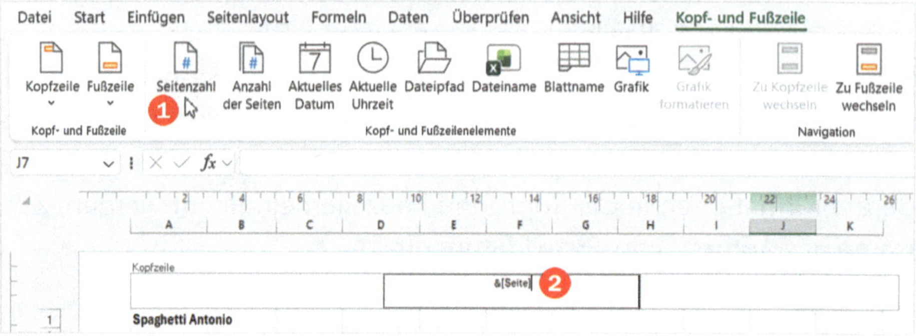

> **Achtung beim Verlassen der Ansicht Seitenlayout**
> In der Ansicht *Normal* können die Inhalte von Kopf- oder Fußzeilen nicht dargestellt werden. Daher müssen Sie erst die Kopf- oder Fußzeile verlassen, indem Sie eine beliebige Zelle im Tabellenblatt anklicken, wenn Sie danach die Ansicht *Seitenlayout* verlassen und wieder in der Ansicht *Normal* weiterarbeiten möchten.

Besondere Elemente mit ausdrucken

Gitternetzlinien drucken

Wenn Sie unter *Überschriften* das Kontrollkästchen *Drucken* ❷ aktivieren, dann werden auch die Spalten- und Zeilennummern gedruckt.

Standardmäßig werden beim Drucken ausschließlich Rahmenlinien berücksichtigt, nicht aber das Gitternetz. Falls Sie die Gitternetzlinien doch einmal ausdrucken möchten, aktivieren Sie im Register *Seitenlayout*, Gruppe *Blattoptionen*, für die *Gitternetzlinien* das Kontrollkästchen *Drucken* ❶.

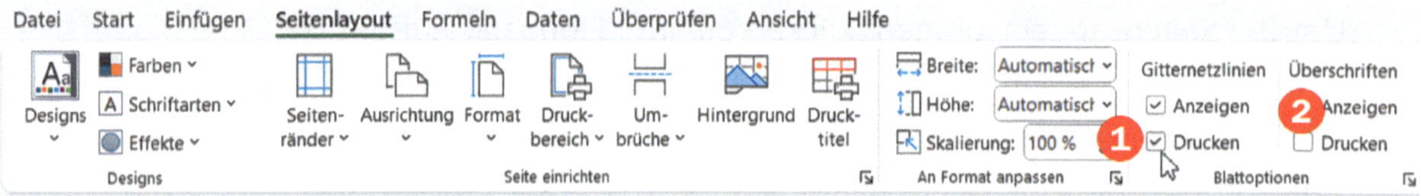

Überschriften auf mehreren Druckseiten wiederholen

Erstreckt sich eine Tabelle über mehrere Druckseiten, dann ist es notwendig, die Spaltenüberschriften nicht nur auf der ersten, sondern auch auf allen weiteren Seiten zu drucken.

1. Klicken Sie Register *Seitenlayout*, Gruppe *Seite einrichten* auf die Schaltfläche *Drucktitel* ❶. Das Dialogfenster *Seite einrichten* wird mit dem Register *Blatt* geöffnet.
2. Klicken Sie in das Eingabefeld *Wiederholungszeilen oben* ❷.
3. Anschließend markieren Sie im Arbeitsblatt die entsprechende Überschriftzeile ❸ mit der Maus. Im Feld *Wiederholungszeilen* erscheint nun die Bereichsangabe $2:$2.

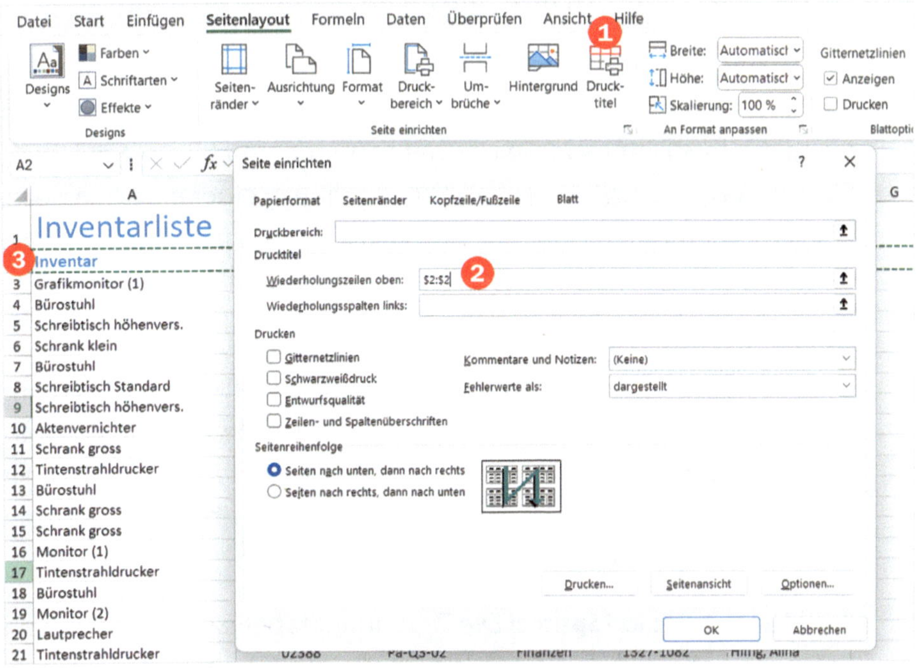

Die Inventarliste ist sehr lang, weswegen Sie für den Ausdruck zwei Seiten benötigen. Damit auch auf der zweiten Seite Spaltenüberschriften vorhanden sind, wird eine Wiederholungszeile oben festgelegt.

Analog verfahren Sie, wenn sich Zeileninhalte beim Drucken über zwei Seiten erstrecken. Dann können Sie mit *Wiederholungsspalte links* die Inhalte einer Spalte, z. B. die Kundennummer oder den Nachnamen auf jeder neuen Seite wiederholen. Für jedes Tabellenblatt kann eine Wiederholungszeile und -spalte vereinbart werden.

4.9 Tabellen verwalten

Excel kann auch größere Datenmengen verwalten, z. B. Adresslisten, eine Aufstellung von Buchtiteln oder eine Briefmarkensammlung. Wenn Sie vorhaben, größere Datenmengen in Excel einzugeben, sollten Sie folgende Empfehlungen beachten:

- Die Datentabelle sollte sich in einem eigenen Arbeitsblatt befinden. Idealerweise beginnen Sie mit der Datentabelle in der ersten Zeile und Spalte.
- Die erste Zeile der Tabelle muss eindeutige Spaltenüberschriften enthalten.
- Ein Datensatz darf sich nicht über mehrere Zeilen erstrecken.

Der Begriff **Datensatz** bezeichnet in einer Datentabelle eine Zeile. Diese enthält alle vorhandenen Informationen und bildet eine Einheit. In einer Adressliste sind das alle Infos, zu einer Person: Name, Vorname, Straße, Wohnort, Geburtsdatum etc.

- Fassen Sie nicht mehrere Informationen in einer Zelle zusammen sondern teilen Sie diese auf verschiedene Spalten auf. So können Sie später Ihre Datensätze einfacher sortieren und filtern. Speichern Sie z. B. Vorname und Nachname zusammen in einer einzigen Zelle, dann ist später keine Sortierung nach Nachnamen möglich. Ausnahme: Straße und Hausnummer können problemlos in einer Zelle zusammengefasst werden.
- Um Probleme beim Sortieren zu vermeiden, sollten die Inhalte innerhalb einer Spalte vom selben Typ sein. Wurde z. B. die Postleitzahl bei einigen Datensätzen als Zahl und in anderen Datensätzen als Zeichenfolge eingegeben, dann ordnet Excel beim Sortieren die Zahlen vor den Zeichenfolgen ein.
- **Keine leeren Zeilen und Spalten!** Die Datenbanktabelle sollte auf keinen Fall leere Zeilen und Spalten innerhalb des Tabellenbereichs enthalten, auch nicht zwischen Überschriftzeile und den folgenden Datensätzen. Excel interpretiert leere Zeilen/Spalten als Tabellenende und berücksichtigt dann beim Filtern, Sortieren und sonstigen Auswertungen unter Umständen nur einen Teil der Daten. Eine leere Zelle bei fehlenden Daten innerhalb eines Datensatzes ist dagegen problemlos möglich.

Schneller Arbeiten mit vordefinierten Tabellenformaten

Mit Hilfe von Tabellenformatvorlagen gestalten Sie Ihre Tabellen mit abwechselnden Zeilenfarben, Linien und Hervorhebung von Überschriften und das mit nur wenigen Klicks! Das sind aber nicht die einzigen Vorteile.

> Sie erzeugen dadurch eine dynamische oder „intelligente" Tabelle, in früheren Excel-Versionen auch als Liste bezeichnet, das bedeutet:
>
> - Beim Anfügen weiterer Zeilen bzw. Spalten wird auch der Tabellenbereich automatisch angepasst, dies gilt auch für das Löschen.
> - Sämtliche Formatierungen und Formeln werden in neue, am Ende hinzugefügte, Zeilen übernommen.
> - Zum schnellen Sortieren und Filtern erscheinen in den Spaltenüberschriften Filterschaltflächen.

Tabelle erstellen

1 Geben Sie die ersten Zeilen Ihrer Daten in eine neue Arbeitsmappe ein oder öffnen Sie ein bereits bestehendes Tabellenblatt.

2 Markieren Sie eine beliebige Zelle innerhalb des Datenbereichs.

3 Klicken Sie im Register *Start*, Gruppe *Formatvorlagen* auf die Schaltfläche *Als Tabelle formatieren*. Excel öffnet einen Katalog verschiedener Vorlagen. Wählen Sie die Gewünschte durch Anklicken aus.

Die angebotenen Farben sind abhängig von den Designfarben, s. Seite 265.

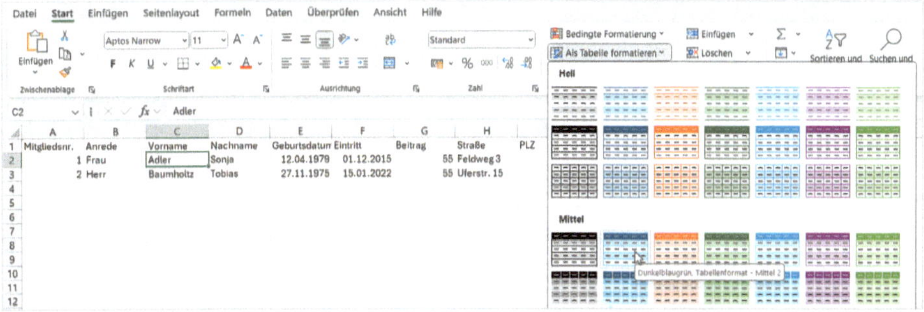

4 Anschließend erscheint das Fenster *Tabelle erstellen*. Hier legen Sie den Datenbereich für die Tabelle fest. Dieser wird in den meisten Fällen automatisch erkannt, eine vorhandene Überschriftzeile dagegen nicht immer. Kontrollieren und aktivieren Sie gegebenenfalls das Kontrollkästchen *Tabelle hat Überschriften*.

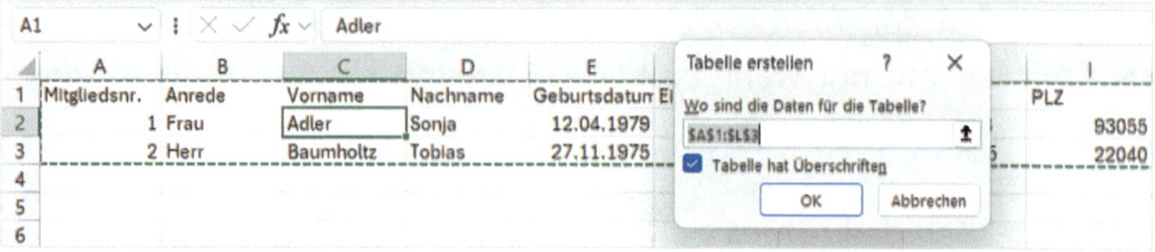

Ergebnis: Neben der Formatierung haben die Überschriften zusätzliche Filterschaltflächen (Pfeil) erhalten, Näheres hierzu auf Seite 334.

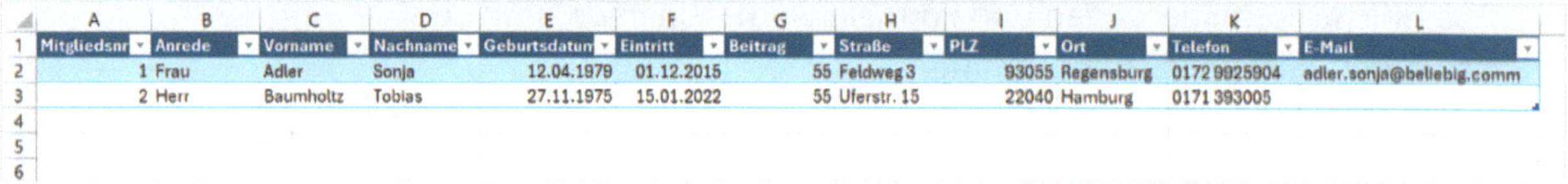

Tabellenbereich erweitern, Zeilen und Spalten anfügen

Zum Hinzufügen weiterer Datensätze klicken Sie in die nächste freie Zeile unterhalb des Tabellenbereichs. Sobald Sie die Eingabe in die erste Zelle mit der Tab-Taste oder Eingabetaste abgeschlossen haben, wird der Tabellenbereich automatisch erweitert und alle Formatierungen, einschließlich abwechselnder Zeilenfarben, übernommen. Dies gilt selbstverständlich auch, wenn Sie unmittelbar rechts daneben eine neue Spalte anfügen.

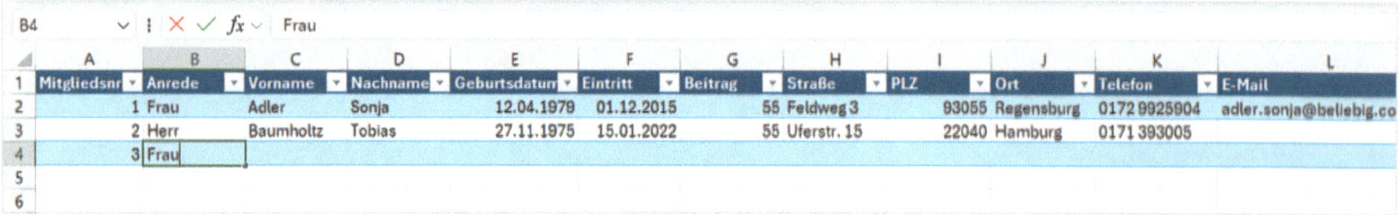

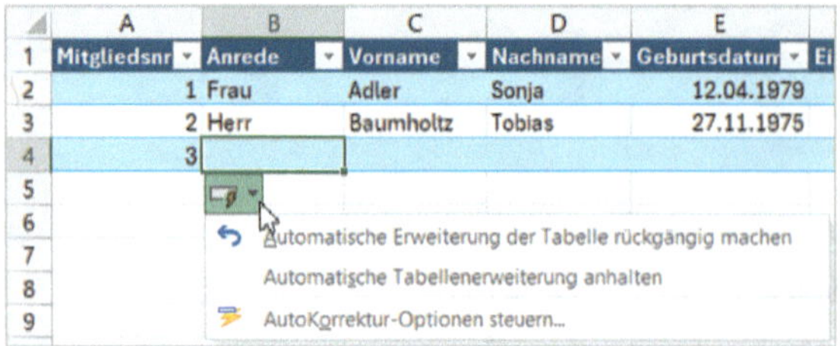

Hinweis: Falls Sie ausnahmsweise die Tabelle nicht erweitern möchten, so klicken Sie auf das kleine Symbol *AutoKorrektur-Optionen*, das während der Eingabe unterhalb der letzten Zeile erscheint und machen die automatische Erweiterung rückgängig.

Was tun, wenn die Tabellenformate nicht automatisch in eine neue Spalte oder Zeile übernommen werden?

Sie können den Tabellenbereich auch mit der Maus erweitern. Die Begrenzung einer intelligenten Tabelle ist leicht an der kleinen Marke in der rechten unteren Ecke der Tabelle zu erkennen. Sobald Sie darauf zeigen, erscheint als Mauszeiger ein Doppelpfeil und Sie können auch durch Ziehen mit gedrückter Maustaste den Bereich beliebig vergrößern oder verkleinern.

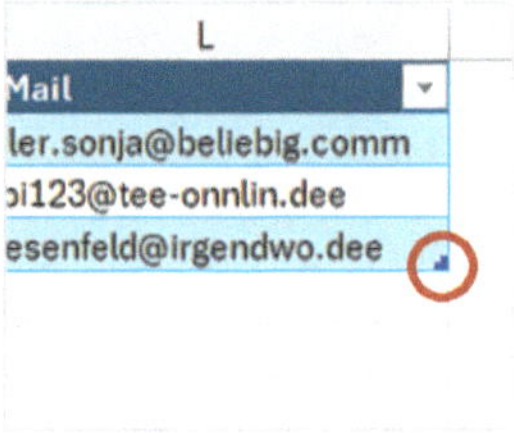

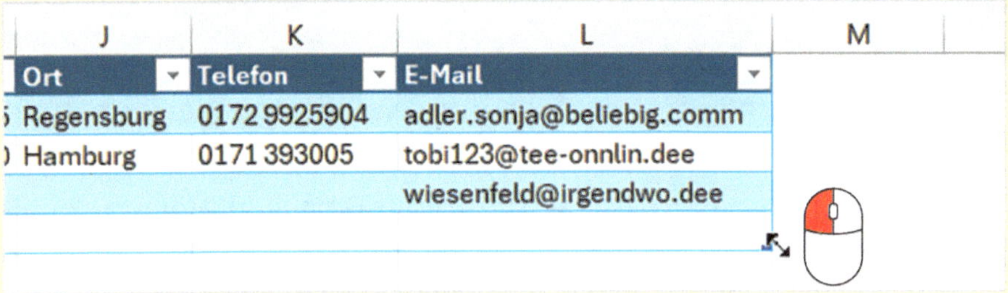

Tabellenelemente bearbeiten

Zusammen mit einer dynamischen Tabelle steht Ihnen im Menüband das Register *Tabellenentwurf* zur Verfügung, allerdings nur, wenn eine Zelle dieser Tabelle markiert ist.

Ältere Excel-Versionen fügen dem Registernamen noch den die Bezeichnung *Tools* hinzu.

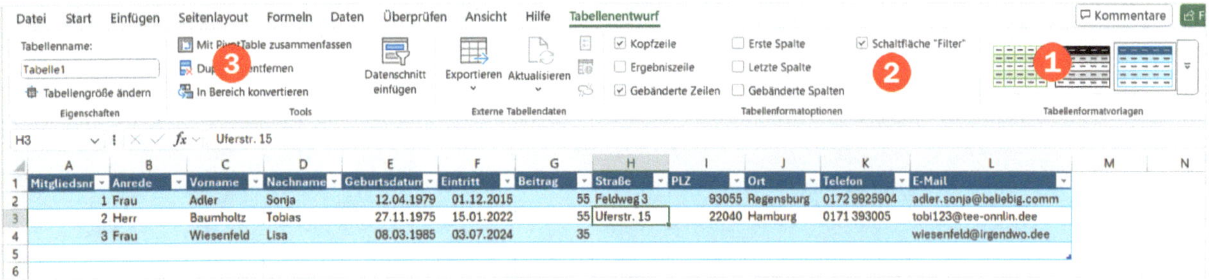

Formatierung der Tabelle ändern: Klicken Sie im Register *Tabellenentwurf* auf den Pfeil *Tabellenformatvorlagen* ❶, um den gesamten Katalog auf einen Blick zu öffnen. Möglicherweise finden Sie hier noch zwei weitere Pfeile vor, mit denen Sie den zeilenweise durch den Katalog blättern.

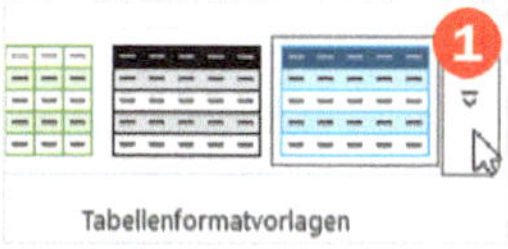

Filter ausblenden: Wenn Sie die kleinen Pfeilschaltflächen in den Überschriften als störend empfinden, dann deaktivieren Sie diese über das

Kontrollkästchen *Schaltfläche „Filter“* ❷. Näheres zum Thema Filter lesen Sie auf Seite 334.

Wieder einen normalen Zellbereich erhalten

Manchmal nutzt man intelligente Tabellen nur, um schnell eine ansprechende Formatierung für eine bestehende Tabelle zu erhalten und die weiteren Funktionalitäten werden nicht benötigt. In diesem Fall klicken Sie im Register *Tabellenentwurf* auf die Schaltfläche *In Bereich konvertieren* ❸ und bestätigen die Rückfrage mit *Ja*.

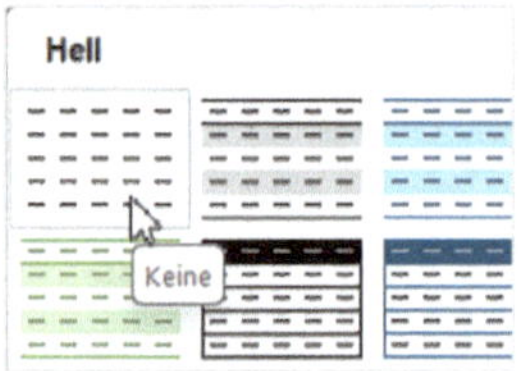

Wenn Sie auch die Tabellenformate wie Linien und abwechselnde Zeilenfarben entfernen möchten, dann müssen Sie **zuerst** die Formatvorlage *Keine* auswählen. Diese finden Sie im Katalog *Tabellenformatvorlagen* in der linken oberen Ecke. Danach kann die Tabelle in einen normalen Zellbereich konvertiert werden.

Formeln in intelligenten Tabellen

Klar, dass Sie in intelligenten Tabellen auch Berechnungen mit Formeln anstellen können und dies sogar komfortabler als in normalen Tabellen.

Beispiel: Sie haben der Tabelle im Bild unten nachträglich die Spalte *Gesamt* hinzugefügt und möchten hier die Gesamtkilometer für die einzelnen Touren berechnen.

- Markieren Sie die Zelle F2 und fügen Sie die Funktion **SUMME** über das Register *Start*, Gruppe *Bearbeiten* ein.

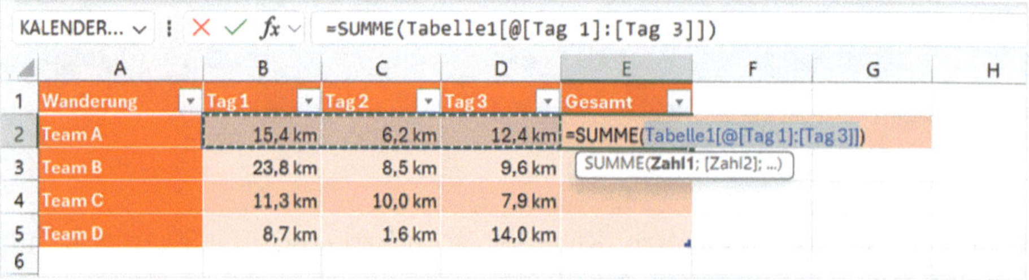

- Schließen Sie die Formeleingabe mit der Eingabetaste ab, so wird die Formel anschließend automatisch in die übrigen Datensätze der Spalte kopiert. Auch beim Hinzufügen weiterer Datensätze wird die Formel automatisch übernommen.

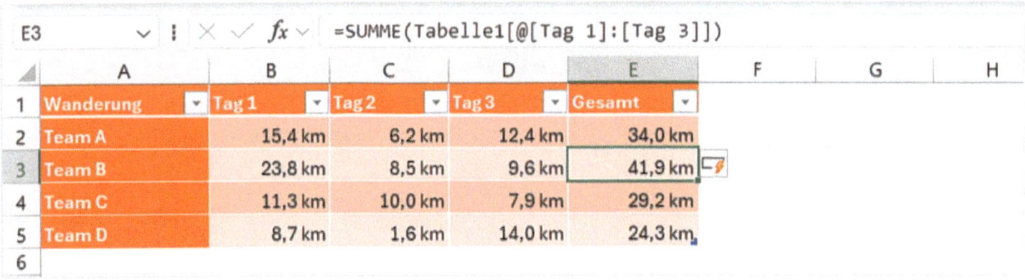

Tipp: Soll eine Tabelle neben den Überschriftsformaten auch in der ersten Spalte besondere Formate erhalten, dann aktivieren Sie die Option *Erste Spalte*.

Mehr Übersicht durch fixierte Überschriften

Beim Bearbeiten von umfangreichen Tabellen verschwinden beim Verschieben des Bildschirmausschnitts (Scrollen) die Spaltenüberschriften. Um dies zu vermeiden, fixieren Sie die Position von Zeilen und/oder Spalten im Fenster, d. h. diese bleiben auch dann sichtbar, wenn Sie den Bildschirmausschnitt verschieben. Sie müssen natürlich erst tätig werden, wenn der Inhalt der Datentabelle nicht mehr vollständig auf dem Bildschirm angezeigt werden kann.

Überschriften der Tabelle fixieren

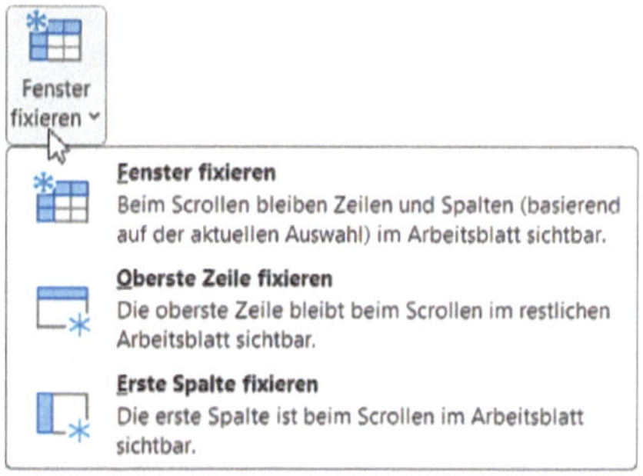

1. Sorgen Sie dafür, dass die Spaltenüberschriften in der ersten Zeile des Fensters sichtbar sind und klicken Sie im Register *Ansicht*, Gruppe *Fenster*, auf die Schaltfläche *Fenster fixieren*.

2. Klicken Sie auf *Oberste Zeile fixieren*.

Wichtig! Die Überschrift muss in Zeile 1 stehen. Nur diese Zeile wird fixiert.

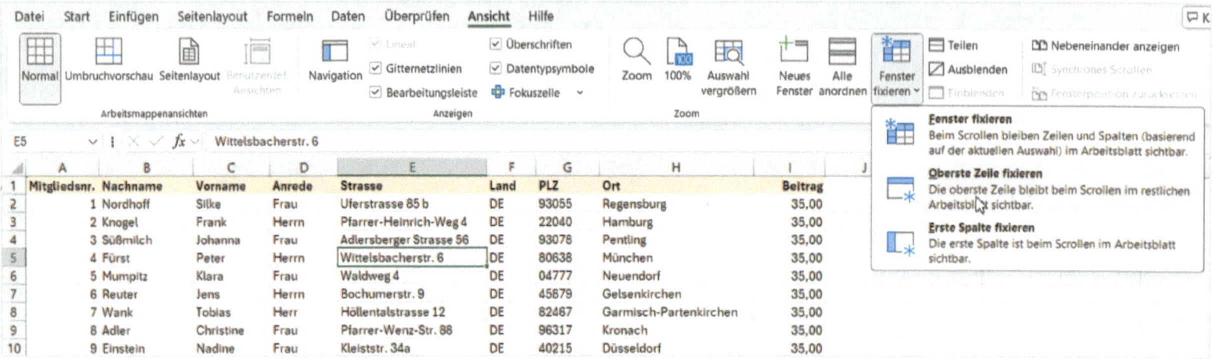

Das Ergebnis sehen Sie im Bild unten. An der Zeilennummerierung links und der durchgehenden Linie unterhalb von Zeile 1 ist zu erkennen, dass diese Zeile fixiert wurde. Ausgeblendete Zeilen erkennen Sie auch an der unterbrochenen Zeilennummerierung.

Spalten finxieren: Mit dem Befehl *Erste Spalte fixieren* wird die erste, im Fenster sichtbare Spalte fixiert.

Fixierung entfernen

Um die Fixierung zu entfernen, klicken Sie erneut auf *Fenster fixieren* und auf *Fixierung aufheben* .

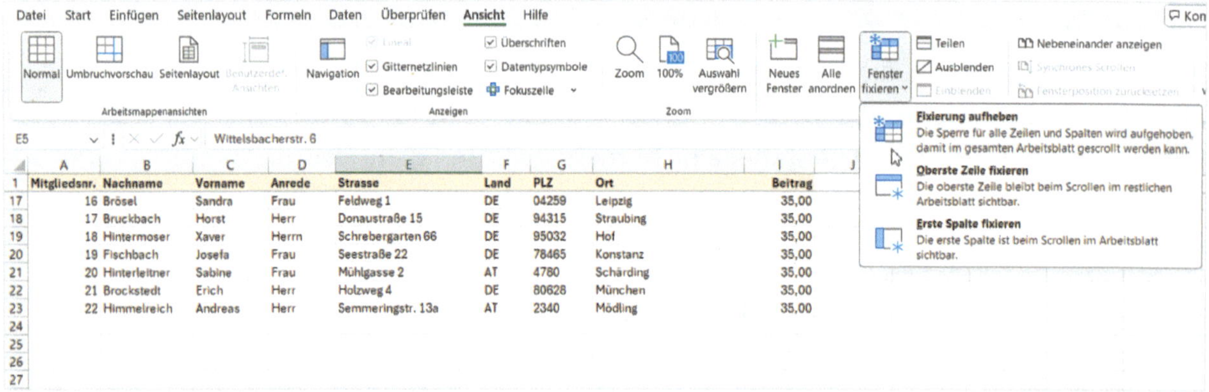

Fenster fixieren

Während die beiden Befehle *Oberste Zeile fixieren* und *Erste Spalte fixieren* grundsätzlich die erste Zeile/Spalte im Fenster fixieren, ist der Befehl *Fenster fixieren* wesentlich flexibler. Er fixiert eine beliebige Anzahl Zeilen und Spalten und orientiert sich dabei an der markierten Zelle:

- Alle, im Fenster **links von der Markierung** sichtbaren, Spalten werden fixiert sowie
- alle, im Fenster sichtbaren Zeilen **oberhalb der Markierung**.

Beispiel: Im Bild unten sollen die Zeilen 1 bis 3 und die Spalte A mit den Nachnamen der Mitglieder fixiert werden.

1. Sorgen Sie dafür, dass oben die Zeile 1 und links die Spalte B im Fenster sichtbar sind und markieren Sie die Zelle C2, wie im Bild unten.

2. Klicken Sie auf die Schaltfläche *Fenster fixieren* und wählen Sie *Fenster fixieren*. Die Linien im Arbeitsblatt zeigen anschließend an, wo das Fenster fixiert wurde.

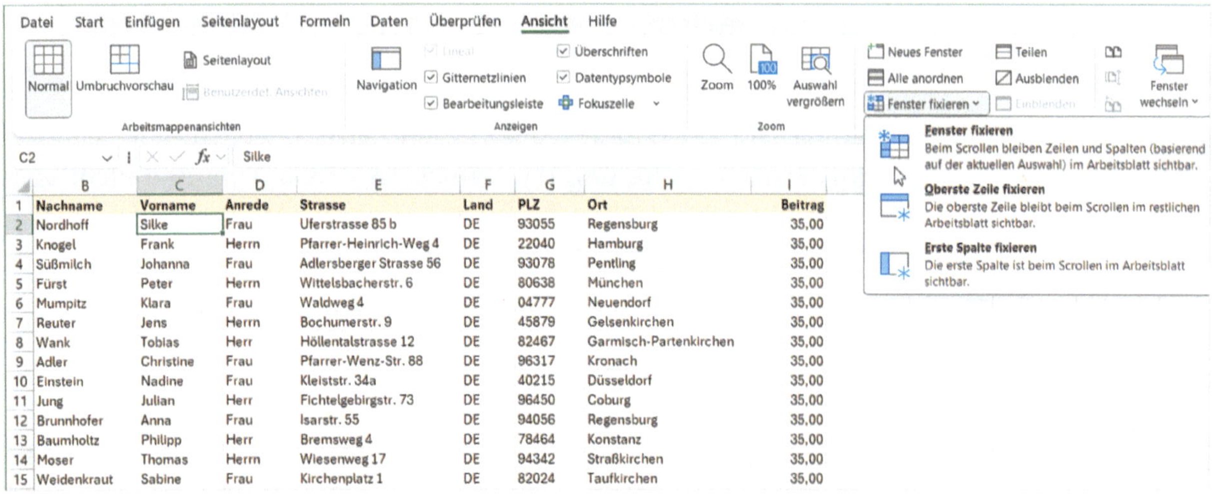

	B	C	D	E	F	G	H	I
1	Nachname	Vorname	Anrede	Strasse	Land	PLZ	Ort	Beitrag
2	Nordhoff	Silke	Frau	Uferstrasse 85 b	DE	93055	Regensburg	35,00
3	Knogel	Frank	Herrn	Pfarrer-Heinrich-Weg 4	DE	22040	Hamburg	35,00
4	Süßmilch	Johanna	Frau	Adlersberger Strasse 56	DE	93078	Pentling	35,00
5	Fürst	Peter	Herrn	Wittelsbacherstr. 6	DE	80638	München	35,00
6	Mumpitz	Klara	Frau	Waldweg 4	DE	04777	Neuendorf	35,00
7	Reuter	Jens	Herrn	Bochumerstr. 9	DE	45879	Gelsenkirchen	35,00
8	Wank	Tobias	Herr	Höllentalstrasse 12	DE	82467	Garmisch-Partenkirchen	35,00
9	Adler	Christine	Frau	Pfarrer-Wenz-Str. 88	DE	96317	Kronach	35,00
10	Einstein	Nadine	Frau	Kleiststr. 34a	DE	40215	Düsseldorf	35,00
11	Jung	Julian	Herr	Fichtelgebirgstr. 73	DE	96450	Coburg	35,00
12	Brunnhofer	Anna	Frau	Isarstr. 55	DE	94056	Regensburg	35,00
13	Baumholtz	Philipp	Herr	Bremsweg 4	DE	78464	Konstanz	35,00
14	Moser	Thomas	Herrn	Wiesenweg 17	DE	94342	Straßkirchen	35,00
15	Weidenkraut	Sabine	Frau	Kirchenplatz 1	DE	82024	Taufkirchen	35,00

Tipp: Angewendete Fixierungen werden zusammen mit der Arbeitsmappe gespeichert. Kontrollieren Sie daher beim Öffnen von Arbeitsmappen mit umfangreichen Tabellen stets anhand der Zeilennummern, ob eine Fixierung vorhanden ist und dadurch eventuell Zeilen ausgeblendet wurden. Sonst sehen Sie nur einen Teil der Datensätze.

Schnelles Sortieren von Tabelleninhalten

Was Sie beim Sortieren beachten sollten

Eine Tabelle kann nach Textinhalten, Zahlen und Datumswerten sortiert werden; auch die gleichzeitige Verwendung mehrerer Kriterien ist möglich. Wenn Sie die Tabelle als intelligente Tabelle formatiert haben, dann gestaltet sich die Sortierung einfach. In allen anderen Fällen sollten Sie vor dem Sortieren die folgenden Punkte beachten.

- **Vorsicht bei Leerzeilen**
  Zwischen Überschrift und Datensätzen sollte sich keine leere Zeile befinden, da sonst entweder nicht sortiert wird oder die Überschrift in die Sortierung einbezogen wird. Die Tabelle sollte auch keine leeren Zeilen und/oder Spalten innerhalb des Tabellenbereichs aufweisen, da hier die Sortierung unterbrochen wird.
- **Markieren Sie zum Sortieren niemals eine einzige Tabellenspalte.**
  In diesem Fall erfolgt die Sortierung ausschließlich innerhalb der markierten Spalte und die Datensätze (Zeilen) werden nicht vollständig sortiert! Excel macht Sie mit einer Warnung darauf aufmerksam, wählen Sie in solchen Fällen entweder die Option *Markierung erweitern* oder brechen Sie die Sortierung ab.
- **Alte Reihenfolge wiederherstellen?**
  Überlegen Sie, ob Sie später wieder die ursprüngliche Reihenfolge benötigen. Zu diesem Zweck ist eine Spalte mit einer fortlaufenden Nummerierung nützlich. Falls nötig, sollten Sie diese noch hinzufügen.

Schnell nach einem Kriterium sortieren

Im einfachsten Fall möchten Sie nur nach einer einzigen Spalte sortieren, z. B. nach dem Nachnamen. In diesem Fall verwenden Sie die Schaltflächen mit dem kleinen Pfeil nach unten neben den Überschriften:

- Haben Sie die Tabelle als intelligente Tabelle formatiert, dann sind diese Schaltflächen ❶ neben den Spaltenüberschriften meist automatisch sichtbar.

- Ist dies nicht der Fall, dann können Sie diese einblenden, indem Sie eine beliebige Zelle des Tabellenbereichs markieren und dann im Register *Daten* auf die Schaltfläche *Filtern* ❷ klicken.

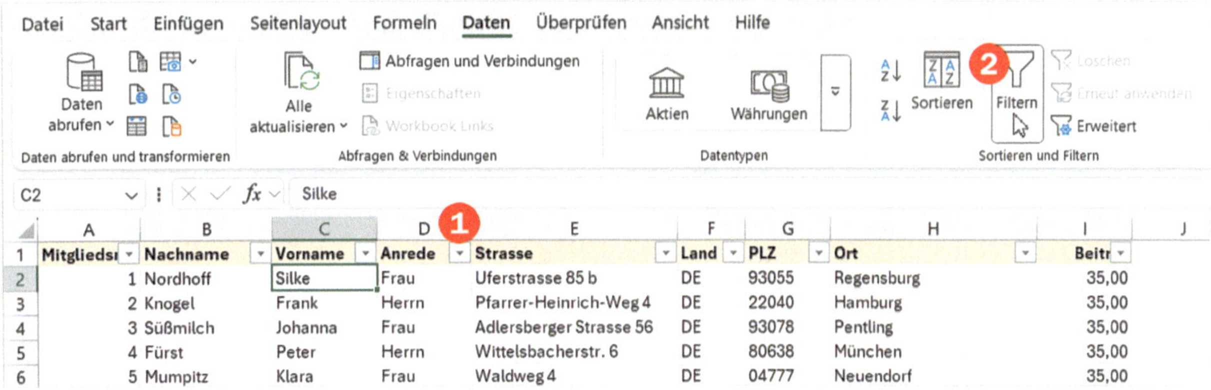

Filterschaltfläche ausblenden: Mit derselben Schaltfläche blenden Sie die Filterschaltflächen auch wieder aus, wenn diese nicht mehr benötigt werden.

Sortierkriterium wählen

Zum Sortieren klicken Sie einfach auf die Filterschaltfläche in der Überschrift der betreffenden Spalte, im Bild unten Nachname, und wählen zwischen *Von A bis Z sortieren* (aufsteigend) und *Von Z bis A sortieren* (absteigend). Nach welcher Spalte sortiert wurde, ist am kleinen Pfeil auf der Filterschaltfläche leicht zu erkennen.

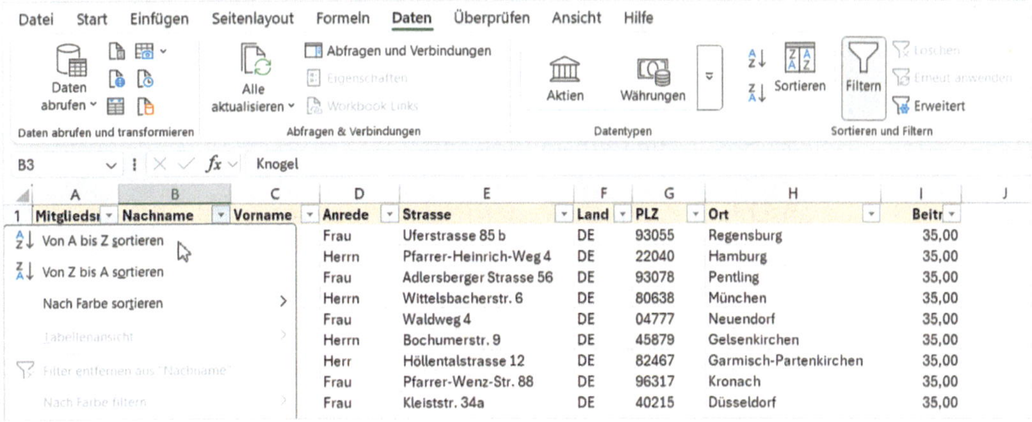

Nach mehreren Kriterien sortieren

Wollen Sie eine Liste nach mehreren Kriterien sortieren, beispielsweise zuerst nach Nachname und dann nach Vorname, verwenden Sie die benutzerdefinierte Sortierung.

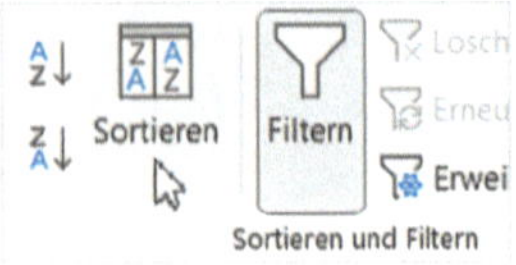

1 Markieren Sie eine beliebige Zelle innerhalb der Tabelle und klicken Sie im Register *Daten* auf die Schaltfläche *Sortieren* ❶.

2 Im Dialogfenster *Sortieren* kontrollieren Sie zunächst, ob die Überschriftzeile erkannt wurde. Dazu befindet sich in der oberen rechten Ecke das Kontrollkästchen *Daten haben Überschriften* ❷.

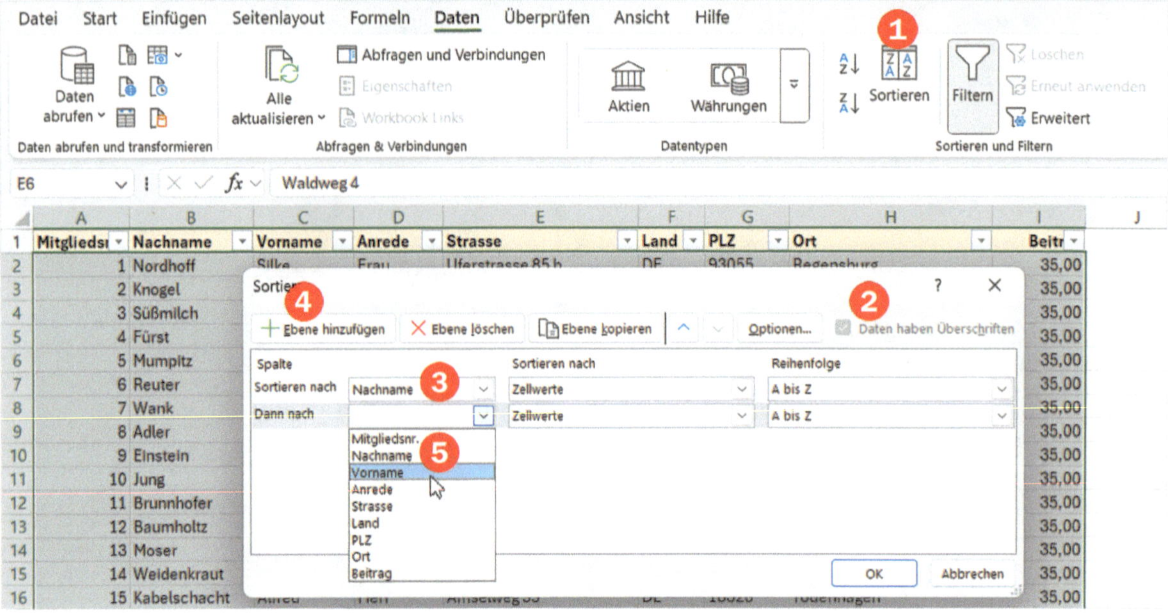

3 Klicken Sie in das Feld *Sortieren nach* und wählen Sie das erste bzw. Hauptsortierkriterium, in diesem Beispiel Nachname ❸ aus. Daneben legen Sie die Reihenfolge fest.

4 Da anschließend nach Vorname sortiert werden soll, klicken Sie auf die Schaltfläche *Ebene hinzufügen* ❹ und wählen dann in der zweiten Zeile (*Dann nach*) die Spalte Vorname aus ❺. Klicken Sie auf *OK*, um die Sortierung zu starten.

Tabelleninhalte filtern

Filtern bedeutet im Gegensatz zum Suchen, es werden nur bestimmte Datensätze angezeigt, alle übrigen sind vorübergehend ausgeblendet.

Am einfachsten und schnellsten filtern Sie eine Tabelle mit den Filterschaltflächen der Spaltenüberschriften, auch als AutoFilter bezeichnet.

Diese haben Sie bereits in Verbindung mit der Sortierung kennengelernt. Die Filterschaltflächen sind normalerweise automatisch vorhanden, wenn der Zellbereich als Tabelle formatiert wurde; andernfalls klicken Sie zum Einblenden im Register *Daten* auf die Schaltfläche *Filtern*. Mit derselben Schaltfläche blenden Sie die Filterschaltflächen auch wieder aus.

1 Klicken Sie auf die Filterschaltfläche der Spalte, nach der Sie filtern möchten, im Bild unten Ort ❶.

2 Deaktivieren Sie zunächst das Kontrollkästchen *(Alles auswählen)* ❷ und aktivieren Sie nur die Kästchen der gewünschten Filterkriterien. Im Beispiel unten die Stadt Regensburg ❸. Zum Anwenden des Filters klicken Sie auf *OK* ❹.

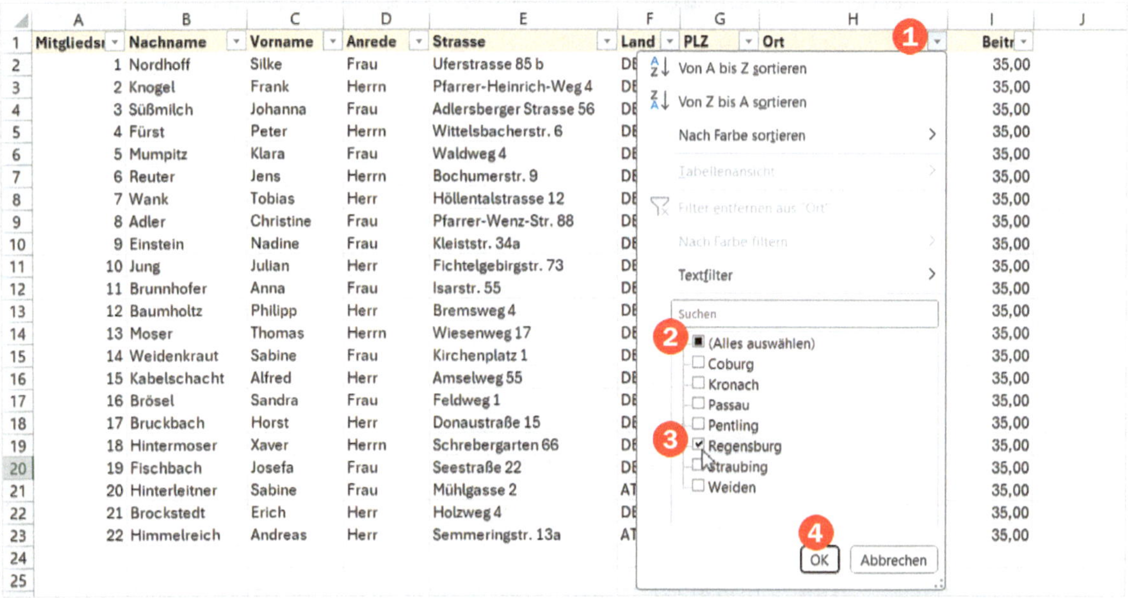

Mitgliedsr	Nachname	Vorname	Anrede	Strasse	Land	Beitr
1	Nordhoff	Silke	Frau	Uferstrasse 85 b	DE	35,00
2	Knogel	Frank	Herrn	Pfarrer-Heinrich-Weg 4	DE	35,00
3	Süßmilch	Johanna	Frau	Adlersberger Strasse 56	DE	35,00
4	Fürst	Peter	Herrn	Wittelsbacherstr. 6	DE	35,00
5	Mumpitz	Klara	Frau	Waldweg 4	DE	35,00
6	Reuter	Jens	Herrn	Bochumerstr. 9	DE	35,00
7	Wank	Tobias	Herr	Höllentalstrasse 12	DE	35,00
8	Adler	Christine	Frau	Pfarrer-Wenz-Str. 88	DE	35,00
9	Einstein	Nadine	Frau	Kleiststr. 34a	DE	35,00
10	Jung	Julian	Herr	Fichtelgebirgstr. 73	DE	35,00
11	Brunnhofer	Anna	Frau	Isarstr. 55	DE	35,00
12	Baumholtz	Philipp	Herr	Bremsweg 4	DE	35,00
13	Moser	Thomas	Herrn	Wiesenweg 17	DE	35,00
14	Weidenkraut	Sabine	Frau	Kirchenplatz 1	DE	35,00
15	Kabelschacht	Alfred	Herr	Amselweg 55	DE	35,00
16	Brösel	Sandra	Frau	Feldweg 1	DE	35,00
17	Bruckbach	Horst	Herr	Donaustraße 15	DE	35,00
18	Hintermoser	Xaver	Herrn	Schrebergarten 66	DE	35,00
19	Fischbach	Josefa	Frau	Seestraße 22	DE	35,00
20	Hinterleitner	Sabine	Frau	Mühlgasse 2	AT	35,00
21	Brockstedt	Erich	Herr	Holzweg 4	DE	35,00
22	Himmelreich	Andreas	Herr	Semmeringstr. 13a	AT	35,00

Eine gefilterte Tabelle erkennen Sie an der unterbrochenen Zeilennummerierung und am Filtersymbol in der Überschrift der betreffenden Spalte. Beim Zeigen auf die Filterschaltfläche wird eine Kurzinfo mit den verwendeten Filterkriterien sichtbar. Zum Aufheben eines Filters klicken Sie erneut auf den Pfeil der Spalte und auf *Filter entfernen aus...*

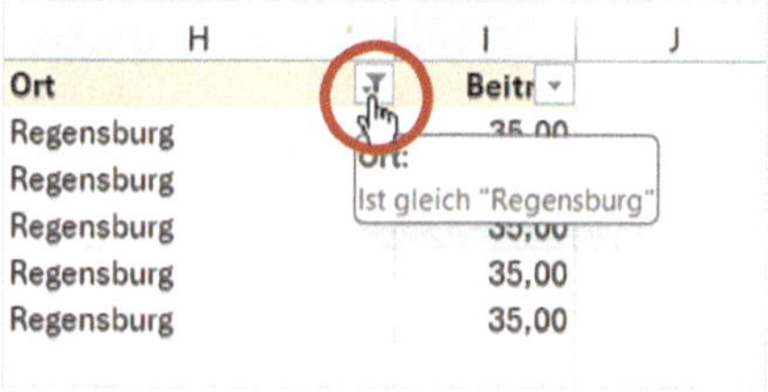

Tipp: Sie können mit dieser Methode auch Filter mehrerer Spalten miteinander kombinieren.

4.10 Diagramme

Mit Diagrammen lassen sich Zahlen und Zusammenhänge anschaulich grafisch darstellen, sie spielen daher besonders in Präsentationen eine wichtige Rolle. Excel unterstützt alle wichtigen Diagrammtypen (und sogar noch mehr) und verfügt über umfangreiche Werkzeuge zur weiteren Gestaltung. Wir stellen hier kurz die wichtigsten Diagrammtypen vor.

Diagramme setzen eine Tabelle mit entsprechenden Zahlen voraus, dies können auch Formelergebnisse sein, und bei jeder Änderung der Ausgangswerte wird das Diagramm automatisch aktualisiert. Auch Beschriftungen werden aus der Tabelle übernommen.

Bei der Erstellung und Gestaltung von Diagrammen sollten Sie außerdem beachten

- Nicht jeder Diagrammtyp eignet sich für jeden Einsatzzweck und alle Arten von Daten. Die Wahl des Diagrammtyps sollte sich an der gewünschten Aussage orientieren.
- Vermeiden Sie in Diagrammen ein Zuviel an Informationen.
- Verzichten Sie auf unnötige Effekte, insbesondere bei Farbzusammenstellungen und Hintergründen.

Die wichtigsten Diagrammtypen im Überblick

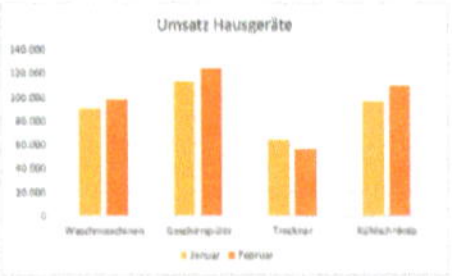

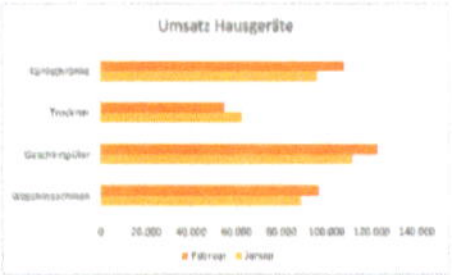

- **Säulendiagramm & Balkendiagramm**
  Ein Säulendiagramm zeigt die Daten als nebeneinander stehende Säulen, bei mehreren Datenreihen als Säulengruppen, an. Damit lassen sich die Werte miteinander vergleichen. Ein Balkendiagramm unterscheidet sich von einem Säulendiagramm nur dadurch, dass die Werte als waagrechte Balken dargestellt werden.

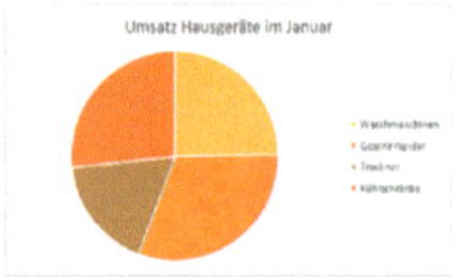

- **Kreis- oder Tortendiagramm**
  Kreisdiagramme eignen sich vor allem zur Darstellung von Prozentanteilen. Nachteil: Es kann nur eine einzige Datenreihe dargestellt werden.

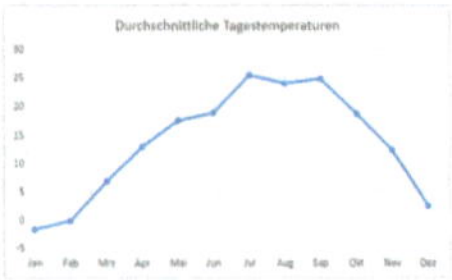

- **Linien**
  Liniendiagramme dienen zur Darstellung von Daten in zeitlicher Folge, beispielsweise Aktienkurse, Temperaturkurven oder sonstige Messwerte.

Ein einfaches Diagramm einfügen

So geht's am einfachsten: Excel bietet Diagrammvorschläge auf der Grundlage der markierten Daten, so verschaffen Sie sich schnell einen Überblick Ihrer Möglichkeiten.

1 Markieren Sie den Tabellenbereich ❶, dessen Werte Sie in einem Diagramm visualisieren möchten. Da zusammenhängende Zellbereiche von Excel meist automatisch erkannt werden, genügt es in den meisten Fällen auch, wenn eine Zelle innerhalb des Datenbereichs markiert ist.

Achtung: Der Tabellenbereich sollte weder leere Zeilen noch leere Spalten enthalten, da diese im Diagramm als „Lücken" erscheinen.

2 Kicken Sie im Register *Einfügen* auf die Schaltfläche *Empfohlene Diagramme* ❷. Im Fenster *Diagramm einfügen* erhalten Sie links eine Liste verschiedener Diagrammtypen. Klicken Sie auf einen Typ, z. B. Säulen, so sehen Sie rechts daneben eine vergrößerte Vorschau unter Verwendung Ihrer Daten.

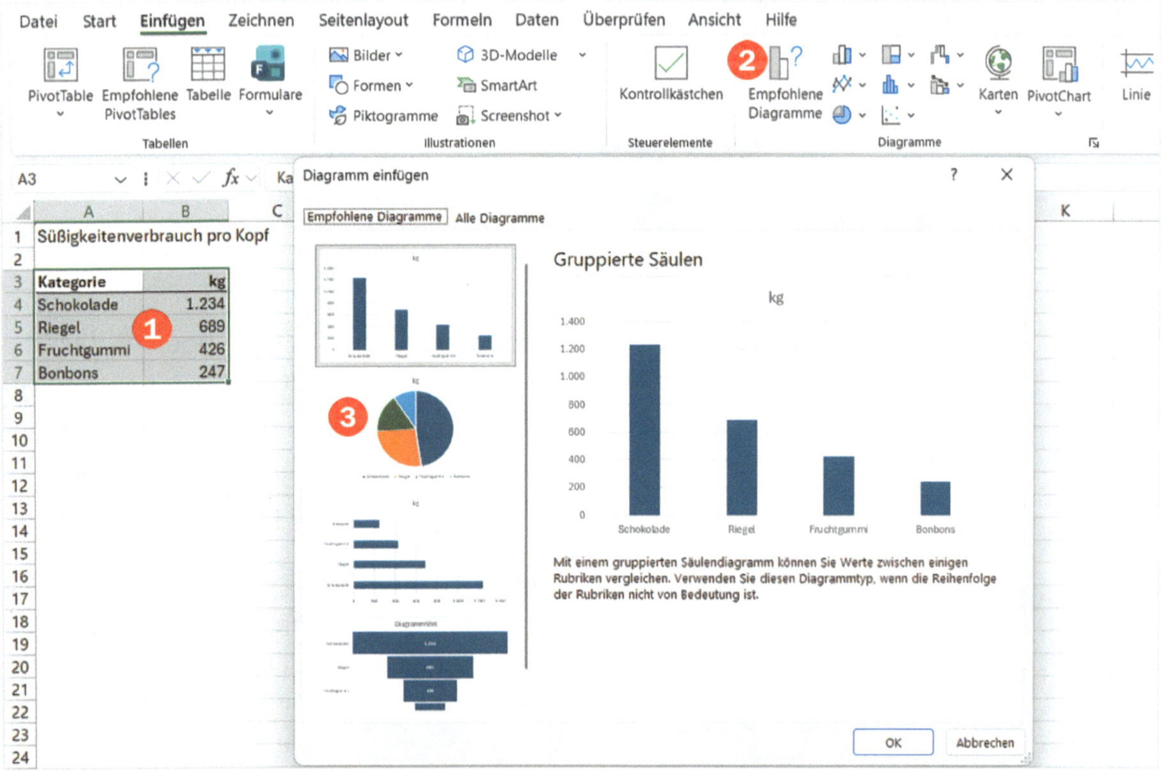

3 Das Säulendiagramm würde zwar auch unsere Zwecke erfüllen und den Sieger klar hervorheben, es ist aber ein bisschen langweilig. Aus diesem Grund wählen wir das Kreisdiagramm. Klicken Sie diese Option ❸ links an und übernehmen Sie das Diagramm mit *OK*.

Diagramm formatieren

Ältere Excel-Versionen beschriften diese Register etwas anders und mit dem Zusatz *Diagrammtools*.

Für alle Bearbeitungen von Diagrammen stehen im Menüband die Register *Diagrammentwurf* ❹ und *Format* zur Verfügung. Beachten Sie, dass diese Register nur sichtbar sind, wenn das Diagramm oder ein Diagrammelement markiert sind.

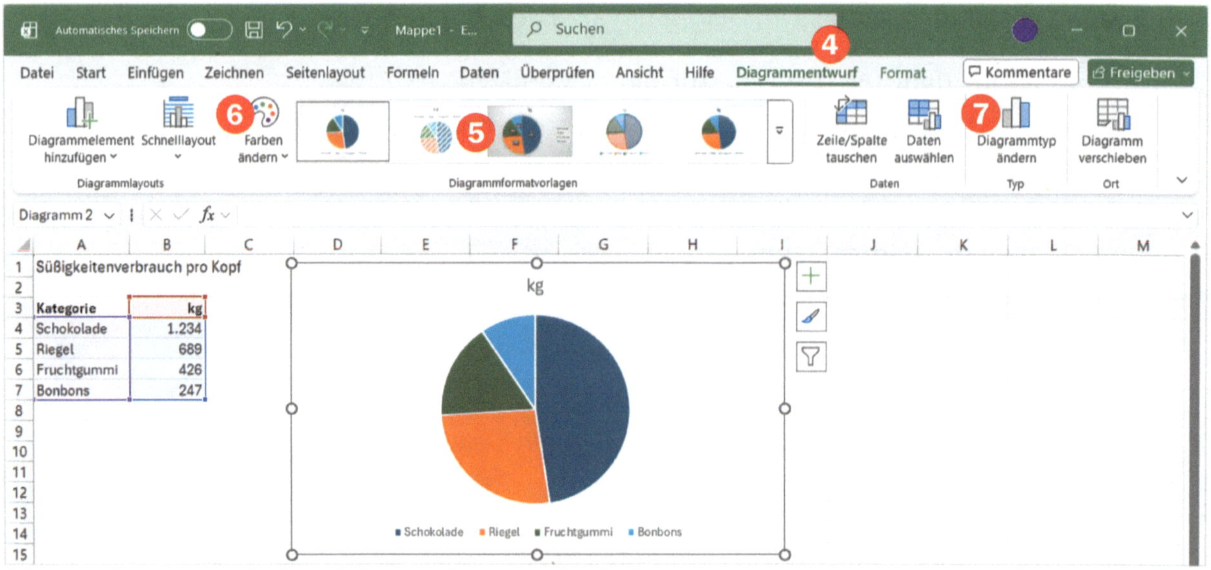

- **Layout ändern:** Testen Sie unterschiedliche Darstellungen für Ihr Diagramm durch Anklicken der Vorlagen ❺ im Register *Entwurf*, Gruppe *Diagrammformatvorlagen*. Hier werden nicht nur unterschiedliche Konturen oder Hintergrundfarben zur Verfügung gestellt, sondern auch Datenbeschriftungen, z. B. die prozentualen Anteile.
- **Farben austauschen:** Falls Ihnen die Farben nicht gefallen, ändern Sie das über die Schaltfläche *Farben ändern* ❻. Zeigen Sie zunächst auf eine Palette, um eine Vorschau zu erhalten. Durch Anklicken wählen Sie die neuen Farben aus.

- **Anderer Diagrammtyp:** Über die Schaltfläche *Diagrammtyp ändern* ❼, können Sie beispielsweise auf der Grundlage der Daten ein Säulendiagramm auswählen.
- **Überschrift ändern**: Um den Text der Überschrift zu ändern, klicken Sie diese an und dann ein zweites Mal in den Text. Der Cursor erscheint hier und Sie können beliebig Text eingeben oder löschen.
- Alle Änderungen, die Sie in der Datentabelle vornehmen, werden automatisch ins Diagramm übernommen.
- Über das Symbol *Diagrammelemente* ❽ können Sie einzelne Teile Ihres Diagramms hinzufügen, entfernen und bearbeiten. Wir möchten beispielsweise zusätzlich die prozentualen Anteile zusammen mit den Namen anzeigen und die Legende entfernen.

  Dazu klicken Sie in das Diagramm und danach auf *Diagrammelemente*. Zeigen Sie mit der Maus auf *Datenbeschriftungen* ❾, klicken auf den Pfeil und dann auf *Datenlegende*. Zum Entfernen der Legende brauchen Sie nur unter Diagrammelemente bei *Legende* das Häkchen entfernen.

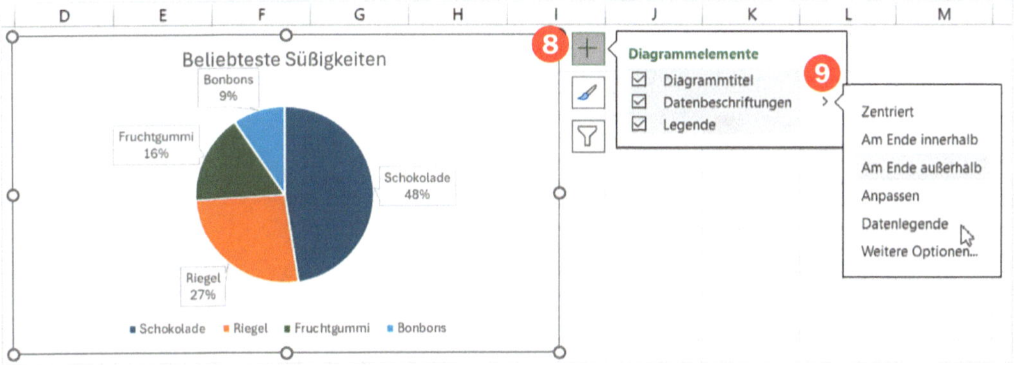

Diagramm löschen

☛ Zum Entfernen des Diagramms klicken Sie im Tabellenblatt in das Diagramm. Sobald die Markierungspunkte in den Ecken und in der Mitte jeder Seite erscheinen, kann das Diagramm mit der **Entf**-Taste auf der Tastatur gelöscht werden. Der Datenbereich ist davon natürlich nicht betroffen.

4.11 Praktische Beispiele

Eine persönliche Adressenliste erstellen, sortieren und drucken

Dieses Beispiel lässt sich auch auf Geburtstage usw. ausweiten. Hier geht es aber zunächst ausschließlich um Adressen und Telefonnummern.

Wie Sie Geburtstage verwalten, lesen Sie weiter unten ab Seite 344.

Eine Adressen- und Telefonliste ist mit Excel schnell erstellt und mit wenig Aufwand ansprechend gestaltet. Ein weiterer Pluspunkt: Wenn später Adressen gelöscht oder weitere Adressen hinzugefügt werden, lässt sich die Tabelle schnell neu sortieren. Beginnen Sie mit einer neuen Arbeitsmappe und speichern Sie die Mappe unter einem aussagekräftigen Namen, z. B. Adressenliste in einem Ordner Ihrer Wahl.

Tabelle anlegen

- Klicken Sie im Tabellenblatt auf die Zelle A1 und geben Sie hier eine Überschrift ein ❶. Beginnen Sie ab Zeile 3 mit den Spaltenüberschriften, wie im Bild, und lassen Sie dazwischen keine Spalten leer!

Die Breite der Spalte A brauchen Sie nur an die Nachnamen anzupassen. Die Überschrift in A1 ist ohnehin vollständig sichtbar, da die angrenzenden Zellen rechts leer sind.

Spaltenbreiten ändern

- Zeigen Sie mit der Maus oberhalb der Tabelle im Bereich der Spaltenbuchstaben auf die **rechte** Trennlinie der betreffenden Spalte. Es erscheint ein waagrechter Doppelpfeil ❷; verschieben Sie nun mit gedrückter linker Maustaste die Trennlinie nach rechts (=verbreitern) oder links (=Breite verringern).

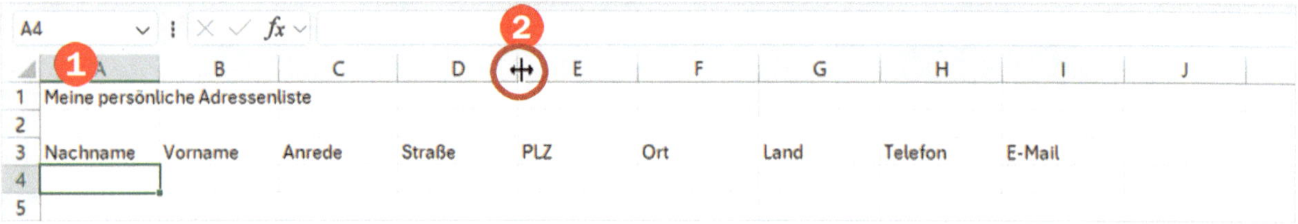

Tabelle formatieren

1. Im nächsten Schritt formatieren Sie die Tabelle: Markieren Sie eine Ihrer Spaltenüberschriften, z. B. *Vorname* ❶ (Bild auf der nächsten Seite) und klicken Sie im Register *Start* auf *Als Tabelle formatieren* ❷. Wählen Sie anschließend ein Tabellenformat, z. B. *Dunkelblaugrün - Mittel 2* ❸.

2. Es erscheint ein kleines Fenster mit der Frage: *Wo sind die Daten für die Tabelle?* Hier sollte der Tabellenbereich, im abgebildeten Bei-

spiel A3:I3 ❹, richtig erkannt worden sein. Aktivieren Sie das Kontrollkästchen *Tabelle hat Überschriften* ❺ und klicken Sie auf *OK* ❻.

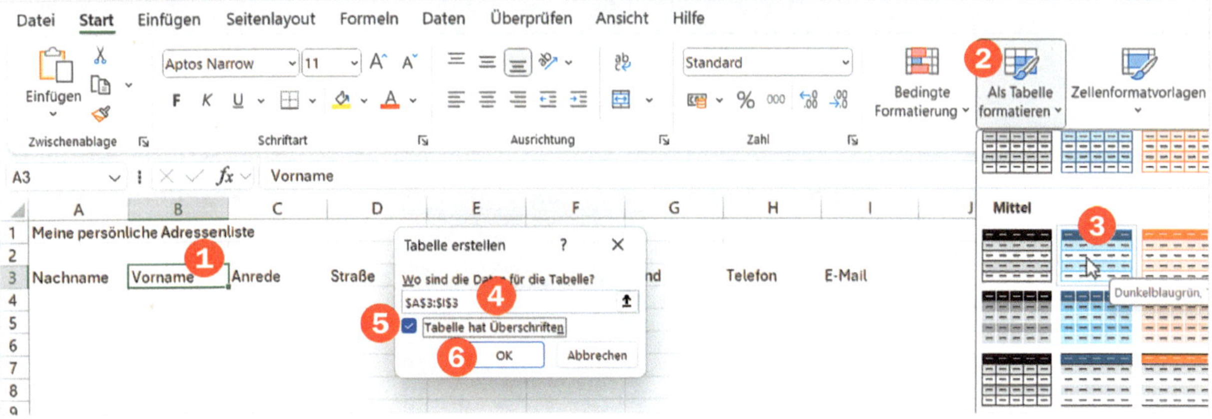

PLZ, Telefon und Handynummer als Text formatieren

Damit bei der Eingabe von Postleitzahlen, die mit 0 beginnen, die führende 0 nicht verschwindet, formatieren Sie die Postleitzahlen als Text:

1 Markieren Sie die Zelle, in die später die erste Postzeitzahl eingegeben wird, im Bild E4 ❶. Klicken Sie im Register *Start*, Gruppe *Zahl* auf den Auswahlpfeil *Zahlenformat* ❷ und am Ende der Liste auf *Text* ❸. Formatieren Sie unbedingt auch die Telefonnummer als Text!

Das Format *Text* wird später bei der Eingabe automatisch auch in neu hinzugefügte Zeilen übernommen.

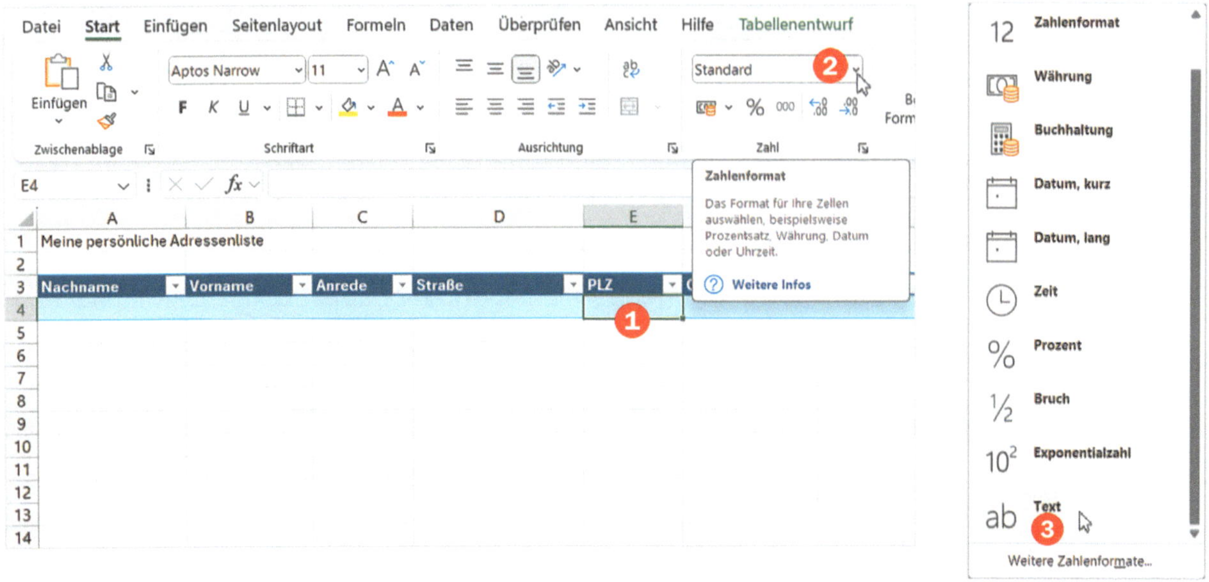

Anschließend beginnen Sie mit der Eingabe der Adressen.

- In der Spalte *PLZ* können Sie das kleine grüne Dreieck, das Sie darauf aufmerksam macht, dass hier eine Zahl als Text formatiert wurde, einfach ignorieren.

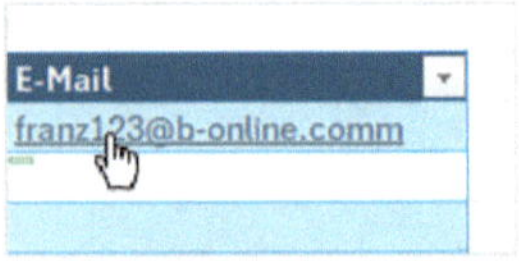

- Eine E-Mail Adresse erscheint automatisch unterstrichen und in blauer Schrift, das bedeutet, sie wurde automatisch in einen Link umgewandelt. Wenn Sie eine E-Mail an die betreffende Person schreiben möchten, brauchen Sie nur auf die E-Mail Adresse klicken und es öffnet sich Ihre Mail-App mit einer neuen Nachricht.

Adressenliste sortieren

Falls die Pfeile nicht sichtbar sein sollten, so klicken Sie zum Anzeigen auf eine beliebige Zelle innerhalb der Adressliste und danach im Register *Daten* auf das Symbol *Filtern*.

Sobald Sie Ihre Adressenliste als Tabelle formatiert haben, erscheinen rechts neben den Spaltenüberschriften kleine Pfeile zum Filtern und Sortieren.

Zum Sortieren klicken Sie auf den Pfeil derjenigen Spalte, nach der Sie sortieren möchten, z. B. *Nachname* ❶. Klicken Sie auf *Von A bis Z sortieren* ❷.

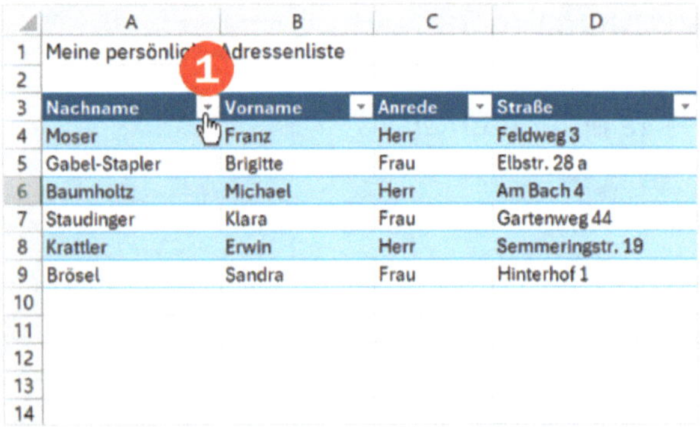

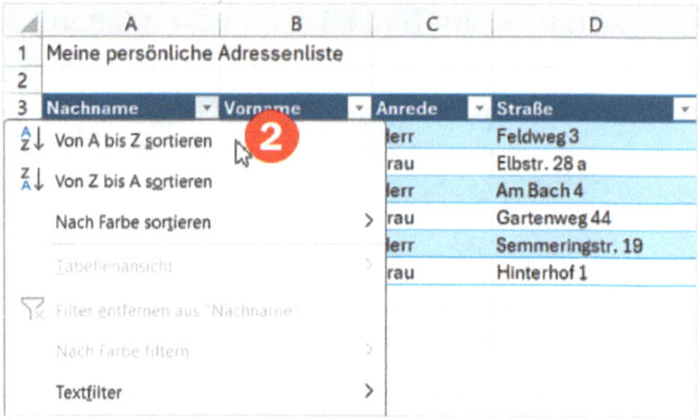

Liste drucken

Eine andere Möglichkeit: Blenden Sie nicht benötigte Spalten vor dem Drucken aus. Näheres hierzu im nächsten Punkt.

Klicken Sie auf das Register *Datei* und hier auf *Drucken*. Damit alle Spalten auf eine Druckseite passen, müssen Sie in diesem Fall zuerst *Querformat* ❶ (Bild auf der nächsten Seite) wählen. Sollten trotzdem noch nicht alle Spalten auf eine Seite passen, so klicken Sie auf das Symbol *Seitenränder anzeigen* ❷ und nutzen die folgenden Möglichkeiten:

- Sie können die Seitenränder verkleinern, indem Sie die grauen Linien links und rechts ❸ mit der Maus verschieben.

- Außerdem lassen sich in der Druckvorschau auch die Spaltenbreiten ändern: Verschieben Sie einfach mit der Maus die kleinen schwarzen Markierungen ❹ nach rechts oder links.

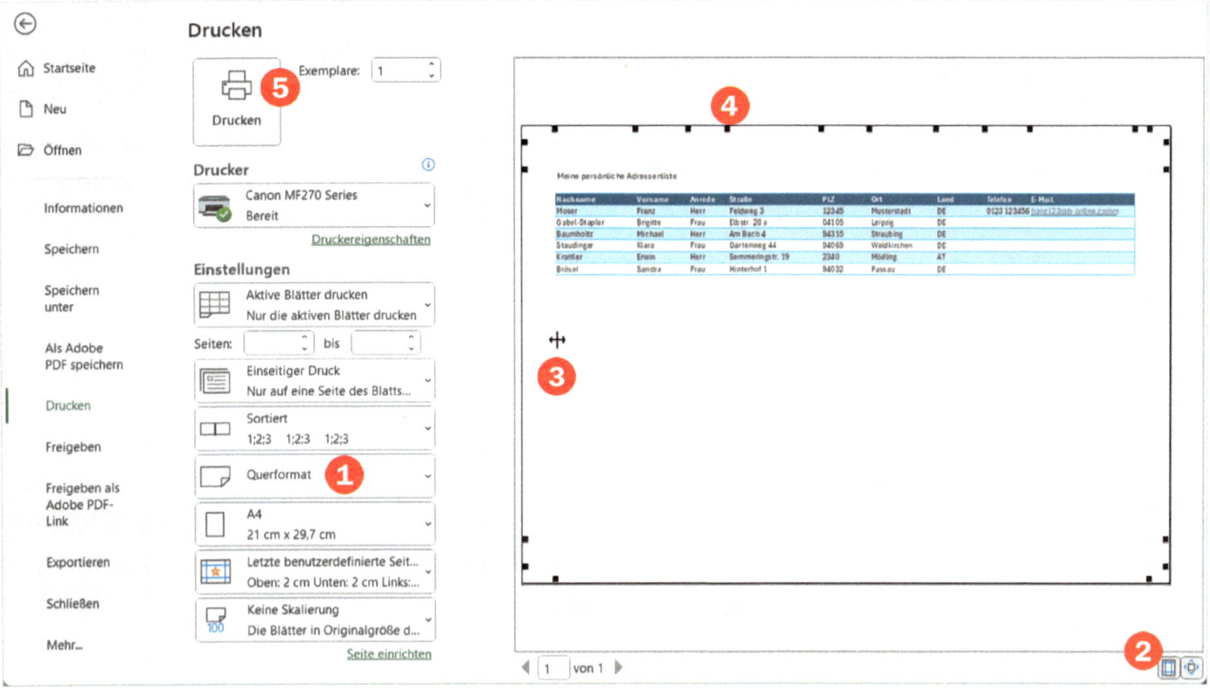

Tipp: Telefonliste ohne Postanschrift drucken

Wenn bestimmte Spalten nicht gedruckt werden sollen, dann blenden Sie diese zuvor aus. Klicken Sie oberhalb des Tabellenblatts mit der **rechten** Maustaste auf den Buchstaben ❶ der auszublendenden Spalte und auf *Ausblenden* ❷. Um mehrere Spalten auszublenden, im Bild unten C bis G, müssen Sie diese zuvor markieren.

Spalten markieren: Klicken Sie auf den Spaltenbuchstaben der ersten Spalte, halten Sie die Maustaste gedrückt und bewegen Sie die Maus über die übrigen Spalten.

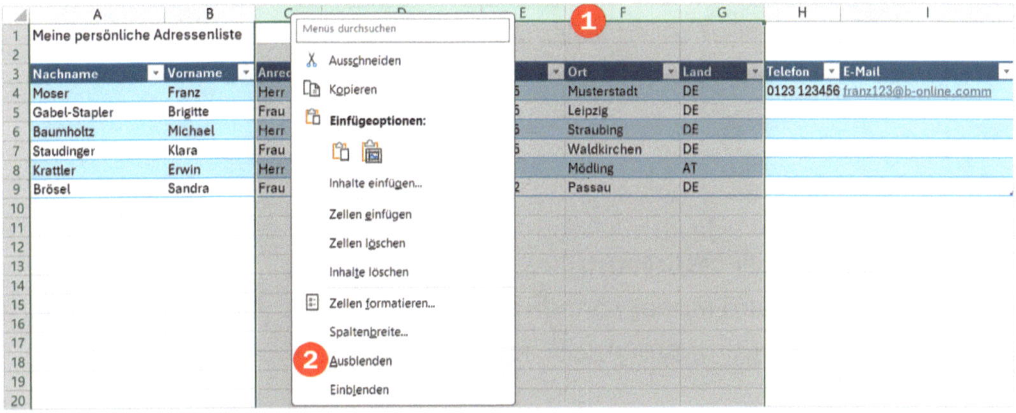

Spalten wieder anzeigen

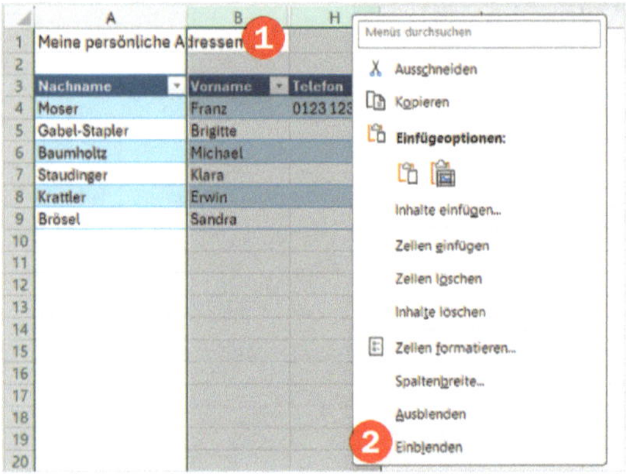

Um nach dem Drucken die ausgeblendeten Spalten wieder anzuzeigen, markieren Sie im Bereich der Spaltenbuchstaben einen Bereich, der die ausgeblendeten Spalten einschließt, z. B. B bis H ❶ wie im Bild links, klicken wieder mit der **rechten** Maustaste auf einen der markierten Spaltenbuchstaben und wählen *Einblenden* ❷.

Alle Geburtstage im Griff

Mit einer Excel-Tabelle behalten Sie auch den Überblick über Geburtstage. Am einfachsten ist es natürlich, wenn Sie eine vorhandene Adressenliste, z. B. aus dem vorherigen Beispiel nutzen und um eine Spalte mit dem Geburtsdatum erweitern.

Wenn Sie die Geburtstagsliste neu anlegen möchten, unterscheiden sich die ersten Schritte nicht vom ersten Beispiel Adressen- und Telefonliste.

Oder erstellen Sie eine neue Tabelle, dann benötigen Sie mindestens die Spalten *Name*, am besten getrennt in *Nachname* und *Vorname*, und *Geburtsdatum*, wie im Bild unten. Formatieren Sie außerdem die Geburtstagsliste als Tabelle (Register *Start* ▶ *Als Tabelle formatieren* und eine Vorlage auswählen).

	A	B	C	D	E	F	G	H
1	Geburtstagsliste							
2								
3	Nachname	Vorname	Geburtsdatum					
4	Moser	Franz	16.03.1975					
5	Gabel-Stapler	Brigitte	01.06.1959					
6	Baumholtz	Michael	28.11.1968					
7	Staudinger	Klara	09.04.1981					
8	Krattler	Erwin	06.05.1979					
9	Brösel	Sandra	10.02.1992					
10	Zufall	Rainer	14.07.1981					
11								
12								

Tipps zur Eingabe des Geburtstagsdatums

- Tag und Monat können auch einstellig und Jahre zweistellig eingegeben werden, z. B. 1.6.99.

- Ein Datum kann auch mit Bindestrich oder Minuszeichen des Ziffernblocks als Trennzeichen eingegeben werden, z. B. 1-6-99.
- Ein zulässiges Datum wird automatisch rechts in der Zelle ausgerichtet. Geben Sie dagegen ein ungültiges Datum, z. B. den 35.02.2001 ein, so wird dieses als Text behandelt und automatisch linksbündig in der Zelle ausgerichtet. Korrigieren Sie in diesem Fall Ihre Eingabe.

Das aktuelle Datum und Jahr über eine Funktion einfügen

Das aktuelle Datum und Jahr werden benötigt, um die Geburtstage in diesem Jahr zu ermitteln. Damit beides auch beim nächsten Öffnen der Arbeitsmappe und auch noch in späteren Jahren automatisch aktuell ist, geben Sie Datum und Jahr nicht einfach über die Tastatur ein, sondern als Formel. Excel stellt für diesen Zweck die beiden Funktionen HEUTE und JAHR zur Verfügung, so gehen Sie bei der Eingabe vor:

1 Klicken Sie auf die Zelle D1 ❶, geben Sie folgende Formel ein und betätigen Sie danach die Eingabetaste: **=heute()**

2 Klicken Sie dann auf die Zelle E1 rechts daneben, geben Sie hier die folgende Formel ein ❷ und betätigen Sie ebenfalls danach die Eingabetaste: **=jahr(D1)**

Groß- und Kleinschreibung spielen bei der Eingabe von Formeln und Funktionen keine Rolle.

Achtung: Gleichheitszeichen = und die Klammern () der Funktion sind unbedingt erforderlich.

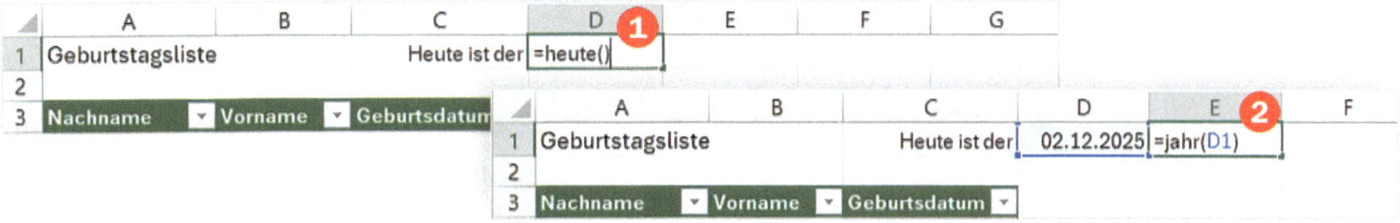

Als Ergebnis sehen Sie das jeweils aktuelle Datum und Jahr, im Bild unten den 02.12.2025 und das Jahr 2025.

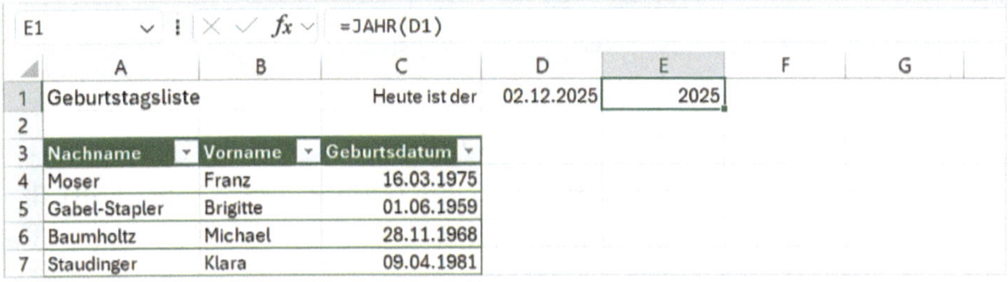

Tag und Monat des Geburtsdatums ermitteln

Als Nächstes benötigen wir aus den Geburtstagen jeweils nur den Tag und den Monat. Auch dazu gibt es in Excel zwei einfache Funktionen:

- Die Funktion TAG(*Datum*) liefert aus dem angegebenen Datum den Tag. Beispiel: =TAG("15.01.2025") Ergebnis: 15
- Die Funktion MONAT(*Datum*) liefert aus einem Datum den Monat als Zahl. Beispiel: =MONAT("15.01.2025") Ergebnis: 1

So gehen Sie bei der Eingabe dieser Funktionen vor:

1 Ergänzen Sie Ihre Tabelle um die Spalten *Monat* und *Tag*.

2 Klicken Sie in der Spalte *Monat* auf die erste Zelle, im Bild unten D4, geben Sie hier ein Gleichheitszeichen und die ersten Buchstaben der Funktion MONAT ein, z. B. *=mon* ❶.

3 Excel schlägt nun passende Funktionen vor, doppelklicken Sie auf *MONAT* ❷, um diese Funktion in die Zelle zu übernehmen.

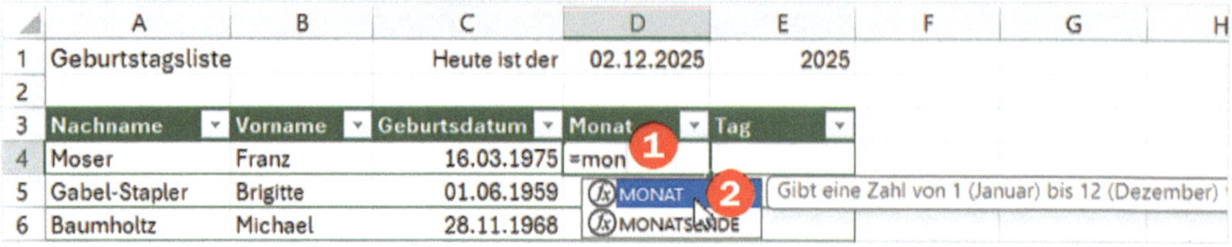

4 Klicken Sie dann auf das Geburtsdatum des ersten Namens, hier in C4 ❸ und betätigen Sie danach die **Eingabetaste**.

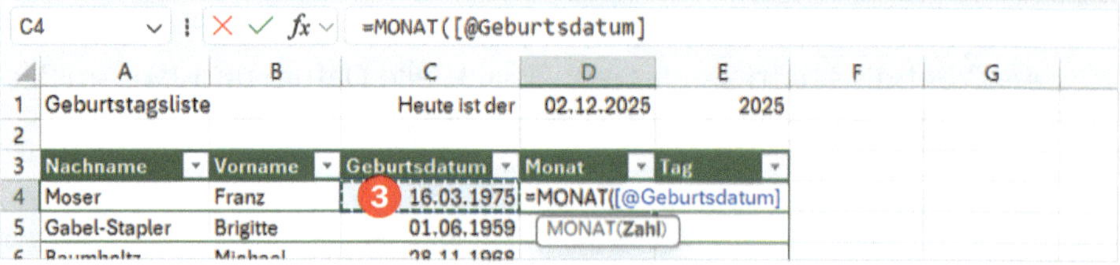

- **Hinweis**: Wenn Sie die Geburtstagsliste als Tabelle formatiert haben, wie hier im Beispiel, dann erscheint in der Formel statt der Zelladresse der Spaltenname, hier *@Geburtsdatum* und nach Betätigen der Eingabetaste wird die Formel automatisch in die restlichen Zeilen der Tabelle kopiert.

- Sollte die Formel nicht automatisch in die restlichen Zeilen kopiert werden, dann müssen Sie sie mit der Maus kopieren: Klicken Sie auf die Zelle mit der Formel und setzen Sie den Mauszeiger in die untere rechte Ecke dieser Zelle, siehe Bild unten. Es erscheint ein Pluszeichen +; Ziehen Sie nun mit gedrückter linker Maustaste das Pluszeichen nach unten.

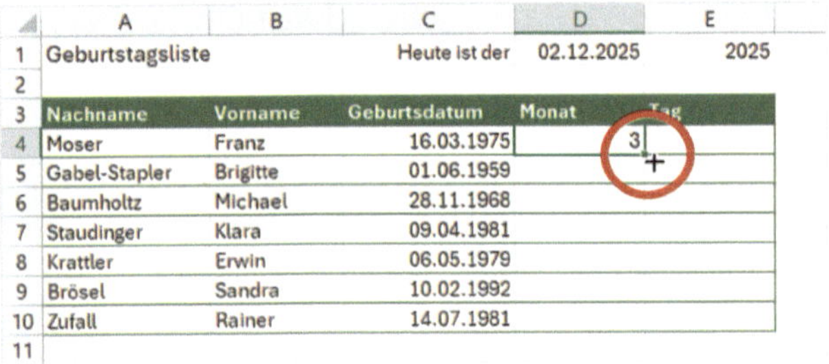

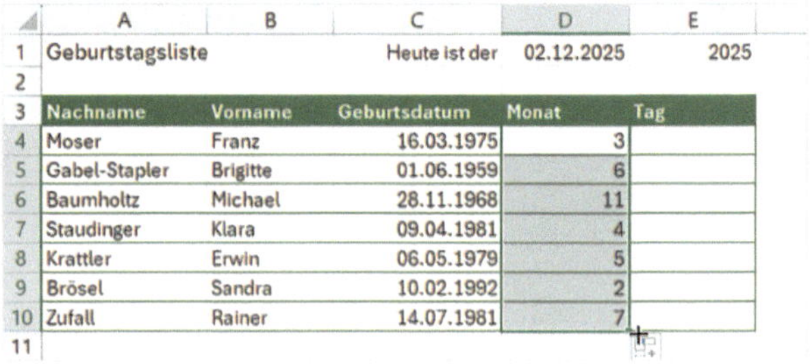

Genauso gehen Sie vor, um mit der Funktion TAG den jeweiligen Tag aus dem Geburtsdatum zu erhalten:

1 Klicken Sie auf die erste Zelle der Spalte *Tag*, geben Sie hier *=Tag* ein (s. Bild unten) und übernehmen Sie die Funktion *TAG* aus der Liste mit Doppelklick.

2 Klicken Sie dann wieder auf das erste Geburtsdatum in C4 und betätigen Sie die **Eingabetaste**. Falls die Formel nicht automatisch in die restlichen Zeilen kopiert wird, müssen Sie dies anschließend manuell bzw. mit der Maus erledigen, siehe oben.

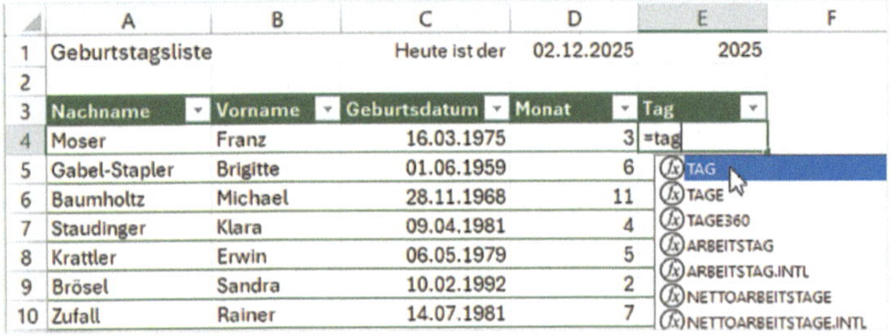

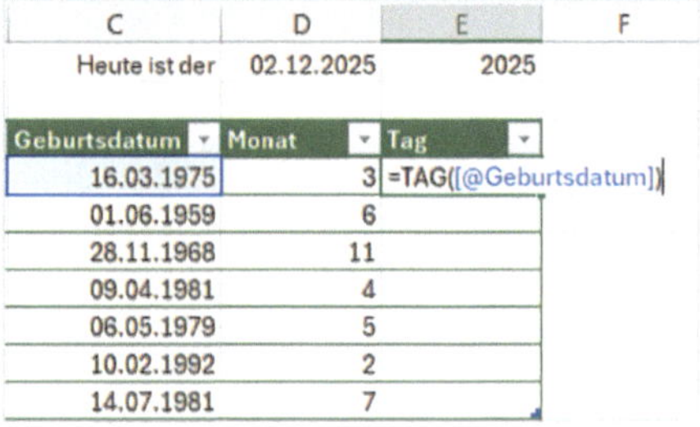

Geburtstage im aktuellen Jahr ermitteln

Wenn wir nun Monat und Tag des Geburtsdatums und das aktuelle Jahr zu einem Datum zusammensetzen, dann erhalten wir die Geburtstage dieses Jahres. Dazu stellt Excel die Funktion *DATUM* zur Verfügung. Da diese Funktion etwas mehr Angaben benötigt, nehmen wir diesmal den Funktionsassistent zu Hilfe.

1 Geben Sie in F3 die Spaltenüberschrift *Geburtstag* ein, s. Bild unten.

2 Klicken Sie in die erste Zelle dieser Spalte, hier F4 ❶, und klicken Sie im Menüband auf das Register *Formeln*. Klicken Sie hier in der Funktionsbibliothek auf *Datum u. Uhrzeit* ❷ und auf *DATUM* ❸.

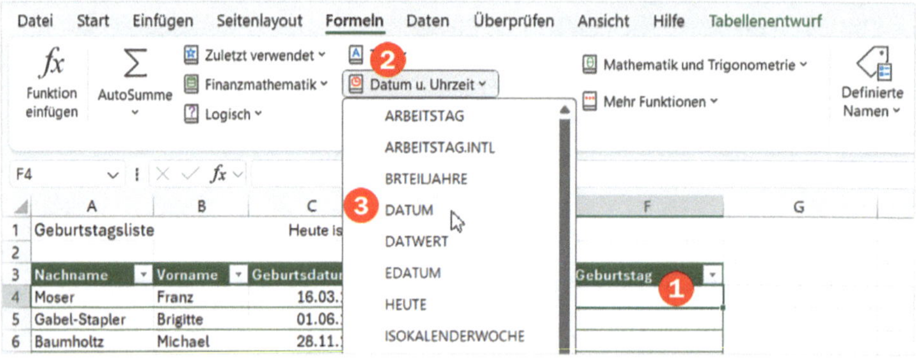

Sollte das Fenster *Funktionsargumente* die benötige Zelle verdecken, dann verschieben Sie es einfach mit der Maus. Benutzen Sie dazu eine freie Stelle innerhalb des Fensters.

3 Nun öffnet sich das Fenster *Funktionsargumente* mit den drei Eingabefeldern *Jahr*, *Monat* und *Tag*. Klicken Sie in das Feld *Jahr* ❹ und danach im Arbeitsblatt auf E1 ❺ (bzw. die Zelle, die das aktuelle Jahr enthält). Drücken Sie anschließend die Funktionstaste F4, dann sollte die Zelladresse im Feld *Jahr* so aussehen: E1.

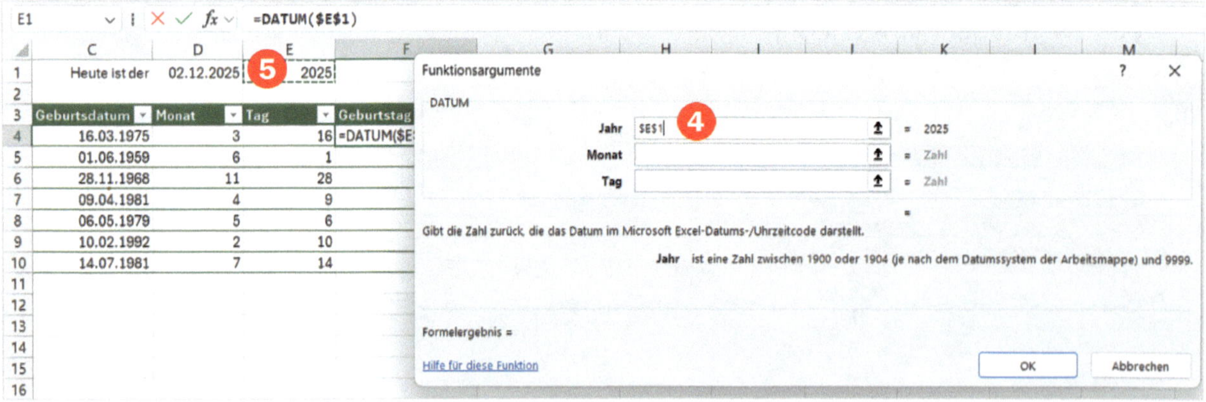

4 Klicken Sie dann im Fenster *Funktionsargumente* in das Feld *Monat* und in der Tabelle auf den ersten Monat (hier D4). Klicken Sie in das Feld *Tag* und danach in der Tabelle auf den ersten Tag, hier in E4.

Wenn in den Feldern die Überschriften der Tabelle ❻ (*@Monat* und *@Tag*) statt der Zelladressen erscheinen, wie im Bild, dann wird die Formel anschließend automatisch in die restlichen Zellen kopiert.

5 Klicken Sie zuletzt auf *OK* ❼.

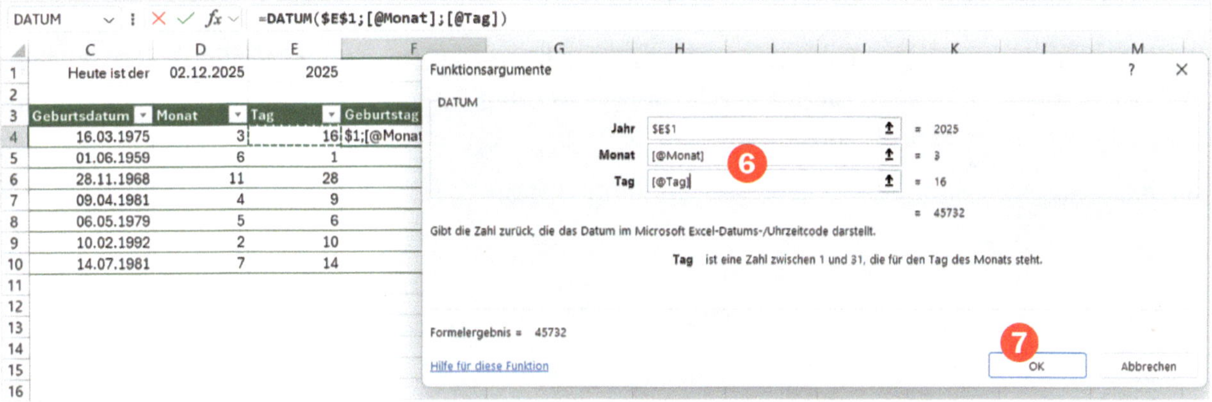

Liste nach Geburtstagen sortieren

Die Spalte *Geburtstag* enthält nun alle Geburtstage im aktuellen Jahr und Sie erhalten einen besseren Überblick, wenn Sie die Geburtstagsliste nach dieser Spalte sortieren.

- Klicken Sie auf den Pfeil rechts von der Spaltenüberschrift *Geburtstag* und wählen Sie *Nach Datum sortieren (aufsteigend)*.

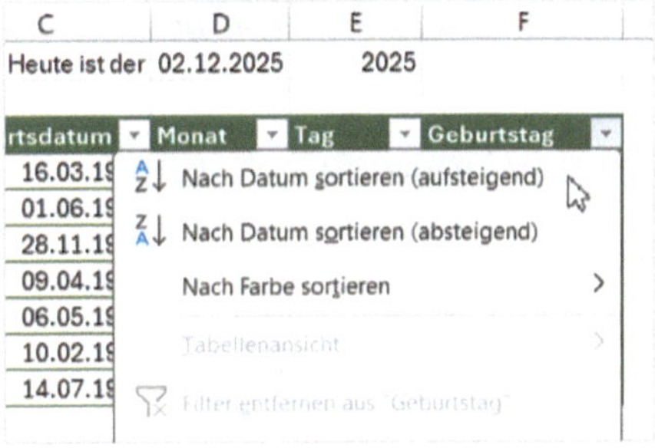

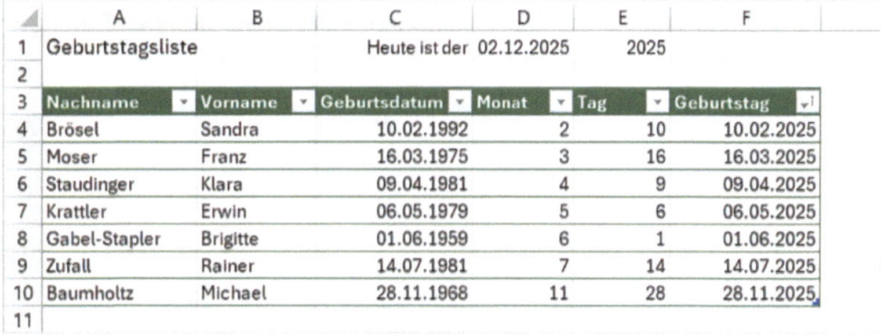

Wer hat im aktuellen Monat Geburtstag?

Mit Hilfe der bedingten Formatierung können Sie alle Geburtstage innerhalb eines bestimmten Zeitraums farbig hervorheben, z. B. alle Geburtstage am heutigen Tag, diese Woche oder im aktuellen Monat. Im Gegensatz zur normalen Formatierung, z. B. mit einer Füllfarbe, hängt bei der bedingten Formatierung das Aussehen der Zellen vom jeweils aktuellen Datum ab

1 Markieren Sie alle Geburtstage des Jahres in F4:F11 ❶ (siehe Bild unten) und klicken Sie im Menüband, Register *Start* auf *Bedingte Formatierung* ❷.

2 Es erscheint eine Auswahliste verschiedener Möglichkeiten; klicken Sie auf *Regeln zum Hervorheben von Zellen* ❸ und wählen Sie im Untermenü *Datum...* ❹.

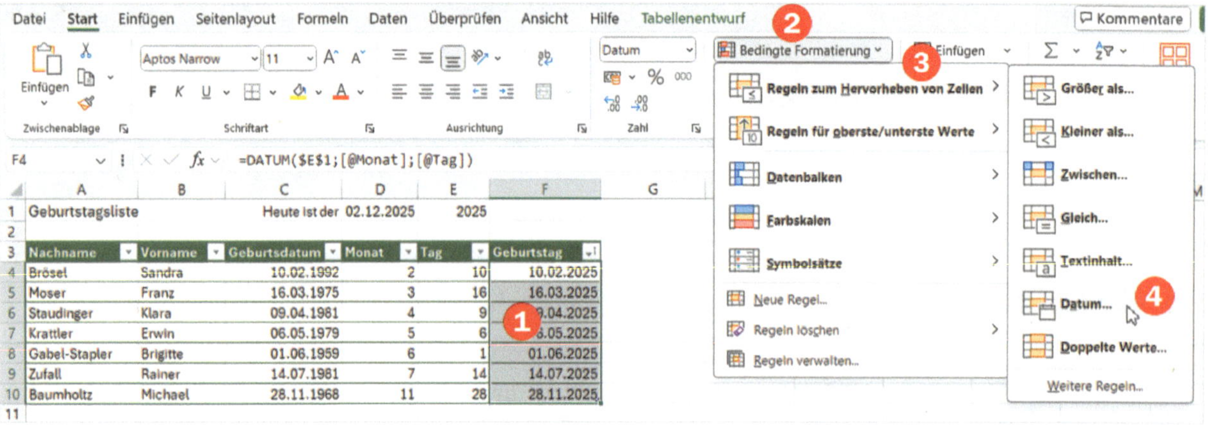

3 Klicken Sie im Fenster *Datum* in das Feld *Zellen mit Datum formatieren* ❺ und auf den gewünschten Zeitraum, hier *Diesen Monat*.

Tipp: Mit der Auswahl *Benutzerdefiniertem Format* im Feld Formatierung können Sie anschließend das Format selbst zusammenstellen.

4 Klicken Sie dann in das Feld rechts daneben (*mit*) und wählen Sie eine Formatierung, hier *hellrote Füllung 2* ❻. Im Tabellenblatt sehen Sie bereits eine Vorschau, klicken Sie zum Übernehmen auf *OK* ❼.

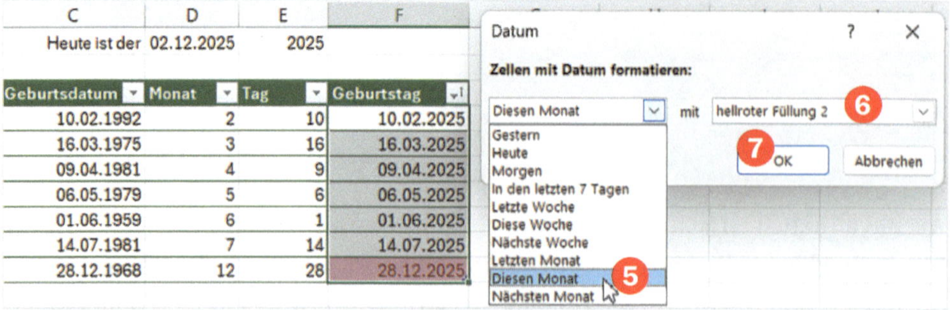

Einnahmen und Ausgaben, eine persönliche Finanzübersicht

Dieses Beispiel zeigt Ihnen, wie Sie mit Excel Ihre persönliche Einnahmen- und Ausgabenübersicht erstellen. Starten Sie Excel mit einer neuen leeren Arbeitsmappe und speichern Sie diese in einem Ordner Ihrer Wahl, z. B. *Dokumente*.

Tabellenblatt umbenennen

Zuerst erhält das Tabellenblatt einen anderen Namen. Doppelklicken Sie im Blattregister auf den Namen *Tabelle1*, überschreiben Sie den vorhandenen Namen mit *Finanzübersicht* und betätigen Sie abschließend die **Eingabetaste**.

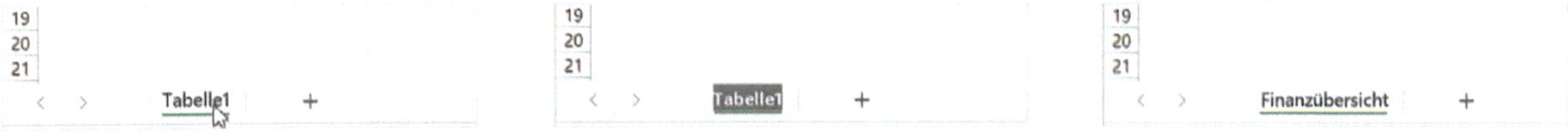

Tabelle anlegen

1 Klicken Sie auf die Zelle A1 und geben Sie die Überschrift ein, z. B. *Übersicht Einnahmen und Ausgaben*. Formatieren Sie A1 nach Belieben, z. B. blau, fett und in etwas größerer Schrift, wie im Bild unten.

2 Geben Sie in Zeile 3 und 4 die Spaltenüberschriften ein, wie unten abgebildet und passen Sie die Spaltenbreiten so an, dass nichts abgeschnitten wird. Die Spalten E und K bleiben leer und können schmäler gemacht werden.

Selbstverständlich können Sie noch weitere Spalten anlegen und nach Ihren Wünschen beschriften. Zwecks besserer Übersicht und Nachvollziehbarkeit beschränken wir uns hier auf einige wenige.

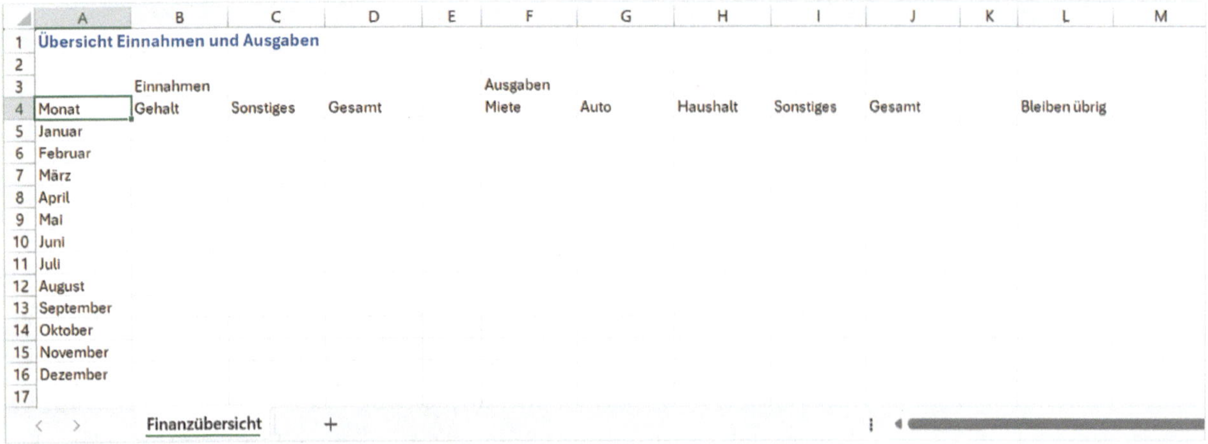

Monate ausfüllen

Die Monate von Januar bis Dezember in Spalte A (siehe Bild auf der vorherigen Seite) lassen Sie von Excel ausfüllen:

Während des Ziehens erscheint am Mauszeiger ein kleines Infofeld mit dem jeweiligen Monat.

- Geben Sie in A5 *Januar* ein. Markieren Sie diese Zelle und zeigen Sie auf das Kästchen in der unteren rechten Ecke dieser Zelle. Ein Pluszeichen erscheint. Ziehen Sie nun das Pluszeichen mit gedrückter linker Maustaste nach unten bis zum Dezember.

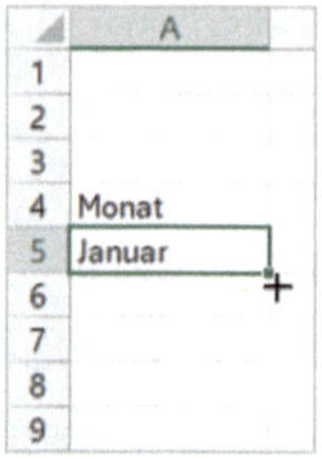

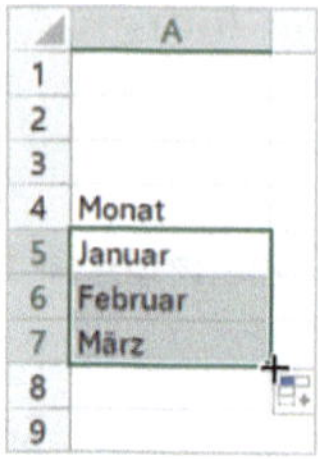

Tabelle formatieren

1. Markieren Sie den Bereich A3 bis L4 und formatieren Sie die Zellen mit den Spaltenüberschriften fett. Ebenso die Monate in A5 bis A16.
2. Damit der Text *Einnahmen* ❶ zentriert über den Spalten *Gehalt*, *Sonstiges* und *Gesamt* erscheint, markieren Sie B3 bis D3 und klicken im Register *Start* ▶ *Ausrichtung* auf *Verbinden und zentrieren* ❷. Genauso verfahren Sie mit der Überschrift *Ausgaben*, hier müssen Sie zuvor F3 bis J3 markieren ❸, wie im Bild unten.

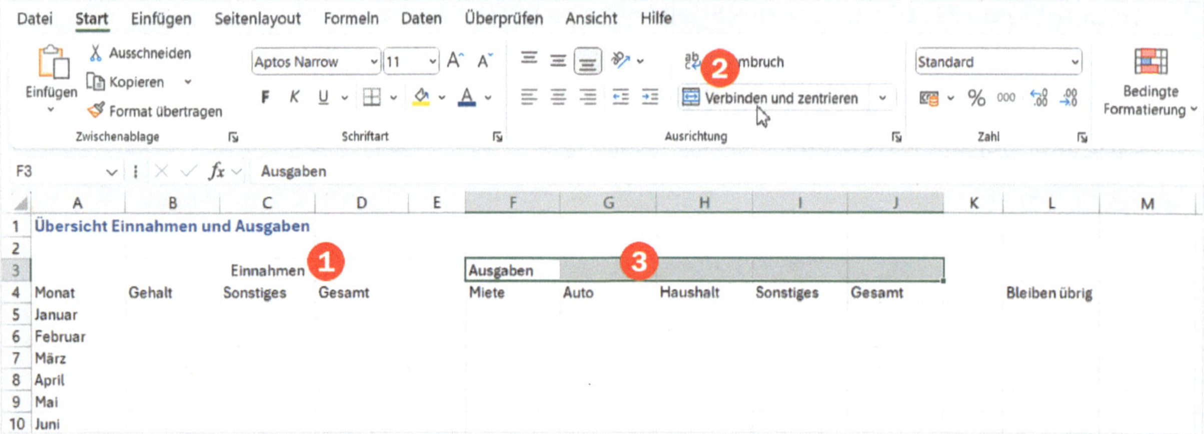

3. Gestalten Sie zuletzt noch die Überschriften und Monate mit Füllfarben ❸ Ihrer Wahl, die Spalten E und K bleiben ohne Füllfarbe. Zur besseren Lesbarkeit können Sie auch noch die jeweiligen Tabellenbereiche mit Rahmenlinien ❹ versehen. Ein Beispiel sehen Sie im Bild auf der nächsten Seite.

4 Markieren Sie alle Zellen, in die später Zahlen eingegeben werden, also nacheinander B5 bis D16, F5 bis J16 und L5 bis L16 und klicken Sie jeweils auf das Zahlenformat *Währung* ❺. Anschließend können Sie Ihre Zahlen eingeben, z. B. für die Monate Januar bis März.

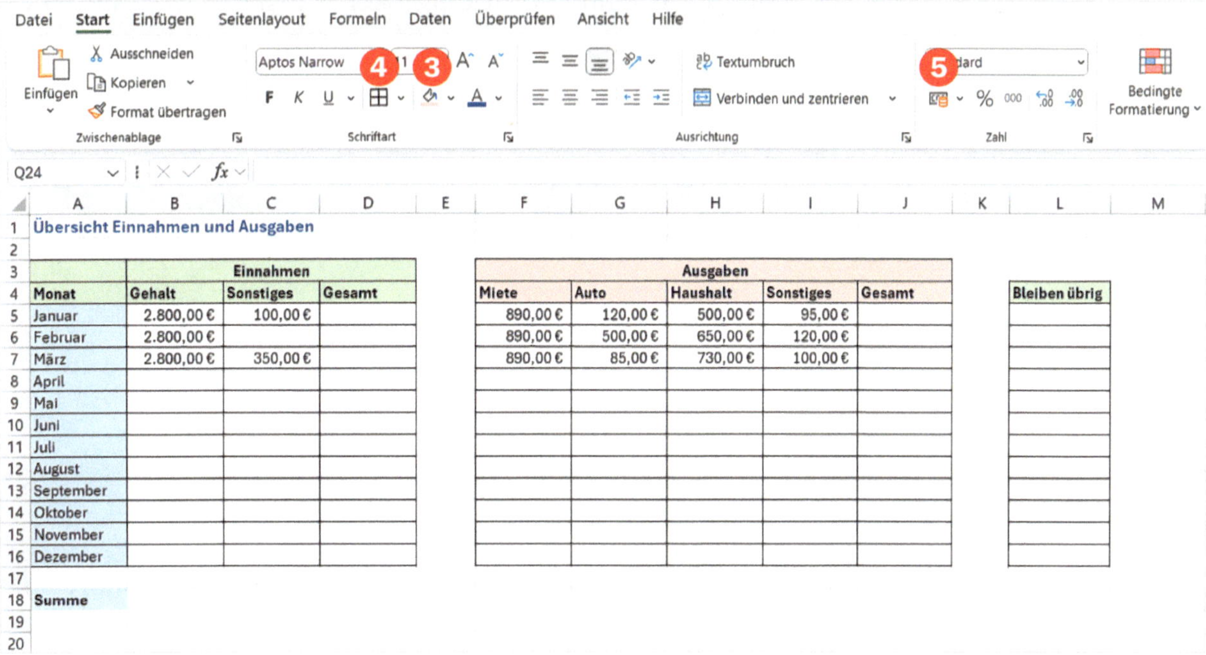

Summen berechnen

1 Beginnen wir mit den Summen der Einnahmen. Markieren Sie die Zellen B5 und C5 ❶, klicken Sie im Menüband auf das Register *Formeln* und hier auf *Σ Autosumme* ❷. Die Summe erscheint automatisch rechts von den markierten Zellen ❸.

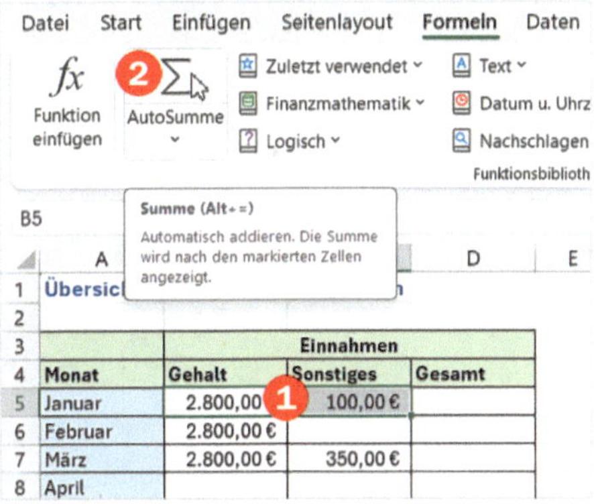

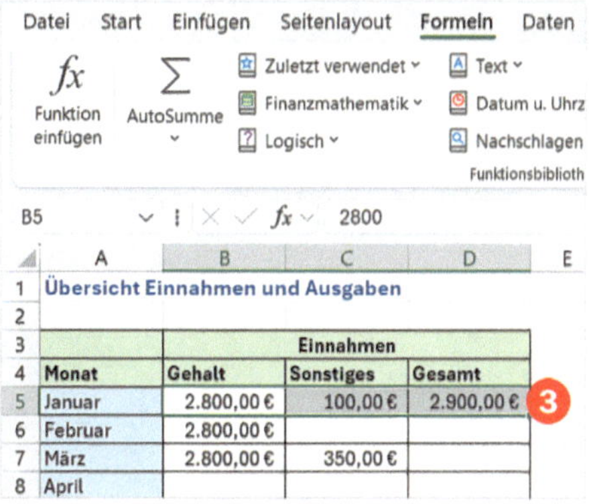

2 Anschließend kopieren Sie die Formel nach unten in die restlichen Zeilen: Markieren Sie die Zelle mit der soeben berechneten Summe (hier D5), zeigen Sie mit der Maus auf das Ausfüllkästchen in der rechten unteren Ecke der Zelle ❹ und ziehen Sie dann das Pluszeichen mit gleichzeitig gedrückter linker Maustaste nach unten bis zum Monat Dezember ❺.

Es macht nichts, wenn für einige Monate noch keine Zahlen vorhanden sind. Dann wird - € statt der Summe angezeigt. Sobald Sie Zahlen eingeben, erscheinen auch hier die Summen.

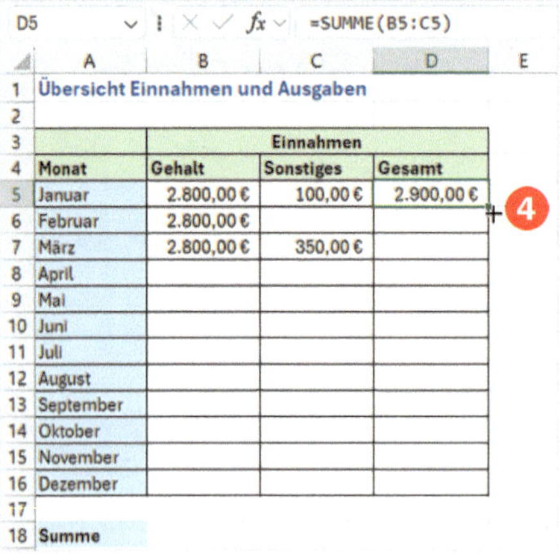
D5 =SUMME(B5:C5)

	A	B	C	D
1	Übersicht Einnahmen und Ausgaben			
2				
3		Einnahmen		
4	Monat	Gehalt	Sonstiges	Gesamt
5	Januar	2.800,00 €	100,00 €	2.900,00 €
6	Februar	2.800,00 €		
7	März	2.800,00 €	350,00 €	
8	April			
9	Mai			
10	Juni			
11	Juli			
12	August			
13	September			
14	Oktober			
15	November			
16	Dezember			
17				
18	Summe			

❹

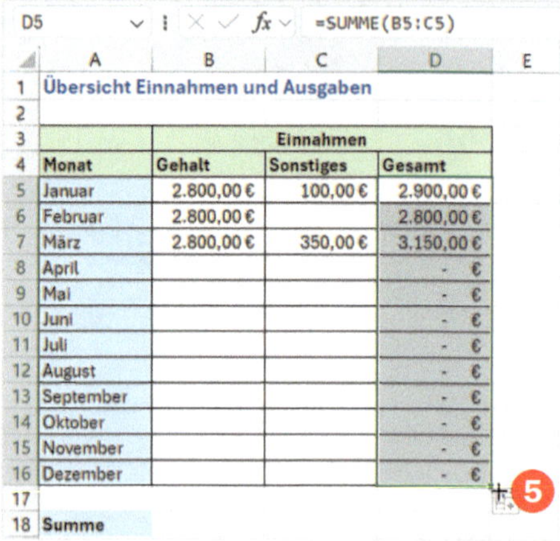
D5 =SUMME(B5:C5)

	A	B	C	D
1	Übersicht Einnahmen und Ausgaben			
2				
3		Einnahmen		
4	Monat	Gehalt	Sonstiges	Gesamt
5	Januar	2.800,00 €	100,00 €	2.900,00 €
6	Februar	2.800,00 €		2.800,00 €
7	März	2.800,00 €	350,00 €	3.150,00 €
8	April			- €
9	Mai			- €
10	Juni			- €
11	Juli			- €
12	August			- €
13	September			- €
14	Oktober			- €
15	November			- €
16	Dezember			- €
17				
18	Summe			

❺

3 Genauso verfahren Sie mit den Ausgaben. Markieren alle Ausgaben des Monats Januar, hier F5 bis I5 und klicken Sie im Register *Formeln* auf *Σ AutoSumme*.

4 Markieren Sie die Zelle mit der soeben berechneten Summe (J5), zeigen Sie mit der Maus auf das Ausfüllkästchen dieser Zelle und ziehen Sie das Pluszeichen nach unten, wie oben beschrieben. Im Bild unten das Ergebnis.

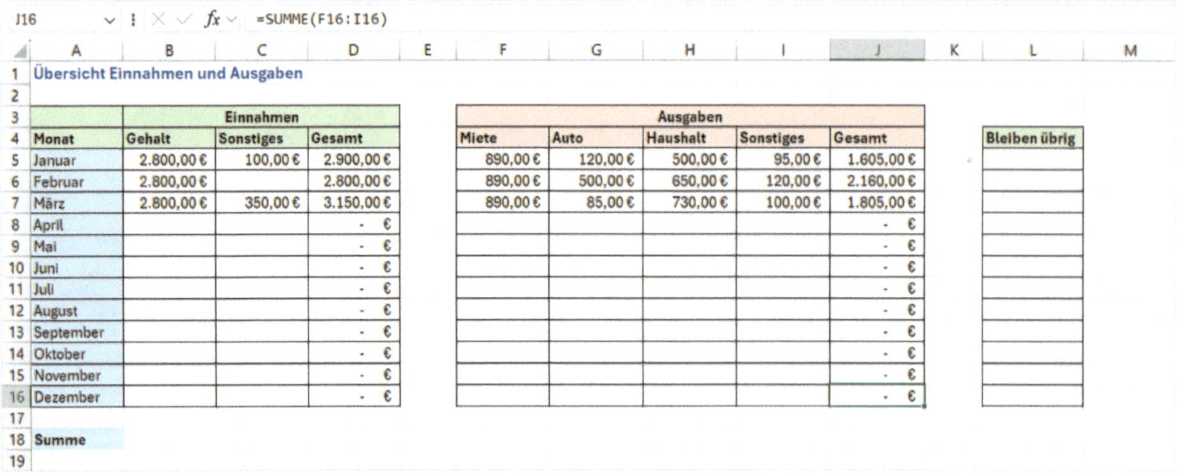
J16 =SUMME(F16:I16)

	A	B	C	D	E	F	G	H	I	J	K	L
1	Übersicht Einnahmen und Ausgaben											
2												
3		Einnahmen				Ausgaben						
4	Monat	Gehalt	Sonstiges	Gesamt		Miete	Auto	Haushalt	Sonstiges	Gesamt		Bleiben übrig
5	Januar	2.800,00 €	100,00 €	2.900,00 €		890,00 €	120,00 €	500,00 €	95,00 €	1.605,00 €		
6	Februar	2.800,00 €		2.800,00 €		890,00 €	500,00 €	650,00 €	120,00 €	2.160,00 €		
7	März	2.800,00 €	350,00 €	3.150,00 €		890,00 €	85,00 €	730,00 €	100,00 €	1.805,00 €		
8	April			- €						- €		
9	Mai			- €						- €		
10	Juni			- €						- €		
11	Juli			- €						- €		
12	August			- €						- €		
13	September			- €						- €		
14	Oktober			- €						- €		
15	November			- €						- €		
16	Dezember			- €						- €		
17												
18	Summe											
19												

Zuletzt berechnen wir in Spalte L noch, was monatlich übrigbleibt.

1. Beginnen Sie wieder mit dem Monat Januar und klicken Sie auf die Zelle, in der Sie das Ergebnis berechnen möchten, hier L5.

2. Geben Sie das Gleichheitszeichen = ein und klicken Sie danach mit der Maus auf die Zelle D5 ❶.

3. Geben Sie über die Tastatur ein Minuszeichen - ein und klicken Sie dann auf die Zelle J5 ❷. Die Formel in L5 lautet nun: =D5-J5 ❸. Schließen Sie die Formeleingabe mit der **Eingabetaste** ab.

Falls Ihr Notebook keinen Ziffernblock aufweist, so verwenden Sie statt des Minuszeichens den Bindestrich.

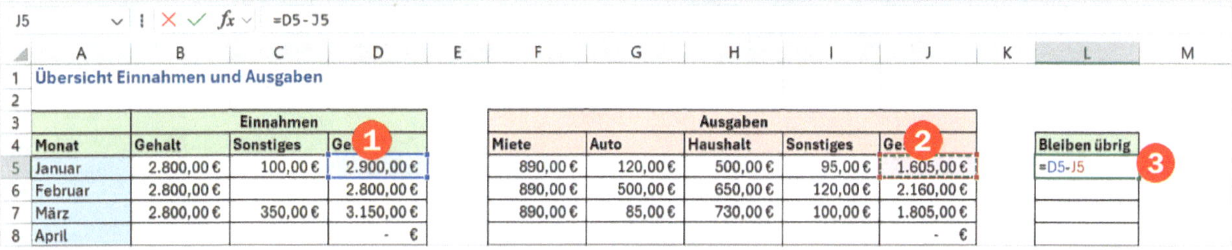

	A	B	C	D	E	F	G	H	I	J	K	L
1	Übersicht Einnahmen und Ausgaben											
2												
3		Einnahmen				Ausgaben						
4	Monat	Gehalt	Sonstiges	Ge		Miete	Auto	Haushalt	Sonstiges	Ge		Bleiben übrig
5	Januar	2.800,00 €	100,00 €	2.900,00 €		890,00 €	120,00 €	500,00 €	95,00 €	1.605,00 €		=D5-J5
6	Februar	2.800,00 €		2.800,00 €		890,00 €	500,00 €	650,00 €	120,00 €	2.160,00 €		
7	März	2.800,00 €	350,00 €	3.150,00 €		890,00 €	85,00 €	730,00 €	100,00 €	1.805,00 €		
8	April			- €						- €		

4. Statt der Formel erscheint nun in L5 das Ergebnis. Kopieren Sie anschließend die Formel wieder mit der Maus nach unten.

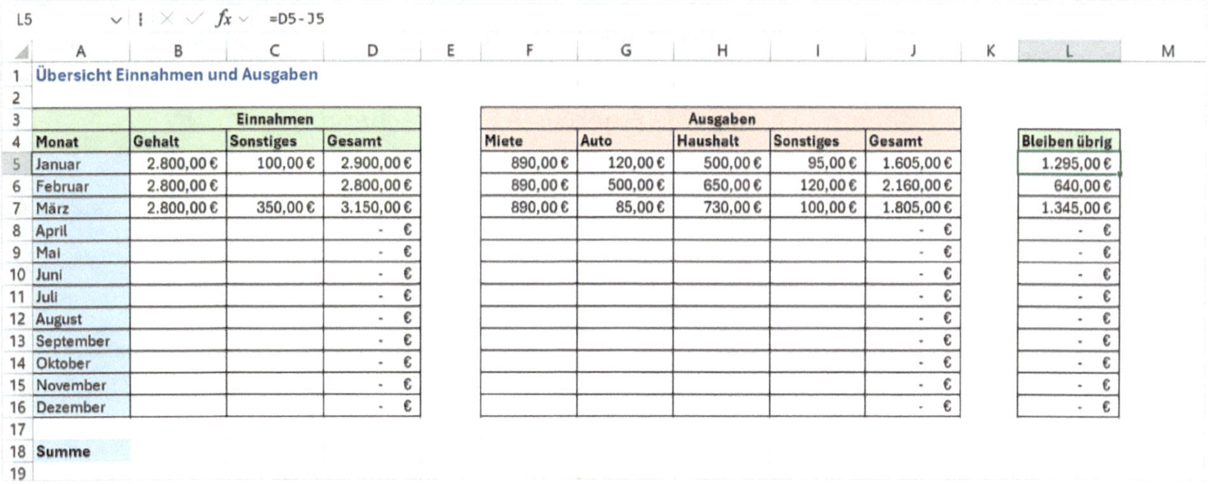

	A	B	C	D	E	F	G	H	I	J	K	L
1	Übersicht Einnahmen und Ausgaben											
2												
3		Einnahmen				Ausgaben						
4	Monat	Gehalt	Sonstiges	Gesamt		Miete	Auto	Haushalt	Sonstiges	Gesamt		Bleiben übrig
5	Januar	2.800,00 €	100,00 €	2.900,00 €		890,00 €	120,00 €	500,00 €	95,00 €	1.605,00 €		1.295,00 €
6	Februar	2.800,00 €		2.800,00 €		890,00 €	500,00 €	650,00 €	120,00 €	2.160,00 €		640,00 €
7	März	2.800,00 €	350,00 €	3.150,00 €		890,00 €	85,00 €	730,00 €	100,00 €	1.805,00 €		1.345,00 €
8	April			- €						- €		- €
9	Mai			- €						- €		- €
10	Juni			- €						- €		- €
11	Juli			- €						- €		- €
12	August			- €						- €		- €
13	September			- €						- €		- €
14	Oktober			- €						- €		- €
15	November			- €						- €		- €
16	Dezember			- €						- €		- €
17												
18	Summe											
19												

Jetzt fehlen nur noch in Zeile 18 die Summen über die jeweiligen Spalten. In diesem Fall können Sie mit Hilfe der AutoSumme praktischerweise gleich alle Summen gleichzeitig einfügen.

5 Markieren Sie alle Zahlen einschließlich der Summenzeile, also B5 bis L18 ❶, wie im Bild unten. **Achtung**: Die Zeile, in der die Summen eingefügt werden sollen, muss unbedingt mit markiert werden! Klicken Sie dann im Register *Formeln* auf *AutoSumme* ❷.

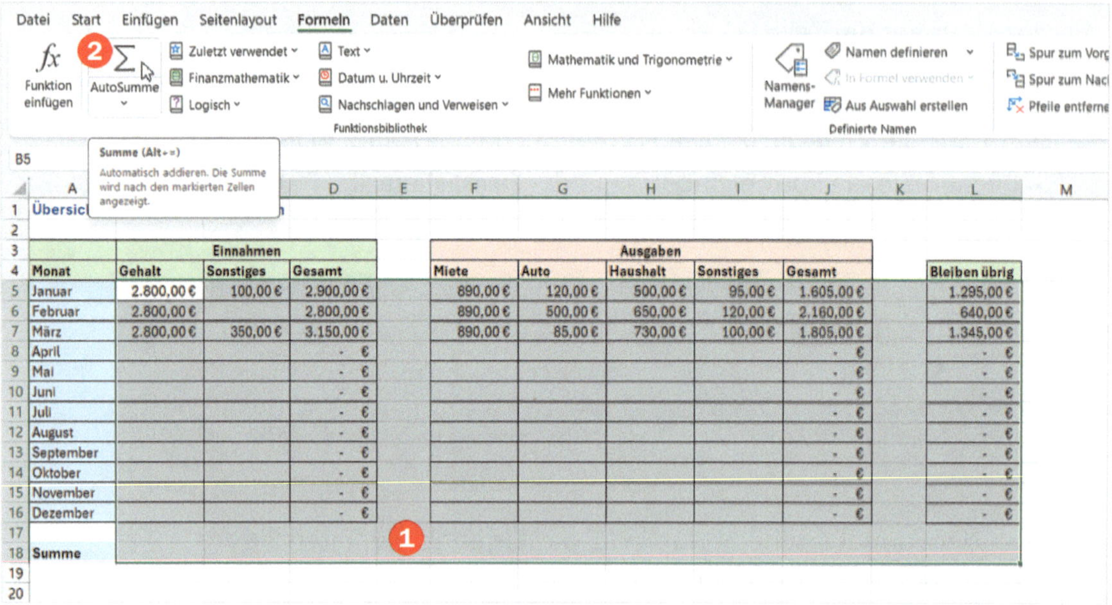

Die Summen werden automatisch unterhalb jeder Spalte eingefügt, wie im Bild unten. Wenn Sie später die Zahlen für weitere Monate eingeben, ändern sich auch die Ergebnisse entsprechend.

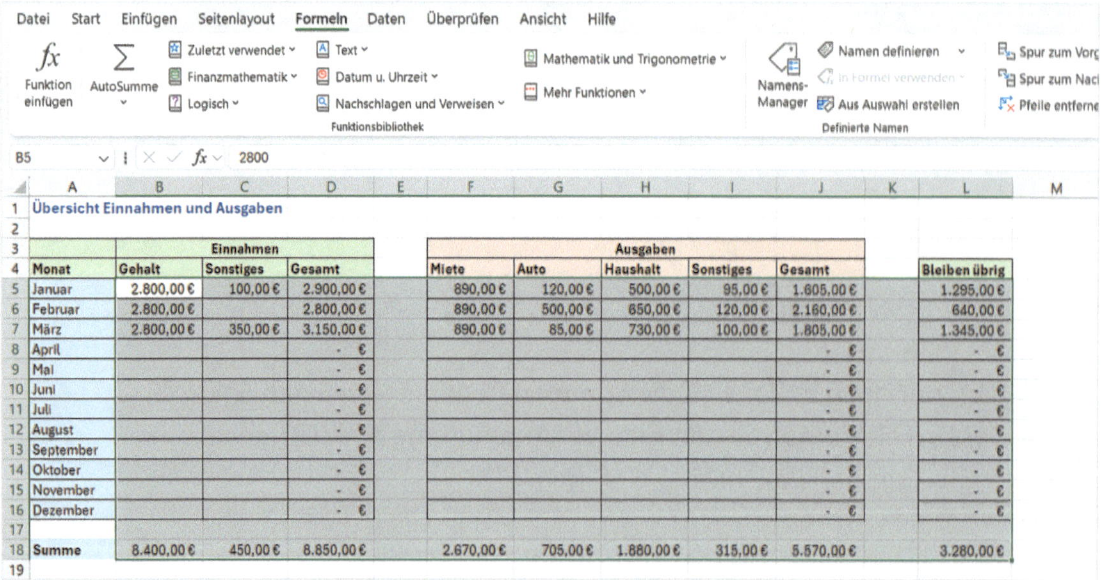

Arbeitsstunden ermitteln und addieren

In diesem Beispiel wollen wir uns der Berechnung von Arbeitszeit widmen, z. B. für die Abrechnung einer Haushaltshilfe. Öffnen Sie eine neue Arbeitsmappe und geben Sie folgende nebenstehende Informationen ein.

	A	B	C	D
1	Haushaltshilfe - Stundenaufstellung			
2	4. Quartal			
3				
4	Datum	Beginn	Ende	Gesamt
5	02.10.2025	16:30	18:45	
6	09.10.2025	16:00	18:00	
7	16.10.2025	16:15	18:10	
8	23.10.2025	17:05	19:20	
9	30.10.2025	16:00	19:00	
10	06.11.2025	15:20	18:10	
11	13.11.2025	16:15	18:30	
12	20.11.2025	krank		
13	27.11.2025	16:15	18:30	
14	04.12.2025	16:00	19:00	
15	11.12.2025	17:00	18:30	
16	18.12.2025	16:00	19:20	
17	Gesamt			

Für jeden Arbeitstag tragen Sie das Datum, den Arbeitsbeginn und das Arbeitsende in Excel ein. Die Uhrzeiten werden jeweils mit einem Doppelpunkt zwischen Stunden und Minuten eingegeben.

Tipps zur Eingabe des Datums

Wenn Sie am aktuelle Tag die Arbeitszeit in Excel eingeben würden, dann können Sie mit der Tastenkombination **Strg + Punkt** das aktuelle Datum in die Zelle einfügen.

Wird immer an einem Tag gearbeitet, der einem bestimmten Turnus folgt, wie in unserem Beispiel jeden Donnerstag, dann können Sie eine Reihe aufeinanderfolgender Donnerstage erstellen, indem Sie zwei Daten eintippen, die beiden Zellen markieren und mit der Maus auf die rechte untere Ecke der Markierung zeigen. Der Mauszeiger wird als Pluszeichen (+) angezeigt. Jetzt ziehen Sie mit gedrückter Maustaste eine Datumsreihe nach unten.

	A	B	C	D
1	Haushaltshilfe - Stundenaufstellung			
2	4. Quartal			
3				
4	Datum	Beginn	Ende	Gesamt
5	02.10.2025			
6	09.10.2025			
7				
8				

Arbeitszeit berechnen

Um die Arbeitszeit zu berechnen muss die Endzeit von der Anfangszeit (Beginn) abgezogen werden. Wir starten in Zelle D5.

- Geben Sie in die Zelle D5 die Formel =C5-B5 ein und drücken Sie die Eingabetaste.

Das könnten Sie jetzt wiederholen, bis alle Arbeitsstunden berechnet sind. Zum Glück stellt Excel hier eine bessere Methode zur Verfügung.

	A	B	C	D
1	Haushaltshilfe - Stundenaufstellung			
2	4. Quartal			
3				
4	Datum	Beginn	Ende	Gesamt
5	02.10.2025	16:30	18:45	=C5-B5
6	09.10.2025	16:00	18:00	
7	16.10.2025	16:15	18:10	
8	23.10.2025	17:05	19:20	
9	30.10.2025	16:00	19:00	
10	06.11.2025	15:20	18:10	
11	13.11.2025	16:15	18:30	
12	20.11.2025	krank		
13	27.11.2025	16:15	18:30	
14	04.12.2025	16:00	19:00	
15	11.12.2025	17:00	18:30	
16	18.12.2025	16:00	19:20	

Formel kopieren

- Markieren Sie die Zelle mit der Formel. Zeigen Sie mit der Maus in die rechte untere Ecke der Zelle, halten Sie die linke Maustaste gedrückt und ziehen Sie in der Spalte nach unten.

D5 =C5-B5

	A	B	C	D	E	F	G
1	Haushaltshilfe - Stundenaufstellung						
2	4. Quartal						
3							
4	Datum	Beginn	Ende	Gesamt			
5	02.10.2025	16:30	18:45	02:15			
6	09.10.2025	16:00	18:00				
7	16.10.2025	16:15	18:10				
8	23.10.2025	17:05	19:20				

Mit Text rechnen macht fast immer Probleme

Die Fehlermeldung *#WERT!* in Zelle D12 signalisiert, dass die Formel auf eine Zelle verweist, die Text enthält.

D12 =C12-B12

	A	B	C	D
1	Haushaltshilfe - Stundenaufstellung			
2	4. Quartal			
3				
4	Datum	Beginn	Ende	Gesamt
5	02.10.2025	16:30	18:45	02:15
6	09.10.2025	16:00	18:00	02:00
7	16.10.2025	16:15	18:10	01:55
8	23.10.2025	17:05	19:20	02:15
9	30.10.2025	16:00	19:00	03:00
10	06.11.2025	15:20	18:10	02:50
11	13.11.2025	16:15	18:30	02:15
12	20.11.2025	krank		#WERT!
13	27.11.2025	16:15	18:30	02:15
14	04.12.2025	16:00	19:00	03:00
15	11.12.2025	17:00	18:30	01:30
16	18.12.2025	16:00	19:20	03:20

Dieses Problem hat nichts mit der Berechnung der Uhrzeit zu tun, die Formel ist korrekt. Es ist uns auch kein Fehler beim Kopieren der Formel unterlaufen. Die Ursache ist der Text „krank" in Zelle B12, mit Text können in Excel keine Berechnungen durchgeführt werden.

- Um den Fehler zu beheben, löschen Sie das Wort in B12. Die leere Zelle erzeugt keinen Fehler und Sie erhalten das Ergebnis 00:00.

Gesamte Stunden ermitteln

Im nächsten Schritt wollen wir noch die Gesamtstunden berechnen. Das erledigen wir mit der Funktion **SUMME**, die Sie bereits kennen.

- Markieren Sie die Zelle D18 und klicken Sie im Register *Formeln* oder *Start* auf die Schaltfläche *Σ AutoSumme*. Übernehmen Sie die Formel mit der Eingabetaste.

Achtung! Das Ergebnis scheint aber nicht korrekt. Es wurde eindeutig mehr als 2 Stunden und 35 Minuten gearbeitet. Die Ursache liegt darin, dass die Ergebniszelle in einem Uhrzeitformat formatiert ist, welches nicht mehr als 24 Std. abbilden kann. Tatsächlich wurden 26 Stunden und 35 Minuten gearbeitet.

11	13.11.2025	16:15	18:30	02:15
12	20.11.2025			00:00
13	27.11.2025	16:15	18:30	02:15
14	04.12.2025	16:00	19:00	03:00
15	11.12.2025	17:00	18:30	01:30
16	18.12.2025	16:00	19:20	03:20
17	**Gesamt**			02:35

Uhrzeitformat ändern

Zur Abhilfe müssen Sie die Zelle in einem anderen Uhrzeitformat formatieren:

- Markieren Sie die Ergebniszelle, in unserem Beispiel D17. Öffnen Sie über das Register *Start* das Dialogfenster *Zellen formatieren* durch Anklicken des Pfeilsymbols der Gruppe *Zahl*.

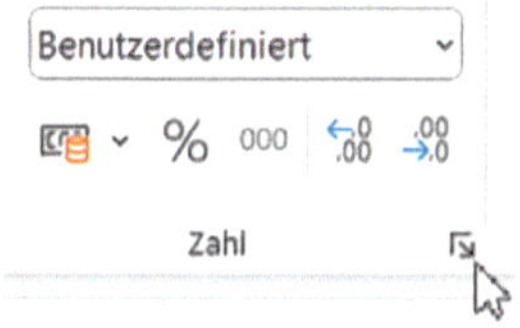

- Wählen Sie im Register *Zahlen* in der Kategorie *Uhrzeit* den Typ *37:30:55* aus.

Problem bei diesem Format ist, dass es auch Sekunden anzeigt. Das ist zwar nicht falsch, aber auch nicht immer erwünscht.

- Wechseln Sie im Dialogfenster *Zellen formatieren* zur Kategorie *Benutzerdefiniert* und löschen Sie im Feld *Typ* den Teil *:ss*. Das Format sieht nun so aus: *[h]:mm*. Übernehmen Sie es mit Klick auf die Schaltfläche *OK*.

Cursor durch Klicken mit der Maus hinter :ss setzen und diesen Teil mit der Korrekturtaste löschen.

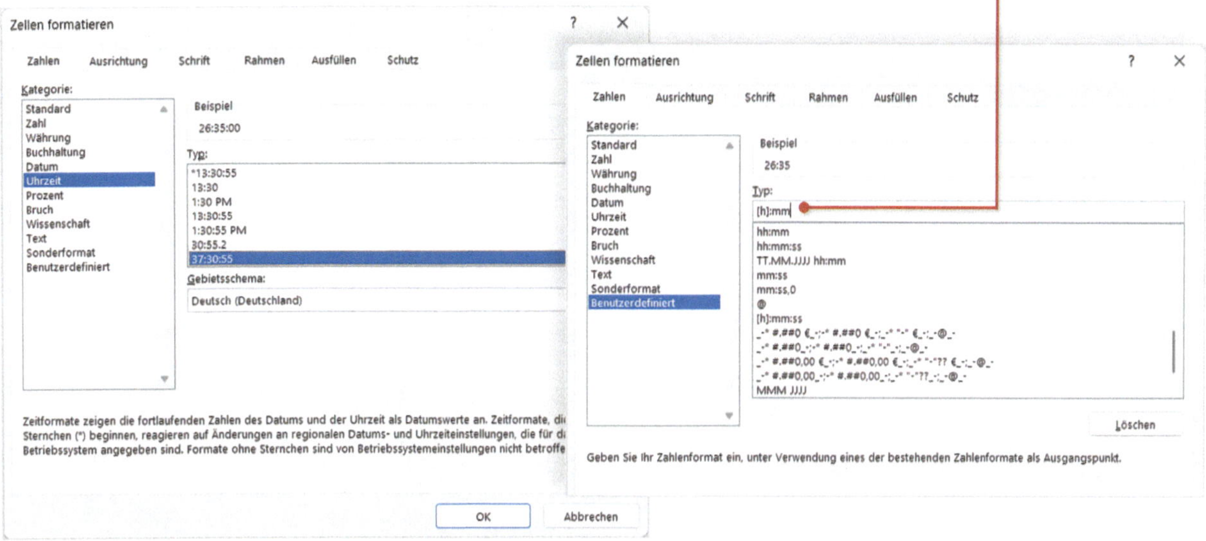

Sie erhalten folgendes Ergebnis:

13	27.11.2025	16:15	18:30	02:15
14	04.12.2025	16:00	19:00	03:00
15	11.12.2025	17:00	18:30	01:30
16	18.12.2025	16:00	19:20	03:20
17	**Gesamt**			26:35
18				

Wie kann ich Excel effizient nutzen?

In Excel sollten Sie immer überlegen, ob Sie eine Tabelle nicht auch für künftige Berechnungen nutzen können. Das kann immer dann bejaht werden, wenn der grundlegende Tabellenaufbau gleich bleibt. So kann etwa unser Beispiel der Arbeitsstunden auch für das folgende und weitere Quartale verwendet werden. Um sich hier die Arbeit so einfach wie möglich zu machen, gehen Sie so vor:

- Klicken Sie im Blattregister mit der rechten Maustaste auf das Tabellenblatt ❶ und wählen Sie *Verschieben oder kopieren...* ❷
- Klicken Sie unter *Einfügen vor* auf *(ans Ende stellen)* ❸ und aktivieren Sie das Kontrollkästchen *Kopie erstellen* ❹.
- Benennen Sie dann das kopierte Tabellenblatt um ❺ und löschen Sie die alten Inhalte: Datum, Arbeitsbeginn und Ende ❻. Behalten Sie aber die Überschrift und vor allem die Formeln.
- Jetzt können die neuen Zeiten eingetragen werden.

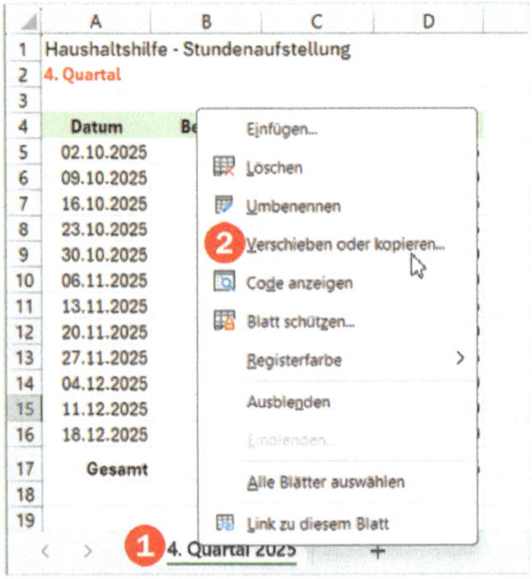

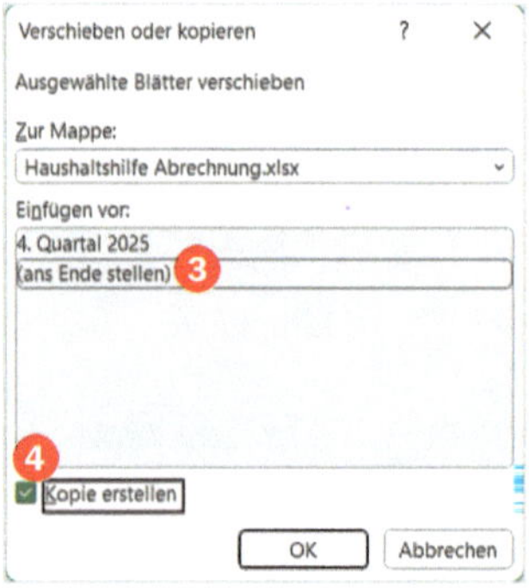

5 Effektvoll präsentieren mit PowerPoint

5.1 Vorbemerkungen

Kaum ein Vortrag, der heute nicht von einer PowerPoint-Bildschirmpräsentation begleitet wird. Wahrscheinlich haben Sie also als Zuhörer bzw. Zuhörerin bereits erste Bekanntschaft mit PowerPoint gemacht.

Drucken können Sie eine Bildschirmpräsentation natürlich trotzdem. Tipps dazu finden Sie am Ende dieses Kapitels.

Im Gegensatz zu Word zielen Bildschirmpräsentationen nicht auf das gedruckte Ergebnis ab, sondern auf eine möglichst wirkungsvolle Darstellung am Bildschirm, die häufig noch per Beamer vergrößert wird. Danach richtet sich auch die Gestaltung, dazu gehören z. B.:

- größere und gut lesbare Schrift
- kurze Texte, dafür mehr Bilder („Bilder sagen mehr als Worte")
- gezielter Einsatz von Farben und eventuell auch Animationen

In puncto Texteingabe, dem Formatieren von Text sowie dem Einfügen und Verwenden von Bildern aus unterschiedlichen Quellen unterscheidet sich PowerPoint kaum von Word. Wir empfehlen daher allen Einsteigern, sich zunächst mit den Word-Kapiteln 3.4 und 3.5 zu befassen.

Einige wichtige Unterschiede zu Word gibt es aber doch

- **Folien statt Druckseiten**

Angelehnt an Begleitmaterial von Vorträgen besteht eine Präsentation aus mehreren aufeinanderfolgenden Folien (statt Druckseiten), die beim Vorführen der Reihe nach gezeigt werden.

- **Texteingabe in Textfeldern**

Die Eingabe von Text ist in PowerPoint nur in Textfeldern möglich: Benutzen Sie dazu die vorgegebenen Textfelder der Folien oder fügen Sie weitere Textfelder an beliebiger Stelle ein.

- **Animationen am Bildschirm**

Da eine Präsentation in der Regel am Bildschirm vorgeführt wird, können Sie Text oder grafische Elemente animieren und z. B. nacheinander in der Folie erscheinen lassen. Auch die Übergänge von einer Folie zur nächsten lassen sich mit Übergangseffekten verschönern.

5.2 Eine erste Präsentation erstellen

Vorlage auswählen

☛ Starten Sie PowerPoint, entweder im Startmenü mit Klick auf das Symbol oder über die Suche.

Microsoft 365 PowerPoint 2024

Zum Erstellen einer neuen Präsentation stellt Ihnen PowerPoint auf der Startseite eine Sammlung von Vorlagen bzw. Designs zur Verfügung. Welche dies im Detail sind, hängt von Ihrer Office-Version ab.

Hinweis: Falls die Startseite nicht erscheint oder Sie PowerPoint mit einer anderen Präsentation bereits geöffnet haben, so klicken Sie auf das Register *Datei* und wählen *Neu*. Die hier angebotenen Vorlagen sind dieselben wie auf der Startseite.

Diese Vorlage ist in allen PowerPoint-Versionen verfügbar. Um sie zu suchen, klicken Sie in das Suchfeld ❶, tippen den Begriff „facette" ein und betätigen die Eingabetaste.

1 Für das erste Beispiel beschränken wir uns auf eine der hier angebotenen Vorlagen und klicken auf die Vorlage *Facette* ❷.

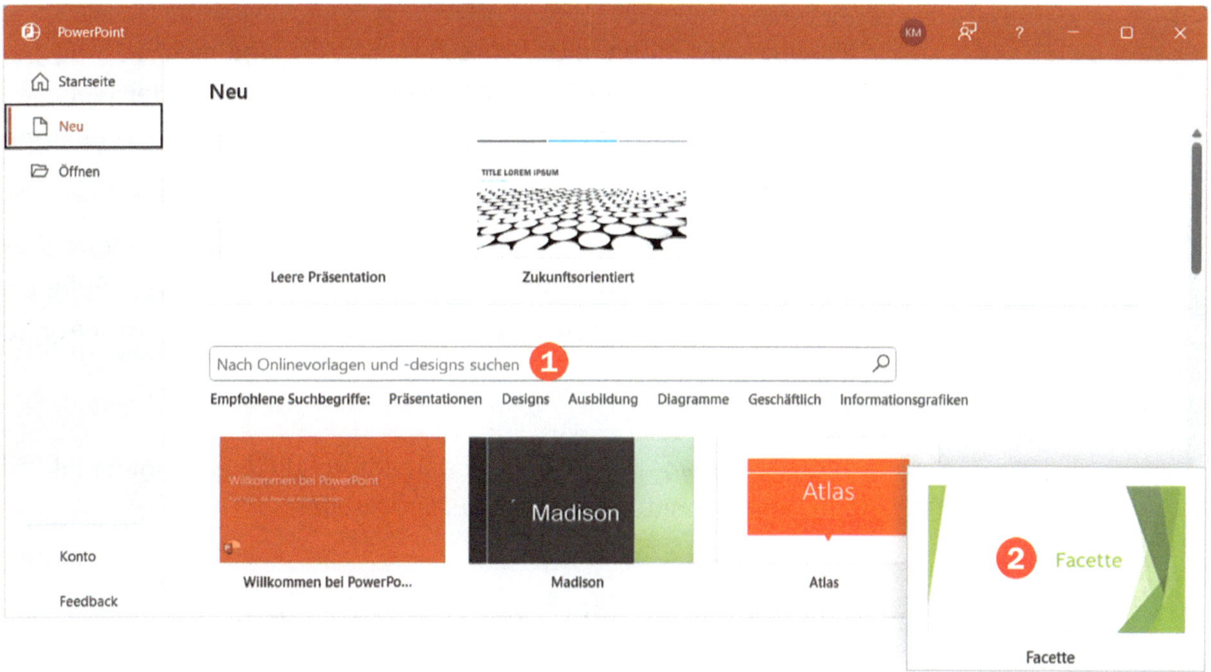

2 Nachdem Sie eine Vorlage angeklickt haben, erhalten Sie eine Vorschau ❸, wie Ihre Präsentation mit dieser Vorlage aussehen könnte. Benutzen Sie unterhalb der Vorschau *Weitere Bilder* ❹ die Pfeile nach rechts und links zum Anzeigen weiterer Beispielfolien.

Ob und welche Farbvarianten angeboten werden, hängt von der jeweiligen Vorlage ab.

3 Rechts davon finden Sie für die gewählte Vorlage einige Farbvarianten ❺, klicken Sie auf die gewünschte Farbe.

4 Klicken Sie zuletzt auf *Erstellen* ❻.

Tipp: Wenn Sie Microsoft 365 (Single, Family oder Premium abonniert haben, dann ist der KI-Assistent Copilot auch in PowerPoint integriert. Wie Sie mit seiner Hilfe einzelne Folien oder auch ganze Präsentationen samt passender Bilder aus Stichworten erstellen oder das Design anpassen, lesen Sie am Ende dieses Kapitels nach.

Hinweise: Falls Ihnen in der Vorschau eine Vorlage nicht zusagt, gelangen Sie mit den Pfeilen ❼ schnell zur Vorschau der weiteren Vorlagen. Mit diesem Symbol ❽ schließen Sie die Vorschau, ohne eine Präsentation zu erstellen.

5 PowerPoint erstellt aus der ausgewählten Vorlage eine neue Präsentation unter dem Namen *Präsentation1* und die erste Folie erscheint in der Arbeitsansicht von PowerPoint, siehe nächster Punkt, auf dem Bildschirm.

Fast alle Vorlagen sind auf das Breitbildformat (16:9) gängiger Bildschirme zugeschnitten und nicht auf Druckseiten.

Bevor wir mit der neuen Präsentation fortfahren, betrachten wir die Arbeitsumgebung von PowerPoint genauer.

Die Arbeitsansicht (Ansicht Normal)

Nachdem Sie eine Vorlage ausgewählt haben, hier die Vorlage *Facette*, erscheint die neue Präsentation in der Arbeitsansicht bzw. der Ansicht *Normal* auf dem Bildschirm und dieser dürfte ähnlich aussehen wie im Bild unten. Titelleiste, Symbolleiste für den Schnellzugriff und Menüband sollten aus Kapitel 1 bzw. Word und Excel bereits bekannt sein.

In der Ansicht *Normal* erstellen bzw. bearbeiten Sie die Inhalte der Präsentation und geben z. B. Text ein und/oder fügen Bilder hinzu.

Das endgültige Betrachten bzw. Vorführen erfolgt dagegen in der Ansicht *Bildschirmpräsentation*, mehr dazu weiter unten.

- Den größten Teil des Fensters nimmt der Folien- oder Arbeitsbereich mit der aktuellen Folie ein ❶.
- Links ❷ listet der Navigationsbereich alle Folien der Präsentation auf, im abgebildeten Beispiel zunächst allerdings nur eine Folie.
- In der Statusleiste ❸ finden Sie zusätzliche Informationen, z. B. Anzahl der Folien, können die Anzeige vergrößern und verkleinern, sowie zwischen verschiedenen Ansichten wechseln.

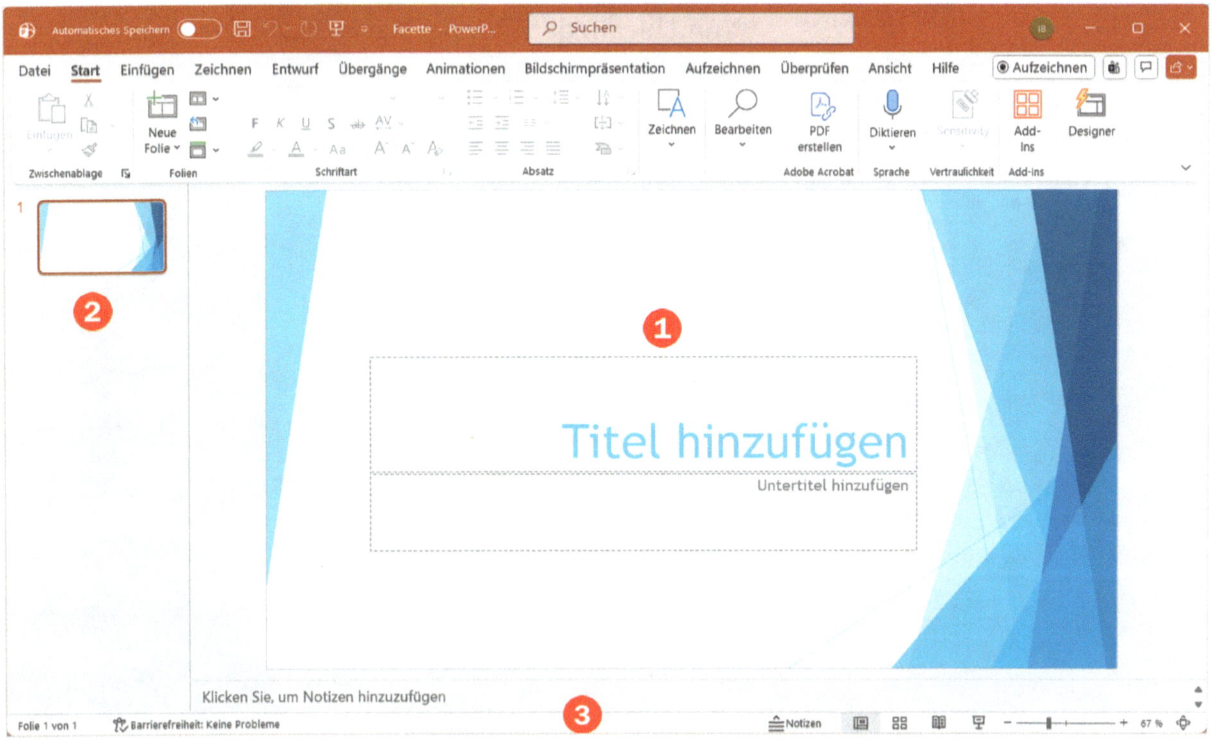

Anzeigeeinstellungen und weitere Ansichten

Die Ansicht *Normal* ist die Arbeitsansicht und damit die wichtigste Ansicht. Hier finden Sie noch weitere Anzeigeeinstellungen.

Anzeige im Folienbereich vergrößern/verkleinern

Zum Vergrößern oder Verkleinern der Anzeige im Arbeits- bzw. Folienbereich (Zoom) benutzen Sie, wie in den übrigen Office-Apps, den Bereich rechts in der Statusleiste ❶. Alternativ können Sie auch das Mausrad bei gleichzeitig gedrückter **Strg**-Taste drehen.

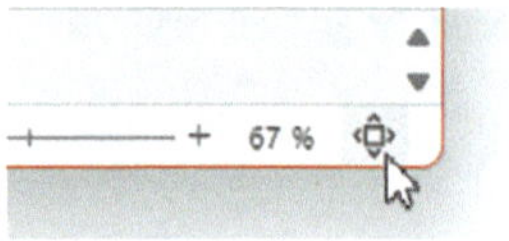

Tipp: Klicken Sie auf das Symbol *An Fenster anpassen* ❷, um die Anzeigegröße automatisch an das Fenster anzupassen.

Das Symbol *An Fenster anpassen* finden Sie auch im Register *Ansicht*.

Lineal anzeigen

Ein horizontales und vertikales Lineal leistet gute Dienste beim Anordnen von Folienelementen. **Achtung**: Im Gegensatz zu Word befindet sich der Ursprung des Lineals bei 0 cm in der Mitte der Folie.

- Klicken Sie zum Ein- und Ausblenden des Lineals auf das Register *Ansicht* ❸ und hier in der Gruppe *Anzeigen* auf *Lineal* ❹.

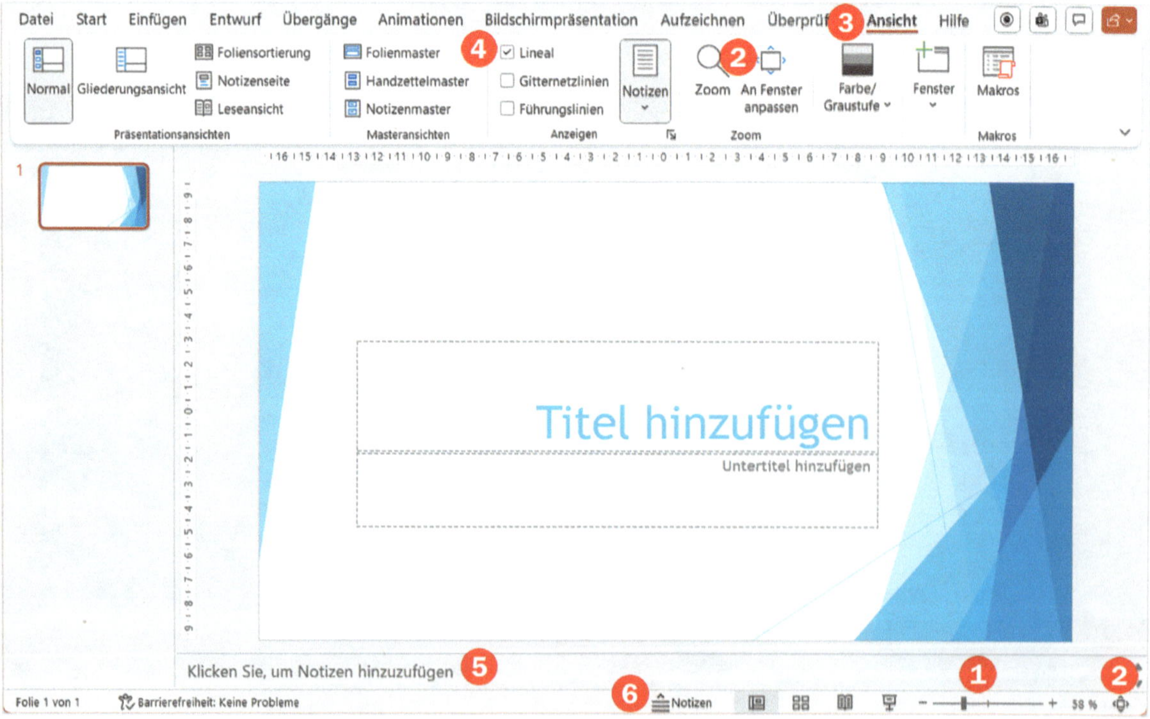

Notizenbereich

Persönliche Anmerkungen zu den einzelnen Folien können Sie im Notizenbereich ❺ unterhalb der Folie eingeben. Die Notizen sind später beim Vorführen der Präsentation für das Publikum nicht sichtbar.

☛ Zum Ein- und Ausblenden des Notizenbereichs klicken Sie in der Statusleiste auf *Notizen* ❻.

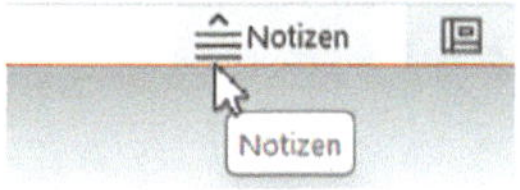

Navigations- und Notizenbereich vergrößern/verkleinern

Die Größe von Navigations- und Notizenbereich können Sie mit der Maus beliebig anpassen:

☛ Positionieren Sie den Mauszeiger auf der jeweiligen Trennlinie: Wenn der Mauszeiger als Doppelpfeil erscheint, verschieben Sie die Linie mit gedrückter linker Maustaste in die gewünschte Richtung.

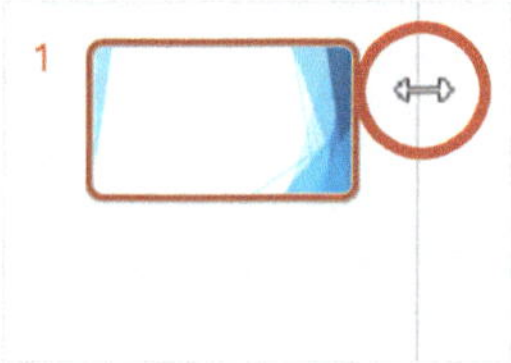

Weitere Ansichten

Statusleiste und Register *Ansicht* bieten noch weitere Ansichten für besondere Aufgaben an. Hier einige nützliche:

- **Foliensortierung**: zeigt gleich mehrere Folien im Folienbereich als Miniaturansicht an.
- **Gliederungsansicht**: zeigt im Navigationsbereich eine Gliederung statt der Miniaturansicht an.
- **Leseansicht**: entspricht weitgehend der späteren Präsentation am Bildschirm und dient zur Kontrolle der Folien.

☛ Falls Sie eine andere Ansicht eingestellt haben, gelangen Sie mit Klick auf das Symbol *Normal*, entweder im Register *Ansicht* ❶ oder in der Statusleiste ❷, wieder zurück zur Arbeitsansicht.

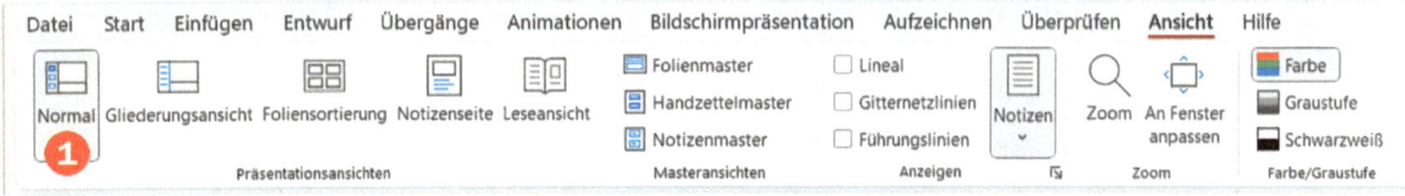

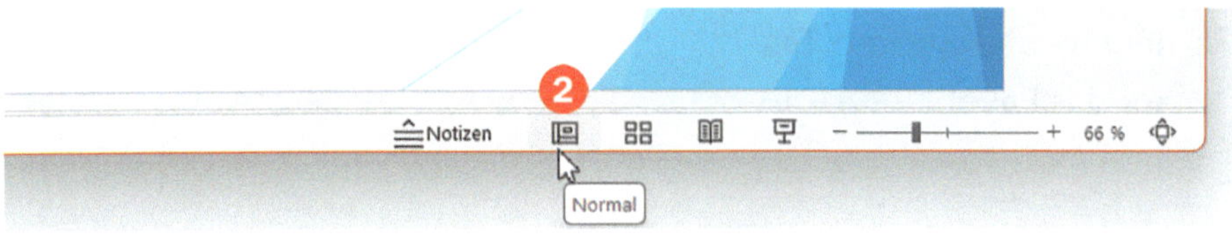

Folien hinzufügen und Inhalte einfügen

Text in die Titelfolie eingeben

Jede neue Präsentation enthält bereits mindestens eine Folie. Die erste Folie ist als Titelfolie gestaltet und enthält Platzhalter für den Titel ❶ der Präsentation sowie für den Untertitel ❷.

☛ Zur Texteingabe klicken Sie in den ersten Platzhalter und tippen Ihren Text ein ❸.

- **Hinweise:** Falls der Text für einen Platzhalter zu lang sein sollte, wird dieser nicht vergrößert, sondern es erfolgt ein automatischer Zeilenumbruch, wie im Bild unten.
- Leere Platzhalter erscheinen später nicht beim Vorführen. Wenn kein Untertitel benötigt wird, lassen Sie diesen also einfach leer.

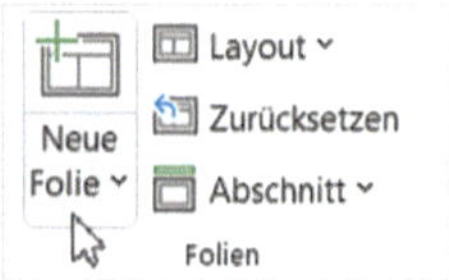

Nächste Folie hinzufügen

1 Klicken Sie im Menüband auf das Register *Start* und auf den Pfeil des Symbols *Neue Folie* ❶.

2 Es öffnet sich ein Feld mit verschiedenen Folienlayouts: Klicken Sie auf das Layout *Titel und Inhalt* ❷.

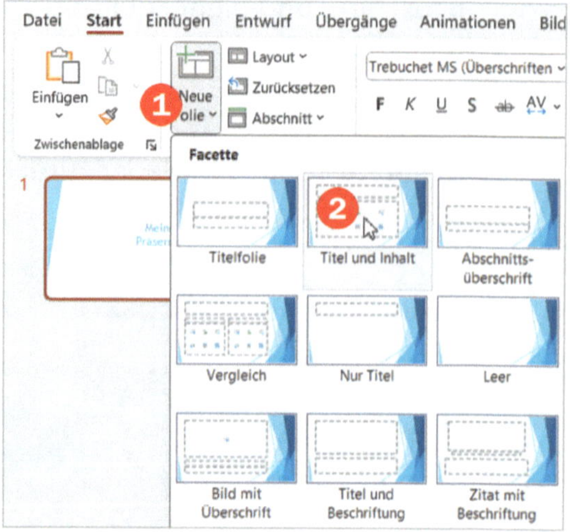

3 Die neue Folie wird nach der aktuellen Folie eingefügt ❸ und erscheint gleichzeitig im Arbeitsbereich.

4 Neben dem Platzhalter für den Folientitel bzw. eine Überschrift enthält dieses Folienlayout einen Platzhalter mit gleich mehreren Möglichkeiten:

- Wenn Sie Text eingeben möchten, dann klicken Sie in den Platzhalter ❹ und beginnen mit der Tastatureingabe. Wie in Word beendet die **Eingabetaste** einen Absatz und beginnt den nächsten.
- Alle Absätze erhalten automatisch Aufzählungszeichen ❺. Diese und das übrige Aussehen des Textes sind abhängig von der jeweiligen Vorlage.
- Über die Symbole ❻ können Sie statt Text auch andere Elemente, z. B. eine Tabelle oder ein Bild, in den Platzhalter einfügen. Näheres hierzu weiter unten.

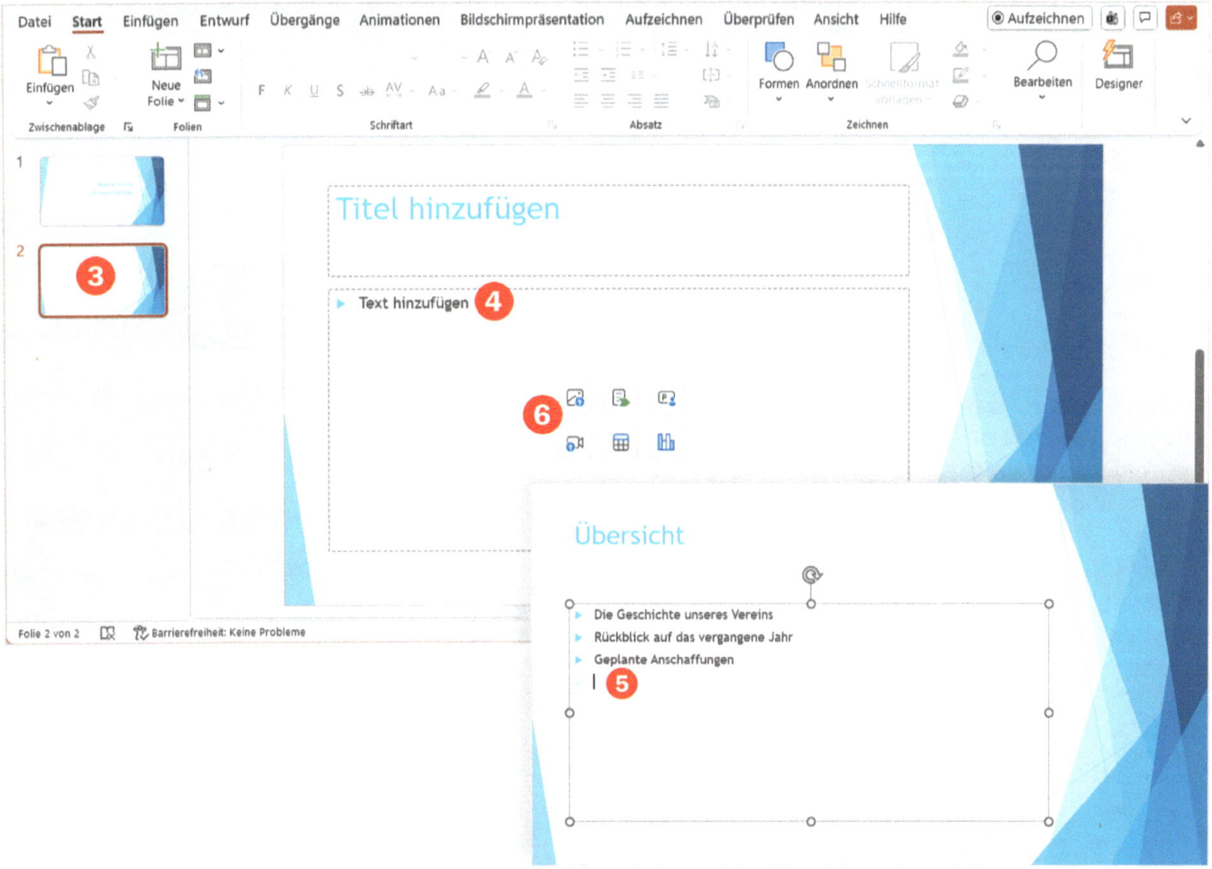

Bild einfügen

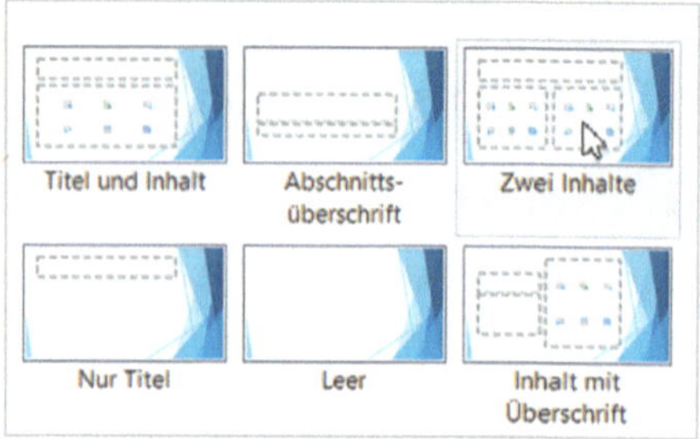

1 In die nächste Folie soll ein Bild eingefügt werden. Dafür wählen wir über den Pfeil des Symbols *Neue Folie* (Register *Start*) das Layout *Zwei Inhalte*. Bei diesem Layout können Sie wahlweise links ein Bild und rechts Text einfügen oder umgekehrt.

2 Zum Einfügen eines Bildes ignorieren Sie die Aufforderung *Text einfügen* und klicken in einem der beiden Platzhalter auf das Symbol *Archivbilder* ❶ oder *Bilder* ❷, wenn das einzufügende Bild auf der Festplatte Ihres PCs gespeichert ist.

Bei Microsoft 365 klicken Sie auf *Bilder* ❸ und wählen anschließend zwischen *Archivbilder* und *Vom Gerät*.

3 Anschließend wählen Sie entweder ein Archivbild aus oder navigieren im Fenster *Grafik einfügen* zu dem Ordner ❷ mit dem gewünschten Bild, klicken auf das Bild ❹ und danach auf die Schaltfläche *Einfügen* ❺.

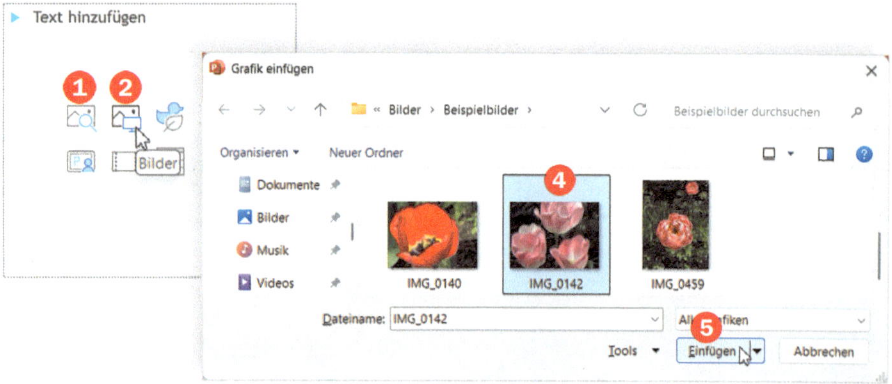

Die Auswahl eines Bildes unterscheidet sich nicht von Word. Eine genauere Beschreibung der Vorgehensweise finden Sie in „3.5 Bilder und grafische Elemente einfügen“ auf Seite 133.

4 Das Bild wird beim Einfügen automatisch an die Größe des Platzhalters angepasst. Den Platzhalter daneben benutzen Sie zur Texteingabe.

Bildschirmpräsentation vorführen

Die Präsentation umfasst zwar im Moment nur drei Folien, trotzdem können Sie sie schon einmal testweise als Bildschirmpräsentation bzw. in der endgültigen Präsentationsansicht anzeigen.

1 Klicken Sie im Menüband auf das Register *Bildschirmpräsentation* und wählen Sie *Von Beginn an* ❶.

Alternativ können Sie die Bildschirmpräsentation auch mit Klick auf das Symbol *Von Anfang an beginnen* ❷ in der *Symbolleiste für den Schnellzugriff* starten oder mit der Funktionstaste **F5**.

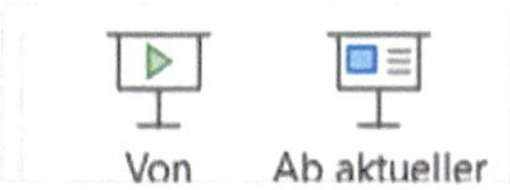

2 In der Ansicht *Bildschirmpräsentation* verschwindet die Arbeitsumgebung von PowerPoint und die Folien füllen den gesamten Bildschirm aus. Um die nächste Folie anzuzeigen, drücken Sie einfach die linke Maustaste bzw. tippen auf den Bildschirm.

Im Bild rechts unten sehen Sie den Bildschirm nach der letzten Folie, siehe nächste Seite.

3 Am Ende der Präsentation nach der letzten Folie erscheint ein schwarzer Bildschirm, siehe Bild vorherige Seite. Drücken Sie nochmals die linke Maustaste, um wieder zur normalen Ansicht zurückzukehren.

Bildschirmpräsentation mit der Tastatur steuern

Statt mit der Maus bzw. Antippen können Sie auch die folgenden Tasten der Tastatur verwenden:

Präsentation starten	F5
Nächste Folie	Eingabetaste Pfeiltaste nach unten Pfeiltaste nach rechts Leertaste
Vorherige Folie	Rückschritttaste Pfeiltaste nach oben Pfeiltaste nach links
Präsentation beenden/abbrechen	Esc-Taste

Die **Esc**-Taste beendet die Bildschirmpräsentation nicht nur nach der letzten Folie, sondern auch während der Präsentation.

Tipp: Aktuelle Folie schnell in der Präsentationsansicht testen

☛ Wenn Sie nur die aktuelle Folie schnell zu Testzwecken als Bildschirmpräsentation anzeigen möchten, dann benutzen Sie entweder im Register *Bildschirmpräsentation* das Symbol *Ab aktueller Folie* oder klicken in der Statusleiste am unteren Bildschirmrand auf das Symbol *Bildschirmpräsentation*.

Beide starten die Bildschirmpräsentation mit der aktuellen Folie. Mit der **Esc**-Taste kehren Sie wieder zur Ansicht *Normal* zurück.

Sie können nun noch weitere Folien hinzufügen, diese beliebig gestalten und abschließend die Präsentation speichern. Weitergehende Möglichkeiten lernen Sie in den nächsten Punkten kennen.

5.3 Folien verwalten

Im vorherigen Punkt haben Sie erfahren, wie Sie eine neue Folie in Ihre Präsentation einfügen und ein Folienlayout wählen. Dieser Punkt zeigt Ihnen, was bei der Auswahl des Folienlayouts zu beachten ist, wie Sie das Layout nachträglich ändern und einzelne Folien kopieren, verschieben oder aus der Präsentation entfernen.

Hinweis: Als Beispiel für die Abbildungen dient die zuvor erstellte Präsentation auf Basis der Vorlage *Facette*. Falls Sie eine andere Vorlage verwenden, können sich Position und Aussehen der Platzhalter von den Abbildungen unterscheiden.

Neue Folie einfügen und Layout wählen

Beim Einfügen werden Ihnen Folien mit unterschiedlich angeordneten Platzhaltern für Überschriften und sonstige Folienelemente angeboten. Dies bezeichnet man auch als Folienlayout. Nur das Layout *Leer* verfügt über keine Platzhalter.

Das Folienlayout gewährleistet ein einheitliches Erscheinungsbild, da sich wiederkehrende Elemente, z. B. Überschriften, stets an derselben Stelle befinden.

Wenn Sie flexibel sein und selbst Elemente platzieren möchten, dann wählen Sie das Layout *Leer*.

1 Klicken Sie im Menüband auf das Register *Start* und in der Gruppe *Folien* auf den Pfeil des Symbols *Neue Folie*.

Alternativ finden Sie das Symbol *Neue Folie* auch im Register *Einfügen* in der Gruppe *Folien*.

2 Klicken Sie auf das gewünschte Layout, z. B. *Titel und Inhalt*. Beachten Sie, dass der Umfang der verfügbaren Layouts von der Vorlage abhängt und daher in Ihrer Präsentation von der Abbildung abweichen kann.

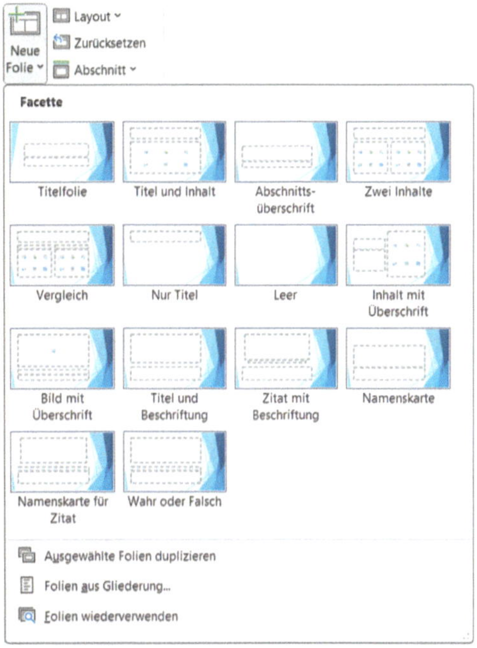

Achtung: zweigeteiltes Symbol!

- Wenn Sie direkt auf das Symbol *Neue Folie* klicken, dann wird eine Folie im Standardlayout, meist *Titel und Inhalt*, eingefügt.
- Ein Klick auf den Pfeil dieses Symbols öffnet dagegen das Auswahlfeld wie im Bild rechts.

Folie auswählen, Folienlayout nachträglich ändern

Folie im Arbeitsbereich anzeigen

- Im Navigationsbereich erkennen Sie die aktuelle Folie an der Umrandung ❶, siehe Bild unten. Um eine andere Folie im Arbeitsbereich anzuzeigen, klicken Sie diese an.

Layout der aktuellen Folie ändern

Das Layout einer Folie kann auch nachträglich geändert werden, z. B. in *Zwei Inhalte* statt *Titel und Inhalt*. Aussehen und Position eventuell vorhandener Inhalte werden entsprechend angepasst.

- Klicken Sie auf das Register *Start* und in der Gruppe *Folien* auf das Symbol *Layout* ❷. Es erscheinen dieselben Layouts wie beim Einfügen, siehe vorherige Seite. Klicken Sie auf das gewünschte Layout.

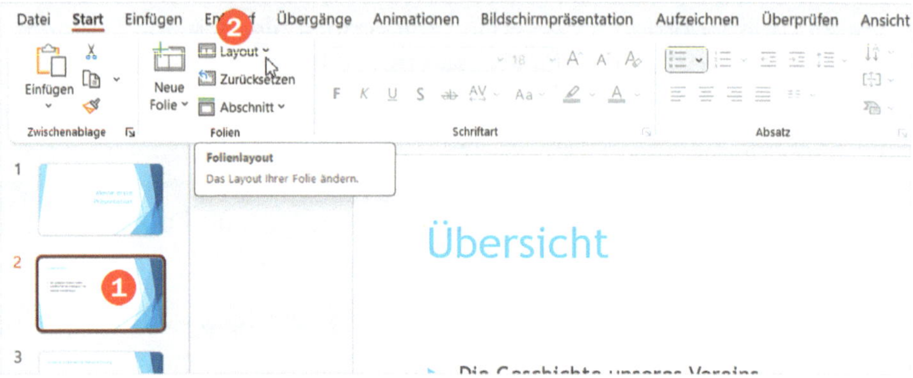

Reihenfolge ändern, Folie entfernen

Folie verschieben

PowerPoint stellt zum Ändern der Folienreihenfolge auch die spezielle Ansicht *Foliensortierung* (Register *Ansicht*) zur Verfügung. Die Vorgehensweise unterscheidet sich nicht von der hier beschriebenen Methode.

Neue Folien werden automatisch nach der aktuellen Folie, im Navigationsbereich an der Umrandung zu erkennen, eingefügt. Dies kann schnell dazu führen, dass eine Folie versehentlich an falscher Stelle landet. In diesem Fall verschieben Sie einfach die Folie mit der Maus:

1. Positionieren Sie im Navigationsbereich den Mauszeiger über der Folie, die Sie verschieben möchten, hier die Folie *4* ❶ (siehe Bild auf der nächsten Seite). Drücken Sie die linke Maustaste und halten Sie die Taste gedrückt; die Folie „hängt" nun am Mauszeiger.

2 Bewegen Sie die Maus mit der Folie im Navigationsbereich an die gewünschte Stelle ❷, hier nach Folie *1*.

3 Nach dem Loslassen der Maustaste wird die Folie an dieser Stelle eingeordnet und die Foliennummerierung angepasst.

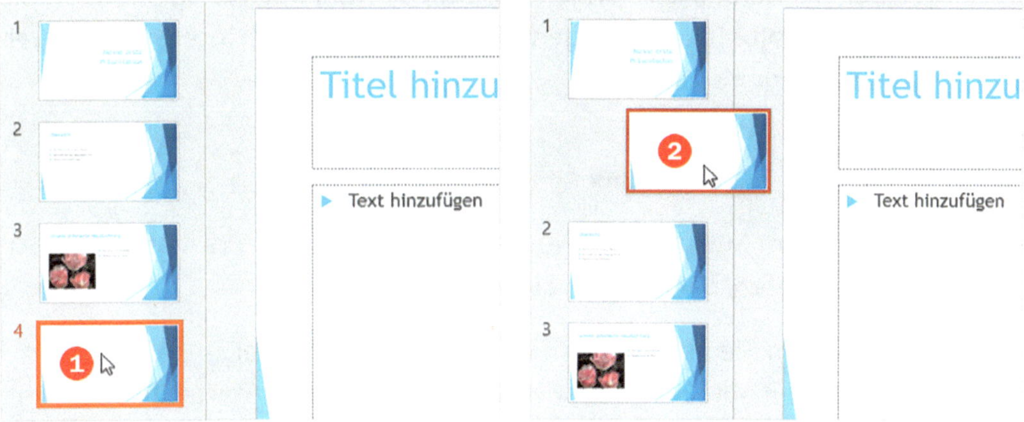

Nicht benötigte Folien entfernen

☛ Klicken Sie im Navigationsbereich auf die zu löschende Folie. Diese ist nun markiert bzw. mit einer roten Umrandung versehen. Betätigen Sie auf der Tastatur die **Entf**-Taste oder die **Korrekturtaste**.

Folie duplizieren

Manchmal kann eine Folie mit geringfügigen Änderungen auch mehrmals verwendet werden. Dann duplizieren Sie die betreffende Folie, so geht's:

☛ Klicken Sie mit der **rechten** Maustaste auf die Folie, die Sie duplizieren möchten ❶, und wählen Sie den Befehl *Folie duplizieren* ❷ (oder **Strg+D**).

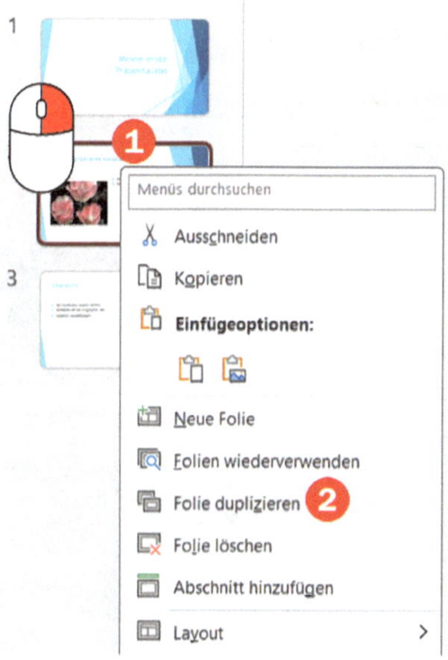

Die Kopie bzw. das Duplikat wird automatisch nach der markierten Folie eingefügt und kann nun mit der Maus beliebig verschoben werden, siehe oben.

Hinweis: Die Befehle *Kopieren* und *Einfügen* können natürlich ebenfalls verwendet werden. Duplizieren ist allerdings hier die wesentlich schnellere Alternative.

5.4 Vorlage auswählen und anpassen

Zahlreiche Vorlagen machen es auch Einsteigern leicht, mit PowerPoint schnell eine ansprechende Präsentation zu erstellen. Ein erstes Beispiel haben Sie bereits kennengelernt. Bei der Wahl der Vorlage können Sie auf die empfohlenen Vorlagen zurückgreifen oder im Internet nach weiteren Vorlagen suchen.

Onlinevorlagen suchen und verwenden

Hinweis: Die Vorlagen werden von Microsoft angeboten und laufend ergänzt. Da außerdem der Umfang der angebotenen Vorlagen von der Office-Version abhängt, sind Abweichungen von den hier abgebildeten möglich.

Wenn Sie im Internet nach Vorlagen für PowerPoint-Präsentationen suchen möchten, dann gehen Sie so vor:

1 Klicken Sie im Register *Datei* auf *Neu* ❶ und bei *Empfohlene Suchbegriffe* auf *Präsentationen* ❷. Falls zuerst die Startseite erscheint, so wählen Sie statt dieser ebenfalls *Neu*.

2 Es erscheint eine umfangreiche Vorlagensammlung. Zum Blättern benutzen Sie das Mausrädchen oder wischen Sie nach unten.

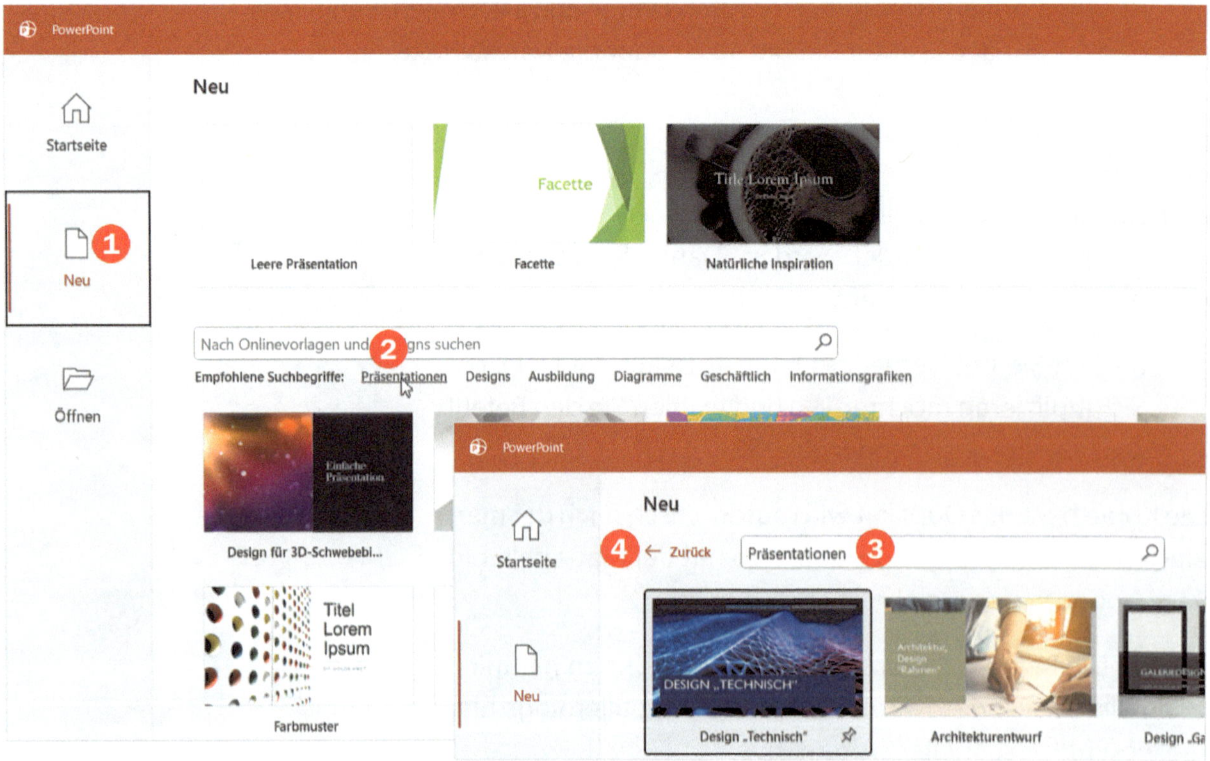

- Viele Vorlagen eignen sich gleich für mehrere Zwecke. Falls Sie die Auswahl auf ein bestimmtes Thema eingrenzen möchten, so klicken Sie in das Suchfeld ❸, tippen hier einen Begriff ein z. B. *Geburtstag* und betätigen abschließend die Eingabetaste.
- Wenn Sie wieder zur Ausgangsseite zurückkehren möchten, so klicken Sie auf *Zurück* ❹ bzw. *Alle* (ältere Versionen).

Ein weiteres Beispiel, wie Sie eine Vorlage anhand eines Suchbegriffs suchen, finden Sie auf Seite 379. Unter Umständen erhalten Sie aber nicht nur Bildschirmpräsentationen, sondern auch Vorlagen für Broschüren u. ä.

3 Klicken Sie auf eine Vorlage, so erhalten Sie eine kurze Beschreibung. Mit Klick auf *Erstellen* ❺ wird die Vorlage heruntergeladen und anschließend daraus eine neue Präsentation erstellt.

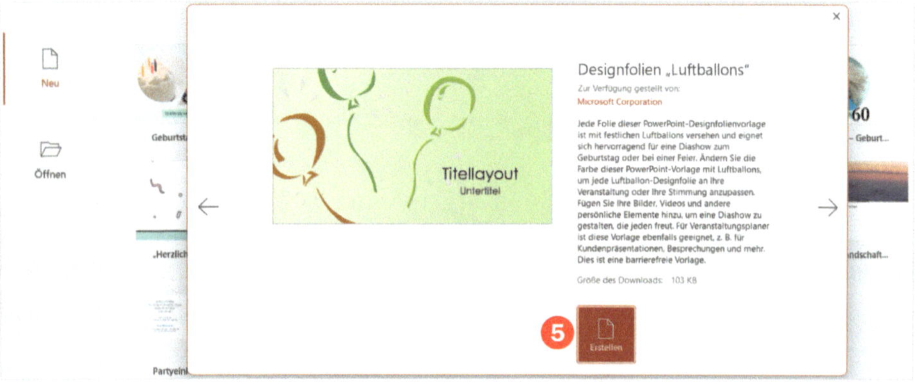

Die hier als Beispiel verwendete Vorlage finden Sie unter dem Suchbegriff „Geburtstag".

4 Manche Vorlagen bringen neben der Titelfolie bereits einige fertig gestaltete Beispielfolien mit, wie im Bild unten ❻. Diese können Sie, neben den verschiedenen Layouts beim Einfügen neuer Folien, mit entsprechenden Änderungen ebenfalls in Ihre Präsentation einbauen. Nicht benötigte Folien entfernen Sie einfach.

Tipp: Wenn Sie eine Beispielfolie gleich mehrmals verwenden möchten, dann duplizieren Sie diese, siehe Seite 375.

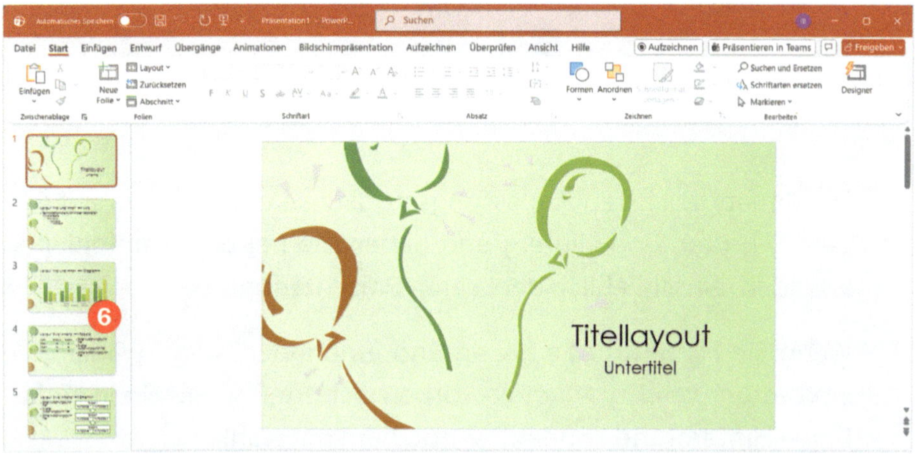

So finden Sie die passende Vorlage

Achtung: Theoretisch lässt sich zwar das Seitenverhältnis ändern, allerdings nur unter Beeinträchtigung des Layouts.

Achten Sie bei der Auswahl einer Vorlage auf das richtige Seitenverhältnis!
Moderne Bildschirme, egal ob Laptop oder angeschlossener Bildschirm, basieren auf dem Breitbildformat im Verhältnis 16:9 und dieses Seitenverhältnis verwenden auch fast alle PowerPoint-Vorlagen ❶. Einige beruhen aber auch noch auf dem älteren Bildschirmformat 4:3, diese sollten Sie nach Möglichkeit meiden. Der Unterschied ist leicht zu erkennen, wie der Vergleich im Bild unten zeigt: links das Format 4:3 ❷.

Lassen Sie sich nicht ausschließlich von Farben und Schriften leiten

- Mit Ausnahme von Fotos als Folienhintergrund erlaubt fast jede Vorlage die Auswahl auch anderer Farben und Schriftarten. Achten Sie daher bei der Auswahl einer Vorlage nicht ausschließlich auf die Farben. Als Beispiel im Bild unten die Vorlage *Luftballons* in verschiedenen Farben, links das Original. Details zum Ändern der Farben erfahren Sie im nächsten Punkt.

- Die umfangreichsten Anpassungsmöglichkeiten in Bezug auf Farben, Schriften und Hintergrund haben Sie bei den empfohlenen Vorlagen, einschließlich der Leeren Präsentation.

- Wenn Sie Hintergründe als störend empfinden, dann wählen Sie am besten *Leere Präsentation*. Farben, Schriften sowie einen einfarbigen Hintergrund können Sie trotzdem frei wählen.

Farben, Schriften und Hintergrund anpassen

Als Beispiel für das schnelle Anpassen einer Vorlage verwenden wir diesmal die Vorlage *Zitierfähig*.

Die hier beschriebenen Änderungsmöglichkeiten beziehen automatisch sämtliche Folien der Präsentation mit ein.

Wie Sie Änderungen nur an der aktuellen Folie vornehmen, lesen Sie weiter unten.

1 Sollte diese nicht auf der Startseite bzw. unter *Neu* auf Anhieb verfügbar sein, so tippen Sie den Namen der Vorlage ❶ in das Suchfeld ein und klicken auf die Lupe ❷. Klicken Sie auf die Vorlage ❸, ignorieren Sie diesmal die angebotenen Farbvarianten und klicken Sie auf *Erstellen*.

2 Klicken Sie im Menüband auf das Register *Entwurf*, hier finden Sie folgende Möglichkeiten:

- Falls Ihnen die aktuelle Vorlage doch nicht gefällt, können Sie hier ❶ eine andere wählen. Ein Klick auf den Pfeil ❷ öffnet den Katalog verfügbarer Vorlagen auf einen Blick.
- Im Feld *Varianten* ❸ ist auch nachträglich die Wahl einer anderen Farbvariante möglich, allerdings nicht bei jeder Vorlage. Mit Klick auf den Pfeil ❹ können Sie aber unabhängig davon jederzeit Farben, Schriften und Hintergrund ändern. Details finden Sie auf der nächsten Seite.
- Mit Klick auf das Symbol *Foliengröße* ❺ kontrollieren Sie, ob die Foliengröße dem Seitenverhältnis des Bildschirms entspricht. Hier sollte *Breitbild (16:9)* ausgewählt sein.

Die Auswahl ist beschränkt auf die Vorlagen, die Sie auch unter *Datei - Neu* finden. Eine Suche im Internet ist nicht möglich.

Vorsicht bei etwaigen Änderungen der Foliengröße: Dies kann das Layout der gesamten Präsentation beeinträchtigen.

Andere Farben wählen

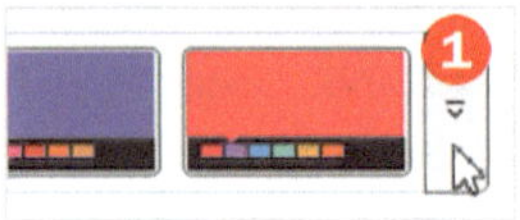

Klicken Sie auf den Pfeil des Feldes *Varianten* ❶ und auf *Farben* ❷. Klicken Sie auf die gewünschte Farbzusammenstellung, z. B. *Warmes Blau* ❸ wie im Bild unten. Bereits beim Zeigen auf eine Farbzusammenstellung sehen Sie an der aktuellen Folie eine Vorschau.

Schriftart ändern

Klicken Sie auf *Schriftarten* ❹ und auf die gewünschte Schrift. Auch hier erhalten Sie bereits beim Zeigen mit der Maus in der aktuellen Folie eine Vorschau.

Grafische Effekte

Über *Effekte* ❺ wählen Sie Schatten-, Leucht- oder Spiegelungseffekte für Formen und andere grafische Elemente aus.

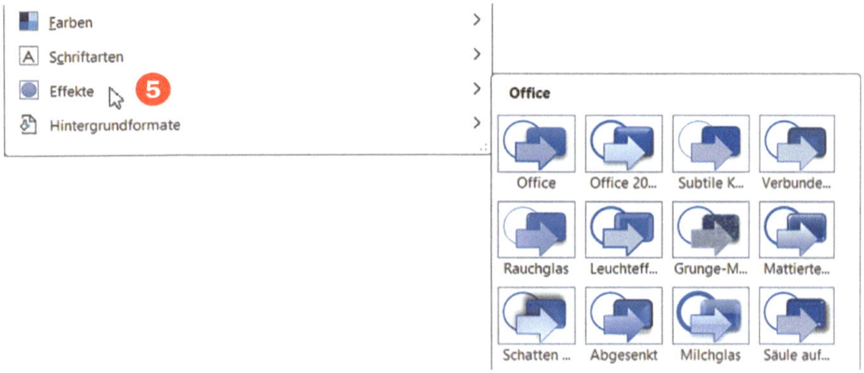

Hinweis: Die hier ausgewählten Effekte beeinflussen ausschließlich die angebotenen Formatvorlagen für grafische Elemente. Unabhängig davon können Sie jedes Objekt auch mit beliebigen Schatten- und sonstigen Effekten versehen.

Hintergrund anpassen

Wenn Sie statt eines hellen Hintergrunds einen dunklen wünschen oder umgekehrt, dann klicken Sie auf *Hintergrundformate* ❻ und auf eine der Vorlagen. In der Regel können Sie hier zwischen je sechs hellen und dunklen Varianten wählen. Bilder werden allerdings durch das Ändern des Hintergrundformats nicht beeinflusst.

Besonders praktisch: Die Schriftfarbe passt sich an die Hintergrundfarbe an und wechselt z. B. von weißer zu schwarzer Schrift ❼.

Änderungen nur in die aktuelle Folie übernehmen

Falls Sie eine Vorlage bzw. ein Design oder Farben, Schriften und Hintergrund nur für die aktuelle Folie im Arbeitsbereich ändern möchten, dann klicken Sie im Register *Entwurf* mit der **rechten** Maustaste auf die betreffende Auswahl und wählen *Für ausgewählte Folien übernehmen*.

Beispiel: Der aktuellen Folie hellen statt dunklen Hintergrund zuweisen

1 Klicken Sie im Register *Entwurf*, Gruppe *Varianten* auf den Pfeil und auf *Hintergrundformate* ❶.

2 Klicken Sie mit der **rechten** Maustaste auf das gewünschte Format und auf *Für ausgewählte Folien übernehmen* ❷.

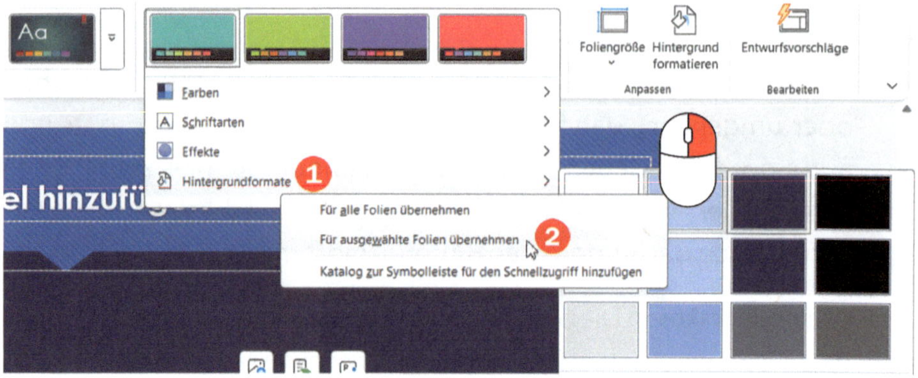

3 Im Bild unten hat nur Folie *2* einen hellen Hintergrund erhalten ❸, die Folien *1* und *3* ❹ weisen nach wie vor dunklen Hintergrund auf.

5.5 Textelemente in Folien

Texteingabe und -formatierung

Eingeben und Formatieren von Text unterscheidet sich in PowerPoint nur wenig von Word. Daher befassen wir uns an dieser Stelle nur mit den wichtigsten Einstellungen und den Unterschieden zu Word.

Rechtschreibprüfung und AutoKorrektur

Genau wie Word verfügt auch PowerPoint über eine automatische Rechtschreibprüfung sowie eine AutoKorrektur, die so manchen Fehler bereits während der Eingabe automatisch korrigiert.

- **Rechtschreibprüfung**
  Sie finden das Symbol *Rechtschreibung* ❶ im Register *Überprüfen* und mit dem Symbol *Sprache* ❷ können Sie bei Bedarf die Sprache für Rechtschreibprüfung und Korrekturvorschläge ändern.

Siehe Word, Kap. 3.3.

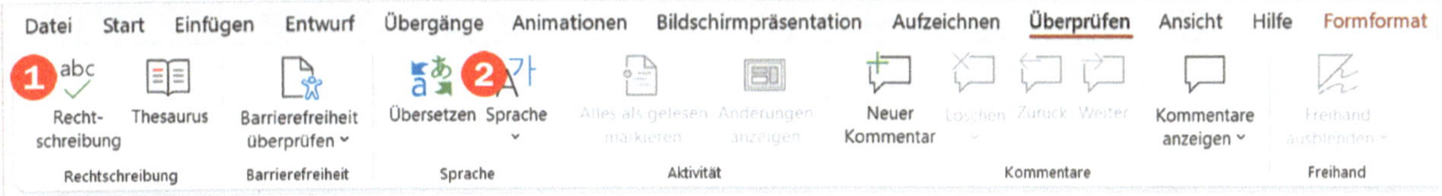

- **AutoKorrektur**
  Die Einstellungen für die AutoKorrektur sind dieselben wie in Word. Zum Anzeigen klicken Sie auf das Register *Datei* und auf *Optionen*. Wählen Sie *Dokumentprüfung* ❸ und klicken Sie auf die Schaltfläche *AutoKorrektur-Optionen...* ❹.

Automatisches Anpassen von Platzhaltern

In PowerPoint erfolgt die Texteingabe im Platzhalter des Layouts. Falls dessen Größe nicht für den gesamten Text ausreicht, wird die Schriftgröße automatisch verkleinert und so an die Größe des Platzhalters angepasst. Gleichzeitig erscheint in der Folie links unten am Platzhalter das links abgebildete Symbol ❶.

Klicken Sie auf das Symbol, um Optionen für das automatische Anpassen zu erhalten ❷. Sie können ...

- das automatische Anpassen deaktivieren,
- den Text auf zwei Folien aufteilen lassen
- oder ein zweispaltiges Layout wählen.

Hinweis: Die Texteffekte, die Sie aus Word kennen dürften, finden Sie unter der Bezeichnung *Word-Art-Formate* im Register *Formformat*. Auswahl und Verwendung unterscheiden sich nicht von Word.

Textformatierung

Schatten und Zeichenabstand

Die Symbole zur Textformatierung finden Sie im Register *Start*. Besonders zu erwähnen sind hier die Symbole *Textschatten* ❶ und *Zeichenabstand* ❷, mit denen Sie der Schrift einen Schatteneffekt zuweisen und den Abstand zwischen den Buchstaben vergrößern können.

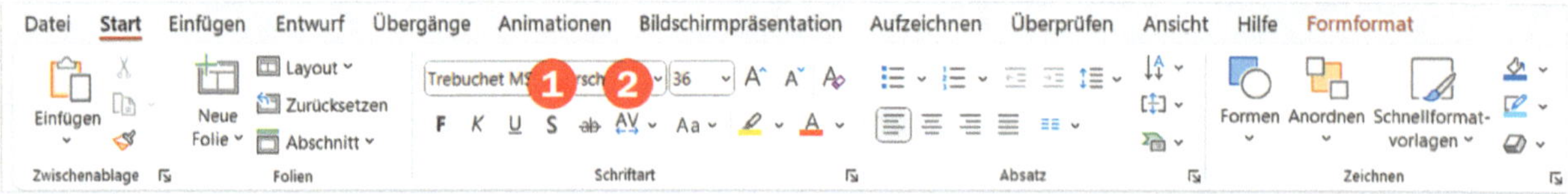

Text vertikal zentrieren

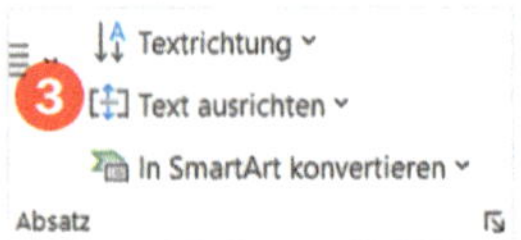

In der Gruppe *Absatz* finden Sie das Symbol *Text ausrichten* ❸, mit dem sich die vertikale Ausrichtung des Inhalts eines Platzhalters ändern lässt. Mit der Auswahl *Mitte* wird der Inhalt zentriert, wie im Bild unten.

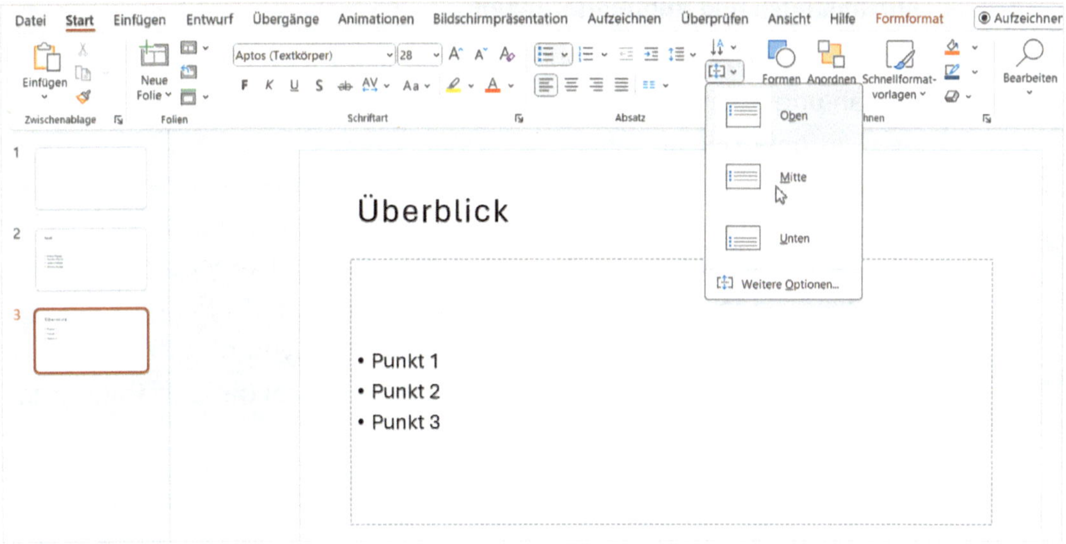

Tipp: Gesamten Inhalt eines Platzhalters/Textfelds formatieren

Wenn Sie in PowerPoint den gesamten Inhalt eines Platzhalters oder Textfelds einheitlich formatieren möchten, z. B. in einer anderen Schriftfarbe oder -größe, dann können Sie anstelle des Textes auch das Textfeld markieren. Achten Sie auf den Begrenzungs- bzw. Markierungsrahmen:

- **Text- oder Eingabemodus**
  Eine gepunktete Rahmenlinie ❶ bedeutet, Sie arbeiten im Textmodus: Die Einfügemarke ❷ befindet sich im Textfeld und Sie müssen vor dem Formatieren die betreffende Textstelle markieren.

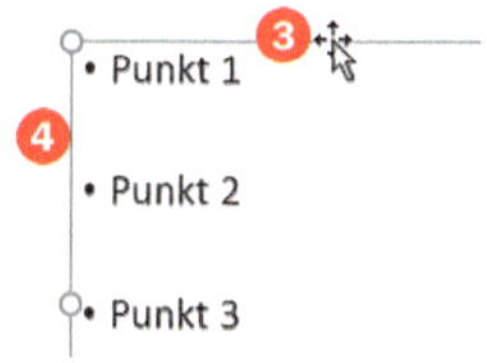

- **Gesamten Platzhalter markieren und bearbeiten**
  Klicken Sie mit der Maus an eine beliebige Stelle des Markierungsrahmens ❸, so erscheint der Rahmen als durchgezogene Linie ❹. Dies bedeutet, das Textfeld ist markiert und alle Formatierungen wirken sich auf den gesamten Inhalt aus.

Diese Methode funktioniert mit allen Platzhaltern, Textfeldern und sonstigen Formen, die Text enthalten, also z. B. auch mit SmartArt-Elementen, die weiter unten beschrieben werden.

Aufzählungen und Nummerierungen

Bei fast allen PowerPoint-Vorlagen erhalten die Absätze automatisch ein Aufzählungszeichen. Das genaue Aussehen hängt von der Vorlage und den Designfarben ab.

Aufzählungszeichen entfernen

- Wenn Sie die Aufzählungszeichen entfernen möchten, dann klicken Sie in den Absatz bzw. markieren die betreffenden Absätze und klicken in der Gruppe *Absatz* auf das Symbol *Aufzählungszeichen*. Ein weiterer Klick auf das Symbol schaltet die Aufzählungszeichen wieder ein.

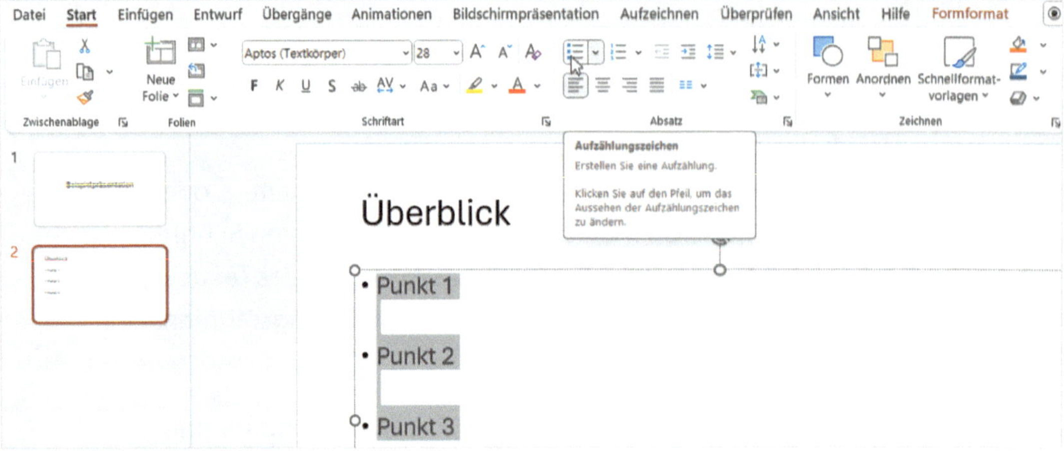

Aufzählungszeichen ändern

- Um ein anderes Aufzählungszeichen auszuwählen, klicken Sie auf den Pfeil des Symbols *Aufzählungszeichen*.

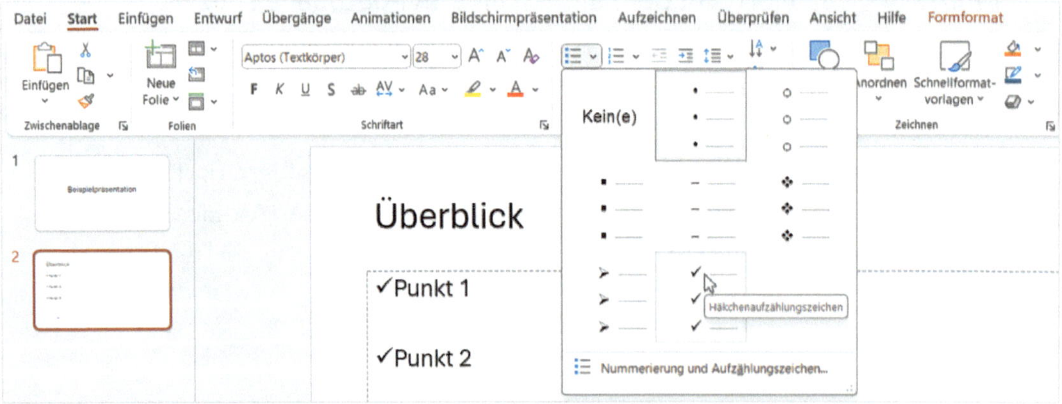

Nummerierung statt Aufzählung

Wenn Sie statt der Aufzählungszeichen die Absätze fortlaufend nummerieren möchten, dann klicken Sie auf den Pfeil des Symbols *Nummerierung* und auf eine der angebotenen Varianten.

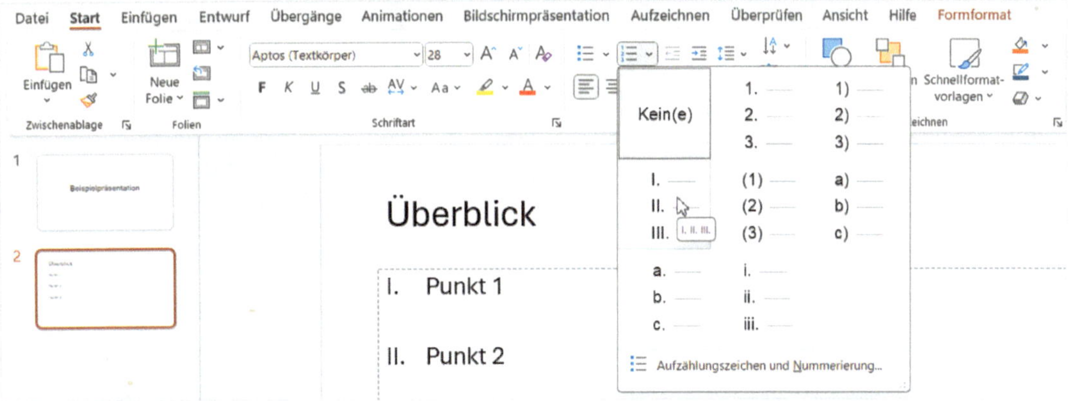

Gliederungsebenen nutzen

Genau wie Word unterstützt auch PowerPoint Gliederungen. Über die beiden Symbole *Listenebene erhöhen* und *Listenebene verringern* bzw. *Einzug vergrößern*/*verkleinern* stufen Sie einen Absatz tiefer oder höher.

PowerPoint unterstützt bis zu fünf Ebenen.

Absatz eine Ebene tiefer stufen: Klicken Sie in den betreffenden Absatz ❶ und auf *Listenebene erhöhen* bzw. *Einzug vergrößern* ❷. Der Absatz wird eingerückt und erhält automatisch ein anderes und/oder kleineres Aufzählungszeichen sowie kleinere Schrift wie im Bild.

Um einen Absatz wieder um eine Ebene höher zu stufen, klicken Sie auf das Symbol *Listenebene verringern* ❸.

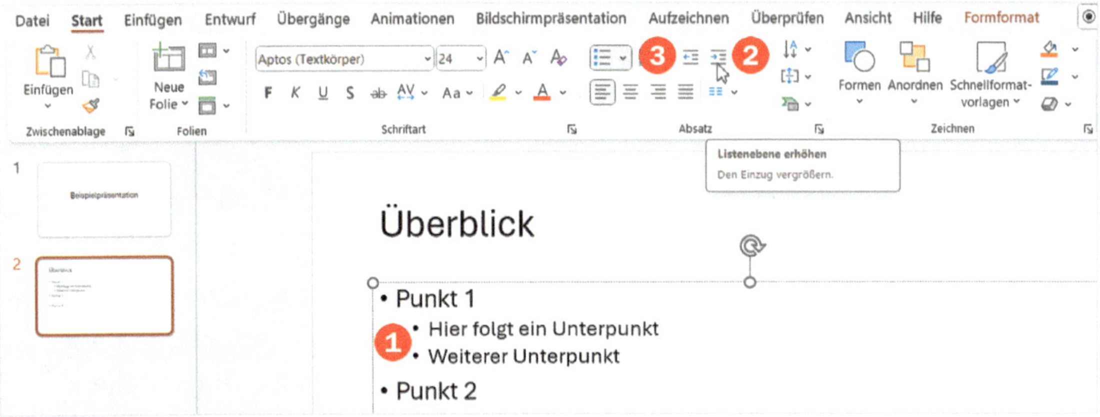

Zusätzliches Textfeld einfügen und gestalten

Wenn Sie außerhalb der vorgesehenen Platzhalter Text eingeben möchten, z. B. zusätzlichen Text in der Titelfolie wie im Bild unten, dann müssen Sie zu diesem Zweck ein Textfeld einfügen.

1 Klicken Sie auf das Register *Einfügen* und auf *Textfeld* ❶.

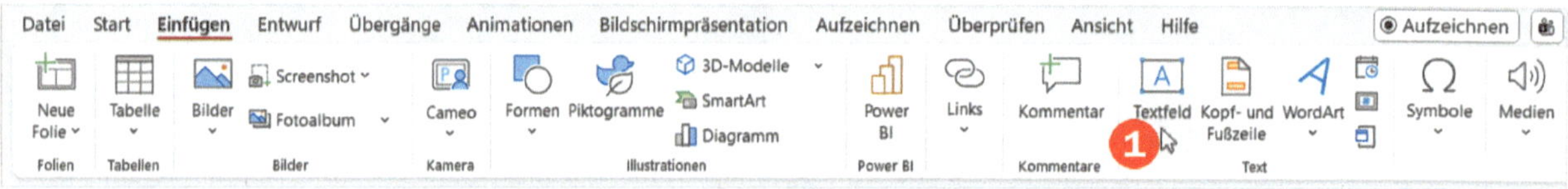

2 Beginnen Sie an einem der Eckpunkte, z. B. wie im Bild unten in der linken oberen Ecke ❷, und ziehen Sie mit gedrückter linker Maustaste diagonal ein rechteckiges Textfeld in der gewünschten Breite auf. Während des Ziehens nimmt der Mauszeiger die Form eines Fadenkreuzes ❸ an.

Hinweis: Für das Beispiel im Bild unten wurde die Vorlage *Katalog* verwendet.

3 Nach dem Loslassen der Maustaste erscheint die Einfügemarke im Textfeld: Geben Sie Ihren Text ein ❹. Die Höhe des Textfeldes passt sich während der Eingabe automatisch an.

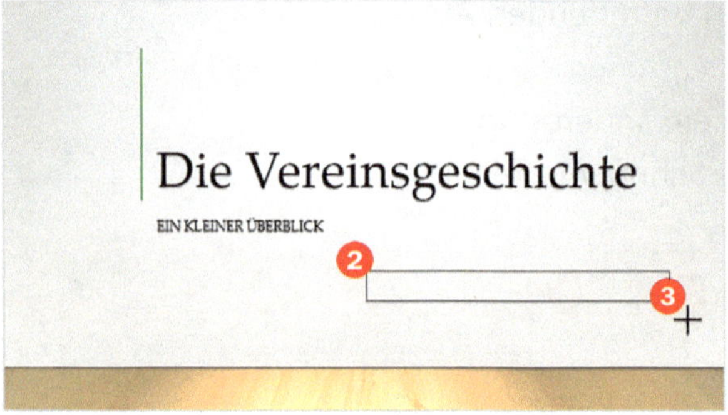

Größe und Position ändern

Textfelder und Platzhalter können Sie jederzeit vergrößern, verkleinern, drehen oder an eine andere Stelle verschieben. Achten Sie dabei auf den Mauszeiger und den Begrenzungs- bzw. Markierungsrahmen.

> **Auch Platzhalter mit Text sind nichts anderes als Textfelder**
> Die nachfolgend beschriebenen Methoden können Sie nicht nur auf Textfelder, sondern auch auf alle vorgegebenen Platzhalter eines Folienlayouts anwenden.

Vergrößern/Verkleinern

- Die Größe eines Textfelds passt sich während der Texteingabe automatisch an. Zum Ändern der Höhe oder Breite benutzen Sie die Markierungspunkte ❶: Wenn Sie auf einen der Punkte zeigen, erscheint der Mauszeiger als Doppelpfeil; ziehen Sie dann den Punkt mit gedrückter linker Maustaste in die gewünschte Richtung.

Verschieben

- Zeigen Sie auf eine beliebige Stelle des Rahmens. Wenn am Mauszeiger vier Richtungspfeile ❷ erscheinen, können Sie das Textfeld mit gedrückter linker Maustaste beliebig in der Folie verschieben.

Textfeld löschen

- Klicken Sie auf den Rahmen des Textfeldes, das Sie löschen möchten. Statt der gepunkteten Linie erscheint eine durchgezogene Linie ❸: Drücken Sie die **Entf**-Taste.

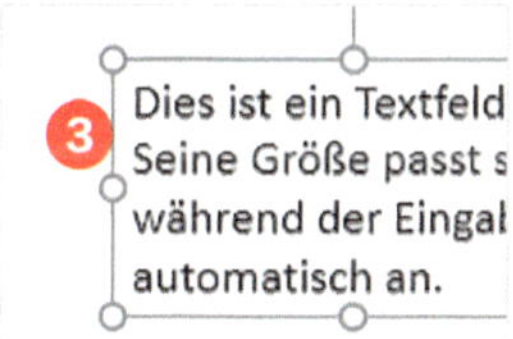

Textfeld drehen

- Das Symbol ❹ oberhalb des Textfeldes dient zum freien Drehen. Positionieren Sie den Mauszeiger über diesem Symbol, drücken Sie die linke Maustaste und halten Sie die Taste gedrückt, während Sie die Maus in die gewünschte Richtung bewegen.

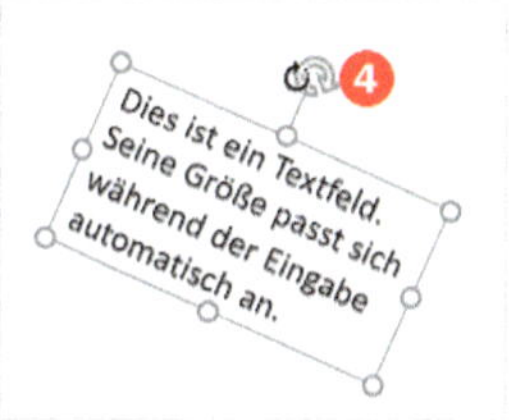

Textfeld formatieren

Neben dem Text können Sie auch das Textfeld formatieren und z. B. mit einem Rahmen, einer Füllung oder verschiedenen Schatten und Spiegelungseffekten versehen.

Als Beispiel die Gestaltung einer Folie mit Geburtstagsglückwünschen.

Als Ausgangspunkt wählen wir eine leere Folie (Layout *Leer*), die Sie entweder in eine bestehende oder eine neue Präsentation einfügen.

Hinweis: Die hier abgebildete Präsentation verwendet die Vorlage *Katalog*.

1 Klicken Sie im Register *Einfügen* auf *Textfeld* und ziehen Sie etwa in der Mitte der Folie ein rechteckiges Textfeld auf. Geben Sie in das Textfeld Ihren Text ein.

2 Vor dem Vergrößern der Schrift klicken Sie zum Markieren auf den Rand des Textfeldes. Klicken Sie dann mehrmals auf das Symbol *Schriftgrad vergrößern* ❶ bis zur gewünschten Schriftgröße. Außerdem wird der Text noch im Textfeld zentriert ❷.

3 Klicken Sie dann auf das Register *Formformat*, öffnen Sie in der Gruppe *Formenarten* mit Klick auf den Pfeil ❸ den Katalog der Formatvorlagen und wählen Sie ein Format.

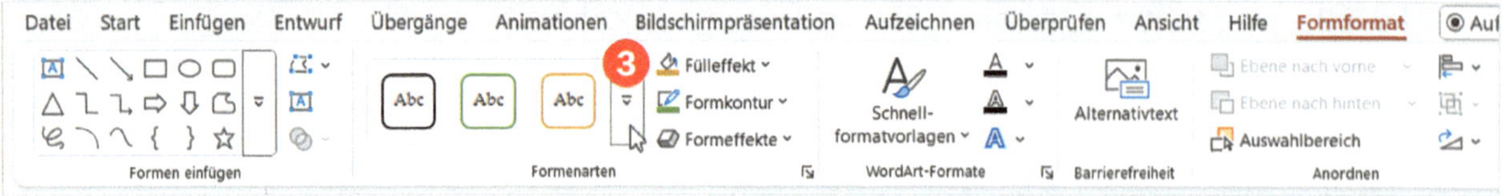

4 Klicken Sie dann in derselben Gruppe auf *Formeffekte* ❹, danach auf *Spiegelung* und auf eine der Spiegelungsvarianten.

Falls Sie möchten, fügen Sie auch noch einen *Schatten* oder mit *Abschrägung* einen Rahmeneffekt hinzu. Weitere Möglichkeiten finden Sie unter *3D-Drehung* oder in den *Voreinstellungen*.

5 **Textfeld mittig ausrichten:** Zuletzt soll das Textfeld noch exakt in der Mitte der Folie platziert werden. Hierzu leisten die Führungslinien gute Dienste. Sie erscheinen automatisch, wenn Sie ein Element mit der Maus verschieben, wie im Bild unten.

Tipps und Hinweise

Die Möglichkeiten zum Formatieren von Textfeldern sind dieselben wie für Formen. Sie werden im Kapitel Word auf Seite 152 ff. beschrieben. In der Gruppe *WordArt-Formate* finden Sie außerdem verschiedene Schrift- bzw. Texteffekte, auch diese dürften Ihnen aus Word bekannt sein.

Tipp: Formen einfügen und beschriften

Die oben beschriebene Vorgehensweise lässt sich auch auf jede beliebige Form anwenden. Sie können also z. B. statt eines Textfeldes auch ein Rechteck mit abgerundeten Ecken, eine Legende oder jede andere Form einfügen, beschriften und wie zuvor beschrieben formatieren. Hier als Beispiel eine Legende.

1 Klicken Sie entweder im Register *Start* ❶ oder im Register *Einfügen* auf *Formen* ❷. Bewegen Sie sich in der Liste nach unten, hier finden Sie den Abschnitt *Legenden*.

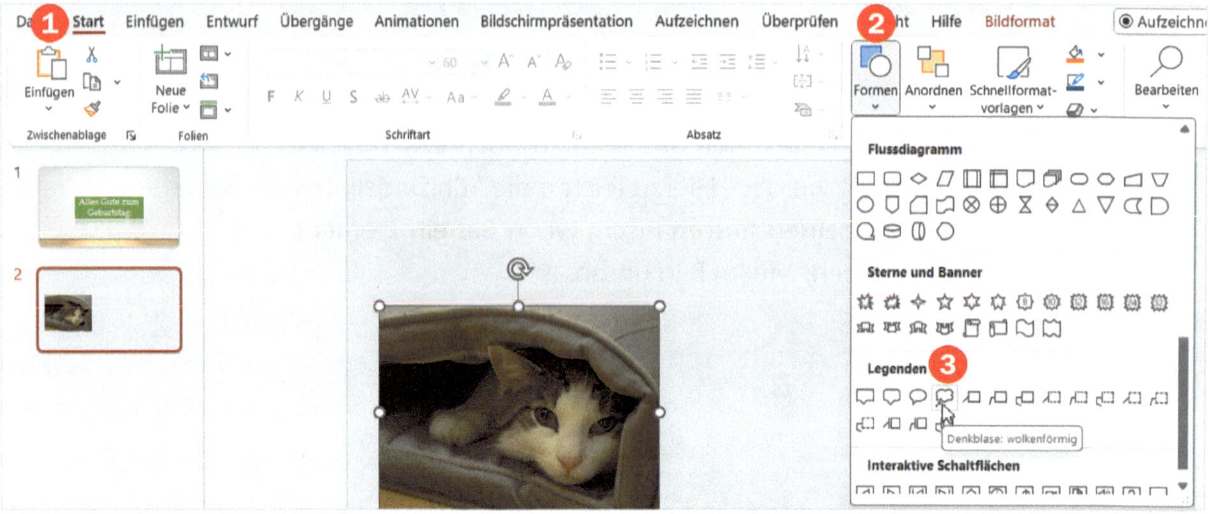

Hinweis: Eine detailliertere Beschreibung zum Einfügen und Gestalten von Formen finden Sie im Kapitel Word auf Seite 152 ff. Der Umgang mit Formen ist in jeder Office-App gleich.

2 Klicken Sie auf die gewünschte Legende ❸ und ziehen Sie danach in der Folie mit gedrückter Maustaste die Form in diagonaler Richtung auf. Zum nachträglichen Ändern der Größe benutzen Sie die Markierungspunkte ❹ und der Zeiger der Legende lässt sich mit dem gelben Punkt ❺ beliebig verschieben.

3 **Legende formatieren**: Die Legende wird zunächst in der Standardfarbe des jeweiligen Designs eingefügt. Zum Ändern klicken Sie in das Register *Formformat* und wählen in der Gruppe *Formenarten* entweder eine der Vorlagen ❻ oder stellen Füllfarbe, Kontur und sonstige Effekte über die Symbole *Fülleffekt*, *Kontur* und *Formeffekte* zusammen.

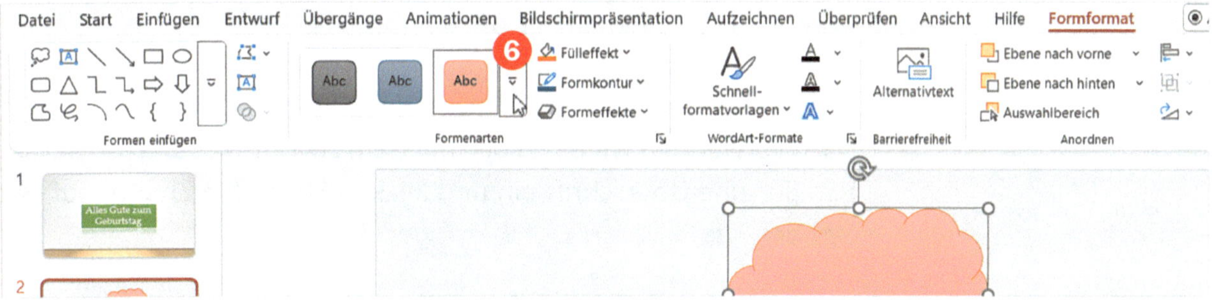

4 **Legende beschriften**: Achten Sie darauf, dass die Legende markiert ist und beginnen Sie einfach mit der Texteingabe über die Tastatur. Die Schriftgröße ändern Sie wieder über die Symbole im Register *Start*.

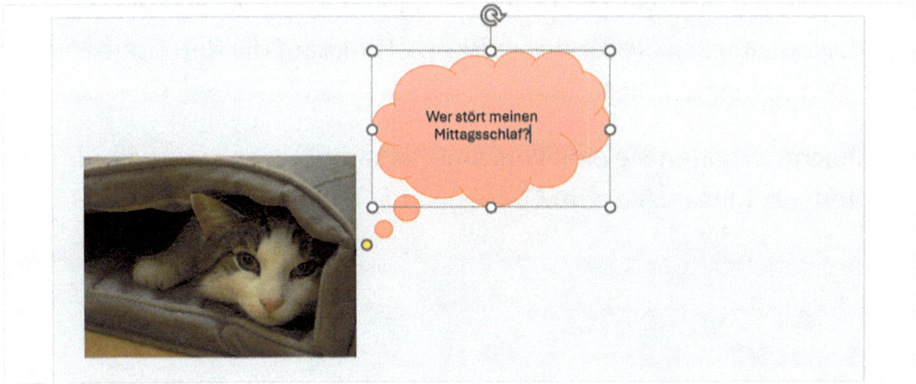

Wirkungsvolle Textlayouts mit SmartArt

Tipp: SmartArt ist auch in Word verfügbar und zwar ebenfalls im Register *Einfügen*. Die Vorgehensweise ist dieselbe wie hier beschrieben.

Statt Textfelder oder Formen einzufügen, zu beschriften und zu formatieren, können Sie auch sogenannte SmartArt-Grafiken einfügen. Hierbei handelt es sich um Layouts mit fertig gestalteten Formen in unterschiedlichen Anordnungen, die Sie nur noch beschriften müssen. Neben einfachen Listen eignen sich SmartArt-Grafiken vor allem für die Darstellung von Hierarchien, Prozessen und Zyklen.

Wenn Sie eine leere Folie vor sich haben, dann klicken Sie stattdessen im Register *Einfügen* auf *SmartArt* ❷.

Als Beispiel eine Darstellung der wichtigsten Ereignisse im Vereinsjahr

1 Dazu verwenden wir eine Folie mit dem Layout *Titel und Inhalt*. Geben Sie eine Überschrift ein und klicken Sie im Platzhalter auf das Symbol *Eine SmartArt-Grafik einfügen* ❶.

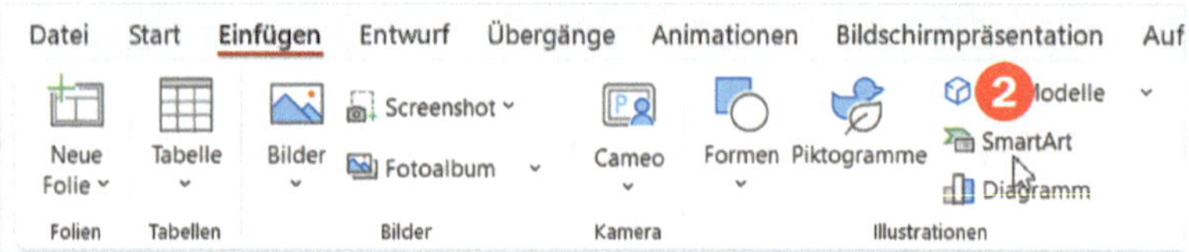

Achtung: In Microsoft 365 sieht das Symbol im Platzhalter etwas anders aus!

2 Anschließend wählen Sie im Fenster *SmartArt-Grafik auswählen* ein Layout. Klicken Sie für dieses Beispiel links auf die Kategorie *Prozess* ❸ und hier auf die Vorlage *Einfacher Chevron-Prozess* ❹.

3 Rechts erhalten Sie eine Vorschau ❺ samt kurzer Beschreibung unterhalb. Klicken Sie zum Einfügen auf *OK* ❻.

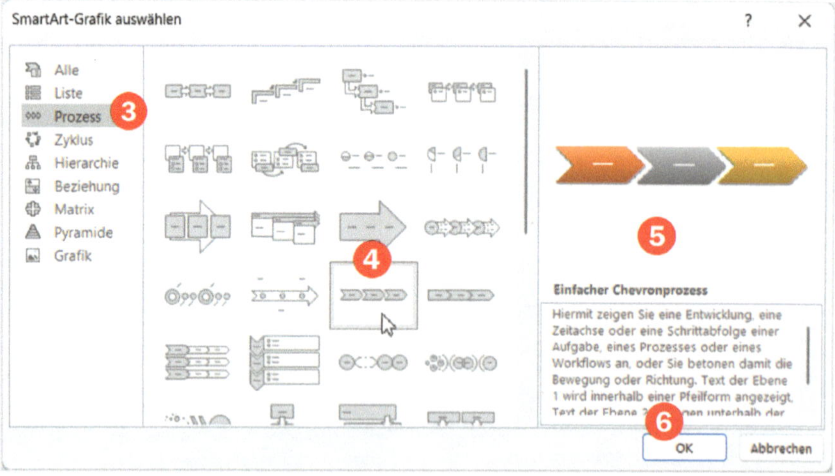

4 Das SmartArt-Layout wird in die Folie eingefügt. Zur Texteingabe klicken Sie auf den Textplatzhalter (*[Text]*) der ersten Form und tippen Ihren Text, hier „Aktion Frühjahrsputz“ über die Tastatur ein. Während der Eingabe passt sich die Schriftgröße automatisch an, die Größe der Form ändert sich dagegen nicht.

Hinweis: Ein Element beschriften funktioniert auch ohne Textplatzhalter: Klicken Sie auf die Form und geben Sie einfach den Text ein.

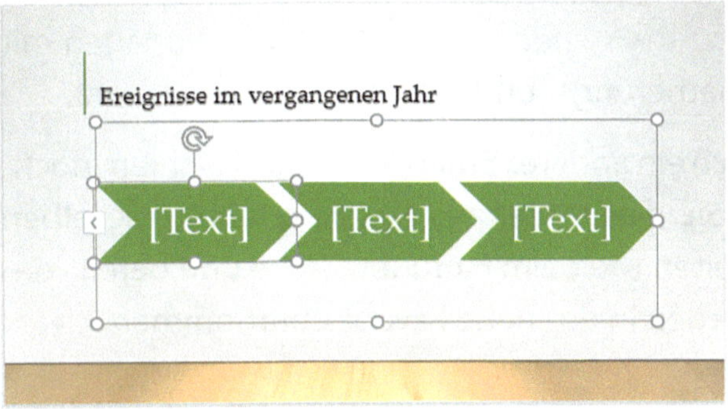

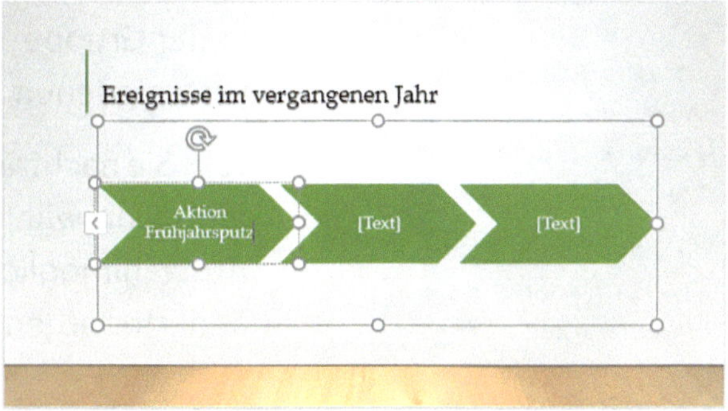

5 Genauso beschriften Sie die beiden anderen Formen, z. B. mit „Sommerfest mit Live-Band“ und „Mitgliederversammlung“ s. Bild unten.

Weitere Form hinzufügen

6 Nun fehlt noch eine vierte Form für die Weihnachtsfeier: Da diese rechts von der letzten Form eingefügt werden soll, klicken Sie diese an ❶ und klicken dann auf das Register *SmartArt-Design*.

7 Klicken Sie auf den Pfeil *Form hinzufügen* ❷ und wählen Sie *Form danach einfügen*. Klicken Sie anschließend in die neu hinzugefügte Form und beschriften Sie diese.

Ältere PowerPoint-Versionen verwenden für das Register die Bezeichnung *SmartArt-Tools-Entwurf*.

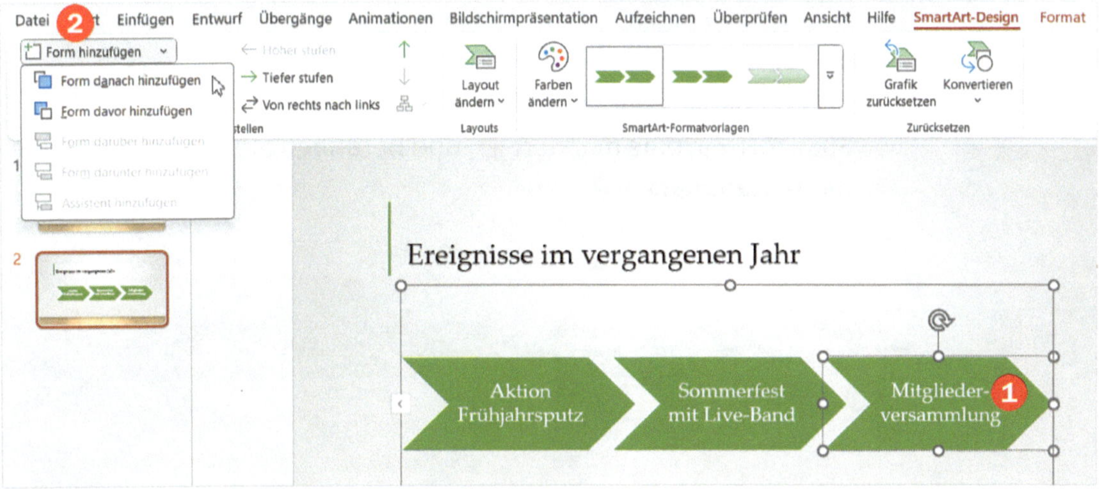

Alle drei Änderungsmöglichkeiten beziehen stets das gesamte SmartArt-Layout ein. Es spielt also keine Rolle, ob eine einzelne Form oder das gesamte Layout markiert ist wie im Bild.

Wie Sie gezielt eine einzelne Form ändern, lesen Sie weiter unten.

Farben oder Layout ändern

Im Register *SmartArt-Tools-Entwurf* finden Sie folgende Möglichkeiten zur weiteren Gestaltung:

- Das Symbol *Farben ändern* ❶ öffnet ein Feld mit Farbvarianten, diese beruhen auf den Designfarben der Präsentation.
- In der Gruppe *SmartArt-Formatvorlagen* ❷ stehen Vorlagen mit verschiedenen Schattierungs- und 3D-Effekten zur Auswahl.
- Falls Sie nachträglich ein anderes SmartArt-Layout wählen möchten, dann wählen Sie dieses hier aus ❸. Sie erhalten dieselben Auswahlmöglichkeiten wie beim Einfügen. Texte und bereits geänderte Farben werden in das neue Layout übernommen.

Nicht benötigte Formen entfernen

☛ Klicken Sie auf die betreffende Form, diese ist nun innerhalb des SmartArt-Layouts markiert ❶, und betätigen Sie die **Entf**-Taste oder die **Korrekturtaste**.

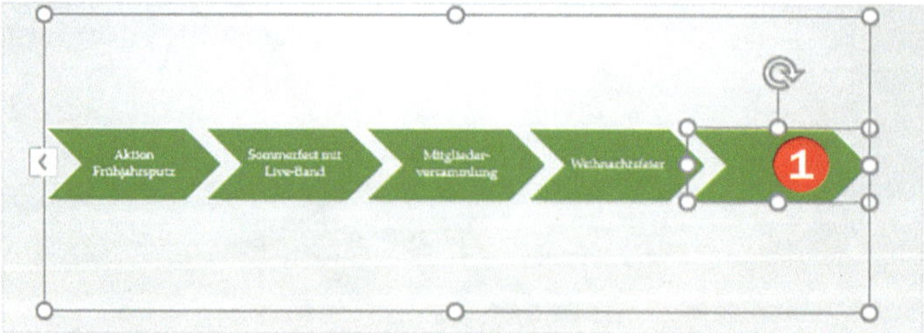

Reihenfolge der Formen ändern

Um eine Form innerhalb des Layouts zu verschieben, benutzen Sie im Register *SmartArt-Design* die Symbole der Gruppe *Grafik erstellen*.

- *Höher* und *Tiefer stufen* ändert die hierarchische Reihenfolge.
- *Verschieben vor* bzw. *Nach oben* und *Verschieben nach* (bzw. *Nach unten*) verschiebt die markierte Form innerhalb einer Ebene je nach Layout um jeweils eine Stufe nach oben/unten bzw. nach links oder rechts.
- *Von rechts nach links* kehrt die gesamte Reihenfolge um.

Achtung: *Verschieben vor* und *Verschieben nach* gilt nur für Microsoft 365! Alle übrigen PowerPoint-Versionen bezeichnen dies als *Nach oben* und *Nach unten*.

Beispiel: Die Form Mitgliederversammlung ganz nach links verschieben.

Klicken Sie zum Markieren auf die Form ❶ und danach zweimal auf *Verschieben vor* bzw. *Nach oben* ❷ (= nach links).

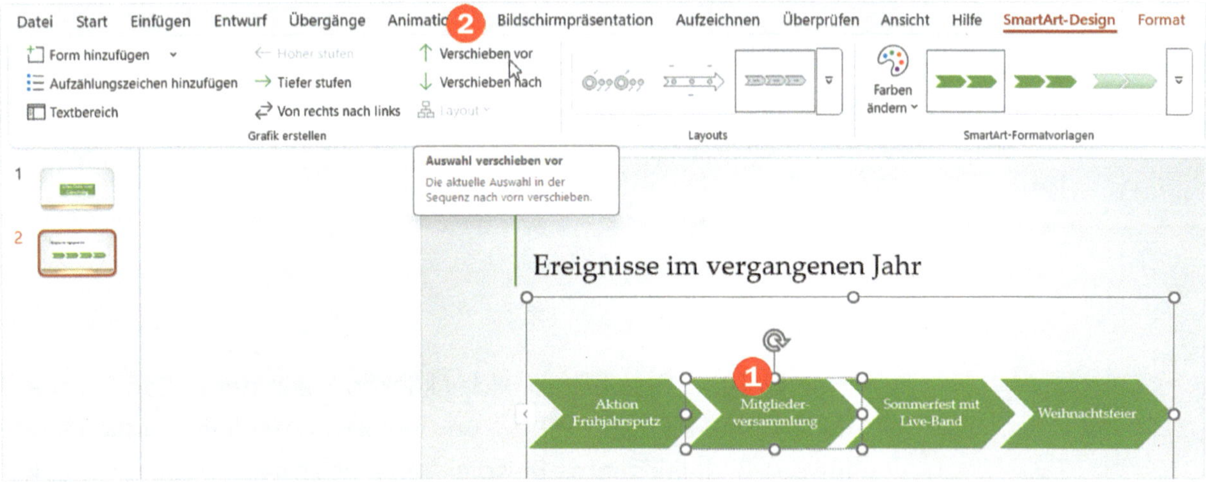

Eine einzelne Form des SmartArt-Layouts ändern

Um eine einzelne Form des SmartArt-Layouts zu bearbeiten, müssen Sie diese zuerst durch Anklicken markieren. Anschließend kann die Form mit den Symbolen im Register *Format* beliebig formatiert werden.

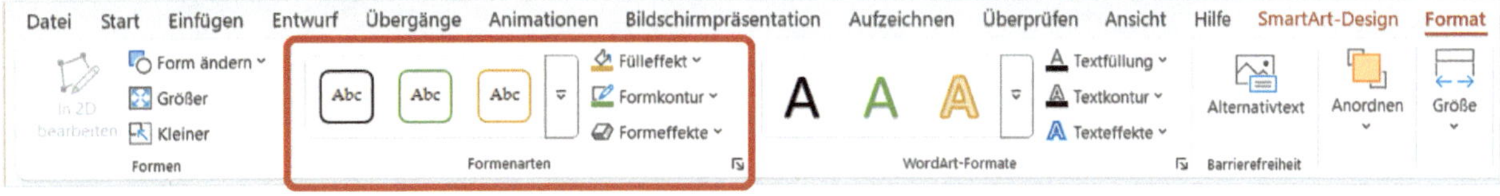

Tipp: SmartArt-Layout mit Text und Bildern

Mit SmartArt-Layouts lassen sich auch Bilder wirkungsvoll anordnen, auch hierzu ein Beispiel. Da diesmal das SmartArt-Layout die gesamte Folie ausfüllen soll, verwenden wir eine Folie mit dem Layout *Leer*.

1 Klicken Sie auf das Register *Einfügen* und auf *SmartArt* ❶.

2 Wählen Sie die Kategorie *Grafik* ❷, klicken Sie auf das gewünschte Layout und danach auf *OK*. Für dieses Beispiel wählen wir *Vertikale Bildakzentliste* ❸.

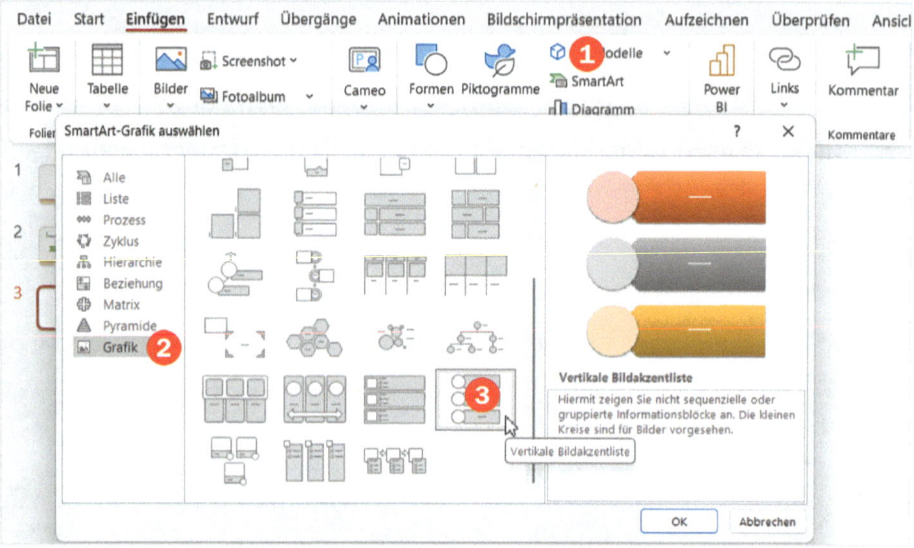

3 Zum Einfügen des ersten Bildes klicken Sie in der ersten Form auf das Symbol *Bild einfügen* ❹ und wählen anschließend die Quelle für das Bild. Für dieses Beispiel verwenden wir Piktogramme; klicken Sie also auf *Aus Piktogrammen* (Microsoft 365: *Symbole*).

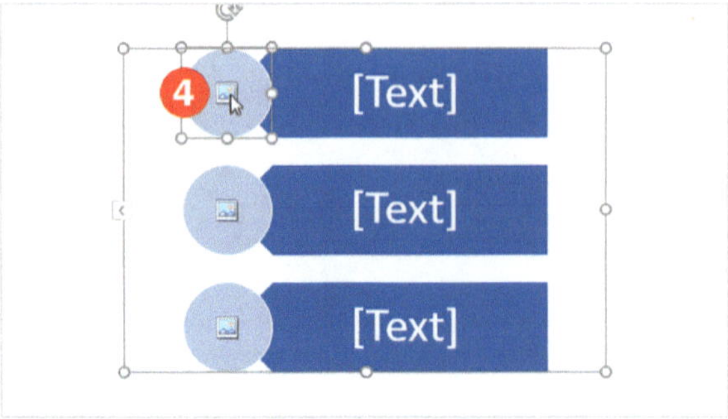

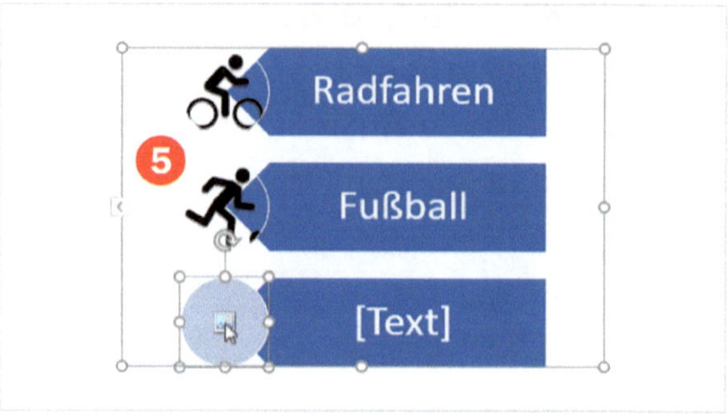

4 Fügen Sie dann nacheinander die übrigen Bilder ein ❺ und beschriften Sie diese. Falls weitere Formen benötigt werden, fügen Sie diese über das Register *SmartArt-Design* und das Symbol *Form hinzufügen* hinzu.

Siehe „Weitere Form hinzufügen" auf Seite 395.

5 Zuletzt formatieren Sie das Layout und wählen z. B. andere Farben über das Symbol *Farben ändern* im Register *SmartArt-Design*.

Tipp: Wenn Sie Piktogramme verwenden und diese ebenfalls die Farben des Layouts erhalten sollen, dann klicken Sie auf *Farben ändern* und am Ende der Liste auf *Bilder in SmartArt-Grafik neu einfärben* ❻.

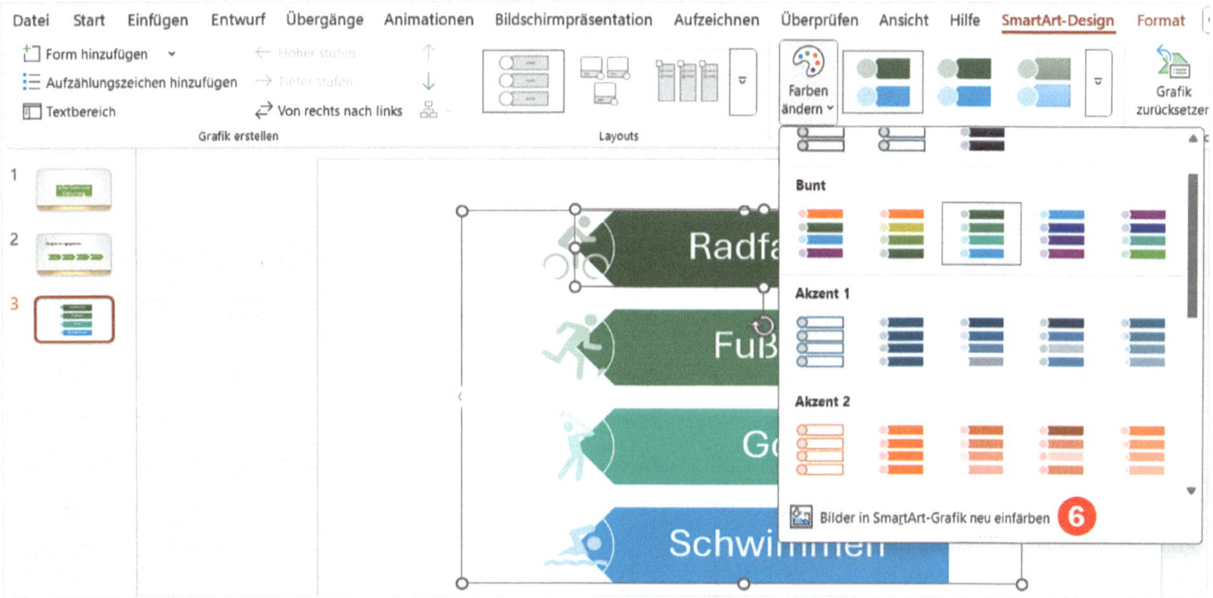

Tipps und Hinweise

Beachten Sie bei der Auswahl des Layouts und der Bilder, dass mit Ausnahme rechteckiger Formen die Bilder entsprechend der Form zugeschnitten werden, etwa kreisförmig wie im Beispiel oben. Das Seitenverhältnis wird hingegen beibehalten.

SmartArt-Layouts mit Bildern sollten nach Möglichkeit nachträglich kein anderes Layout erhalten, da dann die Bilder unter Umständen nicht mehr korrekt an das neue Layout angepasst und dadurch verzerrt oder abgeschnitten werden.

Text und Zahlen in Tabellen ausrichten

Tabellen dienen in einer PowerPoint-Folie zum Ausrichten, nicht nur von Zahlen, sondern auch von Text und Bildern.

Tabelle einfügen

- Falls Sie eine Folie mit einem entsprechenden Layout (z. B. *Titel und Inhalt*) verwenden, so klicken Sie im Platzhalter auf das Symbol *Tabelle einfügen* ❶. Geben Sie im nachfolgenden Fenster die Anzahl der benötigten Spalten und Zeilen ❷ ein und klicken Sie auf *OK*.

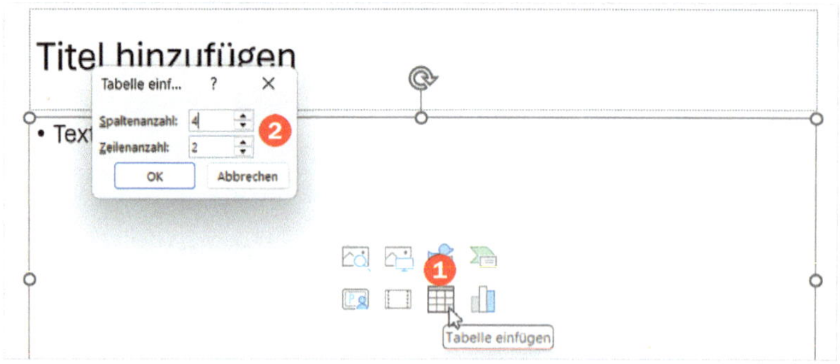

Mit dem unten abgebildeten Beispiel erhalten Sie eine Tabelle mit vier Spalten und drei Zeilen (4x3 Tabelle).

- Haben Sie dagegen eine leere Folie vor sich, so klicken Sie auf das Register *Einfügen* und hier auf *Tabelle* ❶. Es erscheint ein Raster ❷ und Sie erhalten in der Folie eine Vorschau ❸, wenn Sie die Maus über das Raster bewegen. Bewegen Sie z. B. die Maus nach rechts über vier Zellen, so erhalten Sie eine Tabelle mit vier Spalten. Zum Einfügen klicken Sie im Raster in die rechte untere Zelle ❹.

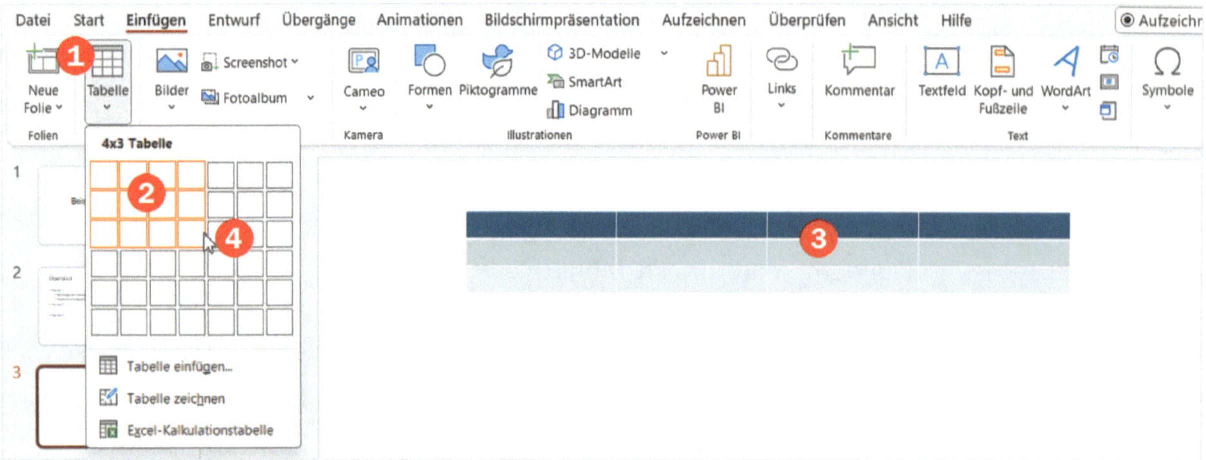

Die Texteingabe in Tabellen unterscheidet sich nicht von Word, auch in PowerPoint benutzen Sie die **Tab**-Taste, um zur nächsten Zelle zu gelangen und zum Anfügen weiterer Zeilen am Ende der Tabelle, siehe Word, „Text in Tabelle eingeben" auf Seite 162.

Tabellenlayout bearbeiten

Spalten oder Zeilen hinzufügen

Zum nachträglichen Einfügen von Zeilen und/oder Spalten klicken Sie auf das Register *Tabellenlayout*. In der Gruppe *Zeilen und Spalten* wählen Sie, ob die Zeile über oder unter bzw. die Spalte rechts oder links von der aktuellen Zeile oder Spalte eingefügt werden soll.

Achtung, abweichende Beschriftungen!

Microsoft 365:

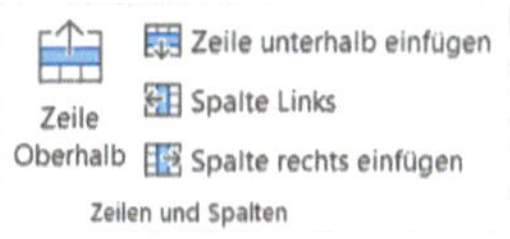

PowerPoint 2024:

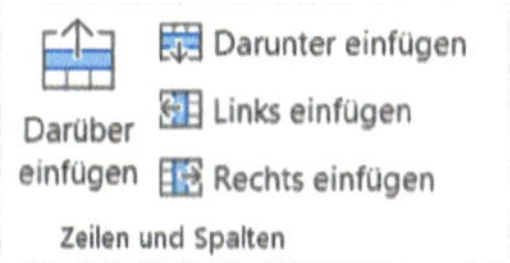

Beispiel: Eine Spalte rechts von der letzten Spalte hinzufügen:

- Klicken Sie in eine beliebige Zelle der letzten Tabellenspalte ❶ und im Register *Tabellenlayout* ❷, Gruppe *Zeilen und Spalten* auf *Rechts einfügen* ❸ (Microsoft 365: *Spalte rechts einfügen*).

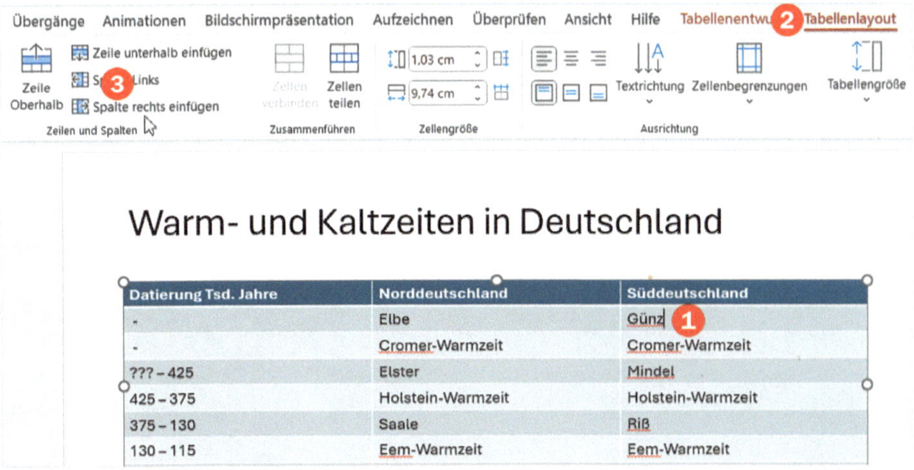

Spalte oder Zeile löschen, Tabelle löschen

- Klicken Sie in eine beliebige Zelle der zu löschenden Zeile oder Spalte ❶ (Bild auf der nächsten Seite) und klicken Sie im Register *Tabellenlayout* ❷, Gruppe *Zeilen und Spalten* auf *Löschen*. Wählen Sie zwischen *Spalten löschen* ❸ und *Zeilen löschen*. Mit der dritten Option *Tabelle löschen* können Sie auch die gesamte Tabelle aus der Folie entfernen.

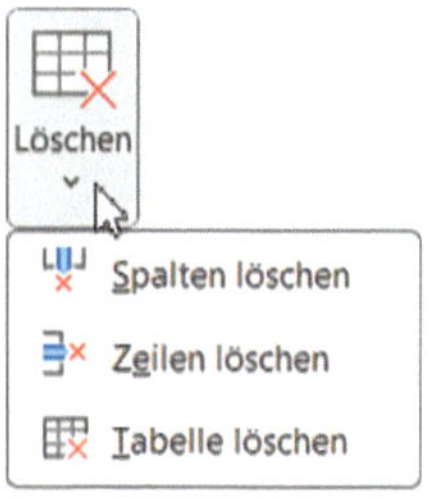

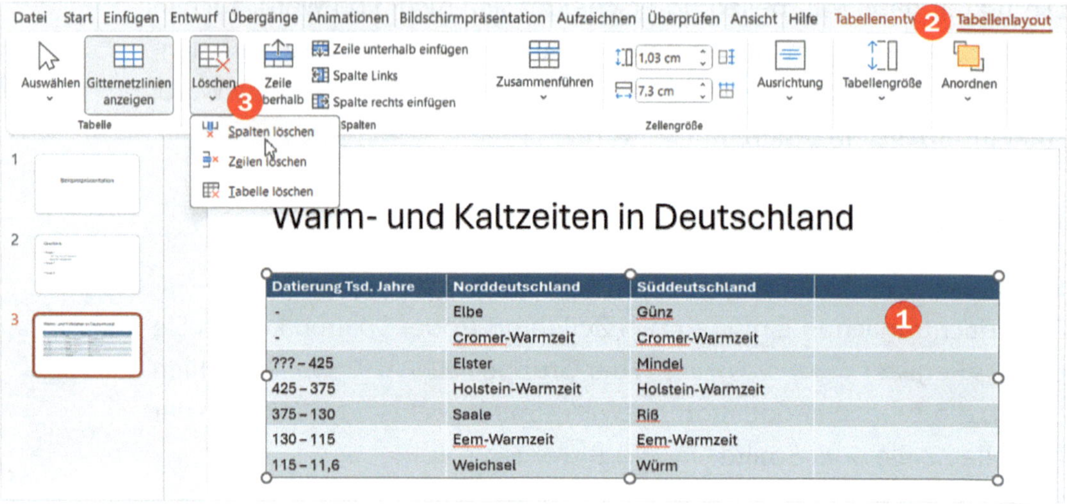

Spaltenbreite und Zeilenhöhe anpassen

Die Breite einzelner Spalten ändern Sie am einfachsten mit der Maus; als Beispiel soll die Breite der ersten Spalte im Bild unten verringert werden:

- Positionieren Sie den Mauszeiger über der **rechten** Spaltenbegrenzung ❶ der betreffenden Spalte. Der Mauszeiger erscheint als waagrechter Doppelpfeil: Ziehen Sie mit gedrückter linker Maustaste die Linie nach links ❷ oder rechts auf die gewünschte Breite.

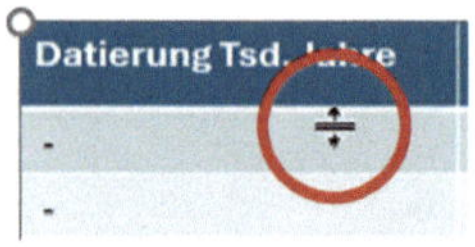

- Die Zeilenhöhe vergrößern Sie über die **untere** Begrenzungslinie der betreffenden Zeile. Sobald der Mauszeiger als senkrechter Doppelpfeil erscheint, ziehen Sie die Linie nach unten.

Tipp: Gesamte Tabelle vergrößern oder verkleinern

Um die gesamte Tabelle zu vergrößern oder zu verkleinern, benutzen Sie die Markierungspunkte des Objektrahmens: Dadurch werden alle

Spalten und Zeilen automatisch angepasst, d. h. mit dem Ändern beispielsweise der Tabellenhöhe ändert sich auch die Höhe aller Zeilen. Im Bild unten werden Breite und Höhe der Tabelle über den Eckpunkt rechts unten gleichzeitig geändert.

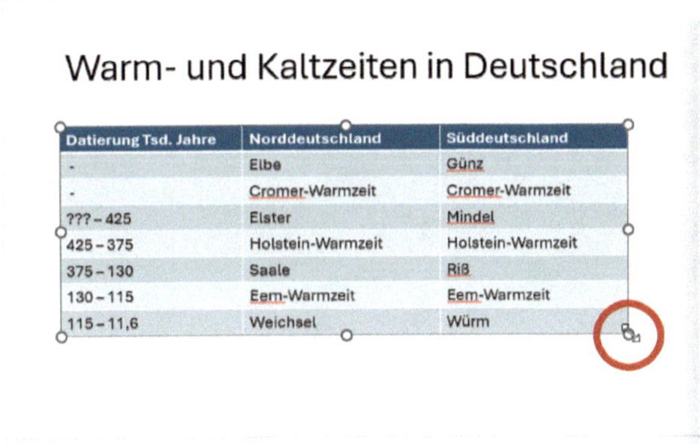

Vertikale Ausrichtung

Standardmäßig sind alle Zellinhalte am oberen Rand ausgerichtet, siehe Bild oben rechts. Zum Ändern der vertikalen Ausrichtung benutzen Sie im Register *Tabellenlayout* die drei Symbole der Gruppe *Ausrichten*. Als Beispiel sollen alle Zellinhalte der oben abgebildeten Tabelle vertikal zentriert werden.

- Klicken Sie zum Markieren der gesamten Tabelle auf eine beliebige Stelle des Objektrahmens oder im Register *Tabellenlayout* auf *Auswählen* ❶ und auf *Tabelle auswählen*. Klicken Sie danach auf das Symbol *Vertikal zentrieren* ❷.

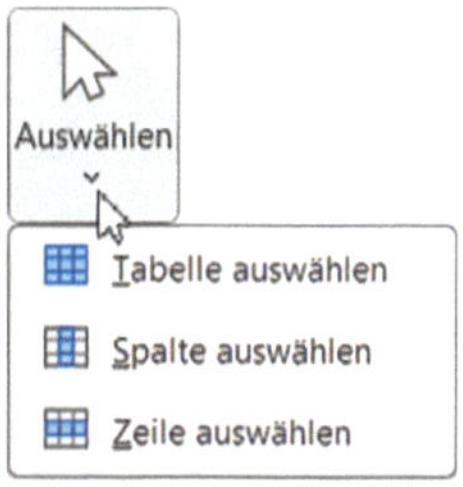

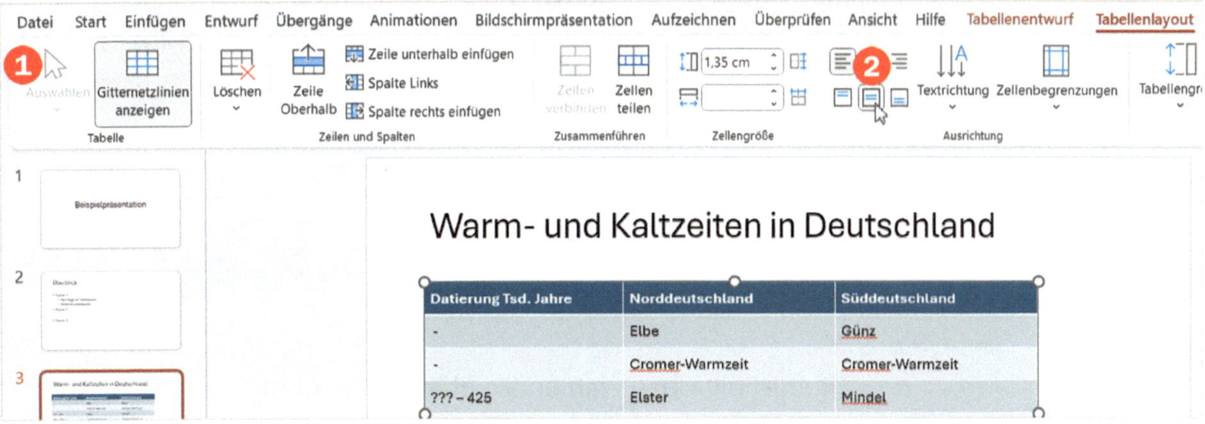

Zellen verbinden

Wenn Sie zwei oder mehr Zellen zu einer einzigen verbinden möchten, z. B. für eine gemeinsame Überschrift über zwei oder mehr Spalten, dann markieren Sie die betreffenden Zellen, im Bild unten drei Zellen der ersten Zeile ❶ und klicken im Register *Tabellenlayout* in der Gruppe *Zusammenführen* auf *Zellen verbinden* ❸.

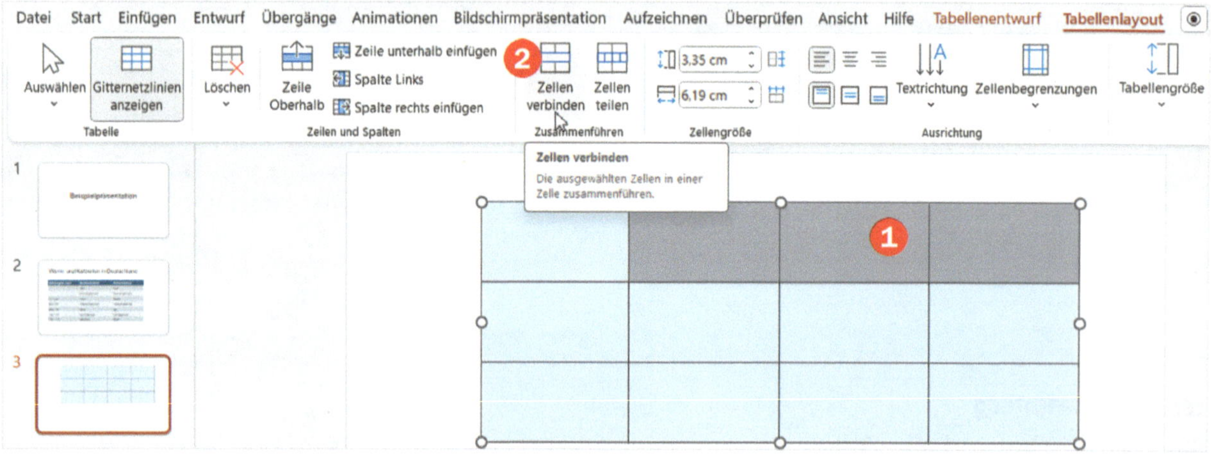

Tabelle formatieren

Formatvorlagen nutzen

Zum Formatieren der Tabelle benutzen Sie die Symbole im Register *Tabellenentwurf*. Die Vorgehensweise unterscheidet sich wenig von Word, siehe Seite 175.

- Ein Klick auf den Pfeil ❶ öffnet einen Katalog verschiedener Formatvorlagen. Ob und welche Sonderformate, z. B. Überschriftzeilen oder abwechselnde Zeilenfarben (*Gebänderte Zeilen*)übernommen werden, steuern Sie über die Kontrollkästchen der Gruppe *Tabellenformatoptionen* ❷.

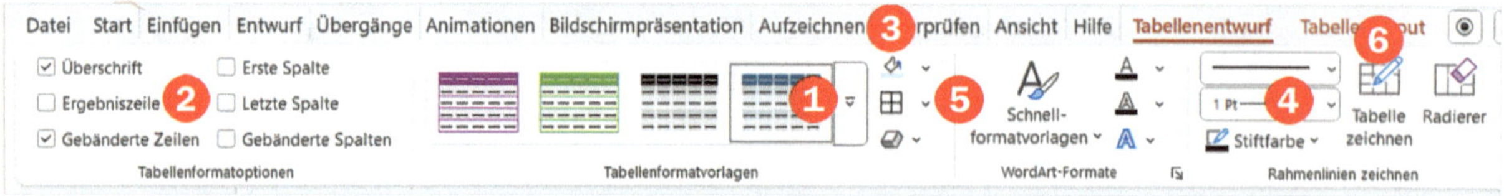

- Eigene Füllfarben wählen Sie über das Symbol *Schattierung* ❸.

- Falls individuelle Rahmenlinien gewünscht werden, wählen Sie über diese Felder ❹ zuerst Linienart, Linienstärke und Linienfarbe aus. Anschließend können Sie mit Klick auf den Pfeil des Symbols *Rahmen* ❺ einzelne Rahmenlinien ändern.

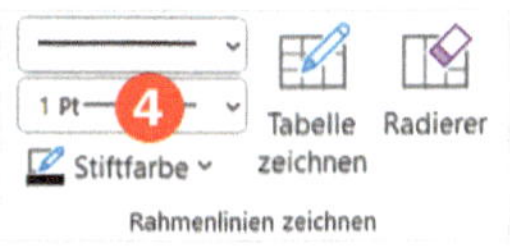

Hinweis: Mit der Auswahl von Linienart oder Stiftfarbe wird der Modus *Tabelle zeichnen* ❻ automatisch aktiviert und Sie können die Rahmenlinien auch durch Anklicken direkt in der Tabelle ändern. Mit der **Esc**-Taste schalten Sie den Zeichnen-Modus wieder aus.

Achtung: Das Symbol *Radierer* entfernt nicht etwa ein Linienformat, sondern hat dieselbe Wirkung wie *Zellen verbinden*!

Beispiel: Eine effektvolle Tabelle über die gesamte Folie

Um die rechts abgebildete Folie mit Tabelle und Bild zu erhalten, gehen Sie so vor:

1 Fügen Sie eine neue Folie mit dem Layout *Leer* ein, klicken Sie auf das Register *Einfügen* und auf *Tabelle*. Fügen Sie eine Tabelle mit drei Spalten und drei Zeilen (*3x3 Tabelle*) ein.

2 Die Tabelle erhält das Standardformat mit den aktuellen Designfarben, s. Bild unten. Deaktivieren Sie im Register *Tabellenentwurf* in der Gruppe *Tabellenformatoptionen* die Kontrollkästchen *Überschrift* ❶ und *Gebänderte Zeilen* ❷, um eine Tabelle mit einheitlichem Hintergrund zu erhalten.

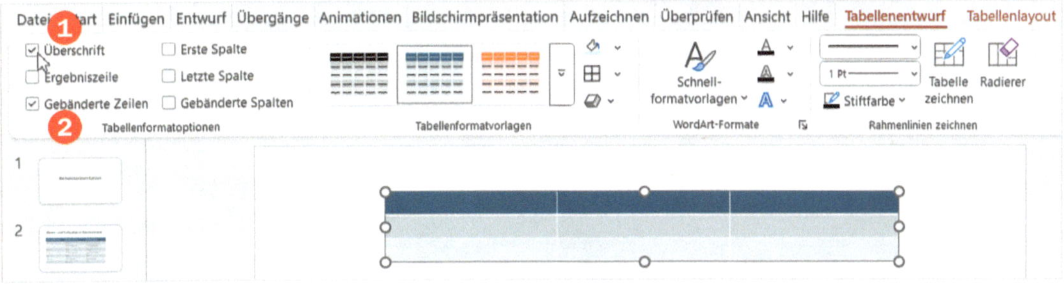

3 Klicken Sie zum Markieren der Tabelle auf den Objektrahmen und formatieren Sie die Tabelle wie folgt:

- Wählen Sie in der Gruppe *Rahmenlinien zeichnen* ❸ eine dickere Stiftstärke, im Bild 4½ Pt., sowie weiße Stiftfarbe aus.

- Klicken Sie auf den Pfeil des Symbols *Rahmen* und auf *Rahmenlinien innen* ❹.
- Um die erste Zelle links oben ❺ unsichtbar zu machen, klicken Sie in diese Zelle und danach auf den Pfeil des Symbols *Schattierung*. Wählen Sie *Keine Füllung*.

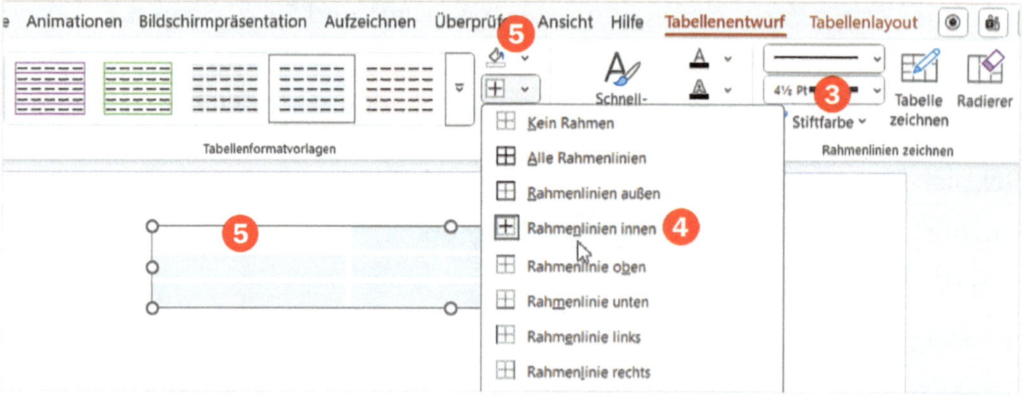

4 Vergrößern Sie die Tabelle, indem Sie den mittleren Markierungspunkt unten ❻ mit gedrückter linker Maustaste nach unten ziehen.

5 Um Platz für die Überschrift zu schaffen, markieren Sie die beiden Zellen ❼ in der ersten Zeile und klicken im Register *Tabellentools-Layout* in der Gruppe *Zusammenführen* auf *Zellen verbinden* ❽. Genauso verfahren Sie mit den beiden Zellen in der ersten Spalte ❾.

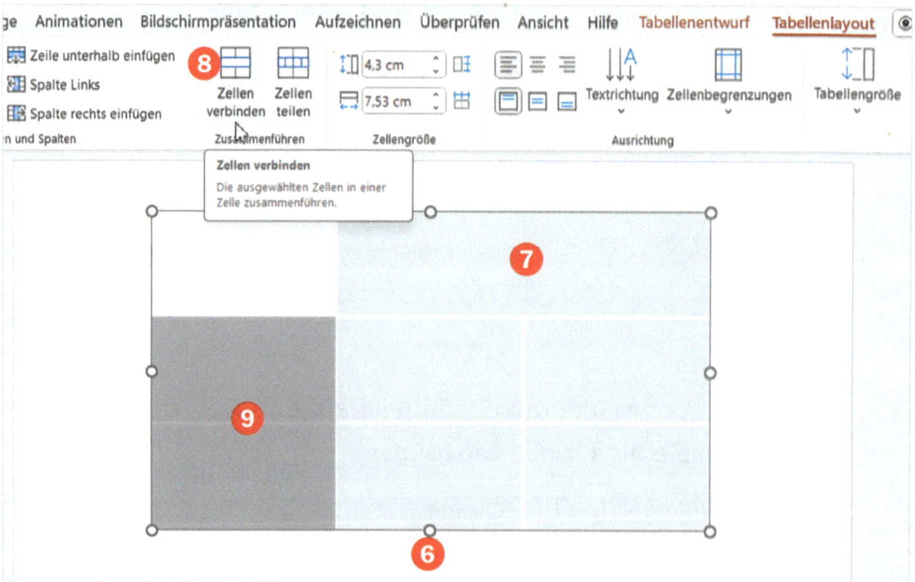

6 Nun brauchen Sie nur noch Text in die Tabelle eingeben, die Schrift vergrößern und die Zellinhalte horizontal und vertikal zentriert ausrichten.

7 Eine weitere Möglichkeit wäre, jede Tabellenzelle mit einer anderen Füllfarbe bzw. Schattierung zu versehen, und/oder die Tabelle über die gesamte Folie zu vergrößern, wie im Bild rechts.

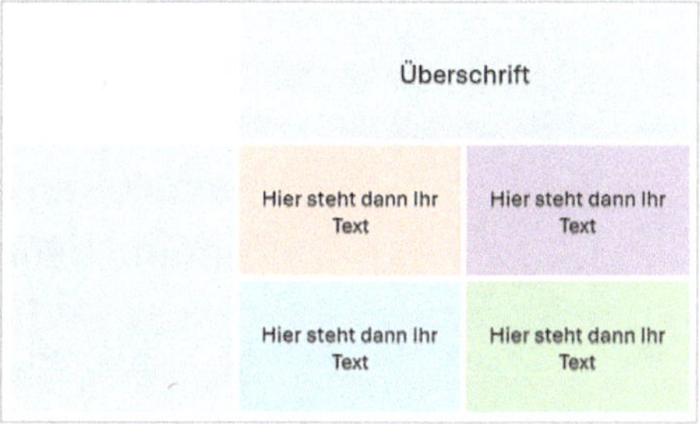

Bild in Tabelle einfügen

Ein Bild kann auf zwei Wegen in eine Tabellenzelle eingefügt werden:

- Über das Register *Einfügen* und die Auswahl *Bilder*, *Archivbilder* bzw. *Onlinebilder* oder *Piktogramm*. Allerdings verhält sich das Bild dann nicht wie Text, sondern muss entsprechend zugeschnitten und über der betreffenden Tabellenzelle platziert werden. Näheres dazu lesen Sie im nachfolgenden Punkt 5.6 auf Seite 409 ff.
- Die zweite Möglichkeit besteht darin, das Bild als Zellhintergrund einzufügen. Dazu klicken Sie in die betreffende Zelle und auf das Register *Tabellenentwurf*. Klicken Sie auf das Symbol *Schattierung* und auf *Bild...*. Anschließend können Sie ein Bild auswählen.

  Achtung: Diese Methode setzt voraus, dass das Bild exakt auf die Größe der Tabellenzelle zugeschnitten ist, andernfalls wird das Bild automatisch an die Zellengröße angepasst und somit verzerrt!

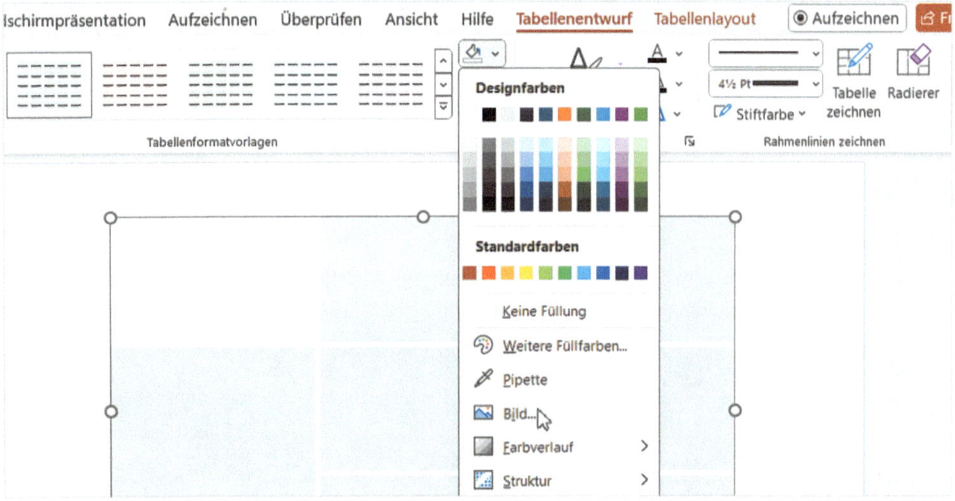

Foliennummern und Text in Kopf- oder Fußzeile einfügen

Wenn Sie die Folien Ihrer Präsentation mit einer fortlaufenden Nummerierung versehen möchten oder der Name der Firma oder des Vereins in allen Folien erscheinen soll, dann fügen Sie diese Elemente in die Kopf- und Fußzeile ein. Ob sich diese oben in der Folie oder am unteren Folienrand befindet, hängt allerdings von der jeweiligen Vorlage ab.

1. Klicken Sie auf das Register *Einfügen* und hier in der Gruppe *Text* auf *Kopf- und Fußzeile* ❶ (Bild unten).

2. Es öffnet sich das Fenster *Kopf- und Fußzeile* mit dem Register *Folie*. Folgende drei Elemente können anhand von Kontrollkästchen aktiviert werden, deren Position sehen Sie rechts in der Vorschau ❻:

   - Wenn Sie das Kästchen *Datum und Uhrzeit* ❷ aktivieren, dann können Sie wählen zwischen einem fest eingegebenem Datum, wie im Bild unten, und dem jeweils aktuellen Datum (*Automatisch aktualisieren*) .
   - Das Kontrollkästchen *Foliennummer* ❸ aktiviert die automatische Nummerierung aller Folien.
   - *Fußzeile* ❹ erlaubt die Eingabe von beliebigem Text.
   - Das Kontrollkästchen *Auf Titelfolie nicht anzeigen* verhindert, dass diese Elemente in Folien mit einem Titellayout erscheinen.
   - Klicken Sie zuletzt auf *Für alle übernehmen* ❼.

Hinweis: Die Schaltfläche *Übernehmen* bedeutet hingegen, die Inhalte der Kopf- oder Fußzeile erscheinen ausschließlich in der aktuellen Folie.

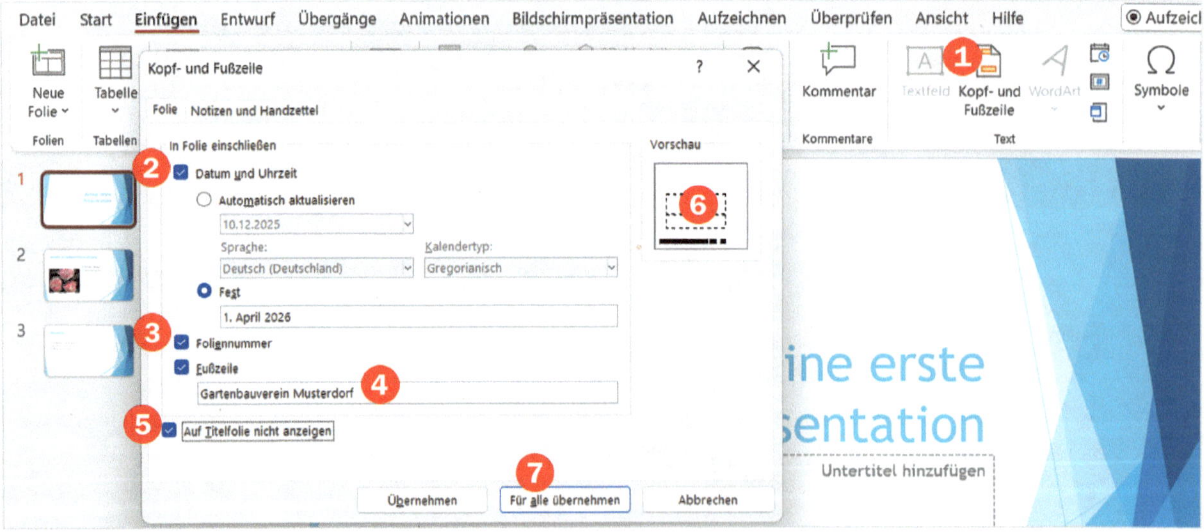

5.6 Bilder einfügen

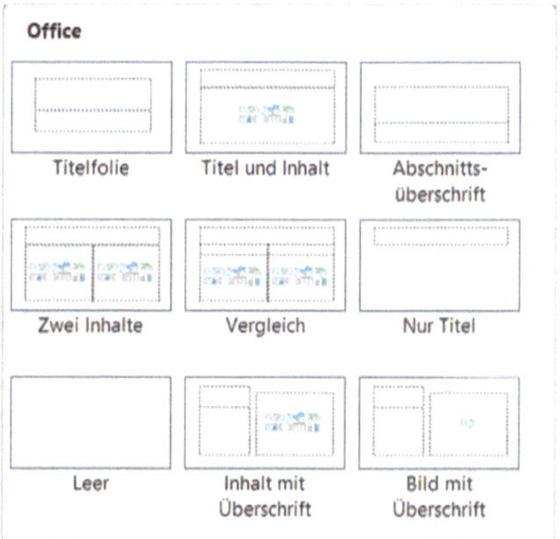

Bilder über Symbole des Folienlayouts einfügen

Dank der Symbole in vielen Folienlayouts sind in PowerPoint Bilder schnell in eine Folie eingefügt, und das auch gleich in der richtigen Größe und an der richtigen Position.

☛ Wählen Sie für die Folie ein geeignetes Layout, z. B. *Titel und Inhalt* oder *Zwei Inhalte*.

Bild von Festplatte oder Speicherkarte einfügen

Die Symbole der Platzhalter unterscheiden sich je nach PowerPoint-Version geringfügig.

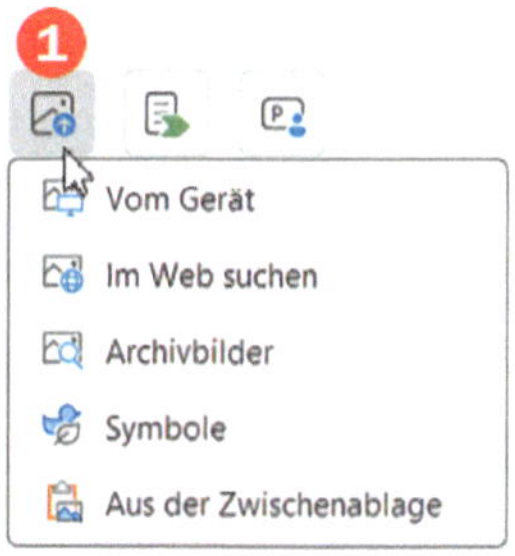

1 Wenn Sie Microsoft 365 abonniert haben, dann klicken Sie zum Einfügen eines Bildes von der Festplatte, der Speicherkarte oder einem anderen angeschlossenen Speicher im Platzhalter auf das Symbol *Bilder* ❶ und wählen *Vom Gerät*. In PowerPoint 2024 und älteren Versionen klicken Sie dagegen auf dieses Symbol *Bilder* ❷.

2 Es öffnet sich das Fenster *Grafik einfügen* mit dem Inhalt des Ordners *Bilder*. Klicken Sie auf das Bild ❸ und auf *Einfügen* ❹.

- Befindet sich das Bild in einem der Unterordner, z. B. *Fotos* oder *Beispielbilder* ❺ wie im Bild unten, dann müssen Sie diesen zuvor mit Doppelklick auf das Ordnersymbol öffnen. In der Spalte links können Sie unter *Dieser PC* einen anderen Speicherort, z. B. Speicherkarte, durch Anklicken auswählen.

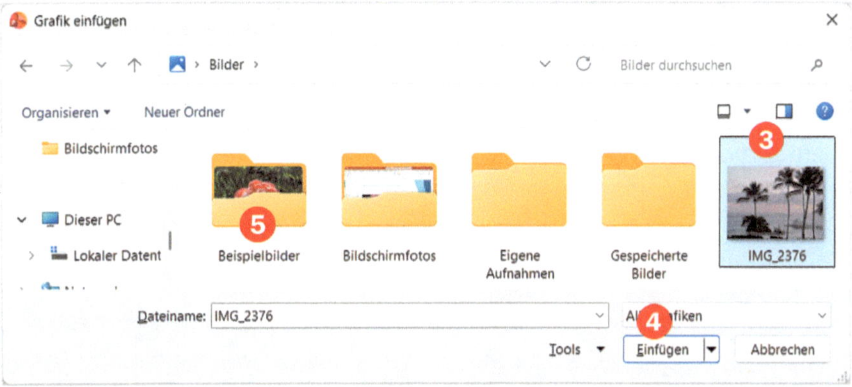

Unabhängig davon, aus welcher Quelle das Bild stammt, werden Bilder zusammen mit der Präsentation gespeichert.

Archivbilder und Piktogramme einfügen

- Um Archivbilder oder Piktogramme einzufügen, klicken Sie mit Microsoft 365 auf das Symbol *Bilder* und danach auf die gewünschte Quelle, siehe vorherige Seite.

Archivbilder sind erst ab Office 2021 verfügbar!

- Mit PowerPoint 2024 oder älteren Versionen klicken Sie dagegen auf das Symbol *Archivbilder* ❶ oder *Symbol* (Piktogramm) ❷ des Platzhalters.

Wie Sie anschließend ein Bild auswählen und einfügen, wurde bereits im Kapitel Word auf Seite 149 beschrieben.

Bilder aus dem Web einfügen

Neben den oben genannten Quellen können Sie auch Bilder aus dem Web einfügen. Dazu wählen Sie mit Microsoft 365 als Quelle *Im Web suchen*, ältere PowerPoint-Versionen bieten auch möglicherweise das Symbol *Onlinebilder* im Platzhalter an. Alternativ klicken Sie im Menüband auf das Register *Einfügen* und wählen über das Symbol *Bilder* als Quelle *Onlinebilder* aus.

Anschließend können Sie mithilfe des Microsoft Suchdienstes Bing anhand verschiedener Kategorien oder durch Eingabe eines Suchbegriffs das Internet nach einem geeigneten Bild durchsuchen.

Creative Commons bedeutet übersetzt „schöpferisches Gemeingut".

Achtung: Bilder aus dem Internet unterliegen dem Urheberrecht!
Bei der Suche im Web finden Sie in den Kategorien und als Suchergebnisse zunächst nur Bilder vor, die unter Creative Commons lizenziert sind. Das bedeutet insbesondere für die Weitergabe und gewerbliche Nutzung, dass diese Bilder unter Einhaltung des Urheberrechts verwendet werden dürfen. Dies reicht in der einfachsten Form von der Nennung des Namens des Rechtsinhabers bis hin zu Genehmigungen und Lizenzen. Weitere Informationen erhalten Sie, wenn Sie auf den entsprechenden Link klicken.

Bild ohne Platzhalter einfügen

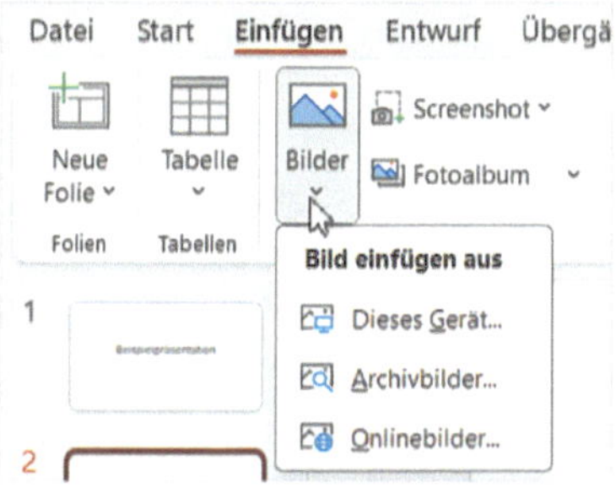

Wenn Sie ein Bild in eine Folie ohne entsprechenden Platzhalter einfügen möchten, z. B. in eine Titelfolie oder eine leere Folie, dann benutzen Sie im Register *Einfügen* das Symbol *Bilder* und klicken auf die entsprechende Quelle. Anschließend wählen Sie, wie oben beschrieben, ein Bild aus.

In älteren PowerPoint-Versionen finden Sie *Onlinebilder* eventuell auch als gesondertes Symbol.

Der Unterschied

- Beim Einfügen über das Symbol des Platzhalters wird ein größeres Bild automatisch auf die Größe des Platzhalters verkleinert ❶.
- Wird ein Bild dagegen nicht in einen Platzhalter eingefügt, so wird es auf Foliengröße verkleinert ❷.

Tipp: Mit einer leeren Folie und dieser Methode wird ein Foto optimal an die Größe der Folie angepasst und außerdem zentriert. Die Ränder links und rechts entstehen durch die unterschiedlichen Seitenverhältnisse.

Größe und Position ändern

Der Umgang mit Bildern unterscheidet sich nicht von Word. Der einzige Unterschied besteht darin, dass Sie in der Folie ein Bild mit der Maus immer frei verschieben können, ohne Rücksicht auf den Textfluss nehmen zu müssen. Aus diesem Grund hier nur eine kurze Zusammenfassung, Details lesen Sie bitte in Kapitel 3.5 nach.

Bild markieren

☛ Klicken Sie in das Bild. Ein markiertes Bild erkennen Sie an den Markierungspunkten in den Ecken und in der Mitte jeder Seite.

Bildgröße ändern

- Zeigen Sie auf einen der Eckpunkte: Der Mauszeiger erscheint als Doppelpfeil und durch Ziehen mit gedrückter linker Maustaste in eine der beiden Richtungen können Sie nun das Bild vergrößern oder verkleinern.

  Achtung: Benutzen Sie ausschließlich die Eckpunkte, sonst wird das Bild verzerrt!

Bild verschieben

- Zeigen Sie mit der Maus an eine beliebige Stelle im Bild: Am Mauszeiger erscheinen vier Richtungspfeile und mit gedrückter linker Maustaste verschieben Sie das Bild.

Bild drehen

- Zeigen Sie mit der Maus auf das Drehsymbol in der Mitte oberhalb des Bildes. Der Mauszeiger verwandelt sich in einen kreisförmigen Pfeil und Sie können mit gedrückter Maustaste das Bild frei drehen.

Bild zuschneiden

- Markieren Sie das Bild und klicken Sie im Register *Bildformat* auf *Zuschneiden* ❶. Am Bild erscheinen Schnittmarken ❷, an denen Sie nun mit gedrückter Maustaste Bildbereiche wegschneiden können. Zum Entfernen klicken Sie an eine andere Stelle der Folie.

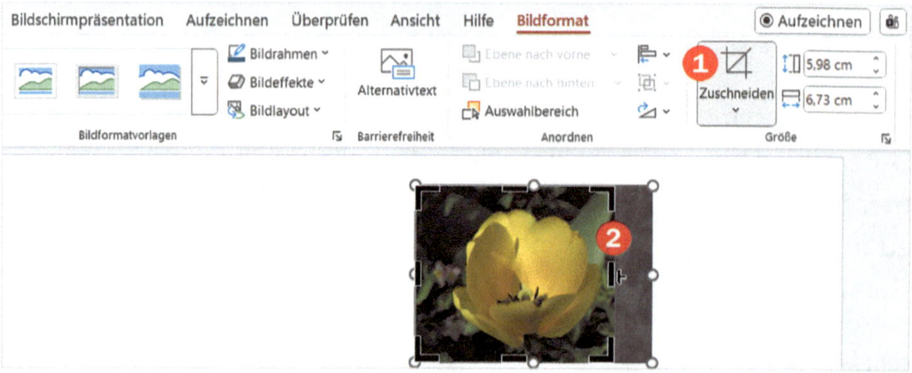

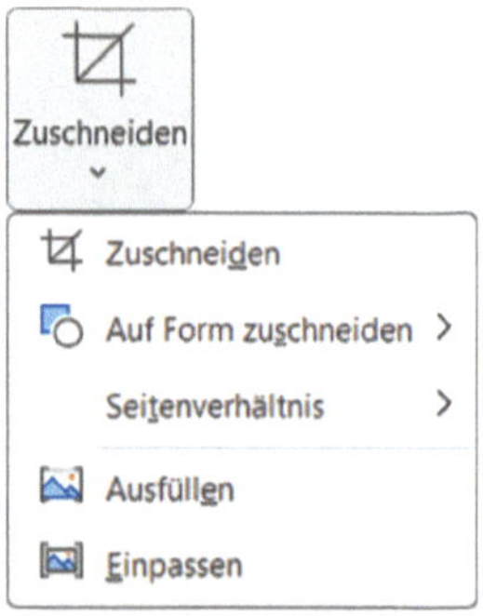

Siehe Form einfügen ab Seite 152.

Tipp: Mit Klick auf den Pfeil des Symbols *Zuschneiden* und den Befehl *Auf Form zuschneiden* können Sie ein Bild auf jede beliebige Form des Formenkatalogs, z. B. Kreis bzw. Ellipse oder Stern, zuschneiden.

Bild formatieren, Rahmen und Bildeffekte

Auch die Bearbeitungs- und Gestaltungsmöglichkeiten für Bilder unterscheiden sich nicht von Word. Sämtliche Symbole dazu finden Sie im Register *Bildformat*. Hier ein schneller Überblick, Details finden Sie im Kapitel Word ab Seite 142.

- **Bildformatvorlagen** ❶: In der Gruppe *Bildformatvorlagen* finden Sie verschiedene Vorlagen mit Rahmen, Schatten- und Spiegelungseffekten.
- **Eigene Rahmen- und Bildeffekte**: Statt der Bildformatvorlagen können Sie das Bild über die Symbole *Bildrahmen* und *Bildeffekte* ❷ mit einem Rahmen und verschiedenen Schatten- und sonstigen Effekten versehen. Über das Symbol *Bildlayout* wandeln Sie das Bild in eine SmartArt-Grafik um, siehe Seite 398.
- **Helligkeit und Kontrast des Bildes bearbeiten**: Klicken Sie in der Gruppe *Anpassen* auf *Korrekturen* ❸.
- **Farbton ändern, grafische Bildeffekte**: Klicken Sie auf *Farbe* oder auf *Künstlerische Effekte* ❹.
- **Bildhintergrund entfernen:** Klicken Sie auf *Freistellen* ❺.
- **Alle Bildformate entfernen**: Klicken Sie auf den Pfeil des Symbols *Bild zurücksetzen* ❻ und wählen Sie aus, ob Sie nur alle Formatierungen entfernen (*Bild zurücksetzen*) oder gleichzeitig auch das Bild auf die ursprüngliche Größe zurücksetzen möchten.

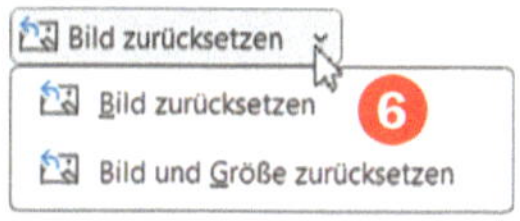

- **Anderes Bild auswählen, alle Formatierungen beibehalten**: Wenn Sie statt des markierten Bildes ein anderes auswählen, aber dessen Formatierungen und Größe beibehalten möchten, dann klicken Sie auf *Bild ändern* ❼.

Dateiumfang durch Komprimieren der Bilder reduzieren

Wenn Ihre Präsentation sehr viele Fotos enthält oder wenn Sie planen, die Präsentation per E-Mail zu versenden, dann sollten Sie zuvor die Bilder komprimieren und so den Dateiumfang verringern.

1 Wenn Sie nur ein bestimmtes Bild komprimieren möchten, dann klicken Sie auf dieses Bild, ansonsten können Sie auch ein beliebiges Bild markieren. Klicken Sie danach im Register *Bildtools-Format* auf *Bilder komprimieren* ❶.

2 Falls alle Bilder der Präsentation komprimiert werden sollen, muss das Kontrollkästchen *Nur für dieses Bild übernehmen* ❷ deaktiviert werden. Ferner sollten Sie *Zugeschnittene Bildbereiche löschen*.

Mit ppi (Pixel per inch, dt. Bildpunkte pro Zoll) wird die Auflösung oder Punktdichte von Bildern am Bildschirm und beim Drucken angegeben. Je höher die Auflösung, umso mehr Speicherplatz benötigt das Bild.

3 Welche Auflösung Sie wählen, hängt vom Verwendungszweck ab, hier gilt: je niedriger die Auflösung (ppi), umso geringer der Speicherplatzbedarf.

- Für das Vorführen am Bildschirm und über Beamer ist die Einstellung *Web* ❸ mit einer Auflösung von 150 ppi völlig ausreichend und hat sich auch in der Praxis bewährt.
- Soll die Präsentation per E-Mail verschickt werden, dann wählen Sie besser die Option *E-Mail*.

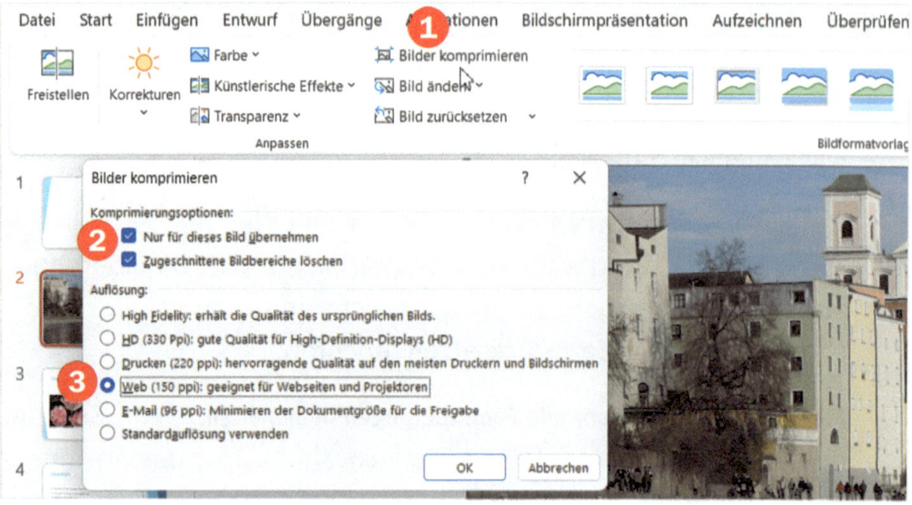

3D-Modelle

Seit Office 2019 lassen sich in eine PowerPoint-Präsentation auch 3D-Modelle einfügen und in der Folie beliebig drehen.

Hinweis: 3D-Modelle lassen sich auch in ein Word-Dokument einfügen, die Vorgehensweise ist dieselbe.

1 Klicken Sie auf das Register *Einfügen* und auf *3D-Modelle* ❶.

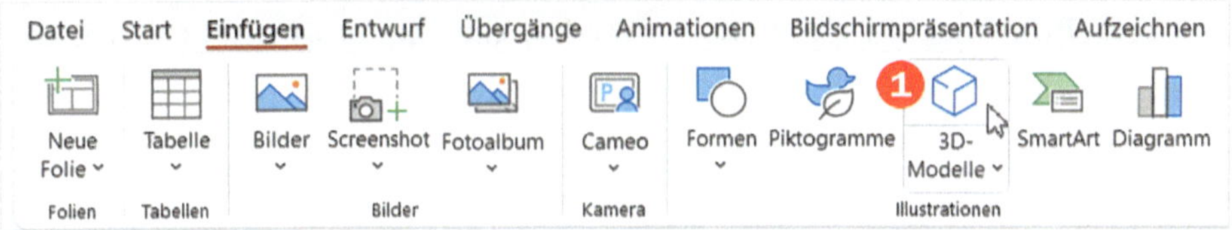

2 Es öffnet sich die Onlinebibliothek ❷ mit verschiedenen Kategorien: Klicken Sie auf eine Kategorie, z. B. *Fahrzeuge*. Wählen Sie das gewünschte 3D-Modell durch Anklicken aus, dieses ist nun mit einem Häkchen ❸ versehen, und klicken Sie danach auf *Einfügen* ❹.

Statt Auswahl einer Kategorie können Sie auch einen Suchbegriff eingeben.

3 Das 3D-Modell wird heruntergeladen und in die Folie eingefügt ❺.

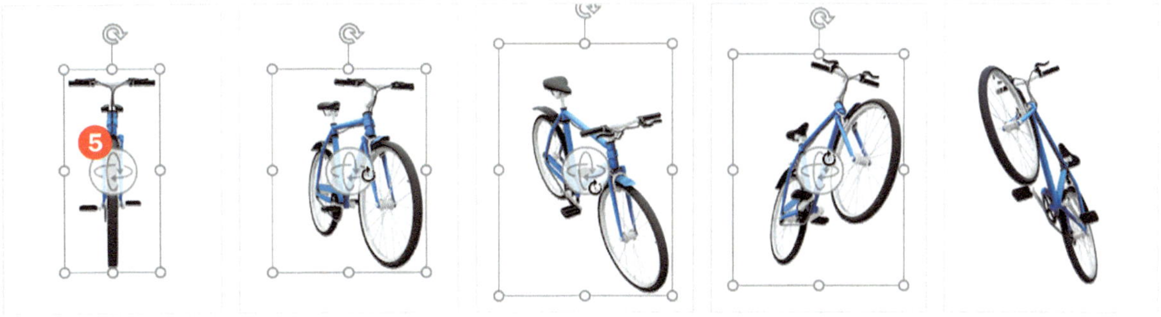

4 Anhand des Symbols in der Mitte ❺ können Sie es nun mit gedrückter linker Maustaste in jede beliebige Richtung frei drehen, im Bild auf der vorhergehenden Seite einige Beispiele.

Für weitere Möglichkeiten klicken Sie im Menüband auf das Register *3D-Modelltools-Format*. Hier finden Sie in der Gruppe *3D-Modellansichten* verschiedene Standardansichten ❶, die Sie bloß anklicken brauchen. Mit dem Symbol *3D-Modell zurücksetzen* ❷ entfernen Sie alle Drehungen wieder.

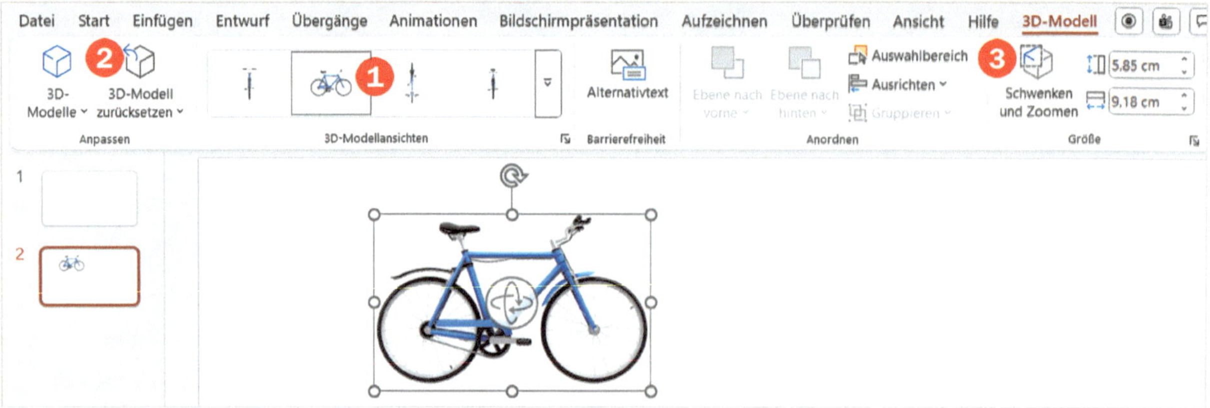

Tipp: Ausschnitt anzeigen und vergrößern

Mit dem Symbol *Schwenken und Zoomen* ❸ können Sie das Bild innerhalb des Rahmens verschieben und/oder vergrößern.

- Klicken Sie auf das Symbol *Schwenken und Zoomen*. Dieses ist aktiviert und rechts vom 3D-Modell erscheint ein Pluszeichen (+) ❹.
- Zum Verschieben des Ausschnitts zeigen Sie in das Bild ❺ und verschieben dann das Bild mit gedrückter linker Maustaste.

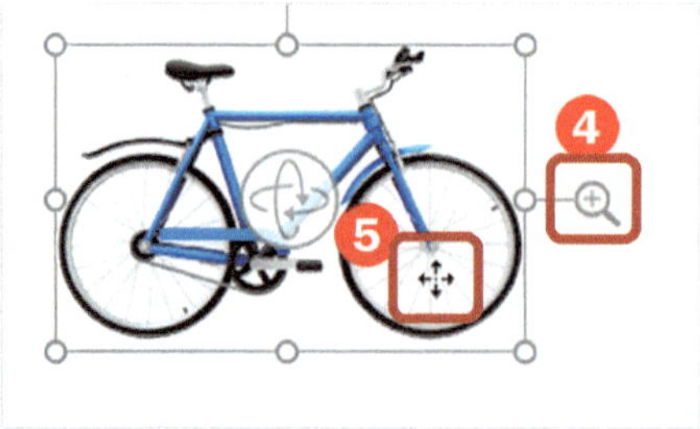

Zum Vergrößern und Verkleinern zeigen Sie auf das Pluszeichen. Als Mauszeiger erscheint ein Doppelpfeil ❻: Ziehen Sie zum Vergrößern mit gedrückter linker Maustaste nach oben, bzw. zum Verkleinern nach unten.

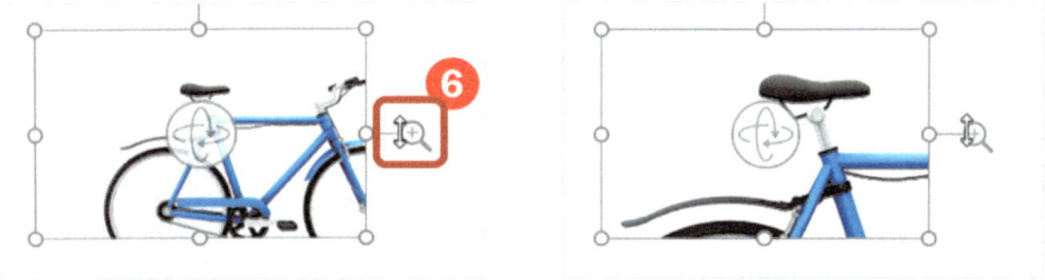

Hinweis: 3D-Modelle sind in älteren PowerPoint-Versionen nicht verfügbar. Sie können aber trotzdem eine Bildschirmpräsentation, die 3D-Modelle enthält, auch auf einem Gerät vorführen, auf dem eine ältere Version, z. B. PowerPoint 2016, installiert ist. Nur auf die Animationen müssen Sie in diesem Fall verzichten.

Achtung: Damit danach das 3D-Modell wieder normal mit der Maus in der Folie verschoben werden kann, müssen Sie mit einem weiteren Klick auf das Symbol *Schwenken und Zoomen* diesen Modus wieder ausschalten.

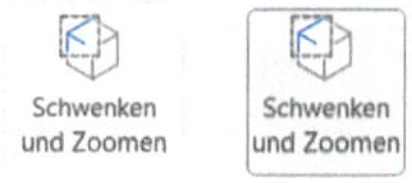

Die hier gezeigten Möglichkeiten funktionieren nur in der Ansicht *Normal*, nicht aber während der Bildschirmpräsentation. Wenn Sie ein 3D-Modell auch während der Vorführung drehen möchten, dann müssen Sie diesem einen speziellen 3D-Animationseffekt zuweisen, siehe weiter unten auf Seite 440.

Piktogramme und Formen

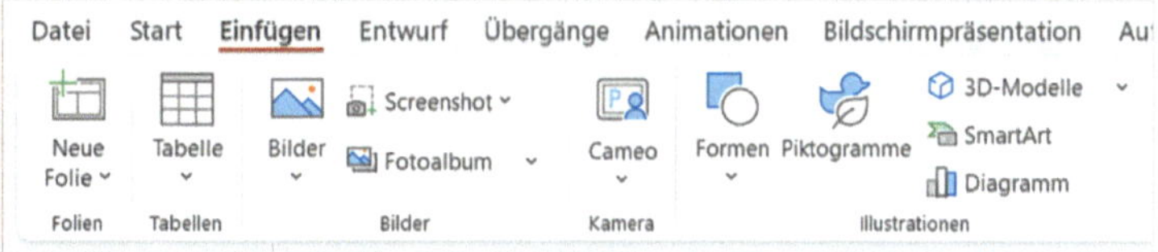

Im Menüband finden Sie im Register *Einfügen* genau wie in Word noch die Symbole *Formen* und *Piktogramme*. Die Vorgehensweise beim Einfügen und Formatieren ist in Word und in PowerPoint dieselbe; da beide bereits im Kapitel Word ausführlich beschrieben wurden, wird hier auf eine Wiederholung verzichtet.

Piktogramme können Sie auch über ein Symbol des Folienlayouts einfügen.

- Wie Sie Formen einfügen, formatieren und bei Bedarf auch beschriften, lesen Sie im Kapitel Word ab Seite 152 und auch in diesem Kapitel auf Seite 392 nach.
- Das Einfügen und Formatieren von Piktogrammen finden Sie im Kapitel Word auf Seite 149 ff.

Objekte ausrichten, duplizieren und gruppieren

PowerPoint bezeichnet Bilder, Piktogramme, Textfelder, Formen und 3D-Modelle ganz allgemein als Folienobjekte und behandelt diese beim Platzieren in der Folie gleich.

Falls Sie unabhängig vom Folienlayout gleich mehrere Objekte in eine Folie eingefügt haben und diese exakt ausrichten möchten, dann stellt PowerPoint einige Hilfen zur Verfügung.

Intelligente Führungslinien

Wenn eine Folie mindestens zwei Objekte enthält, dann erscheinen beim Verschieben, Vergrößern oder Verkleinern automatisch intelligente Führungslinien zur Unterstützung. Mit ihrer Hilfe lassen sich Objekte z. B. schnell unter- oder nebeneinander und in gleichen Abständen anordnen, wie in den unten abgebildeten Beispielen.

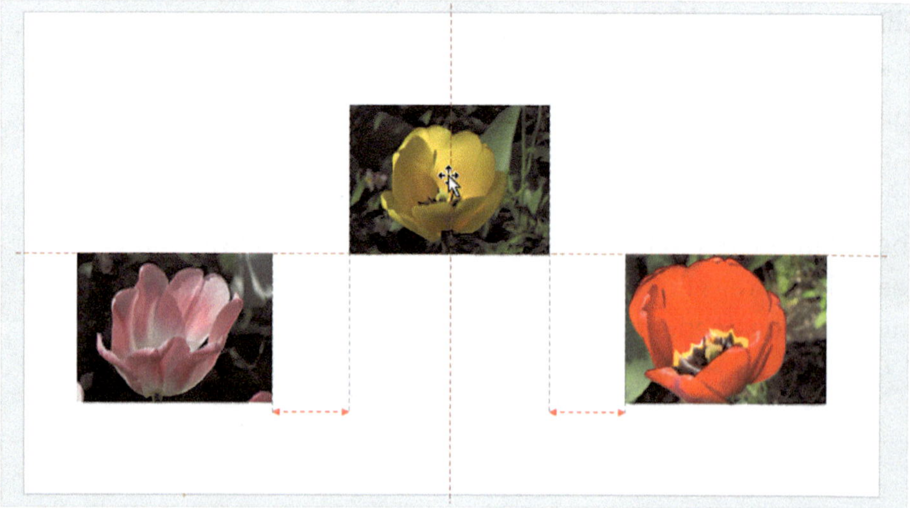

Lineal, Gitternetz und Führungslinien anzeigen

Weitere Hilfsmittel zum Ausrichten von Objekten sind Lineal, Gitternetzlinien und Führungslinien.

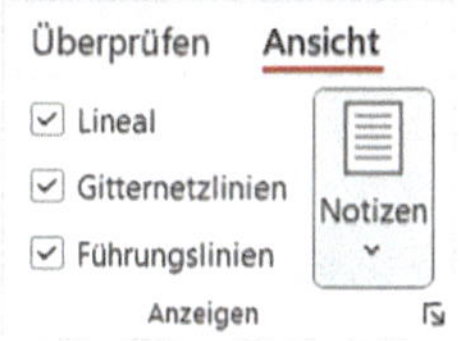

Weder Führungslinien noch Gitternetz sind in der Bildschirmpräsentation sichtbar.

- Klicken Sie auf das Register *Ansicht* und aktivieren Sie in der Gruppe *Anzeigen* die entsprechenden Kontrollkästchen ❶.
  - Das Lineal erscheint oben und links im Folienbereich mit dem Ursprung (0 cm) in der Mitte.
  - Die Führungslinien ❷ befinden sich horizontal und vertikal jeweils in der Folienmitte. Sobald sie eingeblendet sind, werden alle Objekte automatisch an ihnen ausgerichtet und „rasten" daran ein, sobald Sie ein Objekt in deren Nähe bewegen.
  - Das Gitternetz erscheint in Form gepunkteter Linien ❸.

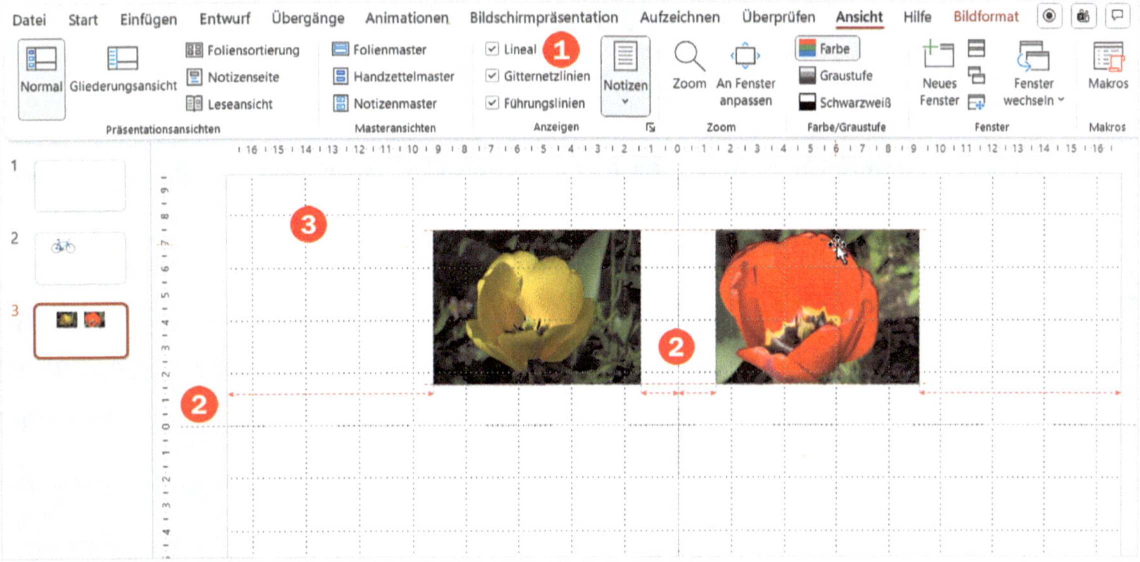

Mehrere Objekte markieren

In manchen Fällen, z. B. zur Formatierung, ist es sinnvoll, wenn Sie gleich mehrere Objekte gleichzeitig markieren (Mehrfachmarkierung).

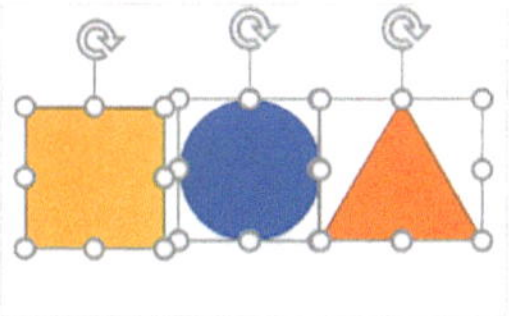

- Dazu markieren Sie das erste Objekt mit einem Mausklick. Drücken Sie dann die **Umschalttaste** (oder die **Strg**-Taste) und halten Sie die Taste gedrückt, während Sie nacheinander die übrigen Objekte anklicken.

Objekte duplizieren

Wenn Sie ein Objekt gleich mehrmals in der Folie benötigen, dann können Sie es in die Zwischenablage kopieren und anschließend mehrmals wieder einfügen, z. B. mit der Tastenkombination **Strg+C** (Kopieren) und **Strg+V** (Einfügen) oder über die Symbole im Menüband, Register *Start*, Gruppe *Zwischenablage*.

Mit **Strg+D** lassen sich auch mehrere Duplikate nacheinander einfügen.

Wesentlich schneller geht es, wenn Sie das Objekt markieren und mit der Tastenkombination **Strg+D** duplizieren. Dadurch wird die Kopie sofort in die Folie eingefügt.

Objekte gruppieren

Über dasselbe Symbol und die Auswahl *Gruppierung aufheben* können Sie die Gruppierung wieder auflösen.

Wenn Sie mehrere Objekte gemeinsam bearbeiten, z. B. verschieben oder formatieren, möchten, dann fassen Sie diese zu einer Gruppe zusammen. Gruppierte Objekte werden wie ein einziges behandelt.

Markieren Sie alle Objekte, die Sie gruppieren möchten ❶ (siehe „Mehrere Objekte markieren“ auf Seite 419). Klicken Sie nun im Menüband, Register *Formformat* in der Gruppe *Anordnen* auf *Gruppieren* ❷ und wählen Sie *Gruppieren*.

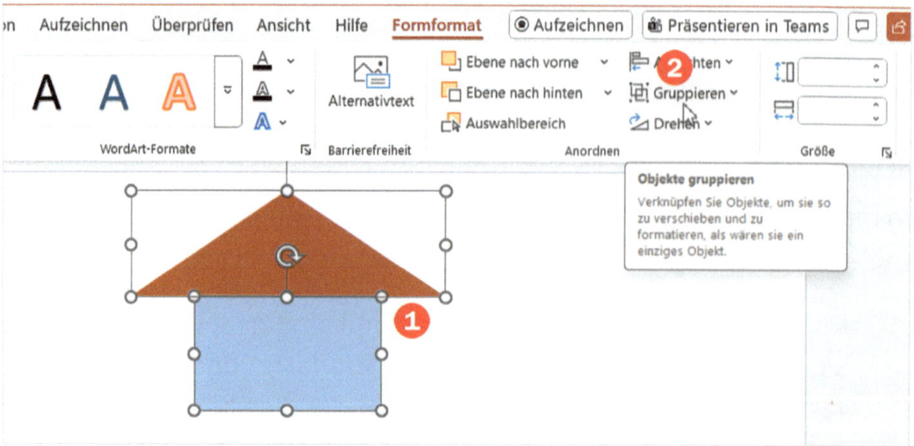

5.7 Ein Fotoalbum erstellen

Wenn Sie aus mehreren Fotos ein Fotoalbum in Form einer Bildschirmpräsentation zusammenstellen möchten, dann ist dies mit PowerPoint im Handumdrehen erledigt.

1. Starten Sie PowerPoint und wählen Sie *Leere Präsentation*.

2. Klicken Sie auf das Register *Einfügen* und hier auf *Fotoalbum*.

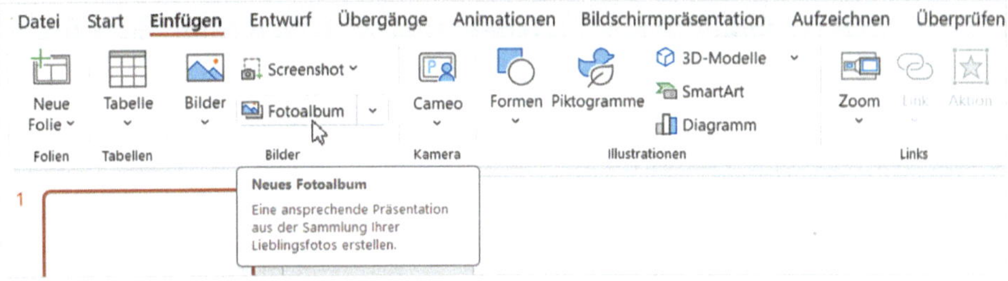

3. Es öffnet sich das Fenster *Fotoalbum*, klicken Sie unter *Bild einfügen aus* auf die Schaltfläche *Datei/Datenträger...* ❶.

4. Wählen Sie den Speicherort (Ordner oder Datenträger) aus, an dem sich Ihre Bilder befinden ❷. Klicken Sie dann auf das erste Bild, das Sie einfügen möchten und auf die Schaltfläche *Einfügen* ❹.

   Tipp: Sie können auch gleich mehrere Bilder ❸ durch Anklicken bei gleichzeitig gedrückter **Strg**-Taste markieren.

Falls Sie alle Bilder des ausgewählten Ordners einfügen möchten, so markieren Sie diese mit den Tasten **Strg+A** (Alles Markieren).

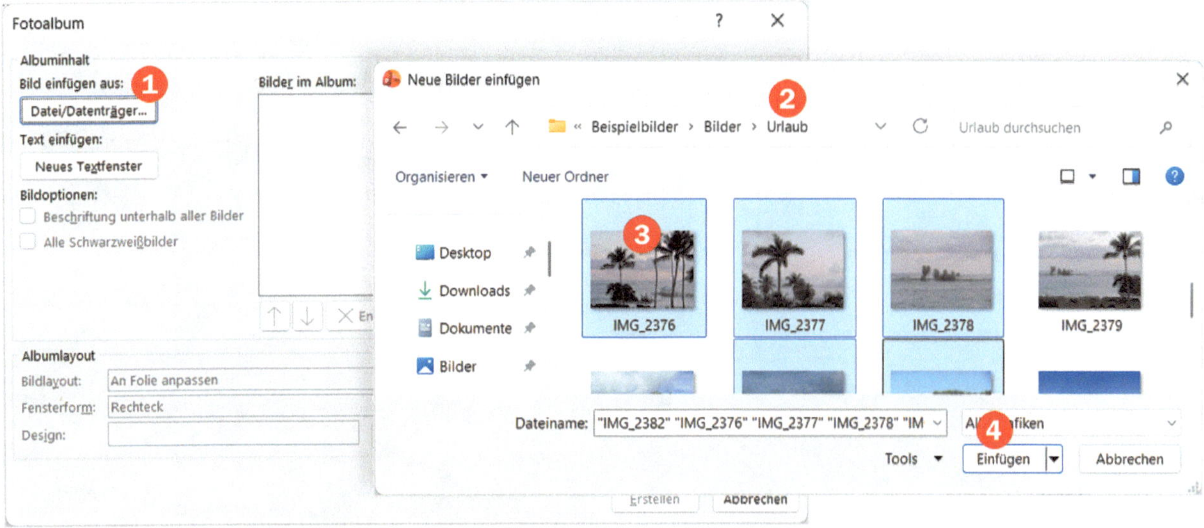

5 Falls Sie noch weitere Bilder auswählen möchten, klicken Sie erneut auf die Schaltfläche *Datei/Datenträger...*

6 Anschließend können Sie einzelne Bilder bearbeiten. Klicken Sie auf das Bild ❶, um rechts eine Vorschau ❷ zu erhalten (Bild unten).

- Wenn Sie ein Bild durch Anklicken des Kontrollkästchens ❸ markieren, können Sie anschließend mit den Symbolen unterhalb der Vorschau ❹ Kontrast und Helligkeit ändern oder das Bild drehen.
- Um das markierte Bild in der Reihenfolge nach oben oder unten zu verschieben, benutzen Sie die Pfeile ❺.
- Mit der Schaltfläche *Entfernen* ❻ entfernen Sie das markierte Bild aus dem Fotoalbum.
- Falls Sie für Zwischentitel o. ä. eine leere Folie mit einem Textfeld einfügen möchten, so klicken Sie auf die Schaltfläche *Neues Textfenster...* ❼. Die Textfolie wird **nach** dem aktuellen Bild eingefügt, den Text selbst geben Sie nach Fertigstellen des Albums ein.
- Standardmäßig wird jedes Bild an die Foliengröße angepasst (*An Folie anpassen*) ❽. Falls Sie in einer Folie mehrere Bilder wahlweise mit oder ohne Titel zusammenfassen möchten, wählen Sie dies im Feld *Bildlayout* ❽ aus.

7 Klicken Sie zuletzt auf die Schaltfläche *Erstellen*.

Hinweis: Standardmäßig erhält das Fotoalbum das Standarddesign mit schwarzem Hintergrund. Falls Sie stattdessen ein bestimmtes Design wünschen, müssen Sie dieses über die Schaltfläche *Durchsuchen...* ❾ auswählen. Eine auf der Startseite oder über *Datei* ▶ *Neu* gewählte Vorlage bleibt dagegen ohne Wirkung.

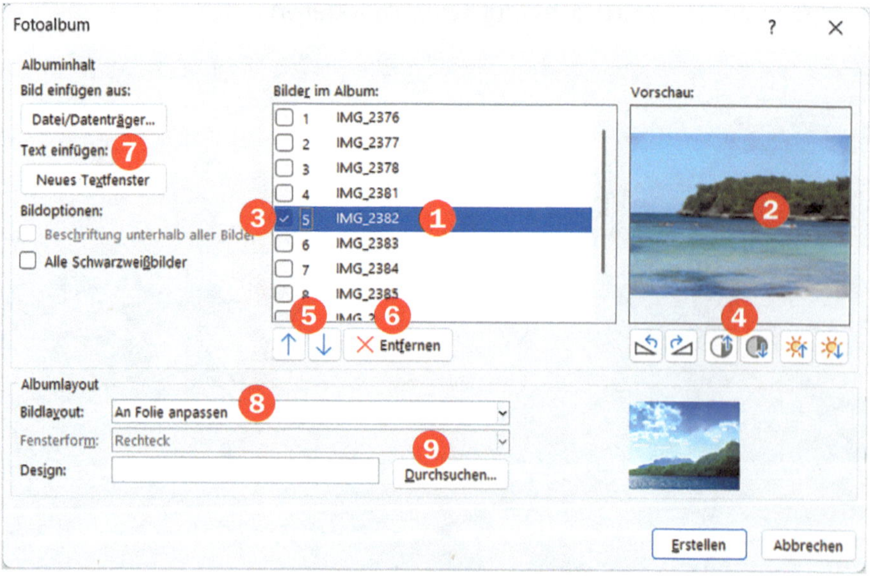

PowerPoint erstellt aus den ausgewählten Bildern eine komplette Präsentation samt Titelfolie. Sie brauchen nur noch den Präsentationstitel ändern und eventuell die weiteren Texte eingeben.

Im Bild unten das fertige Fotoalbum im Standarddesign und einem Bild pro Folie (Bildlayout: *An Folie anpassen*) in der Ansicht *Foliensortierung*.

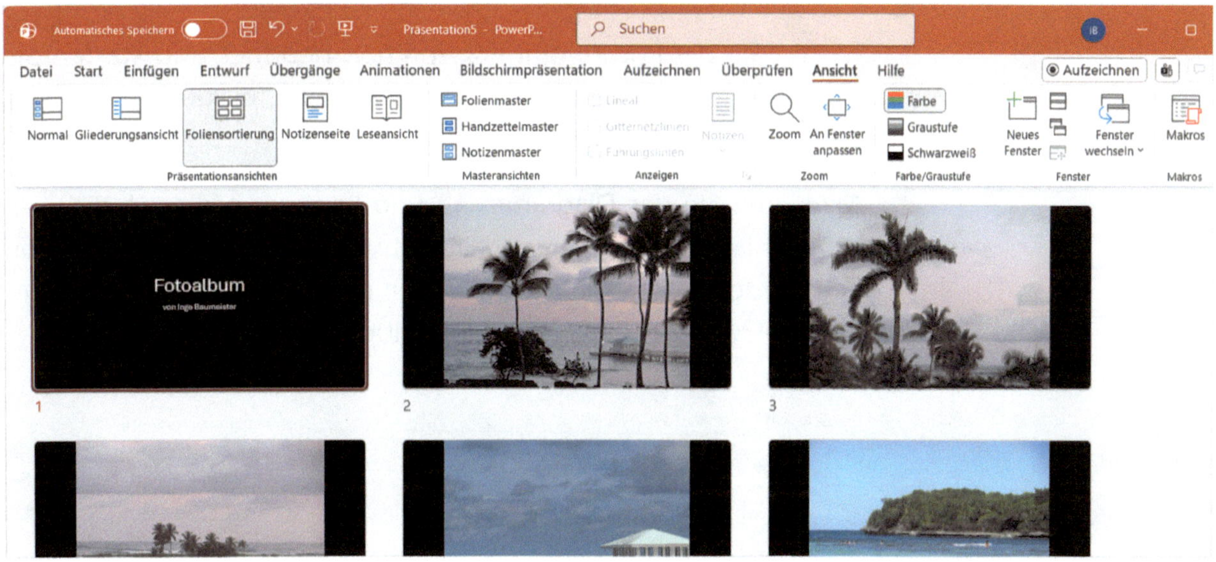

Fotoalbum nachträglich ändern

Sie können das Fotoalbum anschließend wie jede andere Präsentation bearbeiten und z. B. Textfelder für Beschriftungen hinzufügen, die Reihenfolge der Folien beliebig umstellen oder einzelne Bilder bearbeiten.

Wenn Sie dagegen das Fenster *Fotoalbum* wieder öffnen und beispielsweise das Bildlayout ändern oder schnell weitere Bilder hinzufügen möchten, dann klicken Sie auf das Register *Einfügen* und hier auf den Pfeil des Symbols *Fotoalbum*. Wählen Sie *Fotoalbum bearbeiten*.

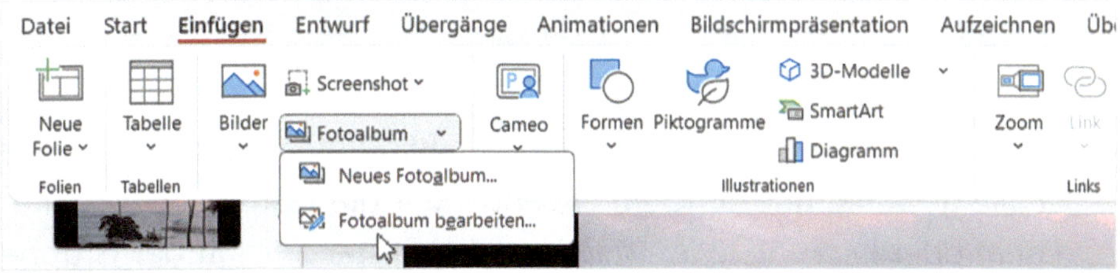

5.8 Diagramme einfügen

Ein Excel-Diagramm einfügen

Ein bereits vorhandenes Excel-Diagramm ist schnell über die Zwischenablage in eine PowerPoint-Folie eingefügt.

1 Lassen Sie die PowerPoint-Präsentation geöffnet und starten Sie Excel bzw. öffnen Sie die Excel-Arbeitsmappe mit dem Diagramm, das Sie einfügen möchten.

2 Markieren Sie das Diagramm ❶ und kopieren Sie es in die Zwischenablage: Dazu betätigen Sie entweder die Tastenkombination **Strg+C** oder klicken im Menüband auf das Register *Start* und in der Gruppe *Zwischenablage* auf das Symbol *Kopieren* ❷.

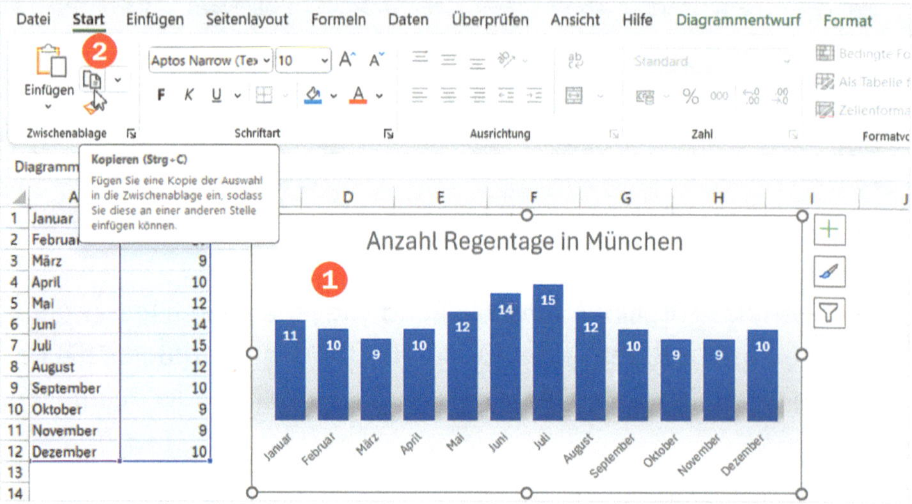

Die Leiste am unteren Bildschirmrand wird als Taskleiste (Task = dt. Anwendung) bezeichnet.

3 Wechseln Sie zur PowerPoint-Präsentation, indem Sie in der Leiste am unteren Bildschirmrand auf das Symbol *PowerPoint* ❸ klicken.

4 Klicken Sie in die PowerPoint-Folie, im Bild unten wurde eine leere Folie gewählt, und drücken Sie entweder die Tasten **Strg+V** (Einfügen) oder klicken Sie im Menüband, Register *Start* in der Gruppe *Zwischenablage* auf das Symbol *Einfügen* ❹.

5 Das Diagramm wird in die Folie eingefügt, gleichzeitig erscheint in der rechten unteren Ecke des Diagramms das Symbol *Einfügeoptionen*. Klicken Sie auf dieses Symbol ❺.

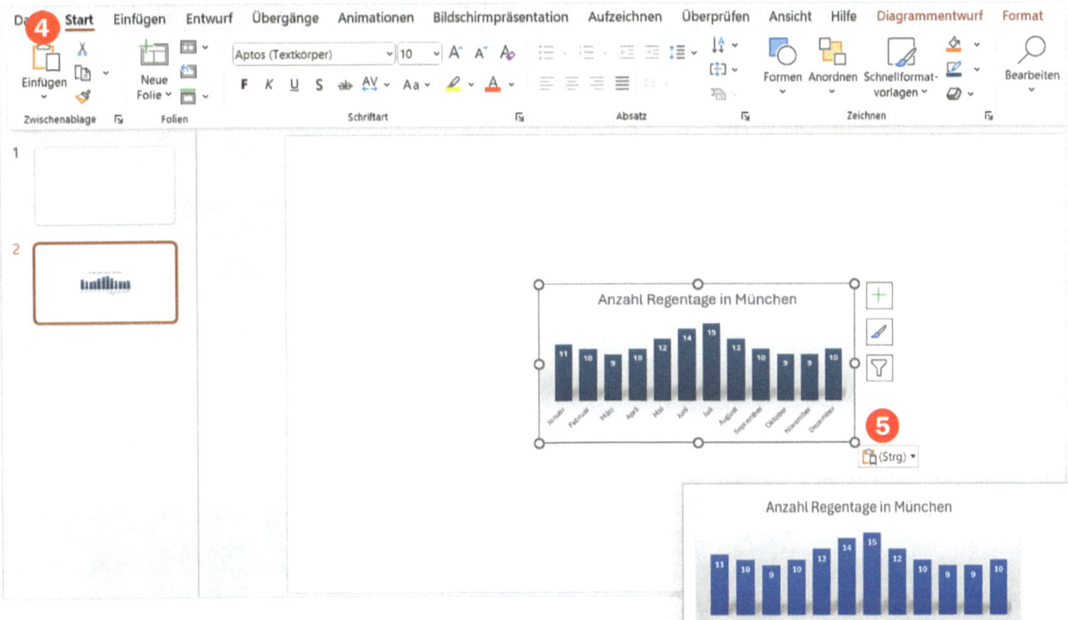

6 Sie erhalten folgende Möglichkeiten zur Auswahl, eine Kurzinfo erscheint, wenn Sie mit der Maus auf ein Symbol zeigen.

- **Diagramm als Bild einfügen:** Im einfachsten Fall fügen Sie das Diagramm als Bild ein. Dazu klicken Sie ganz rechts auf das Symbol *Grafik*, s. Bild oben. Anschließend lässt sich das Diagramm wie jedes Bild beliebig vergrößern, verkleinern und verschieben. Nachteil: Änderungen am Diagramm oder an den Daten sind in PowerPoint nicht mehr möglich.
- **Kopie der Daten in der PowerPoint-Präsentation speichern:** Wenn Sie am Diagramm später Änderungen vornehmen möchten, dann speichern Sie eine Kopie der Arbeitsmappe in der Präsentation (*Arbeitsmappe einbetten*), entweder angepasst an das Aussehen der PowerPoint Präsentation (*Zieldesign verwenden*) oder mit der ursprünglichen Formatierung.

Hinweis: Die Option *Daten verknüpfen* ist nur in Ausnahmefällen sinnvoll, da dann die Daten nicht mit der Präsentation gespeichert werden und somit bei einer Weitergabe verloren gehen.

In diesem Fall können Sie anschließend die Diagrammelemente durch Anklicken einzeln markieren und bearbeiten, z. B. die Schriftgröße des Diagrammtitels vergrößern. Zudem stehen im Menüband die Register *Diagrammentwurf* und *Format* zur Verfügung. Eine kurze Einführung in die Gestaltung von Diagrammen lesen Sie im nächsten Punkt.

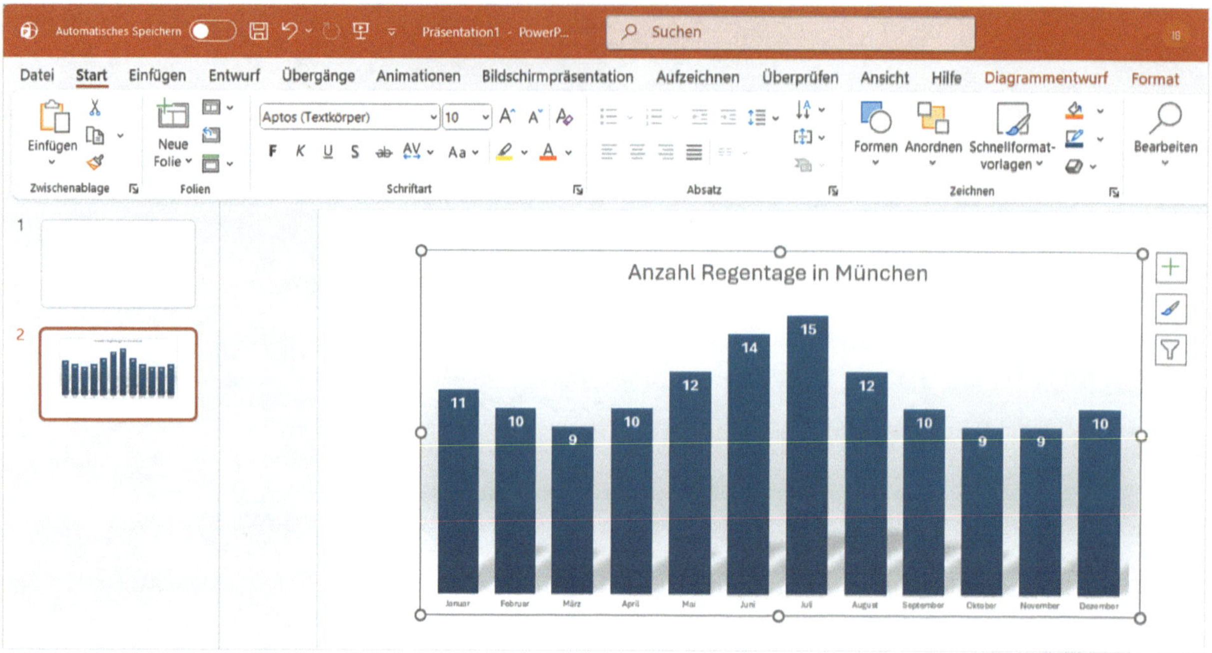

Diagramm in PowerPoint erstellen

Als Alternative können Sie auch ein Diagramm in PowerPoint erstellen, z. B. wenn nichts Geeignetes in Excel vorhanden ist.

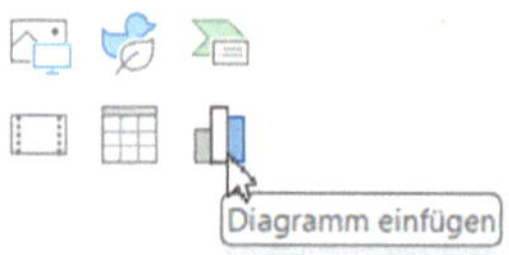

1 Klicken Sie dazu entweder im Platzhalter der Folie auf das Symbol *Diagramm einfügen* oder, bei Verwendung einer leeren Folie, im Menüband, Register *Einfügen* auf das Symbol *Diagramm*.

2 Es öffnet sich das Fenster *Diagramm einfügen*, in dem Sie im ersten Schritt den Diagrammtyp auswählen.

3 Für unser Beispiel, eine Darstellung der durchschnittlichen Regentage (s. Bild auf der linken Seite), wählen wir *Säule* ❶ und den Untertyp *Gruppierte Säulen* ❷. Klicken Sie zum Einfügen auf *OK* ❸.

Falls Sie beispielsweise die Regentage zweier Städte vergleichen möchten, bilden diese zwei Datenreihen und erscheinen beim Untertyp *Gruppierte Säulen* nebeneinander.

Alternativ könnten Sie zwei oder mehr Datenreihen auch übereinander anordnen.

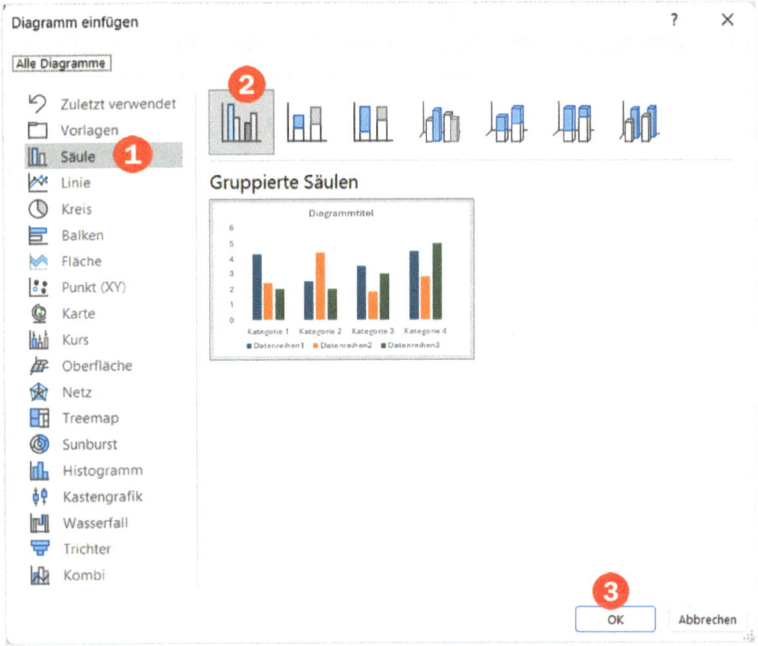

4 Das Diagramm wird zunächst mit Beispieldaten in die Folie eingefügt, gleichzeitig öffnet sich in einem gesonderten Fenster ein Tabellenblatt (Datenblatt) mit den Beispieldaten. Diese überschreiben Sie nun einfach mit Ihren Zahlen und Beschriftungen.

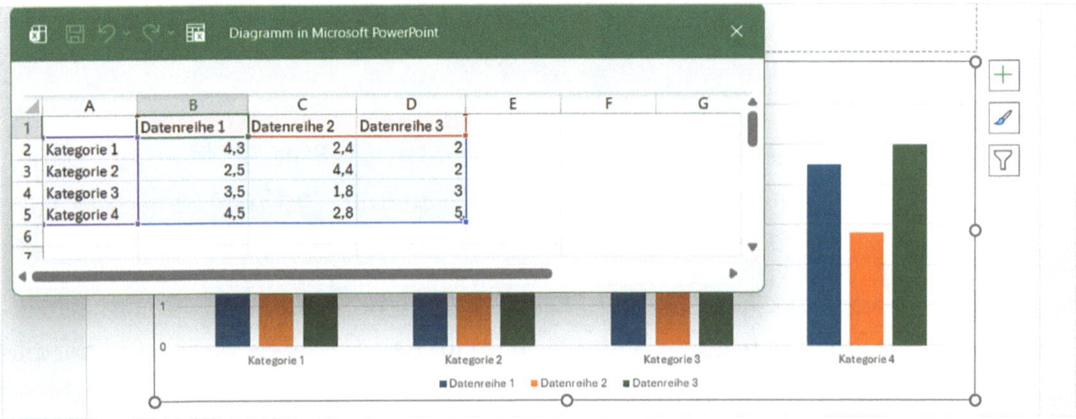

Daten eingeben und Datenbereich anpassen

Im Bild unten beschränken wir uns auf die Regentage im ersten Halbjahr. Da wir diese außerdem nur für München darstellen möchten, benötigen wir nur eine Datenreihe bzw. Spalte, dafür aber mehr Zeilen für die Monate, siehe Bild unten.

1 Überschreiben Sie in Spalte A die vorhandenen Inhalte *Kategorie 1*, *Kategorie 2* usw. mit den Monaten (Januar, Februar ...) und geben Sie darunter auch noch die restlichen Monate ein. In Spalte B geben Sie statt *Datenreihe 1* die Beschriftung München ein und darunter die Zahlen. Bereits während der Dateneingabe im Datenblatt passt sich das Diagramm in der PowerPoint-Folie automatisch an.

2 *Datenreihe 2* und *Datenreihe 3* werden nicht benötigt. In diesem Fall dürfen Sie die Werte nicht einfach löschen, da sonst das Diagramm Lücken aufweist. Sie müssen den Datenbereich verkleinern:

Hinweis: Sollte der Datenbereich nicht automatisch markiert sein, wie im Bild unten, dann klicken Sie in der Folie in das Diagramm.

Dazu zeigen Sie mit der Maus in die rechte untere Ecke des Datenbereichs ❶. Der Mauszeiger verwandelt sich in einen Doppelpfeil: Ziehen Sie nun mit gedrückter Maustaste nach links und verkleinern Sie so den Bereich bis auf die erste Datenreihe ❷. Die Beispieldaten in den ausgeschlossenen Zellen brauchen nicht gelöscht werden.

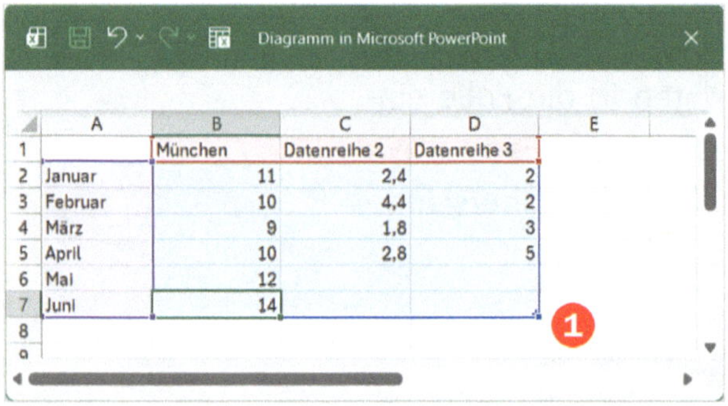

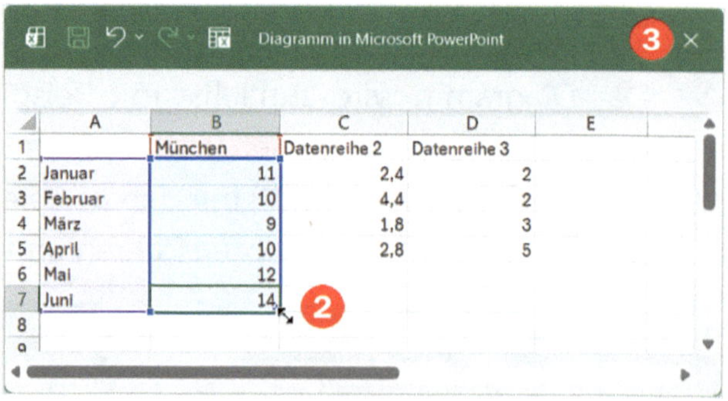

3 Schließen Sie zuletzt das Datenblatt ❸. Falls Sie es erneut öffnen möchten, so klicken Sie in das Diagramm und im Menüband, Register *Diagrammentwurf* auf *Daten bearbeiten*.

Beachten Sie: Falls Sie für Ihr Diagramm mehr Spalten oder Zeilen als vorgegeben benötigen, siehe Monate im Beispiel oben, dann wird der Datenbereich bei der Eingabe automatisch entsprechend vergrößert.

Diagramm gestalten

Die weitere Diagrammgestaltung erfolgt dann in der Folie. Dazu verwenden Sie die Symbole im Register *Diagrammentwurf*, das erscheint, sobald Sie in das Diagramm geklickt haben.

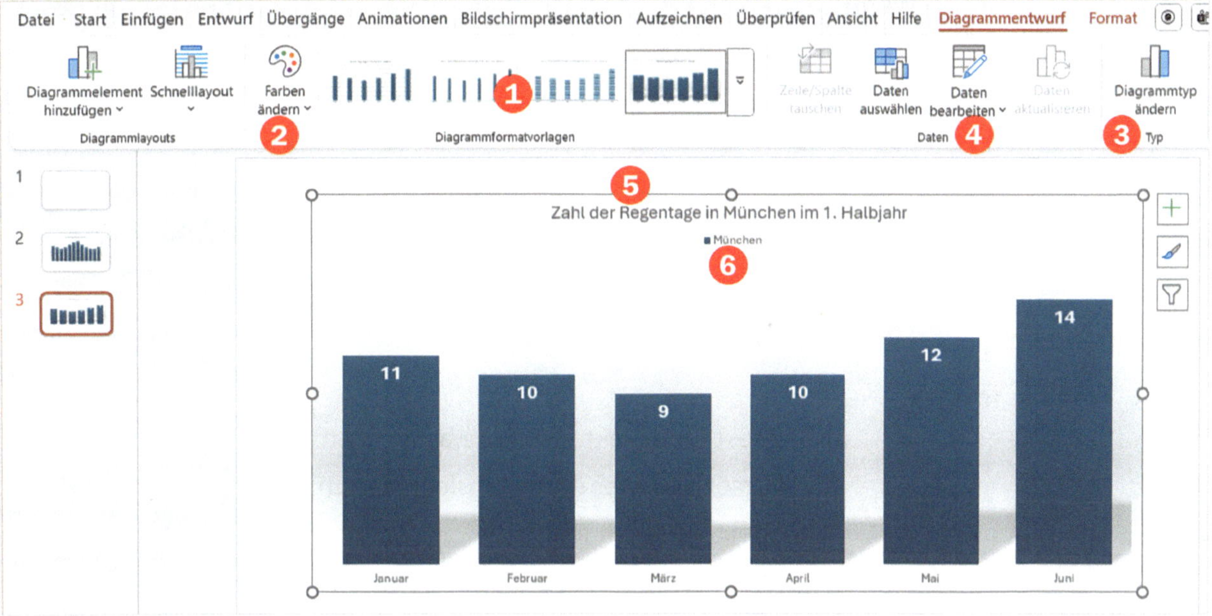

1. Diagrammformatvorlagen zur schnellen Gestaltung.
2. Unter verschiedenen Farbvarianten und -abstufungen wählen.
3. Nachträglich den Diagrammtyp ändern, z. B. ein Säulendiagramm in ein Balkendiagramm umwandeln.
4. Datenblatt wieder öffnen, siehe vorherige Seite.

Beschriftungen ändern

Wenn Sie dem Diagramm einen anderen Titel geben möchten, dann klicken Sie diesen an. Anschließend können Sie den Inhalt wie in jedem Textfeld ändern sowie alle bekannten Schriftformate anwenden ⑤.

Diagrammtitel und Legende verhalten sich wie Textfelder und können durch Anklicken markiert und entfernt werden.

Der Text selbst kann allerdings nur im Titel geändert werden. Die Beschriftung der Legende wird aus der Spaltenüberschrift im Datenblatt übernommen.

Nicht benötigte Elemente entfernen

Nicht benötigte Elemente, z. B. eine überflüssige Legende ⑥ wie im Bild oben, klicken Sie ebenfalls an und entfernen dann das markierte Element mit der **Entf**-Taste.

5.9 Animationen und Multimedia

Folienübergänge gestalten

Wenn Sie den Übergang von einer Folie zur nächsten effektvoll gestalten möchten, dann klicken Sie auf das Register *Übergänge*. In der Gruppe *Übergang zu dieser Folie* finden Sie eine ganze Reihe verschiedener Übergangseffekte, ein Klick auf den Pfeil öffnet die Sammlung auf einen Blick.

❶ Effekt für die aktuelle Folie auswählen.
❷ Vorschau in der Arbeitsansicht starten.
❸ Effekt genauer definieren, z. B. Richtung.
❹ Effekt von der aktuellen Folie entfernen.
❺ Ausgewählten Effekt auf alle Folien der Präsentation anwenden.

Beispiel: Überblendeffekt von oben

1 Klicken Sie links im Navigationsbereich auf die Folie, die einen Übergangseffekt erhalten soll. Falls alle Folien denselben Übergang erhalten sollen, ist es zunächst egal, welche Folie ausgewählt ist.

2 Klicken Sie auf den Effekt *Wischen* ❶ (siehe Bild oben). Sie sehen an der aktuellen Folie eine Vorschau, diese können Sie auch später jederzeit mit Klick auf das Symbol *Vorschau* ❷ starten.

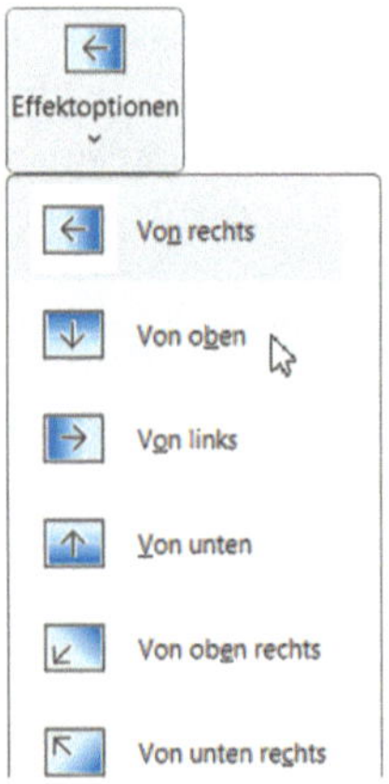

3 Klicken Sie auf *Effektoptionen* ❸ und wählen Sie *Von oben*.

4 Wenn Ihnen der Effekt gefällt und Sie diesen schnell auch allen anderen Folien der Präsentation zuweisen möchten, dann klicken Sie auf *Auf alle anwenden* ❺.

Falls Ihnen der Effekt nicht zusagt, dann klicken Sie einfach einen anderen an und wiederholen die Schritte drei und vier. Um einen Effekt ganz zu entfernen, klicken Sie auf *Ohne* ❹.

Folien mit einer Animation, dazu zählen auch Folienübergänge, sind in der Navigationsspalte mit einem Stern ⑥ gekennzeichnet. Leider lässt sich daran nicht erkennen, ob es sich um einen Übergangseffekt handelt oder ob die Folie ein Objekt mit einer Animation enthält.

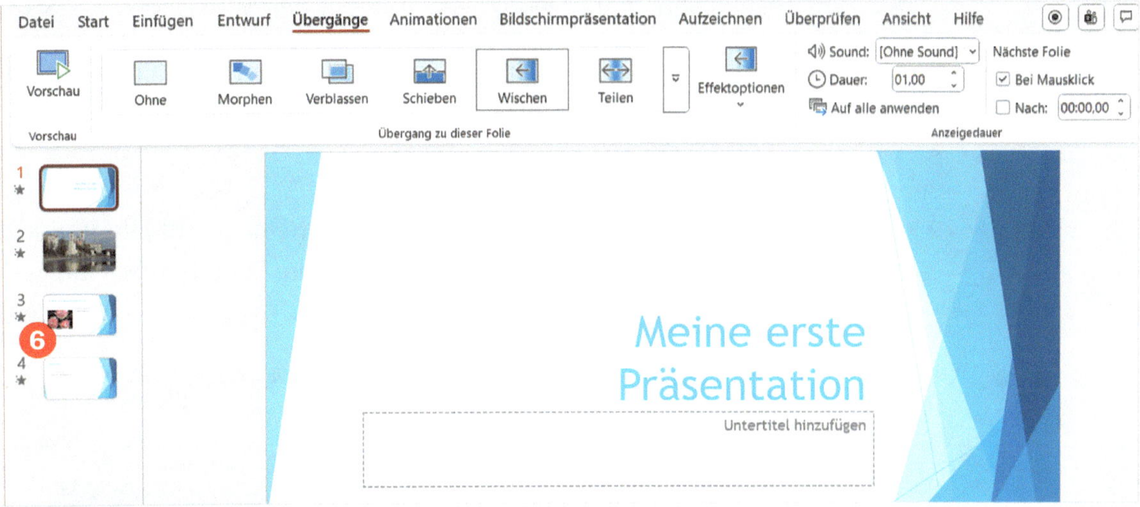

Hinweise

- Der Übergangseffekt *Morphen* ist erst ab Office 2019 verfügbar und erfordert eine andere Vorgehensweise, Näheres dazu weiter unten.
- Ob und welche Möglichkeiten über das Symbol *Effektoptionen* zur Verfügung stehen, hängt vom gewählten Effekt ab, unten als Beispiele die Übergänge *Wischen*, *Form*, *Schieben* und *Verblassen*. Einige Spezialeffekte, z. B. *Vorhänge*, unterstützen keinerlei Optionen.

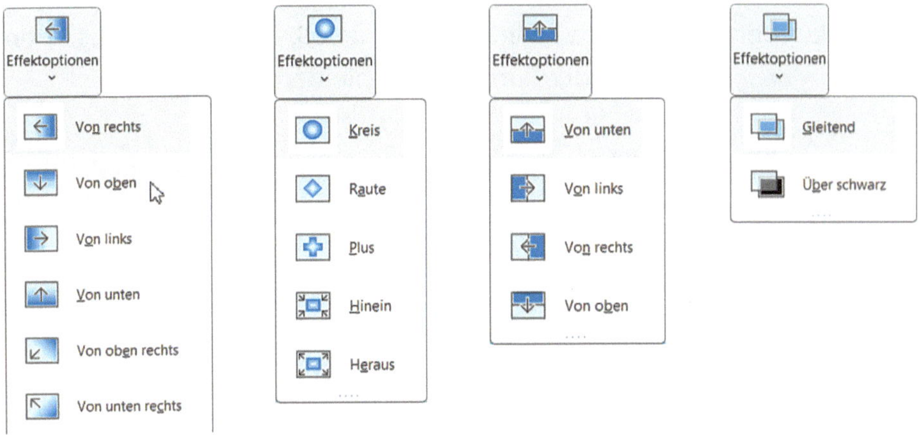

Übergangsdauer und weitere Einstellungen

In der Gruppe *Anzeigedauer* steuern Sie die Übergangsgeschwindigkeit und können bei Bedarf den Folienübergang auch von Sound begleiten lassen. Beide Einstellungen können Sie mit Klick auf *Auf alle anwenden* ebenfalls schnell allen Folien zuweisen.

- **Soundbegleitung**: Klicken Sie in das Feld *Sound* ❶ und wählen Sie einen Soundeffekt. Die Auswahl *[Ohne Sound]* entfernt einen Soundeffekt wieder.
- **Übergangsgeschwindigkeit**: Klicken Sie im Feld *Dauer* auf die kleinen Pfeile nach oben bzw. unten ❷. Je größer die Dauer, umso langsamer läuft der Folienübergang ab.

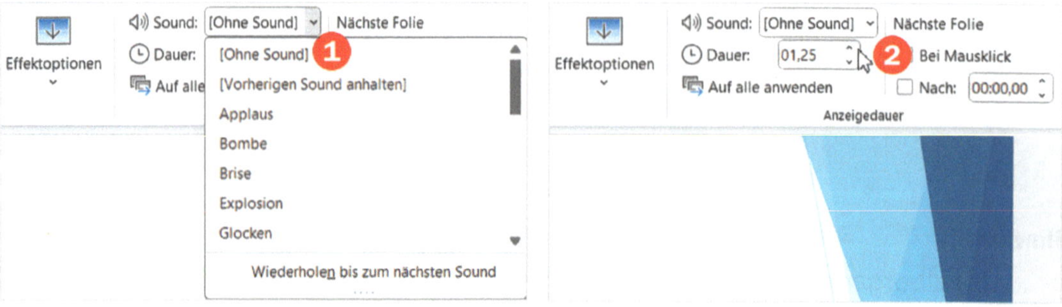

- Normalerweise erscheint während der Vorführung die nächste Folie, wenn Sie eine Taste betätigen oder mit der Maus klicken. Falls der Wechsel zur nächsten Folie automatisch nach einer bestimmten Zeit erfolgen soll, so aktivieren Sie unter *Nächste Folie* das Kontrollkästchen *Nach* und geben im Feld daneben ein, nach wie vielen Sekunden die nächste Folie erscheinen soll. Das Kontrollkästchen *Bei Mausklick* sollte trotzdem aktiviert bleiben.

> **Was Sie bei geschäftlichen/offiziellen Präsentationen beachten sollten**
> Wenn Sie eine Präsentation zu geschäftlichen Zwecken erstellen, dann sollten Sie auf natürlich wirkende Effekte, z. B. *Schieben* oder *Wischen*, setzen. *Vorhänge* oder *Zerknüllen* eignet sich dagegen eher für den privaten Einsatz. Lassen Sie außerdem die Folienübergänge nicht im „Schneckentempo" ablaufen. Auch auf Soundbegleitung sollten Sie besser verzichten, da diese unprofessionell wirkt!

Das Aussehen von Folienobjekten mit dem Übergangseffekt Morphen verändern

Seit Office 2019 finden Sie auch *Morphen* im Katalog der Übergangseffekte. Unter Morphen versteht man ganz allgemein die Möglichkeit, die Eigenschaften eines Objekts zu verändern. In PowerPoint bedeutet dies, Sie können mit dem Wechsel von einer Folie zur nächsten das Aussehen von Folienelementen, z. B. Bildern oder Formen, fließend ändern.

Wichtige Voraussetzung für das Morphen!
Sie benötigen stets zwei Folien, wobei das zu verändernde Objekt in beiden Folien vorhanden sein muss. Am einfachsten erzeugen Sie deshalb die zweite Folie durch Duplizieren (**Strg**+**D**).

Folie duplizieren, siehe Seite 375.

Beispiel 1: Rechteck durch Morphen vergrößern und Farbe und Position ändern

1 Fügen Sie in eine Folie das Objekt ein, das Sie morphen möchten, und formatieren Sie es (im unten abgebildeten Beispiel ein Rechteck in blauer Farbe ❶).

2 Klicken Sie im Navigationsbereich mit der rechten Maustaste auf die zu morphende Folie ❷ und wählen Sie *Folie duplizieren* ❸ (oder betätigen Sie die Tasten **Strg**+**D**).

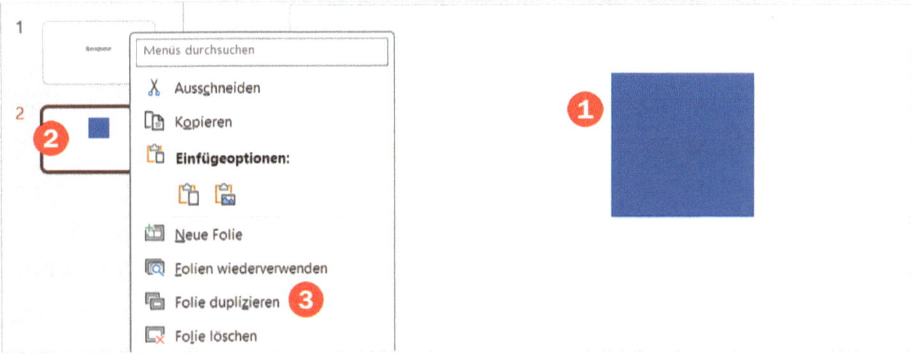

Sie können auch mehrere Folienobjekte morphen. Einbezogen werden aber nur Objekte, die in beiden Folien vorhanden sind.

Zwecks besserer Nachvollziehbarkeit beschränken wir uns hier auf ein Objekt.

3 Sie erhalten zwei identische Folien. Klicken Sie im Navigationsbereich auf die **zweite** Folie und bearbeiten Sie diese nun weiter.

4 Vergrößern Sie in der zweiten Folie das Rechteck, versehen Sie es mit einer anderen Füllfarbe, im Bild unten rot, und verschieben Sie

es bei Bedarf auch noch, z. B. in die rechte untere Ecke ❹, wie im Bild unten.

5 Klicken Sie auf das Register *Übergänge* und wählen Sie *Morphen* ❺.

6 Klicken Sie auf *Effektoptionen* ❻ und hier auf *Objekte*.

7 Nun können Sie den Effekt in der Arbeitsansicht testen, indem Sie auf *Vorschau* ❼ klicken.

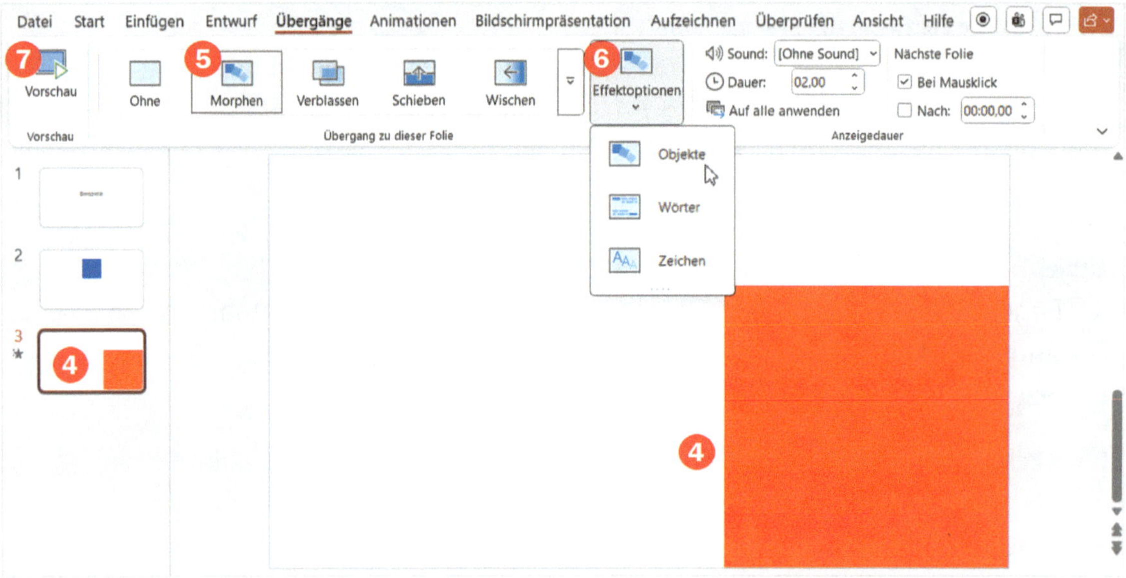

Tipp: Auf dieselbe Weise lässt sich auch ein Bild morphen und beispielsweise vergrößern oder spiegeln. Auch die Hintergrundfarbe einer Folie kann mit dieser Methode verändert werden.

Beispiel 2: Wörter vertauschen

Auch Wörter lassen sich morphen und so beispielsweise vertauschen. Hier ein Beispiel, bei dem die Wörter in der richtigen Reihenfolge angeordnet werden und eine andere Farbe erhalten.

Wörter vertauschen funktioniert auch mit Text in Platzhaltern oder beschrifteten Formen.

1 Fügen Sie in eine leere Folie ein Textfeld ein, das Sie etwa in der Mitte der Folie platzieren. Geben Sie in dieses die Wörter in willkürlicher Reihenfolge ein ❶, wie im Bild auf der nächsten Seite. Vergrößern Sie die Schrift und gestalten Sie Text und Textfeld nach Ihren Vorstellungen. Auch WordArt-Effekte werden unterstützt.

2 Duplizieren Sie die Folie und ordnen Sie dann in der zweiten Folie ❷ die Wörter in der richtigen Reihenfolge an ❸. Wählen Sie außerdem eine andere Schriftfarbe, Fett und vergrößern Sie nochmals die Schrift.

3 Wählen Sie wieder den Übergangseffekt *Morphen* ❹. Klicken Sie danach auf *Effektoptionen* und hier auf *Wörter* ❺.

4 Zuletzt testen Sie das Ergebnis in der Vorschau.

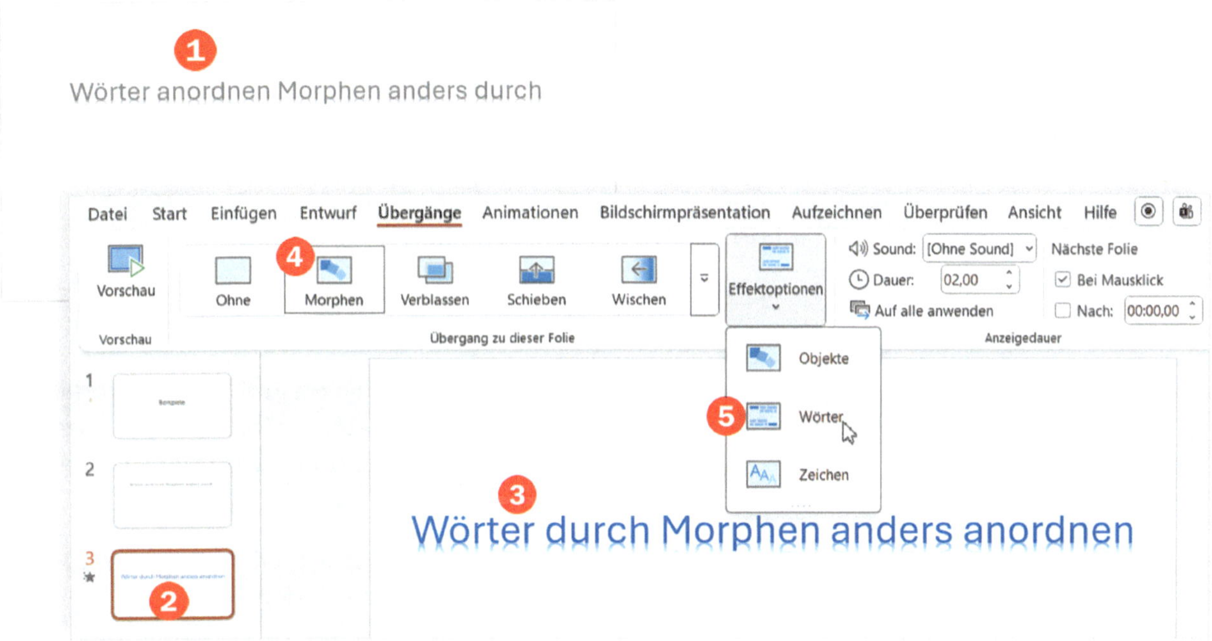

Tipp: Zeichen morphen

Die Effektoptionen bieten auch noch das Morphen von Zeichen an (siehe Bild oben). Das Ergebnis unterscheidet sich vom Beispiel oben eigentlich nur dadurch, dass zeichenweise statt wortweise verschoben wird. Diese Möglichkeit eignet sich daher in erster Linie für kurze Texte.

Das Morphen von Zeichen kann auch für Anagramme eingesetzt werden, beispielsweise, um das Wort PROTEST in SPROTTE umzuwandeln.

Folienelemente animieren

Neben den Folienübergängen können Sie auch die Elemente einer Folie mit Animationseffekten versehen, wobei ein Element auch mehrere Animationen nacheinander erhalten kann. PowerPoint verfügt zu diesem Zweck über einen umfangreichen Katalog von Animationseffekten, die Sie einfach den Objekten zuweisen. Sie finden die Animationen zusammen mit den dazugehörigen Einstellungen im Register *Animationen*. Für einen besseren Überblick klicken Sie auf den Pfeil ❶.

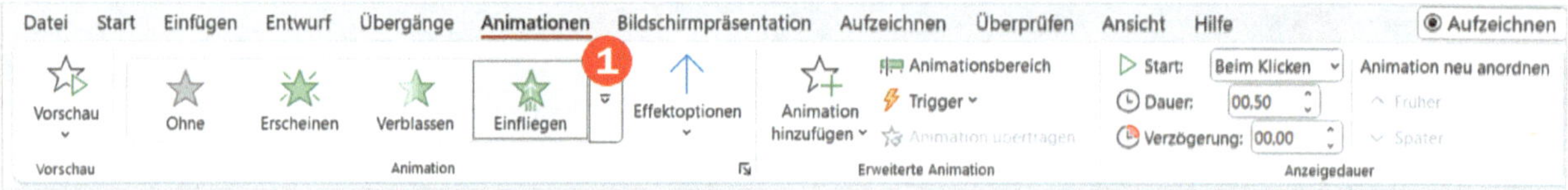

PowerPoint unterscheidet zwischen den folgenden Grundtypen ❷:

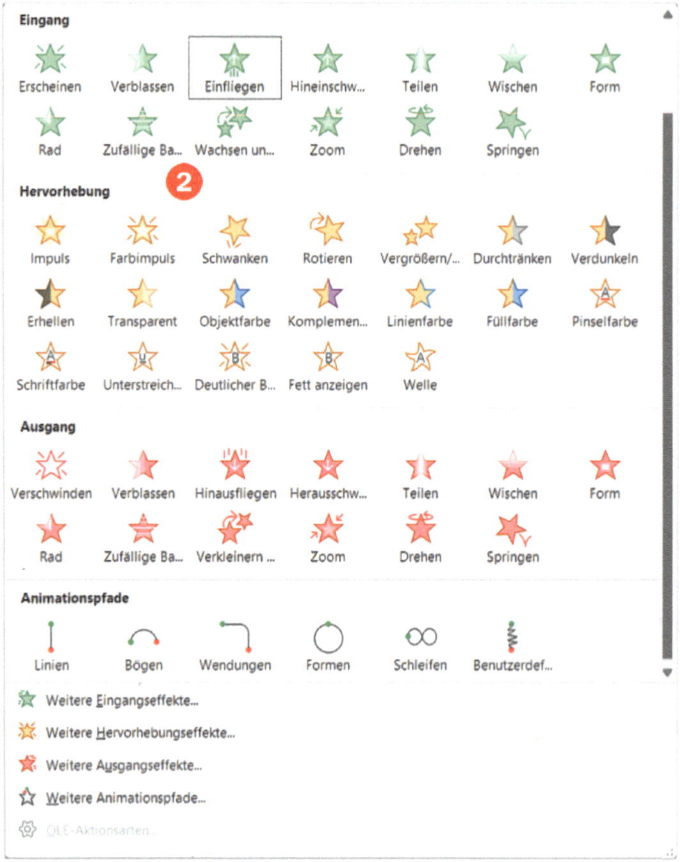

Eingang: Erscheinen des Objekts in der Folie.

Hervorhebung: erlaubt das Hervorheben von Objekten während der Anzeigedauer, z. B. durch Vergrößern oder Ändern der Farbe.

Ausgang: lässt ein Objekt wieder aus der Folie verschwinden.

Animationspfade: verschiedene Sonderformen einschließlich der Möglichkeit, benutzerdefinierte Animationen mit der Maus zu zeichnen.

Noch mehr Effekte der jeweiligen Kategorie erhalten Sie, wenn Sie am Ende des Katalogs auf *Weitere ...effekte...* klicken, s. Bild links.

Animation entfernen: Wählen Sie ganz links oben *Ohne* (nicht im Bild).

Beispiel 1: Text nacheinander in der Folie erscheinen lassen

Als erstes Beispiel sollen die Überschrift und die Absätze der unten abgebildeten Folie nacheinander von oben in der Folie erscheinen.

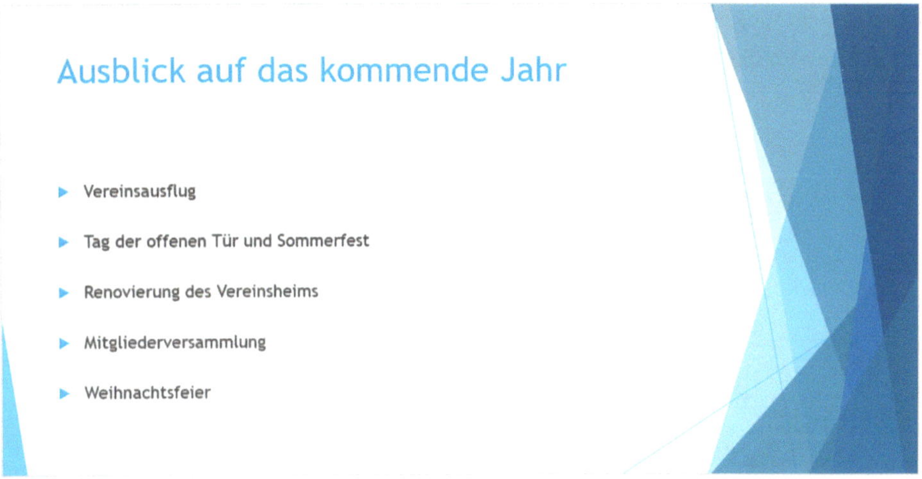

Die abgebildete Folie basiert auf dem Layout *Titel und Inhalt.*

1. Klicken Sie in die Überschrift ❶ und im Register *Animationen* auf den Eingangseffekt *Hineinschweben* ❷.
2. Klicken Sie dann auf *Effektoptionen* und auf *Abwärts schweben* ❸. In der Folie startet automatisch eine Vorschau, die Sie jederzeit mit Klick auf das Symbol *Vorschau* ❹ erneut anzeigen können.

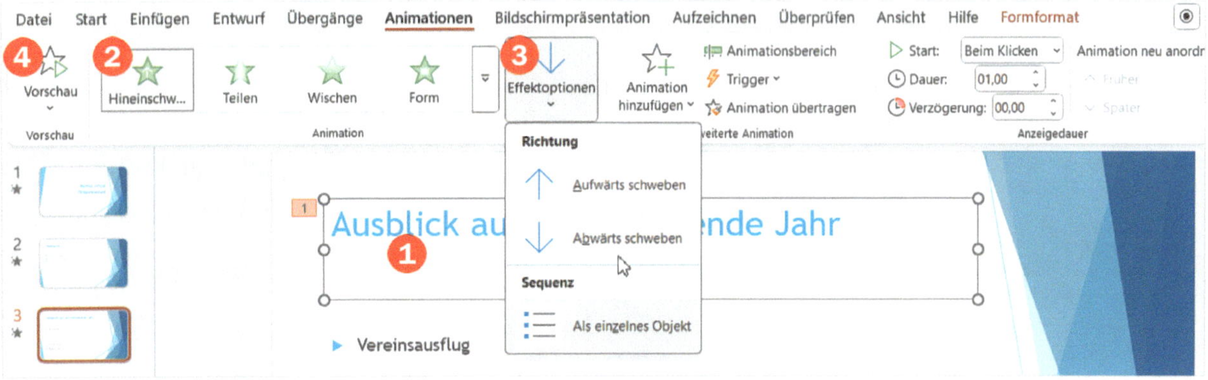

3. Klicken Sie anschließend auf den Inhalt bzw. Folientext ❺ und wählen Sie erneut *Hineinschweben*. In der Vorschau müssten nun eigentlich bereits die Absätze nacheinander in der Folie erscheinen.

Die Nummerierung bzw. Animationsreihenfolge erscheint nur, wenn gleichzeitig das Register *Animationen* sichtbar ist.

4 Klicken Sie auf *Effektoptionen* und wählen Sie ebenfalls *Abwärts schweben*. Damit die Absätze nacheinander erscheinen, muss außerdem *Nach Absatz* ❻ im Abschnitt *Sequenz* ausgewählt sein. Aus der Nummerierung ❼ ist die Animationsreihenfolge ersichtlich.

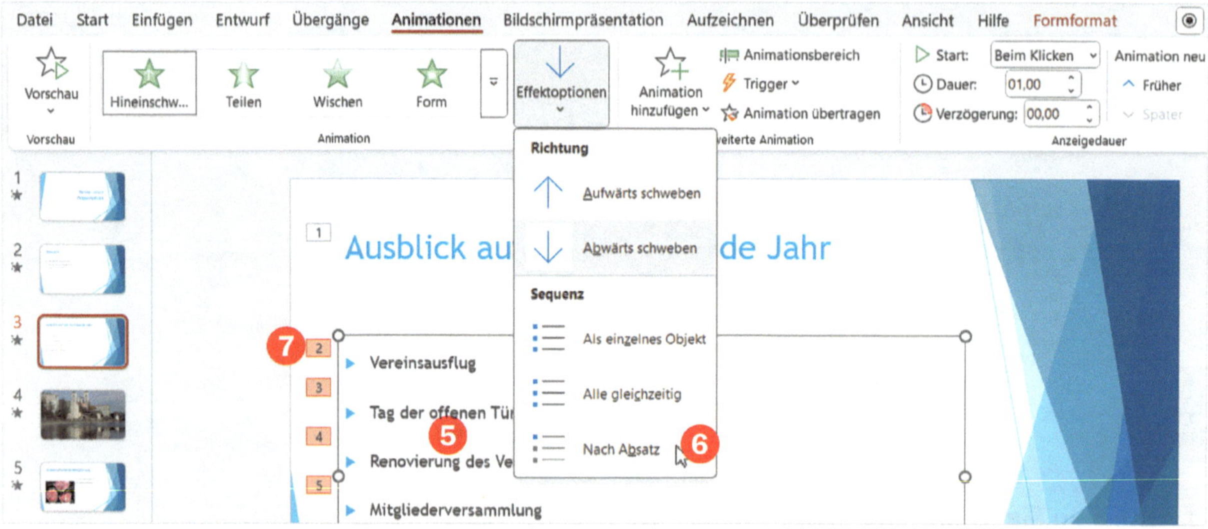

Achtung: Um alle Absätze eines Textfelds oder Platzhalters nacheinander zu animieren, klicken Sie zuvor auf den Rahmen oder setzen den Cursor in den Platzhalter. Wenn Sie dagegen einen einzelnen Absatz markiert haben, erhält nur dieser die Animation.

Animation ändern, entfernen

Die Benennung unterscheidet sich je nach PowerPoint-Version.

Wenn Sie eine Animation anklicken, wird dadurch ein eventuell bereits vorhandener Animationseffekt automatisch ersetzt. Sie können also nach Belieben mehrere Animationen nacheinander ausprobieren.

☛ Um eine Animation zu entfernen, wählen Sie *Ohne* bzw. *Keine* aus.

Reihenfolge ändern

Enthält eine Folie mehrere Objekte mit Animationseffekten, dann werden diese automatisch in der Reihenfolge animiert, in der die Effekte zugewiesen wurden.

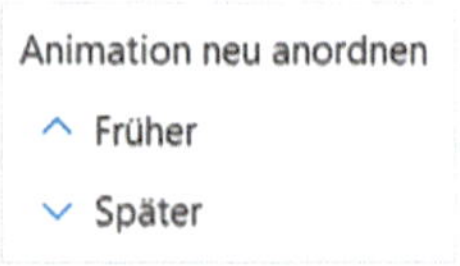

☛ Zum Ändern der Reihenfolge markieren Sie das betreffende Objekt und klicken unter *Animation neu anordnen* auf *Früher* oder *Später*.

Beispiel 2: Ein Bild erscheinen und wieder verschwinden lassen

Wenn ein Folienobjekt gleich mehrere Animationen erhalten soll, dann müssen Sie die zweite und alle weiteren über die Schaltfläche *Animation hinzufügen* auswählen. Als Beispiel soll ein Bild eingeblendet werden und zum Schluss wieder aus der Folie verschwinden.

1 Markieren Sie das Bild ❶ und klicken Sie auf die erste Animation, mit der das Bild erscheinen soll, im Bild unten *Zoom* ❷.

2 Klicken Sie auf *Animation hinzufügen* ❸ und wählen Sie in der Kategorie *Ausgang* ❹ den Effekt, mit dem das Bild wieder aus der Folie verschwindet. Auch hier ist *Zoom* verfügbar, siehe Bild unten.

Tipp: An den Farben lassen sich Eingangseffekte (grün) und Ausgangseffekte (rot) schnell unterscheiden, siehe Bild unten.

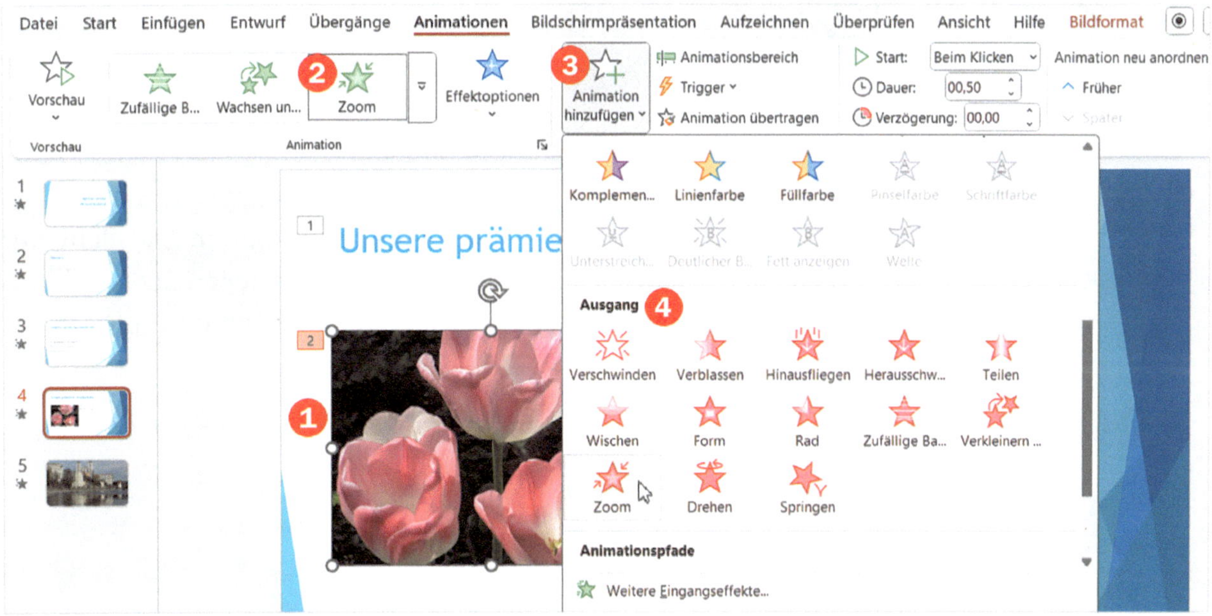

3 Dass das Bild nun über zwei Animationen verfügt, erkennen Sie an der Animationsreihenfolge ❺, die aktuelle Animation ist rot hervorgehoben.

4 **Wichtig**: Um eine der beiden Animationen zu bearbeiten, z. B. *Effektoptionen* auswählen oder einen Effekt wieder entfernen, müssen Sie zuerst die jeweilige Animationsnummer anklicken. In diesem Beispiel also *3* ❻, wenn Sie für den Ausgangseffekt noch Effektoptionen definieren möchten. Der dazugehörige Effekt ist dann im Feld *Animationen* hervorgehoben ❼, wie im Bild unten.

5 Falls die Reihenfolge durcheinandergeraten sein sollte, z. B. Ausgangs- vor dem Eingangseffekt, dann klicken Sie auf die Animationsnummer und dann auf die Symbole *Früher* bzw. *Später* ❽.

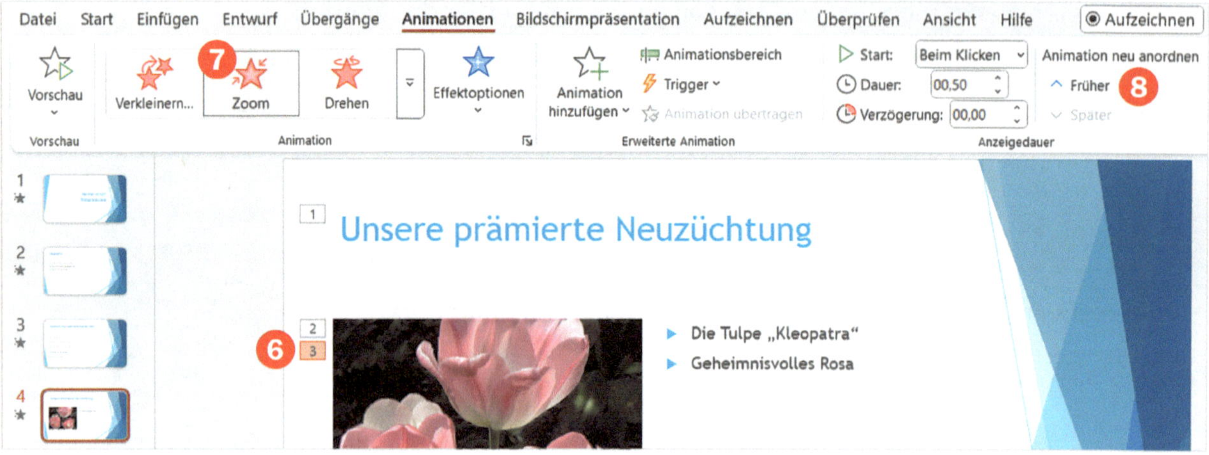

3D-Modelle animieren

Seit PowerPoint 2019 sowie mit Microsoft 365 können Sie nicht nur 3D-Modelle einfügen, sondern diese auch mit speziellen 3D-Animationen versehen. Als Beispiel der Effekt *Drehteller* im Bild unten. Auch die Effektoptionen sind entsprechend angepasst.

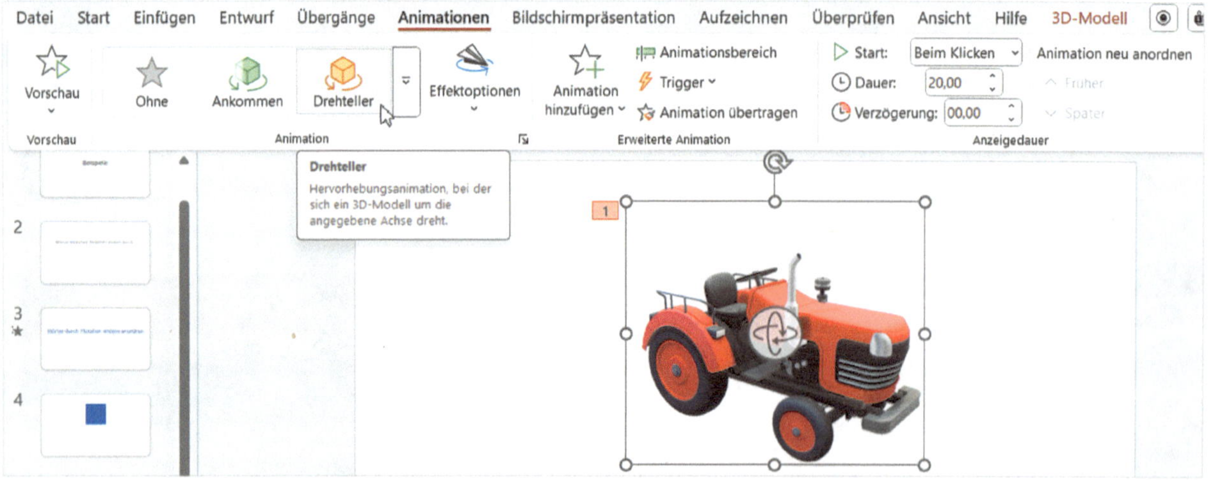

Tipp: Bei 3D-Animationen erkennen Sie an der Farbe, ob es sich um einen *Eingangs-* (grün), *Hervorhebungs-* (gelb) oder *Ausgangseffekt* (rot) handelt.

Animationen automatisch ablaufen lassen

Während der Vorführung der Bildschirmpräsentation startet eine Animation, wenn Sie mit der Maus klicken oder auf der Tastatur die **Eingabetaste**, **Leertaste** oder **Pfeiltaste nach rechts** betätigen.

Tipp: Pfeiltaste nach links = letzte Animation rückgängig machen.

Wenn die Animationen einer Folie automatisch nacheinander starten sollen, dann gehen Sie so vor:

1 Beginnen wir mit dem Folientitel, dieser soll nach dem Erscheinen der Folie mit einigen Sekunden Verzögerung automatisch eingeblendet werden. Klicken Sie daher in den Titel oder auf die Animationsnummer *1* ❶.

2 Klicken Sie im Register *Animationen*, Gruppe *Anzeigedauer* in das Feld *Start* und wählen Sie *Nach Vorheriger* (Animation) ❷ statt *Beim Klicken* aus.

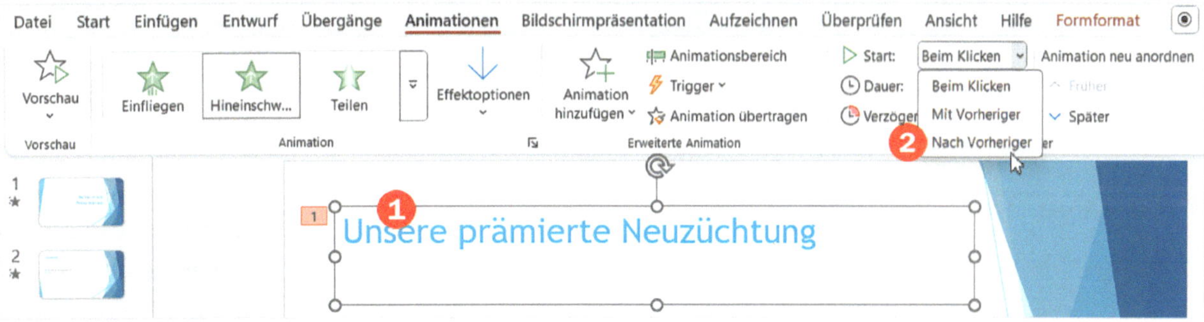

3 Im Feld *Verzögerung* ❸ geben Sie an, wie viele Sekunden nach der vorherigen Animation, hier dem Erscheinen der Folie, die aktuelle Animation starten soll. Benutzen Sie dazu die kleinen Pfeile nach oben/unten.

Achtung: In der Gruppe *Anzeigedauer* finden Sie auch das Feld *Dauer* (siehe Bild oben). Damit können Sie die Geschwindigkeit ändern, mit der die Animation abläuft. Beachten Sie aber, dass im Schneckentempo in die Folie hineinschleichende Elemente die Geduld Ihres Publikums stark strapazieren und eine eher abschreckende Wirkung haben können.

4 Statt der Animationsnummer 1 erscheint nun 0, wie im Bild unten.

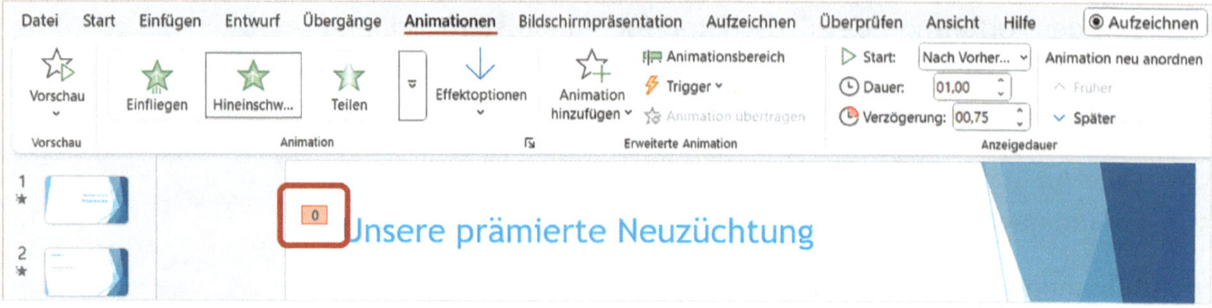

5 Klicken Sie dann auf das nächste Objekt, das automatisch erscheinen soll. Falls dem betreffenden Objekt zwei oder mehr Animationseffekte zugewiesen wurden, müssen Sie auf die nächste Animationsnummer klicken, siehe Seite 439. Ändern Sie wieder den Start auf *Nach vorheriger* und geben Sie im Feld *Verzögerung* an, wie viele Sekunden nach der letzten Animation.

6 Genauso verfahren Sie mit allen Objekten, deren Animation automatisch beginnen soll. Der Ablauf lässt sich in diesem Fall am besten in der Ansicht Bildschirmpräsentation testen. **Tipp**: Klicken Sie in der Statusleiste auf das Symbol *Bildschirmpräsentation*, um schnell die aktuelle Folie in dieser Ansicht anzuzeigen. Mit Drücken der **Esc**-Taste beenden Sie die Bildschirmpräsentation wieder.

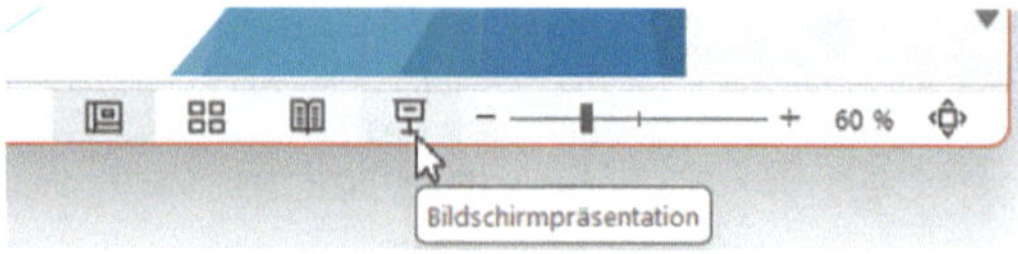

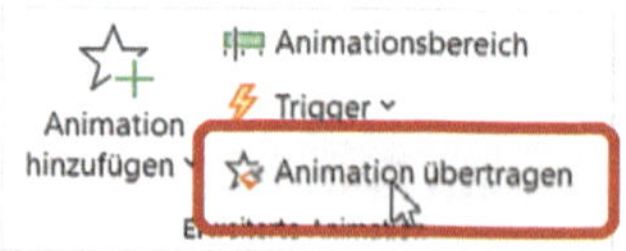

Tipp: Animation kopieren

Diese Methode funktioniert auch folienübergreifend!

Wenn mehrere Folienobjekte denselben Animationseffekt erhalten sollen, können Sie diesen mit allen dazugehörigen Einstellungen kopieren:

- Klicken Sie auf das Objekt, dessen Animation Sie kopieren möchten, und im Register *Animationen* auf *Animation übertragen* (Bild oben). Am Mauszeiger erscheint ein Pinselsymbol: Klicken Sie das Objekt an, dem Sie die Animation zuweisen möchten.

Video und Musik einfügen

Auch Videos und Musik lassen sich in eine Präsentationsfolie einfügen. Beachten Sie aber, dass solche Dateien meist sehr umfangreich sind und da sie in der Standardeinstellung mit der Präsentation gespeichert werden, sich auch die Dateigröße Ihrer PowerPoint-Präsentation entsprechend erhöht. Zum Versenden per Mail also nicht zu empfehlen!

Video einfügen

- Klicken Sie im Menüband auf das Register *Einfügen* und in der Gruppe *Medien* auf *Video*. Anschließend können Sie die Quelle, aus der das Video stammt auswählen (Bild unten links). PowerPoint unterstützt folgende Videoformate bzw. Videos mit den Dateinamenerweiterungen .asf, .avi, .mpeg, .mp4, .swf und .wmv.

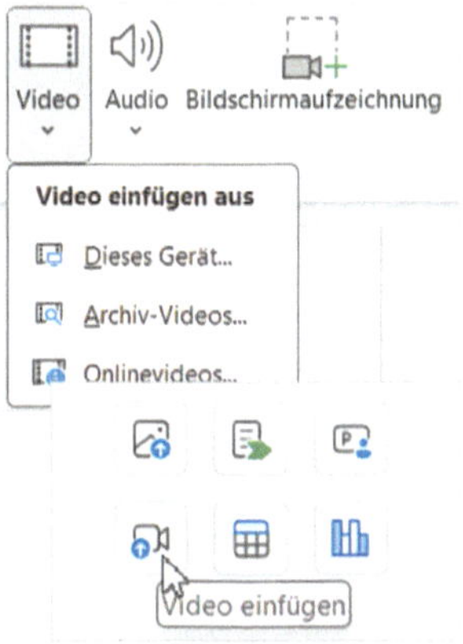

Video von Festplatte bzw. aus Datei einfügen: Befindet sich das Video auf der Festplatte Ihres Geräts, dann klicken Sie im Register *Einfügen* auf *Video* und wählen *Dieses Gerät...* (siehe Bild oben) oder klicken Sie im Platzhalter einer Folie auf das Symbol *Video einfügen*. Wählen Sie im Fenster *Video einfügen* das gewünschte Video aus und klicken Sie auf die Schaltfläche *Einfügen*.

Archiv-Video einfügen: Auch die Sammlung *Archivbilder* umfasst Videos. Zum Einfügen eines solchen Videos klicken Sie im Register *Einfügen* auf *Video* und auf *Archiv-Videos...* Die anschließende Auswahl bzw. Suche unterscheidet sich nicht von Bildern und Piktogrammen. **Tipp**: Verweilen Sie mit dem Mauszeiger über einem Video, so sehen Sie eine Vorschau.

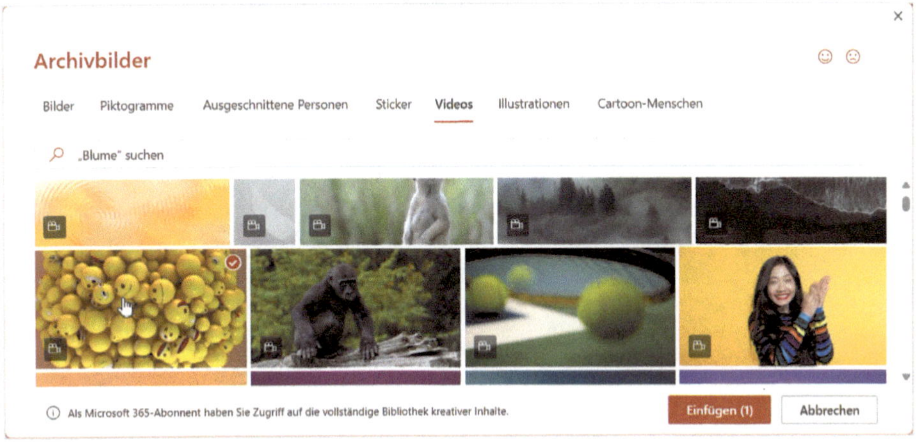

Video aus dem Internet einfügen

Auch ein Video aus dem Internet (z. B. YouTube) lässt sich leicht einfügen. Hier das Beispiel eines Videos von Bildner TV.

1. Rufen Sie das Video im Browser, z. B. Microsoft Edge, auf und klicken Sie ganz oben im Browserfenster mit der **rechten** Maustaste auf die Webadresse ❶, diese beginnt mit https://www.youtube.com... Wählen Sie den Befehl *Kopieren* oder drücken Sie die Tasten **Strg+C**.

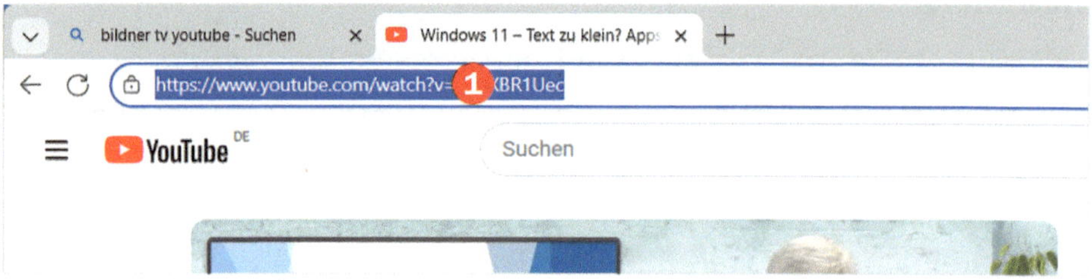

2. Wechseln Sie dann zu Ihrer PowerPoint-Folie, klicken Sie im Register *Einfügen* auf *Video* und auf *Online-Videos...*

3. Klicken Sie in das Feld *Adresse für das Onlinevideo eingeben* ❷ und drücken Sie entweder die Tasten **Strg+V** (Einfügen) oder Rechtsklick in das Feld und Befehl *Einfügen*. Klicken Sie abschließend auf die Schaltfläche *Einfügen* ❸.

> **Internetverbindung erforderlich!**
> Videos aus dem Internet werden nicht in der Präsentation gespeichert. Der Videoeinbettungscode enthält also nicht das Video selbst, sondern nur Anweisungen, wo das Video zu finden ist. Daher ist zum Abspielen beim Vorführen der Bildschirmpräsentation auch eine Internetverbindung erforderlich.

Videooptionen

Anschließend können Sie das Video in der PowerPoint-Folie beliebig positionieren. In den meisten Fällen sehen Sie auch bereits in der Ansicht *Normal* eine Vorschau ❶. Zusammen mit dem markierten Video finden Sie im Menüband die Register *Videoformat* und *Wiedergabe*.

- **Achtung beim Vergrößern oder Verkleinern mit der Maus:** Wie bei Bildern dürfen Sie dazu ausschließlich die Eckpunkte benutzen, sonst ändert sich das Seitenverhältnis und die Darstellung wird verzerrt.
- **Vorschau auf das Video in der Arbeitsansicht:** Klicken Sie auf das Register *Wiedergabe* ❷ und hier auf *Wiedergabe* ❸. Falls sichtbar, können Sie auch unterhalb des Videos oder im Video das Symbol *Wiedergabe* ❹ benutzen.

Für Onlinevideos sind nicht alle Wiedergabeoptionen verfügbar.

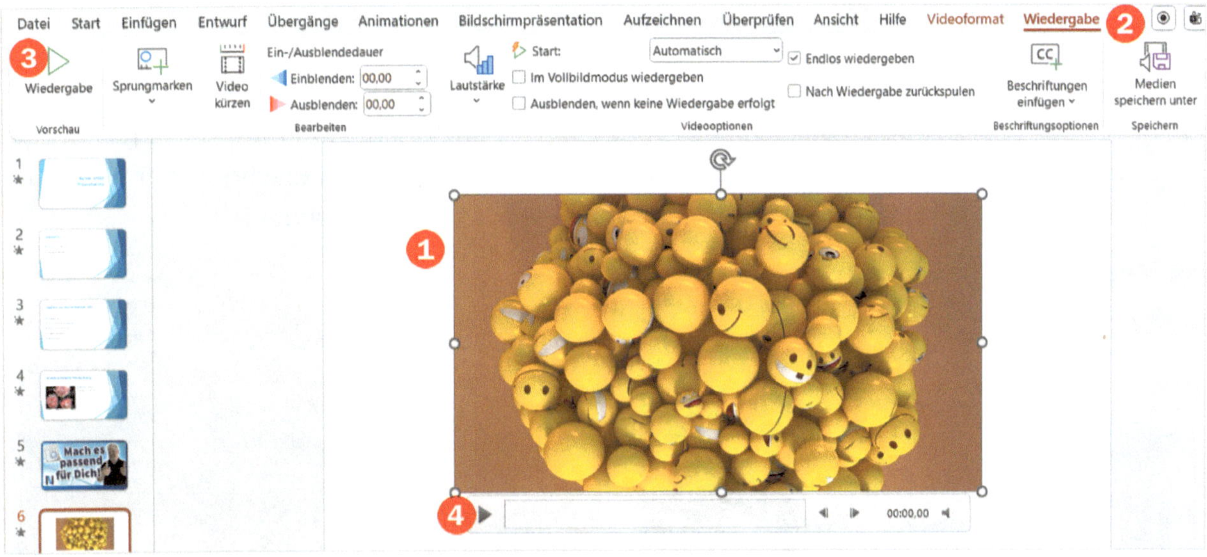

- **Video mit einem Rahmen versehen:** Klicken Sie auf das Register *Videoformat* ❺ und wählen Sie im Feld *Videoeffekte* ❻ eine Rahmenvorlage aus oder benutzen Sie das Symbol *Videorahmen* ❼ .

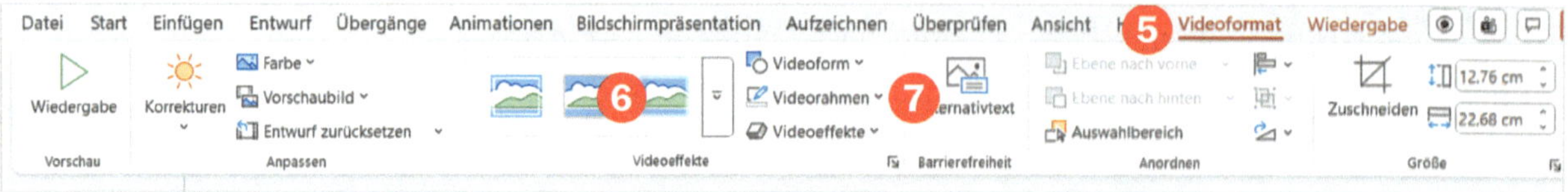

Video wiedergeben

Inhalte aus dem Internet sind nicht immer sicher, Stichwort Computerviren & Co.! Daher erscheint beim Öffnen einer Präsentation, die ein externes Video aus dem Internet aufruft, die unten abgebildete Sicherheitswarnung. Wenn Sie dem Inhalt vertrauen und das Video abspielen möchten, dann klicken Sie auf *Inhalt aktivieren*.

Die übrige Präsentation können Sie auch betrachten, wenn die externen Inhalte nicht aktiviert werden.

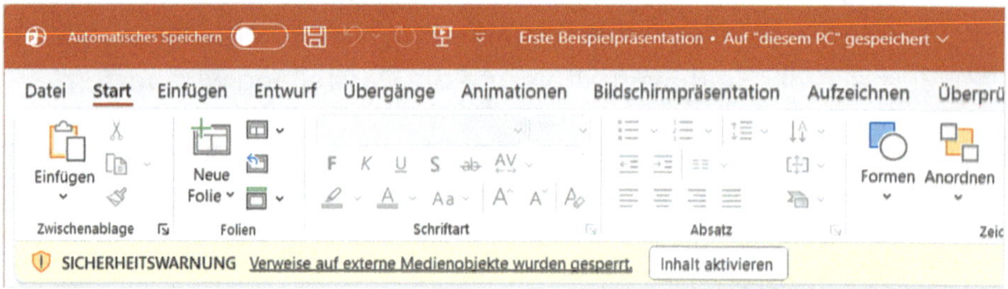

Wiedergabe starten

Um während der Vorführung der Bildschirmpräsentation die Wiedergabe zu starten, klicken Sie bei einem Onlinevideo auf den Pfeil ❶. Bei Archiv-Videos oder Videos von der Festplatte erscheint der Pfeil zum Starten ❷ unterhalb, wenn Sie auf das Video zeigen.

Musik einfügen

1 Um Musik bzw. eine Musikdatei in eine Folie einzufügen, klicken Sie auf das Register *Einfügen* und in der Gruppe *Medien* auf *Audio* ❶. Wählen Sie *Audio auf meinem Computer*.

2 Das Fenster *Audio einfügen* öffnet sich. Wählen Sie den Ordner aus, in dem sich die Musikdatei befindet, markieren Sie die Datei ❷ mit einem Klick und klicken Sie auf die Schaltfläche *Einfügen* ❸.

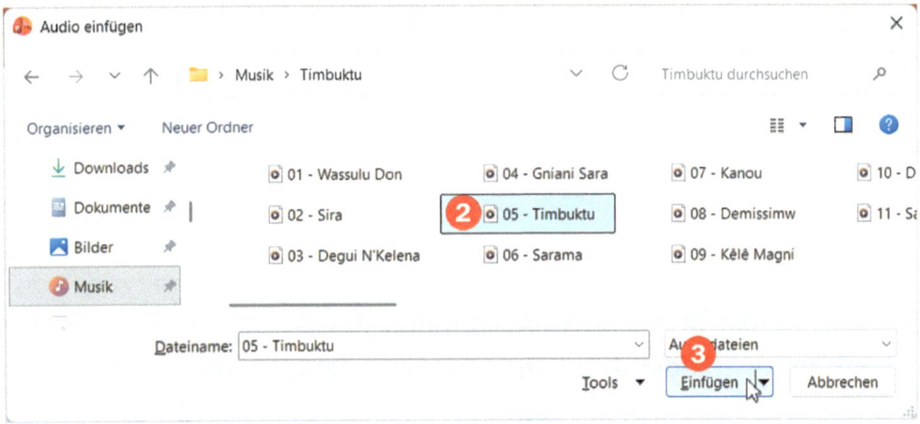

PowerPoint unterstützt neben .mp3 bzw. .mp4 noch die folgenden Audioformate: .wav, .wma, .mid oder .midi, .aiff und .au.

3 In der aktuellen Folie erscheint ein Lautsprechersymbol ❹ zusammen mit einer Wiedergabeleiste. An den Pfeilen ❺ können Sie beides an eine beliebige Stelle verschieben und ein Klick auf *Wiedergabe* ❻ startet die Musikwiedergabe auch in der Arbeitsansicht.

Wiedergabe während der Bildschirmpräsentation

Genau wie Animationen oder die Videowiedergabe startet in der Ansicht *Bildschirmpräsentation* auch die Musikwiedergabe in der Standardeinstellung beim Klicken mit der Maus.

Zur Wiedergabe während der Bildschirmpräsentation zeigen Sie auf das Lautsprechersymbol ❶. Es erscheint eine kleine Wiedergabeleiste und ein Pfeil ❷, über den Sie die Wiedergabe starten. Über dieses Symbol ❸ ändern Sie bei Bedarf die Lautstärke.

Wiedergabeoptionen

Mit dem markierten Audioelement erscheinen im Menüband die Register *Audioformat* und *Wiedergabe*. Im Register *Wiedergabe* (Bild unten) finden Sie verschiedene Optionen zur Steuerung der Wiedergabe.

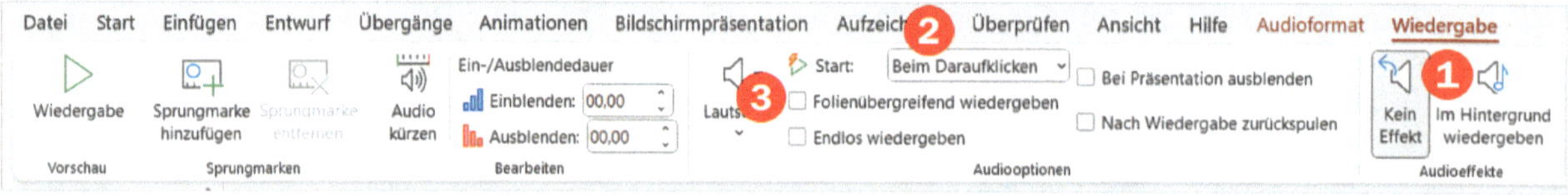

- **Audio automatisch starten und über mehrere Folien wiedergeben**
  Wenn die Wiedergabe automatisch mit dem Einblenden der Folie starten und über die gesamte Präsentation hinweg wiedergegeben werden soll, dann klicken Sie auf *Im Hintergrund wiedergeben* ❶. Ein Klick auf das Symbol *Kein Effekt* setzt dagegen die Wiedergabe auf die Standardeinstellungen zurück.

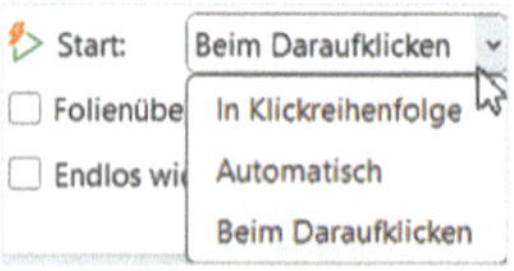

- **Nur automatischer Start beim Anzeigen der Folie:** Klicken Sie in das Feld *Start* ❷ und wählen Sie *Automatisch*.
- **Nur Wiedergabe über mehrere Folien hinweg**: Standardmäßig endet die Wiedergabe mit dem Wechsel zur nächsten Folie. Soll die Wiedergabe über mehrere Folien hinweg erfolgen, dann aktivieren Sie das Kontrollkästchen *Folienübergreifend wiedergeben* ❸.

5.10 Präsentation vorführen und weitergeben

Bildschirmpräsentation vorführen

Bildschirmpräsentation starten

Klicken Sie im Menüband auf das Register *Bildschirmpräsentation* und wählen Sie *Von Beginn an* ❶. Oder klicken Sie in der *Schnellzugriffsleiste* auf das Symbol *Von Anfang an beginnen* ❷. Auch mit der Funktionstaste **F5** können Sie die Bildschirmpräsentation starten.

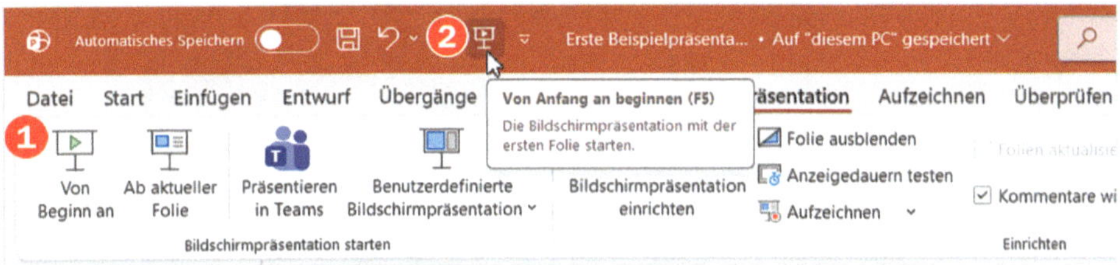

Wie Sie eine Bildschirmpräsentation starten und wieder beenden, haben Sie bereits im ersten Überblick gesehen. Hier eine ausführlichere Beschreibung zusammen mit weiterführenden Tipps.

Zwischen den Folien während der Bildschirmpräsentation bewegen

Hier eine Übersicht, wie Sie sich während der Bildschirmpräsentation zwischen den Folien bewegen bzw. nacheinander Animationen starten.

Nächste Folie / nächste Animation	Linke Maustaste Eingabetaste Pfeiltaste nach unten Pfeiltaste nach rechts Leertaste
Vorherige Folie / vorherige Animation	Pfeiltaste nach oben Pfeiltaste nach links Korrekturtaste (Rückschritttaste)
Bestimmte Folie anzeigen	Foliennummer + Eingabetaste

Tipp: Diverse Tasten zur Steuerung der Präsentation werden auch angezeigt, wenn Sie in der Ansicht *Bildschirmpräsentation* bzw. im Präsentationsmodus die Taste **F1** drücken.

Während eines Vortrags sind diese dann allerdings auch für Ihr Publikum sichtbar!

Bildschirmpräsentation beenden

Nach der letzten Folie erscheint ein schwarzer Bildschirm mit dem Hinweis *Zum Beenden klicken*. Dies gibt Ihnen die Gelegenheit, den Beamer auszuschalten, bevor Sie die Präsentation beenden. Auf diese Weise vermeiden Sie, dass die Präsentation vor Ihrem Publikum in der Arbeitsansicht erscheint.

Mit der **Esc**-Taste brechen Sie die Bildschirmpräsentation an beliebiger Stelle ab.

Symbole und rechte Maustaste während der Präsentation

Während der Bildschirmpräsentation stellt PowerPoint in der linken unteren Ecke einige Symbole zur Verfügung. **Achtung**: Die Symbole erscheinen erst, wenn Sie die Maus bewegen und verschwinden nach einigen Sekunden wieder!

Dieselben Möglichkeiten erhalten Sie auch in Form eines kleinen Menüs, wenn Sie mit der **rechten** Maustaste an eine beliebige Stelle der Folie klicken, wie im Bild rechts.

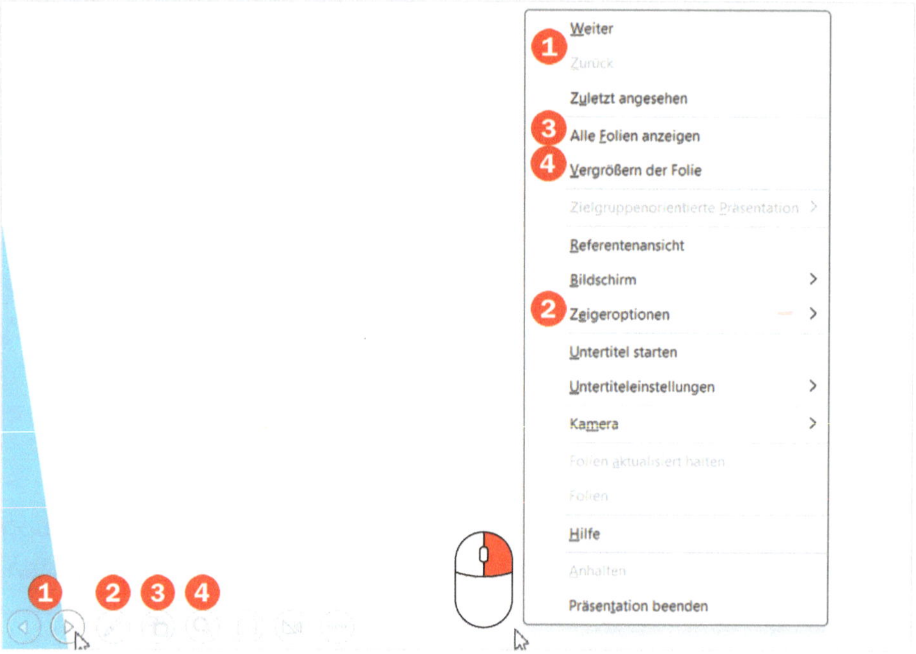

1. Weiter zur nächsten und zurück zur vorherigen Folie.
2. **Hervorheben mit Finger oder Maus**: Wählen Sie zwischen *Laserpointer*, *Textmarker* oder *Stift*, letzterer dient für Freihandanmerkungen oder Zeichnen und erlaubt auch die Auswahl einer Farbe.
3. Folienübersicht zur schnellen Auswahl einer bestimmten Folie.
4. **Folienausschnitt vergrößern**: Nach Auswahl dieses Befehls klicken Sie auf die zu vergrößernde Stelle. Nach Drücken der **Esc**-Taste erscheint die Folie wieder in der ursprünglichen Größe.

In der Praxis empfiehlt es sich, Anmerkungen und Textmarker jedes Mal nach Beenden zu verwerfen, um die Folien nicht zu überfrachten.

Hinweis: Wenn Sie während der Bildschirmpräsentation Stift oder Textmarker benutzt haben, z. B. um etwas zu unterstreichen, dann erscheint nach dem Beenden eine Meldung, ob Sie Ihre Freihandanmerkungen *Verwerfen* oder *Beibehalten* möchten. Wenn Sie auf *Beibehalten* klicken, werden diese in der Folie als Folienobjekt gespeichert und können später durch Anklicken und mit der Taste **Entf** daraus wieder entfernt werden.

Als Bildschirmpräsentation speichern und per E-Mail senden

Für die Weitergabe von Präsentationen, z. B. als Anlage per E-Mail, bietet PowerPoint die Möglichkeit, diese als Bildschirmpräsentation zu speichern. Hierbei handelt es sich um ein spezielles Dateiformat, bei dem die Bildschirmpräsentation mit sämtlichen Animationseffekten automatisch beim Öffnen der Datei startet. Beim Beenden wird die Präsentation wieder geschlossen und erscheint nicht in der Ansicht *Normal*.

Im Gegensatz zu normalen PowerPoint-Präsentationen erhalten Bildschirmpräsentationen die Dateinamenerweiterung .ppsx statt pptx.

Falls gewünscht, können Sie natürlich eine Präsentation auch ohne vorheriges Umwandeln weitergeben.

Präsentation als Bildschirmpräsentation speichern

1 Klicken Sie auf das Register *Datei*, wählen Sie *Exportieren* ❶ und klicken Sie auf *Dateityp ändern* ❷.

2 Klicken Sie auf *PowerPoint-Bildschirmpräsentation* ❸ und danach auf *Speichern unter* ❹. Anschließend geben Sie einen Dateinamen ein, wählen den Speicherort und klicken auf *Speichern*.

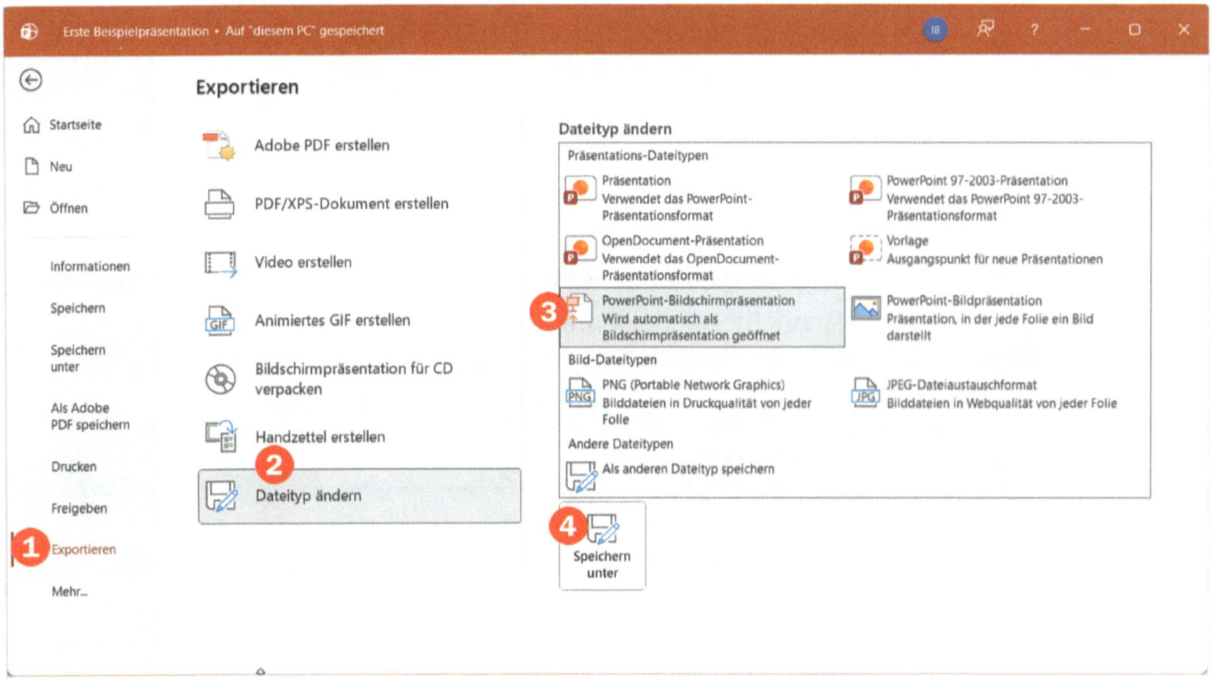

Achtung: Verwechseln Sie *PowerPoint-Bildschirmpräsentation* nicht mit *Bildpräsentation*. Letztere wandelt die Folien in Bilder um; Folienübergänge bleiben erhalten, nicht aber Animationseffekte der Folienobjekte. Außerdem können die Folieninhalte nicht mehr bearbeitet werden.

Per E-Mail senden

1 Um die aktuelle Präsentation per E-Mail zu versenden, klicken Sie auf das Register *Datei* und auf *Freigeben* ❶.

2 Klicken Sie auf *E-Mail* ❷ und wählen Sie *Als Anlage senden* ❸ aus. Je nach PowerPoint-Version erscheint eventuel auch das Fenster *Freigeben*. Dann wählen Sie *Stattdessen eine Kopie anfügen* ❹.

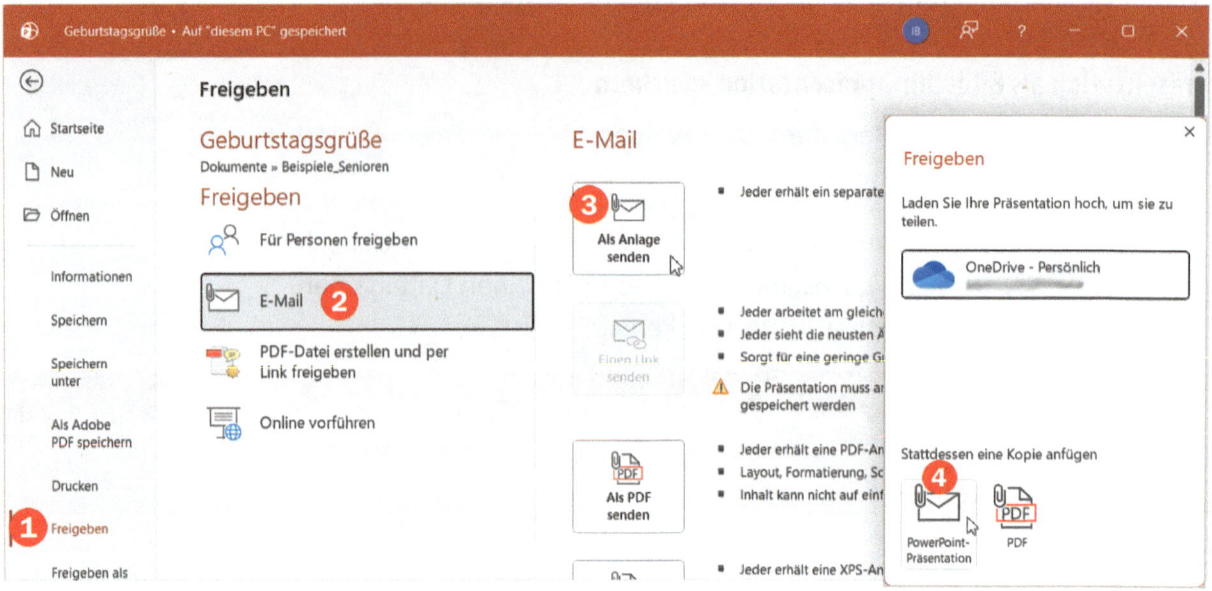

3 Anschließend öffnet sich Ihre Standard E-Mail-App mit einer neuen Nachricht. Die Präsentation bzw. Bildschirmpräsentation ist als Anlage bereits angefügt, Sie brauchen nur noch den/die Empfänger eintragen und Ihren Nachrichtentext eingeben.

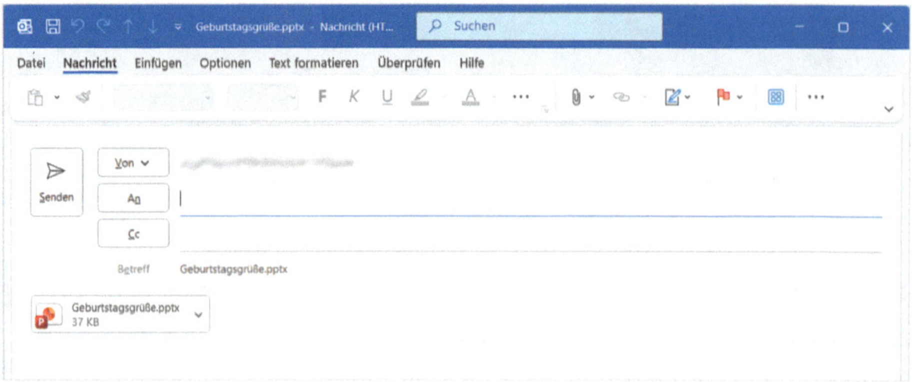

Tipps und Hinweise zum Versenden per E-Mail
Die Größe eines Postfachs bzw. die Größe von Dateianlagen ist oftmals beschränkt. Andererseits lassen viele Fotos und insbesondere eingebettete Video- und Musikdateien die Dateigröße von PowerPoint-Präsentationen sehr schnell ansteigen. Verzichten Sie daher in solchen Fällen möglichst auf Videos und Musik und komprimieren Sie die Bilder, siehe „Dateiumfang durch Komprimieren der Bilder reduzieren“ auf Seite 414.

Präsentation drucken

Falls Sie die Präsentation drucken möchten, so klicken Sie auf das Register *Datei* und auf *Drucken*. Beachten Sie folgende Besonderheiten:

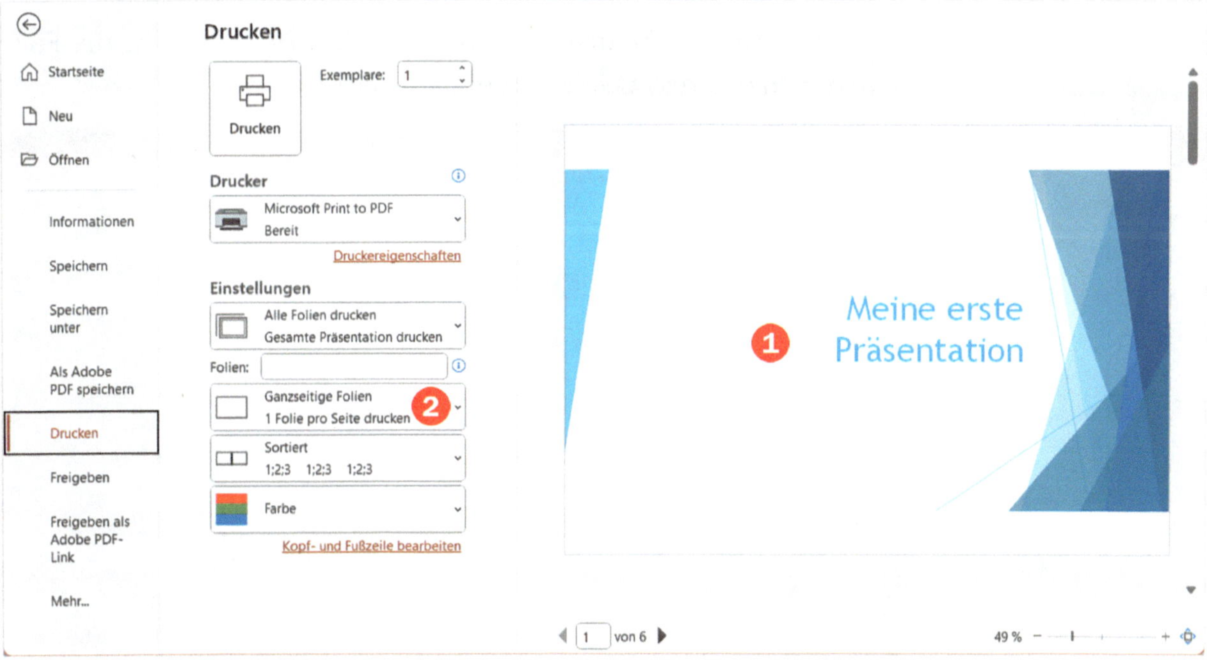

Anpassung an Papierformat

Das Seitenverhältnis einer Präsentation entspricht dem eines Bildschirms, nicht aber einer Druckseite im A4-Format. In der Standardeinstellung werden daher beim Drucken automatisch alle Folien unter

Beibehaltung des Seitenverhältnisses auf das verwendete Papierformat verkleinert (skaliert) und im Querformat ❶ gedruckt, wie im Bild oben.

Mehrere Folien pro Seite drucken

Wenn Sie statt einer Folie pro Seite gleich mehrere Folien auf einer Seite drucken möchten, dann klicken Sie auf die Standardeinstellung *Ganzseitige Folien* ❷ (Bild auf der vorherigen Seite) und wählen unter *Handzettel* die gewünschte Anzahl ❸. Anschließend können Sie noch zwischen Hoch- und Querformat wählen.

Tipp: Folien mit Platz für handschriftliche Notizen drucken

Mit der Auswahl *3 Folien* ❸ erhalten Sie zusätzlich, je nach Papierausrichtung unter oder neben jeder Folie, Zeilen für handschriftliche Notizen wie im Bild unten.

Eine Alternative sind Notizen, die zusammen mit der Folie eingegeben und gedruckt werden, siehe nächste Seite.

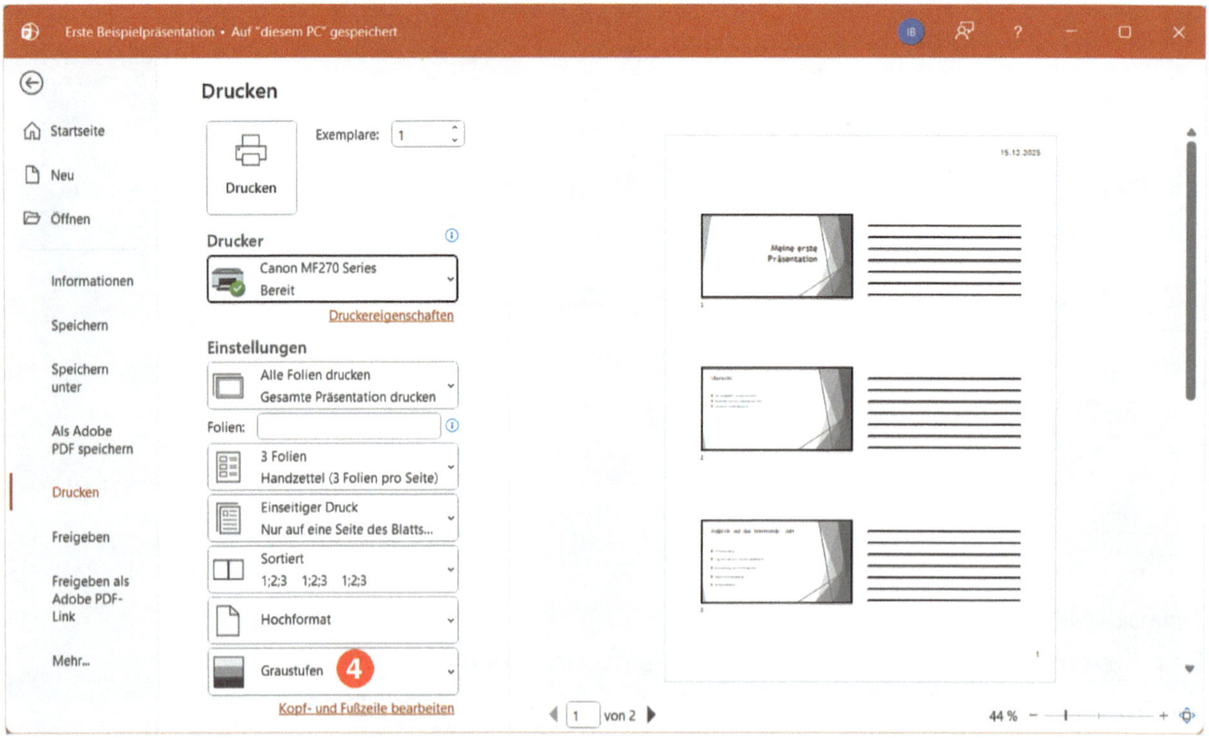

Druckkosten sparen und in Graustufen statt Farbe drucken

Präsentationen enthalten meist sehr viel Farbe, insbesondere wenn ein farbiger Folienhintergrund verwendet wird. Um Druckkosten zu sparen, können Sie die Präsentation auch in Graustufen statt in Farbe drucken. Klicken Sie dazu auf *Farbe* ❹ und wählen Sie stattdessen *Graustufen*.

Vortragsnotizen festhalten und drucken

Wenn die Bildschirmpräsentation als Begleitmaterial zu einem Vortrag dienen soll, kann es hilfreich sein, wenn Sie zur jeweiligen Folie Ihre Vortragsnotizen eingeben und mit der Präsentation speichern. Die Notizen sind für das Publikum nicht sichtbar, können aber zusammen mit der Folie als persönliche Gedächtnisstütze ausgedruckt werden.

- Die Vortragsnotizen geben Sie im Notizenbereich ❶ unterhalb der Folie ein. Sollte dieser nicht sichtbar sein, so klicken Sie zum Einblenden auf das Register *Ansicht* und das Symbol *Notizen* ❷. Mit demselben Symbol wird der Bereich auch wieder ausgeblendet.

  Alternativ blenden Sie den Notizenbereich mit diesem Symbol ❸ in der Statusleiste ein und aus.

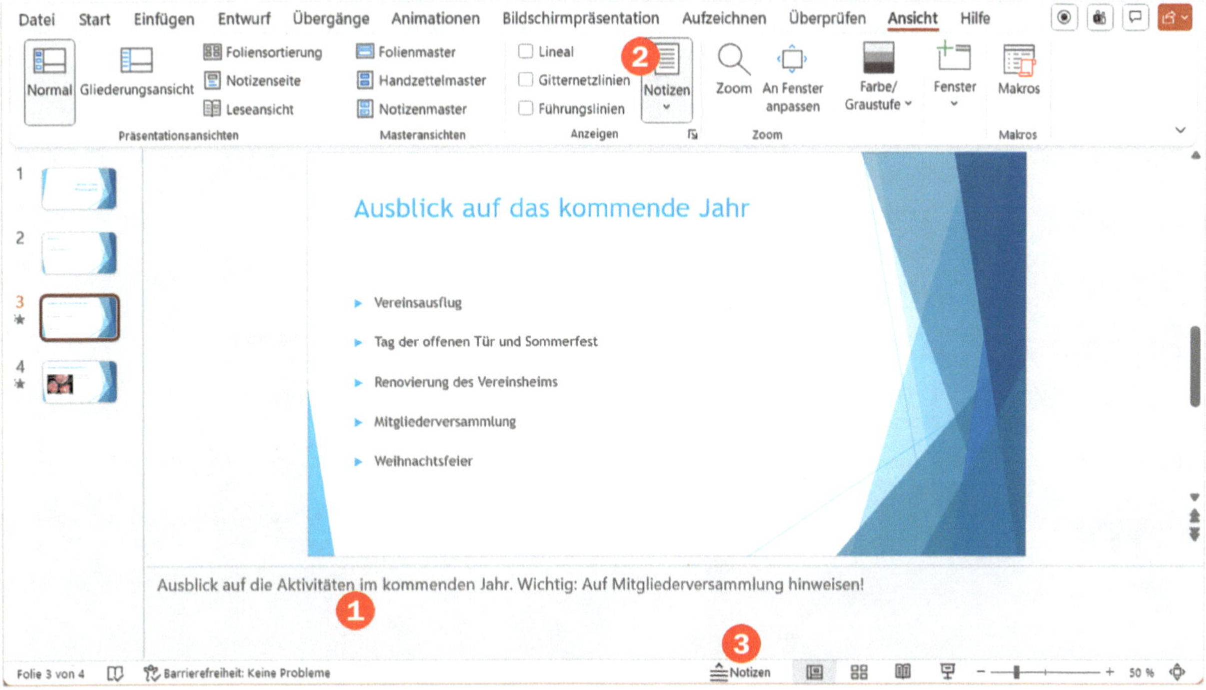

Notizen drucken

1 Klicken Sie auf das Register *Datei* und auf *Drucken* ❶.

2 Klicken Sie unter den *Einstellungen* auf *Ganzseitige Folien* und wählen Sie *Notizenseiten* ❷.

Als Ergebnis erhalten Sie pro Folie eine Druckseite und darunter Ihre Notizen ❸. Für das unten abgebildete Beispiel wurde außerdem Hochformat gewählt.

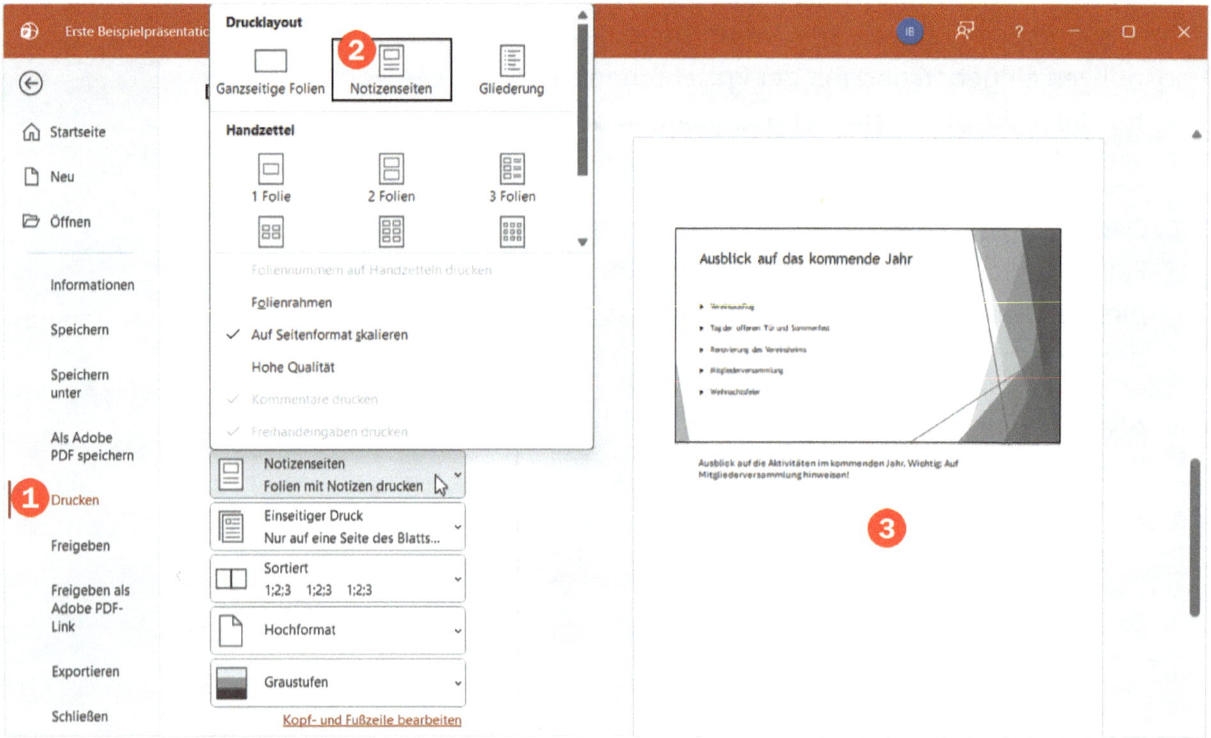

Bildschirmpräsentation in der Referentenansicht vorführen

Eine Bildschirmpräsentation kann auch in der Referentenansicht vorgeführt werden. Diese macht es möglich, dass Sie auf Ihrem Bildschirm die aktuelle Folie zusammen mit Ihren Vortragsnotizen vor sich haben, während Ihr Publikum über Beamer nur die Bildschirmpräsentation sieht.

Die Referentenansicht erfordert zwei Ausgabegeräte: den Bildschirmschirm des PCs sowie einen angeschlossenen Beamer. Ist im Register *Bildschirmpräsentation* das Kontrollkästchen *Referentenansicht* ❶ aktiviert, dann erscheint diese automatisch beim Starten der Bildschirmpräsentation ❷.

Möglicherweise sehen Sie sich mit der Referentenansicht konfrontiert, wenn Sie Ihre Präsentation auf einem, vor Ort bereits vorhandenen PC mit angeschlossenem Beamer vorführen.

So finden Sie sich zurecht

In der Mitte haben Sie die aktuelle Folie ❶ vor sich, rechts sehen Sie eine Vorschau auf die nächste Folie ❷ oder die nächste Animation und unterhalb finden Sie Ihre Vortragsnotizen ❸.

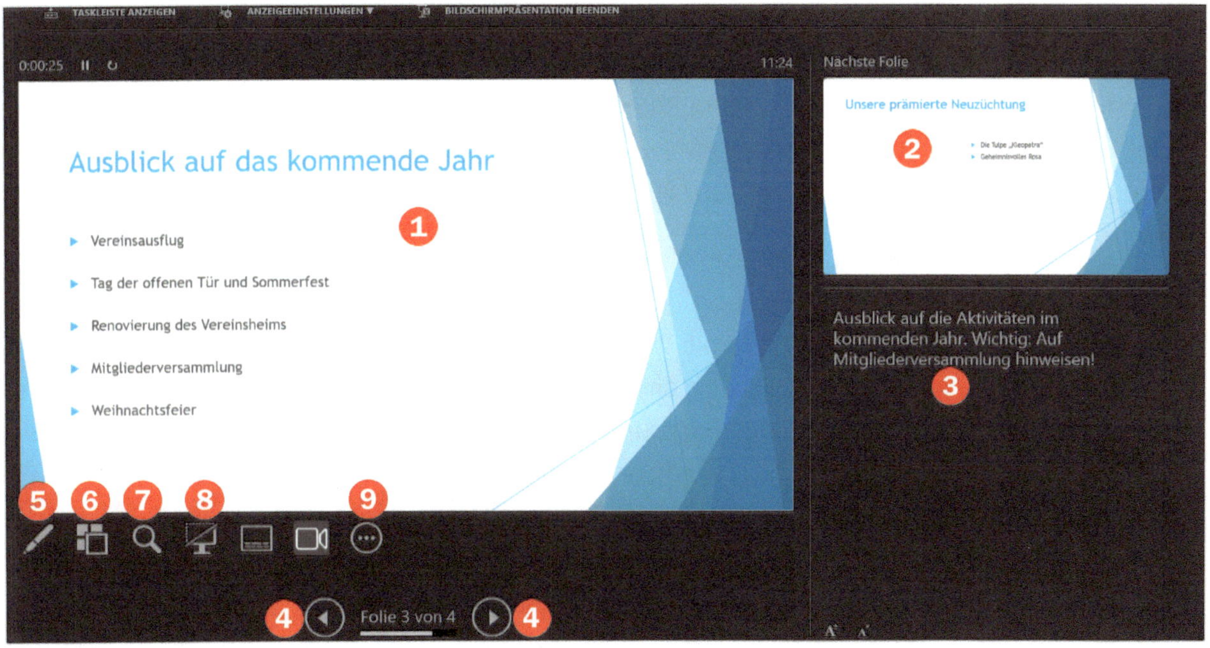

Mit den Pfeilen ❹ zeigen Sie die nächste oder vorherige Folie an. Unterhalb der aktuellen Folie finden Sie dieselben Symbole wie in der Ansicht Bildschirmpräsentation, siehe Seite 450.

Die weiteren Symbole blenden Untertitel (für Barrierefreiheit) ein und aus und aktivieren bzw. deaktivieren die Kamera, sofern in der Folie vorgesehen.

❺ Stift, Laserpointer oder Textmarker aktivieren.

❻ Alle Folien anzeigen (auch für Ihr Publikum sichtbar).

❼ Folieninhalt vergrößern.

❽ Vorübergehend schwarzen Bildschirm anzeigen (bis zum Drücken einer beliebigen Taste).

❾ Weitere Optionen: Hier finden Sie den Befehl *Referentenansicht ausblenden*, mit dem Sie auf Ihrem Bildschirm die Präsentation in der gewohnten Ansicht Bildschirmpräsentation anzeigen.

Bildschirmpräsentation beenden

Betätigen Sie die **Esc**-Taste oder klicken Sie in der Referentenansicht rechts oben auf *Bildschirmpräsentation beenden*.

Referentenansicht testen

Die Referentenansicht setzt zwei Ausgabegeräte, Bildschirm und Beamer, voraus. Detaillierte Erklärungen, wie Sie den Beamer als zweiten Bildschirm einrichten, würden hier zu weit führen. Sie können aber die Referentenansicht auch mit nur einem Bildschirm testen:

☛ Starten Sie die Bildschirmpräsentation. Klicken Sie danach mit der **rechten** Maustaste an eine beliebige Stelle der Folie und wählen Sie *Referentenansicht*.

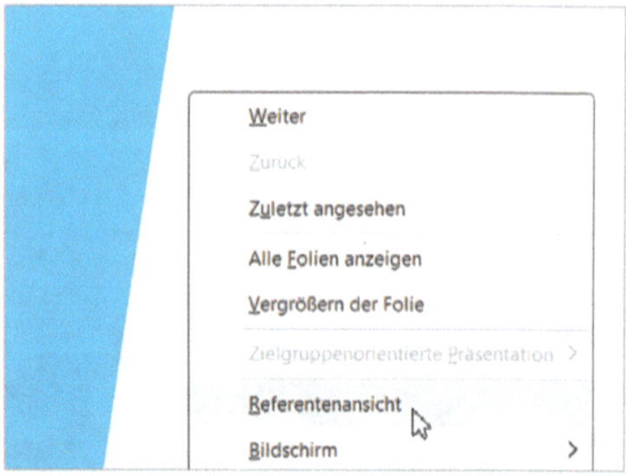

5.11 Präsentationen mit KI-Unterstützung erstellen

Wenn Sie Microsoft 365 (Single, Family oder Premium) abonniert haben, dann ist in PowerPoint auch der KI-Assistent Copilot integriert. Mit seiner Hilfe können Sie ausgewählten Folien schnell ein professionelles Aussehen verpassen und aus wenigen Stichworten einzelne Folien oder eine vollständige Präsentation samt passenden Bildern erstellen lassen.

Siehe auch Copilot in Word auf Seite 235.

Entwurfsvorschläge zur Foliengestaltung erhalten

Falls Ihnen die Standardlayouts zu langweilig sein, lassen Sie sich doch einfach für die aktuelle Folie verschiedene Varianten, auch mit thematisch passenden Bildern, generieren. Dazu klicken Sie im Register *Start* ▶ *Copilot* auf *Entwurfsvorschläge* ❶ und wählen anschließend in der Seitenleiste ❷ einen Vorschlag aus.

Alle Entwurfsvorschläge basieren auf dem verwendeten Design.

Folie anhand von Stichpunkten generieren lassen

Copilot kann auch aus vorgegebenen Informationen eine neue Folie erstellen und in die Präsentation einfügen. Dazu klicken Sie im Register *Start* ▶ *Folien* auf *Neue Folie mit Copilot* ❸ (Bild oben). Es öffnet sich das Fenster *Neue Folie mit Copilot* hinzufügen. Tippen Sie im Eingabefeld alle, für die neue Folie relevanten Informationen ein ❹, dies können auch Stichpunkte sein, und klicken Sie auf *Senden* ❺. Wie in Word können Sie danach entscheiden, ob Sie die Folie beibehalten, d. h. in die Präsentation übernehmen oder verwerfen (Papierkorb) möchten.

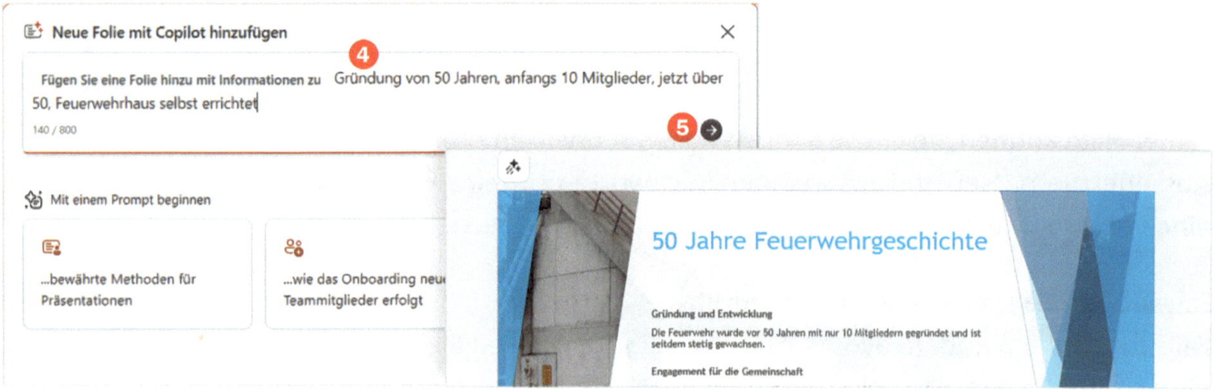

Eine komplette Präsentation erstellen lassen

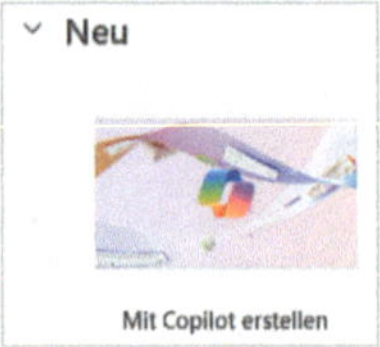

Wählen Sie dazu auf der Startseite bzw. im Register *Datei* ▶ *Neu* die Option *Mit Copilot erstellen.* Alternativ beginnen Sie mit der gewünschten Vorlage oder einer leeren Präsentation, klicken oberhalb der Folie auf das Symbol *Copilot* ❶ und auf *Erstellen einer Präsentation mit Informationen zu...* ❷. Tippen Sie dann im nachfolgenden Fenster *Präsentation mit Copilot erstellen* alle notwendigen Informationen ein, in diesem Fall legt Ihnen Copilot nach dem Erstellen der Folien sogar verschiedene passende Präsentationsstile zur Auswahl vor.

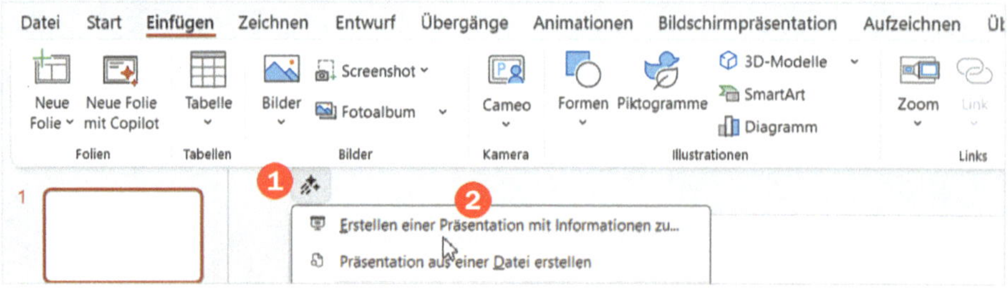

Siehe auch Copilot in Word 365 auf Seite 235.

Egal, ob einzelne Folie oder komplette Präsentation: Von Copilot erstellte Folien sehen zwar sehr professionell aus, dennoch dürfte inhaltlich einiges frei erfunden sein oder nicht auf Ihr Thema zutreffen. Betrachten Sie daher mit Copilot erstellte Folien immer nur als Anregung oder Ausgangsbasis und kontrollieren bzw. korrigieren Sie die Inhalte genau.

Nützliche Tastenkombinationen

Allgemein

Sie möchten...	Tasten
Dokument speichern	**Strg + S**
Dokument öffnen	**Strg + O**
Dokument drucken	**Strg + P**
Neues Dokument	**Strg + N**
Kopieren des markierten Texts oder Objekts (Zwischenablage)	**Strg + C**
Ausschneiden des markierten Texts oder Objekts (Zwischenablage)	**Strg + X**
Einfügen aus der Zwischenablage	**Strg + V**
Markiertes Objekt duplizieren (wird anschließend sofort eingefügt, ohne Zwischenablage). Funktioniert nur mit grafischen Objekten, nicht mit Text!	**Strg + D**
Letzte Aktion rückgängig machen	**Strg + Z**

Text eingeben und markieren

Sie möchten...	Tasten
Absatz beenden	**Eingabetaste**
Zeilenumbruch, Absatz nicht beenden	**Umschalt+Eingabetaste**
Bedingter Trennstrich (manuelle Silbentrennung)	**Strg + Bindestrich**
Geschützes Leerzeichen (verhindert Zeilenumbruch an dieser Stelle, z. B. in Abkürzungen)	**Strg + Umschalt + Leer**
Manueller Seitenumbruch, Neue Seite beginnen	**Strg + Eingabetaste**
Zeichen links vom Cursor löschen	**Korrekturtaste**
Zeichen rechts vom Cursor oder markiertes Element löschen	**Entf**
Cursor an den Zeilenanfang	**Pos1**
Cursor an das Zeilenende	**Ende**
Cursor an den Dokumentanfang	**Strg + Pos1**
Cursor an das Dokumentende	**Strg + Ende**
Cursor zur nächsten Tabstopposition bewegen (1,25 cm)	**Tab**

Sie möchten...	Tasten
Cursor an den Anfang des nächsten Worts (rechts)	**Strg + Pfeil rechts**
Cursor an den Anfang des vorherigen Worts (links)	**Strg + Pfeil links**
Wortweise nach rechts markieren	**Strg + Umschalt + Pfeil rechts**
Wortweise nach links markieren	**Strg + Umschalt + Pfeil links**
Alles markieren (Gesamtes Dokument)	**Strg + A**
Format der markierten Textstellen kopieren (Format übertragen)	**Strg + Umschalt + C**
Kopiertes Format auf Textstelle anwenden (Format einfügen)	**Strg + Umschalt + V**

Excel

Sie möchten...	Tasten
Eingabe abschließen und Zelle rechts markieren	**Tab**
Eingabe abschließen und Zelle unterhalb markieren	**Eingabetaste**
Neue Zeile in Zelle beginnen	**Alt + Eingabetaste**
Eingabe in Zelle abbrechen	**Esc**
Aktuelles Datum einfügen	**Strg + Punkt (.)**
Markierte Zelle bearbeiten (Bearbeiten-Modus)	**F2**
In Formeln wischen relativen und festen Zellbezügen wechseln	**F4**
Tabelle markieren, markierte Zelle befindet sich innerhalb des Tabellenbereichs	**Strg + A**
Arbeitsblatt markieren, leere Zelle außerhalb einer Tabelle ist markiert	**Strg + A**

PowerPoint

Sie möchten...	Tasten
Bildschirmpräsentation von Beginn an starten	**F5**
Bildschirmpräsentation beenden/abbrechen	**Esc**
Folie oder Objekt duplizieren	**Strg + D**
Markiertes Objekt löschen	**Entf**

Glossar

Account	Englische Bezeichnung für ein Konto, z. B. Ihr Microsoft-Konto.
AI	Engl. Abkürzung für Artificial Intelligence, siehe künstliche Intelligenz (KI).
App	Der Begriff App (ausgesprochen Äpp) ist eine Abkürzung der englischen Bezeichnung Application, zu deutsch Anwendung oder Programm. Windows bezeichnet alle Arten von Programmen pauschal als Apps.
AutoKorrektur	Im Gegensatz zur Rechtschreibprüfung korrigiert die Autokorrektur automatisch während der Eingabe und wandelt beispielsweise den ersten Buchstaben am Beginn eines Satzes in einen Großbuchstaben um. Sie können die Autokorrektur rückgängig machen oder ganz deaktivieren.
Backstage-Ansicht	Das Register Datei wird auch als Backstage-Ansicht (dt. hinter der Bühne/den Kulissen) bezeichnet. Der Grund: Hier verwalten Sie das Dokument, im Gegensatz zu den übrigen Registern des Menübands, die Sie zur Arbeit im Dokument verwenden.
Beamer	Als Beamer bezeichnet man einen Videoprojektor, der Bilder aus einen Ausgabegerät, z. B. TV oder Computer, für ein Publikum vergrößert an eine Bildwand projiziert. Ein Beamer wird in der Regel benötigt, um eine PowerPoint-Präsentation einem größeren Publikum vorzuführen.
Browser	Als Browser (engl. to browse = durchsuchen) bezeichnet man Apps, mit denen Sie im Internet surfen. Neben dem in Windows integrierten Browser Microsoft Edge zählen dazu unter anderem Mozilla Firefox, Chrome oder Safari.
Cloud	Als Cloud-Computing bezeichnet man Dienstleistungen wie Software und Speicherplatz über ein Netzwerk. Der Begriff „Cloud" (zu deutsch Wolke) rührt daher, dass für die Nutzer der genaue Ursprung und Speicherort nicht nachvollziehbar und undurchsichtig (verhüllt) ist. „In der Cloud speichern" bedeutet somit nichts anderes, als Daten nicht auf der Festplatte des eigenen PCs, sondern irgendwo auf einem anderen Computer im Internet zu speichern. Windows verfügt mit OneDrive über einen solchen Speicherort in der Cloud.

Computerviren	Unter dem Begriff Computerviren oder Schadsoftware fasst man, grob vereinfacht, alles zusammen, was auf Ihrem PC Schaden anrichten kann, zum Beispiel durch Löschen oder Verschlüsseln von Daten, Ausspähen von Tastatureingaben oder indem die vollständige Kontrolle über einen PC übernommen wird. Achtung: Auch Office-Dateien, z. B. Word-Dokumente, können Schadsoftware enthalten.
Copilot	Copilot ist ein KI-basierter Assistent, der in Microsoft 365 in die Anwendungen Word, Excel und PowerPoint integriert ist. In Word können Sie z. B. automatische Textvorschläge und Zusammenfassungen generieren lassen und in PowerPoint kann Copilot aus kurzen Stichpunkten vollständige Präsentationen mit passenden Bildern erstellen. Vorsicht ist allerdings geboten, was Fakten anbelangt: Copilot unterscheidet nicht immer Wichtiges von Unwichtigem und manches kann auch schlichtweg falsch sein.
Copy & Paste	Englisch für Kopieren & Einfügen. Ein Element wird dabei in die Zwischenablage kopiert (beispielsweise mit der Tastenkombination **Strg**+**C**) und andernorts eingefügt (beispielsweise mit der Tastenkombination **Strg**+**V**).
Creative Commons (CC)	Grundsätzlich ist jedes Werk (Foto, Bild, Musikstück etc.) geistiges Eigentum des Urhebers und geschützt. Es darf also nicht einfach kopiert und verwendet werden. Vereinfacht gesagt, dürfen Sie nicht ein Bild aus dem Internet kopieren und damit z. B. eine Präsentation verschönern. Sie müssen zunächst den Urheber um Erlaubnis bitten. Einige Urheber sind durchaus bereit, Ihr Werk anderen zur Verfügung zu stellen. Hier hilft die Organisation Creative Commons (CC, was sich mit „schöpferisches Gemeingut" übersetzen lässt), die Urhebern vorgefertigte Lizenzverträge zur Verfügung stellt, durch die der Urheber sein Werk lizenziert und damit anderen Nutzern z. B. die Bearbeitung und das kommerzielle Nutzungsrecht einräumt.
Cursor	Der Cursor, zu deutsch Einfügemarke, kennzeichnet diejenige Stelle, an der eine Tastatureingabe erfolgt. Durch Anklicken oder Antippen setzen Sie den Cursor an die gewünschte Stelle.
Dateinamenerweiterung	Jeder Dateiname erhält beim Speichern automatisch einen Zusatz, die Dateinamenerweiterung (extension). Sie besteht aus einem Punkt, gefolgt von drei oder vier Buchstaben (auch Ziffern möglich) und kennzeichnet den Dateityp, d. h. legt fest, welche App zum Öffnen der Datei verwendet wird. Standardmäßig ist die Dateinamenerweiterung nicht sichtbar, kann aber im Menüband des Datei-Explorers eingeblendet werden.

Design	Als Design wird von den Office-Anwendungen eine Zusammenstellung von Farben, Schriftarten und Effekten bezeichnet. Ein Design kann entweder komplett ausgewählt oder selbst zusammengestellt werden.
Desktop	Desktop lässt sich mit Schreibtischoberfläche übersetzen und ist die Bezeichnung für die Arbeitsoberfläche von Windows. Auf dieser werden alle Fenster bzw. Apps geöffnet.
Drag & Drop	Englisch für Ziehen & Fallenlassen, eine häufig verwendete Bezeichnung für das Ziehen bzw. Verschieben bei gedrückter linker Maustaste.
Einzug	Einrückungen gegenüber dem linken oder rechten Seitenrand werden als Einzug bezeichnet.
Festplatte	Der wichtigste Speicher eines PCs ist die fest eingebaute (daher der Name) Festplatte. Auf ihr werden Windows, alle Programme und auch die meisten Daten des Benutzers, z. B. Dokumente oder Fotos, gespeichert. In der Regel erhält die Festplatte den Laufwerksbuchstaben C:.
Formatvorlagen	Formatvorlagen enthalten gleich mehrere Formatierungsmerkmale und stehen beispielsweise für Tabellen, Formen, Bilder und Text zur Verfügung. Ihr Aussehen beruht auf den Schriften, Farben und Effekten des aktuellen Designs.
Hängender Einzug	Als hängenden Einzug bezeichnet man einen Einzug bzw. eine Einrückung, bei der die erste Zeile des Absatzes am linken Seitenrand beginnt und alle Folgezeilen eingerückt werden.
JPG / JPEG	Hierbei handelt es sich um ein Dateiformat, das zur Speicherung von Fotos verwendet wird. Diese Dateien erhalten die (meist unsichtbare) Dateinamenerweiterung .jpg oder .jpeg.
Kontextmenü	Das Kontextmenü wird mit Klick der rechten Maustaste geöffnet. Alle Befehle des Kontextmenüs beziehen sich ausschließlich auf das mit der rechten Maustaste angeklickte Objekt.

Künstliche Intelligenz (KI)	Als künstliche Intelligenz (Abkürzung KI) bezeichnet man die Fähigkeit von Computersystemen, Fähigkeiten wie logisches Denken, Lernen, Problemlösung und das Verstehen von Sprache zu simulieren. KI-Systeme können Daten analysieren, Muster erkennen und darauf basierend Entscheidungen treffen oder Aktionen ausführen. Darüber hinaus ist KI auch in der Lage, neue Inhalte, wie Text oder Bilder zu generieren. Anmerkung: Diese Definition wurde beispielsweise, im Gegensatz zum Rest des Buches, von einer KI erstellt.
Link (Hyperlink)	Als Link oder Hyperlink bezeichnet man einen Verweis auf eine Information, die sich an einem anderen Ort befindet. Ein Mausklick bzw. Antippen eines Links genügt, um zu dieser Stelle zu gelangen. Auf diese Weise „surfen" Sie im Internet zwischen den unterschiedlichsten Seiten.
Makros	Makros sind kleine Programme, die in Word und Excel für manche Aufgaben eine sinnvolle Ergänzung sein können, andererseits aber auch Schaden anrichten können, siehe Computerviren.
Matrix	Excel bezeichnet einen Bereich aus mehreren Zeilen und Spalten auch als Matrix.
Mehrfachmarkierung	Mehrere, nicht zusammenhängende Bereiche markieren Sie mit gleichzeitig gedrückter **Strg**-Taste: Dazu markieren Sie wie gewohnt den ersten Bereich, drücken dann die **Strg**-Taste und halten die Taste gedrückt, während Sie die weiteren Bereiche markieren. Danach lassen Sie die **Strg**-Taste wieder los.
Microsoft-Konto	Ein Microsoft-Konto ist kostenlos und besteht aus einer E-Mail-Adresse und einem dazugehörigen Kennwort. Die E-Mail-Adresse ist weltweit einzigartig und erfüllt eine ähnliche Funktion wie die Kontonummer eines Bankkontos. Das Microsoft-Konto ermöglicht die Nutzung verschiedener Angebote, die Microsoft im Internet bereitstellt. Wenn Sie sich am PC mit einem Microsoft-Konto anmelden – und das ist eigentlich der Normalfall – dann haben Sie automatisch Zugriff auf OneDrive, den kostenlosen Speicher in der Cloud, und können weitere Apps aus dem Microsoft-Store beziehen. Ein Microsoft-Konto wird entweder beim ersten Start von Windows oder auch nachträglich eingerichtet und erfordert nur wenige Angaben.
MP3	Bei der Bezeichnung MP3 handelt es sich um ein Dateiformat bzw. einen Standard zur Komprimierung und Speicherung von Musikdateien.

OneDrive	OneDrive ist die Bezeichnung für Speicherplatz im Internet, den Microsoft kostenlos zur Verfügung stellt. Dieser Speicher kann wie eine zusätzliche Festplatte verwendet werden. Voraussetzung: Sie müssen mit einem Microsoft-Konto angemeldet sein.
PDF	Abkürzung für Portable Document Format, ein Dateiformat in dem alle Formatierungen und Bilder beibehalten werden und das unabhängig vom Betriebssystem auf jedem Computer gelesen werden kann. Der Inhalt kann im Browser oder mit einem kostenlos erhältlichen Leseprogramm, beispielsweise Adobe Reader, betrachtet werden. Nachträgliche Änderungen am Inhalt sind dagegen nur mit spezieller Software möglich.
ppi	Mit ppi (Pixel per inch, dt. Bildpunkte pro Zoll) wird die Auflösung oder Punktdichte von Bildern am Bildschirm oder beim Ausdrucken angegeben. Je höher die Auflösung, umso mehr Speicherplatz benötigt das Bild. Während beim professionellen Druck meist eine hohe Auflösung erforderlich ist, sind zur Anzeige am Bildschirm 150 ppi in der Regel ausreichend.
Punkt (Pt.)	Punkt ist eine typografische Maßeinheit, in der Maße wie Schriftgrad (Schriftgröße) oder Abstände angegeben werden. 1 Punkt entspricht etwa 0,35 mm. In der Textverarbeitung werden meist 10 oder 11 Pt. als Standardschriftgrad verwendet.
Scrollen	Als Scrollen bezeichnet man das vertikale, manchmal auch horizontale Verschieben des sichtbaren Bildschirmausschnitts. Sie benutzen dazu entweder das Rädchen der Maus, die Bildlaufleisten des jeweiligen Fensters oder streichen mit dem Finger über den Bildschirm.
Semikolon	Das Zeichen Semikolon wird auf deutsch als Strichpunkt ; bezeichnet und dient als gängiges Trennzeichen in Listen.
Serifen	Als Serife (franz. Füßchen) bezeichnet man die feinen Linien, die bei manchen Schriftarten einen Buchstabenstrich am Ende, quer zu seiner Grundrichtung abschließen, hier ein Beispiel. Dadurch soll eine bessere Lesbarkeit der Schrift erreicht werden. Deshalb werden vor allem längere Texte häufig in einer Serifenschriftart gedruckt. Eine der bekanntesten Serifenschriftarten ist Times New Roman.
Server	Als Server bezeichnet man Software, die in einem Netzwerk Informationen, Speicherplatz und andere Dienste (z. B. E-Mail-Postfach) bereitstellt.

SmartArt	SmartArt ist in Microsoft Office die Bezeichnung für grafische Layouts zur visuellen Darstellung von Textinformationen. Neben einfachen Listen eignen sich SmartArt-Grafiken vor allem für die Darstellung von Hierarchien, Prozessen und Zyklen.
Tablet-PC	Tablet-Computer oder Tablet-PCs sind tragbare, flache und besonders kleine PCs. Sie besitzen keine Tastatur, die Texteingabe erfolgt über die Bildschirmtastatur und anstelle einer Maus werden sie mit Fingergesten und einem Touchscreen bedient.
Taskleiste	Die Taskleiste ist ein Element von Windows und befindet sich am unteren Rand des Bildschirms. Neben der Schaltfläche Start zeigt sie alle geöffneten Apps (Tasks) an und erlaubt den schnellen Wechsel zwischen diesen.
Umbruch	Als Umbruch bezeichnet man ganz allgemein den manuellen oder automatischen Beginn einer neuen Seite (Seitenumbruch) oder Zeile (Zeilen- bzw. Textumbruch).
Update	Unter Update versteht man die regelmäßige Aktualisierung von Programmen und Apps. Auch für Office und insbesondere Microsoft 365 werden regelmäßig und im Hintergrund automatisch Updates durchgeführt. Updates beinhalten Verbesserungen und schließen Sicherheitslücken, sie sollten daher unbedingt durchgeführt werden. Besonders wichtig sind Updates zum Schutz vor Angriffen aus dem Internet und schädlicher Software.
XPS	Abk. für XML Paper Specification; ein von Microsoft entwickeltes Dateiformat als Konkurrenz zum PDF-Format, das jedoch kaum verwendet wird.
Zoom	Das Vergrößern oder Verkleinern der Anzeige bezeichnet man als Zoomen.
Zwischenablage	Ausgeschnittene oder kopierte Elemente werden in der Zwischenablage abgelegt und können von dort beliebig oft solange wieder eingefügt werden, bis das nächste Element ausgeschnitten oder kopiert wird. Die Zwischenablage kann auch zum Datenaustausch zwischen verschiedenen Apps genutzt werden. Beispielsweise lässt sich auf diesem Weg ein Bild aus einem Zeichenprogramm in ein Word-Dokument einfügen.

Stichwortverzeichnis

B

C

D

E

F

G

N

O

P

T

Bücher zu Microsoft Office für Einsteiger und Fortgeschrittene

Die Office-Programme richtig beherrschen, spart eine Menge Zeit! Unsere Bücher zu **Windows** und **Office** helfen Einsteigern und Fortgeschrittenen dabei, die Programme von Grund auf kennenzulernen oder von alten Versionen umzusteigen.

www.bildner-verlag.de

Vorbereitung für Prüfungen & Tastaturschreiben lernen

Prüfungstrainer: Bereiten Sie sich optimal auf die Abschlussprüfung zur Kauffrau bzw. zum Kaufmann für **Büromanagement** (Teil 1) oder **E-Commerce** vor mit umfangreichen Aufgabensammlungen und Tipps zur Prüfung.

Tastaturschreiben: Werden Sie Ihr eigener Trainer und lernen Sie schnell und unterhaltsam in 3 Stunden mit 10 Fingern zu tippen.